Helmut Golowitsch

Südtirol – Opfer für das westliche Bündnis

Wie sich die österreichische Politik ein unliebsames Problem vom Hals schaffte

Schriftenreihe zur Südtiroler Zeitgeschichte
Band 1

Leopold Stocker Verlag
Graz – Stuttgart

Umschlaggestaltung: Gerald Danner
Umschlagabb. Vorderseite: Oben: Geheimtreffen des österreichischen ÖVP-Unterhändlers Rudolf Moser (links) mit dem italienischen Ministerpräsidenten Alcide Degasperi (rechts) im August 1952 in Kärnten; darunter: Schlagzeile aus der „Tiroler Tageszeitung" vom 25. November 1953; Bilder unten: Protestkundgebungen in Innsbruck 1946 gegen die Abtrennung Südtirols.
Umschlagabb. Rückseite: 1956 protestierten Zehntausende von Menschen in Wien gegen die Fortsetzung der faschistischen Unterdrückungspolitik in Südtirol.
Abb. Innenteil: siehe Abbildungsverzeichnis S. 599

Wir haben uns bemüht, bei den hier verwendeten Bildern die Rechteinhaber ausfindig zu machen. Falls es dessenungeachtet Bildrechte geben sollte, die wir nicht recherchieren konnten, bitten wir um Nachricht an den Verlag. Berechtigte Ansprüche werden im Rahmen der üblichen Vereinbarungen abgegolten.

Bibliographische Information der Deutschen Nationalbibliothek
Die Deutsche Nationalbibliothek verzeichnet diese Publikation in der Deutschen Nationalbibliographie; detaillierte bibliographische Daten sind im Internet unter http://dnb.d-nb.de abrufbar.

Hinweis: Dieses Buch wurde auf chlorfrei gebleichtem Papier gedruckt. Die zum Schutz vor Verschmutzung verwendete Einschweißfolie ist aus Polyethylen chlor- und schwefelfrei hergestellt. Diese umweltfreundliche Folie verhält sich grundwasserneutral, ist voll recyclingfähig und verbrennt in Müllverbrennungsanlagen völlig ungiftig.

Auf Wunsch senden wir Ihnen gerne kostenlos unser Verlagsverzeichnis zu:
Leopold Stocker Verlag
Hofgasse 5 / Postfach 189
A-8011 Graz
Tel.: +43 (0)316/82 16 36
Fax.: +43 (0)316/83 56 12
E-Mail: stocker-verlag@stocker-verlag.com
Weitere Informationen finden Sie im Internet unter:
www.stocker-verlag.com

ISBN 978-3-7020-1708-8

Alle Rechte der Verbreitung, auch durch Film, Funk und Fernsehen, fotomechanische Wiedergabe, Tonträger jeder Art, des auszugsweisen Nachdrucks oder der Einspeicherung und Rückgewinnung in Datenverarbeitungsanlagen aller Art, sind vorbehalten.

© Copyright by Leopold Stocker Verlag, Graz 2017

Layout: Werner Schoßmeier
Gesamtherstellung: Christian Theiss GmbH, A-9431 St. Stefan
Printed in Austria

Inhaltsverzeichnis

Vorwort von Univ.-Prof. Dr. Reinhard R. Heinisch...................... XVI

Vorwort des Verfassers XXI

Ein Bollwerk gegen den Kommunismus – Verzicht auf Südtirol – Die Entwicklung bis zum „Pariser Vertrag" von 1946 1

    Die USA, der Vatikan und Degasperi

    Die geheimen Dienste des Vatikans

    Südtirol – ein Opfer der antikommunistischen Strategie

    Alcide Degasperi – die Zentralfigur der italienischen Christdemokraten

    Wiens prowestliche Politik im Jahre 1946

    Südtirol – Verbleib bei Italien oder Rückkehr zu Österreich? – Die Situation Ende 1945 und Anfang 1946

    Sollen wir über die Grenze streiten? – Die Zukunft Tirols: „Brücke" und „Ein Land in zwei Staaten"

    Tarnen und Täuschen

    Keine Rücksichtnahme der Alliierten auf Österreich – Protestkundgebungen in Innsbruck und in ganz Österreich

    Die Zustimmung des Bundeskanzlers Figl zur gemeinsamen Politik mit Rom gegenüber Südtirol

    Grubers Kapitulation in Paris

    Die Analyse des Generalsekretärs Heinrich Wildner

Geheimdiplomatie, das betrügerische Autonomiestatut von 1948 und die in Stich gelassenen Optanten 95

    Überaus herzliche Beziehungen zu Degasperi

    Der „Kalte Krieg" und die geheime Zusammenarbeit der christdemokratischen Kräfte Europas

Rudolf Moser vertieft die Freundschaft zu Italien

Ein unannehmbarer Autonomie-Entwurf

Keine Hilfe aus Wien – Erpressung der Südtiroler

Der Beschluss der Scheinautonomie von 1948

Die Nicht-Wiedergutmachung des faschistisch-nationalsozialistischen Unrechts der aufgezwungenen „Optionen"

Die wachsende Empörung in Tirol und die Geheimtreffen Figl – Degasperi 135

Die faschistische Politik wird fortgesetzt:
Forcierte Zuwanderung von Süditalienern und soziale Benachteiligung der Einheimischen

Beschwichtigung der eigenen ÖVP-Politiker und Funktionäre – Moser als „Diplomat"

Erste geheime Begegnung Figl – Degasperi

Außenminister Gruber:
Die Stimmung in Nord- und Südtirol unter Kontrolle halten

Das zweite Geheimtreffen Figls mit Degasperi:
„Private Außenpolitik"

Mosers Haus war auch Schauplatz künftiger Geheimtreffen – ohne Eintragungen in das Gästebuch

Die bleierne Zeit und der Beginn des Widerstandes 154

Figl verliert die Kanzlerschaft

Julius Raab wird Bundeskanzler

Degasperi: Es geht darum, das Alto Adige zu entdeutschen

Regierungswechsel in Rom – Eine Zeit politischer Instabilität in Italien bricht an

Ministerpräsident Pella fordert Volksabstimmung in Triest – Südtiroler fordern von Wien die Internationalisierung der Südtirol-Frage

Ein Hilferuf aus Südtirol: „Es ist ein Todesmarsch!"

Bundeskanzler Julius Raab und die Priorität des Staatsvertrages

Der abgetretene Ministerpräsident Degasperi:
Keine Verpflichtung für eine „Indianerreservation" in Südtirol

Das neue Kabinett Scelba – „Die Zusammenarbeit war gesichert"

In Südtirol regt sich Widerstand gegen Roms Politik –
Wien bleibt untätig

Rom lobt Wiens Politik – in Österreich wächst der Unmut

Regierungswechsel in Rom und Verhärtung der
italienischen Haltung

Ein Bischof ergreift Partei für Rom

Figls Entblößung – Empörung in Tirol

Die Wende hin zu einer entschiedeneren Südtirol-Politik

Feuerzeichen an der Wand:
Der Pfunderer-Prozess und erste Anschläge in Südtirol

Ein österreichisches Memorandum

Die Linie des Vatikans – Rudolf Mosers Geheimverhandlungen
mit der „Democrazia Cristiana" in Trient

Die Explosion und die Eindämmung des Feuers 215

Der ÖVP-Unterhändler Moser als
„Vertrauensmann der italienischen DC-Führung"

Weitere Geheimgespräche – Rudolf Mosers Rolle auf dem
internationalen Parkett

Die Verschärfung der Lage in Südtirol

Südtirol wehrt sich – Die Volkskundgebung von Sigmundskron

Die Auswirkungen von Sigmundskron: Solidaritätsempfinden
und eine neue Linie in der Außenpolitik Österreichs

Die Landesfeiern von 1959 vertiefen die Verbundenheit

Moser als „Beobachter" auf dem Parteitag der
„Democrazia Cristiana" (DC) in Florenz

SVP-Landesversammlung 1960: Mit ÖVP-Hilfe aus Wien nicht
auf sofortiger Forderung nach Selbstbestimmung beharrt

Richtungswechsel in Bozen

Kampf des Gottlosentums gegen die freie christliche Welt

Auf Bitte von Dr. Bundesminister Dr. Josef Klaus:
Mosers „konzentrierte und intensive Informationswelle"

Mosers Geheimpolitik hinter den Kulissen: NEI-Tagung in Wien

Moser bestärkt im September 1961 den italienischen
Innenminister: Gegen die verrückten Südtiroler Handlanger
des Bolschewismus vorgehen – eliminieren, isolieren!

Staatssekretär Steiner will Kreisky von dem Gang zur UNO
abhalten – Mosers Denkschrift am Tag der „Erscheinung
des Herrn": Gegen Kreisky und gegen die Freiheitskämpfer

Das Kitten der zerbrochenen Freundschaft 266

Der Tod gefolterter Südtiroler Häftlinge
und die Stimmung in der Bevölkerung Österreichs

Der Tod des Franz Höfler

Der Tod des Anton Gostner

Ein Bischof ohne Nächstenliebe

„Ein Land in zwei Staaten" – Der verhinderte Auftritt von
Moser und Withalm 1962 auf dem DC-Kongress in Neapel

Angriff auf die Festung Tirol

Die Ablösung des Staatssekretärs Dr. Gschnitzer

Eine weitere Bresche in Tirols Festungsmauer:
Die Beseitigung des Landesrates Dr. Oberhammer

Nordtirol: Finanzielle Unterstützung für die inhaftierten
Freiheitskämpfer

Nordtirols Landeshauptmann-Stellvertreter fordern:
Keine Gerichtsverfahren gegen Unterstützer des Südtiroler
Freiheitskampfes

Wiener Bundespolitiker auf Gegenkurs zur Nordtiroler
ÖVP: Geheimtreffen mit der „Democrazia Cristiana" –
Südtiroler „Friedensstörer" sind gemeinsame Feinde

Das Geheimtreffen am Lago di Como

„Der Beginn einer langen Reihe von Gesprächen mit italienischen Freunden"

Süd- und Nordtiroler als Störfaktoren

Eine kurzfristige Störung: Der Carabinieri-Prozess in Trient

Die weitere Vertiefung der Freundschaft

Moser versucht, die Wogen zu glätten

Die Einführung des „Giuseppe Klaus" bei der Parteispitze der „Democrazia Cristiana" in Rom

Mosers Botschaft an die DC: Die sozialdemokratischen Außenminister sollen nur noch die Rolle von Protokollführern spielen

Moser stellt den ÖVP-Politikern die neue Regierung Aldo Moro vor

Mosers Denkschrift

Moser: Alle ÖVP-Mitglieder sind loyale und aufrichtige Freunde

Die ÖVP-SPÖ-Koalitionsregierung Dr. Josef Klaus, die „Democrazia Cristiana" und die Südtirolfrage 325

Dr. Josef Klaus wird Bundeskanzler

Das „Lied vom braven Mann"

Die Gedankenwelt des Dr. Josef Klaus

Prägungen in der Jugend

Vom Salzburger Landeshauptmann zum Bundeskanzler der Republik

Christdemokratische Politik in Europa

Der Stolperstein Südtirol

Die Liebe des Dr. Klaus zu Italien – „Verbrechen" und „Morde" der „Terroristen"

Die Südtirolfrage „bereinigen", um in die EWG zu kommen

Signale guten Willens – Pluspunkte für die neue ÖVP-Regierung Klaus

Moser berät Bundeskanzler Dr. Josef Klaus

Mosers diplomatische Aktivitäten

Eine Briefaktion

Moser will mit dem italienischen Innenminister konferieren, um „die bekannten Unnachgiebigen zu isolieren"

Die Freundschaft zwischen Moser und Taviani

„Auf Wunsch des Bundeskanzlers": Mosers verschwiegenes Treffen mit dem „getreuen Freund" Innenminister Taviani

Exkurs: Der christdemokratische „Freund" Taviani, die Folterungen und Exzesse

Ab Dezember 1963: Es wird weiter gefoltert

„Krieg" im Pustertal: Der Überfall auf Mühlen, Sand und Kematen

Mordbefehl des Obersten Marasco:
Stelle 15 Südtiroler an die Wand und erschieße sie!

Taviani: „Keine Beschränkungen, kein Zögern!"

Auf die „fanatischen Kriminellen" sofort auf Sicht schießen: „sparare a vista"

Der Tod des jungen Peter Wieland – die „Dolomiten" schilderten eine Hinrichtung

Bischof Gargitter:
„... unsere Herzen bereiten zu herzlichem Verzeihen"!

Der Altfaschist Taviani als „Nazi"-Experte – österreichische Journalisten werden seine Thesen übernehmen

Moser schreibt an Ministerpräsident Aldo Moro

Übersendung einer Moser-Denkschrift „Pro Memoria" und Vorschlag eines Moro-Klaus-Treffens „in ganz privater und persönlicher Weise"

Mosers Beziehung zu Aldo Moro

Mosers „Pro Memoria" für den italienischen Ministerpräsidenten

Exkurs: Das „sehr menschliche, tiefeinfühlende und vor allem sehr weise" Urteil von Mailand

Ein Schauprozess – auch erfolterte Geständnisse sind gültig!

Wie Vieh aneinander gekettet – unerträgliche Haftbedingungen

Die von aller Welt Verlassenen boten dem Staat die Stirn

Erpresste Geständnisse haben „Gültigkeit"!

Das „tief einfühlende" und „sehr menschliche" Urteil:
431 Jahre Kerker für die Angeklagten

Die Maske fällt: Simonetti rechtfertigt in der Urteilsbegründung die italienische Politik

Kein österreichischer Protest gegen die Ungeheuerlichkeit der Rechtfertigung der Folter – ab nun auch Bestrafung von Klagen über Folterungen

Wie die italienischen Behörden in der „freundlichen Atmosphäre" des Urteils von Mailand mit zwei Jugendlichen umsprangen

Die ÖVP-Delegation auf dem DC-Kongress in Rom

Die Kritik des Außenministers Dr. Kreisky an der christdemokratischen Geheimdiplomatie

Ein „privates" Geheimtreffen auf italienischem Boden

Eine versuchte Umgehung des Außenministers

Weitere Stationen auf dem Weg zur Vertiefung der christdemokratischen Freundschaft

Geheimgespräche auf dem DC-Kongress in Sorrento – Spitzentreffen auf der UECD-Tagung in Taormina

Die ÖVP-Alleinregierung unter Bundeskanzler Dr. Josef Klaus und die dramatische Wende in der österreichischen Südtirol-Politik **404**

Dr. Josef Klaus bildet eine Alleinregierung

Außenminister Dr. Kreisky wird durch Dr. Toncic-Sorinj abgelöst

Dr. Karl Gruber wird Staatssekretär im Bundeskanzleramt – Dr. Bruno Kreisky prangert dessen „Pariser Vertrag" als Fehlleistung an: „Eine furchtbare Hypothek"

In Rom freut man sich: Innigste Glückwünsche

Die Wende in der Südtirol-Politik

Klaus betont den guten Willen Österreichs und Italiens: Es müssen Taten folgen! – Es ging um den EWG-Beitritt Österreichs

Moser führt Geheimgespräche auf höchster Ebene und erhält Einblick in ein geheimes italienisches Regierungspapier

Geheimdiplomatie hinter den Kulissen

Rom lehnt internationale Garantien für eine Südtirol-Lösung ab – Toncic besteht nicht darauf

Die unbequemen Südtirol-Experten werden ausgebootet

Die Geheimverhandlungen beginnen – und werden offenbar

Was Zechtl und Kreisky über den BAS wussten

Exkurs: Wallnöfers Einstellung zur Landeseinheit Tirols

Dr. Kreisky in Südtirol „unerwünscht" – „nicht gepasst hat es auch einigen Herren in Wien" – Österreich protestiert nicht!

Außenminister Dr. Toncic: Man muss auch Mut zu unpopulären Maßnahmen haben – Kampfansage der Nordtiroler Wochenzeitung „Der Volksbote": „Nicht um jeden Preis!"

Weitere Geheimverhandlungen in Montreux werden publik – Proteste im Österreichischen Nationalrat

Bundeskanzler Dr. Klaus will um jeden Preis abschließen – Toncic: Es komme doch nicht auf diese oder jene Kompetenz an

Es bildet sich eine Front gegen ein Verzichtsabkommen

Gerüchte über mögliche Abspaltung der Tiroler Volkspartei von der Bundes-ÖVP

Bundeskanzler Dr. Klaus – Pflege politischer Kontakte „auf privater Ebene"

Die Tiroler sollen genötigt werden

Das mehrfach gespaltene Land Tirol

Spaltungsrisse in Nord- und Südtirol

Magnago beginnt die Stufenleiter nach unten abzusteigen

Wallnöfers schwierige Position in Nordtirol

Öffentliche Kritik an der Wiener Südtirol-Politik

Ermacora gegen Lösung ohne Absicherung

„Münchner Merkur": „Südtirol – Opfer auf dem Altar der EWG?"

Enthüllungen der sozialistischen Parteiblätter

Auch die bürgerliche Presse enttarnt die Geheimverhandlungen

Die Warnung des Ex-Außenministers Dr. Kreisky

Ermacora warnt erneut

Das Überrumpelungsmanöver scheitert

Innsbrucker Südtirol-Konferenz:
Die Bundesregierung will das „Paket" durchdrücken!

Schwere Auseinandersetzungen im SVP-Parteiausschuss –
Magnago muss nachverhandeln

Geheimgespräch Klaus–Moro

Moser weiter unermüdlich tätig

Der Zug war schon abgefahren

Klerikale Diplomatie und die Rolle des Südtiroler
Bischofs Josef Gargitter

Bischof Josef Gargitter hatte vor und hinter den Kulissen gewirkt

Die geheime Zusammenarbeit auf sicherheitspolizeilicher Ebene beginnt 466

Der italienische Botschafter schlägt Treffen der
Sicherheitsbehörden „auf hoher Ebene" vor

Konspirativer österreichisch-italienischer
„Antiterrorgipfel" – Partner sind ein „Menschenjäger"
und ein italienischer Geheimdienstspezialist

Der erste geheime „Antiterrorgipfel"

Treffen unter Wahrung der „Diskretion"

Dr. Peterlunger betont österreichisches Wohlverhalten

Rom fordert „engere Zusammenarbeit" – unter Umgehung
der Rechtshilfe

Die „schmutzigen Angelegenheiten" des Ex-Faschisten
Russomanno

Verdeckter und rechtswidriger Informationsfluss unter dem Deckwort „ADRIANO"

Der zweite österreichisch-italienische „Antiterrorgipfel"

Weitgehende Zusammenarbeit – Sorge um Geheimhaltung der illegalen Rechtshilfe

Ministerialrat Dr. Peterlunger:
Italiener suchen Beweise für österreichisches Verschulden

Generalkonsul Dr. Franz Matscher lobt die bisherige Zusammenarbeit mit den Italienern

Die geheime und getarnte Rechtshilfe an Italien 486

Die unter Außenminister Kreisky gewahrte Rechtslage

Rechtshilfe an Italien in politischen Fällen nicht zulässig

Auch über „INTERPOL" durfte in politischen Fällen keine Rechtshilfe geleistet werden

1966: Italien fordert rechtswidrige Rechtshilfe auf sicherheitspolizeilicher Ebene unter Umgehung des Justizministeriums und der „INTERPOL" – Die ÖVP-Regierung stimmt zu

Man hatte in Rom die österreichische politische Schwachstelle erkannt

Wien wird zur Verfolgung der Südtiroler Freiheitskämpfer erfolgreich unter Druck gesetzt

Das Konstrukt zur Umgehung des Rechtshilfeverbots in politischen Fällen

Übergriffe und Misshandlungen als Stolpersteine 501

Neue „verschärfte" Verhöre in Italien – Übergriffe gegen Zivilbevölkerung

Das „machtvolle Basta!" der unentwegt bereiten Alpini

Schwere Übergriffe im Tauferer Tal: „Spezialisten aus Sizilien folterten ein ganzes Südtiroler Dorf"

Proteste aus der Bevölkerung

Matscher: „maß- und sinnlos übertrieben" – Toncic: „... halte ich Schritte der Bundesregierung ... für nicht opportun ..."

Wie Rosa Klotz misshandelt worden war:
„Einmal ist halt das Augenlicht weggegangen".

Die Folterung des David Oberhollenzer

Die Folterung des Hans Auer

Inhaftierungen und psychische Folter der Angehörigen von Südtiroler Freiheitskämpfern

Sippenhaft und Verbannung mithilfe der faschistischen Strafprozessordnung

Justiz mithilfe der faschistischen Staatsschutz-Paragraphen:
Eine Mutter als „Komplizin" des Sohnes –
Gefängnis für Treffen mit dem eigenen Bruder

**Die praktizierte Zusammenarbeit
zum „Schutz berechtigter Interessen Italiens"** 518

Der 3. „Antiterrorgipfel" in Zürich

Italienische Vorwürfe

Forderung nach Vorbeugehaft

Die Österreicher kontern und verweisen auf italienische Anwerbung von Provokateuren und Agenten

Exkurs: Wie die italienischen Dienste Provokateure anheuerten

Illegale Rechtshilfe

„Wir werden diese Namen mitteilen"

General Palombi urgiert die Herstellung direkter Kontakte zwischen ihm und der Sicherheitsdirektion Tirol –
Hinweis auf die Stimmung der Tiroler Bevölkerung und auf die eingeschlagenen Fensterscheiben des Dr. Obrist

Ministerialrat Dr. Häusler beklagt „Ungeschicklichkeiten":
Überlassung von Polizeifotos wurde bekannt

Österreich sorgt für den Schutz der
„berechtigten Interessen Italiens"

Druck aus Rom: Nachrichtenaustausch Bozen-Innsbruck rasch installieren! – Dr. Peterlunger drängt auf „absolute Geheimhaltung"

Die Italiener fordern rechtswidriges Vorgehen Österreichs

Freispruch für Freiheitskämpfer in Österreich – Empörung in Italien: „neonazismo sudtirolese"

Rom fordert Missachtung der Rechtsordnung und belehrt den österreichischen Regierungschef über die österreichische Rechtslage

Die „Dankbarkeit" des Dr. Klaus

Keine Freude mit Südtirol-Organisationen

Österreich muss Präventivhaft und Auslieferung von Exil-Südtirolern ablehnen

4. Antiterrorgipfel in Zürich – Geheime Nachrichtenübermittlung: Telefonate mit Decknamen und Fernschreibverbindung mit Code „für Bruno"

Neuerliche massive Forderungen nach Änderung der österreichischen Rechtsordnung

Hinweis auf die österreichische Rechtslage – Ablehnung von Präventivhaft, Konzentrationslager und Zwangsaufenthalt

Mitteilung polizeilicher Erhebungsergebnisse an die Italiener – unter Umgehung des Rechtshilfeweges

Strikte Geheimhaltung der Rechtsbrüche: „... wir halten das sonst bei der Bevölkerung nicht aus"

Direkter Kontakt zur italienischen Grenzpolizei am Brenner – zu einem Geheimdienst-Spezialisten für „schmutzige Angelegenheiten"

Die Aushebelung des Rechtshilfeverbots auf lokaler Ebene – Geheimdiensttätigkeit eines Kommandanten der italienischen Grenzpolizei 552

Ablehnung durch die österreichischen „Kollegen"

Erste geheimdienstliche Tätigkeit

Das Konsulat als Geheimdienst-Expositur und die
Anwerbung eines Auftragsmörders

Betreuung eines Geheimagenten, Provokateurs und
Bombenlegers

1965: Geheimtreffen im italienischen Generalkonsulat in
Innsbruck – Vereinbarung direkter Zusammenarbeit auf
Polizeiebene

Die institutionelle Organisation der illegalen Rechtshilfe

Wien muss informiert gewesen sein

Eine peinliche Panne – die illegale Rechtshilfe wird bekannt

Herzliche Freundschaft – „ein Denkmal am Brenner" für Perusco

Die offene Konfrontation **566**

**Bisher erschienene Publikationen des Autors
und ein Nachwort in eigener Sache** **569**

Abkürzungen 587

Quellen und Literatur 588

Zeitungen, Zeitschriften, Pressedienste, Flugschriften, Internet   597

Fotonachweis 599

Personenregister 600

Reinhard R. Heinisch:

Ein Abschnitt unserer Zeitgeschichte wird neu geschrieben

Für das offizielle und offiziöse Österreich ist das Problem Südtirol längst vom Tisch, das sogenannte Südtirol-Paket scheint alle Wünsche der Beteiligten erfüllt zu haben. Diesen Eindruck erweckt vielfach auch die Stimmung im schönen Land südlich des Brenners, jedenfalls im Bereich von Handelskammern und ähnlichen Interessensgemeinschaften bis hinauf zu höchsten Regierungsstellen in Bozen. Und das trotz vielfacher Bedrohungen der Südtiroler Autonomie von Seiten Roms, von denen man zuletzt immer wieder hören musste. Fast allein die vielen Schützenkompanien scheinen noch ein stolzes Heimatbewusstsein zu verkörpern. Südtirol ist aber auch für viele Österreicher und Bundesdeutsche noch immer eine höchst emotionale und politisch brisante Angelegenheit.

Auch wenn das Südtiroler Schicksal – von der Vergewaltigung durch Italien nach dem Ersten Weltkrieg über die faschistische und später „demokratische" Unterdrückung, die italienische Unterwanderung, die Auflehnung der Südtiroler bis hin zu den Sprengstoffanschlägen, die Schauprozesse gegen die Freiheitskämpfer und die schändlichen Carabinieri-Folterungen – in vielen Herzen noch präsent ist, muss eine interessierte Öffentlichkeit dankbar sein, wenn wieder ein profundes Werk über dieses Thema erscheint. Und profund waren die Publikationen von Helmut Golowitsch bisher in jedem Fall, wie sich ein großer Leserkreis stets überzeugen konnte. Von den vielen einschlägigen Veröffentlichungen aus seiner Feder sei hier nur auf die Bücher „Für die Heimat kein Opfer zu schwer", „Kapitulation in Paris" (mit Walter Fierlinger) und die wesentlichen Beiträge in der von Otto Scrinzi herausgegebenen „Chronik Südtirol 1959–1969" hingewiesen. Auch die gegenständliche hier vorliegende Dokumentation bietet erstaunliche und genau dokumentierte Enthüllungen.

Golowitsch ist für seine Arbeiten über die Südtiroler Tragik durch eigenes Erleben geradezu prädestiniert, ist er doch durch die schrecklichen Ereignisse in diesem schönen Land in den Fünfziger- und Sechzigerjahren des vorigen Jahrhunderts persönlich betroffen worden. Aufgewühlt durch die empörenden Nachrichten aus dem südlichen Tirol – wie wir Jugendlichen damals fast alle – wirkte er bereits als Mittelschüler im oberösterreichischen „Bergisel-Bund" und später im „Befreiungsausschuss Südtirol" (BAS) mit. Er wurde als 19-jähriger Student in Italien verhaftet und zu vier Jahren und einem Monat Haft verurteilt! Dankbar gedenkt er noch heute der finanziellen und moralischen Unterstützung durch Politiker, die sich damals wohltuend von ihrer Kollegenkaste abgehoben haben: Dies waren Persönlichkeiten wie der Tiroler Landeshauptmann Eduard Wallnöfer und der Außenminister und spätere Bundeskanzler Bruno Kreisky, dessen menschliche Art Golowitsch besonders würdigt.

Für seine diesbezügliche publizistische Tätigkeit hat Golowitsch natürlich nicht nur Lorbeeren geerntet. Immer wieder ist er von Journalisten-„Kollegen" angegriffen worden, die auch sonst die Südtiroler Freiheitskämpfer bei jeder Gelegenheit herabgewürdigt haben. Diese Spezies einer unethischen Publizistik wächst sich ja gerade in Zeiten wie diesen zu absoluter Unerträglichkeit aus! Zu diesen „publizistischen Henkern" (Zitat Golowitsch) gesellten sich auch einige andere Angreifer. So mussten einige Herren des sogenannten „Dokumentationsarchivs des österreichischen Widerstands" (DÖW) nach einer gerichtlichen Klage eine Ehrenerklärung für Golowitsch abgeben.

Nun liegt als neuestes Werk von Helmut Golowitsch das Buch „Südtirol – Opfer für das westliche Bündnis. Wie sich die österreichische Politik ein unliebsames Problem vom Hals schaffte" vor. Diese Dokumentation behandelt die heimliche Zusammenarbeit zwischen der Österreichischen Volkspartei (ÖVP) und den italienischen Christdemokraten von der unmittelbaren Nachkriegszeit 1945 bis zur Regierung Klaus. Eine Zusammenarbeit, die vordergründig geprägt war vom Antikommunismus des Kalten Krieges und sich hinzog bis zu den Verhandlungen zum EWG-Beitritt Österreichs. Hierbei kam es zu unglaublichen Geschehnissen. Bestimmte ÖVP-Politiker hatten den Österreichern immer wieder beteuert, auf keinen Fall auf Südtirol und dessen Rechte verzichten zu wollen. Zur gleichen Zeit hatten sie den italienischen „Schwarzen" signalisiert, diese könnten ihrer Beute aus dem Ersten Weltkrieg nach wie vor sicher sein. An dieser Stelle wäre ich jetzt versucht, meinen eigenen Emotionen freien Lauf zu lassen. Ich nehme mich aber zurück: Der geneigte Leser wird zu seinen eigenen und wohl sehr klaren Schlussfolgerungen gelangen.

Das Buch, das eine politische Bombe mit Langzeitwirkung darstellt, ist ein erschütternder Bericht über eine aus meiner Sicht verachtenswerte Art von „Geheimdiplomatie", der man ja auch sonst allerhand zutraut. Dass diese Dinge nun ans Licht der Öffentlichkeit gebracht werden konnten, ist sorgsamer Recherche und auch einem glücklichen Zufall zu verdanken, den nur der Tüchtige – eben der Verfasser dieser Dokumentation – erlebt. Einen geradezu sensationellen Quellenfund stellen die hier publizierten Dokumente, Berichte, Fotos, Briefe und Briefkopien dar, die auf einen gewissen Rudolf Moser, einen Kärntner Fabrikanten, zurückgehen, eine graue oder vielmehr schwarze Eminenz. Eine Figur, die als zwischentragender Geheimdienstler Berater und Vertrauter höchster Politkreise in beiden Ländern geworden ist, allerdings mit dem brisanten Material – Gott sei dank – nicht besonders sorgsam umgegangen ist.

Nur so ist es möglich geworden, die Machenschaften eines Figl und Degasperi und vor allem des damaligen Außenministers Gruber aufzudecken. Die wenig rühmenswerte Rolle Karl Grubers in der Südtirol-Frage wird dadurch noch stärker akzentuiert. Ich darf ergänzen: Besagter Minister hat nicht nur die Deutschen südlich der Brennergrenze so schmählich preisgegeben, auch gegenüber den von den Tschechen grausamst heimatvertriebenen Sudetendeutschen hat sich Herr Gruber mehr als schäbig benommen. So erklärte er etwa am 6. Mai 1946 – im Jahr seines eigenmächtig und überfallsartig abgeschlossenen Pariser Abkommens – gegenüber dem tschechoslowakischen Legationsrat Cerny, dass die sudetendeutsche Frage eine rein innenpolitische Angelegenheit der Tschechoslowakei sei, die sonst niemanden etwas angehe. Wörtlich meinte er: „Sie wissen sehr gut, was ich von den Sudetendeutschen halte. Es waren Leute, die Ihnen immer Schwierigkeiten bereitet haben und sie jedem bereiten würden. Es ist natürlich, dass Sie sie loswerden wollen" (sic!). Sudetendeutsche „Elemente", die gegen die CSR agitierten, würde man an diese ausliefern usw. (Siehe Fritz Peter Habel: „Dokumente zur Sudetenfrage", München-Wien 1984, S. 294f)

Neben dem Herrn Gruber sind es auch andere, auf die sich die Schlaglichter des Autors richten. So auf den Brixener Bischof Josef Gargitter, im Volksmund „walscher Seppele" genannt, der die inhaftierten und gefolterten Südtiroler Freiheitskämpfer als Agenten des internationalen Kommunismus verunglimpft und mit wenig christlicher Nächstenliebe persönliche Hilfe für deren Frauen und Kinder verweigert hat! Oder Bundeskanzler Gorbach, welcher der Wahrung christdemokratischer Freundschaft mit der italienischen DC Vorrang vor den Anliegen der Tiroler eingeräumt hat! Oder Bundeskanzler Klaus, der Antisemit der Zwischenkriegszeit, der in seiner Italienfreundlichkeit eine tiefe Abneigung gegen die Südtiroler Freiheitskämpfer hegte, sie als „Verbrecher" bezeichnete und auch während der Höhepunkte der Carabinieri-Folterungen mit seiner Familie fröhliche Urlaube in Italien verbrachte!

Und natürlich der überall und mit jedem vertraute Rudolf Moser, der den für die Folterungen verantwortlichen italienischen Innenminister Taviani direkt aufforderte, gegen die „verrückten Südtiroler Handlanger des Bolschewismus" vorzugehen! Widerwärtig und unappetitlich bejubelt er in einem „Pro Memoria" für den italienischen Ministerpräsidenten Aldo Moro die „freundliche Atmosphäre" des überaus „weisen", „menschlichen" und „tiefeinfühlenden" (Schand-)Urteils des Prozesses von Mailand, mit welchem hunderte Jahre Kerkerhaft über Südtiroler Freiheitskämpfer verhängt wurden!

Die vorliegende Dokumentation belegt auch unfassbare Äußerungen des Chefs der österreichischen Staatspolizei Peterlunger, der immer wieder „österreichisches Wohlverhalten" gegenüber Italien monierte, oder des Generalkonsuls in Mailand und späteren Salzburger Universitätsprofessors Franz Matscher, der die Berichte über die an Südtirolern verübten Folterungen für „maß- und sinnlos übertrieben" gehalten hat! Natürlich durfte da auch der „eiserne Hermann" Withalm nicht fehlen, der sich gegen Selbstbestimmungsforderungen aus der SVP gewandt und die Südtiroler „Störenfriede" als gemeinsame Feinde von ÖVP und DC bezeichnet hat!

Von derartigen Ungeheuerlichkeiten wird der Leser in diesem Buch mehr als genug erfahren. Dies mag auch zu einem Nachdenken darüber Anlass geben, ob der Niedergang einer einst großen politischen Bewegung zu einer Kleinpartei nicht auch auf die stetige Aufgabe grundlegender Positionen zurückzuführen ist.

Lichtblicke in der Südtiroler Sache werden uns demgegenüber mit Persönlichkeiten vor Augen geführt wie Wallnöfer, Scrinzi, dem einer Inrige zum Opfer gefallenen Nordtiroler Landesrat Oberhammer, selbstverständlich Silvius Magnago nach dem Fanal von Sigmundskron, und immer wieder Kreisky, der die christdemokratische Geheimdiplomatie scharf kritisiert hat und vom unsäglichen Geheimunterhändler Moser dafür angegriffen wurde: Freimaurer vom Schlage eines Bruno Kreisky würden die weltanschauliche Freundschaft und Zusammenarbeit zweier katholischer Staaten auf weltanschaulichem Gebiet sabotieren …. Unfassbar!

Dieses neue Buch von Helmut Golowitsch belässt in einem bestimmten Abschnitt unserer jüngsten Zeitgeschichte keinen Stein auf dem anderen. Die Ergebnisse dieser Dokumentation sind wirklich erschütternd und aufwühlend. Man kann als Historiker dem verdienstvollen Autor nur dankbar sein und herzlich zu dieser Arbeit gratulieren, in der Hoffnung auf noch viele weitere derartige Veröffentlichungen. Ich wünsche diesem Buch, durch dessen Ergebnisse die tragische Geschichte Südtirols nach 1945 in vielen Bereichen umgeschrieben werden muss, viel Erfolg und weiteste Verbreitung.

Salzburg, im Jänner 2017   Reinhard R. Heinisch

Univ.-Prof. Dr. Reinhard Rudolf Heinisch lehrte von 1980 bis 2007 an der Universität Salzburg als Professor für Österreichische Geschichte und Salzburger Landesgeschichte. Seit 1996 ist er Präsident der Gesellschaft für Salzburger Landeskunde, einer seit 1860 bestehenden wissenschaftlichen Vereinigung.

Vorwort des Verfassers zu dieser Dokumentation

Das vorliegende Werk trägt den Titel

Südtirol – Opfer für das westliche Bündnis
Wie sich die österreichische Politik
ein unliebsames Problem vom Hals schaffte

Diese Dokumentation stellt Band I der neu erscheinenden Schriftenreihe zur Südtiroler Zeitgeschichte dar.

Es war dem Vatikan bereits vor dem Zweiten Weltkrieg darum gegangen, eine geistige und politische Front gegen den Bolschewismus aufzubauen und dessen Machtergreifung in Europa zu verhindern.

Um dieses Ziel zu erreichen, hatte der Vatikan gegenüber den antikommunistischen Regimen des Faschismus und des Nationalsozialismus eine sehr pragmatische Haltung der Zusammenarbeit in Teilen eingenommen und auf eine Frontstellung verzichtet. Nach dem Krieg wurde die Abwehr des Kommunismus in versteckter Zusammenarbeit mit den Westmächten fortgesetzt. Bald entstand eine christlich-demokratische „Internationale", in der Österreich und Italien aufgrund ihrer geostrategischen Lage eine wichtige Rolle spielten.

Ohne die Betrachtung dieser Vorgeschichte wären manche Entwicklungen der österreichischen Nachkriegsgeschichte einschließlich der auf parteipolitischer Ebene betriebenen Geheimpolitik in der Südtirol-Frage nur schwer verständlich.

Die vorliegende Dokumentation beleuchtet vor allem die verdeckte Zusammenarbeit der Österreichischen Volkspartei (ÖVP) mit den christdemokratischen Kräften Italiens bis zur Regierungszeit des Bundeskanzlers Dr. Josef Klaus (ÖVP).

Erstmalig werden dazu bislang in Privatbesitz befindliche Dokumente ausgewertet, die eine erfolgreiche Geheimdiplomatie ungeahnten Ausmaßes enthüllen.

Mir hatte als Verfasser bei der Enthüllung dieser Vorgänge auch ein wenig das Glück zur Seite gestanden. In einigen wenigen zeitgeschichtlichen Veröffentlichungen war am Rande der Name eines Kärntner Fabrikanten namens Rudolf Moser aufgetaucht. Dieser schien eine Rolle als Mittelsmann zwischen der ÖVP und den italienischen Christdemokraten gespielt zu haben. Ich war neugierig geworden und hatte mich auf die Suche nach weiteren Informationen gemacht. Dabei war ich in Kärnten auf einen ehemaligen Nachbarn dieses Rudolf Moser gestoßen.

Moser war nach Beendigung sowohl seiner politischen wie geschäftlichen Tätigkeit im Kärntnerischen Sachsenburg als Pensionist nach Wien gezogen, wo er dann im hohen Alter verstorben war. Vor seinem Umzug nach Wien hatte er in Sachsenburg seinem guten Bekannten und Nachbarn Schachteln mit zahlreichen Dokumenten, Berichten, Fotos, Briefen und Briefkopien geschenkt.

Diese Dokumentensammlung wurde mir zur wissenschaftlichen und publizistischen Auswertung überlassen. Sie ermöglichte einen tiefen Einblick in bislang unbekannte Fakten und geheime politische Vorgänge. Es stellte sich heraus, dass es sich bei Rudolf Moser nicht um eine Randfigur der Politik gehandelt hatte. Moser hatte vielmehr eine zentrale Rolle in einem Geschehen gespielt, welches zeitweise Geheimdienstcharakter hatte. Er war Berater und Vertrauter höchster Kreise geworden. So hatte er im Jahre 1946, als Bundeskanzler Leopold Figl im Namen der Republik offiziell noch die Selbstbestimmung für Südtirol forderte, mit dessen Wissen und unter strikter Geheimhaltung dem italienischen Ministerpräsidenten Degasperi die vertrauliche Botschaft überbracht: Die Grenze am Brenner könne bleiben und die österreichische Bundesregierung werde auch einer Autonomie-Lösung zustimmen.

In Abstimmung mit dem Geschenkgeber habe ich die Originale der Moser-Dokumente im November 2015 dem Österreichischen Staatsarchiv und in der Folge als Kopien und Scans auch dem Tiroler Landesarchiv übergeben. Ich habe sie damit öffentlich zugänglich und deren Verwendung in meiner Arbeit überprüfbar gemacht. In der Folge fand ich weitere wertvolle, aber bislang wenig beachtete Dokumente im Nachlass Figls im Niederösterreichischen Landesarchiv.

Ein weiterer Schwerpunkt dieser Arbeit ist das geheime Zusammenspiel der österreichischen und der italienischen Sicherheitskräfte ab

1966. Um Rom zu bewegen, seinen hinter den Kulissen geübten Widerstand gegen einen wirtschaftlich gebotenen Eintritt Österreichs in die „Europäische Wirtschaftsgemeinschaft" (EWG) aufzugeben, hatte der österreichische Bundeskanzler Dr. Josef Klaus Geheimtreffen österreichischer und italienischer Sicherheitsdienste und einer laufenden, in diesen politischen Fällen aber illegalen Rechtshilfe an Italien gegen die Südtiroler Freiheitskämpfer zugestimmt. Diese Aktionen wurden sorgsam vor den Augen der Öffentlichkeit verborgen.

Die genannten Geheimtreffen sind in der vorliegenden Arbeit anhand von Geheimakten des österreichischen Innenministeriums und anhand italienischer Quellen dokumentiert. Unter den Gesprächspartnern dieser Treffen befanden sich hochrangige italienische Geheimdienstmitarbeiter. Diese waren auch mit der Steuerung provokatorischer Anschläge befasst, die den Südtiroler Freiheitskämpfern in die Schuhe geschoben werden sollten.

Parallel zu den sicherheitsdienstlichen Geheimtreffen waren auch in der Autonomiefrage Südtirols geheime Verhandlungen geführt worden, die 1966 schon nahe vor einem überfallsartig geplanten Abschluss standen.

Die italienische Regierung ließ damals auch erkennen, dass eine Erfüllung der politischen Wünsche Roms in der Südtirol-Frage eine Voraussetzung dafür darstellte, dass sich Rom nicht länger gegen einen EWG-Beitritt Österreichs sperren würde.

Bundeskanzler Dr. Klaus war insbesondere ab 1966 als Chef einer ÖVP-Alleinregierung zum Nachgeben geneigt. Widerstand dagegen regte sich aber nicht nur von Seiten der politischen Opposition, sondern auch seitens einiger ÖVP-Landespolitiker. Vor allem die Nordtiroler wehrten sich sehr heftig und erfolgreich, wenngleich hinter den Kulissen.

Als im Sommer 1961 Nachrichten über die die entsetzlichen Folterungen politischer Südtiroler Häftlinge an die Öffentlichkeit drangen und im November 1961 Franz Höfler und im Jänner 1962 der Anton Gostner an den Folgen der Folter im italienischen Gefängnis starben, da hüllte sich die Bundesregierung in Wien auf Ersuchen des Südtiroler Landeshauptmanns Dr. Silvius Magnago zunächst einmal in vorsichtiges Schweigen, um das Verhandlungsklima mit Rom nicht zu belasten.

Bereits hier spielten die Nordtiroler ÖVP- und SPÖ-Politiker nicht mit, sondern nehmen demonstrative Protesthandlungen vor. Sie traten aber nicht nur öffentlich gegen die Schändung der Menschenwürde auf, sondern sie wehrten sich auch gegen die Preisgabe wesentlicher politischer

Tiroler Nachrichten

18. Jahrgang   Samstag, 13. Jänner 1962   Nr. 10

Scharfe Erklärung der Tiroler Landesregierung: „Italien foltert mit System und Brutalität"

Sondersitzung des Südtiroler Landtages – Rom soll parlamentarische Untersuchungskommission einsetzen – Sonntag wird Gostner beerdigt

BOZEN, INNSBRUCK. — Die Tiroler Landesregierung gab gestern zum Tode der beiden Südtiroler Franz H ö f l e r und An'on G o s t n e r eine R e g i e r u n g s e r k l ä r u n g ab, in der mit scharfen Worten gegen die „systematische Anwendung der Folter als polizeiliche und strafgerichtliche Untersuchungsmethode" durch italienische Behörden protestiert wird. Sonntag wird Anton Gostner in Südtirol zu Grabe getragen. Man erwartet eine starke Beteiligung der Bevölkerung. Auch der Südtiroler Landtag trat gestern unter dem Vorsitz von Landtagspräsident Ing. P u p p zu einer S o n d e r s i t z u n g zusammen, um über eine

---

Anliegen in der Autonomiefrage. Das Nordtiroler ÖVP-Organ „Tiroler Nachrichten" war in allen diesen Fällen die öffentliche Stimme des Nordtiroler Widerstandes.

In dieser Dokumentation wird geschildert, wie im mutmaßlichen Zusammenspiel des ÖVP-Landeshauptmanns Eduard Wallnöfer mit seinem SPÖ-Landesrat Rupert Zechtl im Jahre 1966 ein voreiliger Abschluss eines unzureichenden Südtirol-„Autonomiepakets" verhindert werden konnte. Der Verfasser dieser Dokumentation war übrigens damals als junger Journalist in dieses sehr konspirative Geschehen mit eingebunden gewesen.

Durch die Verhinderung des vorschnellen Abschlusses im Jahre 1966 erhielt der Südtiroler Landeshauptmann Dr. Silvius Magnago die Möglichkeit, bis 1969 das „Paket" in zähen Verhandlungen anzureichern.

In Südtirol hatten sich Abgeordnete und Funktionäre der „Südtiroler Volkspartei" (SVP) gegen eine vorschnelle Preisgabe grundlegender Positionen gewehrt. Sie hatten damit Dr. Silvius Magnago einerseits unter

Druck gesetzt, ihm andererseits aber die Möglichkeit eines stärkeren Auftretens gegenüber Wien und Rom verschafft.

In diesem Zusammenhang muss auch einer politischen Kraft gedacht werden, welche die Jahrzehnte hindurch eine bedeutende Rolle bei der Selbstbehauptung der Südtiroler gespielt hat und heute noch spielt. Die Tageszeitung „Dolomiten" hat sich bei aller Parteinähe zur „Südtiroler Volkspartei" (SVP) in zahlreichen entscheidenden Situationen nicht zum Befehlsempfänger politischer Mandatare degradieren lassen. Sie hat als aufdeckende, die Öffentlichkeit informierende und damit korrigierende Kraft im Sinne des Gemeinwohls gehandelt. Dieses publizistische Medium hat unter anderem wesentlich dazu beigetragen, dass die Diskussion über die Autonomie-Verhandlungen öffentlich und nicht an der betroffenen Bevölkerung vorbei geführt werden musste.

Eine bedeutende Rolle spielte das „Tagblatt der Südtiroler" auch, als politische Häftlinge in den Carabinieri-Kasernen gefoltert wurden und zwei Häftlinge sogar an den Folgen der Folter starben. Damals hatte es politische Bestrebungen gegeben, das Ausmaß des schrecklichen Geschehens herunterzuspielen, um das politische Klima im Verhältnis zu Rom nicht zu belasten. Die Tageszeitung „Dolomiten" spielte hier nicht mit. Sie sorgte durch eine mutige Berichterstattung dafür, dass nicht einfach über diese schweren Menschenrechtsverletzungen hinweg zur Tagesordnung übergegangen werden konnte. Dadurch bewirkte sie eine damals nicht allen politischen Kräften willkommene öffentliche Diskussion, die über die Landesgrenzen Südtirols weit hinaus gehende politische Auswirkungen hatte.

Dolomiten

Tagblatt der Südtiroler

Nr. 198 — Freitag, den 30. August 1963 — 40. Jahrgang

„Das Gesetz ist für alle gleich"...

Unfaßbares Urteil im Carabinieri-Prozeß von Trient

**Acht schwerster Mißhandlungen angeklagte Polizisten völlig freigesprochen - zwei amnestiert
Empörung aller rechtlich Denkenden in ganz Südtirol – Mitolo und Vilardo umarmten sich im Gerichtssaal**

Als in Südtirols Carabinieri-Kasernen gefoltert wurde und die Folterer sodann auch noch gerichtlich freigesprochen oder amnestiert wurden, stellten sich die „Dolomiten" an die Spitze des öffentlichen Protestes. Das war durchaus mutig angesichts dessen, dass die nach wie vor in Kraft befindlichen Repressionsparagraphen des alten faschistischen Strafgesetzbuches auch gegen die Verantwortlichen der „Dolomiten" angewendet werden konnten.

Als es am 25. Juni 1967 auf der Porzescharte im Grenzgebiet zu Österreich zu einem angeblichen „Terroranschlag" kam, welchem auf der italienischen Seite Menschenleben zum Opfer fielen, blockierte Italien nicht mehr hinter den Kulissen, sondern offiziell und öffentlich den von Österreich angestrebten EWG-Beitritt. Rom forderte von der Regierung in Wien, dass sie dem Südtiroler Widerstand den Garaus mache.

Die nun folgende Entwicklung wird in einem weiteren Band dieser Dokumentation dargestellt werden. Dieser wird den Titel tragen:

Die christdemokratische Beerdigung der Südtirol-Frage 1966–1969

Wie Rom Wien erpresste und sich die Regierung Klaus willig ergab

Dieses Werk stellt Band II der neu erscheinenden Schriftenreihe zur Südtiroler Zeitgeschichte dar.

Bundeskanzler Dr. Josef Klaus (ÖVP) äußerte im Rahmen einer Ministerratssitzung am 4. Juli 1967, dass alle Südtiroler Freiheitskämpfer – in seiner Diktion *„Terroristen"* – hinter *„Schloss und Riegel"* gehörten.

Es ging darum, Italien zur Aufhebung seines Vetos gegen Österreichs Eintritt in die „Europäische Wirtschaftsgemeinschaft" (EWG) zu bewegen. Zu diesem Zweck nahm es die ÖVP-Alleinregierung Dr. Klaus in Angriff, alle noch in Freiheit befindlichen Südtirol-Aktivisten in geheimer Zusammenarbeit mit den italienischen Sicherheitsdiensten auszuschalten. Es ging aber auch darum, das lästige Südtirol-Problem insgesamt im Zuge von Geheimverhandlungen aus dem Weg zu räumen. Bislang weitgehend unbekannt gewesene Geheimdokumente enthüllen hier ein geheimdienstliches und sicherheitspolizeiliches Zusammenspiel mit Rom, welches man damals sorgsam vor den Augen der österreichischen Bevölkerung verborgen hatte. Mit gutem Grund: Diese Zusammenarbeit stellte eine getarnte illegale Rechtshilfe dar, die in politischen Fällen nicht hätte gewährt werden dürfen.

Der zweite Band der Dokumentation endet mit der ausverhandelten Autonomie-„Paket"-Lösung des Jahres 1969 und einem Ausblick auf die weitere Entwicklung und die Zukunft.

Dr. Helmut Golowitsch
Puchenau

Danksagung

Ein herzliches Danke an Herrn Oberst Mag. Dr. Hubert Speckner für wertvolle Hinweise auf relevante Dokumente, an Herrn DI Herbert Kulterer für die Überlassung von Unterlagen und Dokumenten, an Herrn Gerald Danner für die Gestaltung des Umschlags, an Herrn Georg Dattenböck für Beratung, kritische Durchsicht und Korrekturen und an Herrn Werner Schoßmeier für Satz und Umbruch!

Den Damen und Herren des Österreichischen Staatsarchivs, des Tiroler Landesarchivs, des Niederösterreichischen Landesarchivs sowie des Bruno Kreisky-Archivs sei ebenfalls Dank gesagt für ihre stets freundliche und kompetente Beratung und Unterstützung.

Auch einigen herausragenden Persönlichkeiten, die leider schon von uns gegangen sind, schuldet der Verfasser Dank: Herrn Univ.-Prof. Dr. Felix Ermacora, Herrn Bundeskanzler und Bundesminister a.D. Dr. Bruno Kreisky und Herrn Landesrat a.D. Rupert Zechtl für die Überlassung wertvoller Informationen und Unterlagen.

Ein Bollwerk gegen den Kommunismus – Verzicht auf Südtirol – Die Entwicklung bis zum „Pariser Vertrag" von 1946

➤ Die USA, der Vatikan und Degasperi

Unter Papst Pius XI. hatte der Vatikan 1929 durch die mit dem italienischen Diktator Benito Mussolini ausgehandelten „Lateranverträge" seinen Frieden mit dem italienischen Staat gemacht. Die Vatikanstadt hatte die Unabhängigkeit erlangt, die katholische Konfession war im Reich Mussolinis „Staatsreligion" und der Religionsunterricht war obligatorisch geworden. 1933 war das Konkordat mit dem Deutschen Reich geschlossen worden. Beide Diktaturen waren von dem Papst als Verbündete gegen den Kommunismus angesehen worden.

Am 23. März 1933 hatte die katholische Zentrumsfraktion im Deutschen Reichstag geschlossen für das Ermächtigungsgesetz gestimmt und damit den Beginn der NS-Diktatur ermöglicht.

1937 war von Papst Pius XI. die scharf antikommunistische Enzyklika „Divini Redemtoris" veröffentlicht worden.

Der seit 1939 amtierende Eugenio Pacelli hatte als Papst Pius XII. diese Linie fortgesetzt. Um diese politische Allianz nicht zu gefährden, hatte der Vatikan sogar die Hinrichtung von Priestern, die sich gegen das NS-Regime aufgelehnt hatten, ohne diplomatischen und öffentlichen Protest hingenommen.

Papst Pius XII.

Es wäre allerdings falsch, Pacelli als Parteigänger des Nationalsozialismus zu bezeichnen. Er hatte versucht, sich und die Kirche möglichst unbeschädigt durchzulavieren. Er hatte sich auf eher allgemein gehaltene Friedensappelle und Ermahnungen zur Menschlichkeit beschränkt, die freilich den von Deportation und Ermordung bedrohten Juden und den Regimegegnern wenig geholfen hatten. Nach dem Krieg wurde ihm daher auch von jüdischer Seite wohl zu Recht seine allzu große Zurückhaltung gegenüber dem faschistischen und dem NS-Terror vorgehalten.

Der Sturz Mussolinis im Jahr 1943 und das vorauszusehende Ende des Dritten Reiches hatten den Papst dann zu Kriegsende zu einer Annäherung an die westlichen Demokratien bewogen, deren politisches System nun als Vorbild für das nachfaschistische Italien dienen sollte. Auch hier stand für den Vatikan die Abwehr der kommunistischen Gefahr im Vordergrund. Daher setzte der Vatikan auf die Zusammenarbeit mit den Vereinigten Staaten von Amerika.

➤ Die geheimen Dienste des Vatikans

Harold Hildgard Tittmann war als amerikanischer „Foreign Service Officer" und Diplomat im Vatikan tätig. Er war von Dezember 1941 bis Juli 1944 „Chargé d'Affaires" am Heiligen Stuhl und die rechte Hand von Myron C. Taylor, der von Präsident Franklin D. Roosevelt als „Special Representative" in den Vatikan entsandt worden war. In einem Geheimpapier berichtete er, dass Papst Pius XII. sich dafür entschieden hatte, *„eine Geheimorganisation zu schaffen, deren Aufgabe es war, die innenpolitische Situation in Italien zu kontrollieren und den Kommunismus zu bekämpfen"*. Mit der Durchführung dieser Arbeit wurde der Kardinal Enrico Gasparri beauftragt. An diesem Werk wirkten auch weitere hohe Geistliche mit, wie der Monsignore Montini, der spätere Papst Paul VI. (Nähere Einzelheiten in: Antonio Cipriani – Gianni Cipriani: „Sovranita limitata. Storia dell'eversione atlantica in Italia", Roma 1991, S. 16f)

Alle näheren Informationen über diese bis heute namenlose geheimdienstliche Struktur liegen in den vatikanischen Archiven begraben. Nur wenig gelangte bislang bruchstückweise an das Licht der Öffentlichkeit. Der italienische Historiker Alessandro Silj berichtet, dass vor allem Monsignore Montini nahezu täglich Kontakt mit der amerikanischen Botschaft gehabt und diese über politische und illegale Untergrundaktivitäten der Kommunisten in Italien auf dem Laufenden gehalten habe. (Alessandro Silj: „Malpaese. Criminalità, corruzione e politica nell'Italia della prima Repubblica.", Roma 1994, Seite 36)

Parallel zu dieser geheimen Informationstätigkeit schuf der belgische Dominikanerpater Félix André Morlion mit der internationalen Organisation „Pro Deo" ein öffentliches Informations- und Agitationsnetz mit zahlreichen „Zentren für Information und Publikation" („CIP – Centri Informazioni Pro Deo"). In der von ihm gegründeten „Internationalen Universität Pro Deo" in Rom wurde eine junge antikommunistische Elite für Europa herangezogen.

Links: Pater Morlion mit Studenten – Rechts: Pater Morlion am Rednerpult, links hinter ihm sein Sekretär und enger Mitarbeiter, der spätere italienische Außenminister und Ministerpräsident Giulio Andreotti.

Das deutsche Nachrichtenmagazin „Der Spiegel" berichtete darüber:
„Die Universität bildet für alle Sparten des öffentlichen Lebens und der öffentlichen Meinungsbildung aus. 1.845 Studenten aus 14 Nationen nehmen an Vorlesungen teil, die von Anfang November bis Ende Mai jeden Nachmittag gehalten werden, in den verschiedensten Sprachen."
(„Der Spiegel", 23. 03. 1950, Nr. 12/1950)

Zudem arbeitete „Pro Deo" eng mit dem amerikanischen Geheimdienst „Office of Strategic Services" (OSS) und später mit der „Central Intelligence Agency" (CIA) zusammen. (Regine Igel: „Terrorjahre. Die dunkle Seite der CIA in Italien", München 2006, S. 232; sowie: Giuseppe De Lutiis: „Storia dei servizi segreti in Italia", Roma 1985, S. 174; sowie: Antonio Cipriani – Gianni Cipriani: „Sovranita limitata. Storia dell'eversione atlantica in Italia", Roma 1991, S. 17f)

▶ Südtirol – ein Opfer der antikommunistischen Strategie

Für den Vatikan stand die Abwehr des gottlosen Kommunismus in Italien und in ganz Europa als überlebenswichtige Notwendigkeit an erster Stelle. Neben den Aktionen der geheimdienstlichen Durchdringung und der Propaganda galt es nun, die parteipolitische Landschaft wieder aufzubauen. Wie der Historiker Ennio di Nolfo berichtet, wurden in Zusammenarbeit *„mit Vertretern der amerikanischen Administration die verschiedenen Optionen der künftigen Politik analysiert ... Die entsprechenden Personen waren noch nicht definitiv ausgewählt worden, denn kennzeichnend für jene Zeit war die mühselige Arbeit des Aufbaus der politischen Strukturen der Katholiken".* (Ennio Di Nolfo: „Von Mussolini zu Degasperi", München-Wien-Zürich 1993, S. 183)

Im Einvernehmen mit den geostrategischen Interessen der Vereinigten

Staaten und in Übereinstimmung mit der nationalistischen Stimmung in Italien hielt der Heilige Stuhl auch an der Brennergrenze fest. Man wusste noch nicht, ob die von den Sowjets eingesetzte österreichische Regierung Renner nicht zu einer sowjetischen Marionettenregierung werden würde. Die Stärkung eines Landes in geostrategisch wichtiger Position, welches unter den Einfluss des Kreml geraten könnte, schien nicht ratsam zu sein.

„Südtirol wurde vor allem ein Opfer des Antikommunismus." Zu diesem Urteil kommt auch der Historiker Michael Gehler, weil die Westmächte nach 1945 *„an einem bürgerlichen Italien als militärischem Bündnispartner mehr interessiert waren als an der raschen und menschenwürdigen Lösung eines Minderheitenproblems in diesem Staat".* (Michael Gehler: „Eduard Reut-Nicolussi und die Südtirolfrage 1918–1958", Teil 1, Schlern-Schriften 333/1, Innsbruck 2007, S. 268)

➤ Alcide Degasperi – die Zentralfigur der italienischen Christdemokraten

Als Führungspersönlichkeit der vom Vatikan und den Amerikanern unterstützten antikommunistischen Gegenkraft „Democrazia Cristiana" (DC) trat bald der gebürtige Trentiner Alcide Degasperi, der frühere Mitbegründer der katholischen Volkspartei „Partito Popolare Italiano", in Erscheinung. Er kam aus einer zutiefst christlichen Familie, war knapp nach 1900 als junger Student in Wien Mitglied in der Trentiner „Unione Academica Cattolica Italiana" geworden und hatte bei der katholischen akademischen Verbindung „Norica" verkehrt. Dort hatte sich Degasperi mit dem späteren christlichsozialen Politiker Franz Hemala befreundet und auch dessen Schwiegersohn Leopold Figl persönlich kennengelernt. (Biographisches Lexikon des „Österreichischen Cartellverbandes" ÖCV. Im Internet unter: https://www.oecv.at/Biolex)

Degasperi hatte im Jahre 1923 – der Linie des Vatikan folgend – mit seiner Partei, den „Popolari", den Faschismus unterstützt und die Errichtung der faschistischen Diktatur ermöglicht. Auf dem Parteikongress des „Partito Popolare Italiano" (PPI) im April 1923 hatte er die Teilnahme der „Popolari" an der ersten Regierung Mussolinis ausdrücklich begrüßt und sich mit dem Faschismus solidarisiert: *„Wir bekennen uns offen und rückhaltlos als Kollaborationisten. Nachdem der Staatsstreich (der Faschisten) nun einmal stattgefunden hat, ist es nötig, ihn zu unterstützen, damit die idealistischen auf Erneuerung abzielenden Energien ... in den Dienst des allgemeinen Wohles gestellt werden."*
(Zitiert nach: Claus Gatterer: „Aufsätze und Reden", Bozen, undatiert, S. 197)

Der Parteikongress der „Popolari" hatte daraufhin Mussolini das Vertrauen ausgesprochen. Im Sommer 1923 votierte die von Degasperi gelenkte Fraktion der „Popolari" im römischen Parlament für die faschistische Wahlrechtsreform und ermöglichte mit ihren entscheidenden Stimmen den Faschisten die Machtergreifung. Mussolinis Steigbügelhalter Degasperi hatte aber auch Gegner unter den Faschisten gehabt und verbrachte nach der Auflösung der alten Parteien 16 Monate in Haft.

Eine Intervention des Trentiner Bischofs Celestino Endrici hatte ihn vorzeitig aus dem Kerker befreit und Zuflucht im Vatikan finden lassen, wo er nun als Bibliothekar und Redakteur tätig wurde. Diese Haft hatte ihm die im Jahr 1945 dann so wertvolle „antifaschistische" Reputation verschafft.

Unter der Leitung Degasperis arbeitete in den ersten Monaten des Jahres 1943 eine Gruppe von christlichen Gesinnungsfreunden das Programm der neu zu gründenden Partei „Democrazia Cristiana" (DC) aus. Zu den Mitarbeitern Degasperis gehörten neben anderen die späteren DC-Politiker Paolo Bonomi, Guido Gonella, Achille Grandi, Giovanni Gronchi und Mario Scelba. Das erste von Degasperi mit dem Decknamen „Demofila" unterzeichnete programmatische Schema der Christdemokraten wurde dann bis Ende 1945 im amerikanisch besetzten Teil Italiens und auch im deutsch besetzten Teil verbreitet. Davon ist auch eine offenbar später angefertigte Ausgabe in deutscher Sprache erhalten geblieben.

Degasperi (rechts im Bild) in faschistischer Haft.

(Alcide De Gasperi: „Das Jahr 1943 – Grundgedanken der christlichen Demokratie", Juli 1943, deutsche Fassung, gedruckt ohne Angabe des Erscheinungsortes. Archiv des Verfassers, Aktenbestand Moser.)

Am 10. Dezember 1945 trat Degasperi sein Amt als Chef einer Koalitionsregierung an, der zunächst auch noch die Kommunisten angehörten. Am 28. Dezember 1947 bildeten die Kommunisten und die Linkssozialisten eine Volksfront. Es bestand die Gefahr, dass Italien im Falle deren Sieges ein kommunistisches Land werden würde.

Links: Das von Degasperi und anderen späteren DC-Politikern ausgearbeitete Programm der „Democrazia Cristiana" (Archiv des Verfassers).
Rechts: Der neue Regierungschef Alcide Degasperi.

Die Parlamentswahlen vom 18./19. April 1948 sollten dann aber die Weichen zugunsten einer eindeutig stärkeren antikommunistischen Koalition und einer Eingliederung Italiens in die westliche militärische Allianz stellen, die im April 1949 durch den Beitritt zum Nordatlantikpakt vollzogen wurde.

Die Beseitigung des italienischen Faschismus hatten in Italien nach Kriegsende zunächst die kommunistischen Partisanen in Angriff genommen,

In einer in ganz Italien verbreiteten Propagandaschrift „Garantire la pace – ecco lo spirito del patto atlantico" („Den Frieden garantieren – Das ist der Geist des Atlantischen Bündnisses") und bei zahlreichen öffentlichen Auftritten hatte Degasperi 1949 erfolgreich für den Beitritt zum Nordatlantikpakt geworben und sich und seine Partei damit unentbehrlich für die Westalliierten gemacht. (Archiv des Verfassers)

Degasperi (Bildmitte) auf dem Weg zu einer Audienz bei Papst Pius XII.

wobei ohne Gerichtsverfahren im Rahmen „spontaner Säuberungen" zumindest zehntausende Menschen ermordet wurden.

Der Staat setzte der Lynchjustiz ein Ende. Allen Politikern war aber auch klar, dass es sich bei ehemaligen Faschisten auch um künftige Wähler handelte. Und so kam es in der Folge mit Zustimmung des Vorsitzenden der italienischen Kommunistischen Partei und damaligen Justizministers Palmiro Togliatti zu umfassenden Amnestiemaßnahmen. Reihenweise wurden auch die bereits laufenden Gerichtsverfahren eingestellt und von 50.000 damals einsitzenden politischen Gefangenen wurden bis zum Mai 1947 nahezu alle freigesetzt. (Näheres dazu in: Hans Woller: „Die Abrechnung mit dem Faschismus in Italien 1943 bis 1948", München 1996, S. 361ff; sowie: Paul Serant: „Die politischen Säuberungen in Westeuropa", Oldenburg und Hamburg, undatiert, S. 248ff)

Neofaschisten als antikommunistische Helfer der Regierung
Italien war nun auf sehr italienische Weise erfolgreich vom Faschismus befreit worden, womit man das Thema für erledigt erklären konnte. Deshalb stellte es für die Regierung Degasperi auch kein Problem dar, im Dezember 1946 die Partei „Movimento Sociale Italiano" (MSI) zuzulassen, die ihren Namen von der kurzzeitigen norditalienischen Mussolini-Republik „Repubblica Sociale Italiana" ableitete und sich als Symbol die „fiamma tricolore", die dreifarbige Flamme in den italienischen Staatsfarben erwählt hatte.

An der Spitze dieser Partei standen ehemalige, nun zu Demokraten ernannte Faschisten, die aus alter Gewohnheit immer noch gerne mit erhobener rechter Hand grüßten. Der MSI sollte in der Folge mehrmals

Bild links: „Mussolinis Erben" grüßten und grüßen bis heute mit dem alten Faschistengruß, wie ein Bildbericht in dem Südtiroler Wochenmagazin „FF" 2010 dokumentierte. Bild rechts: Der italienische Ministerpräsident Alcide Degasperi (rechts) mit seinem politischen Ziehsohn Giulio Andreotti (links)

in kritischen Situationen DC-Regierungen bei parlamentarischen Abstimmungen unterstützen. Der Staatssekretär im 7. Kabinett Degasperi, Giulio Andreotti, bedankte sich dafür am 4. Mai 1953 mit einer öffentlichen Freundschaftsbezeugung, indem er auf einer Wahlveranstaltung der „Democrazia Cristiana" (DC) in Arcinazzo den wegen seiner in Libyen und Äthiopien verübten Gräuel berüchtigten faschistischen Marschall und Ehrenpräsidenten des neofaschistischen MSI, Rodolfo Graziani, vor allen Zusehern demonstrativ umarmte.

Unter der Ministerpräsidentschaft Degasperis wurde von Rom aus ein den Kontinent überspannendes antikommunistisches Bündnis mit anderen christlich und westlich orientierten europäischen Parteien gesponnen. Nicht ohne Grund war das Symbol der italienischen DC ein Kreuzritterschild mit der Aufschrift „Libertas" – „Freiheit". Einen besonderen Stellenwert als Verbündeter besaß Österreich aufgrund seiner geostrategischen Lage.

Degasperis Einstellung zu Südtirol: Assimilierung als Ziel

Für Südtirol erwies sich in der italienischen Nachkriegspolitik die führende Rolle Degasperis, des früheren Steigbügelhalters Mussolinis, als Katastrophe. Degasperi hatte bereits am 24. Juni 1921 in einer römischen Parlamentsdebatte dessen Anspruch auf Südtirol unterstützt und erklärt: *„Den vollständigen Triumph der italienischen Nation ersehe ich an jenem Tag, an dem die Ausländer, die aus dem Fenster des Brenner hereinblicken, feststellen müssen, dass Italien nicht nur mit den Waffen gesiegt hat, sondern auch imstande war, die Wesensform der fremden Kultur zu assimilieren, aufzusaugen, zu knechten und seinen Zwecken zu unterwerfen."* (Zitiert in „Vetta d'Italia", 1. Trimester 1989, und wiedergegeben in: Franz Widmann: „Es stand nicht gut um Südtirol. 1945–1972. Von der Resignation zur Selbstbehauptung. Aufzeichnungen der politischen Wende", Bozen 1998, S. 202)

➤ Wiens prowestliche Politik im Jahre 1946

Ein Berater der französischen Militärregierung kritisiert die Politik des Bundeskanzlers Figl und des Außenministers Dr. Gruber

Der Österreicher Wolfgang Steinacker, Südtirol-Berater des Chefs der französischen Militärregierung in Tirol, General Émile Béthouart, schrieb am 12. Juni 1946 an den österreichischen Vizekanzler Adolf Schärf (SPÖ). Er forderte die Ablösung Dr. Grubers (ÖVP) als Außenminister und eine Änderung der von Bundeskanzler Figl (ÖVP) und Außenminister Dr. Gruber betriebenen Außenpolitik in Richtung einer echten Neutralitätspolitik. Grubers Politik ziele auf *„Eingliederung Österreichs in den Westblock. ... Sie führt zwangsläufig dazu, daß wir dem Mittelmeerimperialismus der Angelsachsen ... zum Opfer fallen"*.

In zwei beigelegten Berichten zur Südtirol-Frage führte Steinacker weiter aus: Die *„günstigen Beziehungen"* Grubers zu den USA seien in Verbindung mit deren italienfreundlicher Haltung für die österreichischen Wünsche nach Rückgliederung Südtirols nicht von Vorteil.

Mit dem Hinweis auf die *„günstigen Beziehungen"* spielte Steinacker offenbar auf die Tatsache an, dass Gruber während der Zeit des Dritten Reiches geheimdienstlich für die USA tätig gewesen war. *„Durch die Betrauung Grubers ... entstand vielmehr die Gefahr, daß die amerikanische Außenpolitik sich seiner bedient, um in der Südtiroler Frage den österreichischen Anspruch möglichst abzuschwächen, fehllaufen und scheitern zu lassen. Man hat den Eindruck, daß den Amerikanern dieses Spiel gut gelingt."*

Steinacker attestierte Dr. Gruber, dass dieser *„fachlich eine Reihe von schweren Fehlern gemacht"* habe, *„die für einen Außenminister unverzeihlich sind"* und eine *„gefällige Nachgiebigkeit"* und eine *„frivole und leichtfertige Art"* zeigen. (Wiedergegeben in: Michael Gehler: „Verspielte Selbstbestimmung? Die Südtirolfrage 1945/46 in US-Geheimdienstberichten und österreichischen Akten. Eine Dokumentation" Schlern-Schriften 302, Innsbruck 1996, S. 343 und 351)

Im Jahre 1965 hat die damalige Leiterin des Südtirol-Referates im Amt der Tiroler Landesregierung, Dr. Viktoria Stadlmayer, die Nachkriegspolitik Wiens gegenüber Italien deutlich beschrieben: Die österreichische Regierung *„wollte Frieden mit Italien, nicht zuletzt deshalb, weil sie die großen Gefahren sah, die beide Staaten, Italien und Österreich, in eine Front drängten. In Italien drohte die kommunistische Machtergreifung von innen heraus. Österreich konnte sie jederzeit von außen her auferlegt werden. Beide Völker saßen schließlich in einem Boot. Nicht gegeneinander, miteinander sollten die Fragen, die zwischen beiden Staaten standen, gelöst werden".* (Viktoria Stadlmayer: „Die Südtirolpolitik Österreichs seit Abschluss des Pariser Abkommens"; in: Franz Hutter: „Südtirol. Eine Frage des europäischen Gewissens.", München 1965, S. 476)

Ein ehemaliger „Gauführer der Ostmärkischen Sturmscharen" wird Mittelsmann zu den italienischen Christdemokraten

An eine offene Zusammenarbeit der von den Sowjets teilbesetzten und noch keinen Staatsvertrag besitzenden Republik Österreich mit dem bereits klar westlich orientierten Italien war nicht zu denken. Deshalb wurden geheime Verbindungen auf christlich-demokratischer Ebene zwischen der ÖVP und der italienischen „Democrazia Cristiana" (DC) hergestellt.

Rudolf Moser auf einer Aufnahme aus dem Jahr 1932.

Als Mittelsmann wurde der 1901 in Wien geborene und nunmehr in Sachsenburg in Kärnten ansässige Industrielle Rudolf Moser tätig. Er kam aus der österreichischen christlich-sozialen Bewegung und hatte im österreichischen Ständestaat die Funktion eines „Gauführers" der „Ostmärkischen Sturmscharen" in Kärnten-Osttirol innegehabt. „Reichsführer" dieser katholischen Wehrformation war der Bundeskanzler Dr. Kurt Schuschnigg gewesen.

„Gauführer" der „Ostmärkischen Sturmscharen" in Niederösterreich war der Bauernbunddirektor Ing. Leopold Figl gewesen, den Moser als seinen *„engsten Jugendfreund"* bezeichnete. (Rudolf Moser in einem Brief vom 3. Juni 1975 an Univ.-Prof. Dr. Ludwig Jedlicka in Wien. Kopie des Durchschlags des Briefes im Archiv des Verfassers, Aktenbestand Moser.)

Der Bauernbunddirektor Ing. Leopold Figl, ein enger Freund Rudolf Mosers, war der „Führer" der „Ostmärkischen Sturmscharen" in Niederösterreich gewesen.

In einem späteren Rundschreiben an ÖVP-Politiker und Funktionäre hat Moser in Bezug auf sein Verhältnis zu Leopold Figl hervorgehoben: *„In allen Belangen gab es stets gegenseitige und vollständige Übereinstimmung und Treue zueinander."*
(Rundschreiben Mosers: „Weihnacht 1972", datiert „2. Adventsonntag 1972 „EXCITA, DOMINE, CORDA NOSTRA – RÜTTLE AUF O HERR, UNSERE HERZEN", Archiv des Verfassers, Aktenbestand Moser.)

Ihre enge Verbindung stammte aus einer Zeit, in der man im Einklang mit der Politik des Vatikans enge Freundschaft mit dem faschistischen Italien gepflegt und Südtirol auf dem Altar dieser Freundschaft geopfert hatte. Diese politische Linie wurde nun unter demokratischen Vorzeichen fortgeführt.

Die Dokumentation über Mosers geheime Tätigkeit
Mosers Tätigkeit als Mittelsmann zwischen der „Österreichischen Volkspartei" (ÖVP) und der „Democrazia Cristiana" (DC) ist in der zeitgeschichtlichen Literatur kaum erwähnt, denn sowohl Moser wie die ÖVP haben aus gutem Grund auf Diskretion geachtet.

Links: Rudolf Moser als „Gauführer" der „Ostmärkischen Sturmscharen" bei einer Rede. Moser (rechts im rechten Bild) mit „österreichischem Gruß" bei Ablegung des Schwurs „Treu Österreich!".

1990 enthüllte der italienische Journalist Paolo Magagnotti in dem Mitteilungsblatt der autonomen Region „Trentino-Südtirol" einen Teil der Geheimdiplomatie zwischen der ÖVP und der DC.

Ein Zipfel des Schleiers wurde von dem Geheimnis gelüftet, als der langjährige Leiter des Pressebüros („ufficio stampa") der autonomen Region „Trentino-Südtirol", Paolo Magagnotti, im Oktober 1990 in dem Mitteilungsblatt der Region einen Bericht über *„jenes geheime Treffen zwischen Degasperi und Figl"* veröffentlichte, welches auf Vermittlung des Geheimunterhändlers Moser 1952 in dessen Haus in Sachsenburg stattgefunden hatte. Die Informationen und die ebenfalls veröffentlichten dokumentarischen Bilder hatte Magagnotti offenbar direkt von Moser erhalten, den er auch mehrmals zitierte.

Im Jahre 2002 veröffentlichte die ehemalige Leiterin der Südtirol-Abteilung der Nordtiroler Landesregierung, Dr. Viktoria Stadlmayer, eine von Moser 1948 an Leopold Figl übermittelte Denkschrift, die ebenfalls einigen Einblick in Mosers Tätigkeit im Hintergrund des öffentlichen Geschehens gestattet. (Denkschrift Mosers, wiedergegeben in: Viktoria Stadlmayer: „Kein Kleingeld im Länderschacher. Südtirol, Triest und Alcide Degasperi 1945/1946", Innsbruck 2002, S. 298f)

Moser war nach Beendigung sowohl seiner politischen wie geschäftlichen Tätigkeit im Kärntnerischen Sachsenburg als Pensionist nach Wien gezogen, wo er dann im hohen Alter verstarb. Vor seinem Umzug nach Wien hatte er in Sachsenburg zahlreiche Dokumente, Berichte, Fotos, Briefe und Briefkopien einem guten Bekannten und Nachbarn überlassen, welcher diese Dokumentensammlung dem Autor dieses Buches zur Auswertung zugänglich machte.

Weitere bislang von der zeitgeschichtlichen Forschung nicht beachtete Dokumente einschließlich eines umfangreichen Briefverkehrs zwischen Moser und Leopold Figl fanden sich im Nachlass Figls im Niederösterreichischen Landesarchiv.

> Damit die zitierten Moser-Dokumente überprüfbar sind, hat der Autor den gesamten Aktenbestand Moser dem Österreichischen Staatsarchiv als Schenkung übergeben und Kopien in Papierform und als elektronische Dateien dem Tiroler Landesarchiv Innsbruck übermittelt.

Der vom Wehrdienst freigestellte Rudolf Moser hatte als Exportfachmann für das Deutsche Reich gewirkt

1936 waren unter dem Druck Adolf Hitlers alle österreichischen Wehrverbände unter Einschluss der „Ostmärkischen Sturmscharen" aufgelöst worden und dann war 1938 der Anschluss Österreichs an das Deutsche Reich erfolgt.

Moser hatte diesen Wechsel unbeschadet überstanden. Er besaß in Sachsenburg in Kärnten eine Weißpappen-Fabrik und hatte bereits während der Zeit des Ständestaates als Geschäftsführer des österreichischen Pappenkartells maßgeblich zur Gründung einer mit Zollvergütungen verbundenen *„übernationalen Konvention zwischen der österreichischen und der italienischen Pappenindustrie"* beigetragen und damit Exporterfolge für Österreich herbeigeführt. (Von Moser verfasstes „curriculum vitae" aus dem Jahr 1966. Archiv des Verfassers, Aktenbestand Moser.)

Nach dem „Anschluss" organisierte Moser nicht nur den Absatz seiner eigenen Produkte in Italien, sondern auch generell den Export von Pappe, Zellulose und Holzstoff der deutschen Industrie und deren Weiterexport in Drittländer. Das verschaffte dem Deutschen Reich Devisen und Moser die Freistellung vom Frontdienst in der Wehrmacht.

Aus Mosers Nachlass ist ein von ihm selbst mutmaßlich 1943 verfasster (mit Rechtschreibfehlern behafteter) Lebenslauf erhalten geblieben, in welchem Moser beschreibt, dass die *„Reichstagsrede des Führers am 30. Jänner 1939, wo er die Worte prägte ‚Deutsches Volk lebe, das heißt Exportiere oder stirb'"* ihn zu einem *„entscheidenden Entschluß brachte"*. *„Mir kam dabei zum Bewußtsein, wo ich meine Kenntniße und Fähigkeiten nutzbringend einsetzen konnte, umsomehr als durch Eliminierung der jüdischen Elemente es tatsächlich an Exportfachleuten fehlte. —— Ich trat an die neue Leitung der Vereinigte Papier Industrie A.G. vorerst mit einem Vorschlag heran um den von deutschfeindlicher Seite propagierten Warenboykott zu begegnen und zwar, daß dort wo erforderlich die Waren über Italien ausgeführt werde. —— Meine Anregung fand volles Verständniß und es entwickelte sich so ein namhafter und zusätzlicher Export."*

> Einen entscheidenden Entschluß brachte mir die Anhörung der Reichstagsrede des Führers am 30. Jänner 1939, wo er die Worte prägte: "Deutsches Volk lebe ... Exportiere ..."
> Mir kam dabei zum Bewußtsein, wo ich meine Kenntniße und Fähigkeiten nutzbringend einsetzen konnte, umsomehr als durch Eliminierung der jüdischen Elemente es tatsächlich an Exportfachleuten fehlte. ------ Ich trat an die neue Leitung der „Vereinigte Papier Industrie A.G. vorerst mit einem Vorschlag heran um den von deutschfeindlicher Seite propagierten Expres Warenboykott zu begegnen und zwar, daß dort wo erforderlich die Waren über Italien ausgeführt werde. ------ Meine Anregung fand volles Verständniß und es entwickelte sich so ein namhafter und zusätzlicher Export. Speziell in den ersten Kriegsmonaten konnten dadurch Deutsche Waren gegen freie Devisen nach allen Ländern versendet werden was auf direktem Weg nicht möglich war, denn England übte durch die Seekontrolle auch auf die neutralen Staaten den Zwang aus, daß diese deutsche Waren nicht mehr beziehen konnten.

Auszug aus dem von Moser verfassten Lebenslauf, undatiert, aber mutmaßlich aus dem Jahr 1943 stammend. (Lebenslauf Rudolf Moser, mutmaßlich von 1943, Archiv des Verfassers, Aktenbestand Moser.)

Moser entwickelte eine rege Vertriebstätigkeit in Italien für *„deutsche Erzeugnisse an Papier, Pappe, Zellulose und Holzstoff nach den Ländern des Mittelmeeres und der Lateinstaaten"*. Darüber berichtet er: *„Zu diesem Zweck trat ich mit führenden Persönlichkeiten der Wirtschaft des faschistischen Italien in Verbindung, welche zum Vorteil beider Staaten ihre Mitwirkung zusagten."*

Bei seinen häufigen und langen Aufenthalten in Italien kam Moser mit namhaften Persönlichkeiten des faschistischen Staates ebenso wie mit

katholischen Kreisen und dem Klerus in engen Kontakt. Moser war auch ein Vertrauensmann des Vatikans und wurde von Papst Pius XII. vor Kriegsende mehrmals in Rom persönlich empfangen. (Viktoria Stadlmayer: „Kein Kleingeld im Länderschacher. Südtirol, Triest und Alcide Degasperi 1945/1946", Innsbruck 2002, S. 111ff; sowie: Paolo Magagnotti: „I Retroscena di un Patto", in: „Il Corriere delle Alpi", 1 settembre 2010)

Rudolf Moser (hier in einer Aufnahme aus dem Jahre 1942) hatte Papst Pius XII. mehrmals persönlich Bericht erstattet.

Moser – ein Beinahe-NS-Verfolgter?

Nach dem Zweiten Weltkrieg hat Moser erklärt, er habe sich deshalb so häufig und so lange in Italien aufgehalten, weil er in seiner Heimat wegen seiner Vergangenheit als Funktionär des Ständestaates Verfolgung durch das NS-Regime habe befürchten müssen: *„1940/43 Stets in Gefahr, daß mein politischer Akt hervorgeholt wird, verbringe ich soviel als möglich Zeit in Italien."* (Von Moser verfasstes „curriculum vitae" aus dem Jahr 1966. Archiv des Verfassers, Aktenbestand Moser.)

Diese Rolle als Beinahe-NS-Verfolgter ist zweifelhaft. Der deutsche Reichsbürger Moser war als kriegswirtschaftlich wichtige Person vom Wehrdienst freigestellt. Er verbrachte schöne Zeiten im Urlaubsland Italien, während seine Alterskollegen in den russischen Steppen und vor Moskau und Stalingrad erfroren und verbluteten. Moser wäre jederzeit vom faschistischen Regime sehr rasch ausgeliefert worden, wenn dies die verbündeten NS-Behörden gewünscht hätten. Dass sein politischer Akt diesen Behörden durchaus präsent war, ist angesichts der jeweils zu genehmigenden Auslandsreisen als sicher anzunehmen. Moser berichtet zudem in seinen von ihm selbst verfassten Lebensläufen über keinerlei konkrete Bedrohungen durch den NS-Staat: Weder über eine polizeiliche Vorladung, noch über eine Drohung, ein Verhör, eine Anhaltung, zeitweise Inhaftierung oder eine sonstige Verfolgungsmaßnahme.

Ab 1945: Geheimer Verbindungsmann zwischen ÖVP und „Democrazia Cristiana" (DC)

Unmittelbar nach Kriegsende setzte Rudolf Moser als österreichischer Wirtschaftsfunktionär seine Tätigkeit im italienischen Raum fort. Als Vizepräsident zunächst des Kärntner Fachverbandes und ab 1949 des gesamtösterreichischen „Fachverbandes der Papier-, Zellulose-, Holzstoff und Pappenindustrie Österreichs" war Moser vor allem für den Export in das holzarme Italien tätig. Ab 1952 bekleidete Moser abwechselnd die Position eines Präsidenten und eines Vorstandsmitglieds des Inlandkartells und des Export-Zentralverkaufsbüros.

Seit März 1946 verhandelte Moser laufend in Rom über einen Güteraustausch mit den österreichischen Grenzländern und konnte Kompensationslieferungen zwischen Kärnten und Italien vereinbaren, bis eine zentrale Regelung Wien–Rom erreicht werden konnte. (Von Moser verfasstes „curriculum vitae" aus dem Jahr 1966. Archiv des Verfassers, Aktenbestand Moser.)

Insbesondere vermittelte Moser österreichische Papierlieferungen an die zahlungskräftigen katholischen Presseunternehmen und an katholische Organisationen in Italien. Er stand dabei in engem Kontakt zu italienischen DC-Politikern und zur österreichischen Gesandtschaft in Rom.

Bei seiner geschäftlichen Tätigkeit, die durchaus im Sinne der österreichischen Exportbestrebungen lag, stand Moser in enger Verbindung mit der österreichischen Gesandtschaft in Rom, die auch mit der finanziellen Abwicklung seiner Geschäfte zu tun hatte. Aus einem Brief des *„po-*

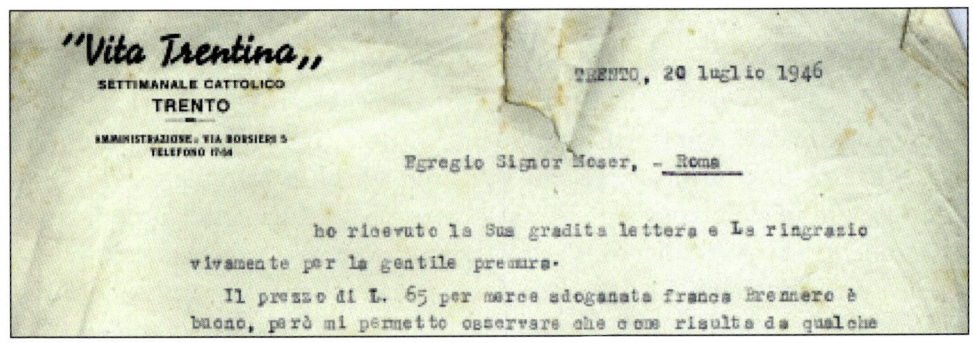

Aus einem Brief der katholischen Wochenzeitung „Vita Trentina" vom 20. Juli 1946 bezüglich einer von Moser vermittelten Papierlieferung. (Brief „Vita Trentina". Archiv des Verfassers, Aktenbestand Moser.)

litischen Vertreters der österreichischen Bundesregierung" in Rom, Adrian Rotter, an Rudolf Moser vom 12. Februar 1947 geht hervor, dass dieser seltsamerweise persönlich in eine finanzielle Abrechnung Mosers mit den FIAT-Werken eingebunden war.

```
                                          ROMA, 12. Februar 1947.
DER POLITISCHE VERTRETER
DER OESTERREICHISCHEN BUNDESREGIERUNG   VIALE BRUNO BUOZZI, 113
                                        TEL. 870-304

           Sehr geehrter, lieber Herr Präsident,

                   aus Ihrem Telegramm und Schreiben an Legationssekretär
           Dr. Buresch habe ich mit Vergnügen entnommen, dass Sie wieder
           fonische Verbindung zu erhalten. Die definitive Abrechnung mit
           den Fiat-Werken hat infolge der eingetretenen Preissteigerung
           einen Betrag von Lire 663.908 ergeben. Über diesen, von mir be-
           reits gezahlten Betrag könnte ich der Nationalbank die saldierte
           Rechnung vorlegen, sodass sich gegenüber der ersten Lieferung

Herrn                                              - 2 -
Präsident Rudolf M o s e r
M a i l a n d
Albergo Plaza

                   Mit den verbindlichsten Empfehlungen und besten Grüssen
               bin ich

                                          Ihr sehr ergebener
```

Auszüge aus dem Brief des österreichischen Gesandten in Rom, Adrian Rotter, an Rudolf Moser vom 12. Februar 1947. (Archiv des Verfassers – Aktenbestand Moser.)

Ein weiterer Ansprechpartner Mosers in der österreichischen Gesandtschaft in Rom war der Legationssekretär Dr. Buresch, welcher politische und geschäftliche Berichte Mosers als diplomatische Kurierpost nach Österreich befördern ließ.

Seit Beginn 1947 betätigte sich Moser in Zusammenarbeit mit österreichischen und italienischen Politikern für die Errichtung italienisch-österreichischer Handelskammern in Italien und half im Rahmen einer Aktion „italienische Arbeiter nach Österreich" Arbeitskräfte für Waldschlägerungen der österreichischen Holz- und Papierindustrie in Italien anzuwerben.

```
RUDOLF MOSER
   MILANO
P.zFiliberto 4
                                    Milano, 21. Mai 1947

        Herrn
        Dr. EUGEN BURESCH
        Sekräter in der
        Oesterreichischen Gesandschaft
        in R O M
        Vle Bruno Buozzi, 111


        Sehr geehrter Herr Doktor,

              Obwohl ich wieder ueber einen Monat in Italien bin, hat
        sich nicht die Gelegenheit ergeben nach Rom zu fahren, denn
        ich hatte mehr oder weniger immer in Mailand zu tun und andrer=
```

welchen ich Ihnen zu Ihrer Information beilege. Gleichzeitig
bitte ich Sie das inliegende Schreiben mittels Kurierpost an
Dr. Hurdess uebermitteln zu lassen. Auch fuer mich selber habe
ich mir erlaubt einen Brief beizulegen welcher kaufmaennische
Aufzeichnungen enthaelt und ich aus Sicherheitsgruenden ebenfalls
lieber durch Kurierpost befoerdert haben moechte. Ich bitte also

        Die oesterreichisch-italienischen Handelskammern sollen also
von Oesterreich aus 7 Delegierte entsenden und wurde Namens des
Landes Kaernten, resp. der dortigen Handelskammer, ich als Ver=
treter vorgeschlagen.

        Betreffend der Aktion "italienische Arbeiter nach
Oesterreich" haben Sie, sehr geehrter Herr Doktor, mit
meinem Freund Josef von Ehrfeld, Vizepraesident der Kaerntner
Handelskammer gesprochen . Ueberdies haben wir beide (Ehrfeld

Auszüge aus dem Brief Rudolf Mosers an den österreichischen Legationssekretär an der österreichischen Gesandtschaft in Rom, Dr. Eugen Buresch, vom 21. Mai 1947. In diesem Brief bat Moser, dass ein Schreiben von ihm an den damaligen ÖVP-Generalsekretär und Bundesminister Dr. Hurdes „mittels Kurierpost" befördert werde. (Durchschlag des Briefes im Archiv des Verfassers – Aktenbestand Moser.)

Der ausgezeichnet Italienisch sprechende Moser war auch als geheimer Verbindungsmann zwischen der ÖVP und der italienischen „Democrazia Cristiana" (DC) tätig.

Viele Jahre später hat Moser am 19. Dezember 1963 in einem Brief an den italienischen Ministerpräsidenten Aldo Moro es als Zielsetzung dieser Tätigkeit bezeichnet, *„unsere Freundschaft, als Bollwerk für eine christlich-demokratische Welt, immer aufrichtiger und herzlicher zu gestalten".* (Rudolf Moser: „Text meiner handgeschriebenen Glückwünsche an Aldo Moro", maschinschriftliche Notiz, Archiv des Verfassers – Aktenbestand Moser.)

Moser wusste natürlich, dass seine heikle Tätigkeit angesichts der gegen österreichische Westkontakte allergischen sowjetischen Besatzungsmacht sowie der emotionalen Einstellung der österreichischen Bevölkerung zur Südtirol-Frage nicht im Licht der Öffentlichkeit erfolgen durfte. In einem „Rückblick" hielt Moser dazu im Jahre 1978 fest, *„daß aus meinen intensiven Kontakten mit Spitzenfunktionären Österreichs und Italiens über meine Aktivität niemals eine Information an die Öffentlichkeit gelangt ist".*

```
Im allgemeinen ist festzustellen, daß aus meinen intensiven
Kontakten mit Spitzenfunktionären Österreichs und Italiens
über meine Aktivität niemals eine Information an die Öffent-
lichkeit gelangt ist.


Sachsenburg, 1978-06-12
```

(Rückblick von Rudolf Moser 1978. Archiv des Verfassers – Aktenbestand Moser.)

➤ Südtirol – Verbleib bei Italien oder Rückkehr zu Österreich? – Die Situation Ende 1945 und Anfang 1946

Südtiroler Petitionen an die Alliierten

Ende des Jahres 1945 war das weitere Schicksal Südtirols noch nicht entschieden. Am 11. September 1945 sollte in London die erste alliierte Außenministerkonferenz zur Vorbereitung des italienischen Friedensvertrages beginnen. Um vor Beginn der Konferenz die Haltung Tirols darzulegen, entschlossen sich die politischen Parteien, am 4. September 1945 eine Großkundgebung in Innsbruck abzuhalten, zu der die den Tirolern gewogene französische Besatzungsmacht ihre Zustimmung erteilte.

Im Sommer 1945 waren in Südtirol Unterschriftensammlungen für die Rückkehr Südtirols zu Österreich durchgeführt worden, die schon plebiszitären Charakter hatten. Der Fürstbischof von Brixen, Dr. Johannes Geisler, hatte im August ein Schreiben an die Alliierten gerichtet, in welchem er sie bat, Südtirol das Selbstbestimmungsrecht zu gewähren. Zur gleichen Zeit hatten sämtliche katholische Pfarrer Südtirols schriftliche Erklärungen abgegeben, in denen sie bezeugten, dass es der einhellige Wunsch der gesamten Bevölkerung ihrer Pfarrgemeinde sei, aus dem Staatsverband mit Italien auszuscheiden und wieder mit Nordtirol vereinigt zu werden. Diese Erklärungen waren auf heimlichem Weg über die von den Italienern streng kontrollierte Grenze nach Nordtirol zur „Landesstelle für Südtirol" bei der Tiroler Landesregierung gebracht worden. Von dort waren diese Dokumente in Kopien zusammen mit einer Petition des Fürstbischofs von Brixen dem britischen

Landhauskorrespondenz

VERANTWORTLICH FÜR DEN GESAMTINHALT: FRITZ WÖRTHLE
ERSCHEINT AN ALLEN WOCHENTAGEN UM 17 UHR, AN SAMSTAGEN UM 13 UHR

Beiträge und Zuschriften sind zu richten an Presseabteilung der Tiroler Landesregierung, Innsbruck, Landhaus, Zimmer 263

"ÖSTERREICH RUFT SÜDTIROL!"
=============================
S o n d e r a u s g a b e   d e r   "L H K".

Petition des Bischofs von Brixen und aller Südtiroler Geistlichen an die Alliierten

In Innsbruck ist eine für die alliierten Regierungen bestimmte Petition des Bischofs von Brixen und sämtlicher Südtiroler Seelsorger eingelangt, in der sie feierlich den einheitlichen Wunsch der Südtiroler deutschsprachigen und ladinischen Bevölkerung nach Rückkehr Südtirols zu Österreich kundtun. Jeder Seelsorger hat eine eigene Erklärung ausgefertigt. Diese Erklärungen sind durch ihre Unmittelbarkeit besonders eindrucksvoll. Sie sprechen davon, dass die Südtiroler vom brennenden Wunsch nach einer Trennung von Italien und der Wiedervereinigung des alten Landes Tirol beseelt sind.

+

Im Briefe seiner Exz. des Fürstbischofs Johannes Geisler an den englischen Ministerpräsidenten Sir A t t l e e heisst es:

Eure Exzellenz! Vertreter der Südtiroler Geistlichkeit überreichten mir die beiliegenden Sammlung von Unterschriften wodurch die Gesamtheit der Südtiroler Seelsorger bezeugt, dass es der brennendste Wunsch der Südtiroler ist, dass ihr Land mit den übrigen Teilen Tirols und mit Österreich wiedervereinigt wird. Sie baten mich, dieses ihr Verlangen Eurer Exzellenz zu unterbreiten.

Die ganze Bevölkerung meiner Seelsorge - Aberstückl-Sarnthein sehnt sich, nach widerrechtlicher Trennung von 25 Jahren, mit dem übrigen Tirol vereinigt zu werden, mit dem es 700 Jahre verbunden war.

Aberstückl - Sarnthein, 6. August 1945

Der Seelsorger
Jakob Plattner
Kurat

*F.B. EXPOSITUR ABERSTÜCKL * SARNTAL*

Feb. Propstei u. Stadtpfarramt Bozen

Erklärung

Der gefertigte Stadtpfarrer von Bozen spricht es als seine Überzeugung aus und kann es auch täglich im Gespräche mit der deutschsprachigen Bevölkerung hören, daß es der einstimmige Wunsch der deutschen Bevölkerung von Bozen ist, Südtirol mit Nordtirol und Österreich wieder vereint zu sehen.

Bozen, am 7. August 1945

Josef Kolser,
Propst und Stadtpfarrer

In der „Landhauskorrespondenz" informierte die Tiroler Landesregierung die Öffentlichkeit über die Forderung aller Südtiroler Geistlichen einschließlich des Fürstbischofs Dr. Johannes Geisler nach Selbstbestimmung. (LHK Landhauskorrespondenz, Sonderausgabe „Südtirol ruft Österreich", Innsbruck undatiert. Im Besitz des Verfassers. Aus dem aktuellen Bericht über die Südtirol-Kundgebung in Innsbruck geht hervor, dass diese Ausgabe der LHK Anfang September erschienen sein muss.)

Ministerpräsidenten Attlee sowie den anderen alliierten Regierungschefs übermittelt worden. Die beeindruckende Sammlung der Originale befindet sich heute im Tiroler Landesarchiv.

Boten hatten heimlich die Erklärungen sämtlicher deutsch-ladinischen Pfarrer Südtirols über die von den Italienern abgeriegelte Grenze nach Nordtirol gebracht. Dort wurden Kopien der Erklärungen angefertigt und an alle alliierten Mächte übersandt. In seinen Erklärungen sprach der Klerus wohl mit Recht im Namen der Südtiroler Bevölkerung. Die Erklärungen aller katholischen Pfarrer Südtirols liegen heute noch im Original im Tiroler Landesarchiv auf. (Tiroler Landesarchiv Innsbruck, Amt der Tiroler Landesregierung, Referat Südtirol, Jahr ca. 1957–1990, Karton 26)

Die Nordtiroler Geistlichkeit hatte im Juli 1945 das Begehren der Südtiroler mit einer eigenen von hohen Klerikern unterzeichneten Petition unterstützt und gefordert, *„einem friedlichen, braven, an Freiheit gewöhnten Volke seinen sehnlichsten Wunsch nach Widervereinigung mit den Brüdern in Nordtirol und Österreich nicht zu versagen"*.

Zusammen mit dem Klerus Süd- und Nordtirols hatten auch sämtliche Bezirks- und Ortsobmänner der „Südtiroler Volkspartei" (SVP) in nahezu gleichlautenden Erklärungen bekundet, dass es der einhellige Wunsch der von ihnen vertretenen Bevölkerung sei, dass Südtirol wieder mit Nordtirol vereinigt werde. Zum gleichen Zeitpunkt baten auch die Ladiner von Cortina d'Ampezzo in einem eigenen Memorandum darum, wieder zu Tirol und zu Österreich zurückkehren zu dürfen.

Vor dem Hintergrund dieser Geschehnisse und dieser Stimmungslage sollte nun die Großkundgebung in Innsbruck abgehalten werden, um aller Welt die gerechten Forderungen der Tiroler mitzuteilen.

Der Verfasser der Denkschrift der Nordtiroler Geistlichkeit war der katholische Priester Monsignore Franz Kolb. Dieser hatte bereits im Ersten Weltkrieg als Feldkurat an der Südfront gestanden und war nach dem Krieg von den faschistischen Behörden wegen seiner tirolischen Gesinnung aus Brixen nach Österreich abgeschoben worden. Danach war er als Religionslehrer in Innsbruck und Volders tätig. Als Nationalratsabgeordneter in Wien hatte er am 23. Februar 1928 vor dem Parlament eine Rede gehalten, in der er die faschistische Politik anprangerte. Kolb war Landeskurat der Nordtiroler Schützen und trat mit ganzer Kraft und aus vollem Herzen für die deutsche und ladinische Volksgruppe in Südtirol ein. Er starb im Jahre 1959, kurz vor der großen Landesfeier, an deren Vorbereitung er mit aller Kraft mitgewirkt hatte.

> Diese Denkschrift wurde, ins Englische übertragen, der Friedenkonferenz in Paris überreicht.
> Verfasser: Prof.Dr.Franz Kolb.

Denkschrift

An der Schwelle einer gerechten und dauernden Neuordnung der Welt durch die vereinigten freien Nationen fühlt sich die katholische Geistlichkeit Nordtirols im Gewissen verpflichtet, vor diesen freien Nationen und besonders den Großen unter ihnen ihre Stimme für die Wiedergutmachung des faschistischen Unrechtes an ihren Brüdern in Südtirol zu erheben und für die Wiederherstellung der geschichtlichen Einheit Tirols durch dessen Angliederung an das neue Österreich einzutreten.

Mit großer Dankbarkeit würde das Volk Tirols dann in aller Zukunft sich daran erinnern, daß die großen freien Nationen ihm die ersehnte Einheit gegeben haben, während Hitlers seinerzeitige Garantien der Brennergrenze durch das Herz Tirols gegangen sind. Aus allen diesen Gründen bittet die katholische Geistlichkeit Tirols, welche mit diesem Volke eng verwachsen und seinem Schicksal verpflichtet ist, die vereinigten freien Nationen im Namen des Rechtes und der Menschlichkeit einem friedliebenden, braven, an Freiheit gewöhnten Volke seinen sehnlichsten Wunsch nach Wiedervereinigung mit den Brüdern in Nordtirol und Österreich nicht zu versagen.

Im Namen der Geistlichkeit von Tirol

Kassian Lechleitner e.h.
bischöfl. Kanzler

Michael Weiskopf e.h.
Administrationsrat

Dr. Joseph Resch e.h.
Administrationsrat

Josef Danler e.h.
Administrationsrat

Innsbruck, im Juli 1945

Aus der Denkschrift des Nordtiroler Klerus. (Tiroler Landesmuseum Ferdinandeum, Innsbruck. Bibliothek.)

S.V.P. Meran (Bezirksausschuß)

Das alte Herz- und Kernland Tirols, in dem seine Stammburg steht, Meran, Burggrafenamt und Passeier, erheben durch die Unterfertigten, welche die legitimen Vertreter der Südtiroler Volkspartei für diesen ganzen Bezirk und dessen sämtliche Gemeinden sind, die Stimme zu den Alliierten Mächten, dass die geschichtlich geographisch und wirtschaftlich begründete Einheit Tirols wieder hergestellt und Südtirol an Oesterreich angeschlossen werden wolle allenfalls nach dem man sich durch eine freie Volksabstimmung von dem Willen der Südtiroler Bevölkerung überzeugt hat.

Der Bezirksobmann: Klotzner Hans

Ort	Name	Ort	Name
Unser Frau in Schnals	Gurschler Johann	Platt - Moos	Gamsmoser Alois
Karthaus	Grüner Peter	Vöran	Mittelberger Anton
Katharinaberg	Gorfer Alois	Hafling	Eschgfäller Franz
Naturns	Tranter Anton	Gargazon	Gruber Johann
Partschins	Mayr Alois	Burgstall	Reichhalter ...
Algund	Maurer ...	Nals	Pörfler Josef
Tirol	Baur Alois	Lana	Mock Josef
Gratsch	Schnarwanger	Ulten	Tratter Franz
Meran	Klotzner Hans	Tscherms	... Toeggler
Untermais	Ferdinand Fük	Marling	Dipperle Alois
Obermais	Franz Innerhofer	Tisens	Mair Franz
Schönna	Matthias Pixl	Laurein	Heger Josef
Kuens	Josef Rtl	St. Felix	Josef Geiser
Riffian	Josef Kröss	Unsere Frau im Walde	Kofler Alois
St. Martin	Pf. Luis Walnöfer	Proveis	Menghin Sebastian
St. Leonhardt	Gufpamer Karl		

Die Landhauskorrespondenz teilte in ihrer Sonderausgabe „Südtirol ruft Österreich" mit, dass sämtliche Bezirke der Südtiroler Volkspartei den Anschluss an Österreich wünschten. (LHK Landhauskorrespondenz, Sonderausgabe „Südtirol ruft Österreich", Innsbruck undatiert. Im Besitz des Verfassers) Die Erklärungen der SVP-Bezirks- und Ortsobmänner Südtirols, von denen eine hier wiedergegeben ist, liegen als Originale im Tiroler Landesarchiv auf. (Tiroler Landesarchiv Innsbruck, Amt der Tiroler Landesregierung, Referat Südtirol, Jahr ca. 1957–1990, Karton 26)

> **Ganz Südtirol hat nur einen Wunsch: Wiedervereinigung mit Österreich**
>
> Sämtliche Bezirke der Südtiroler Volkspartei haben an die Alliierten eine Petition gerichtet, in der der brennende Wunsch aller Südtiroler, mit Österreich wieder vereint zu werden, zum Ausdruck kommt. Die Südtiroler Volkspartei ersucht die Alliierten Regierungen, den Anschluss Südtirols an Österreich zu verfügen oder wenigstens eine freie Willensäusserung im Sinne der Atlantik Charta zu ermöglichen.
>
> Besonders interessant ist ein Memorandum der ladinischen Bevölkerung von Cortina-Hayden (Cortina d'Ampezzo). Wenn hier die Bevölkerung um Wiedervereinigung mit Tirol und Österreich bittet, so gibt sie dem Wunsche des gesamten ladinischen Volksstammes Ausdruck. Die Ladiner hatten schon 1918 fast **h u n d e r t p r o - z e n t i g** für Österreich gestimmt und wurden dafür von den Italienern entsprechend behandelt. Die krampfhaften Bemühungen, das uralte Bergvolk zu italienisieren, hatten jedoch keinen Erfolg. Einstimmig bekunden nun die Ladiner ihre Verbundenheit mit den deutsch sprechenden Südtirolern und die Kluft, die sie von den Italienern trennt.

100.000 Menschen fordern in Innsbruck die Landeseinheit – Landeshauptmann Dr. Gruber gegen Autonomielösung

Am 4. September 1945 versammelten sich in Innsbruck nach alliierten Schätzungen nahezu 100.000 Menschen. Allein auf dem großen Platz zwischen Hofburg und Landestheater standen dicht gedrängt etwa 40.000 Kundgebungsteilnehmer, als Landeshauptmann Dr. Karl Gruber vor das Mikrophon trat, die Rückkehr Südtirols zu Österreich forderte

Schlagzeile auf der Titelseite der „Tiroler Tageszeitung" vom 5. Sept. 1945 und die von Landeshauptmann Dr. Karl Gruber vorgetragene Forderung an die alliierten Mächte.

und die italienischen Vorschläge einer Autonomielösung klar ablehnte: *„Niemals wird eine bloße Autonomie für Südtirol eine Lösung seiner politischen und wirtschaftlichen Schwierigkeiten bedeuten. Südtirol würde ein dauernder Unruheherd im italienischen Volkskörper sein und würde stets nur den internationalen Ruf des wiederaufstrebenden Italien belasten."* („Tiroler Tageszeitung" vom 5. September 1945)

Die Kundgebung schloss mit einer von Dr. Gruber verlesenen Entschließung: *„Das Volk des österreichischen Tirol richtet an die Regierungen der alliierten Mächte die inständige Bitte, bei Neuregelung der europäischen Grenzen Südtirol wieder in den vielhundertjährigen Verband mit Österreich zurückzuführen und damit den Leiden der vom Faschismus roh unterdrückten Stammesbrüder sowie dem Elend der durch den Umsiedlungsvertrag Hitler-Mussolini vertriebenen Landsleute ein Ende zu bereiten. Österreich ruft Südtirol, Südtirol ruft Österreich"*. (Landhauskorrespondenz, Sonderausgabe „Österreich ruft Südtirol", Innsbruck 1945, S. 31. Archiv des Verfassers)

Landeshauptmann Dr. Gruber verlas den Appell an die alliierten Mächte.
(Ausschnitt aus einer Flugschrift der Tiroler Landesregierung von 1946. Archiv des Verfassers.)

Die mächtige Kundgebung des 4. September 1945 auf dem Rennweg in Innsbruck.

Die provisorische Regierung Renner fordert die Rückkehr Südtirols
Am 5. September 1945 beschloss der Kabinettsrat der provisorischen und vorläufig nur von den Sowjets anerkannten Regierung Renner auf Antrag des Staatskanzlers Dr. Karl Renner (SPÖ), eine Resolution an die Alliierten zu senden, die ab dem 11. September 1945 in London über den italienischen Friedensvertrag beraten würden. In diesem Memorandum forderte Österreich eine Volksabstimmung in Südtirol einschließlich der abgetrennten und den Provinzen Trentino und Belluno zugeschlagenen deutschen und ladinischen Gebiete.

Nur „kleinere Grenzänderungen" oder doch Rückkehr Südtirols?
Am 14. September 1945 fassten die alliierten Außenminister den vorläufigen Beschluss, die Grenze zu Italien vorbehaltlich *„kleinerer Grenzänderungen" („minor rectifications")* unverändert zu lassen. (Records of Decisions of the Third Meeting, In: „Foreign Relations of the United States", Department of State Publication, Historical Office, Bureau of Public Affairs. 1945 Bd. II)

Aus der Sicht der Amerikaner war aber die Frage einer allfälligen Volksabstimmung in Südtirol unabhängig von diesem Beschluss zu behandeln. Am 26. September 1945 einigte sich die erste österreichische Länderkonferenz darauf, dass die Regierung Renner um mehrere Politiker aus den westlichen Bundesländern erweitert werden sollte. Der bisherige Tiroler Landeshauptmann Dr. Karl Gruber (ÖVP) sollte Unterstaatssekretär für das Ressort Äußeres werden.

Damit war die Regierung Renner auch für die Westmächte akzeptabel geworden, welche diese am 20. Oktober 1945 anerkannten.

Am 3. Oktober 1945 forderte die umgebildete Regierung Renner auf einer Großkundgebung in Wien erneut die Rückkehr Südtirols. Staatskanzler Dr. Renner (SPÖ) bezeichnete die Brennergrenze als *„schneidendes Schwert mitten im Herzen eines Volksstammes"* und der Wiener Bürgermeister Theodor Körner (SPÖ) forderte die Selbstbestimmung für Südtirol. Der Staatssekretär ohne Portefeuille in der provisorischen Staatsregierung Renner und spätere Bundeskanzler Leopold Figl (ÖVP) erklärte in seiner Rede Südtirol zur *„Herzensangelegenheit"* aller Österreicher.

Leopold Figl:
Südtirol ist „Herzensangelegenheit"!

Am 29. Oktober 1945 notierte der Generalsekretär für die Auswärtigen Angelegenheiten in der österreichischen Staatskanzlei, Dr. Heinrich Wildner, in sein Tagebuch, dass der US-Diplomat und Political Adviser in Wien, John. G. Erhardt, dem neuen Unterstaatssekretär Dr. Gruber erklärt habe, er und die US-Regierung seien ebenso wie die Franzosen für eine Rückgabe Südtirols an Österreich. (Bundesministerium für europäische und internationale Angelegenheiten (Hrsg.): „Ich bestelle Sie hiermit zur Leitung des Außenamtes ... Das Tagebuch von Heinrich Wildner 1945", Wien 2010, Notiz Wildners vom 29. Oktober 1945)

Am 5. November 1945 richtete der neue Unterstaatssekretär Dr. Gruber eine Note an den Alliierten Rat, in welcher die Wiedervereinigung Tirols gefordert wurde. (Haus-, Hof- und Staatsarchiv. BKA-AA, Sekt. II Pol., Südtirol Dokumentationen 1945, Karton 6, Mappe „Akten Gesandtschaft Paris", Fasz. O., ohne Zl.)

Nach den ersten Parlamentswahlen vom 25. November 1945, in denen die „Österreichische Volkspartei" (ÖVP) mandatsstärkste Partei wurde, wurde Leopold Figl (ÖVP) Kanzler einer neuen Koalitionsregierung. Dr. Renner (SPÖ) wurde von der Bundesversammlung zum Staatspräsidenten bestellt.

Am 23. Dezember 1945 verlautbarte die neue Bundesregierung, dass sie weiterhin den Anspruch auf die Wiedereingliederung Südtirols erhebe. („Tiroler Tageszeitung" vom 24. Dezember 1945)

Am gleichen Tag notierte der Generalsekretär für die Auswärtigen Angelegenheiten, Dr. Heinrich Wildner, in sein Tagebuch, dass ihm der nunmehrige Außenminister Dr. Karl Gruber erklärt habe, die Amerikaner hätten ihm gesagt: *„Auch die Südtiroler Sache würde gehen, nur müsste bei den Elektrizitätswerken etwas gemacht werden."* (Bundesministerium für europäische und internationale Angelegenheiten (Hrsg.): „Ich bestelle Sie hiermit zur Leitung des Außenamtes ... Das Tagebuch von Heinrich Wildner 1945", Wien 2010, Notiz Wildners vom 23. Dezember 1945)

Volksabstimmung als Ausweg aus dem Dilemma der Alliierten?

Trotz des ablehnenden Beschlusses der Alliierten vom 14. September 1945 war die Südtirol-Frage in Wahrheit noch nicht entschieden. Am 3. Jänner 1946 verfasste der Abteilungschef für mitteleuropäische Angelegenheiten im State Department in Washington, James W. Riddleberger, ein Memorandum, in welchem er die Wiedereröffnung der Debatte über eine Rückkehr Südtirols zu Österreich für notwendig erklärte. Er und der Abteilungschef der Südost-Abteilung, Samuel Reber, gaben am 11. Jänner 1946 folgende Empfehlung ab: Die USA sollten in der Außenministerkonferenz einer einfachen Abtretung Südtirols an Öster-

reich entgegentreten, jedoch sollte *„eine Lösung des Problems durch Abhaltung einer Volksabstimmung berücksichtigt werden"*.
Dementsprechend wurde der amerikanische Delegierte in London angewiesen, *„keine Gelegenheit zur Diskussion des Vorschlags der Volksabstimmung"* zu versäumen. („Foreign Relations of the United States", Department of State Publication, Historical Office, Bureau of Public Affairs. 1946 Bd. V, S. 186f)
Im britischen Außenministerium war man noch zu keiner abschließenden Beurteilung gelangt, wenngleich der Leiter des „Western Department", Hoyer-Millar, am 27. Jänner 1946 dem auf Besuch weilenden US-Kollegen Samuel Reber von der Südost-Abteilung des State Department mitteilte, dass nach Meinung des britischen Foreign Office *„die Österreicher alles in allem den besseren Anspruch auf Südtirol hätten"*. Noch sei allerdings keine Entscheidung getroffen worden. Samuel Reber erwiderte, dass auch Washington noch unentschlossen sei. (FO 371/57057. Aktensammlung des britischen Foreign Office in Kew Gardens)

Washington wünscht die Volksabstimmung
In Washington hielt man die Abhaltung einer Volksabstimmung für einen guten Ausweg aus dem Dilemma. Am 30. Jänner 1946 erhielt der stellvertretende US-Außenminister James Clemont Dunn in London die telegrafische Anweisung des US-Außenminister Byrnes, bei der Beratung der Außenminister-Stellvertreter über den italienischen Friedensvertrag eine Volksabstimmung in Südtirol als *„ein faires Mittel"* der Entscheidung über dessen künftige staatliche Zugehörigkeit vorzuschlagen. (Informationstelegramm des US-Außenministers Byrnes Nr. 207 an die Botschaften in Paris, London und Wien vom 6. März 1946. SECRET. National Archives Washington, RG-84, 715-South Tyrol)

Rom lockt mit Autonomieversprechungen – Wien lehnt ab
Italien hatte gegenüber den westlichen Alliierten argumentiert, dass die oberitalienische Industrie von der Südtiroler Wasserkraft abhängig sei. Südtirol müsse bei Italien bleiben, denn ein kommunistisch gewordenes Österreich könne der oberitalienischen Industrie den Strom abdrehen, für eine unhaltbare soziale Lage sorgen und damit eine revolutionäre Lage in den italienischen Ballungszentren herbeiführen.
Zum gleichen Zeitpunkt lockte Rom mit Versprechungen, den Südtirolern eine Autonomie zu gewähren.
Am 21. Jänner 1946 erklärte jedoch der italienische Ministerpräsident Degasperi in der „Consulta", der eingesetzten und noch nicht gewählten italienischen Nationalversammlung, dass die geplante Autonomie sich

nicht allein auf Südtirol erstrecken, sondern sich auf das gesamte *„tridentinische Venezien"* beziehen müsse. Damit war die Katze aus dem Sack! Im Rahmen einer solchen „Autonomie" würden die Südtiroler einer erdrückenden italienischen Mehrheit gegenüberstehen.

Am 24. Jänner 1946 richtete der österreichische Bundeskanzler Dr. Figl ein Telegramm an die Vertreter der vier alliierten Mächte in Wien, in welchem er den italienischen Autonomie-Vorschlag zurückwies, weil dieser keine Lösung des Problems bringe. (Haus-, Hof- und Staatsarchiv. BKA-AA, Sekt. II Pol., Südtirol Dokumentationen 1946, Karton 1, Italien 9, Grenzfragen. Zl. 110.149 pol./46)

Am 31. Jänner 1946 bekräftigte Außenminister Dr. Gruber diesen Standpunkt auf einer Pressekonferenz in Wien.

➤ Sollen wir über die Grenze streiten? – Die Zukunft Tirols: „Brücke" und „Ein Land in zwei Staaten"

Läuft hinter der Bühne bereits eine andere Politik? –
Dr. Gruber teilt der italienischen Seite mit: Die Regierung dämmt die Südtirol-Agitation ein und bremst!

Es gibt jedoch Anzeichen dafür, dass hinter der Bühne offizieller österreichischer Auftritte und Forderungen bereits auf zwei verschiedenen Ebenen eine andere Politik eingeleitet wurde.

Auf der ersten Ebene der offiziellen Außenpolitik begann der mit den Amerikanern eng zusammen arbeitende Außenminister Dr. Gruber von den bisherigen Positionen abzurücken.

Am 4. Februar 1946 traf sich der mit der italienischen Handelsdelegation in Wien eingetroffene Diplomat des italienischen Außenamtes, Maurilio Coppini, erneut mit Außenminister Dr. Gruber. Über diese Besprechung fertigte der Generalsekretär für die Auswärtigen Angelegenheiten, Dr. Heinrich Wildner, eine Aktennotiz an. Darin hieß es, dass der Italiener dem Außenminister Dr. Gruber vorwarf, dass die österreichische Regierung öffentlich für die Rückkehr Südtirols eintrete.

„Coppini fand, dass die Agitation für Südtirol zu sehr von oben betrieben werde und dass die österreichische Regierung in dieser Beziehung zu viel spreche."

Der Außenminister beeilte sich, diesen Eindruck zurechtzurücken. *„Dr. Gruber erwiderte ihm, dass im Gegenteil die Regierung sich bemühe, die von unten heraufdrängende Agitation einzudämmen."*

In Rom habe man einen falschen Eindruck von den Absichten der österreichischen Bundesregierung bekommen. Wildner hielt in der Aktennotiz fest, was Gruber dazu sagte: *„Dr. Gruber hat den Eindruck, dass die italienische Regierung falsch informiert sei, soweit die hiesige Stimmung in Betracht kommt. Die Regierung bremse, aber das österreichische Volk wolle absolut Südtirol zurück haben."*

Coppini zeigte sich besänftigt. Wildner notierte: *„Coppini will in diesem Sinne aufklärend berichten."*

> SÜDTIROLER FRAGE.
> Unterredung des Ministers mit Herrn Coppini am 4.2.1946.
>
> Coppini wollte den Wortlaut der von der Bundesregierung an den Alliierten Rat in der Südtiroler Frage gerichteten Note haben. Der Bundesminister hat diesem Ansuchen nicht entsprechen können, dagegen zugesagt, dass ihm das Wirtschaftspolitische Exposé über Südtirol zugestellt werden wird.
> Coppini fand, dass die Agitation für Südtirol zu sehr von oben betrieben werde und dass die österreichische Regierung in dieser Beziehung zu viel spreche. Dr. Gruber erwiderte ihm, dass im Gegenteil die Regierung sich bemühe, die von unten heraufdrängende Agitation einzudämmen. Das Benehmen
>
> Gruber hat den Eindruck, dass die italienische Regierung falsch informiert sei, soweit die hiesige Stimmung in Betracht kommt. Die Regierung bremse, aber das österreichische Volk wolle absolut Südtirol wieder zurückhaben.
> Coppini will in diesem Sinne aufklärend berichten. Er erneuerte den Antrag, einen inoffiziellen Vertreter in Rom zu bestellen, damit auch er hier bleiben könne. Dr. Gruber würde in dieser Beziehung an einen Vertreter des Warenverkehrsbüros denken.
> Wien, am 7.2.1946.
> Wildner

Aus der Aktennotiz des Generalsekretärs für die Auswärtigen Angelegenheiten, Dr. Heinrich Wildner, SÜDTIROLER FRAGE. Unterredung des Ministers mit Herrn Coppini am 4. 2. 1946. (Haus-, Hof- und Staatsarchiv. BKA-AA, Sekt. II Pol., Südtirol Dokumentationen 1946, Karton 2, Italien 9, Zl. 111.038 pol/46.)

Außenminister Dr. Gruber verlässt unter britischem Druck eigenmächtig die Forderung nach Selbstbestimmung

Hinter den Kulissen versuchten die Briten die österreichische Selbstbestimmungsforderung zu torpedieren und versuchten eine österreichische Zustimmung zu lediglich *„kleineren Grenzberichtigungen"* zu erlangen. Dazu wurden im Foreign Office verschiedene Vorschläge ausgearbeitet, die alle in verschiedenen alternativen Varianten auf eine nochmalige Teilung Südtirols hinausliefen.

Ohne Genehmigung des österreichischen Ministerrates ließ Außenminister Dr. Karl Gruber am 10. April 1946 den österreichischen Vertreter in Paris, den Gesandten Bischoff telefonisch darüber informieren, dass Österreich die bislang als unabdingbar bezeichnete Forderung nach Selbstbestimmung nun fallen lasse und als *„geringe Grenzberichtigung"* eine Grenzlinie südlich von Brixen vorschlage. Dem Gesandten wurden per Post dazu noch der Vorschlag in Schriftform sowie Landkarten mit dem vorgeschlagenen Grenzverlauf nachgereicht. Dem britischen Political Adviser in Wien, W. B. Mack, übergab Gruber diesen Vorschlag persönlich in Schriftform und bat um strikte Vertraulichkeit. (Näheres dazu einschließlich der Zitierung amtlicher Dokumente in: Helmut Golowitsch – Walter Fierlinger: „Kapitulation in Paris. Ursachen und Hintergründe des Pariser Vertrags 1946", Schriftenreihe zur Zeitgeschichte Tirols, Bd. 7, Nürnberg-Graz 1989, S.173ff und 183ff)

Der ÖVP-Geheimunterhändler Moser fährt zu einem Geheimtreffen mit Degasperi nach Rom

Parallel dazu und ohne Wissen des Außenministers Dr. Gruber wurde die italienische Seite auch auf der zweiten Ebene parteipolitischer Beziehungen vertraulich darüber in Kenntnis gesetzt, dass die österreichische Seite auch mit einer Autonomielösung anstelle eines Plebiszits einverstanden sein würde.

Am 3. April 1946 traf der Figl-Freund und ÖVP-Vertrauensmann Rudolf Moser auf Vermittlung eines Trentiner Priesters in Rom den italienischen Ministerpräsidenten Alcide Degasperi an dessen 65. Geburtstag in Rom. Degasperi empfing ihn in seinem Amtssitz, dem Palazzo Viminale. Es ging unter anderem um *„rascheste Ermöglichung des Güteraustausches Italiens mit den österreichischen Grenzländern."* (Von Moser verfasstes „curriculum vitae" aus dem Jahr 1966. Archiv des Verfassers, Aktenbestand Moser.)

Ein weiteres wichtiges Generalthema war aber die Vertiefung der christlich-demokratischen Freundschaft zwischen Wien und Rom. Diesem Vorhaben stand ein Hindernis im Wege: Die offizielle Forderung Österreichs nach der Rückgliederung Südtirols.

Der österreichische Bundeskanzler Leopold Figl hatte in seiner Regierungserklärung vom 21. Dezember 1945 erklärt gehabt: *„Eines aber ist für uns kein Politikum, sondern eine Herzenssache, das ist Südtirol. Die Rückkehr Südtirols nach Österreich ist ein Gebet jedes Österreichers."* (Sten. Prot. d. NR. Sitzung, V.G.P. – 21. Dezember 1945)

Moser setzte nach dem Urteil der langjährigen Leiterin der Südtirol-Abteilung der Nordtiroler Landesregierung, Dr. Viktoria Stadlmayer, bei diesem Zusammentreffen mit dem italienischen Ministerpräsidenten eine Aktion, *„die Degasperi den Eindruck vermitteln mußte, daß die österreichische Regierung selbst nicht an einen Erfolg ihrer Südtirolpolitik glaube".* (Viktoria Stadlmayer: „Kein Kleingeld im Länderschacher. Südtirol, Triest und Alcide Degasperi 1945/1946", Innsbruck 2002, S. 111)

Das Treffen war auf hoher Ebene gut vorbereitet worden

Das Treffen Moser-Degasperi war hinter den Kulissen auf hoher Ebene gut vorbereitet worden. Für eine Geschäftsreise nach Bozen hatte die französische Militärregierung Moser einen Grenzübertrittsschein ausgestellt. Für die Weiterreise nach Rom war auf italienischer Seite bereits durch Ministerpräsident Degasperi persönlich vorgesorgt worden. Dieser musste über die Bedeutung des Treffens also vorinformiert gewesen sein.

Moser berichtet darüber in einem im Jahr 1974 an ÖVP-Politiker und Funktionäre versandten Rückblick: *„Nach Beendigung des Krieges konnte ich endlich im März 1946 mit einem laissez passer der französischen Besatzungsbehörden den Brenner überschreiten. In Bozen angelangt, begab ich mich sogleich zum Quästor der Stadt, welcher im Auftrag und gemäß Verfügung des Ministerpräsidenten, mir die Dokumente übergab, um nach Rom weiterreisen zu können. (Damals gab es keinerlei Eisenbahnverkehr in Italien; die Fahrt im Autobus Bozen – Rom dauerte 22 Stunden)."* (Moser-Rundschreiben „Ein frohes und gesegnetes Weihnachtsfest, ein glückliches, erfolgreiches Neues Jahr 1975, Advent 1974, ‚EXCITA, DOMINE, CORDA NOSTRA', „RÜTTLE AUF, O HERR, UNSERE HERZEN"". Archiv des Verfassers, Aktenbestand Moser.)

Österreichs Verzicht – Südtirol soll „Brücke" werden

Rudolf Moser berichtete weiter: *„Am 3. April wurde ich vom Präsidenten im Palazzo Viminale (Sitz des Ministerpräsidenten) empfangen. Bald nach erfolgter Begrüßung fragte mich der Präsident verbittert und sichtlich gereizt, ‚ob vielleicht auch Österreich eines der Siegerstaaten sei, nachdem dieses italienisches Staatsgebiet beanspruche.' Tatsächlich hatten in mehreren Hauptstädten der österreichischen Länder Protestkund-*

Moser war von Degasperi in seinem römischen Amtssitz im Palazzo Viminale empfangen worden.

gebungen gegen Italien stattgefunden, in welchen die territoriale Rückgabe Südtirols verlangt werde."

Zu dem Zeitpunkt des geheimen Treffens Moser-Degasperi forderte, wie Degasperi bekannt war, der österreichische Bundeskanzler Figl noch offiziell die Wiedervereinigung Tirols.

Mosers Bericht zufolge hatten Degasperi und er sich in diesem Gespräch jedoch *„die Existenz eines enormen Blocks des mächtigen bolschewistischen Rußlands"* vor Augen gehalten, dem ein *„Klein-Europa, aufgeteilt in 18-19 mittlere und kleine Staaten"* gegenüberstehe.

Österreich und Italien seien bemüht, *„ihre eigenen Länder auf christlicher Basis und jener einer freien Demokratie aufzubauen"*. Sollten diese daher *„nicht die Notwendigkeit einer Gemeinsamkeit, das heißt, der loyalen Zusammenarbeit erkennen"*?

Dieser Zusammenarbeit stünde jedoch Südtirol als *„Ursache der Zwistigkeit"* und als *„Barriere"* im Wege. *„Spontan"*, so berichtet Moser, sei aber dann *„die Lösung gefunden worden: ‚Dieses Gebiet soll die Brücke werden! ... Kein Streit, kein Gegensatz um Verschiebung der Nordgrenze Italiens, aber eine gemeinsame und einvernehmliche Überwindung derselben."* (Moser-Rundschreiben „Ein frohes und gesegnetes Weihnachtsfest, ein glückliches, erfolgreiches Neues Jahr 1975, a.a.O.)

Moser hat hier eine schöne Umschreibung der österreichischen Verzichtsbereitschaft gefunden.

Keine Barriere mehr, sondern Brücke! Überwindung der Grenze – indem man dieselbe bestehen ließ! Das waren Floskeln, mit denen man noch jahrzehntelang den ÖVP-Funktionären diese Preisgabe Südtirols als beispielhafte europäische Friedenstat schmackhaft machen sollte. So wie auch zu Mosers Zeiten bezeichnet das Schlagwort der Brückenfunktion auch heute nichts Konkretes. Es ist aber eine Diktion, die aus den Reihen der Bundes-ÖVP ertönt, wenn deren Ablehnung der Selbstbestimmung für Südtirol damit begründet werden soll, dass in der EU ohnedies alle Grenzen bereits überwunden und zur Bedeutungslosigkeit herabgesunken seien.

> Um mich kurz zu fassen: Unsere Überlegungen waren in weiterer Folge:
> "Die Existenz des enormen Blocks des mächtigen bolschewistischen Rußlands einerseits, das verbleibende Klein-Europa, aufgeteilt in 18 – 19 mittlere und kleine Staaten andererseits.
>
> In einer derartigen Situation – ITALIEN – ÖSTERREICH, welche sich bemühten ihre eigenen Länder auf christlicher Basis und jener einer freien Demokratie aufzubauen, Länder, welche durch eine gemeinsame Tradition und eine komplementäre Volkswirtschaft miteinander verbunden waren – sollten diese nicht die Notwendigkeit einer GEMEINSAMKEIT, das heißt, der LOYALEN ZUSAMMENARBEIT erkennen?
>
> Ja aber? Die Barriere? Die Ursache der Zwistigkeit?
>
> SÜDTIROL.
>
> Spontan war die Lösung gefunden worden:
> "DIESES GEBIET SOLL DIE BRÜCKE WERDEN!"
> in Worten interpretiert:
> Kein Streit, kein Gegensatz um Verschiebung der Nordgrenze Italiens, aber
> eine gemeinsame und einvernehmliche Überwindung derselben.

Aus dem späteren Moser-Rundschreiben von 1975 (Moser-Rundschreiben „Ein frohes und gesegnetes Weihnachtsfest, ein glückliches, erfolgreiches Neues Jahr 1975, a.a.O.)

Rudolf Moser hat das Schlagwort von der Funktion Südtirols als „Brücke" zwischen Österreich und Italien in zahlreichen Rundschreiben und Denkschriften an ÖVP-Politiker und Funktionäre viele Jahre hindurch immer wiederholt. Es hat Eingang in das politische Vokabular seiner Partei gefunden und findet sich auch im Grundsatzprogramm der ÖVP von 2015 als Erbstück wieder.

Die europäische Einigung hat nationalstaatliche Grenzen überwunden. So ist Südtirol heute Brücke zwischen Österreich und Italien.

Mosers handschriftlicher Bericht über sein Gespräch mit Degasperi
Moser hat über sein Gespräch mit Degasperi am 3. April 1946 auch eine handschriftliche Notiz verfertigt, in der es heißt: „... *Alcide de Gasperi nervös. ‚Sie kommen wegen Südtirol. – Hat denn Österreich einen Krieg gegen Italien gewonnen, dass es von diesem territoriale Ansprüche stellen kann?*

Ich kann unmöglich einen Vorschlag Ihnen machen – Italien muß unter dem Druck der Siegermächte Gebiete im Westen und Osten abtreten. ... Meine Entgegnung: Italien und Österreich haben beide christlich-demokratische Führung und die Wirtschaft ist zueinander komplementär. Auch haben wir ideologisch den gleichen Gegner. Sollen wir streiten, ob in Salurn ob am Brenner oder sonstwo die Grenze gezogen wird? Mir kommt vor nach diesem schrecklichen Krieg sollte man hierfür nicht Zeit verlieren wegen trennender Grenzen zu streiten vielmehr gemeinsam überlegen in welcher Weise zum Vorteil beider Partner die Grenzen abgebaut und überwunden werden. De Gasperi wird lebhaft und zeigt sich sehr interessiert von dieser Idee. Sichtlich überlegt er und denkt nach. Er sagt nur: ‚Und Südtirol?'

Ich verhalte mich still ..... dann erklärt er in freudig aufgeschlossener Weise ‚Was bisher Barriere war, soll Brücke werden!' Ich habe De Gasperi beim Nachdenken nicht geholfen, denn das Ergebnis sollte als italienisches Gedankengut gelten." (Handschriftliche Notiz Mosers. Archiv des Verfassers – Aktenbestand Moser.)

Moser: Die Zusammenarbeit mit Italien kann vorläufig nur auf Parteiebene erfolgen

Moser hat in einer Denkschrift mit dem Titel „Rückblick und Ausblick in den Nachkriegsbeziehungen Österreich-Italien", die er 1948 an den Bundeskanzler Figl übermittelte, seine damalige Rolle und die von ihm an Degasperi überbrachten Vorschläge ausführlicher dargestellt.

Er habe an jenem 3. April 1946 den Ministerpräsidenten Degasperi *„auf die untrennbare Schicksalsgemeinschaft unserer beiden Staaten"* in Bezug auf die kommunistische Bedrohung hingewiesen. Wenn Österreich *„nicht Stand halten könnte",* dann würde *„bald darauf auch Italien fallen ..., was das Ende der christlich-abendländischen Kultur bedeuten würde, denn auch das übrige Europa könnte dann kaum für sich bestehen. De Gasperi erwiderte mir, daß er sich dessen vollkommen klar sei und von diesem Gesichtspunkt eine aufrichtige und herzlichste Zusammenarbeit mit Österreich als unbedingte Notwendigkeit anerkenne".*

Moser machte, wie er in seiner Denkschrift vermerkte, Degasperi darauf aufmerksam, *„daß ich lediglich als Privatperson mit ihm gesprochen habe, weiters daß Österreich keine wie immer geartete außenpolitische Aktivität entfalten könne, die Fühlungnahme sich daher vorläufig nur von Partei zu Partei erstrecken könne."* (Die Denkschrift ist in Faksimile wiedergegeben in: Viktoria Stadlmayer: „Kein Kleingeld im Länderschacher. Südtirol, Triest und Alcide Degasperi 1945/1946, Innsbruck 2002, S. 298f)

Das Treffen Moser-Degasperi war mit Mosers Freund Figl abgestimmt gewesen: „... mit Deinem Wissen"!

Es ist bemerkenswert, dass diese Initiative zum Verbleib Südtirols bei Italien von Wien und nicht von Rom ausgegangen war. Und es hatte sich zweifellos um keine eigenmächtige Aktion Mosers gehandelt.

Dagegen sprechen die gute Vorbereitung des Treffens unter persönlicher Mitwirkung des italienischen Ministerpräsidenten und der Einbeziehung der Bozener Präfektur sowie die Einzelaudienz in dem Amtssitz des Ministerpräsidenten in Rom.

Moser hatte bei dieser ersten abtastenden Zusammenkunft natürlich die Schutzbehauptung vorbringen müssen, dass er als *„Privatperson"* spreche. Wäre die von ihm übermittelte Bereitschaft zur Preisgabe Südtirols zugunsten einer engen Zusammenarbeit mit der „Democrazia Cristiana" durch Indiskretionen bekannt geworden oder gar in die Presse gelangt, so hätte der Bundeskanzler Figl jede Mitwisserschaft leugnen müssen.

Dass Moser in Wahrheit jedoch nicht für sich selbst, sondern für die Führungsspitze der „Österreichischen Volkspartei" (ÖVP) sprach, geht aus seiner eigenen Denkschrift „Rückblick und Ausblick in den Nachkriegsbeziehungen Österreich-Italien" hervor, in welcher Moser berichtet, dass er Degasperi darauf aufmerksam gemacht habe, *„daß Österreich keine wie immer geartete außenpolitische Aktivität entfalten könne, die Fühlungnahme sich daher vorläufig nur von Partei zu Partei erstrecken könne".*
(Wiedergegeben in: Viktoria Stadlmayer: „Kein Kleingeld im Länderschacher. Südtirol, Triest und Alcide Degasperi 1945/1946, Innsbruck 2002, S. 298f)

Ein klarer Beweis dafür, dass das Treffen Moser-Degasperi mit Wissen des damaligen Bundeskanzlers Leopold Figl stattgefunden hatte, findet sich auch in einem Brief Mosers an seinen Freund Figl vom 22. September 1956.

Aus dem Brief von Rudolf Moser an Leopold Figl vom 22. September 1956: „... mit Deinem Wissen". (Niederösterreichisches Landesarchiv, Nachlass Figl, Karton 39)

Darin teilt Moser dem damaligen Außenminister Figl – den er in dem Brief immer noch als Bundeskanzler apostrophiert – mit, dass er mit dem ÖVP-Generalsekretär Dr. Alfred Maleta zu einem DC-Kongress nach Trient fahren werde. Maleta war damals auch Vizepräsident der „Nouvelles Équipes Internationales" (NEI), der Vereinigung der christlich-demokratischen Parteien Europas. Auf dem DC-Kongress in Trient werde er sich bemühen, so schrieb Moser, *„damit das Werk worüber ich mit Deinem Wissen erstmals am 3. 4. 46 die Grundsätze mit Degasperi festgelegt habe, trotz zeitweiliger Schwierigkeit in der Gestaltwerdung nicht behindert werde"*. (Brief von Rudolf Moser an Leopold Figl vom 22. September 1956. Niederösterreichisches Landesarchiv, Nachlass Figl, Karton 39)

Verzicht auf Südtirol – der geheime Autonomie-Vorschlag

Mosers Besprechungen in Rom dauerten auch am darauffolgenden Tag, den 4. April 1946, noch an. Degasperi brachte Moser mit einer der leitenden Persönlichkeiten der DC zusammen, die Moser in seiner Denkschrift als *„Dr. M"* zitiert, und als *„einen der engsten Ratgeber Degasperis"* bezeichnet. Diesem Funktionär schlug Moser als Lösung der Südtirol-Frage eine nicht näher definierte *„kulturelle und administrative Autonomie für Südtirol"* vor.

> Dr.M. fragte mich nun: „Was würden Sie sich vorstellen, wen Italien obsiegen sollte?" „Ich antwortete: „Meiner Meinung nach wäre als Mindestmaß 3 Punkten zu entsprechen:
> a) Kulturelle und administrative Autonomie für Südtirol
> b) Rückgängigmachung der Hitler Optionen
> c) Verkehrsfreiheit für Österreich."
> Dr. M. rief aus: „Dies ist ein wirklich objektiver Gedankengang! Diesen muß ich dem Präsidenten mitteilen!"

Denkschrift Mosers (Wiedergegeben in: Viktoria Stadlmayer: „Kein Kleingeld im Länderschacher. Südtirol, Triest und Alcide Degasperi 1945/1946", Innsbruck 2002, S. 298f)

Mit dem „Präsidenten" war der Ministerpräsident, der „Presidente del Consilio dei Ministri", Alcide Degasperi, gemeint gewesen. In seiner Denkschrift hielt Moser fest, dass er seine Gesprächspartner der „Democrazia Cristiana" ebenfalls *„auf den privaten Charakter"* der Aussprache hingewiesen habe und darauf, dass *„ich weder Auftrag noch Vollmacht zu Verhandlungen besitze, sondern ich die Stimmung und Einstellung die ich hier festgestellt habe unseren führenden Parteikreisen bekannt geben werde"*. Sehr bald sollte Moser dem italienischen Ministerpräsidenten jedoch die offizielle Botschaft überbringen können, dass die „Österreichische Volkspartei" der am 3. und 4. April 1946 besprochenen „Lösung" des Südtirol-Problems zustimme.

Moser wird mit wichtigen DC-Politikern bekannt gemacht

Degasperi hatte die Mission Mosers ernst genommen. Moser berichtet: *„Schon im April 1946 war ich durch Ministerpräsident DE GASPERI, welcher damals auch Generalsekretär seiner Partei gewesen war, mit seinen Stellvertretern Emilio Paolo TAVIANI und Amintore FANFANI bekannt geworden.* On (Anmerkung: „On" ist die Kurzform für „Onorevole" – Anrede für einen Abgeordneten zur Kammer des italienischen Parlaments) *TAVIANI fungierte in den folgenden Jahren als Exponent der DC für internationale Kontakte."* (Rudolf Moser: „... UND ES LEUCHTET EIN LICHT. Österreich-Südtirol-Italien 1946 bis 1971. Vom Heute Rückblick in das Gestern, Aufgabe für die Zukunft. Sachsenburg, 3. Adventsonntag 1971 ‚Freuet Euch allezeit im Herrn!'". Hektographiertes Rundschreiben an ÖVP-Politiker und Funktionäre von 1971. Archiv des Verfassers, Aktenbestand Moser.)

Der Wirtschaftswissenschafter und Universitätsprofessor Taviani war immerhin einer der Gründungsväter der „Democrazia Cristiana" (DC) und sollte bis 1974 mehrfach als Verteidigungs- und Innenminister tätig sein. Auch Fanfani sollte es in der Folge zu Ministerämtern bringen und mehrmals als Ministerpräsident italienischen Regierungskabinetten vorstehen.

In der Folge sollte Moser so gut wie alle einflussreichen Persönlichkeiten der DC kennenlernen und durch die Jahrzehnte beste Kontakte mit dieser Führungsebene pflegen. *„Die persönlichen Beziehungen zu den einzelnen Parteifunktionären gestalteten sich immer herzlicher und umfangreicher, weshalb ich mich seit Sommer 1946 bemühte, daß führende Funktionäre unserer Partei nach Italien kommen mögen, um den Kontakt aufzunehmen."* (Denkschrift Mosers, wiedergegeben in: Viktoria Stadlmayer: „Kein Kleingeld im Länderschacher. Südtirol, Triest und Alcide Degasperi 1945/1946", Innsbruck 2002, S. 298f)

Bericht an Bundeskanzler Figl und an die einzelnen Persönlichkeiten des Bundespräsidiums der ÖVP – Zustimmung zu dem Gesprächsergebnis in Rom – Moser wird mit der Fortführung der Kontakte beauftragt

Moser reiste Ende April 1946 nach Wien zurück und erstattete Bundeskanzler Figl Bericht. Moser berichtet, dass Bundeskanzler Figl *„dem festgelegten Gedankengang restlos zustimmte und mich beauftragte, weiterhin die freundschaftlichen Kontakte in Italien zu pflegen, vor allem aber mit dem Ministerpräsidenten Alcide De Gasperi"*.
(Moser-Rundschreiben „Ein frohes und gesegnetes Weihnachtsfest, ein glückliches, erfolgreiches Neues Jahr 1975, Advent 1974, ‚EXCITA, DOMINE, CORDA NOSTRA', „RÜTTLE AUF, O HERR, UNSERE HERZEN". Archiv des Verfassers, Aktenbestand Moser.)

Wie Moser in seiner Denkschrift mit dem Titel „Rückblick und Ausblick in den Nachkriegsbeziehungen Österreich-Italien" festhielt, hatte er außer dem Bundeskanzlers Figl Ende April und Anfang Mai 1946 auch *„den einzelnen Persönlichkeiten"* des Bundespräsidiums der ÖVP und vor allem dem ÖVP-Generalsekretär und Unterrichtsminister Dr. Felix Hurdes Bericht erstattet. Die hätten *„eine freundschaftliche Zusammenarbeit der beiden Schwesterparteien gleichfalls als wünschenswert"* begrüßt. Sie hätten auch *„von der friedfertigen Lösungsbereitschaft des Südtiroler Problems mit Genugtuung Kenntnis"* genommen. (Die Denkschrift ist in Faksimile wiedergegeben in: Viktoria Stadlmayer: „Kein Kleingeld im Länderschacher. Südtirol, Triest und Alcide Degasperi 1945/1946, Innsbruck 2002, S. 298f)

Der diskrete „Initiator der italienisch-österreichischen Freundschaft"

Moser hat sich selbst als diskreten Architekten der christlich-demokratischen Freundschaft mit Italien gesehen. Er war stolz darauf, dass Degasperi – dieser Befindlichkeit Rechnung tragend – seine Verdienste gelobt und ihn als *„Initiator der italienisch-österreichischen Freundschaft"* bezeichnet hat: *„In weiterer Folge bei Gesprächen mit dritten Personen nannte mich De Gasperi zuweilen ‚l'iniziatore dell'amicizia italo-austriaca."* (Moser-Bericht: „ÖVP-Parteitag zu Salzburg, 29. 1. - 1. 3. 1980", Archiv des Verfassers, Aktenbestand Moser.)

▶ Tarnen und Täuschen

Figl: „Mander es isch Zeit!"

Angesichts der damaligen Stimmung in Tirol und dem übrigen Österreich musste die österreichische Bundesregierung jedoch in einem mit „April 1946" datierten offiziellen „Memorandum" nach Außen hin immer noch die Rückkehr Südtirols fordern.

Die Tiroler Landesregierung unter dem nunmehrigen Landeshauptmann Dr. Alfons Weißgatterer war von ihrer Forderung nach der Wiedervereinigung Tirols nicht abgewichen und hatte 1946 dazu eine Dokumentation „Österreichs gerechter Anspruch auf Südtirol" veröffentlicht.

Gegenüber der Öffentlichkeit musste daher auch der Bundeskanzler Figl noch die Forderung nach der Tiroler Landeseinheit vertreten.

Als ihm am 22. April 1946 auf einer Großkundgebung in Innsbruck mehr als 155.000 Südtiroler Unterschriften für die Rückkehr Südtirols zu Österreich übergeben wurden, tat der österreichische Bundeskanzler wider besseres Wissen so, als würden er und die Bundesregie-

DIE WIEDERGUTMACHUNG

Über den Trümmern des Krieges erhebt sich eine neue Weltordnung. Ihre Kraft ruht in den Prinzipien der Freiheit und Gerechtigkeit, verbürgt in der Atlantik-Charta und in der Verfassung der Vereinten Nationen. Im Namen dieser höchsten Gedanken wendet sich Österreich an die Sieger des zweiten Weltkrieges und bittet sie:

Gebt Südtirol die Freiheit, laßt es nach der schweren Prüfung der Fremdherrschaft gemäß seinem unzweifelhaften Willen in das österreichische Vaterhaus zurückkehren!

Der Landeshauptmann von Tirol
Ing. Dr. Weißgatterer

Heißgatterer

1946

Herausgegeben und verlegt von der Landeshauptmannschaft Tirol, Landesstelle für Südtirol
Druck der Wagner'schen Univ.-Buchdruckerei Ges. m. b. H., Innsbruck

Die Denkschrift des Landes Tirol. Der Nordtiroler Landeshauptmann Dr. Alfons Weißgatterer forderte nach wie vor die Wiedervereinigung Tirols. („Österreichs gerechter Anspruch auf Südtirol", Dokumentation der Landeshauptmannschaft Tirol, Landesstelle für Südtirol, Innsbruck 1946)

rung weiterhin die Rückkehr Südtirols anstreben. Figl rief daher vor einer jubelnden Menschenmenge aus: *„Jawohl, Mander, es isch Zeit, wir wollen unser Südtirol wieder!"* („Tiroler Tageszeitung", 23. April 1946)

Gebt Südtirol frei!
Vereint es mit Österreich!

APPELL TIROLS IN GESCHICHTLICHER STUNDE

Leopold Figl gab sich auf der Großkundgebung in Innsbruck als entschlossener Politiker, der energisch für die Rückkehr Südtirols eintrete.

Gerechtigkeit für Südtirol!

Zum erstenmal wieder seit 1938 sind hier über hunderttausend österreichische demokratische Bauern, Arbeiter und Bürger aus Tirol versammelt und ganz Oesterreich von Bozen bis zum Neusiedler See, von den Karawanken bis zum Böhmerwald steht heute hinter uns und geht mit uns, wenn ich als der erste Kanzler, der nach acht Jahren wieder vor euch steht, wiederhole: Jawohl, Mannder, es isch Zeit, wir wollen unser Südtirol wieder!

Aus „Tiroler Tageszeitung" vom 23. April 1946.

Figl rief aus: „Jawohl, Mander, es isch Zeit, wir wollen unser Südtirol wieder!"

An die 100.000 Menschen nahmen an der Kundgebung in Innsbruck teil. Sie waren mit Sonderzügen, auf Post- und Lastautos und mit Privatfuhrwerken in die Stadt gebracht worden. Sie vernahmen voll Freude die Forderung des Bundeskanzlers Figl nach der Rückkehr Südtirols zu Österreich.

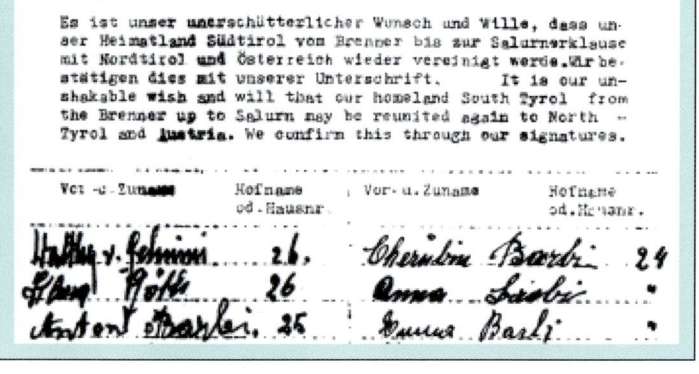

Dieses Bekenntnis hatte so gut wie die gesamte wahlberechtigte Bevölkerung Südtirols unterschrieben. Es war eine Volksabstimmung gewesen.

Die unter beispielloser Geheimhaltung in Südtirol von Vertrauensleuten der „Südtiroler Volkspartei" (SVP) gesammelten und an Figl übergebenen Unterschriften waren ein nahezu einstimmiges Votum aller erwachsenen Südtiroler. Es war eine grandiose Volksabstimmung für die Rückkehr zu Österreich!

Die Brixener Kurie hatte die Sammlung unterstützt und zahlreiche Südtiroler Priester hatten sich an der Durchführung beteiligt. Exakt waren es 158.628 Unterschriften, wovon etwa 30.000 von bereits ausgesiedelten Optanten stammten.

Die Tiroler ÖVP tritt für die Rückkehr Südtirols ein

Dass die Tiroler ÖVP-Spitze in die Moser-Figl-Degasperi-Geheimdiplomatie nicht eingeweiht gewesen sein dürfte, geht auch daraus hervor, dass die Zeitung „Tiroler Nachrichten", das „Tagblatt der Österreichischen Volkspartei", sich mit Vehemenz für die Rückgewinnung Südtirols einsetzte.

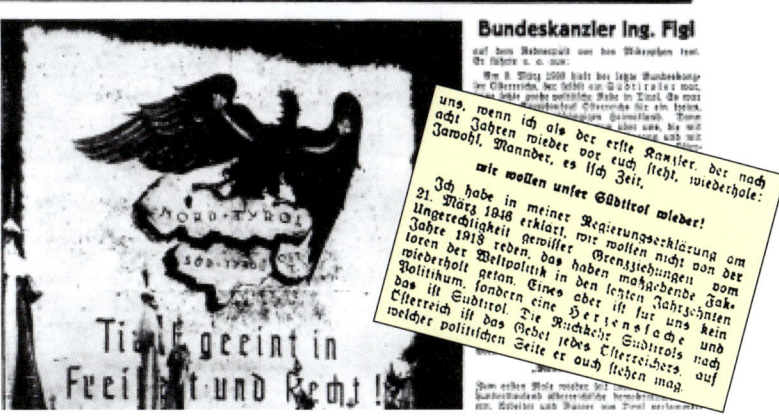

➤ Keine Rücksichtnahme der Alliierten auf Österreich – Protestkundgebungen in Innsbruck und in ganz Österreich

Wiens Verzichtsbereitschaft hatte die Alliierten aus einem Dilemma befreit

Ministerpräsident Degasperi wäre ein Dilettant gewesen, wenn er die von Rudolf Moser mitgeteilte österreichische Verzichtsbereitschaft nicht umgehend an die Alliierten weitergegeben hätte. Die USA und Großbritannien müssen darüber erleichtert gewesen sein, galt es doch, Italien fest an die entstehende westliche Bündnisgemeinschaft zu binden.

Am 30. April und 1. Mai 1946 beschlossen die alliierten Außenminister in Paris nun endgültig, die immer noch aufrechte österreichische Forderung nach Rückgliederung Südtirols abzuweisen und lediglich kleinere Grenzberichtigungen zu erwägen.

Die Tiroler Landespolitiker waren über die Figl-Moser-Geheimabsprache mit Degasperi nicht informiert

Als die Entscheidung der Alliierten bekannt wurde, versicherte Bundeskanzler Figl den Tirolern eilends, *„dass die österreichische Regierung ihre Bemühungen für Südtirol fortsetzen werde"*. („Tiroler Tageszeitung" vom 2. Mai 1946)

In Innsbruck erwog der über die Figl-Moser-Geheimabsprache mit Degasperi offenbar nicht informierte Tiroler Landeshauptmann Dr. Alfons Weißgatterer (ÖVP) den Rücktritt der gesamten Landesregierung. Der Pressechef der Tiroler Landesregierung, Fritz Würthle, brachte ihn von seinem beabsichtigten Rücktritt wieder ab und es wurde beschlossen, dass mit anonymen Flugzetteln und Plakaten zu einem halbtägigen Generalstreik aufgerufen werden solle.

In der Nacht auf den 2. Mai 1946 gedruckter Aufruf zu Massenkundgebungen.

Mit diesen in der Nacht gedruckten und sofort öffentlich angebrachten Plakaten war in Nordtirol zum Generalstreik aufgerufen worden.

Würthle ließ zahlreiche Gemeinden im Ober- und Unterinntal und im Bezirk Kitzbühel verständigen. Er organisierte eine Helfertruppe und ließ in der Nacht ohne Genehmigung durch die Besatzungsmacht illegal 30.000 Flugblätter und 2.000 Plakate drucken, die zu einem Generalstreik und zu Massenkundgebungen aufriefen. Eine Klebekolonne von über 20 Mann arbeitete bis in die Morgenstunden des 2. Mai 1946.
(Fritz Würthle: „Bericht über die Ereignisse des 2. Mai 1946: Nachrichten von der Konferenz". Österreichisches Staatsarchiv, KA, Nachlass Würthle. Wiedergegeben in: Michael Gehler: „Eduard Reut-Nicolussi und die Südtirolfrage 1918–1958", Teil 2, Innsbruck 2007, S. 933ff)

Bundeskanzler Figl erfährt von der Aktion und will sie stoppen – Landeshauptmann Dr. Weißgatterer ordnet die weitere Durchführung an

Aus dem Würthle-Bericht geht hervor, dass Bundeskanzler Leopold Figl von der geplanten Aktion erfahren und noch in der Nacht auf den 2. Mai über den Innsbrucker Postdirektor eine Meldung nach Innsbruck gesandt hatte, in der es hieß: *„Der Herr Bundeskanzler bittet, sofort den Tirolern zu sagen, sie sollen ordnungsgemäß ihren Dienst versehen und den Generalstreik sofort abblasen. Er bittet Tirol, sich in dieser Stunde durch einen Generalstreik nicht zu präjudizieren."*
Würthle und seine Leute holten den Landeshauptmann um 3 Uhr in der Früh aus dem Bett und unterrichteten ihn von der Forderung des Bundeskanzlers Figl. Dr. Alfons Weißgatterer lehnte ab und entschied, dass die Aktion weiter laufen sollte. (Fritz Würthle: „Bericht über die Ereignisse des 2. Mai 1946: Nachrichten von der Konferenz". A.a.O., S. 933ff)

Figl auf 1. Mai-Feier: Die Regierung wird nun mit gesteigerter Tatkraft den Anspruch auf Südtirol vertreten!

Während sich Figl hinter den Kulissen darum bemühte, die Tiroler Kundgebung für die Rückkehr Südtirols zu verhindern, spielte er vor dem Vorhang eine andere Rolle. Auf einer Feier zum Tag der Arbeit am

1. Mai 1946 erklärte er, die Ablehnung des österreichischen Anspruchs auf Südtirol durch die Alliierten werde *„die österreichische Regierung nicht davon abhalten, auch weiterhin, sogar mit gesteigerter Tatkraft, ihren Standpunkt und Anspruch zu verfechten"*.
(„Tagblatt", 4. Mai 1946)

Aus: Linzer „Tagblatt" vom 4. Mai 1946

Die Protestkundgebung in Innsbruck – der Tiroler Landeshauptmann protestiert gegen das Unrecht

In der Früh des 2. Mai 1946 standen in Innsbruck alle Verkehrsmittel und alle Betriebe still. Zehntausende von Menschen zogen vor das Landhaus und demonstrierten.

Links: Die Menschenmassen im Herzen von Innsbruck. Rechts: Der Landeshauptmann Dr. Weißgatterer blickt vom Landhaus auf die protestierende Menschenmenge in der Maria-Theresien-Straße.

Um 9 Uhr vormittags blickte der Landeshauptmann Dr. Alfons Weißgatterer vom Balkon des Landhauses hinunter auf tausende Menschen und hielt *„eine kurze zündende Ansprache, in der der schärfste Protest gegen das Unrecht, das man Tirol neuerlich antun wollte, zum Ausdruck kam. ... Er forderte die Anwesenden auf, ihm und der gesamten Tiroler*

„Auf zum Brenner", „Gebt uns Waffen", „Niemals Verzicht auf Südtirol" und „Frankreich mit uns!" lauteten die Parolen auf den Spruchtafeln, welche die Stimmung der aufgebrachten Menge wiedergaben.

Landesregierung zum Berg Isel zu folgen, um dort am Denkmal Andreas Hofers nochmals der Stimme des Volkes Ausdruck zu verleihen und der Welt zu zeigen, dass Tirol nie aufhören wird, Gerechtigkeit für Südtirol zu fordern.

Hierauf begab sich die Tiroler Landesregierung, gefolgt von Zehntausenden Tirolern, unter Absingen von Tiroler Heimatliedern zum Berg Isel".
(Bericht in: „Amtliche Wiener Zeitung" vom 3. Mai 1946. Näheres siehe auch in: Helmut Golowitsch – Walter Fierlinger: „Kapitulation in Paris. Ursachen und Hintergründe des Pariser Vertrags 1946", Nürnberg-Graz 1989, S. 211ff)

Die Kundgebung auf dem Bergisel.

Tiroler Landesregierung:
Niemals wird Tirol seine gerechten Ansprüche auf Südtirol aufgeben!

Auf dem Bergisel hielt der Landeshauptmann dann eine kurze Ansprache, in welcher er erklärte, die Tiroler Landesregierung werde *„auch weiterhin solange für Südtirol eintreten, bis die Welt erkennt, daß man nicht altes Unrecht mit einem neuen tilgen kann"*.

Noch am gleichen Tag, dem 2. Mai 1946, erließ die Tiroler Landesregierung einen Aufruf, in dem es hieß: *„Das demokratische Tirol und Österreich müssen und werden immer fordern, die Landeseinheit wieder herzustellen. Wir erheben daher gegen diese neuerliche Vergewaltigung leidenschaftlichen Protest. Niemals wird Tirol seine gerechten Ansprüche auf Südtirol aufgeben. Keine Regierung Tirols wird sich jemals finden, die nicht gegen die Abtrennung Südtirols Einspruch erhebt."* (Wiedergegeben in: „Oberösterreichische Nachrichten" vom 3. Mai 1946)

Dieser in der Nacht gedruckte Flugzettel wurde in einer Auflage von 30.000 Stück auf der Innsbrucker Kundgebung und in der Folge auch auf Kundgebungen in Südtirol verteilt.

Aufruf der Tiroler Landesregierung

Innsbruck. (APA.) Die Tiroler Landesregierung hat folgenden Aufruf erlassen:

„Trotz des einheitlichen Willens des gesamten Volkes von Tirol nord- und südwärts des Brenners, trotz der 150.000 Unterschriften der Südtiroler Bevölkerung, trotz der Erklärung führender Männer, daß mit der Zerreißung Tirols nach dem ersten Weltkrieg dem Lande ein schweres Unrecht zugefügt und der Keim zu dauerndem Unfrieden gelegt wurde, trotzdem die ganze Welt genau weiß, daß das Recht auf unserer Seite steht, soll Südtirol neuerdings, ohne uns auch nur anzuhören, Italien zugesprochen werden. Der Nationalsozialismus hat auf Südtirol verzichtet, er hat 80.000 Südtiroler von der Heimatscholle weggeführt. Das demokratische Tirol und Oesterreich müssen und werden immer fordern, die Landeseinheit wieder herzustellen und die zur Zeit Heimatlosen wieder zurückzuführen. Wir erheben daher gegen diese neuerliche Bergewaltigung leidenschaftlichen Protest. Niemals wird Tirol seine gerechten Ansprüche auf Südtirol aufgeben. Keine Regierung Tirols wird sich jemals finden, die nicht gegen die Abtrennung Südtirols Einspruch erhebt."

Aus „Oberösterreichische Nachrichten" vom 3. Mai 1946.

Titelseite des ÖVP-Organs „Linzer Volksblatt" vom 4. Mai 1946

Die oberösterreichische ÖVP solidarisiert sich mit Tirols Forderung nach Landeseinheit

In den anderen Bundesländern wurde die Protestaktion der Tiroler auch in den Landesorganisationen der ÖVP mit offener Sympathie aufgenommen.

In diesem heute noch das Herz berührenden Text, der im ÖVP-Organ „Linzer Volksblatt" vom 4. Mai 1946 auf der Titelseite veröffentlicht wurde, hieß es unter anderem:

„Niemals haben wir Oberösterreicher uns mit dem ‚Friedensvertrag von St. Germain abgefunden, der ohne Volksabstimmung das kernösterreichische Südtirol Italien zusprach. ... Südtirol ist auch unser Land, denn es hat das Herzblut der besten Söhne unseres Landes in den Jahren 1915 bis 1918 getrunken. Wir teilen euren Schmerz über den vorläufigen Entscheid der Pariser Konferenz, wir sind aber ungebrochen in der Hoffnung, daß dem gedrückten Lande noch einmal Gerechtigkeit widerfahren werde. Unsere Stimmen vereinigen sich mit den euren in dem Appell an die Welt, den verschleppten Südtirolern ihre Heimat und euch Tirolern euer Stammland wiederzugeben." (Aus „Linzer Volksblatt" vom 4. Mai 1946)

Dazu muss man wissen, dass während des Ersten Weltkrieges die dem Militärkommando in Tirol unterstehenden oberösterreichischen Truppeneinheiten an der Südfront zum Einsatz gekommen waren und dort einen hohen Blutzoll entrichtet hatten. Aus Oberösterreich war im Jahre 1915 auch ein ganzes Regiment von „Freiwilligen OÖ Schützen" den Tirolern in ihrer höchsten Not zu Hilfe geeilt. Hierbei hatte es sich um für den regulären Kriegsdienst zu junge oder zu alte Freiwillige gehandelt.

Die Verabschiedung des Regiments der Freiwilligen OÖ Schützen auf dem Linzer Hauptplatz im Jahre 1915. Viele von ihnen sollten für die Freiheit Tirols ihr Leben opfern.

Der nunmehrige Landeshauptmann Dr. Heinrich Gleißner (ÖVP) hatte sich an der Südfront durch Tapferkeit ausgezeichnet gehabt und war mit der „Silbernen Tapferkeitsmedaille" ausgezeichnet worden. Die derart deutliche und herzliche Solidaritätskundgebung mit den Tirolern spricht dafür, dass auch Dr. Heinrich Gleißner und die oberösterreichische ÖVP in die Moser-Figl-Geheimdiplomatie nicht eingeweiht gewesen waren.

**Demonstrationen in Südtirol:
Anerkennt unser Recht auf Selbstbestimmung!**

Südtiroler Tageszeitung „Dolomiten" vom 6. Mai 1946.

„Protest vom Brenner bis zur Salurner Klause – Am 5. Mai 1946 haben gegen 100.000 Südtiroler in Kundgebungen in Bozen, Meran, Brixen ein ‚Niemals' gegenüber den neuen ‚Zerreißungsplänen' nach Paris gerufen", so berichteten die Zeitungen in Österreich.

Mehr als 20.000 Menschen aus dem Unterland waren zu einer Protestkundgebung auf die Festung Sigmundskron gekommen. Der Obmann der „Südtiroler Volkspartei" (SVP), Erich Amonn, erklärte in seiner Rede, dass die Südtiroler *„nur einen Wunsch haben: Die Rückkehr zum einigen Land Tirol!"*.

In Brixen versammelten sich 15.000 und in Meran 16.000 Menschen.

Auf den Kundgebungen wurde unter dem Beifall der Menge eine Entschließung angenommen, in der es im Namen des Volkes von Südtirol hieß: *„Es verkündet daher seinen festen Entschluß, sein unveräußerliches Recht mit allen Mitteln zu vertreten und niemals davon abzustehen. Es erhebt in letzter Stunde noch einmal mit größter Eindringlichkeit seine Stimme zu den verantwortlichen Staatsmännern: Anerkennt unser Recht auf Selbstbestimmung!"*

Aus „Oberösterreichische Nachrichten" vom 14. Mai 1946.

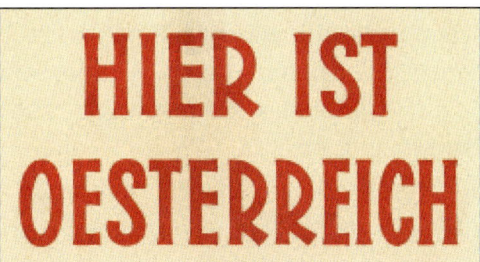

In Südtirol in Umlauf gebrachter Flugzettel.

Die Demonstration in Klausen.

Die Demonstration auf Sigmundskron.

Die Kundgebung im Herzen von Brixen.

Eine Reihe von Kundgebungen in ladinischen Gemeinden war von den italienischen Behörden verboten worden. Im Pustertal und im Vinschgau war es noch vor Beginn der angemeldeten Kundgebungen zu spontanen *„Zusammenrottungen der empörten Bevölkerung"* und zu Zusammenstößen mit den Carabinieri gekommen. („Tiroler Tageszeitung" vom 2. Mai 1946)

Aus verschiedenen Orten Südtirols sollten auch nach den Demonstrationen noch Ausschreitungen der nervös gewordenen Carabinieri gegenüber der Zivilbevölkerung gemeldet werden.

Italienischer Terror in Südtirol

Aus **Innsbruck** erhalten wir diese Information.

In **Reschen** (Vintschgau) wurden vier Südtiroler, K. Prenner, H. Hölbling, K. Waldner und A. Schölly, wegen Aufklebens von Plakaten, die zu einer Kundgebung der SVP aufriefen, von den Carabinieri verhaftet und eine halbe Stunde hindurch **schwer verprügelt und mißhandelt**. Der Brigadier der Carabinieri sagte dabei zu Waldner: „Wenn dieses Gebiet österreichisch wird, garantiere ich zu hundert Prozent, daß Reschen total eingeäschert wird." Wenige Stunden später wurden die vier Südtiroler entlassen, da für ihre Inhaftierung **absolut kein stichhältiger Grund** vorlag.

Die Tramerin H. Menapace, die nach der Kundgebung in Auer mißhandelt und mit Fußtritten bedacht wurde, sagte dabei ein Carabinieri: „Das ist die einzige Art, mit euch Dickschädeln umzugehen."

Als nach einer Kundgebung die Grödner in Tracht und mit ihrer Musikkapelle nach St. Ulrich heimkehrten, rief ein Carabinieri-Mareschiallo: „In solchen Fällen bin ich geneigt, die Methode der SS anzuwenden!" Kommentar überflüssig. —

Aus der amtlichen „Wiener Zeitung" vom 25. Juni 1946. (Anmerkung: Ein italienischer „maresciallo" ist kein Feldmarschall, sondern ein Unteroffizier.)

Kundgebung in Salzburg: ÖVP-Bundesrat fordert Selbstbestimmung für Südtirol

Im Mai 1946 fanden weitere Kundgebungen in ganz Österreich statt, die von gemeinsamen Komitees von ÖVP, SPÖ und KPÖ veranstaltet wurden. Neben den ÖVP-Landeshauptleuten sprachen die Parteienvertreter und der Leiter der Landesstelle Südtirol der Nordtiroler Landesregierung, der Univ.-Prof. Dr. Eduard Reut-Nicolussi. Dieser war ein mit der „Goldenen Tapferkeitsmedaille" dekorierter Südtiroler Offizier des Ersten Weltkrieges und dann Rechtsanwalt in Südtirol gewesen. Er hatte vor den Faschisten aus seiner Heimat nach Nordtirol fliehen müssen und sollte bis zu seinem Tode ein unbeugsamer Vorkämpfer für das Recht Südtirols auf Selbstbestimmung sein.

In Salzburg versammelten sich am 5. Mai auf dem Residenzplatz rund 30.000 Menschen. Im Namen der „Österreichischen Volkspartei" (ÖVP) erklärte der Bundesrat Rehrl: *„Wir wollen nur eines, daß die, die in unverbrüchlicher Treue ihrem Heimatland von je anhängen, unbeeinflußt ihre Stimme erheben dürfen, um zu entscheiden, in welchem Staate sie zukünftig leben wollen."* (ÖVP-Organ „Linzer Volksblatt" vom 6. Mai 1946)

Univ.-Prof. Dr. Eduard Reut-Nicolussi spricht auf der Bregenzer Kundgebung.

Die Kundgebung in Salzburg. In der Bildmitte links sitzend Univ.-Prof. Dr. Eduard Reut-Nicolussi.

Großkundgebung in Wien – Der ÖVP-Generalsekretär und Bundesminister Dr. Hurdes erklärt wider besseres Wissen: Die Brennergrenze muss fallen!

In Wien fand am 14. Mai 1946 ebenfalls eine Großkundgebung statt. Sie wurde wie alle in den Bundesländern abgehaltenen Südtirol-Kundgebungen von einem Komitee der damals von den Alliierten zugelassenen Parteien ÖVP, SPÖ und KPÖ veranstaltet. Für die ÖVP sprach der ÖVP-Generalsekretär und Unterrichtsminister Dr. Felix Hurdes, auch er ein alter Veteran der „Ostmärkischen Sturmscharen" aus der Ständestaat-Zeit. Rudolf Moser hatte Ende April und Anfang Mai 1946 außer dem Bundeskanzler Figl, *„den einzelnen Persönlichkeiten"* des Bundespräsidiums der ÖVP sowie dem ÖVP-Generalsekretär und Unterrichtsminister Dr. Felix Hurdes Bericht über seine Besprechung mit

> Ende April und Anfangs Mai habe ich dann den einzelnen Persönlichkeiten des Bundespräsidiums Bericht erstattet, vor allem dem Herrn Bundeskanzler und Generalsekretär Dr. Hurdes welche eine freundschaftliche Zusammenarbeit der beiden Schwesterparteien gleichfalls als wünschenswert bezeichneten und von der friedfertigen Lösungsbereitschaft des Südtiroler Problems mit Genugtuung Kenntnis nahmen

Aus der Moser-Denkschrift „Rückblick und Ausblick in den Nachkriegsbeziehungen Österreich-Italien" (In Faksimile wiedergegeben in: Viktoria Stadlmayer: „Kein Kleingeld im Länderschacher. Südtirol, Triest und Alcide Degasperi 1945/1946, Innsbruck 2002, S. 298f)

Degasperi in Rom erstattet. Dr. Hurdes war also über das Südtirol-Verzichtsangebot informiert.

Im Vorfeld der Kundgebung hatte Rudolf Moser nochmals mit Dr. Hurdes gesprochen, um ihn zu verbaler Mäßigung gegenüber Italien anzuhalten. Moser berichtet: *„Nach meiner Information erwiderte er mir: ‚Ich verspreche Dir, ich werde nicht aggressiv sein.' Er hat Wort gehalten!"*
(Rudolf Moser: „... UND ES LEUCHTET EIN LICHT. Österreich-Südtirol-Italien 1946 bis 1971 Vom Heute Rückblick in das Gestern, Aufgabe für die Zukunft. Sachsenburg, 3. Adventsonntag 1971 ‚Freuet Euch allezeit im Herrn!'". Hektographiertes Rundschreiben an ÖVP-Politiker und Funktionäre. Archiv des Verfassers, Aktenbestand Moser.)

Angesichts der Stimmung im Lande hatte Dr. Hurdes aber bei aller verbalen Mäßigung wider besseres Wissen so tun müssen, als ob Österreichs Anspruch auf Südtirol aufrechterhalten werde.

Das oberösterreichische ÖVP-Parteiorgan, die Tageszeitung „Linzer Volksblatt" berichtete über seine Rede: *„Er ging aus von der Feststellung, daß im Friedensvertrag von St. Germain die Grenze nicht nach den klar erkennbaren nationalen Scheidelinien gezogen wurde. Diese klar erkennbare nationale Scheidelinie ist die Salurner Klause und nicht der Brenner. ... Die Brennergrenze muß fallen und die Sprachgrenze bei Salurn muß die Staatsgrenze werden."* (ÖVP-Organ „Linzer Volksblatt" vom 15. Mai 1946)

Der ÖVP-Generalsekretär und Bundesminister Dr. Felix Hurdes (im Bild links) konnte auch launig sein. Hier sehen wir ihn bei einem Vortrag von Wienerliedern vor Offizieren der amerikanischen Besatzungsmacht.

Linzer Volksblatt

Die Brennergrenze muß fallen!

Wien (Eigenbericht). Die Bevölkerung Wiens hielt am Dienstag eine Großkundgebung ab, welche der Welt zeigen sollte, daß die Sache Südtirols auch die Sache Wiens ist. Bei dieser Kundgebung hielt Bundesminister Dr. Hurdes eine Rede, in der er ausführlich den Standpunkt der österreichischen Bevölkerung in der Frage Südtirol klarlegte. Er ging aus von der Feststellung, daß im Friedensvertrag von St. Germain die Grenze nicht nach den klar erkennbaren nationalen Scheidelinien gezogen wurde. Diese klar erkennbare nationale Scheidelinie ist die Salurner Klause und nicht der Brenner.

„Die Brennergrenze muß fallen und die Sprachgrenze bei Salurn muß die Staatsgrenze werden."

Aus „Linzer Volksblatt" vom 15. Mai 1946.

Eines der vielen Transparente auf der Wiener Kundgebung.

Bundeskanzler Leopold Figl schwindelt die Tiroler an und verspricht, mit allen Kräften für die Rückgliederung Südtirols zu kämpfen!

Einen Tag nach der Großkundgebung weilten am 15. Mai 1946 eine Nord- und Südtiroler Abordnung bei Bundeskanzler Figl und überreichten ihm und dem Außenminister Dr. Gruber im Steinsaal des Bundeskanzleramtes nochmals zur Weitergabe an die Alliierten die insgesamt 15 Bände mit den 158.628 Südtiroler Unterschriften, mit welchen die Rückkehr zu Österreich gefordert wurde.

Die nochmalige Übergabe der Südtiroler Unterschriftenbände in Wien.

Über den Empfang der Tiroler Delegation durch Bundeskanzler Figl berichtete die amtliche „Wiener Zeitung" am 16. Mai 1946: *„Nach Vorträgen von Tiroler Heimatliedern dankte der Obmann des Südtiroler Aktionsausschusses Müssiggang dem Bundeskanzler namens der gesamten Tiroler Bevölkerung für sein mannhaftes Eintreten für die Rückgliederung Südtirols."*

Bundeskanzler Figl erwiderte, ohne schamrot zu werden, *„daß es ihm eine selbstverständliche Pflicht sei, für ein geeintes Tirol einzutreten, da er von der Unmöglichkeit des jetzigen Zustandes, das Tiroler Volk in drei Teile gespalten zu sehen, Nord-, Ost- und Südtirol, überzeugt sei. Er versprach, weiterhin mit allen Kräften um die Rückgliederung Südtirols zu kämpfen und bat die Vertreter aus Südtirol, ihren Landsleuten in Südtirol seine wärmsten Grüße zu übermitteln"*. (Amtliche „Wiener Zeitung" vom 16. Mai 1946)

Großkundgebung in Linz – Landeshauptmann Dr. Heinrich Gleißner: Südtirol muss wieder österreichisch werden!

Aufruf des Dreiparteien-Veranstaltungskomitees in dem ÖVP-Organ „Linzer Volksblatt" vom 16. Mai 1946.

Am 19. Mai 1946 sah die oberösterreichische Landeshauptstadt Linz *„die größte und einmütigste Demonstration, die Linz je erlebt hat".* („Oberösterreichische Nachrichten" vom 20. Mai 1946)

Titelseite des ÖVP-Organs „Linzer Volksblatt" vom 20. Mai 1946.

Die Menschenmenge auf dem Linzer Hauptplatz.

Der oberösterreichische Landeshauptmann Dr. Heinrich Gleißner (links im Bild) bei seiner Ansprache. („Linzer Volksblatt" vom 22. Mai 1946)

Wie das ÖVP-Parteiorgan, die Tageszeitung „Linzer Volksblatt", am 20. Mai 1946 berichtete, hatten in Linz an die 60.000 Menschen demonstriert: *„35.000 kamen aus dem Lande nach Linz und demonstrierten mit 25.000 Linzern für ein ungeteiltes Tirol."*

> **Nicht Macht soll Recht sein — Recht soll Macht sein**
> Die befeuernde Rede des Landeshauptmannes Dr. Gleißner
>
> Südtirol war österreichisch, will österreichisch sein und muß wieder österreichisch werden!
> (Brausende Zustimmung.)

Aus „Linzer Volksblatt" vom 20. Mai 1946.

Der oberösterreichische Landeshauptmann Dr. Heinrich Gleißner (ÖVP), ein ehemaliger Oberleutnant des Tiroler Landesschützenregiments Nr. III und Träger der „Silbernen Tapferkeitsmedaille 1. Klasse", sprach die aus ihrer Heimat ausgesiedelten Exil-Südtiroler an: *„Ich grüße in treuester Verbundenheit die hier erschienenen, aus ihrer Heimat mit List und Gewalt vertriebenen Südtiroler. ... Eure Trauer soll Trost darin finden, daß sechs Millionen Österreicher in einem einzigen Gedanken mit euch vereint sind: Südtirol war österreichisch, will österreichisch sein und muß wider österreichisch werden."* („Linzer Volksblatt" vom 20. Mai 1946)

Als letzter Redner sprach der Leiter der Landesstelle Südtirol der Nordtiroler Landesregierung, der Univ.-Prof. Dr. Eduard Reut-Nicolussi. Das „Linzer Volksblatt" berichtete: *„Er erinnerte daran, daß vor einem Vierteljahrhundert die Jugend und Mannhaftigkeit Oberösterreichs die Tiroler Grenzen mit der Waffe verteidigt hat."*

Reut-Nicolussi sagte: *„Wir wollen mit Italien keinen Streit, aber auch keine Unterwerfung unter ein unwürdiges Schicksal. Und wenn man über den Willen des Südtiroler Volkes wieder hinweggeht, dann sei es heute schon gesagt: Wir werden unsere Landsleute niemals in Stich lassen!"* („Linzer Volksblatt" vom 20. Mai 1946)

Univ.-Prof. Dr. Reut-Nicolussi: „Keine Unterwerfung unter ein unwürdiges Schicksal!"

**Grubers gegensteuernde Politik hinter den Kulissen –
Südtirolkundgebungen nützlich für die Moral des „Pöbels"**

Während auf den Kundgebungen offiziell noch die Rückkehr Südtirols gefordert wurde, hatte Außenminister Dr. Gruber bereits am 10. Mai 1946 durch den Gesandten Bischoff in Paris dem Generalsekretariat der alliierten Außenministerkonferenz schriftlich das Ersuchen der österreichischen Bundesregierung übermitteln lassen, eine *„geringe Grenzrektifikation"* durch die Rückgabe des Pustertals an Österreich vornehmen zu lassen. Auch dieser Schritt war ohne Genehmigung durch den Ministerrat erfolgt. (Näheres dazu in: Helmut Golowitsch – Walter Fierlinger: „Kapitulation in Paris. Ursachen und Hintergründe des Pariser Vertrags 1946", Schriftenreihe zur Zeitgeschichte Tirols, Bd. 7, Nürnberg – Graz 1989, S. 227ff)

Dem „Political Adviser" der USA, John Erhardt, gegenüber erklärte Dr. Gruber, was er von den Südtirol-Kundgebungen hielt. Erhardt berichtete nach Washington: *„Im Gespräch sagte der Außenminister, dass ihm klar sei, dass die Südtiroldemonstration jetzt keinen Einfluss auf den Außenministerrat in Paris haben werde. Er glaube jedoch, dass Demonstrationen eine nützliche Wirkung auf die Moral des Pöbels (‚beneficial effect on morale of populace') haben, da sie den Österreichern die Möglichkeit gäben, ihre Einigkeit hinsichtlich eines Themas zu demonstrieren, mit dem die ganze Nation tiefgreifend verbunden sei."* (Airgram from Political Adviser Vienna, Austria, May 16, 1946, to Secretary of State, Washington. National Archives Washington, RG-84, 715-South Tyrol Frontier)

Südtiroler Protest gegen die Aufgabe der Grundsatzpositionen

Am 18. Mai 1946 enthüllte die „New York Times", dass Gruber nur noch kleinere Grenzberichtigungen fordere. Am 21. Mai 1946 forderte daraufhin die Parteileitung der „Südtiroler Volkspartei" (SVP) vergeblich in einem vertraulichen Schreiben an Dr. Gruber, *„bei den kommenden Verhandlungen in Paris keine Grenzkorrekturen zu fordern ..., die auf eine Teilung Südtirols hinauslaufen würden"*.

Dies würde Österreich nur einen kleinen Nutzen bringen, *„für unser Volkstum aber einen unermesslichen Schaden"* bedeuten und *„die Wiederaufrollung der Südtiroler Frage für die Zukunft präjudizieren"*. (Vertrauliches Schreiben der SVP-Leitung an Gruber, 21. 5. 1946. Wiedergegeben in: Michael Gehler (Hrsg.): „Verspielte Selbstbestimmung? Die Südtirolfrage 1945/1946 in US-Geheimdienstberichten und österreichischen Akten." Eine Dokumentation. Innsbruck 1996, Dokument 116, S. 316f)

➤ Die Zustimmung des Bundeskanzlers Figl zur gemeinsamen Politik mit Rom gegenüber Südtirol

Degasperi: Italien wird „jede Garantie für eine gerechte Berücksichtigung des Charakters und des Volkstums" geben

Um die aufgebrachte öffentliche Meinung in Österreich etwas zu beruhigen, fand Ministerpräsident Degasperi anlässlich der Parlamentseröffnung in Rom am 10. Juni 1946 schöne und unverbindliche Worte, die nichts kosteten. Er versprach in der bekannten Diktion, die unter italienischer Hoheitsgewalt stehenden Südtiroler nicht als *„Barriere"*, sondern als *„Brücke zwischen den zwei Nationen"* zu betrachten. Offenbar beglückt hielt Moser diese Allgemeinplätze in einer Aktennotiz fest:

> Aus der Rede Degasperis anläßlich der Parlamentseröffnung am 1o. Juni 1946.
>
> "Die Regierung erneuert Österreich die verbindliche Erklärung, daß sie beabsichtigt, die 2oo.ooo Deutschen - falls es so viele sind - die diesseits des Brenners verbleiben, nicht als eine Schranke (barriera) zu betrachten, sondern als eine Brücke zwischen den zwei Nationen. Jede Verkehrserleichterung, jede Möglichkeit zu einem Austausch (scambio) wird berücksichtigt und gefördert werden, jede Garantie für eine gerechte Berücksichtigung des Charakters und des Volkstums (costume nazionale) wird gegeben werden."

(Archiv des Verfassers – Aktenbestand Moser)

Geheimunterhändler Moser übermittelt Degasperi neuerlich die österreichische Bereitschaft zur Preisgabe Südtirols

In Paris verhandelten indessen die Alliierten mit den Italienern über den Abschluss eines Friedensvertrages. Dabei sollte auch die Südtirol-Frage einer Regelung zugeführt werden.

Degasperi musste durch die spektakulären Großkundgebungen in Österreich und die dort von den Vertretern aller Parteien vorgebrachten Forderungen in Bezug auf Südtirol beunruhigt gewesen sein. Rudolf Moser konnte im Auftrag des Bundeskanzlers Figl die Befürchtungen Degasperis zerstreuen.

Mitte Juni 1946 traf Rudolf Moser zu einer neuerlichen Besprechung mit dem italienischen Ministerpräsidenten Degasperi in Rom zusammen, um diesem die Zustimmung des österreichischen Bundeskanzlers zu dem bereits am 3. und 4. April 1946 in Aussicht gestellten Verzicht auf Südtirol zu überbringen. Organisiert hatte das Treffen der DC-Politiker Guido Gonella.

Guido Gonella war italienischer DC-Parlamentsabgeordneter und Direktor der DC-Zeitung „Il Popolo". Später sollte er politischer Sekretär der „Democrazia Cristiana" (DC) werden und mehrmals Ministerämter bekleiden. Hier im Bild ist er zusammen mit Papst Pius XII. zu sehen.

Moser berichtet darüber: „*Mitte Juni begab ich mich neuerlich nach Rom, um die zustimmende Antwort des österreichischen Regierungschefs Leopold Figl zu übermitteln, welcher auch Obmann der Österreichischen Volkspartei war. Der Direktor des ‚Popolo', on Guido Gonella, hatte mich zur Fronleichnamsprozession eingeladen, welche im Hof der alten Universität gefeiert wurde. Dort begegnete ich dem Präsidenten De Gasperi und benützte die Gelegenheit, um ihm in allen Einzelheiten von Figl und über dessen Grundsätze und Absichten zu berichten. Präsident De Gasperi seinerseits erklärte in weiterer Folge in aller Öffentlichkeit, wofür er sich am 3. April entschlossen hatte und dem auch Figl zugestimmt hatte.*" (Moser-Rundschreiben „Ein frohes und gesegnetes Weihnachtsfest, ein glückliches, erfolgreiches Neues Jahr 1975, Advent 1974, ‚EXCITA, DOMINE, CORDA NOSTRA', „RÜTTLE AUF, O HERR, UNSERE HERZEN".)

In einer von Moser später an Leopold Figl übermittelten Denkschrift heißt es dazu ebenfalls: „*Als ich Ende Juni nach Rom kam, konnte ich de Gasperi erzählen, dass auch unsere Partei resp. die dieser angehörigen Regierungsmitglieder eine Zusammenarbeit aufrichtig wünschen.*"
(Die 1948 an Figl übermittelte Denkschrift Mosers ist in Faksimile wiedergegeben in: Viktoria Stadlmayer: „Kein Kleingeld im Länderschacher. Südtirol, Triest und Alcide Degasperi 1945/1946, Innsbruck 2002, S. 298f)

➤ Grubers Kapitulation in Paris

Außenminister Grubers Hintergrund als Mitarbeiter des US-Nachrichtendienstes

Der österreichische Außenminister Dr. Karl Gruber war am 20. August 1946 nach Paris gekommen. Dort sah er sich einem starken Termindruck seitens der Briten und Amerikaner ausgesetzt, einer direkt mit den

Italienern auszuhandelnden Autonomielösung zuzustimmen. Gruber erklärte daraufhin gegenüber der internationalen Presse, dass Österreich *„keine Annexionen"* fordere und *„keine expansionistische Politik"* verfolge. („Wiener Zeitung" vom 21. August 1946)

Um die Handlungsweisen des österreichischen Außenministers Dr. Karl Gruber nachvollziehen zu können, muss man seine persönliche Vorgeschichte kennen. Gruber hatte neben der Loyalität gegenüber der österreichischen Regierung auch eine Loyalität gegenüber den Westalliierten zu beachten.

Der 1909 in Innsbruck als Sohn eines sozialistischen Eisenbahners geborene Karl Gruber war bis zur Niederschlagung des sozialistischen Aufstandes gegen den Ständestaats-Faschismus im Jahre 1934 ein Führer der „Roten Falken" gewesen. (Eigenbericht Grubers im Club 2 des ORF am 6. März 1986).

Dann war Gruber ein treuer Anhänger des Ständestaates geworden und war *„von den christlichen Gewerkschaften als Vertrauensmann für die Reinigung der Ämter vom Nationalsozialismus eingesetzt worden"*. („Tiroler Tageszeitung" vom 28. September 1945)

Der ursprünglich als Elektroingenieur ausgebildete Gruber inskribierte Rechtswissenschaften, trat 1935 der katholischen Studentenverbindung „Austria" in Wien bei und wurde 1936 zum Doctor iuris promoviert.
Nach dem Anschluss Österreichs wurde er nicht zum Wehrdienst einberufen, sondern durfte bei der Firma Telefunken in Berlin arbeiten, die sich auch mit der Herstellung kriegswichtiger Elektronik befasste. In Berlin schloss sich Gruber einer Gruppe an, die Verbindung zu den Alliierten hatte. Während des Zweiten Weltkrieges war er für den amerikanischen Geheimdienst „Office of Strategic Services" (OSS) und dessen in der Schweiz stationierten Chef Allen Welsh Dulles unter dem Decknamen „Brandt" nachrichtendienstlich tätig. (Otto Molden: „Ruf des Gewissens", Wien 1958, S. 298, sowie Bericht in der damals von der Alliierten Militärregierung herausgegebenen „Tiroler Tageszeitung" vom 28. September 1945)

> Auch in Berlin war er für die österreichische Widerstandsbewegung tätig. Bis zum Ausbruch des Krieges mit den Vereinigten Staaten bildete er den Verbindungsmann zwischen der amerikanischen Gesandtschaft und der Widerstandsbewegung. Danach arbeitete er für den Nachrichtendienst der Alliierten und vor allem für den Verbindungsdienst zu den Gesandtschaften der Alliierten in der Schweiz.

Aus „Tiroler Tageszeitung" vom 28. September 1945.

Nach dem Krieg war er ein wichtiger Vertrauensmann der Amerikaner in der österreichischen Bundesregierung. Der amerikanische Historiker Prof. Robert E. Herzstein hat im Jahre 1988 anhand amerikanischer OSS-Geheimdienstdokumente die Fortführung von Grubers nachrichtendienstlicher Tätigkeit während seiner Amtszeit als Bundesminister dokumentiert: *„Gruber begann im Frühling 1945, Informationen und Dokumente an die 430. Abteilung des US-Counter-Intelligence Corps zu liefern. (Er führte dies zumindest bis in die frühen fünfziger Jahre fort.)"*

Das CIC war der Vorläufer der Counter-Intelligence-Agency (CIA). Dr. Gruber und sein Assistent Fritz Molden *„hatten den Auftrag, ihre amerikanischen Freunde mit Informationen über die Sowjets und die Jugoslawen zu versehen".* (Robert Edwin Herzstein: „Waldheim – The missing years", London-Glasgow-Toronto-Sidney-Auckland 1988, S. 168 sowie S. 258. Herzstein gibt die Aktenbezeichnungen der Gruber-Berichte an. Näheres dazu auch in: Helmut Golowitsch – Walter Fierlinger: „Kapitulation in Paris. Ursachen und Hintergründe des Pariser Vertrags 1946", Schriftenreihe zur Zeitgeschichte Tirols, Bd. 7, Nürnberg-Graz 1989, S. 96ff)

Auch der Historiker Rathkolb fand in den amerikanischen Archiven eine Bestätigung für Grubers geheimdienstliche Anbindung an die Amerikaner. Es handelt sich um regierungsinterne österreichische Dokumente, die Gruber 1947 seinen amerikanischen Partnern insgeheim übergeben hatte. (Bericht von Marianne Enigl: „Das Tagebuch des Generals". Profil Online. 26. 11. 2011)

Interessant sind in diesem Zusammenhang auch Tagebucheintragungen des Generalsekretärs für die Auswärtigen Angelegenheiten, Dr. Heinrich Wildner. (Bundesministerium für europäische und internationale Angelegenheiten (Hrsg.): „... freilich werden wir im neuen Jahr noch nicht frei werden ... Das Tagebuch von Heinrich Wildner 1946", Wien 2013)

Links: Dr. Karl Gruber im Jahr 1946. Rechts: Prof. Robert E. Herzstein, der die Dokumente über Grubers Mitarbeit bei dem US-Geheimdienst bis in die Fünfzigerjahre aufspürte.

Am 8. Jänner 1946 notierte Dr. Wildner, dass sein Außenminister Dr. Gruber ihm gesagt habe, dass er unlängst bei seinem Weihnachtsurlaub in der Schweiz „*sich vornehmlich mit amerikanischen Bekannten getroffen habe*".

Am 27. Juli 1946 notierte Dr. Wildner in sein Tagebuch, dass ihm Bundeskanzler Figl erklärt habe, Dr. Gruber besitze „*ein Dollarkonto in der Schweiz*" und „*Gruber bekomme von den Amerikanern 12.000 Schilling im Monat Unterstützung*".

Dr. Gruber verlässt sich darauf, dass die Amerikaner ihn stützen

Dr. Gruber wusste, dass Bundeskanzler Figl ihm nicht gewogen war. Er verließ sich aber auf die Amerikaner, die ihn in seiner Position halten würden. Am 5. März 1946 hielt Dr. Wildner in seinem Tagebuch fest, dass Außenminister Dr. Gruber ihm erklärt habe, er „*werde als Gegner des Figl genannt, er, Gruber habe die Partei gegen sich und werde demnächst abtreten müssen usw.*". Der amerikanische Political Adviser in Wien, John. G. Erhardt, habe Gruber jedoch seine Unterstützung zugesichert: „*Er sei bereit, die Regierung durch den Alliierten Rat gegebenenfalls zu verhalten, daß er, Gruber, bleibe.*" (Bundesministerium für europäische und internationale Angelegenheiten (Hrsg.): „... freilich werden wir im neuen Jahr noch nicht frei werden ... Das Tagebuch von Heinrich Wildner 1946", Wien 2013. Notiz Wildners vom 5. März 1946)

Am 29. Juli 1946 notierte Dr. Wildner: „*Ich unterrichtete ihn* (Anm.: Gruber) *über hiesige Stimmungen. Er scheint sich vollkommen klar da-*

Links im Bild der amerikanische Political Adviser in Wien, John. G. Erhardt, welcher dem Gefolgsmann Dr. Gruber die Unterstützung der Amerikaner zusicherte. Rechts im Bild Außenminister Dr. Karl Gruber.

rüber zu sein, daß gegen ihn stark gearbeitet werde, verläßt sich aber darauf, daß die Amerikaner sich seiner annehmen werden ... Im besonderen sagte er, dem Figl sei auf der Rückreise von Linz, wo sie zur Übergabe der Göringwerke waren, von einem Amerikaner gesagt worden, es gingen Gerüchte, wonach Gruber aus dem Kabinett scheiden solle. Die Amerikaner wollten sich grundsätzlich niemals in die innere österreichische Politik mischen, aber in diesem Falle glaubte man doch amerikanischerseits sagen zu sollen, daß man gegen die Absicht, Gruber herauszudrängen, Stellung nehmen würde. Figl habe diese Bemerkung wortlos zur Kenntnis genommen." (Bundesministerium für europäische und internationale Angelegenheiten (Hrsg.): „... freilich werden wir im neuen Jahr noch nicht frei werden ... Das Tagebuch von Heinrich Wildner 1946", Wien 2013. Notiz Wildners vom 29. Juli 1946)

Gruber in der ÖVP nicht verankert – Gegnerschaft zu Figl

Dr. Gruber war in der ÖVP nicht verankert und besaß dort kaum Freunde, aber viele Feinde, die dem ehemaligen Sozialisten nicht trauten. Sein großer Rivale war der Bundeskanzler Leopold Figl, welcher Bundesparteiobmann der ÖVP war und sich auch auf den Bauernbund stützen konnte, dessen Wiederbegründer er im Jahr 1945 gewesen war. Das Außenamt war damals Bestandteil des Bundeskanzleramtes. Damit unterstand auch Dr. Gruber dem Bundeskanzler Figl, der sich jedoch von Dr. Gruber häufig übergangen und missachtet fühlte und ihn nicht für besonders fähig hielt.

So vermerkte beispielsweise am 28. Mai 1946 der Generalsekretär für die Auswärtigen Angelegenheiten, Dr. Wildner, in seinem Tagebuch, dass Bundeskanzler Figl *„entschieden auf Gruber eifersüchtig"* sei. Gruber sei *„zu rasch, unüberlegt, habe auch keine richtige Linie, innerlich unsicher"*. (Notiz Wildners am 28. Mai 1946)

Der Generalsekretär für die Auswärtigen Angelegenheiten, Dr. Wildner, saß hier zwischen den Stühlen. Einerseits war sein unmittelbarer Vorgesetzter Außenminister Dr. Gruber, andererseits war aber der Bundeskanzler diesem übergeordnet und Dr. Wildner war auch diesem berichtspflichtig.

Am 6. Jänner 1946 notierte Dr. Wildner in sein Tagebuch: *„Merkwürdig die öfteren Äußerungen über Gruber, daß er eigentlich nichts leiste, nur ein für sich arbeitender Schaumschläger sei."* Gruber sprach *„von den fortwährenden persönlichen Gegnerschaften in der Partei"*. (Notiz Wildners vom 6. Jänner 1946)

Am 11. Jänner 1946 vermerkte Dr. Wildner: *„Er ist sich darüber klar, daß er viele Feinde und Gegner hat."* (Notiz Wildners vom 11. Jänner 1946)

Der Generalsekretär für die Auswärtigen Angelegenheiten, Dr. Wildner, war ein korrekter Berufsdiplomat alter Schule und kein besonderer Freund des Außenministers Dr. Gruber.

Man habe „*aus Kreisen der Volkspartei gehört, daß die Position Grubers sehr ungünstig beurteilt und er sich nicht halten werde*". (Notiz Wildners am 5. Februar 1946)

Laut Figl wolle Dr. Gruber „*Bundeskanzler werden, das sei ganz klar, trotz seiner Ableugnungen. Er werde aber kein Glück haben, denn er habe wenig Freunde*". (Notiz Wildners am 7. Juni 1946)

Ein Gewährsmann:
Gruber sei Atheist – Bordellbesuch – „Zum Akt kam es nicht"

Am 20. Juni 1946 notierte Dr. Wildner in sein Tagebuch, dass ein Gewährsmann namens „S." ihm berichtet habe: „*Gruber sei ein absoluter Atheist, der auch gar kein Hehl daraus mache. Er sei ein Fremdkörper in der Partei. In Paris habe er*" bei seinem letzten diplomatischen Aufenthalt „*absolut ein Bordell sehen wollen*".

Laut dem Gewährsmann „S." habe das österreichische Delegationsmitglied Ernst Lemberger sich bei französischen Kriminalbeamten nach einem geeigneten Bordell erkundigt. „*Und so fuhren sie in das Lokal ‚Sphinx', auch S. und G., wo sich gleich zwei nackte Weiber auf G. stürzten, der sie auf die Knie nahm und sich mit ihnen entsprechend abgab. Zum Akt kam es nicht. Das werden auch die Leute am Quai d'Orsay* (Anm.: Adressenbezeichnung für das Französische Außenministerium) *mit allen Details erfahren haben.*" (Notiz Wildners am 20. Juni 1946)

Die SPÖ wusste von Grubers Agententätigkeit

Am 22. März 1946 notierte der Generalsekretär Dr. Wildner in sein Tagebuch, dass er mit dem Vizekanzler Dr. Adolf Schärf (SPÖ) gesprochen habe, welcher ihm mitgeteilt habe, dass Dr. Gruber „*seit längerer Zeit im Nachrichtendienst der Amerikaner stehe*".

Am 27. März 1946 hielt Dr. Wildner fest, dass Dr. Schärf ihm gegenüber erklärte, „*G. wäre ein Unglück für unsere Politik. ‚Man kann doch diesem Mann kein Vertrauen entgegenbringen. Er ist sicherlich ein be-*

Der österreichische Vizekanzler Dr. Schärf (SPÖ) bezeichnete den Außenminister Dr. Gruber als Mitarbeiter des amerikanischen Geheimdienstes.

zahltes Mitglied des amerikanischen Geheimdienstes gewesen. ... G. stehe einfach im Dienste der Amerikaner".

Generalsekretär Dr. Wildner lehnt Grubers Kurs ab: Es ist eine Gefühlssache, die moralisch rein bleiben muss – wir würden das ganze Prinzip aufgeben

Der Generalsekretär für die Auswärtigen Angelegenheiten, Dr. Heinrich Wildner, verfolgte den politischen Kurs seines Außenministers in der Südtirol-Frage mit Sorge. Am 30. April 1946 hielt er in seinem Tagebuch seine eigene Ablehnung des Verlangens nach kleineren Grenzberichtigungen fest: *„Ich bin dafür, daß wir keine Grenzabänderung verlangen, wenn sie uns anderwärts angeboten wird, sondern bei Südtirol bleiben. Es handle sich doch um eine ideale Gefühlssache, die moralisch in jeder Hinsicht rein bleiben muß. ... Auslandskorrespondenten, die kürzlich in Südtirol waren, sagen, es sei doch seltsam, wie in einem Land, wo es in jeder Beziehung, vor allem wirtschaftlich, viel besser aussehe als in Österreich, die Leute nichts von Italien wissen wollten, sondern nach der Vereinigung mit Österreich, mit Tirol, strebten."* (Notiz Wildners am 30. April 1946)

Am 9. Mai 1946 notierte Dr. Wildner, dass die Italiener seiner Meinung nach sich ohnedies auf Grubers Pustertal-Lösung nicht einlassen würden *„und wir würden dann das ganze Prinzip aufgegeben haben"*. (Notiz Wildners am 9. Mai 1946)

Gruber übergeht bei den Verhandlungen in Paris den Bundeskanzler und das Außenamt

Am 25. Mai 1946 flog Dr. Gruber zu den Verhandlungen nach Paris ab und vermied es in der Folge, Bundeskanzler Figl ausreichend über den Stand der Dinge zu informieren.

Grubers Verzichtspolitik war mit jener Figls nicht koordiniert. Figl betrieb seine Verzichtspolitik unter dem Gesichtspunkt einer christlich orientierten und antikommunistisch ausgerichteten parteipolitischen Zusammenarbeit mit der italienischen „Democrazia Cristiana" (DC). Dr. Gruber wiederum handelte als Vertrauensmann der Amerikaner und informierte den Bundeskanzler Figl, sein eigenes Außenamt und die betroffenen Südtiroler zumeist nicht über die von ihm beabsichtigten Schritte.

Der Generalsekretär Dr. Wildner bekam dies natürlich mit. Am 1. Juni 1946 notierte er in sein Tagebuch: *„Gruber telephoniert, ich möge dem Kanzler sagen, er, Gruber, habe wiederholt versucht, mit dem Kanzler zu sprechen, sei aber immer wieder aufgehalten worden, indem die Voranmeldung so lange Zeit in Anspruch nahm, daß er immer wieder weggehen mußte, weil anderwärtig in Anspruch genommen. Das ist natürlich eine Ausrede."*

Als Figl wenig später Dr. Wildner anrief und dieser ihm berichtete, sagte Figl *„Ich weiß schon'* und machte keinen Hehl daraus, daß es nur eine *Ausrede sei".* (Notiz Wildners am 1. Juni 1946)

Am 24. Juni 1946 hielt Dr. Wildner in seinem Tagebuch fest, dass die alliierte Pariser Ministerkonferenz auch die Abtretung des Pustertals als *„kleine Grenzberichtigung"* abgelehnt habe. Dr. Gruber hatte auch darüber sein eigenes Außenamt und auch den Bundeskanzler nicht benachrichtigt.

Dr. Grubers Politik stieß in Österreich auf immer mehr Kritik. Wildner: *„Gruber wird noch weiter unsicher. Seine Tiroler meutern, er soll abdanken. Er lehnt es ab, nach Innsbruck zu gehen."* (Notiz Wildners am 27. Juni 1946)

Am 3. September 1946 notierte Generalsekretär Dr. Wildner in sein Tagebuch, dass Außenminister Dr. Gruber sich weigere, zur Erstattung eines Zwischenberichtes nach Wien zu kommen: *„Gruber will nicht herkommen".* An seiner Stelle war aber das österreichische Delegationsmitglied DDr. Josef Schöner aus Paris nach Wien gekommen. Er hätte schriftliche Unterlagen über die Pariser Verhandlungen mitbringen sollen, nun war er in Wien *„aber ohne das erwartete Material",* wie Dr. Wildner in seinem Tagebuch vermerkte. Schöner berichtete stattdessen: *„Gruber habe trotz täglicher Erinnerung seitens der Referenten immer wieder keine Lust gezeigt, nach Wien regelmäßig Nachricht zu geben. Es werde sehr viel Geld ausgegeben; jetzt befinde sich auf allgemeine Unkosten auch die Frau Gruber in Paris."* (Notiz Wildners am 3. September 1946)

Gruber verweigert konkrete Informationen aus Paris – kündigt aber einen „Königsgedanken" an

Dr. Wildner notierte weiter: *„Am Abend rief mich der Kanzler an und wollte wissen, was Schöner mitgebracht habe. Ich orientierte ihn mit dem Bemerken, daß sachliches Material nicht vorliege und Gruber jetzt einen ‚Königsgedanken' habe, daß der Konferenz eine gemeinsame österreichisch-italienische Erklärung vorgebracht werde über die Regelung der Südtiroler Frage. Das soll dann als eine Art Sensation wirken. Mir gefällt das nicht."* (Notiz Wildners am 3. September 1946)

In dieser verschleierten Form hatte Dr. Gruber über den Delegierten DDr. Schöner den bereits heimlich mit den Italienern konzipierten Pariser Vertrag angekündigt. In Wien tappte man mangels einer näheren Erklärung aber noch im Dunkeln und konnte nicht wissen, was Dr. Gruber mit seinem *„Königsgedanken"* und der *„gemeinsame österreichisch-italienische Erklärung"* eigentlich meinte.

Bundeskanzler Figl und Dr. Wildner waren befremdet. Wildner notierte am 4. September 1946 in das Tagebuch: *„Figl ungehalten über die Inhaltslosigkeit der Pariser Berichte. Auch der mündliche Bericht Schöners ergab nichts Besonderes, nur Anekdoten ..."*

Als Dr. Wildner mit der österreichischen Delegation in Paris telefonierte und Auskunft über den Stand der Verhandlungen erhalten wollte, weigerten sich die dortigen Mitarbeiter Grubers, eine solche zu geben und verschanzten sich *„kategorisch hinter dem Auftrag des Ministers. Zum Glück kam, als ich dann aufdrahte, Gruber selbst und als ich nachdrücklich die hiesige Lage schilderte und den Widerspruch, der in seinem eigenen Verhalten liege, der uns unerklärlich und sonderbar erscheinen müsse und zu Weiterungen führen sollte, sagte er, ich möge den Kanzler beruhigen, es liege eigentlich gar nichts Bestimmtes vor.*

Die Situation ändere sich in jeder Sekunde, vorläufig stehe nur fest, daß die Südtiroler eine Autonomie bekommen werden, der Hitler-Mussolini-Vertrag werde für ungültig erklärt werden, die außerhalb Südtirols wohnenden Südtiroler könnten zurückkehren, Südtirol würde gewisse wirtschaftliche Begünstigungen für den Personen- und Warenverkehr bekommen und auch eine Klausel, daß unsere Vorschläge studiert und erwogen werden würden". (Notiz Wildners am 4. September 1946)

Gruber: Von uns wird überhaupt nichts unterschrieben werden!
Dr. Gruber verlor kein Wort darüber, dass es sich um einen beinahe schon unterschriftsreifen Vertrag handelte.

Dr. Gruber telephoniert:

> BUNDESKANZLERAMT
> Ausw. Angelegenheiten
> Eing.: 7. SEP. 1946
> Zahl 112.488 Blg.
> Abt.

Die Verhandlung in der italienischen Sache ist in ständigem Fluss begriffen, sodass der genaue Stand nicht angegeben werden kann. Es handelt sich um eine von Italien zu übernehmende Verpflichtung.

1.) Feststeht, dass die Südtiroler eine Autonomie bekommen sollen.
2.) Dass das Mussolini-Hitler-Abkommen ausser Kraft gesetzt werden wird und dass die Südtiroler wieder nach Südtirol zurückkommen können.
3.) Dass es zu gewissen Erleichterungen hinsichtlich des Personen- und Warenverkehrs zu Gunsten Südtirols kommen wird.
4.) Dass eine Klausel zustande kommen wird, wonach die Vorschläge der österr. Regierung studiert und erwogen werden sollen.

Wie der Text momentan aussieht, kann man gegenwärtig aus dem angeführten Grund nicht sagen. Jedenfalls geht die Tendenz hin, gemeinsam ein freundschaftliches Abkommen über den ganzen Fragenkomplex herzustellen, wodurch auch im ganzen ein wirklich freundschaftliches Verhältnis hergestellt würde. <u>Von uns wird überhaupt nichts unterschrieben werden</u>. Gegebenenfalls würde nur bei der Konferenz festgestellt werden, dass die in Aussicht genommene Regelung den ~~Interventien~~ Intentionen Italiens und Österreichs entspricht.

Auf meine Frage, worüber im einzelnen die Verhandlung hin und her gehe, sagte Dr. Gruber: Wir möchten beispielsweise eine Klausel haben, dass bei der Anstellung der Beamten nach dem Schlüssel der Bevölkerung vorgegangen werde. Das passt den Italienern nicht. Ferner wollen die Italiener die ladinischen Gemeinden nicht hinein haben. Das ganze ist eine sehr schwierige Prozedur, wobei noch immer zu bedenken ist, dass auch die Mächte erst diese Klausel annehmen müssen. Es besteht auch da noch die Möglichkeit, dass ein Einspruch erfolgt. Sobald Klarheit und Einigkeit bestehen wird, wird Dr. Gruber nicht verfehlen, dem Herrn Bundeskanzler zu berichten.

Die Aktennotiz Wildners trägt seine Paraphe W und das Datum 4/9. Der Stempel am Kopf hält das Registrierungsdatum des 7. September 1946 fest. Die Unterstreichung stammt von dem Autor. (HHStA., BKA-AA, Sekt. II Pol. Südtirol Dokumentationen 1946, Karton 4, Mappe Italien 9, Zl. 112.488)

Generalsekretär Dr. Wildner hat über dieses denkwürdige Telefonat außer seinen Tagebuchnotizen auch eine Aktennotiz angefertigt, die in den Akten des Außenamtes erhalten geblieben ist.

Dieser zufolge sprach Dr. Gruber lediglich von einer „*Klausel*", die „*eine von Italien zu übernehmende Verpflichtung*" beinhalte. Es gehe „*die Tendenz*" dahin, „*gemeinsam ein freundschaftliches Abkommen über den ganzen Fragenkomplex herzustellen, wodurch auch im ganzen ein wirklich freundschaftliches Verhältnis hergestellt würde*". „*Wie der Text momentan aussieht*" könne man gegenwärtig jedoch noch nicht sagen, vor allem, da „*auch die Mächte erst diese Klausel annehmen müssen*".

Und dann die unverfrorene Unwahrheit: „*Von uns wird überhaupt nichts unterschrieben werden. Gegebenenfalls würde nur bei der Konferenz festgestellt werden, dass die in Aussicht genommene Regelung den Intentionen Italiens und Österreichs entspricht.*"

Dieser Darlegung zufolge musste man in Wien annehmen, dass es um den Einbau entsprechender Bestimmungen in den italienischen Friedensvertrag mit den Alliierten Mächten ging. Das war ja schließlich auch das Generalthema der Konferenz in Paris. Den Worten Grubers war jedenfalls nicht zu entnehmen, dass er am nächsten Tag einen internationalen Vertrag im Namen Österreichs unterzeichnen würde, denn: „*Von uns wird überhaupt nichts unterschrieben werden.*"

Gruber unterschreibt ohne Wissen des Bundeskanzlers und ohne Genehmigung des Ministerrates und Nationalrates

Es dürfte unstrittig sein, dass Grubers enge Zusammenarbeit mit den Westalliierten auch von Vorteil für Österreich war, galt es doch die Zerreißung des Landes und die Einverleibung der sowjetischen Besatzungszone in den Ostblock zu verhindern.

Grubers enge Anbindung an die Amerikaner bedeutete aber auch, dass er Rücksicht auf deren geostrategische Interessen zu nehmen hatte. Daraus erklärt sich in Bezug auf Südtirol wohl seine Bereitschaft, auf die Wünsche der Amerikaner und Briten einzugehen.

Unter dem Druck der Alliierten, die terminlich drängten, hatte Dr. Gruber direkten Verhandlungen mit der italienischen Delegation zugestimmt.

Seit dem 31. August 1946 lag dann ein von den Italienern ausgearbeiteter Textvorschlag zum „Pariser Vertrag" vor, der bis zur Unterschrift Grubers am 5. September 1946 nur geringfügig überarbeitet werden sollte.

Es war dies ein lediglich zwei Seiten umfassendes Papier, welches eine vage Autonomie für Südtirol versprach und nur allgemeine Floskeln statt präziser Festlegungen der zu gewährenden autonomen Rechte enthielt. Auch die territoriale Abgrenzung des autonomen Gebietes war darin nicht klar festgelegt, was sich später als verheerend herausstellen sollte.

Und das Hitler-Mussolini-Optionsabkommen war entgegen Grubers Ankündigung keineswegs außer Kraft gesetzt worden.

Dr. Karl Gruber unterschrieb am 5. September ohne vorherige Genehmigung durch seinen Bundeskanzler und ohne Beschluss des Ministerrates oder des Nationalrates 1946 dieses Papier, welches als „Pariser Vertrag" in die Geschichte einging.

Der Ablauf der Besprechungen und Verhandlungen in Paris ist sehr ausführlich in dem Buch „Kapitulation in Paris" dokumentiert und kann dort nachgelesen werden. (Helmut Golowitsch – Walter Fierlinger: „Kapitulation in Paris. Ursachen und Hintergründe des Pariser Vertrags 1946", Schriftenreihe zur Zeitgeschichte Tirols, Bd. 7, Nürnberg-Graz 1989)

Der Offenbarungseid in Wien

Als Außenminister Dr. Gruber am 7. September 1946 wieder in Wien ankam, musste er über sein eigenmächtiges Handeln in Paris berichten. Die Tagebuchnotiz Dr. Wildners vom 7./8. September 1946 über Dr. Grubers Verhalten in Wien ist mehr als aufschlussreich: *„In seinen Erzählungen über die Südtiroler Geschichte rückt er nur zögernd heraus. Er hat nicht nur wirklich unterschrieben ..., sondern auch noch besondere Briefe bekommen, womit er erst am Nachmittag herausrückte.*

Große Konferenz beim Kanzler in der Wohnung von 3–8 mit Gruber und meiner Wenigkeit ... Der Kanzler war immer wieder gegen Gruber losgegangen, daß er eine Deckung durch die Regierung haben müsse usw. Gruber merkwürdig vorsichtig und schmiegsam. ... Auffällig ist mir auch, wie Gruber die Annäherung an Italien betreibt ... wir sollten doch mehr mit den Italienern arbeiten und er will schon durch Corradini (Anm.: gemeint ist der italienische Diplomat Carandini), *zu dem er sich besonders guter inniger Beziehungen rühmt, einen Besuch Figls in Rom vorbereiten lassen."* (Bundesministerium für europäische und internationale Angelegenheiten (Hrsg.): „... freilich werden wir im neuen Jahr noch nicht frei werden ... Das Tagebuch von Heinrich Wildner 1946", Wien 2013. Notiz Wildners vom 7./8. September 1946)

Figl befürchtet Grubers Ambitionen auf die Kanzlerschaft

Obwohl Figl auch seine eigene Verzichtsbereitschaft in Bezug auf Südtirol durch seinen Mittelsmann Moser heimlich nach Rom hatte übermitteln lassen, fühlte er sich jetzt durch Dr. Gruber übergangen und hegte die Befürchtung, dieser könnte seine Position als Regierungschef anstreben. Am 9. September 1946 hielt Dr. Wildner in seinem Tagebuch das Ergebnis eines Gespräches mit Dr. Gruber fest: *„Er, Gruber, habe ... dem Figl gesagt, daß er nicht im Traum die Kanzlerschaft anstrebe und gegen ihn nicht intrigiere."* (Notiz Wildners vom 9. September 1946)

Am 10. September 1946 gab Dr. Wildner diese Äußerung Grubers an Figl weiter: *„Dem Figl mein gestriges Gespräch mit Gruber erzählt. Er fühlt sich ihm gegenüber nicht ganz sicher und als richtiger Bauer traut er ihm auch nicht, ist aber doch etwas beruhigt."* (Notiz Wildners vom 10. September 1946)

Gruber scheut das Wort „Vertrag" – Das Außenamt soll sich an der Verschleierung beteiligen und eine andere Bezeichnung erfinden

Ziemlich rasch wurde erkennbar, was Dr. Gruber mit seiner eigenmächtigen Unterschrift in Paris angerichtet hatte. Am 12. September 1946 notierte Dr. Wildner: *„Wieder Unklarheiten in der Südtiroler Frage. De Gasperi hat öffentlich erklärt, daß es mit dem räumlichen Umfang der Autonomiegewährung noch nicht sicher sei, so daß man hier annehmen muß, daß auch das Gebiet von Trient dazu komme. In den schriftlichen Abmachungen wird von den benachbarten zweisprachigen Ortschaften der Provinz Trient gesprochen, die dazu kommen würden. Merkwürdigerweise äußern sich Paris* (Anm.: Gemeint sind offenbar die noch in Paris verbliebenen Mitglieder der österreichischen Delegation) *und insbesondere Gruber nicht genau."* (Notiz Wildners vom 12. September 1946)

Dr. Gruber wusste natürlich, warum er sich nicht genau äußerte. Er versuchte auch in Wien noch zu verschleiern, dass er ohne Bevollmächtigung einen internationalen Vertrag unterzeichnet hatte. Dr. Wildner notierte am 14. September 1946 in sein Tagebuch, dass Gruber *„uns berichtet, daß das ganze kein Agreement sei, daß es zwar als solches in der Mitteilung an die Friedenskonferenz bezeichnet worden sei, daß man dies aber rückgängig mache. Wir sollen uns den Kopf zerbrechen darüber, welche Bezeichnung man dem ganzen geben soll, jedenfalls nicht ‚Vertrag'".* (Notiz Wildners vom 14. September 1946)

Es ging Dr. Gruber hierbei um die Umgehung des Österreichischen Nationalrats, dem gemäß Artikel 50 der österreichischen Bundesverfassung jeder politische Staatsvertrag zur Genehmigung vorzulegen war. Tatsächlich hatte Dr. Gruber seine Untergebenen in der österreichischen Delegation in Paris beauftragt, bei den westlichen Alliierten darauf hinzuwirken, dass das Abkommen von ihnen nicht als Abkommen – als *„agreement"* – bezeichnet werde. Schließlich einigten sich die Österreicher mit den Briten darauf, dass es in Artikel 10 des italienischen Friedensvertrages lediglich heißen sollte, dass die alliierten und assoziierten Mächte von den *„provisions"* – den Maßnahmen – Kenntnis genommen hätten, die zwischen den Österreichern und Italienern vereinbart worden seien und deren Text dem Friedensvertrag angefügt worden sei. Mit diesem semantischen Betrug sollte der Nationalrat umgangen werden. (Näheres dazu in: Helmut Golowitsch – Walter Fierlinger: „Kapitulation in Paris. Ursachen und Hintergründe des Pariser Vertrags 1946", Schriftenreihe zur Zeitgeschichte Tirols, Bd. 7, Nürnberg-Graz 1989, S.714ff)

Generalsekretär Dr. Wildner: Wenn es ein internationales Abkommen ist, dann ist es durch den Nationalrat zu genehmigen – Gruber und Figl umgehen trotzdem den Nationalrat

Am 13. September 1946 telefonierte der Legationssekretär Dr. Schwarzenberg aus Paris mit dem Generalsekretär im Außenamt, Dr. Heinrich Wildner, und erklärte diesem, dass der Ausdruck *„accord"* oder *„Vertrag"* vermieden werden sollte, *„sonst könnte am Ende noch in Österreich eine Ratifikation durch das Parlament verlangt werden"*. (Dokument des österreichischen Außenamtes Zl. 112637 pol/46, zitiert in: Rolf Steininger: „Los von Rom?", Innsbruck 1987, S. 149)

Dr. Grubers Ansinnen, das von ihm in Paris unterzeichnete Papier als „Nicht-Vertrag" zu deklarieren, stieß aber auf die Schwierigkeit, dass die Briten diesen angeblichen „Nicht-Vertrag" sehr wohl als internationales Abkommen einstuften und dieses offiziell als solches zu deklarieren wünschten.

Dr. Wildner notierte: *„Ich machte darauf aufmerksam und wies auch darauf hin, daß, wenn es also ein solches Abkommen wäre, es dem Nationalrat vorzulegen sei und von dort nach Genehmigung ebenfalls an den Alliierten Rat zu leiten wäre."* (Notiz Wildners vom 14. September 1946)

Nun zeigte sich, dass die rasche Erledigung dieses Problems auch in Figls Interesse lag. Dr. Wildner notierte, dass sein Hinweis, dass das in Paris geschlossene Abkommen durch den Nationalrat genehmigt werden müsse, auch bei Figl auf taube Ohren stieß. (Notiz Wildners vom 14. September 1946) In der österreichischen Notifizierung an den Alliierten Rat war demzufolge dann auch nicht von einem Vertrag die Rede, sondern lediglich von *„gemeinsam festgelegten Vorkehrungen für die Südtiroler Bevölkerung"*. (Aktensammlung des Foreign Office im Public Records Office in Kew Gardens. FO 371/55128/C 11177)

Der „Pariser Vertrag" – eine Aneinanderreihung mehrdeutiger Absichtserklärungen

AUSTRIAN DELEGATION
TO THE PARIS CONFERENCE

1° – German speaking inhabitants of the Bolzano Province and of the neighbouring bilingual townships of the Trento Province will be assured a complete equality of rights with the Italian-speaking inhabitants, within the framework of special provisions to safeguard the ethnical character and the cultural and economic development of the German-speaking element.

In accordance with legislation already enacted or awaiting enactment the said German-speaking citizens will be granted in particular:

(a) elementary and secondary teaching in the mother-tongue;
(b) parification of the German and Italian languages in public offices and official documents, as well as in bilingual topographic naming;
(c) the right to re-establish German family names which were italianized in recent years;
(d) equality of rights as regards the entering upon public offices, with a view to reaching a more appropriate proportion of employment between the two ethnical groups.

2° – The populations of the above mentioned zones will be granted the exercise of an autonomous legislative and executive regional power. The frame within which the said provisions of autonomy will apply, will be drafted in consultation also with local representative German-speaking elements.

3° – The Italian Government, with the aim of establishing good neighbourhood relations between Austria and Italy, pledges itself, in consultation with the Austrian Government and within one year from the signing of the present Treaty:

> (a) to revise in a spirit of equity and brod-mindedness the question of the options for citizenship resulting from the 1939 Hitler-Mussolini agreements;
>
> (b) to find an agreement for the mutual recognition of the validity of certain degrees and University diplomas;
>
> (c) to draw up a convention for the free passengers and goods transit between Northern and Eastern Tyrol both by rail and, to the greatest possible extent, by road;
>
> (d) to reach special agreements aimed at facilitating enlarged frontier traffic and local exchanges of certain quantities of characteristic products and goods between Austria and Italy.
>
> 5. September 1946

Das ist der dürftige Text des sogenannten „Pariser Vertrages". Es ist eine von den Italienern konzipierte Aneinanderreihung unpräziser und mehrdeutig auslegbarer Absichtserklärungen, die von Dr. Gruber, den alliierten Wünschen folgend, unterzeichnet wurde.

In dem von der italienischen Delegation vorgelegten und von Gruber akzeptierten und unterzeichneten dürftigen Text fanden sich mehrdeutig auslegbare Formulierungen, die wohl bewusst so konzipiert worden waren.

So wurde in Artikel 1 der Geltungsbereich des Abkommens festgelegt. Er sollte für das Gebiet der *„Bolzano Province and of the **neighbouring bilingual townships of the Trento Province"*** gelten.

Den Südtirolern wurde zunächst von Dr. Gruber weisgemacht, dass damit Südtirol einschließlich des damals noch zur Provinz Trient gehörenden Unterlandes bis Salurn gemeint sei. Die Italiener verstanden aber in der Folge unter den *„**benachbarten zweisprachigen Ortschaften der Provinz Trient"*** das **gesamte Trentino**, welches ja eine Reihe von deutschen Sprachinseln aufwies. Diese Formulierungen und ihre Auslegungsmöglichkeiten waren vorher offenbar gut überlegt worden.

In dem Artikel 2 des Abkommens hieß es, dass der *„**Rahmen**" („frame")* der Autonomiemaßnahmen „*in Beratung **auch** mit einheimischen deutschsprachigen bevollmächtigten Persönlichkeiten festgelegt werden*" solle (*"in cosultation **also** with local representative German-speaking elements"*). Allein die Bezeichnung „Rahmen" („frame") war schon doppeldeutig und konnte sich sowohl auf die territoriale Ausdehnung wie auf den Inhalt der Autonomiemaßnahmen beziehen. Und die politische Vertretung der Südtiroler durfte in der Folge lediglich einige schriftliche und mündliche Einwendungen machen, über welche die italienische Seite dann einfach hinwegging.

Der Verrat an den Ladinern

Völlig verraten worden waren auch die Ladiner. Von ihnen, der dritten Sprachgruppe in Südtirol, war überhaupt keine Rede im „Pariser Vertrag". Im Ersten Weltkrieg hatte sich das letzte Aufgebot Ladiniens in den Standschützeneinheiten für Tirol aufgeopfert. Sie hatten mit unerhörtem Mut die Heimat verteidigt.

Nach dem Ersten Weltkrieg hatte man ihr Sprachgebiet zerstückelt und große Teile der Provinz Belluno und der Provinz Trient angegliedert. Aus der Sicht italienischer Nationalisten handelt es sich bei den Ladinern – ungeachtet ihres eigenen Identitätsbewusstseins – ohnedies um kein eigenständiges Volk, sondern um abtrünnige Italiener, die lediglich einen lokalen Dialekt sprächen. Die Zerstückelung ihres Gebietes und ihre Aufteilung auf verschiedene Provinzen sollte nach den Absichten italienischer Nationalisten den Zusammenhalt dieser Volksgruppe, ihre Sprache und Kultur zerstören. Und nun hatte der österreichische Außenminister, den Wünschen der italienischen Nationalisten folgend, die Ladiner dem geplanten Schicksal der Auflösung ihrer Volksgruppe überlassen.

Aufopfernd hatten auch die Ladiner das gemeinsame Tirol gegen den italienischen Überfall verteidigt.

Generalvollmacht für eine gegen Südtirol gerichtete Politik
Außenminister Dr. Gruber hatte die italienischen Auslegungsmöglichkeiten des unpräzisen und mehrdeutigen Textes des „Pariser Vertrages" vorhersehen können. Er war immerhin Jurist. Am 30. September 1986 hat Dr. Gruber in einer Diskussion im RAI-Sender Bozen auch ganz offen zugegeben, dass Degasperi ihn damals darüber nicht im Unklaren gelassen hatte, dass nach der Unterzeichnung des Abkommens Südtirol und das Trentino in einem gemeinsamen Autonomiegebiet zusammengespannt werden würden. Den besorgten Südtirolern hatte Gruber im Jahre 1946 zur Beruhigung freilich etwas ganz anderes erzählt gehabt. (Näheres dazu in: Helmut Golowitsch – Walter Fierlinger: „Kapitulation in Paris. Ursachen und Hintergründe des Pariser Vertrags 1946", Schriftenreihe zur Zeitgeschichte Tirols, Bd. 7, Nürnberg – Graz 1989, S. 601 und S. 525ff)

Der italienische Diplomat Carandini bestätigt die vorangegangene Geheimdiplomatie hinter den Kulissen
Der SVP-Generalsekretär, SVP-Obmann und Abgeordnete zur römischen Parlamentskammer, Dr. Otto von Guggenberg, berichtete im Rückblick, dass *„Graf Carandini* (Anm.: der italienische Unterhändler in Paris) *in einer Pressekonferenz, die er im Herbste 1946 über das Pariser Friedenswerk hielt, den Ausspruch tat, daß schon Monate vor der Friedenskonferenz Italien und Österreich in Fühlung gestanden seien, um eine einverständliche Lösung zu finden, wobei die Basis für die spätere Gewährung der Autonomie bereits gelegt worden sei".* (Otto von Guggenberg: „1919 – 1945 – Zwei Schicksalswenden Südtirols", in: R. Klebelsberg, (Hrsg.) und F. H. Riedl (Leiter): „Südtirol – Land europäischer Bewährung", Schlern-Schriften 140, Innsbruck 1955, S. 106)
Der italienische Diplomat Carandini hat hier offenbar auf die Gespräche Rudolf Mosers mit Ministerpräsident Degasperi angespielt, in welchen die Bereitschaft Österreichs für eine Autonomielösung mitgeteilt worden war.

„Sprengstoff" für die Zukunft
Der österreichische Vizekanzler Dr. Adolf Schärf (SPÖ) hat bereits im Jahre 1955 den „Pariser Vertrag" als *„recht bescheiden"* beurteilt und gemeint, *„Dr. Gruber schloß ab, als vielleicht noch anderes zu holen gewesen wäre."*
Und das italienische Nachrichtenbüro ANSA, so schrieb Schärf, habe am 22. November 1952 von einer Wahlveranstaltung des italienischen Ministerpräsidenten Degasperi berichtet: *,Es war wirklich mein Werk',* erklärte Degasperi, *,daß Südtirol auf Grund des Gruber-Degasperi-Abkommens vom Jahre 1946 für Italien gerettet wurde.'"* (Adolf Schärf: „Österreichs Erneuerung 1945–1955", Wien 1955, S. 133)

Der italienische Ministerpräsident Degasperi verkündete auf einer Wahlveranstaltung, dass er Südtirol für Italien „gerettet" habe.

„You can have a job in our Foreign Office any time!"

Gesandter Dr. Lothar Wimmer (links) und Außenminister Dr. Karl Gruber in Paris 1946

Das ehemalige österreiche Delegationsmitglied in Paris und der nunmehrige Botschafter a.D. Dr. Lothar Wimmer schrieb am 1. Juli 1955 einen als „streng vertraulich" gekennzeichneten Brief an den Bundesminister Leopold Figl. Darin berichtete Wimmer, dass er am 5. September 1946 den Auftrag erhalten hatte, unmittelbar nach der Unterzeichnung des „Pariser Vertrages" den Vertragstext zusammen mit dem italienischen Diplomaten Conte Carandini der britischen Delegation zu überreichen. Als die Briten das Dokument ausgehändigt bekamen, wollten diese laut Wimmer *„nun den Vertrag studieren, ob er auch die Interessen Südtirols wirklich schütze. Carandini wollte ebenso wie ich darauf aufmerksam machen, daß der Vertrag bereits unterschrieben sei.*

*Diese Erklärung wirkte schlagartig. Die Sitzung wurde sofort aufgehoben und Staatsminister McNeil sagte zu Carandini wörtlich: ‚**You can have a job in our Foreign Office any time!**'"*

(Auszüge aus dem Brief von Botschafter a.D. Dr. Lothar Wimmer an BM Leopold Figl vom 1. Juli 1955. Niederösterreichisches Landesarchiv, Nachlass Figl, Karton 39)

Der Historiker Univ.-Prof. Dr. Michael Gehler urteilt im Rückblick über das „Pariser Abkommen": „*Anstatt das Konfliktpotential ein für allemal zu beseitigen, wurde mit der Pariser Vereinbarung der zwischenstaatliche und interethnische Sprengstoff durch eine autonomiepolitisch faule Kompromisslösung und seine mangelhafte Umsetzung sorgfältig konserviert.*"
(Michael Gehler: „Selbstbestimmung, geistig-kulturelle Landeseinheit, Europaregion? Die Tiroler Südtirolpolitik 1945–1998", in: Michael Gehler (Hrsg.): „Tirol. Land im Gebirge: Zwischen Tradition und Moderne", Wien-Köln-Weimar 1999, S. 575)

Auf einer Gedenkfeier anlässlich des 70. Jahrestages der Unterzeichnung des Pariser Abkommens, zu welcher die Südtiroler Landesregierung auf Schloss Sigmundskron eingeladen hatte, sprach der Historiker Univ.-Prof. Dr. Michael Gehler, Leiter des Instituts für Geschichte an der Universität Hildesheim und Obmann der Historischen Kommission der Österreichischen Akademie der Wissenschaften, klare Worte. Die Tageszeitung „Dolomiten" berichtete darüber:

„Nur eine brüchige Krücke"
Für Prof. Michael Gehler überwiegen die Mängel

Mit mehreren Thesen zerpflückt Gehler das Abkommen, bezeichnet es als „brüchige Krücke". Einzig der bilateralen Verfahrensweise könne man Modellfunktion attestieren. Jedoch könne man nie und nimmer von einer Magna-Charta für Südtirol sprechen – sondern für das Trentino – denn mit einer echten Autonomie wären die Attentate der 1960er-Jahre ausgeblieben, ist Gehler überzeugt.

Aus „Dolomiten" vom 6. September 2016.

Eine übermäßige Beschönigung

Das am 5. September 1946 geschlossene Gruber-De-Gasperi-Abkommen war ein Minimum vom Minimum, weil es keine Selbstverwaltung für Südtirol gab. Eine „Magna Charta" für Südtirol ist es nicht.

Von Michael Gehler

Am 5. September 2016 veröffentlichte Univ.-Prof. Dr. Michael Gehler zudem in der „Tiroler Tageszeitung" seine Beurteilung des Abkommens: *„Angesichts der Sowjet-Besatzung ... sah Gruber Österreichs Existenzfähigkeit in Gefahr und einzig in Verbindung mit dem Westen und Italien als Partner seine Überlebenschance. Er kam daher De Gasperi so weit entgegen, dass das Abkommen einem Geschenk an Italien glich. ... Die Bezeichnung ‚Magna-Charta für Südtirol' ist daher eine übermäßige Beschönigung des Abkommens, da es eine eigene Autonomie für die Südtiroler verhindern half. ... Die These von zeitgenössischen politischen*

Akteuren vom Pariser Abkommen als ‚Maximum des Möglichen' ist jedenfalls nicht haltbar. Im Lichte der legitimen Südtiroler Forderungen war es ein Minimum vom Minimum, weil es keine Selbstverwaltung für Südtirol gab, was der eigentliche Fehlschlag war. ... Es folgten Jahre vergeblicher Bemühungen um Verbesserung der 1948 gewährten unzulänglichen Autonomie, die Claus Gatterer eine ‚Fassade' nannte, und folglich die Anschläge der 1960er-Jahre. Die Kernthese lautet daher: Mit einer Magna Charta für Südtirol, sprich einer echten Autonomie, hätte es gar keine Attentate gegeben." („Tiroler Tageszeitung", Innsbruck, 5. September 2016)

In dem Südtiroler Internetportal „SALTO" veröffentlichte Univ.-Prof. Dr. Gehler am 2. September 2016 einen weiteren Beitrag unter dem Titel „70 Jahre Pariser Vertrag", in welchem er sagt:

„Die Bezeichnung „Magna-Charta für Südtirol" ist nach allem, was bekannt und erforscht ist, eine übertriebene Beschönigung und unzulässige Überhöhung des Abkommens, da eine eigene Autonomie für die Südtiroler mit Hilfe dieser Vereinbarung Gruber-De Gasperi vereitelt wurde. Es war praktisch ein Dokument zur Verhinderung einer Magna Charta für Südtirol und tatsächlich nicht mehr als eine brüchige Krücke, die die Südtiroler zwang, sich auf die eigenen Beine zu stellen. Es machte dann auch die SVP in der Überwindung der Schwierigkeiten und Widerstände immer stärker. Das Pariser Abkommen war eigentlich nichts anderes als ein Mittel zum Zweck einer Magna Charta für Trient, weil es De Gasperi damit gelang, seine engeren Landsleute im Trentino in ein für sie attraktives Autonomiekonzept einzubeziehen, d. h. ihnen damit eine bevorzugte Sonderautonomie im Zentralstaat Italien zu geben und die Südtiroler zu majorisieren.

Mit einer echten Magna Charta für Südtirol, sprich einer eigenen und wirksamen Autonomie, wären die Attentate der 1960er Jahre ausgeblieben. Auf der langen Wegstrecke vom Pariser Abkommen über das bessere Zweite Autonomiestatut 1972 bis zur Streitbeilegung vor der UNO 1992 konnten stets die Trentiner das Pariser Abkommen als ihren Erfolg feiern, was heute noch in Trient und nicht gemeinsam mit den Südtirolern in Bozen geschieht. Daher gibt es weniger Anlass zum Feiern, sondern mehr zum Nachdenken."

Für Degasperi war das „Pariser Abkommen" jedoch ein großer innenpolitischer Erfolg, der seine Stellung und die seiner Partei festigte.

Degasperi (links) und Gruber in Paris.

Ohrfeigen für den Außenminister

Am 19. September 1946 hatte der „Tiroler Kriegsopferverband" unter seinem Obmann Dr. Hans Blaas eine Protestresolution beschlossen, in welcher die Politik des Außenministers Dr. Gruber als „*Verrat*" bezeichnet wurde, weil „*von einer Verewigung der Brennergrenze das ganze Land nichts wissen will*". Diese Resolution war an den Landeshauptmann Dr. Weissgatterer, an andere Politiker und auch an die Presse geschickt worden und hatte hohe emotionale Wellen geschlagen.

Als Dr. Gruber nach seiner Ankunft in Innsbruck am 27. September 1946 in das Landhaus gehen wollte, sah er sich mit einer von dem auf Krücken gehenden Kriegsinvaliden Dr. Blaas angeführten Menschenmenge konfrontiert, die ihn mit Pfuirufen empfing. Ein Bericht der Bundespolizeidirektion Innsbruck vom 27. September 1946 an die Staatsanwaltschaft schildert den Vorfall genau und gibt auch Zeugenaussagen wieder. Diesen zufolge sei der Außenminister Dr. Gruber auf den Schwerkriegsbeschädigten Dr. Blaas zugegangen und habe ihm einen Stoß versetzt. Der Postbeamte Max Sturm sagte aus: „*Dr. Gruber sah, als er ins Landhaus gehen wollte, den Dr. Blaas stehen, ging auf ihn zu und versetzte ihm einen Stoß und sagte auch irgend etwas zu Blaas. Blaas rief daraufhin ‚Pfui Gruber'. Dr. Gruber wollte dem Dr. Blaas eine Ohrfeige geben. Dr. Blaas kam ihm jedoch zuvor und versetzte ihm zwei Ohrfeigen.*" Andere Zeugen bestätigten diese Darstellung. (Bericht der Bundespolizeidirektion Innsbruck, Präs. III - Zl. 8170/4/46 vom 27. 9. 1946. Aus dem Besitz von Dr. Blaas – Archiv des Verfassers)

Der Außenminister Dr. Gruber (Bildmitte) kommt am Abend des 26. September 1946 auf dem Innsbrucker Hauptbahnhof an. Am nächsten Tag wird er vor dem Landhaus geohrfeigt werden.

Gruber: „hab ich ihn bei der Gurgel gepackt – da wär der tot gewesen – den hätt ich also derwürgen können – das war ein ganz gewöhnlicher halblahmer Krüppel!"

In der Folge kam es jedoch zu keiner Verurteilung von Dr. Hans Blaas, weil der Außenminister Dr. Gruber entgegen den anderslautenden Zeugenaussagen plötzlich behauptete, er habe gar keine Ohrfeigen bekommen. Offenbar war Dr. Gruber die Angelegenheit so peinlich, dass er keine öffentliche Gerichtsverhandlung darüber wünschte.

Bereits am 28. September 1946 notierte der Generalsekretär für die Auswärtigen Angelegenheiten im Bundeskanzleramt, Dr. Heinrich Wildner, in sein Tagebuch: *„Gruber heute im Flugzeug zurückgekommen. Böse Zungen behaupten, dass er sich nicht getraut habe, durch Tirol im Auto zu fahren. Er tut so, als ob eigentlich nichts geschehen sei. Die Tiroler seien ganz auf seiner Seite mit überwältigender Mehrheit, aber ganz rein scheint es doch nicht zu sein."* (Bundesministerium für europäische und internationale Angelegenheiten (Hrsg.): „... freilich werden wir im neuen Jahr noch nicht frei werden ... Das Tagebuch von Heinrich Wildner 1946", Wien 2013, Notiz Wildners vom 28. September 1946)

Dr. Gruber hat den von mehreren Zeugen bestätigten und aktenkundig belegten Hergang auch später energisch bestritten. In einem ORF-Interview hat Dr. Gruber am 20. Februar 1986 erklärt: *„Ich habe keine Ohrfeige bekommen ... und ich hab ihn dann beim Kragen gepackt ... dann hab ich ihn bei der Gurgel gepackt, und nun kam bei mir der Blitz, das war ja ein Kriegskrüppel ... I denk, wann i den jetzt in eine Ecke schmeiß, was ich leicht hätte machen können ... dann hätte ich natürlich die Zeitungen am Hals gehabt für zwanzig Jahr."*

Dr. Hans Blaas war als Oberleutnant der Tiroler Kaiserjäger mit der „Großen Silbernen Tapferkeitsmedaille" ausgezeichnet worden. Er war 1915 am Monte Piano schwer verwundet worden und hatte eine Beinamputation bis zur Hüfte erlitten. Ein jahrelanges Martyrium mit weiteren Operationen war gefolgt, bis der linke Beinstumpf nur noch zwei Zentimeter lang war. Nach dem Zweiten Weltkrieg war es das Anliegen des Dr. Blaas gewesen, als Obmann des „Tiroler Kriegsopferverbandes" den verstümmelten Kriegsopfern Betreuungsmöglichkeiten zu schaffen: Kinos, Heime, den Grillhof in Vill, der heute eine Landes-Bildungseinrichtung ist. Er war ein heimatliebender Mann und ein persönlicher Freund des Leiters der „Landesstelle für Südtirol", Univ.-Prof. Dr. Eduard Reut-Nicolussi.

Auf die Frage des ORF, ob Dr. Gruber nicht doch Ohrfeigen von Dr. Blaas bekommen hätte, erwiderte Gruber: *„Da wär der tot gewesen, sag ich Ihnen! So wahr ich hier stehe. ... das war ein, ein ganz gewöhnlicher halblahmer Krüppel. Den hätt ich also derwürgen können, net? Mich hat nur daran gehindert, dass ich mir gesagt hab, ein Politiker darf net mit einem Kriegsbeschädigten so umgehen."* (Eine ausführliche Darstellung einschließlich der Quellenbelege findet sich in: Helmut Golowitsch – Walter Fierlinger: „Kapitulation in Paris. Ursachen und Hintergründe des Pariser Vertrags 1946", a.a.O., S. 691ff)

Gruber war auch im Amt schon tätlich geworden
Dass der Außenminister Dr. Gruber jähzornig war und sich schlecht unter Kontrolle hielt, erfährt man aus dem Tagebuch des Generalsekretärs für die Auswärtigen Angelegenheiten im Bundeskanzleramt, Dr. Heinrich Wildner, der am 9. Jänner 1946 notiert hatte, dass Dr. Gruber auch in seinem Amt gegenüber einem Untergebenen tätlich geworden war. Dieser war *„übrigens ein alter Polizeibeamter mit Präsidialvordienstzeit. Er gesteht mir, dass Gruber ihm gegenüber tätlich geworden sei durch Stoß vor die Brust."* (Bundesministerium für europäische und internationale Angelegenheiten (Hrsg.): „... freilich werden wir im neuen Jahr noch nicht frei werden ... Das Tagebuch von Heinrich Wildner 1946", Wien 2013, Notiz Wildners vom 9. Jänner 1946)

Die Rechtswahrung des Außenpolitischen Ausschusses des österreichischen Nationalrats: Nur Zwischenlösung – kein Verzicht auf die unveräußerlichen Rechte unseres Staates auf Südtirol – Figl drückte sich
Am 1. Oktober 1946 erstattete Außenminister Dr. Gruber einem eher

uninteressierten Ministerrat und dann dem Außenpolitischen Ausschuss des österreichischen Nationalrats Bericht.

Kanzler Figl deckte nun seinen Außenminister und man hatte sich auch in der Regierungskoalition schon darauf geeinigt, dass es Dr. Gruber diesmal nicht an den Kragen gehen solle. Man umging also den Nationalrat. (Näheres dazu einschließlich der Zitierung amtlicher Dokumente in: Helmut Golowitsch – Walter Fierlinger: „Kapitulation in Paris. Ursachen und Hintergründe des Pariser Vertrags 1946", Schriftenreihe zur Zeitgeschichte Tirols, Bd. 7, Nürnberg-Graz 1989, S.723 sowie 731ff)

Dr. Heinrich Wildner notierte dazu in sein Tagebuch: *„Ausschuß für Äußeres. Die Sozialisten haben einen milden Mißbilligungsantrag vorbereitet, die Volksparteiler bauten vor, erklärten, daß eine zweckdienliche Befassung des Parlaments wegen der besonderen Verhältnisse der Pariser Friedensvertragsverhandlungen nicht möglich gewesen ist ... und schließlich verfaßten die zwei großen Parteien eine gemeinsame Erklärung ... und alles verlief in guter Stimmung, trotzdem man in den sogenannten gutinformierten Kreisen den Gruber schon für erledigt gehalten hatte. Figl drückte sich."* (Notiz Wildners vom 1. Oktober 1946)

Angesichts der von Dr. Gruber in Aussicht gestellten und im Gange befindlichen Anbindung des „Pariser Abkommens" an den italienischen Friedensvertrag wurde auf die parlamentarische Behandlung im Plenum verzichtet, da Bestimmungen des italienischen Friedensvertrages nicht in den Zuständigkeitsbereich des österreichischen Parlaments fielen.

Der Ausschuss rügte aber Dr. Gruber in milder Form und ersuchte den Minister, wenigstens *„für die Zukunft alle Maßnahmen zu treffen, um den verfassungsmäßigen Kontakt mit dem Parlament aufrechtzuerhalten."*

Dann hieß es weiter in dem Beschluss des Außenpolitischen Ausschusses: *„Die mit Italien vereinbarte Regelung, von der nicht feststeht, ob sie die Zustimmung des gesamten Südtiroler Volkes gefunden hat, bedarf noch mancher Interpretation, um als Zwischenlösung angesehen werden zu können.*

Die Haltung Österreichs bedeutet in keiner Weise einen Verzicht auf die unveräußerlichen Rechte unseres Staates auf Südtirol
Der Ausschuss gibt der bestimmten Hoffnung Ausdruck, daß eine geänderte Weltlage in Zukunft den Südtirolern die Möglichkeit der Selbstbestimmung über ihre staatliche Zugehörigkeit geben wird. Er ist der Meinung, daß dieses Prinzip der einzige Weg für eine dauerhafte Lösung der Südtiroler Frage ist, die von Österreich als gerecht und befriedigend angenommen werden könnte." (Amtliche „Wiener Zeitung", 2. Oktober 1946)

☐ Die Analyse des Generalsekretärs Heinrich Wildner

Der Generalsekretär für die Auswärtigen Angelegenheiten im Außenamt des Bundeskanzleramtes, Dr. Heinrich Wildner, verfasste nach Vorliegen des Textes des Pariser Vertrages eine Beurteilung unter dem Titel „Abkommen über die Südtirolfrage – Analyse".

Keine österreichische Einflussnahme in Bezug auf die Autonomie vorgesehen
Wildner nahm sich kein Blatt vor den Mund: *„Die ... Bestimmungen über die Autonomie und die Gleichberechtigung der deutsch-sprechenden Einwohner Südtirols enthalten für ihre Formulierung und Durchführung keinerlei Bestimmungen, die eine Einflußnahme oder ein Mitbestimmungsrecht der österreichischen Seite vorsehen"*.
Wie Wildner festhielt, habe auch der italienische Ministerpräsident Degasperi auf einer Pressekonferenz in Rom erklärt, dass *„der Umfang des Geltungsbereiches dieser Autonomie noch nicht festgelegt und ebenfalls nur von einer italienischen Entscheidung abhängig ist"*.
Auch der Staatsrat und Präfekt Innocenti habe erklärt, dass *„die Frage der regionalen Autonomie ... lediglich eine Angelegenheit der italienischen Verfassung"* sei. Es sei laut Degasperi und Innocenti eine *„rein interne italienische Angelegenheit"*, ob die Autonomie nur Südtirol allein oder zusammen mit dem Trentino gewährt werde.

Wildner: Der Pariser Vertrag bekräftigt die Zugehörigkeit Südtirols zu Italien – Es wurde keine die italienische Souveränität über Südtirol tangierende Bestimmung vereinbart
Dr. Wildner hielt in seiner Analyse fest, dass Italien in Zukunft argumentieren könne, dass Österreich *„durch das Pariser Abkommen die rechtliche Zugehörigkeit Südtirols zu Italien neuerdings bekräftigt habe"*. Zudem müsse man, so Wildner, bemerken, dass *„keine die italienische Souveränität über Südtirol in irgend einer Weise tangierende Bestimmung vereinbart worden ist"*.
(Bericht „Abkommen über die Südtirolfrage – Analyse". Redigiert von dem Generalsekretär für die Auswärtigen Angelegenheiten im Bundeskanzleramt, Heinrich Wildner. Oktober 1946. Karl-Gruber-Archiv, Institut für Zeitgeschichte der Universität Innsbruck. Material Südtirol, zu Zl. 105.130-pol/47. Wiedergegeben in: Michael Gehler (Hrsg.): „Verspielte Selbstbestimmung? Die Südtirolfrage 1945/1946 in US-Geheimdienstberichten und österreichischen Akten." Eine Dokumentation. Innsbruck 1996, Dokument 196, S. 494ff)

Die Auflösung der „Landesstelle für Südtirol" und die Einrichtung der Außenstelle des Bundeskanzleramtes
Die „Landesstelle für Südtirol" war unmittelbar nach dem Zusammenbruch des „Dritten Reiches" im Mai 1945 als Dienststelle der Tiroler

Landesregierung gegründet worden, deren Leitung Univ.-Prof. Dr. Eduard Reut-Nicolussi übernommen hatte. Ihre Aufgabe war *„vornehmlich die propagandistische und wissenschaftliche Untermauerung des Anspruches auf die Rückkehr Südtirols zu Österreich".* (Robert Gismann: „Viktoria Stadlmayer – ein biographischer Versuch", in: Riedl – Pan – Cescutti – Gismann (Hrsg.): „Tirol im 20. Jahrhundert. Festschrift für Viktoria Stadlmayer zur Vollendung des 70. Lebensjahres in Würdigung ihres Wirkens für das ganze Tirol", Bozen 1989, S. 13)

Diese Tätigkeit der Landesstelle stand zwar in Übereinklang mit der auch von Wien aus offiziell propagierten Linie, sie widersprach aber der von Figl und Moser einerseits und Dr. Gruber andererseits im Hintergrund betriebenen Politik.

Im Juni 1946 wurde die Landesstelle unter dem Namen „Abteilung VIII k, Wissenschaftliches Referat" der Dienststelle „Landesplanung und Statistik" in der Landesregierung weitergeführt. Hier wurde weiterhin wertvolle Arbeit für die Verbundenheit mit dem südlichen Landesteil geleistet.

Die erarbeiteten Unterlagen wurden namens des „Amtes der Tiroler Landesregierung" nicht nur der Landes-, sondern auch der Bundespolitik zur Verfügung gestellt.

Als mit dem „Pariser Vertrag" vom 5. September 1946 die Hoffnungen auf einen baldigen Wiederanschluss Südtirols zu Grabe getragen worden waren, beschloss der Ministerrat in Wien am 11. Dezember 1947, dass in Innsbruck eine unmittelbar dem Bundeskanzler unterstellte Außenstelle errichtet werden sollte. Diese Außenstelle ersetzte die bisherige „Landesstelle für Südtirol". Sie unterstand dem Bundeskanzler Leopold Figl und konnte keine Tätigkeit entwickeln, die der Wiener Regierung nicht passte. Ihre vorrangige Aufgabe war die Behandlung aller Fragen, die sich aus der Durchführung des Pariser Vertrages ergaben. Dazu gehörte auch die wichtige Frage der Rückkehr der Südtiroler Optanten.

Univ.-Prof. Dr. Reut-Nicolussi zog sich auf seine Tätigkeit als Ordinarius für Völkerrecht und Rechtsphilosophie an der Universität Innsbruck zurück, blieb jedoch im Hintergrund ein vielfach unbequemer Mahner und Ratgeber. Wien hatte es erreicht, dass mit der Auflösung der Landesstelle ein lästiger Stolperstein aus dem Weg zur herzlichen österreichisch-italienischen Freundschaft geräumt worden war.

Offiziell begrüßte die Tiroler Landesregierung die Errichtung der neuen Außenstelle des Bundeskanzleramtes, wollte aber von Anfang an sichergestellt wissen, dass Tirol aus der Behandlung der Tiroler Fragen hier nicht ausgeschlossen sein werde. Am 15. Jänner 1947 forderte der Tiroler Landeshauptmann Dr. Alfons Weißgatterer daher in einem Brief an den Außenminister Dr. Karl Gruber, *„daß dieser Stelle ein ständiger Beauftragter der Landesregierung zugewiesen wird"*. Die von Wien geplante Bestellung des auf Regierungslinie liegenden Hofrates Dr. Kneußl zum Leiter der Nebenstelle sei zudem von den Tirolern in der Regierungssitzung vom 15. Jänner 1947 *„einstimmig abgelehnt"* worden. (Schreiben von Alfons Weißgatterer an Karl Gruber vom 15. Jänner 1947. Wiedergegeben in: Michael Gehler (Hrsg.): „Akten zur Südtirol-Politik 1945-1958". Bd. 1 1945-1947. Innsbruck-Wien-Bozen 2011, S. 585f)

Dieser Einspruch wurde zehn Tage später unter der Voraussetzung wieder zurückgenommen, *„daß dieser Stelle ein ständiger Delegierter (Beauftragter) der Landesregierung"* zugewiesen werde, *„der dem Landeshauptmann unmittelbar untersteht"*. (Schreiben von Alfons Weißgatterer an Karl Gruber vom 25. Jänner 1947. Wiedergegeben in: Michael Gehler (Hrsg.): „Akten zur Südtirol-Politik 1945–1958". Bd. 1 1945–1947. Innsbruck-Wien-Bozen 2011, S. 587)

Die Vorbehalte gegen Dr. Kneußl müssen mit der ideellen Linie dieses Beamten zu tun gehabt haben. Dr. Erich Kneußl war ein offenbar sehr linientreuer Ständestaatspolitiker der Ersten Republik gewesen: Nationalrat, Oberregierungsrat, Obmannstellvertreter des Tiroler Bauernbundes, Hofrat, Bundeswirtschaftsrat, Mitglied des Bundesrates.

Einer Niederschrift des Hofrats Dr. Kneußl über „Aufgaben und Wesen der BKA, AA Außenstelle Innsbruck" ist deutlich zu entnehmen, dass dieser Beamte in vorauseilendem Gehorsam darauf bedacht war, die Italiener nicht zu verärgern. Auf mögliche italienische Animositäten nahm er schon bei der Personalplanung ängstlich Rücksicht. In seiner Niederschrift hieß es: *„Eine generelle Übernahme des Personals der Abteilung VIII k des Amtes der Landesregierung ist untunlich und zwar schon aus dem Grunde, weil die Außenstelle dann von **italienischer Seite einfach als eine Nachfolgerin der von ihr stets mit großem Mißtrauen angesehenen Südtirolerstelle** gewertet wird. **Der eine oder andere der Angestellten dürfte auch aus politischen Gründen nicht gut tragbar sein.** ... Die politische und kulturelle Abteilung könnte, falls momentan ein Beamter nicht gefunden wird, Dr. Kness leiten. Es müßte jedoch noch festgestellt werden, **ob er von den Italienern goutiert wird**. ... Die wissenschaftliche Abteilung, die die Ausarbeitung von Unterlagen zu besorgen hat, könnte von ihrem bisherigen Leiter, Dr. Thalhammer, geführt werden, **falls er politisch tragbar ist**."* (Niederschrift von Kneußl. Wiedergegeben in: Michael Gehler (Hrsg.): „Akten zur Südtirol-Politik 1945–1958". Bd. 1 1945–1947. Innsbruck-Wien-Bozen 2011, S. 604)

Im März 1957 sollte angesichts der gestiegenen politischen Spannungen wieder eine eigene Dienststelle des Landes Tirol für Südtirol-Angelegenheiten eingerichtet werden. Das „Südtirolreferat", auch „Referat S" genannt, leistete unter der Leitung von Frau Dr. Viktoria Stadlmayr jahrzehntelang herausragende Arbeit. Dr. Stadlmayr war bereits Mitarbeiterin in der „Landesstelle für Südtirol" gewesen und war eine ausgezeichnete Sachkennerin. Als die Südtirol-Frage in Österreich politisch abgehakt wurde, waren solche Sachkenntnisse nicht mehr vonnöten.

Mit der Abgabe der österreichischen Streitbeilegungserklärung an die Vereinten Nationen im Jahre 1992 war der 1960 diesem internationalen Gremium vorgelegte Streit für beendet erklärt worden. Damit waren alle Südtiroler Autonomieangelegenheiten zunächst wieder auf die italienische innerstaatliche Ebene verschoben worden, deren offene Fragen in den kommenden Jahrzehnten direkt zwischen den politischen Vertretern der Südtiroler Volkspartei und den römischen Regierungsstellen unter Abwicklung zahlreicher politischer Kuhhändel behandelt werden sollten.

Die österreichische Bundesregierungen hatten hier nur noch eine Beobachterrolle und und nahmen ebenso wie die Südtiroler Volkspartei die fachkundige Arbeit der Südtirol-Abteilung bei der Tiroler Landesregierung nicht mehr in Anspruch. Daher wurde diese Abteilung aufgelöst. Ihre Akten und wissenschaftlichen Unterlagen wurden zum Großteil dem Tiroler Landesarchiv übergeben. Heute gibt es im Amt der Tiroler Landesregierung eine „Organisationseinheit der Gruppe Präsidium" mit dem Namen „Abteilung Südtirol, Europaregion und Außenbeziehungen" unter der Leitung eines Hofrats. Sie befasst sich mit zahlreichen Themen, die von Entwicklungszusammenarbeit über Integrationsfragen bis hin zu EU-Förderungsprojekten reichen. Von dieser Abteilung geht ganz im Sinne der heutigen Politik keinerlei Unruhe aus.

Geheimdiplomatie, das betrügerische Autonomiestatut von 1948 und die in Stich gelassenen Optanten

➤ Überaus herzliche Beziehungen zu Degasperi

Der ÖVP-DC-Geheimunterhändler Rudolf Moser traf am 8. März 1947 wiederum den Ministerpräsidenten Degasperi in Rom und verfasste darüber für den ÖVP-Generalsekretär Dr. Hurdes, Bundeskanzler Figl und die ÖVP einen „Politischen Bericht". Degasperi *„eilte mir ... bereits zur Tür entgegen um mich herzlichst willkommen zu heißen. Mit gegenseitiger Genugtuung konnten wir feststellen, dass seit meinem Besuch vor Jahresfrist die Beziehungen zwischen den beiden Staaten sich überaus herzlich gestaltet haben und dass damit nicht nur ein Beitrag, sondern ein Beispiel für die Befriedung Europas geschaffen wurde. Man müsse den begonnenen Weg fortsetzen, damit der erreichte Erfolg durch die Entwicklung der Dinge nicht verloren gehe".*

Degasperi: Man kann keinen eigenen Staat im Staat schaffen!
Degasperi habe ihm dann erklärt, weshalb die Umsetzung des im September 1946 geschlossenen „Pariser Vertrages" in Bezug auf die versprochene Autonomie so schwierig sei. *„De Gasperi betonte, dass er selbst unbedingt Autonomist sei, aber die Regierung sei zu diesbezüglichen Durchführungen an die Beschlüsse des Parlaments gebunden. ... Nicht zu vergessen sei als größter Gegner aller Durchführungsmaßnahmen*

> zu De Gasperi -1-
>
> Politischer Bericht
> Italienreise Rudolf M o s e r
> Feber/März 1947
>
> Für die Anstellung von Beamten mit Kenntnissen beider Sprachen liege das Hindernis vornehmlich darin, dass es solche nicht in genügender Zahl gäbe, die Zuwanderung aus anderen Provinzen liesse sich formell nicht sperren, man könne nicht einen eigenen Staat im Staat schaffen,

und deren Verwirklichung die ‚Bürokratie'". Die Verwirklichung der Zweisprachigkeit in der öffentlichen Verwaltung scheitere daran, dass es nicht genügend Beamte *„mit Kenntnissen beider Sprachen ... in genügender Zahl gäbe, die Zuwanderung aus anderen Provinzen ließe sich formell nicht sperren"*. Man könne schließlich keinen *„eigenen Staat im Staat schaffen"*.

Moser rühmt Degasperis Ehrlichkeit
Moser meinte in seinem „Politischen Bericht", dass diese Punkte lediglich *„einer vertrauensvollen Aussprache bedürfen"* und zeigte sich *„davon felsenfest überzeugt, dass de Gasperi es vollkommen ehrlich meint aus dem ‚Streitpunkt Südtirol' eine Grundlage aufrichtiger Zusammenarbeit mit Österreich zu schaffen"*. Es würden nun *„von beiden Seiten Opfer in der Abkehr altgewohnter Mentalität"* verlangt, dann aber würde die Lösung *„zu einer Großtat für Europa werden*. Wörtlich sagte De Gasperi mit grösstem Nachdruck: ‚*Die Sache muss rasch geordnet wer-*

Moser gab sich „felsenfest" davon überzeugt, dass Degasperi (Bildmitte) es „vollkommen ehrlich meint".

den, sehr rasch, möglichst in einem Monat'". („Politischer Bericht Italienreise Rudolf Moser Feber/März 1947" Archiv des Verfassers – Aktenbestand Moser.)

▶ Der „Kalte Krieg" und die geheime Zusammenarbeit der christdemokratischen Kräfte Europas

Der innerste Zirkel: Der „Genfer Kreis"
Die christdemokratischen Kräfte und Parteien Westeuropas standen nach dem Zweiten Weltkrieg der Bedrohung durch den kommunistischen Machtblock gegenüber und mussten eine Sowjetisierung Westeuropas befürchten. Sie besaßen aber noch keine gemeinsame internationale Plattform, die etwa der Sozialistischen Internationale vergleichbar gewesen wäre. Es galt also, die Kräfte zur Abwehr zu bündeln. Dies lag auch auf der vom Vatikan verfolgten politischen Linie. Als Ort geheimer Besprechungen bot sich Genf in der neutralen Schweiz an.
Der Historiker Univ.-Prof. Dr. Michael Gehler hat das damalige, sich hinter den Kulissen abspielende Geschehen eingehend erforscht. Die

ersten Zusammenkünfte führender Christdemokraten, berichtet Univ.-Prof. Dr. Gehler, hätten im sogenannten „Genfer Kreis" stattgefunden, an dessen Entstehung von Anfang an auch österreichische ÖVP-Politiker beteiligt gewesen seien.

Am 2. November 1948 berichtete der damalige ÖVP-Generalsekretär Dr. Felix Hurdes anlässlich einer Konferenz dieses Kreises in Genf in einem vertraulichen Schreiben an Außenminister Dr. Gruber in Wien, dass es der Zweck dieser Treffen sei, *„ein nicht an die Öffentlichkeit tretendes Kontakt-Komitee maßgeblicher europäischer Parteienvertreter zu bilden, welches bemüht ist, konkrete politische Aufgaben zu erörtern und die vereinbarten Maßnahmen durchzusetzen".* (Zitiert bei Michael Gehler: „Begegnungsort des Kalten Krieges. Der ‚Genfer Kreis' und die geheimen Absprachen westeuropäischer Christdemokraten 1947–1955.", in: Michael Gehler, Wolfram Kaiser, Helmut Wohnout (Hrsg.): „Christdemokratie in Europa im 20. Jahrhundert", Wien-Köln-Weimar 2001, S. 642)

Univ.-Prof. Dr. Gehler berichtet: *„Die Angst vor der ‚bolschewistischen Gefahr' einte, der Genfer Kreis war somit auch Produkt des nun auch äußerlich einsetzenden Kalten Krieges. Die Einbindung der westlichen Besatzungszonen Deutschlands wurde zum kategorischen Imperativ".* Es bewegte sich die *„Politik des Genfer Kreises ... größtenteils im Kontext der US-amerikanischen Europapolitik der 40er und 50er Jahre".* (Michael Gehler: „Begegnungsort des Kalten Krieges. Der ‚Genfer Kreis' und die geheimen Absprachen westeuropäischer Christdemokraten 1947 - 1955.", a.a.O., S. 653 und S. 693)

An den Sitzungen nahmen hochrangige französische und deutsche Regierungspolitiker wie Dr. Konrad Adenauer teil. So gelang es, die französisch-deutsche Verständigung einzuleiten, Westdeutschland fest in den antikommunistischen Block einzufügen und den sowjetischen Lockungen eines neutralen und wiedervereinigten Deutschlands im Jahr 1952 eine Absage zu erteilen. Nun konnte man Westdeutschland auch schrittweise an das entstehende militärische Westbündnis heranführen und im Europarat fest an die westliche Staatengemeinschaft binden.

Von österreichischer Seite nahmen an den Sitzungen des Genfer Kreises die ÖVP-Politiker Dr. Felix Hurdes (ÖVP-Generalsekretär und Unterrichtsminister) sowie die Staatssekretäre und Minister Ferdinand Graf, Franz Grubhofer, Eduard Heinl und Lois Weinberger teil.

Italien war durch Mario Cingolani, einen Vertrauten des Ministerpräsidenten Degasperi, durch Amintore Fanfani, Paolo Emilio Taviani und andere hochrangige DC-Politiker vertreten. (Michael Gehler: „Begegnungsort des Kalten Krieges. Der ‚Genfer Kreis' und die geheimen Absprachen westeuropäischer Christdemokraten 1947–1955.", a.a.O., S. 685f)

Die Gründung der „Nouvelles Équipes Internationales" (NEI)

Es galt aber, zusätzlich zu dem innersten Geheimzirkel des „Genfer Kreises" auch noch eine internationale Plattform für gemeinsame öffentliche Tagungen zu gründen.

In der Zeit vom 27. Februar bis zum 2. März 1947 versammelten sich christliche Politiker aus Italien, Österreich, Holland, Deutschland, Frankreich und der Schweiz in Luzern in der Schweiz zu einem „Convenium". Aus Österreich war neben anderen Politikern der ÖVP-Generalsekretär Dr. Felix Hurdes gekommen.

Es ging um die Errichtung eines europäischen Dachverbandes namens „Nouvelles Équipes Internationales" (NEI), einer christdemokratischen Internationale auf europäischer Ebene. Mitglieder wurden zunächst nationale „Équipen" christlicher Politiker. Später traten auch einige christlichdemokratische Parteien korporativ bei. Die Vereinigung sollte die christliche Integration eines föderalistisch gestalteten Europa als Gegengewicht gegen den Kommunismus und Sozialismus vorantreiben. Dabei sollte aber jeder Anschein vermieden werden, dass diese Organisation gleichsam als „Schwarze Internationale" vom Vatikan aus gesteuert werde.

(Siehe dazu die detaillierte Darstellung: Wolfram Kaiser: „Deutschland exkulpieren und Europa aufbauen. Parteienkooperation der europäischen Christdemokraten in den Nouvelles Équipes Internationales 1947–1965.", in: Michael Gehler, Wolfram Kaiser, Helmut Wohnout (Hrsg.): „Christdemokratie in Europa im 20. Jahrhundert", Wien-Köln-Weimar 2001, S.695ff)

Degasperi: Italiener und Österreicher sind sich „in allen Belangen" besonders nahegekommen

Moser schreibt in seinem „Politischen Bericht" vom „Feber/März 1947" weiter, dass er Degasperi einlud, den bevorstehenden Bundesparteitag der ÖVP mit einer italienischen Delegation zu beschicken. *„De Gasperi sagte gerne zu"*, berichtete Moser.

Dann schnitt Degasperi ein sehr heikles und vertrauliches Thema an. Degasperi erklärte, dass er sich kurz mit der aus Luzern zurückgekehrten italienischen NEI-Delegation habe besprechen können. Man habe ihm berichtet, *„daß sich dieselbe mit der österreichischen Delegation, welche unter Führung des Ministers Hurdes stand, besonders nahe gekommen war und zwar in allen Belangen"*.

Mosers Schilderung zufolge gestaltete sich der Abschied von Degasperi sehr freundschaftlich. Dieser sagte *„Wir müssen zusammenarbeiten auch in Südtirol!"* und zum Abschluss wurde Moser eine Umarmung zuteil. Glücklich stimmte Moser auch, dass ihm von dritten Personen zuge-

> leitete mich De Gasperi bis zur Tür und sagte eindringlich:
> "Wir müssen zusammenarbeiten, wir müssen zusammenarbeiten auch
> in Südtirol!"
> Ich erwiderte:"Wenn beiderseits der aufrichtige gute
> Wille besteht, so ist mir nicht bange um den Erfolg zum bei-
> derseitigen Nutzen - und, fügte ich halb schwerzend hinzu:" Auch
> wenn es manchmal Schwierigkeiten geben sollte, um so besser wird
> es dann haalten". - Worauf De Gasperi mich spontan umarmte und
> mir auftrug, ihn bald wieder zu besuchen.
> Was mir von dritten Personen wiederholt zugetragen
> wurde, konnte mir zur neuerlichen Gewissheit werden, nämlich,
> dass mich mit De Gasperi aufrichtige Freundschaft und achtungs-
> volles Vertrauen verbindet.

Aus: „Politischer Bericht Italienreise Rudolf Moser Feber/März 1947".
(Archiv des Verfassers – Aktenbestand Moser. CD Nr. 11)

tragen wurde, dass ihn *„mit Degasperi aufrichtige Freundschaft und achtungsvolles Vertrauen verbindet".* („Politischer Bericht Italienreise Rudolf Moser Feber/März 1947. Archiv des Verfassers – Aktenbestand Moser.)

1947 fand laut einer Mitteilung Mosers noch ein weiteres Treffen christlicher Politiker in Gstaad in der Schweiz statt, welches Moser später in einem Rundschreiben an ÖVP-Politiker und Funktionäre als *„Keimzelle der Europäischen Vereinigung der christlich-demokratischen Parteien Europas"* bezeichnete. (Moser-Rundschreiben „Die wahren Hintergründe! Weg und Ausweg!" vom 3. August 1961. Archiv des Verfassers – Aktenbestand Moser)

Zwischen 1947 und 1965 fanden insgesamt 17 NEI-Kongresse abwechselnd in den verschiedenen Mitgliedsländern statt. Ab 1965 sollte die Organisation dann den Namen „Europäische Union Christlicher Demokraten" (EUCD) tragen und 1998 in der 1976 gegründeten „Europäischen Volkspartei" (EVP) aufgehen.

Man ist in Rom „begeistert" über die ÖVP-Freunde

In seinem Dokument „Politischer Bericht Italienreise Rudolf Moser Feber/März 1947" schildert Moser dann weiter, dass er anschließend an das Gespräch mit Degasperi noch mit den einzelnen Mitgliedern der italienischen Delegation sprechen konnte, die auf der vertraulichen NEI-Konferenz in Luzern gewesen waren: *„Mit jedem dieser Herren habe ich einzeln gesprochen, die Äußerungen über die Konferenz von Luzern und die Eindrücke über die Österreichische Delegation ist jedoch einhellig. Kurz gesagt: ‚Man ist begeistert über diese'. Man rühmt deren*

Weitblick in der Beurteilung der gegenwärtigen Situation und des einzuschlagenden Weges. ‚Beide, die Österreicher und die Italiener seien diesbezüglich eines Sinnes gewesen.'"
Moser empfahl in seinem Bericht abschließend, Degasperi nebst einer DC-Delegation zu dem ÖVP-Parteikongress in Wien einzuladen und den Italienern einen *„Ehrenkavalier zur Verfügung zu stellen"*. (Rudolf Moser: „Politischer Bericht Italienreise Rudolf Moser Feber/März 1947", maschinschriftlich verfasst und datiert: Wien Ende März 1947. Archiv des Verfassers – Aktenbestand Moser)

> Mit jedem dieser Herren habe ich einzeln gesprochen, die Äusserungen über die Konferenz von Luzern und die Eindrücke über die Österreichische Delegation ist jedoch einhellig. Kurz gesagt: "Man ist begeistert über diese". Man rühmt deren Weitblick in der Beurteilung der gegenwärtigen Situation und des einzuschlagenden Weges.
>
> "Beide, die Österreicher und die Italiener seien diesbezüglich eines Sinnes gewesen".
>
> <u>Zusammenfassung:</u>
>
> Zwecks Festhaltung des Erreichten und weitern Ausbau sowie Vertiefung der herzlichen Beziehungen ist erforderlich:
> 1.) Übermittlung einer Einladung an De Gasperi zum Parteikongress nach Wien (De Gasperi wird eine Delegation erster Garnitur zusammenstellen).
> Hiezu bitte ich dringend zu beachten:
> a.) Während des Wiener Aufenthaltes der Delegation einen gebildeten und der italienischen Sprache mächtigen Ehrenkavalier zur Verfügung zu stellen.

Aus Moser: *„Politischer Bericht Italienreise Rudolf Moser Feber/März 1947"*. (Archiv des Verfassers – Aktenbestand Moser)

Der „Genfer Kreis" und die NEI trugen nichts zur Lösung der Südtirol-Frage bei

Angesichts dessen, dass die österreichischen ÖVP-Politiker auch im Rahmen des „Genfer Kreises" und der NEI nicht gewillt waren, die Südtirol-Frage zum Gegenstand von Erörterungen oder gar von Verhandlungen zu machen, kann man nachstehende Beurteilung des Historikers Univ.-Prof. Dr. Michael Gehler wohl teilen: *„Es gab ... Streitpunkte, zu denen die Genfer Zusammenkünfte nur sehr wenig oder nichts beitrugen. Ein Beispiel dafür ist die Südtirolfrage, in der man sich gar nicht erst bemühte, eine Lösung zwischen ÖVP- und DC-Vertretern herbeizuführen, weder im Zirkel noch im Rahmen der NEI.*

Italien als wesentlicher Bestandteil des westlichen Bündnisses sollte die Brennergrenze behalten, in der dilatorisch behandelten Autonomiefrage nicht belangt und die Regierung des DC-Ministerpräsidenten De Gasperi angesichts der drohenden kommunistischen Gefahr im Inneren keinesfalls geschwächt werden. Auch hier führte der Kalte Krieg Regie."
(Michael Gehler: „Begegnungsort des Kalten Krieges. Der ‚Genfer Kreis' und die geheimen Absprachen westeuropäischer Christdemokraten 1947–1955.", a.a.O., S. 692)

➤ Rudolf Moser vertieft die Freundschaft zu Italien

Moser als Vertrauensmann der DC: Er versichert Degasperi erneut die Linientreue der ÖVP und übermittelt interne Informationen über die ÖVP

Am 16. April 1947 konnte Moser den italienischen Ministerpräsidenten Degasperi mit einem aus Bozen geschriebenen Brief darüber informieren, dass *„meine Italienpolitik die Österreichische Volkspartei als führende Regierungspartei (mit absoluter Majorität) sich vollkommen zu eigen gemacht hat. Mein Bericht über meine Italienreise, insbesondere betreffend die Unterredung mit Ihnen, verehrtester Herr Präsident, wurde in einer eigenen Ausgabe des vertraulichen Informationsdienstes an alle Parteifunktionäre (4 Seiten Maschinschrift) ausgesendet. Damit bil-*

```
                                              Bozen, 16. April 1947

Sr. Hochwohlgeboren
    Herrn Ministerpräsident Alcide de Gasperi
                         R o m a

Hochgeehrter Herr Ministerpräsident!

Ich darf Ihnen mitteilen, daß "meine Italienpolitik" die Österreichi-
sche Volkspartei als führende Regierungspartei (mit absoluter Majori-
tät) sich vollkommen zu eigen gemacht hat. Mein Bericht über meine
Italienreise, insbesonders betreffend die Unterredung mit Ihnen, ver-
ehrtester Herr Präsident, wurde in einer eigenen Ausgabe des vertrau-
lichen Informationsdienstes an alle Parteifunktionäre (4 Seiten Ma-
schinschrift) ausgesendet. Damit bilden die von mir ausgeführten und
ohne jede Korrektur angenommenen Grundsätze die Grundlage für die Ein-
stellung der Österreichischen Volkspartei gegenüber Italien - und dies
heißt Anstreben einer herzlichen, aufrichtigen Zusammenarbeit beider
Staaten in kulturellen, wirtschaftlichen, in politischen Belangen.

Während meines kurzen Österreich-Aufenthaltes - wobei ich den größten
Teil mit fachlichen Angelegenheiten und in der Provinz zu tun hatte -
konnte ich zwar nicht mit dem Kanzler selber sprechen, doch weiß ich
von seiner Gattin, welche am 12.d.M. bei uns zu Gaste war, daß dieser
sich vollkommen mit meiner Handlungsweise identifiziert und überdies
instruierte ich Frau Hilde Figl betreffend ergänzender Informationen.
```

Aus dem Brief Mosers an Degasperi vom 16 April 1947. (Archiv des Verfassers – Aktenbestand Moser)

den die von mir ausgeführten und ohne jede Korrektur angenommenen Grundsätze die Grundlage für die Einstellung der Österreichischen Volkspartei gegenüber Italien – und die heißt Anstreben einer herzlichen, aufrichtigen Zusammenarbeit beider Staaten in kulturellen, wirtschaftlichen, in politischen Belangen".

Auch der Kanzler, teilte Moser Degasperi mit, identifiziert *„sich vollkommen mit meiner Handlungsweise. ... Mit meinen Freunden Hurdes (Unterrichtsminister und Generalsekretär der Partei) sowie Staatssekretär Graf (Organisationsleiter der Partei) und Dr. Kolb (dritter Teilnehmer der Delegation) habe ich wiederholt eingehend konferiert und eine absolut einmütige Auffassung in allen und jeden Belangen festgestellt".*
(Brief Mosers an Degasperi vom 16 April 1947. Archiv des Verfassers – Aktenbestand Moser)

(Anmerkung: Mit der von Moser erwähnten Delegation war offenbar jene ÖVP-Abordnung gemeint, die im schweizerischen Luzern an der vertraulichen NEI-Tagung teilgenommen hatte.)

Desgasperi wusste also nun, wie er in der Südtirol-Frage politisch weiter vorgehen konnte.

Moser, der diese ÖVP-Interna an Degasperi berichtete, sah sich offenbar auch in der Rolle eines Vertrauensmannes der „Democrazia Cristiana" (DC).

Die österreichische Presse hat „den Auftrag, in italienfreundlichem Sinne zu schreiben"
Wie Moser weiter an Degasperi berichtete, habe *„die österreichische Presse inklusive die von Innsbruck ... den Auftrag, in italienfreundlichem Sinne zu schreiben und hält sich auch loyal an diese Weisung".* (Brief Mosers an Degasperi vom 16 April 1947. Archiv des Verfassers – Aktenbestand Moser)

Einflussnahme auf die „Dolomiten": Das Streben nach Tiroler Landeseinheit ist „österreichischerseits ganz und gar unerwünscht"
Nun galt es noch, in Südtirol die deutsche Tageszeitung „Dolomiten", welche unter der Leitung des Kanonikus Gamper entschieden für die Wiederherstellung der Tiroler Landeseinheit eintrat, auf den ÖVP-DC-Kurs zu bringen.

Nachdem nun in der ÖVP-Spitze *„eine absolut einmütige Auffassung in allen und jeden Belangen"* hergestellt sei, schrieb Moser weiter in seinem Brief an Degasperi, werde er nun *„heute oder morgen die Leitung der ‚Dolomiten' aufsuchen und den dortigen Herren vor Augen führen, daß es österreichischerseits ganz und gar unerwünscht ist, wenn sie eine*

Tendenz zum Ausdruck bringen, welche sowohl der österreichischen Politik und den Intentionen der Südtiroler Volkspartei zuwiderläuft und welche Tendenz nur das loyale Übereinkommen, welches wir alle ehrlich anstreben wollen, stört und unnütze Verärgerung schafft". (Brief Mosers an Degasperi vom 16. April 1947. Archiv des Verfassers – Aktenbestand Moser)

> Die österreichische Presse inklusive die von Innsbruck hat den Auftrag, in Italienfreundlichem Sinne zu schreiben und hält sich auch loyal an diese Weisung.
>
> Ich will heute oder morgen die Leitung der "Dolomiten" aufsuchen und den dortigen Herren vor Augen führen, daß es österreichischerseits ganz und gar unerwünscht ist, wenn sie eine Tendenz zum Ausdruck bringen welche sowohl der österreichischen Politik und den Intentionen der Südtiroler Volkspartei zuwiderläuft und welche Tendenz nur das loyale Übereinkommen, welches wir alle ehrlich anstreben wollen, stört und unnütze Verärgerung schafft.

Aus dem Brief Mosers an Degasperi vom 16. April 1947. (Archiv des Verfassers – Aktenbestand Moser)

Moser teilt Degasperi mit, wie er in Autonomiefragen Einfluss in Wien ausübt – Leider war „eine persönliche Zusammenkunft" Figl-Degasperi noch nicht möglich

Abschließend kam Moser noch auf weitere österreichische Interna zu sprechen und teilte Degasperi mit, dass der für Südtiroler Autonomiefragen zuständige Ministerialrat in Wien durch einen Herrn Hofrat Majerotto beraten werde, *„welcher seinerseits auf Grund meiner Berichte und Informationen die Handlungsweise des ministeriellen Sachbearbeiters beeinflußt"*.

Degasperi konnte also beruhigt sein. Moser benahm sich wie ein in italienischen Diensten stehender Vertrauensmann.

Da Österreich *„noch vollkommen unter der Vormundschaft seiner Befreier"* stehe und *„jeder eigener initiativer Schritt unabsehbare Folgen"* haben könne, sei *„eine persönliche Zusammenkunft von Eurer Exzellenz mit meinem alten Freund Figl"* bislang leider nicht möglich gewesen. Eine solche hätte sicherlich *„vollkommene menschliche und persönliche Übereinstimmung ergeben. ... Immerhin kann aber festgestellt werden, daß die Grundsätze, wie anläßlich meiner Vorsprache vom 4. April des Vorjahres festgelegt, sich in Österreich – trotz der damals diametral entgegengesetzten öffentlichen Meinung – sich voll und ganz durchgesetzt haben"*. (Brief Mosers an Degasperi vom 16. April 1947. Archiv des Verfassers – Aktenbestand Moser)

> Vielleicht verdient noch erwähnt zu werden, daß der zuständige Ministerialrat in Wien für das Autonomie-Übereinkommen – als nicht genaue Kenner der Materie – sich in allen Belangen von Herrn Hofrat Majerotto – dem Onkel des Herrn Serafino Majerotto – beraten läßt, welcher seinerseits auf Grund meiner Berichte und Informationen die Handlungsweise des ministeriellen Sachbearbeiters beeinflußt.
>
> Würde Österreich nicht noch vollkommen unter der Vormundschaft seiner Befreier sein, ja jeder eigener initiativer Schritt unabsehbare Folgen für den Staatsvertrag nach sich ziehen, so hätte sich eine persönliche Zusammenkunft von Eurer Exzellenz mit meinem alten Freund Figl als überaus ergebnisreich und fruchtbringend erwiesen, denn über die sachliche Einigung hinaus hätte sich in Beurteilung einer gemeinsamen Europapolitik vollkommene menschliche und persönliche Übereinstimmung ergeben.
>
> Begreiflich, daß der Kanzler seine ganze Arbeitskraft auf den Staatsvertrag konzentriert, von dem ja tatsächlich die Existenzmöglichkeit Österreichs abhängt, wozu noch die katastrophale Ernährungslage des Landes hinzukommt.
>
> Immerhin kann aber festgestellt werden, daß die Grundsätze, wie anläßlich meiner Vorsprache vom 4. April des Vorjahres festgelegt, sich in Österreich – trotz der damals diametral entgegengesetzten öffentlichen Meinung – sich voll und ganz durchgesetzt haben.

Aus dem Brief Mosers an Degasperi vom 16. April 1947. (Archiv des Verfassers – Aktenbestand Moser)

Moser als SVP-„Fürsprecher" bei Degasperi: „Wenn auch die Südtiroler Unterhändler es verstehen müssen ..."

Wie Mosers Briefwechsel und seinen Berichten zu entnehmen ist, hatte er ein Büro in Mailand eingerichtet, von wo aus er bei Italien-Aufenthalten seine Pappe- und Papiergeschäfte betrieb, wenn er nicht gerade zu politischen Gesprächen in Rom, auf DC-Kongressen, im Vatikan oder in Castel Gandolfo weilte. Für diese Reisen erhielt Moser von der französischen Besatzungsmacht jeweils einen Erlaubnisschein für eine Fahrt nach Bozen. Dort sowie in Mailand stellte ihm die italienische Präfektur die Dokumente für seine weiteren Reisen in Italien aus.

Moser war also häufig in Bozen und hatte dort Kontakt zu den damaligen Spitzen der „Südtiroler Volkspartei" (SVP). Deren Obmann, der Kaufmann Erich Amonn, gehörte ebenso wie der SVP-Generalsekretär Dr. Raffeiner zu Mosers erklärten Freunden. Moser schätzte die damalige SVP-Spitze wegen ihrer Nachgiebigkeit gegenüber der römischen Regierung. Auch den Mitbegründer der SVP, den Südtiroler Landtagsabgeordneten (ab 1948) und Pappe-Fabrikanten Dr. Leo von Pretz, zählte Moser zu seinen persönlichen Freunden. (Rudolf Moser: „Liste der mir bekannten und befreundeten Persönlichkeiten zur Auswahl wegen Besprechung", 9. 11. 1951; maschinschriftlich. Archiv des Verfassers, Aktenbestand Moser)

In Bezug auf diese SVP-Politiker versicherte Moser dem Ministerpräsidenten Degasperi, er könne für *„die Loyalität meiner persönlichen Freun-*

de Amonn, Pretz, Raffeiner, ... garantieren". (Rudolf Moser in einem späteren Bericht „Österreich - Südtirol - Italien" an Leopold Figl, vom 25. Juli 1961, S. 2. Niederösterreichisches Landesarchiv, Nachlass Figl, Karton 61)

Mit Dr. von Pretz verbanden ihn ebenso wie mit Erich Amonn auch geschäftliche Interessen.

Als Moser am 16. April 1947 in Bozen eingetroffen war und mit den Spitzenpolitikern der SVP-Parteileitung sprechen wollte, waren der Obmann Erich Amonn, sein Stellvertreter Dr. Friedl Volgger, der neue SVP-Generalsekretär Dr. Otto von Guggenberg und sein Vorgänger Dr. Josef Raffeiner gerade nach Rom abgereist, wo sie von Degasperi empfangen werden sollten. Moser hatte sich nach seinem eigenen Bekunden dafür bei Degasperi eingesetzt gehabt, dass dieser Empfang *„des loyalen Präsidiums der SVP"* zustande kam.

Moser verfasste noch am 16. April 1947 in Bozen einen Brief an Degasperi, welchen er umgehend an die SVP-Delegation in Rom sandte, damit diese ihn bei ihrer Vorsprache Degasperi übergeben solle. (Handschriftlicher Bericht Mosers an Bundeskanzler Leopold Figl: „Autonomie Südtirol, Freundschaft Österreich - Italien. Vorarbeit 1947", Archiv des Verfassers – Aktenbestand Moser)

Aus dem handschriftlich an Bundeskanzler Leopold Figl übermittelten Bericht Mosers: „Autonomie Südtirol, Freundschaft Österreich – Italien. Vorarbeit 1947". (Archiv des Verfassers – Aktenbestand Moser)

In diesem Brief erklärte Moser, dass er vollkommen überzeugt sei, dass die SVP-Delegation ein „Übereinkommen" anstrebe, welches „*einer loyalen Auslegung des Autonomievertrages*" entspreche. Allerdings müssten die Südtiroler Unterhändler es auch verstehen, schrieb Moser an Degasperi, „*daß das Übereinkommen optisch in jene Form gebracht werden muß, welche eine Annahme durch das Parlament gewährleistet*". (Brief Mosers an Degasperi vom 16. April 1947. Archiv des Verfassers – Aktenbestand Moser)

> wie auch die Südtiroler Unterhändler es verstehen müssen, daß das Übereinkommen optisch in jene Form gebracht werden muß, welche eine Annahme durch das Parlament gewährleistet, wobei uns allen klar sein

Aus dem Brief Mosers an Degasperi vom 16. April 1947. (Archiv des Verfassers – Aktenbestand Moser)

Im Klartext hieß dies: Die Südtiroler sollten sich mit dem von den Trentinern geforderten und von Degasperi unterstützten Projekt der gemeinsamen Regional-Autonomie mit dem Trentino einverstanden erklären. Mit dieser Botschaft fiel Moser in Wahrheit der SVP-Delegation in den Rücken, die am 17. April in Rom bei Degasperi vorgelassen wurde. Die Südtiroler überreichten den Moser-Brief und trugen die Forderung Südtirols nach einer eigenen Südtiroler Landesautonomie vor. Dazu überreichten sie einen Autonomie-Entwurf, der eine eigene Landesautonomie für Südtirol vorsah.

Das Treffen bei Degasperi endete ohne positives Ergebnis mit der ausweichenden Erklärung des italienischen Regierungschefs, dass die Regierung alle offenen Frage in kürzester Zeit einer Lösung zuführen wolle. (Franz Widmann: „Es stand nicht gut um Südtirol. 1945–1972. Von der Resignation zur Selbstbehauptung. Aufzeichnungen der politischen Wende.", Bozen 1998, S. 67)

Sowohl Degasperi wie auch sein Berater Dr. Silvio Innocenti hatten bei diesen Gesprächen den SVP-Vertretern gegenüber die angeblichen Vorteile einer gemeinsamen Regionalautonomie mit dem Trentino betont. (Rolf Steininger: „Südtirol zwischen Diplomatie und Terror 1947–1969"", Bd. 1, Bozen 1999, S. 41ff). Wie das Delegationsmitglied Raffeiner in seinem Tagebuch festhielt, hatte Degasperi darauf hingewiesen, dass diesbezüglich die Verfassungsgebende Nationalversammlung, die „Assemblea Costituente", „*das letzte Wort zu sagen habe und daß es nicht leicht sein werde, dort unsere weitgehenden Forderungen durchzusetzen*". (Josef Raffeiner: Tagebücher 1945 – 1948", herausgegeben von Wolfgang Raffeiner, Bozen 1998, S. 222)

In seinem handschriftlichen Bericht an Leopold Figl hatte Moser behauptet, dass „*die Aussprache*" der Südtiroler Delegation mit Degasperi „*ein voller Erfolg*" gewesen sei. Das war schlicht die Unwahrheit. Auch dieser Bericht Mosers fügt sich ein in die lange Reihe von Jubelberichten,

Der italienische Ministerpräsident Degasperi auf der Bozner Messe, links hinter ihm Rudolf Moser.

in denen Moser seinem Jugendfreund und Bundeskanzler die italienische Haltung in den besten Farben darstellte.

Rudolf Moser selbst hatte bald wieder Gelegenheit, mit Ministerpräsident Degasperi zu sprechen, mit dem er anlässlich dessen Besuch auf der Bozner Messe zusammentraf.

➤ Ein unannehmbarer Autonomie-Entwurf

Mai 1947 – Moser über den führenden italienischen Verfassungsrechtler, der die Autonomien in der Staatsverfassung verankern soll: ... mit „restloser Übereinstimmung" und „enthusiastischer Herzlichkeit"

Am 15. Mai 1947 hielt der sizilianische DC-Parlamentsabgeordnete und Professor für Verfassungsrecht an der Universität in Rom, Gaspare Ambrosini, auf einer DC-Veranstaltung im „Teatro Nuovo" in Mailand einen Vortrag über das Prinzip der Regionalautonomien in der künftigen italienischen Staatsverfassung.

Professor Ambrosini war Inhaber des Lehrstuhls für Verfassungsrecht an der Universität Rom und von der „Verfassungsgebenden Nationalversammlung", der „Assemblea Costituente", zum Mitglied der „Verfassungskommission" berufen worden. Seine Aufgabe war es, für die Schaffung der künftigen Staatsverfassung einen Rahmenentwurf für Regionalautonomien auszuarbeiten, dessen Prinzipien dann auch ihren Niederschlag in der Verfassung finden sollten.

Der von Moser hochgerühmte italienische Verfassungsrechtler Professor Gaspare Ambrosini.

Über dieses Konzept referierte Ambrosini nun in Mailand. Moser führte nach dem Vortrag ein längeres politisches Gespräch mit Ambrosini. Darüber verfasste Moser noch am selben Tag einen schriftlichen Bericht an Bundeskanzler Figl, in welchem er beglückt feststellte, dass Ambrosinis Ausführungen *„wortwörtlich übersetzt einen Vortrag über Dogmen der ÖVP behandeln"* hätten können.

Moser konnte auch feststellen, dass *„seine Auffassungen mit denen De Gasperis (welche ich wiederholt geschildert habe) voll übereinstimmen"*. Ambrosini habe zu dem Verhältnis mit Österreich geäußert: *„Die Gegensätze von einst sind weggefallen."*

„Nachdem ich Ambrosini gebeten hatte", berichtete Moser weiter an Figl, *„herzliche Grüße an Degasperi zu übermitteln, verabschiedeten wir uns wohl mit der gegenseitigen Überzeugung restloser Übereinstimmung und vor allem, des ehrlichen, guten Willens zur Zusammenarbeit.*

12 bis 15 Parteifunktionäre wohnten unserer Aussprache bei und verabschiedeten sich mit geradezu enthusiastischer Herzlichkeit und dem Wunsch einer glücklichen Entwicklung des ‚accordo italo austriaco'".
(Bericht von Rudolf Moser an Leopold Figl vom 15. Mai 1947. Niederösterreichisches Landesarchiv, Nachlass Figl, Karton 61)

Was die politischen Ausführungen dieses blendenden Redners anbelangt, so hätten diese wortwörtlich übersetzt einen Vortrag über Dogmen der ÖVP behandeln können.

Nach Beendigung des Vortrages begab ich mich zum Redner, um ihn zu seinen Ausführungen zu beglückwünschen.

Trotzdem er von Parteifreunden umringt und nur knappe Zeit bis zur Abfahrt hatte, unterhielten wir uns längere Zeit zusammen. Ich konnte feststellen, daß meine Auffassungen mit denen de Gasperis (welche ich wiederholt geschildert habe) voll übereinstimmen, nur vertrag diese der feurige Sizilianer weit lebhafter, als der bedächtige Trentiner.

Auch Ambrosini: "Wir müssen zusammenarbeiten! Die Gegensätze von einst sind weggefallen. Wir können nur beide Vorteile haben. Italien ist wirtschaftlich wesentlich weiter entwickelt, als das noch immer besetzte Österreich, was möglich ist, werden wir wirtschaftlich unseren Beitrag leisten. Ich meine, wir werden viel bieten können. Ich werde mich immer fanatisch dafür einsetzen."

Nachdem ich Ambrosini gebeten hatte, herzliche Grüße an de Gasperi zu übermitteln, verabschiedeten wir uns wohl mit der gegenseitigen Überzeugung restloser Übereinstimmung und vor allem, des ehrlichen, guten Willens zur aufrichtigen Zusammenarbeit.

12 bis 15 Parteifunktionäre wohnten unserer Aussprache bei und verabschiedeten sich mit geradezu enthusiastischer Herzlichkeit und dem Wunsch einer glücklichen Entwicklung des "accordo italo austriaco".

Milano, den 15. Mai 1947

Auszüge aus dem Bericht von Rudolf Moser an Leopold Figl vom 15. Mai 1947.
(Niederösterreichisches Landesarchiv, Nachlass Figl, Karton 61)

Was Moser nicht berichtet: Das Zwangskorsett der Region „Trentino-Alto Adige" soll in der italienischen Staatsverfassung verankert werden

In dem Spiegel dieses Berichtes sehen wir einen Rudolf Moser, der es offenbar nicht als seine Aufgabe ansah, den maßgebenden Exponenten der „Democrazia Cristiana" (DC) die österreichischen Positionen nahezubringen und zu erklären. Wir sehen einen Rudolf Moser vor uns, der erfolgreich bemüht war, den österreichischen Regierungschef Figl auf die italienische DC-Linie zu führen.

Mit keinem Wort erwähnte Moser in seinem Bericht, was der von ihm so überaus gerühmte Ambrosini in Bezug auf Südtirol tatsächlich vorhatte. Im Wissenschaftlichen Referat der Landeshauptmannschaft für Tirol lag zu diesem Zeitpunkt bereits der übersetzte Text des „Rahmenentwurfes Ambrosini" vor, in welchem für die Ausformulierung der italienischen Verfassung festgelegt war, dass Südtirol in das Zwangskorsett einer gemeinsamen Region „Trentino – Alto Adige" gepresst werden sollte. Damit waren auch schon die Würfel gefallen, denn das kommende Autonomiestatut musste in diesem verfassungsmäßig vorgegebenen Rahmen umgesetzt werden.

```
        shauptmannschaft für Tirol
              Abtlg. VIII k
        senschaftliches Referat

      U n t e r l a g e n - S a m m l u n g
                  Nr. 6

        Der Rahmenentwurf Ambrosini
      ================================
                 für die
        italienischen Regionalautonomien
      ================================
```

```
                Artikel 22.

    Die Regionen werden nach der überlieferten geographischen
Einteilung Italiens errichtet.
                        Sie sind:
                        Piemont;
                        die Lombardei;
                        das Trentino-Oberetsch;
                        Venetien;
```

In dem „Rahmenentwurf Ambrosini" war die verfassungsrechtliche Schaffung von insgesamt 16 italienischen Regionen vorgesehen. Eine davon sollte die Region „Trentino – Alto Adige" sein, hier in der Übersetzung „Trentino-Oberetsch" genannt.
(Bezirkshauptmannschaft für Tirol, Abtlg. VIII k, Wissenschaftliches Referat, Unterlagensammlung Nr. 6 aus dem Jahr 1947, maschinschriftlich, vervielfältigt. Im Besitz des Verfassers.)

Die Südtiroler lehnten einen unzumutbaren Autonomieentwurf ab, dessen Ziel die Verweigerung einer Autonomie gewesen war

Am 1. November 1947 überreichte der italienische Präfekt in Bozen dem SVP-Obmann Erich Amonn unter der Auflage einer strengen Verschwiegenheitspflicht den Regierungsentwurf des neuen Autonomiestatuts für die gemeinsame „Region Trentino-Alto Adige" mit der unverschämten Aufforderung, innerhalb einer Woche (!) dazu schriftlich Stellung zu nehmen. Eine Nichtbeantwortung, so hieß es, würde als Zustimmung gewertet werden.

Alle wesentlichen Autonomie-Kompetenzen sollten diesem Entwurf zufolge der Region zufallen, in welcher die Südtiroler einer italienischen Mehrheit gegenüberstehen sollten. Eine echte Südtiroler Autonomie war ebenso wenig vorgesehen wie die von der SVP verlangte Rückgliederung des Bozner Unterlandes an die Provinz Bozen einschließlich von Neumarkt und Salurn.

Allgemeine Bemerkungen

zu dem von der Präsidentialkommission ausgearbeiteten und dem Präsidenten der Südtiroler Volkspartei Herrn Erich Amonn am 1.November 1947 überreichten Autonomie-Projekt.

Um den S c h e i n zu erwecken, man wolle Südtirol eine Autonomie gewähren, teilt das Projekt der Präsidentialkommission der Provinz Bozen wohl eine gesetzgebende Befugnis zu, aber die diesbezüglichen Materien stellen geradezu einen Hohn dar. Es ist

Zusammenfassend müssen wir betonen, daß man bei der Prüfung der Bestimmungen des Entwurfes zur Überzeugung gelangt, der Grundgedanke, von welchem die Präsidentialkommission sich hat leiten lassen, war nicht der, dem Südtiroler Volke eine Autonomie zu geben, sondern ihm dieselbe zu verweigern.

Aus allen diesen Gründen und aus jenen, welche in den beigelegten "Bemerkungen zu den einzelnen Artikeln" eine detailliertere Darlegung finden, betrachten wir das von der Präsidentialkommission ausgearbeitete Projekt als unannehmbar.

Wir verlangen daher, daß im Sinne des Artikels 2 des italienisch-österreichischen Abkommens unsere Vertreter zu Rate gezogen werden.

Bozen, am 15.November 1947.
                                        Gez. Erich A m o n n .

(Auszüge aus: „Der italienische Autonomieentwurf für Südtirol und das Trentino vom Oktober 1947 und die Stellungnahme der Südtiroler Volkspartei", Amt der Tiroler Landesregierung – Unterlagensammlung Nr. 12, Innsbruck November 1947, maschinschriftlich, vervielfältigt, S. 25 ff. Im Besitz des Verfassers.)

Die SVP lehnte diese Zumutung in einem Memorandum ab, in welchem es unter anderem hieß: *„Der Grundgedanke, von dem die Präsidentialkommission sich hat leiten lassen, war nicht der, dem Südtiroler Volke eine Autonomie zu geben, sondern ihm dieselbe zu verweigern."* Abschließend bezeichnete die SVP das italienische Projekt als *„unannehmbar"* und forderte Verhandlungen mit der italienischen Regierung.

➤ Keine Hilfe aus Wien – Erpressung der Südtiroler

Christlich-demokratische Eintracht auf dem DC-Parteitag in Sorrento
Während die Südtiroler über ihre Situation verzweifelten, hatte der unermüdliche Rudolf Moser zur Vertiefung der ÖVP-DC-Verbundenheit die Teilnahme einer österreichischen Delegation an dem Parteitag der „Democrazia Cristiana" (DC) in Sorrento bei Neapel organisiert, der am 15. November 1947 stattfand. Auf diesem Kongress hielt Moser als Gastdelegierter auch eine Rede. (Dies berichtete Rudolf Moser in seinem Rundschreiben „Gedanken und Gedenken", Sachsenburg, Sankt-Barbara-Tag 1967, S. 1 der Beilage: „Discorso non tenuto"; Archiv des Verfassers, Aktenbestand Moser)

Die österreichische ÖVP-Delegation auf dem DC-Parteitag. Von links nach rechts: Der Generalsekretär des „Österreichischen Arbeiter- und Angestellten Bundes" in der ÖVP, Dr. Fritz Bock, der Nordtiroler Nationalratsabgeordnete Univ.-Prof. Dr. Franz Gschnitzer, der ÖVP-Generalsekretär Dr. Felix Hurdes und Rudolf Moser, der auf dem Kongress auch eine Rede hielt.

Der DC-Parteitag wurde mit südländischen Folklore-Darbietungen aufgelockert.

Die Südtiroler bitten um Unterstützung – das ist „ein neuer Leidensweg" für die österreichische Gesandtschaft in Rom
Am 17. Dezember 1947 trafen die SVP-Politiker Dr. Otto von Guggenberg und Dr. Josef Raffeiner in Rom ein und wandten sich hilfesuchend an die österreichische Gesandtschaft. Gesandter in Rom war damals Fürst Dr. Johannes Schwarzenberg, Ritter des katholischen Souveränen Malteserordens und Besitzer eines schönen Gutes in der Toskana, wo er vorhatte, seinen Lebensabend im sonnigen und freundlichen Italien zu verbringen.

Außenminister Dr. Gruber (rechts) mit seinem Botschafter in Rom, Fürst Dr. Johannes Schwarzenberg, der den Einsatz für die Südtiroler Landsleute als „Leidensweg" empfand.

Allenfalls bevorstehende politische Auseinandersetzungen mit der römischen Regierung waren dem Fürsten und Mann von Welt offenbar ein Gräuel. Die Bitte der Südtiroler um Unterstützung kommentierte der Fürst in einem als *„streng vertraulich"* bezeichneten Schreiben an den Generalsekretär für die Auswärtigen Angelegenheiten im Bundeskanzleramt, Dr. Heinrich Wildner, mit folgenden Worten: *„Damit beginnt für die Gesandtschaft ein neuer Leidensweg, denn es ist nun schon einmal Usus, daß diese ganz selbstverständlich als die Wahrerin der Interessen und auch als Beichtvater für alle Südtiroler Belange in Anspruch genommen wird."* (Brief Schwarzenbergs an Dr. Wildner vom 18. Dezember 1947 ÖStA, AdR, BKA, AA, II-pol, Südtirol, Karton 11)

Ratschlag aus Wien an die Südtiroler: Gebt euch mit der italienischen Lösung zufrieden!
Am 21. Dezember 1947 traf der verzweifelte SVP-Obmann Erich Amonn den Außenminister Dr. Karl Gruber in Innsbruck und bat um eine österreichische Intervention. Gruber verweigerte diese und ließ Amonn mit den Worten abblitzen: *„Es muß Ihnen klar sein, daß man zu einem Kom-*

promiß kommen muß" und dass die Südtiroler sich *„Abstriche gefallen lassen"* müssten. (Erich Amonn: „Wie es zum Autonomiestatut für die Region Trentino-Südtirol kam"; in: „Südtirol in Wort und Bild", Innsbruck 1967, Heft 2, S. 2f)

Es war aber ohnedies schon zu spät. Am 22. Dezember beschloss die „Assemblea Costituente", die „Verfassungsgebende Nationalversammlung" in Rom, die längst ausformulierte Staatsverfassung. Am 1. Jänner 1948 trat die neue italienische Staatsverfassung in Kraft, die in Artikel 116 die Bildung der Autonomen Region Trentino-Alto Adige vorsah.

Der Artikel 116 der italienischen Staatsverfassung von 1947 sah nun vor, dass die Regionen Sizilien, Sardinien, Trentino-Alto-Adige, Friuli-Venezia Giulia und Valle d'Aosta spezielle Autonomiestatute auf verfassungsgesetzlicher Grundlage erhalten

> **ART. 116.**
>
> Alla Sicilia, alla Sardegna, al Trentino-Alto Adige, al Friuli-Venezia Giulia e alla Valle d'Aosta sono attribuite forme e condizioni particolari di autonomia secondo statuti speciali adottati con leggi costituzionali.

sollten. Damit war für Südtirol das Zwangskorsett der „Region Trentino-Alto Adige" durch die Verfassung vorgegeben.

Am 3. Jänner 1948 traf Erich Amonn in Innsbruck mit dem österreichischen Außenminister Dr. Gruber zusammen und berichtete am 7. Jänner 1948 im Parteiausschuss, *„daß uns die österreichische Regierung in der Frage der Struktur (d. h. ob gemeinsame Region mit dem Trentino oder vollständige Trennung Südtirols vom Trentino) nicht unterstützen könne, sondern wünsche, daß wir uns mit der von der italienischen Regierung gewollten Lösung (zwei autonome Provinzen innerhalb einer gemeinsamen autonomen Region) zufrieden geben."* (Josef Raffeiner: Tagebücher 1945 – 1948", herausgegeben von Wolfgang Raffeiner, Bozen 1998, S. 303)

Erpressung der SVP-Politiker – der verhängnisvolle Perassi-Brief

Nun ging es nur noch darum, dass sich die Südtiroler auch mit dem Inhalt des geplanten Autonomiestatuts für die Gesamtregion einverstanden erklären sollten. Am 18. Jänner 1948 erklärte der italienische Staatsrat Silvio Innocenti gegenüber dem SVP-Obmann Erich Amonn und Dr. Raffeiner, dass man einige Südtiroler Wünsche erfüllen und den Entwurf des Autonomiestatuts in diesen Punkten abändern könne.

Es ging vor allem um die Übertragung einiger gesetzgeberischer Befugnisse an die untergeordnete Provinz Bozen und um die Rückgliederung der unter dem Faschismus von Südtirol abgetrennten Gebiete des Unterlandes bis Salurn und der deutschen Gemeinden am Nonsberg.

Voraussetzung sei aber, dass die Südtiroler in einem Brief an den Vorsitzenden der Autonomiekommission der „Verfassungsgebenden Nationalversammlung", Tommaso Perassi, ihre Zufriedenheit mit der getroffenen Lösung der gemeinsamen Regionalautonomie mit dem Trentino und damit das „Pariser Abkommen" für erfüllt erklärten.

Der neue österreichische Gesandte in Rom, Fürst Dr. Schwarzenberg, erklärte dazu den Südtirolern, *„daß wir uns nicht weigern können, eine solche Erklärung abzugeben".* (Josef Raffeiner: a.a.O., S. 314)

Nun unterzeichnete der SVP-Obmann Erich Amonn das Schreiben, in welchem es hieß: *„... So können wir mit lebhafter Freude feststellen, dass das Pariser Übereinkommen de Gasperi – Gruber vom September 1946, insoweit es das Grundproblem der Autonomie betrifft, nunmehr verwirklicht worden ist."* („Südtirol im Jahre 1948", Amt der Tiroler Landesregierung – Unterlagensammlung Nr. 18, Teil I, Innsbruck im März 1949, maschinschriftlich, vervielfältigt, S. 30. Im Besitz des Verfassers.)

Dieses ohne Beschluss der SVP-Gremien eigenmächtig unterzeichnete Schreiben sollte Rom in den kommenden Jahren dazu dienen, alle Südtiroler Beschwerden über die unzulängliche Scheinautonomie mit dem Hinweis auf die „freiwillige Zustimmung" der SVP abzuschmettern.

Der italienische Gesandte in Wien preist Südtirols Funktion als „Verbindungsbrücke"

Wie die „Tiroler Tageszeitung" am 21. Jänner 1948 berichtete, hielt der neue italienische Gesandte in Wien, Giuseppe Cosmelli, eine Ansprache im Österreichischen Rundfunk. Er sagte, *„Südtirol dürfe kein Zankapfel, sondern müsse zur Verbindungsbrücke zwischen Italien und Österreich werden".* (Zitiert nach: „Südtirol im Jahre 1948", Amt der Tiroler Landesregierung – Unterlagensammlung Nr. 18, Teil I, Innsbruck im März 1949, maschinschriftlich, vervielfältigt, S. 3. Im Besitz des Verfassers.)

▶ Der Beschluss der Scheinautonomie von 1948

Der Weg in die künftige Katastrophe

Am 29. Jänner 1948 wurde das Autonomiestatut für eine gemeinsame Region Trentino-Alto Adige durch die „Verfassungsgebende Parlamentarische Versammlung" („Assemblea Costituante") in Rom beschlossen. In dieser Region sollten die Südtiroler einer italienischen Majorität ausgeliefert sein und die in das Statut eingebauten Teufelsfüße sollten rasch sichtbar werden. Damit war der Weg in schwere Auseinandersetzungen und in die Katastrophe der Sechzigerjahre eingeschlagen.

Offizieller österreichischer Jubel

Nun setzten die offiziellen Lobpreisungen ein. Wie die italienische Bozener Tageszeitung „Alto Adige" am 1. Februar 1948 meldete, sprach der österreichische Gesandte in Rom, Dr. Johannes Schwarzenberg, dem italienischen Außenminister Sforza seine *„tiefe Befriedigung"* über das Autonomiestatut aus. *„Dies Ereignis sei geeignet, eine neue Atmosphäre in Südtirol zu schaffen."*

Sforza hob in seiner Erwiderung den *„Wert einer fruchtbaren Verständigung zwischen zwei Völkern von hoher Kultur"* hervor. (»Alto Adige« vom 1. Februar 1948)

Der Gesandte Dr. Marcus Leitmeier, Chef der politischen Abteilung des Auswärtigen Amtes im Bundeskanzleramt in Wien, stimmte pflichtgemäß in den offiziellen Jubelchor ein und behauptete am 6. Februar 1946 in einer Rundfunkansprache in Bezug auf das Autonomiestatut: *„Die Wünsche der Südtiroler wurden im weitgehenden Maße berücksichtigt."* Das Autonomiestatut halte zwar an einer gemeinsamen Region Trentino-Südtirol fest, dies *„dürfte übrigens in mancher Beziehung auch Vorteile bringen"*.

Österreich dürfe somit das Autonomiestatut *„mit Genugtuung begrüßen"* und feststellen, *„dass die italienischen Instanzen ... Weitherzigkeit und Verständnis für die Besonderheiten Südtirols an den Tag gelegt haben"*.

Italien habe eine *„verständnisvolle, gutnachbarliche Haltung"* an den Tag gelegt. Das sei *„ein vielversprechendes Symptom dafür, ... dass auch in Zukunft alle mit Südtirol zusammenhängenden Fragen wie bisher in Harmonie mit dem italienischen Partner werden gelöst werden können"*.
(Zitiert nach: „Südtirol im Jahre 1948", Amt der Tiroler Landesregierung – Unterlagensammlung Nr. 18, Teil I, Innsbruck im März 1949, maschinschriftlich, vervielfältigt, Anhang II, S. 37ff. Im Besitz des Verfassers.)

Die „Tiroler Tageszeitung" brachte am 13. Februar 1948 ein Interview mit Minister Dr. Gruber, in welchem dieser erklärte, dass das Abkommen in allen Fragen zu einem *„wirklichen Einvernehmen zwischen der italienischen Regierung und der Bevölkerung Südtirols"* geführt habe.
(Zitiert nach: „Südtirol im Jahre 1948", a.a.O., S. 16. Im Besitz des Verfassers.)

Moser: Freudiger Verzicht zum Aufbau des wahrhaft Großen

Das Amt der Tiroler Landesregierung hielt in einer Presseschau einen Jubelbericht Mosers in einem ÖVP-Parteiblatt fest.

Die tatsächliche Bedeutung Mosers und sein Einfluss auf Bundeskanzler Figl dürften der Tiroler Landesregierung damals allerdings kaum bekannt gewesen sein. Moser hielt Distanz zur Nordtiroler ÖVP, wohl

> Rudolf Moser, ein der österr. Volkspartei nahestehender Wirtschaftler, hält es in der "Stimme Tirols" (Blatt des österr. Wirtschaftsbundes) vom 11.2.48 an der Zeit, das bisher im österreichischen Volk noch nachwirkende Misstrauen gegen Italien, dessen Volk und dessen Regierung beiseite zu räumen und ehrliche Freundschaft mit Italien zu schliessen. "Alle Bestrebungen, zu einer Einigung Europas zu gelangen, ... müssten sinnloses Bemühen bleiben, ... falls die beiden Nachbarstaaten, die so viel Gemeinsames aufweisen, über so viel sich Ergänzendes verfügen, sich nicht zusammen finden könnten, eine wahrhaft grosse Tat zu setzen, wenn nicht jeder Partner dort freudig Verzicht leistet, wo es sich um den Beitrag zum Aufbau des wahrhaft Grossen handelt."

(„Südtirol im Jahre 1948", Amt der Tiroler Landesregierung – Unterlagensammlung Nr. 18, Teil I, Innsbruck im März 1949, maschinschriftlich, vervielfältigt, S. 19. Im Besitz des Verfassers.)

in der richtigen Annahme, dass seine Auffassungen dort wenig Zustimmung finden würden.

Außenminister Dr. Gruber ist „der allgemeinen Weltpolitik etwas voraus"
Der offizielle österreichische Jubelgesang über das christliche Freundschaftswerk sollte noch eine Zeit lang andauern, bis die Schwächen des „Pariser Abkommens" und die Teufelsfüße des Autonomiestatuts nicht mehr zu leugnen waren.

Am 12. April 1948 hatte der Außenminister Dr. Gruber aber noch die Stirn, auf einer Versammlung in Wörgl zu erklären: *„Unsere Südtiroler Politik ist heute der allgemeinen Weltpolitik etwas voraus. Dadurch aber, dass sie den Nationalismus ablehnt und das Südtiroler Problem in ein einheitliches Europa einordnet, wird sie auch diesem Volk innerhalb der italienischen Staatsgrenzen jede Möglichkeit zu seiner Entwicklung vermitteln"*.

Bundeskanzler Leopold Figl hielt am 25. April 1948 eine mit Allgemeinplätzen ausgestattete Rede vor dem Landesparteitag der Tiroler ÖVP und erklärte, er hoffe, dass Südtirol *„ein Pfand der italienischen Freundschaft und Zusammenarbeit werden wird"*. Die Südtiroler sollten *„nicht ungeduldig"* werden, denn *„wir wollen ein wohlüberlegtes Werk von dauerndem Wert schaffen"*. („Südtirol im Jahre 1948", Amt der Tiroler Landesregierung – Unterlagensammlung Nr. 18, Teil II, Innsbruck im März 1949, maschinschriftlich, vervielfältigt, S. 79. Im Besitz des Verfassers.)

**Widerspruch aus Tirol gegen den Jubelchorgesang:
Autonomiestatut ist nur Übergangslösung – Südtiroler Zustimmung
mit faschistischen Methoden erpresst**

Am 20. Februar 1948 beschloss der „Tiroler Bauernbund", die gewichtigste Teilorganisation der Tiroler ÖVP, in einer Sitzung des Landesbauernrates eine Resolution, in der es hieß: *„Der Bauernstand Tirols findet sich mit dem Bauernstande Südtirols einig, wenn er dieses Ergebnis nicht als etwas Endgültiges, sondern als ... eine Übergangslösung bis zu einer dem christlich-demokratischen Weltgeiste würdigen und gerechten Lösung der Frage um Südtirol betrachtet".*

Am 23. Februar 1948 unterschrieben die „Tiroler Nachrichten", das Organ der Tiroler ÖVP, vollinhaltlich die Erklärung des Bauernbundes und erklärten, mit dem Autonomiestatut finde der *„Verzweiflungskampf um Südtirol"* lediglich *„seinen rein äußerlichen Abschluß".*

Am gleichen Tag veröffentlichte die von Kanonikus Michael Gamper geleitete Südtiroler Tageszeitung „Dolomiten" einen Artikel, in welchem die Erklärung des „Tiroler Bauernbundes" begrüßt wurde und die Behauptung scharf zurückgewiesen wurde, dass die Südtiroler mit dem gegenwärtigen Autonomiestatut befriedigt seien. Vielmehr sei die von der Südtiroler Delegation in Rom abgegebene Erklärung *„nach bewährten faschistischen Methoden von dieser erpresst worden".* (Zitiert nach: „Südtirol im Jahre 1948", Amt der Tiroler Landesregierung – Unterlagensammlung Nr. 18, Teil I, Innsbruck im März 1949, maschinschriftlich, vervielfältigt, Anhang V, S. 42. Im Besitz des Verfassers.)

**Historiker Univ.-Prof. Dr. Michael Gehler:
Immer stärker westorientierte Haltung und Rückzug auf Raten**

Der österreichische Historiker Univ.-Prof. Dr. Michael Gehler, Leiter des Instituts für Geschichte an der Universität Hildesheim, Mitglied der Historischen Kommission und Direktor des Instituts für Neuzeit- und Zeitgeschichtsforschung (INZ) der Österreichischen Akademie der Wissenschaften, hat in seinem Dokumentarwerk „Verspielte Selbstbestimmung?" eine kritische Analyse der österreichischen Südtirolpolitik des Jahres 1946 vorgenommen, die zu dem Autonomiestatut von 1948 geführt hat: *„Mit ständig wechselnden Konzepten und einem hohen Maß an Kompromißbereitschaft konnte es keine Rückkehr Südtirols geben."*
Dr. Grubers Politik vor dem Hintergrund der *„politischen Großwetterlage"* könne als *„konsequenter Rückzug auf Raten"* bezeichnet werden.
„Als Konsequenz der immer stärker westorientierten Haltung" seien *„zwangsläufig Positionen vorzeitig preisgegeben"* worden. Grubers *„Zick-*

zackweg" und seine Kompromissvorschläge hätten Italien zunehmend in eine Position der Stärke manövriert und er habe *„die stärkste Waffe seiner Südtirolpolitik, die Forderung nach Abhaltung eines Plebiszits, quasi aus der Hand gegeben".*

„Der italienische Wunsch, den Geltungsbereich der Autonomie auf das Trentino auszudehnen", sei *„schon geraume Zeit vor der Friedenskonferenz klar erkennbar"* gewesen. Gruber habe dies in Kauf genommen, *„um das Abkommen als solches nicht zu gefährden"* und habe den SVP-Delegierten und der Öffentlichkeit weisgemacht, dass *„eine Ausdehnung nicht unter Zwang und nur mit ihrer bzw. der Zustimmung der Bundesregierung beschlossen werden könne".* (Michael Gehler: „Verspielte Selbstbestimmung? Die Südtirolfrage 1945/46 in US-Geheimdienstberichten und österreichischen Akten. Eine Dokumentation." Schlern-Schriften 302, Innsbruck 1996, Schlussbetrachtungen, S. 557ff)

Das von „furberia" geprägte Autonomiestatut von 1948

Am 25. Februar 1948 gab die SVP-Landesversammlung ihre Zustimmung zum Autonomiestatut, welches aus der Sicht der italienischen Seite ein freiwilliges und großzügiges Geschenk des Staates war.

Im Italienischen gibt es den Begriff der „furberia", der eine Schlauheit oder Gerissenheit bezeichnet, die dem Gaunertum nicht fern steht. Ein Mensch gilt als „molto furbo", wenn er jemanden gekonnt über den Tisch zieht. „Lingua furbesca" ist die italienische Bezeichnung für die Gaunersprache.

Das den Südtirolern im Zusammenspiel der österreichischen mit der italienischen Seite aufgezwungene Autonomiestatut von 1948 war von dieser „furberia" geprägt und besaß einige entscheidende und wohl bewusst eingebaute Teufelsfüße.

Die Südtiroler stehen im Regionalrat einer italienischen Mehrheit gegenüber

Zwar war das Unterland mit Neumarkt, Salurn und den anderen deutschen Gemeinden an Südtirol, die Provinz Bozen, angeschlossen worden, doch wurde insgesamt die angebliche Zielsetzung des Gruber-Degasperi-Abkommens von 1946 in ihr Gegenteil verkehrt. Man war weit weg von einer Eigenregierung und fest eingebunden in die Großregion „Trentino-Alto Adige". Die untergeordnete Provinz Bozen erhielt lediglich eine unzulängliche Subautonomie.

In der Region standen die Südtiroler einer italienischen 5:2-Mehrheit gegenüber. Im Regionalrat konnten die 15 Südtiroler Abgeordneten jederzeit von der 33-köpfigen italienischen Mehrheit überstimmt werden.

Die territoriale Aufspaltung der ladinischen Volksgruppe
Ein besonderes Anliegen scheint den Architekten des Autonomiestatuts bei der Festschreibung der Grenzen der Provinzen und der Region auch die territoriale Spaltung des ladinischen Volkes gewesen zu sein. Aus der Sicht Roms hatten diese ohnedies immer als abtrünnige Italiener gegolten, die lediglich einen lokalen Dialekt des Italienischen sprechen würden. Man hatte in Rom den Dolomitenladinern den heldenhaften Abwehrkampf der ladinischen Standschützeneinheiten im Ersten Weltkrieg gegen die italienische Aggression nicht vergessen. Und mit Sicherheit hatte man in Rom auch nicht vergessen, dass die ladinischen Gemeinden Tirols nach dem Ersten Weltkrieg einen Appell an den amerikanischen Präsidenten gerichtet hatten, ihnen die Selbstbestimmung zu gewähren und sie nicht an Italien auszuliefern.

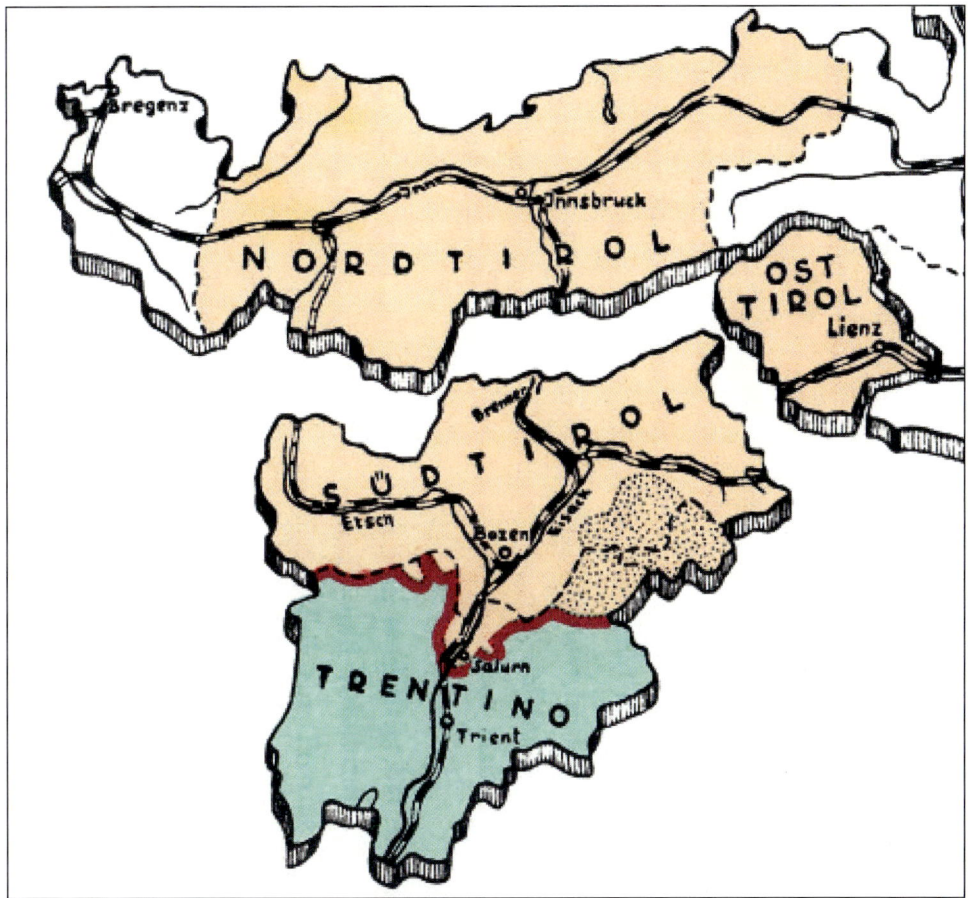

Diese Karte zeigt „Die Zerreißung Tirols nach dem ersten Weltkrieg".
(Die Karte stammt aus der Dokumentation „Österreichs gerechter Anspruch auf Südtirol" der Landeshauptmannschaft Tirol, Landesstelle für Südtirol, Innsbruck 1946.)

Auf der dargestellten Karte bezeichnet die grüne Farbe das mehrheitlich italienisch-sprachige Welschtirol, das „Trentino". Die dicke rote Linie zeigt die Sprachgrenze zu Südtirol, der Provinz Bozen, an.

Die dünne gestrichelte schwarze Linie im Gebiet des deutsch-ladinischen Südtirol zeigt die nach dem Krieg abgetrennten Gebiete an: Westlich von der Etsch die deutschen Gemeinden am Nonsberg und darunter im Etschtal das abgetrennte Unterland. Diese Gebiete wurden dem Trentino zugeschlagen.

Östlich von Etsch und Eisack wurden die ladinischen (punktiert dargestellten) Gebiete des oberen Fassatals und des Gebietes von Ampezzo-Buchenstein von Südtirol abgetrennt. Damit wurde der ladinische Siedlungsraum zerschnitten. Fassa kam zur Provinz Trentino, die anderen abgetrennten Gebiete wurden der Provinz Belluno zugeschlagen und dürfen bis heute nicht zu Südtirol zurückkehren. Daran konnten auch im Jahr 2007 durchgeführte örtliche Referenden in den ehemaligen tirolischen ladinischen Gemeinden Anpezo/Cortina d'Ampezzo, Col/Colle S. Lucia und La Pliè/Buchenstein/Livinallongo nichts ändern, in denen die lokale Bevölkerung mit einer Wahlbeteiligung von rund 70 Prozent den Wunsch nach Rückkehr zu Südtirol mit 79,87 Prozent „Ja" der abgegebenen Stimmen eindrucksvoll dokumentiert hat. Das waren 56,34 Prozent aller Wahlberechtigten. („Südtirol Online", 29. Oktober 2007, „Tiroler Tageszeitung" vom 30. Oktober 2007, sowie Bericht in den „Dolomiten" vom 27. Dezember 2012)

Das Vorhaben wurde in der Folge durch den italienischen obersten Gerichtshof, den Kassationsgerichtshof, untersagt. Gianpaolo Bottacin, der Präsident der Provinz Belluno, fühlte sich durch das Urteil des Kassationsgerichtshofes *„verraten"*. („Südtirol Online", 11. April 2011)

Tiroler Fahnen im Jahre 2007 auf Gebäuden im ladinischen, der Provinz Belluno zugeschlagenen Gebiet.

Titelseite der „Neuen Südtiroler Tageszeitung" vom 30. Oktober 2007. Der römische Kassationsgerichtshof verwandelte in der Folge das „Ja" der Bevölkerung in ein „Nein" des Staates.

Kaum wichtige Zuständigkeiten für die Provinz Bozen

Post, Bahn, Finanzen, Exekutive und Heer unterstanden dem Staat. Eine eigene Landespolizei wurde Südtirol ebenso verweigert wie eine eigene Finanzhoheit. Der Staat wies der Provinz lediglich einen Anteil des Steueraufkommens zu. Die darüber gestülpte italienisch dominierte Region Trentino-Südtirol erhielt jedoch eine größere Finanzhoheit.

Südtirol erhielt kein selbständiges Schulwesen, sondern nur beschränkte Mitspracherechte. Die Amtssprache in Südtirol blieb die italienische, der Gebrauch der deutschen Sprache vor den Ämtern wurde lediglich für zulässig erklärt. Das Ladinische war noch weniger geschützt. Lediglich in den Volksschulen der ladinischen Gemeinden sollte ein Unterricht in deren Sprache ermöglicht werden.

Keine Anerkennung der Volksgruppen – nur schwammige Anerkennung individueller Rechte

Eine Anerkennung der Deutschen und Ladiner Südtirols als eigene Volksgruppen erfolgte durch dieses Autonomiestatut nicht. Dessen Artikel 2 besagte lediglich: *„In der Region wird die Gleichberechtigung aller Staatsbürger, gleichgültig welcher Sprachgruppe sie angehören, anerkannt und ihre völkische und kulturelle Eigenart gewahrt."* (Zitiert nach: „Das Autonomiestatut für Südtirol und das Trentino", Amt der Tiroler Landesregierung – Unterlagensammlung Nr. 15, Innsbruck im April 1948, maschinschriftlich, vervielfältigt, S. 2. Im Besitz des Verfassers.)

Das ist lediglich eine sehr dehnbare Klausel für den Schutz des Einzelindividuums. Zudem bot diese Texterung auch keine rechtliche Handhabe, die Wiedervereinigung des ladinischen Siedlungsgebietes zu fordern.

Eine erdrückende Oberaufsicht des Staates

Die Region und die Provinzen hatten keine eigene Polizeigewalt. Der Staat hatte sich die Kontrolle über die autonomen Körperschaften vorbehalten.

Ein dem italienischen Innenminister direkt unterstellter Regierungskommissar koordinierte und überwachte in der Region anstelle der bisherigen Präfekten *„gemäß den Weisungen der Regierung"* die Ausübung der staatlichen Machtbefugnisse in der Region. Er konnte sich hierbei der Polizeikräfte sowie des Militärs bedienen. In den Provinzen lag die staatliche Macht zudem noch in den Händen der Polizeichefs, der „Quästoren". („Das Autonomiestatut für Südtirol und das Trentino", a.a.O., Artikel 16, 76 und 77)

Der Staat hatte sich eine weitgehende Kontrolle der autonomen Gesetzgebung und das Recht vorbehalten, die Landtage ohne vorangegangene Gerichtsverfahren aufzulösen. Die Verwaltungsgerichtsbarkeit blieb Staatssache. („Das Autonomiestatut für Südtirol und das Trentino", a.a.O., Artikel 27, 43, 49, 78 und 82)

Bescheidene Südtiroler Rechte im Rahmen der gemeinsamen Region

Die Rechte der Südtiroler wurden auch unterhalb der gesamtstaatlichen Ebene noch einmal beschnitten. Der italienisch dominierten Region „Trentino-Alto Adige" waren die 25 wichtigsten Sachgebiete der Gesetzgebung vorbehalten, darunter Land- und Forstwirtschaft, Bergwerke, Grundbücher, Enteignungen im öffentlichen Interesse, Feuerwehr, Gesundheitswesen und Fremdenverkehr.

Südtirol verblieben Gesetzgebungsrechte nur auf 17 zumeist zweitrangigen Sachgebieten. Dazu kam eine lediglich sekundäre Gesetzgebungsbefugnis für das Unterrichtswesen sowie für die örtliche, ländliche und städtische Polizei. („Das Autonomiestatut für Südtirol und das Trentino", a.a.O., Artikel 4, 5, 11 und 12)

Weitere Einengung der Provinzial-Autonomie – Die „normalmente"-Regelung als „Ei des Columbus"

Die übergestülpte Region konnte auch die verbliebenen Zuständigkeiten weiter einengen. Der äußerst „furbo" gestaltete Artikel 14 des Autonomiestatuts besagte:

„Die Region übt ihre Verwaltungsbefugnisse **für gewöhnlich** *in der Weise aus, dass sie dieselben den Provinzen, den Gemeinden und anderen Lokal-*

körperschaften überträgt oder sich ihrer Ämter bedient." (*„La Regione esercita **normalmente** funzioni amministrative delegendole alle Provincie, ai Comuni e ad altri enti locali o valendosi dei loro uffici."*)
(Zitiert nach: „Das Autonomiestatut für Südtirol und das Trentino", Amt der Tiroler Landesregierung – Unterlagensammlung Nr. 15, Innsbruck im April 1948, maschinschriftlich, vervielfältigt, S. 7 und S. 32. Im Besitz des Verfassers.)

Diese Formulierung war dehnbar wie ein Kaugummi und ließ der Region freie Hand, die Verwaltungsbefugnisse zu übertragen oder auch nicht. Was bedeutete *„für gewöhnlich"* beziehungsweise *„normalmente"* exakt? Wann musste sich die Region *„normalmente"* verhalten und wann durfte sie nicht *„normalmente"* vorgehen und Befugnisse eben nicht übertragen?

Tatsächlich übertrug die Region alle nur halbwegs wichtigen Zuständigkeiten nun *„normalmente"* nicht an die Provinz Bozen.

Der Bozener Rechtsanwalt, Neofaschistenführer und MSI-Landtagsabgeordnete Dott. Andrea Mitolo hat in einem Artikel in der italienischen Bozener Tageszeitung „Alto Adige" die Formulierung **„normalmente"** voll Hohn als das **„Ei des Columbus"** gerühmt, welches man gefunden habe, *„um den Südtirolern jene Verwaltungsautonomie zu verweigern, die die italienische Minderheit in Südtirol niemals zuzulassen gewillt ist"*. („Alto Adige" vom 9. Dezember 1949)

Bild links: Der Bozener Rechtsanwalt und örtliche Faschistenführer Dott. Andrea Mitolo auf einer Kundgebung. Bild rechts: Unter seinen Zuhörern befanden sich Faschisten, die ungeniert in ihren alten faschistischen Parteiuniformen auftraten.

Die Redensart „*Ei des Kolumbus*" bezeichnet die verblüffend einfache Lösung einer als schwierig erscheinenden Frage und geht auf eine Anekdote zurück. Demnach hatte der Amerika-Entdecker in einer geselligen Runde eine Wette gewonnen, indem er es geschafft hatte, ein gekochtes Ei auf der Spitze aufzustellen. Kolumbus hatte einfach die Spitze eingedrückt.

Mit Hilfe der „*normalmente*"-Bestimmung konnte man die Südtirol-Autonomie ebenfalls auf den Kopf stellen.

Rückweisungsrecht der Staatsregierung – Provinzialgesetze werden im „nationalen Interesse" ausgehebelt

Die mehr als bescheidene Südtiroler „Provinzialautonomie" hing aber auch von dem Wohlwollen Roms ab. Der Artikel 49 des Autonomiestatuts räumte nämlich der Staatsregierung in Rom das Recht ein, Gesetze des Regionalrats wie auch der Provinz-Landtage zurückzuweisen, wenn sie *„deren jeweilige Kompetenzen überschreiten oder den nationalen Interessen oder den Interessen einer der beiden Provinzen in der Region entgegenstehen".* („*... contrastano con gli interessi nazionali o con quelli di una delle due Provincie nella Regione".*) (Zitiert nach: „Das Autonomiestatut für Südtirol und das Trentino", Amt der Tiroler Landesregierung – Unterlagensammlung Nr. 15, Teil I, Innsbruck im April 1948, maschinschriftlich, vervielfältigt, S. 7 und S. 39. Im Besitz des Verfassers.)

Die *„nationalen Interessen"* des italienischen Staates waren nicht näher definiert. Das bot Rom Möglichkeiten, unerwünschte Landesgesetze zu annullieren.

Die verhinderte Kontrolle durch den Verfassungsgerichtshof

„Controllo della Corte Costituzionale", so lautete der „Titolo IX" des Autonomiestatuts. Darin hatte sich die Regierung vorbehalten, Regional- oder Provinzialgesetze vor dem Verfassungsgerichtshof anfechten zu können. Auf dem Papier hatten auch die Südtiroler das Recht, Staatsgesetze anzufechten, durch welche autonome Rechte verletzt wurden.

Der sehr „furbo" gestaltete Pferdefuß war aber in den Artikel 83 des Statuts eingebaut. Der besagte nämlich, dass *„die Gesetze der Republik und ihre Verfügungen mit Gesetzeskraft"* nur *„vom Präsidenten des Regionalausschusses über Beschluss des Regionallandtages wegen Verletzung dieses Statuts angefochten werden"* konnten. („Das Autonomiestatut für Südtirol und das Trentino", a.a.O., Artikel 82 und 83)

Damit war ausgeschlossen, dass sich die Provinz Bozen-Südtirol direkt an den Verfassungsgerichtshof wenden konnte. Die Prozessfähigkeit lag bei dem mit satter italienischer Mehrheit ausgestatteten Regionalparlament.

In einem Aufsehen erregenden Artikel berichtete das Magazin „Der Spiegel" im Oktober 1955, wie trickreich Rom die Südtiroler um ihre Autonomie-Rechte betrog.

„Der Spiegel" entlarvt die italienische Entnationalisierungs-Politik – der Verfassungsgerichtshof wird erst 1956 installiert

Das deutsche Magazin „Der Spiegel" hat in seiner Ausgabe Nr. 41 vom 5. Oktober 1955 die Situation, in der sich Südtirol befand, so charakterisiert:

Die Übertragung der autonomen Befugnisse auf die Provinz Bozen hing von dem Erlass von *„Durchführungsbestimmungen"* durch die italienische Regierung ab. Dies war, so „Der Spiegel", *„der zentrale juristische Kniff der italienischen Entnationalisierungs-Politik in Südtirol: Die Durchführungsbestimmungen sind – abgesehen von denen für drei verhältnismäßig bedeutungslose Sachgebiete – bis auf den heutigen Tag nicht erlassen worden; die sogenannte Provinzial-Autonomie ist mithin zum weitaus größten Teil ‚toter Buchstabe' geblieben.*

Noch raffinierter: Die Südtiroler haben keinerlei rechtliche Handhabe, ihren verbrieften Anspruch juristisch geltend zu machen, denn es gibt in der Republik Italien keinen Verfassungsgerichtshof, obgleich dessen Gründung in der immerhin acht Jahre alten Verfassung Italiens vorgesehen ist.

Aber selbst, wenn dieser Verfassungsgerichtshof eines Tages eingerichtet werden sollte, haben die Südtiroler keine Möglichkeit, zu prozessieren. Prozeßfähigkeit hat laut Regionalstatut nur die Region und deren Parlament wird von der italienischen 33:15-Mehrheit beherrscht". („Volkstum: König Laurins Rückkehr"; in: „Der Spiegel", Ausgabe Nr. 41/5. Oktober 1955. S. 29ff)

Bis 1956 sollte eine Befassung des italienischen Verfassungsgerichtshofs auch gar nicht möglich sein. Erst in diesem Jahr hielt er nämlich seine Eröffnungssitzung ab.

Der illegale Trick mit den „Durchführungsbestimmungen"
Einen weiteren Trick hatte man sich in Rom unter dem Titel der „Durchführungsbestimmungen" zum Autonomiestatut einfallen lassen. Ein österreichisches Regierungsmemorandum sollte unter der Außenministerschaft von Dr. Bruno Kreisky (SPÖ) im Jahre 1960 dazu feststellen: Im Widerspruch zu den Bestimmungen des Autonomiestatuts *„erklärte die italienische Regierung Durchführungsbestimmungen als Voraussetzung für die gesetzgeberische Tätigkeit der Region und der Provinz für notwendig"*. Auf zahlreichen Gebieten seien diese jedoch nicht erlassen worden, *„sodaß insbesondere die Provinz Bozen in zahlreichen Sektoren ihre gesetzgeberische Zuständigkeit noch gar nicht ausüben darf. Andere Durchführungsbestimmungen haben hinwieder klar festgelegte Kompetenzen der Provinz, wie zum Beispiel im sozialen Wohnungsbau, aufgehoben.*
Schließlich hat die Spruchpraxis des Verfassungsgerichtshofes die im Autonomiestatut vorhandenen Ansätze einer Verwaltungsautonomie ... endgültig verschüttet". („Memorandum der Österreichischen Bundesregierung zur Südtirolfrage", Sonderdruck mit Beilagen, Wien, 5. September 1960, S. 7)

▶ Die Nicht-Wiedergutmachung des faschistisch-nationalsozialistischen Unrechts der aufgezwungenen „Optionen"

Es ging um das Schicksal zehntausender Menschen und um die Bewahrung der deutsch-ladinischen Mehrheit in Südtirol
1939 waren die Südtiroler von Mussolini und Hitler vor die brutale Wahl zwischen Verlust der Heimat oder Verlust des Volkstums gestellt worden. In ihrer Verzweiflung hatten sich rund 86 Prozent der deutschen und ladinischen Bevölkerung, das waren 211.799 Abstimmungsberechtigte, für die Auswanderung in das Deutsche Reich entschieden. Nur 14 Prozent hatten sich als „Dableiber" für den Verbleib bei Italien entschieden.
Ihre Motive waren wirtschaftlicher Natur gewesen oder hatten auf der Hoffnung beruht, dass Faschismus und Nationalsozialismus ein Ende beschieden sein würde.
Die Kriegsereignisse bremsten dann die Abwanderung der Optanten und stoppten sie 1943 zur Gänze. Insgesamt waren bis 1945 nur rund 74.500 Optanten umgesiedelt worden, davon die meisten in das heutige Österreich und nur etwa 10.800 in das übrige Reichsgebiet. (Zahlenangaben aus: Franz Huter: „Option und Umsiedlung", in: Franz Huter (Hrsg.): Südtirol. Eine Frage des europäischen Gewissens", München 1965, S. 341)

Von der Frage des Rückkehrrechts der bereits Ausgesiedelten und von der Frage, ob die noch nicht ausgesiedelten Optanten im Lande bleiben könnten, hing es ab, ob Südtirol mehrheitlich deutsch-ladinisch bleiben oder italienisch majorisiert werden würde.

Die Fortführung der faschistischen Politik gegenüber den Optanten war geplant gewesen
Ende November 1945 war bekannt geworden, dass in der provisorischen Volksvertretung der „Consulta" über den Vorschlag der italienischen Regierung ein Gesetzesentwurf zur Regelung der Optantenfrage ausgearbeitet worden war. Diesem Entwurf zufolge wäre den bereits umgesiedelten Optanten die Rückkehr nach Südtirol verweigert worden. Den im Lande verbliebenen Optanten hätte die Wiedererlangung der italienischen Staatsbürgerschaft verweigert werden können. Damit wären auch sie zur Abwanderung gezwungen worden. Das wäre nichts anderes als die Vollendung der faschistisch-nationalsozialistischen Umsiedlungspolitik gewesen.
Dagegen protestierten der Obmann der „Südtiroler Volkspartei" (SVP), Erich Amonn, und sein Generalsekretär Dr. Josef Raffeiner am 11. Jänner 1946 bei einer Vorsprache bei dem neuen Ministerpräsidenten Degasperi in Rom.
Raffeiner hielt in seinem Tagebuch fest: *„Ich führte aus, daß es höchst ungerecht wäre, den Ausgewanderten die Rückkehr zu verweigern, da sie in erster Linie Opfer des Faschismus und Nazismus seien. Sie seien*

Südtiroler Auswanderer (Optanten) auf dem Brixener Bahnhof vor dem Verlassen ihrer Heimat. Die Menschen wirken nachdenklich und bedrückt.

in der Hauptsache Arbeiter, Angestellte, Beamte und Intellektuelle gewesen, die hier einfach ihr Brot nicht mehr finden konnten, weil sie vom Faschismus aus allen Anstellungen verdrängt worden seien. Sie hätten keine andere Wahl mehr gehabt, als auszuwandern." (Josef Raffeiner: Tagebücher 1945–1948", herausgegeben von Wolfgang Raffeiner, Bozen 1998, S. 83)

Degasperi sah sich durch diese Intervention mit Rücksicht auf die alliierten Siegermächte dazu veranlasst, den Bogen nicht zu überspannen und den Regierungsentwurf wieder zurückzuziehen.

Ein ehemaliger Faschist als römischer Statthalter in Südtirol

Mit der Ausarbeitung einer gesetzlichen Regelung der Optantenfrage war von Degasperi der frühere faschistische Präfekt 1. Klasse und jetzige „demokratische" Bozener Präfekt Dott. Silvio Innocenti beauftragt worden. Er war auch persönlicher Berater des Ministerpräsidenten Degasperi.

Unter seiner Schutzherrschaft wurde die Refaschistisierung des öffentlichen Lebens weiter vorangetrieben. Die langjährige Leiterin des Südtirol-Referates der Tiroler Landesregierung, Dr. Viktoria Stadlmayer, berichtet darüber: *„Mit der Wiederherstellung des Berufsbeamtentums ... kamen in den folgenden Monaten auch nach Südtirol öffentliche Angestellte zurück, die vor 1943 dort noch Funktionen als faschistische ‚Gerarchi' innegehabt hatten, manchmal sogar in dieselben Stellungen"*.
(Viktoria Stadlmayer: „Kein Kleingeld im Länderschacher. Südtirol, Triest und Alcide Degasperi 1945/1946", Innsbruck 2002, S. 71)

Die Refaschistisierung beschränkte sich nicht allein auf Südtirol.

Wie Gianni Cipriani, Journalist, Sachbuchautor und Mitarbeiter in parlamentarischen Untersuchungskommissionen, berichtet, waren in dem Jahr 1960 von insgesamt 64 italienischen Präfekten 1. Klasse und 241 Vizepräfekten nur 2 keine ehemaligen Faschisten gewesen. Hier handelte es sich immerhin um die Statthalter Roms in den Provinzen, welche weitreichende Kontrollbefugnisse besaßen und auch Verantwortung für die öffentliche Sicherheit trugen. Alle 135 Quästoren und 139 Vizequästoren, die Polizeipräsidenten Italiens, stammten zu diesem Zeitpunkt aus den ehemals faschistischen Rängen. (Gianni Cipriani: „Lo Stato Invisibile", Milano 2002, S. 168f)

1947 sollte der frühere faschistische Präfekt Dr. Innocenti die Leitung des „Grenzzonenamtes" („Ufficio per le Zone di Confine") im Ministerpräsidium in Rom übernehmen. Dieses Amt überwachte als Kontrollorgan des römischen Zentralismus die örtliche Verwaltung, erarbeitete Vor-

Ausgerechnet der ehemalige faschistische Präfekt und nunmehrige Berater des Ministerpräsidenten Degasperi, Dott. Silvio Innocenti, war mit der Behandlung der Optantenfrage beauftragt worden.

schläge für das geplante Autonomiestatut und die Behandlung der Optantenfrage, subventionierte regierungstreue Zeitungen wie die Bozener Tageszeitung „Alto Adige" und sorgte für den Erhalt faschistischer Denkmäler.

Entwurf des Optantendekrets – Roms Absichten sind erkennbar
Anfang des Jahres 1946 lag ein etwas entschärfter italienischer Gesetzesentwurf für die Revision der Optionen vor. Er enthielt jedoch gum-

> Man muss sich vor Augen halten, dass die Faschisten in gleichem, wenn nicht höherem Masse für alles verantwortlich sind, was in diesem Gebiet geschehen ist. Trotzdem wurden sie nicht von den gleichen Sanktionen betroffen, ja dank der kürzlich verkündeten Amnestie bleiben sie völlig straffrei. Die Südtiroler Bevölkerung muss feststellen, dass fast alle Faschisten, auch wenn sie sich die schwersten Übergriffe zu ihrem Schaden zuschulden kommen liessen, in ihre Ämter zurückgekehrt sind und dort weiterhin die Herren spielen. Es wird für die Südtiroler Bevölkerung schwer, wenn nicht unmöglich sein, einen so schreienden Unterschied in der Behandlung zu verstehen.
>
> Dieser Unterschied in der Behandlung und die Schwere der Sanktion, die eine unbestimmte Anzahl von Personen bedroht, wird zweifellos das Missbehagen verstärken, das die Südtiroler Bevölkerung fühlt, und zwar gerade in einem Augenblick, da man mit Recht von der Notwendigkeit einer Befriedung spricht und die entsprechenden Massnahmen ergreift.

Aus der „Denkschrift der Südtiroler Volkspartei an die italienische Regierung vom 4. 7. 1946". (Aus: „Der ital. Gesetzesentwurf für die Revision der Optionen und die Bemerkungen der Südtiroler Volkspartei samt einschlägigen Gesetzes- und Vertragsbestimmungen", Landeshauptmannschaft für Tirol, Abtlg. VIII k Wissenschaftliches Referat, Unterlagensammlung Nr. 7, Innsbruck, im Jänner 1947, maschinschriftlich, vervielfältigt, S. 19ff. Im Besitz des Verfassers.)

miartig dehnbare Klauseln, die den Ausschluss von dem Wiedererwerb der italienischen Staatsbürgerschaft weitgehend in das freie Ermessen einer staatlichen Kommission stellten. Die Absicht, möglichst viele Abgewanderte an der Rückkehr nach Südtirol zu hindern, war deutlich erkennbar.

Dagegen protestierte die „Südtiroler Volkspartei" (SVP) am 4. Juli 1946 in einer Denkschrift an die italienische Regierung. Sie wies darauf hin, dass die ehemaligen Faschisten in Italien durch die unlängst erlassene Amnestie vom 22. Juni 1946 straffrei gestellt würden und ihnen im Gegensatz zu missliebigen Südtirolern keinesfalls die Staatsbürgerschaft entzogen werde.

Das „demokratische" Italien hält an der Gültigkeit des Hitler-Mussolini-Umsiedlungsabkommens von 1939 fest

Bereits am 3. April 1946 hatte die „Südtiroler Volkspartei" (SVP) in einer Denkschrift an die italienische Regierung erklärt, dass sie das Hitler-Mussolini-Umsiedlungsabkommen von 1939 nicht anerkenne, *„weil der Vertrag zum Ziel hatte, das Südtiroler Volk von seinem angestammten Boden zu vertreiben"* und *„deshalb in Widerspruch zu den demokratischen Prinzipien steht"*. („Denkschrift der S.V.P. an die italienische Regierung vom 3. 4. 1946", in: „Der italienische Gesetzesentwurf für die Revision der Optionen und die Bemerkungen der Südtiroler Volkspartei samt einschlägigen Gesetzes- und Vertragsbestimmungen", a.a.O., S. 13. 19ff. Im Besitz des Verfassers.)

Dieser Einwand der SVP hatte in Rom niemanden beeindruckt.

In Innsbruck erkannte man rasch die Tücke des römischen Vorhabens. In einem Kommentar zu dem italienischen Gesetzesentwurf hielt die Landeshauptmannschaft für Tirol fest: *„Da das Hitler-Mussolini-Abkommen von 1939 nicht nur moralisch, sondern auch formell nichtig ist, wäre dieses ganze Gesetz eigentlich überflüssig, denn man könnte den Optanten (die vor der Abwanderung 90 Prozent und auch heute noch 80 Prozent der deutschsprachigen Südtiroler ausmachen!) ihre ursprüngliche Staatsbürgerschaft durch einen einfachen Beschluss bestätigen. Die Revision hingegen würde der italienischen Regierung die Möglichkeit geben, ... abgewanderten oder deutscherseits eingebürgerten Optanten bei politischer Belastung die Staatsbürgerschaft abzusprechen... Hier überrascht es nun, dass selbst die Zugehörigkeit zu Südtiroler oder reichsdeutschen Stellen, die reine Umsiedlungs- oder Verwaltungsaufgaben hatten, ... als politische Belastung definiert wird."* („Vorbemerkung" zu: „Der italienische Gesetzesentwurf für die Revision der Optionen und die Bemerkungen der Südtiroler Volkspartei samt einschlägigen Gesetzes- und Vertragsbestimmungen", a.a.O., S. 1f. 19ff. Im Besitz des Verfassers.)

Ein österreichisches Memorandum klagt an: Italien hält das „nazi-faschistische Umsiedlungsabkommen von 1939" aufrecht

Im August 1946 hatte die österreichische Regierung der Friedenskonferenz in Paris ein von der Wissenschaftlichen Abteilung der Landesstelle für Südtirol ausgearbeitetes Memorandum übermittelt, in welchem die Fortführung der faschistischen Politik in Südtirol seit der Übernahme der Macht durch die Italiener im Dezember 1945 ungeschminkt geschildert wurde.

```
MEMORANDUM DER ÖSTERREICHISCHEN REGIERUNG ÜBER SÜDTIROL
     DER FRIEDENSKONFERENZ IN PARIS VORGELEGT
              -----------

Unterlagen und Bearbeitung: Landesstelle für Südtirol
-Wissenschaftliche Abteilung- und Dr. V.
```

In dem Memorandum hieß es in Bezug auf die Optanten:
„Besonders verheerend wirkt sich auf die Lage in Südtirol der Umstand aus, dass die Italiener das nazi-faschistische Umsiedlungsabkommen von 1939 aufrechterhalten. Die Italiener verweigern den durch Hitler und Mussolini rund 75.000 vertriebenen Südtirolern die Rückkehr in ihre Heimat.
Alle einmal abgewanderten Südtiroler, denen es in den letzten Tagen der Hitlerherrschaft oder in den ersten Zeiten nach der Befreiung gelang in die Heimat zurückzukommen, werden als feindliche Ausländer behandelt, mit allen sich daraus ergebenden Folgen.
Die Aufrechterhaltung des nazi-faschistischen Umsiedlungsabkommens ist auch von schwersten Folgen für die Südtiroler Kriegsgefangenen.
Da nach italienischer Auslegung dieses Abkommens die Staatsbürgerschaft derselben ungeklärt ist, werden sie teils in den italienischen Lagern zurückgehalten und teils an der italienischen Grenze zurückgewiesen, falls sie im Ausland entlassen wurden.
Die von der italienischen Regierung geplante Lösung der Optionsfrage gibt Anlass zur Befürchtung, dass die meisten der abgewanderten Südtiroler nicht zurückkehren können und überdies noch mehrere tausend Südtiroler das Land verlassen müssen."
(Auszug aus: „Memorandum der österreichischen Regierung über Südtirol – der Friedenskonferenz in Paris vorgelegt. Unterlagen und Bearbeitung: Landesstelle für Südtirol – Wissenschaftliche Abteilung- und Dr. V.". Von der Friedenskonferenz in Paris registriert unter dem Einlangungsdatum 30. August 1946. Im Besitz des Verfassers)

Der Gummiparagraph im „Pariser Vertrag"
All das hatte den österreichischen Außenminister Dr. Gruber aber nicht dazu bewegt, auf einer sauberen Lösung dieser Frage zu bestehen. Er hatte sich in seinem berühmten „Pariser Vertrag" vom 5. September 1946 auch diesbezüglich mit einer unverbindlichen Absichtserklärung abspeisen lassen. Hier wurde lediglich versprochen, *„die Frage der aus den Hitler-Mussolini-Vereinbarungen von 1939 stammenden staatsbürgerlichen Optionen im Geiste der Billigkeit und Weitherzigkeit zu revidieren"*. (*„to revise in a spirit of equity and broad-mindedness the questions of the options for citizenship resulting from the 1939 Hitler-Mussolini agreements"*.)
Diese mit „furberia" verfasste Textierung konnte in der Folge so ziemlich nach Belieben ausgelegt werden.

Gruber ermahnt die Südtiroler Optanten zur Loyalität gegenüber Rom
Am 31. Jänner 1948 hatte Außenminister Dr. Gruber der „Austria Presseagentur" eine Erklärung übergeben, die in späteren Jahren von den Italienern immer wieder als Beweis für die Rechtmäßigkeit des italienischen Standpunktes zitiert wurde.
Rom hatte als Vorbedingung für den Erlass eines „Optantendekrets" und eine anschließende Rückkehr bereits ausgewanderter Optanten verlangt, dass Österreich dieselben zur Loyalität gegenüber Italien ermahnen müsse und hatte auch gleich die gewünschte Textierung mitgeliefert.
Dr. Gruber hatte diesem Wunsch in seiner Erklärung mit folgenden Worten Rechnung getragen: *„... glaube ich erklären zu können, daß jede Tätigkeit oder jedes Verhalten der Südtiroler, das dem obbezeichneten Geist der Loyalität zuwiderläuft und statt dessen auf eine Änderung jenes Zustandes in Südtirol gerichtet ist, auf den sich das Pariser Abkommen gründet, eine schwere Beeinträchtigung der Freundschaft zwischen beiden Ländern mit sich bringen und auch von der österreichischen Regierung selbst nur mißbilligt werden könnte."* (Zitiert nach: Karl Heinz Ritschel: „Diplomatie um Südtirol", Stuttgart 1966, S. 266)

Das Optantendekret von 1948
Am 2. Februar 1948, nach dem Vorliegen der gewünschten österreichischen Erklärung, erließ der italienische Staatspräsident das Gesetzesdekret über die Revision der Optionen.

› Demnach behielten Optanten, die zwar für Deutschland optiert, dann aber die deutsche Staatsbürgerschaft nicht erworben hatten, die italienische Staatsbürgerschaft.

› Personen, welche die deutsche Staatsbürgerschaft zwar erworben hatten, aber noch nicht ausgewandert waren, konnten die italienische Staatsbürgerschaft wieder erwerben. Sie konnte ihnen aber auch verweigert werden, wenn sie unter der deutschen Verwaltung tätig gewesen waren oder antiitalienischer Gesinnungen während der Zeit des Faschismus geziehen wurden.
Damit waren sie zur Abwanderung gezwungen.

› Optanten, welche die deutsche Staatsbürgerschaft erworben hatten und abgewandert waren, mussten ein Gesuch auf Wiedererlangung der italienischen Staatsbürgerschaft stellen, über welches eine Kommission mit weitem Entscheidungsspielraum befand.

Die weitgehende Verhinderung der Rückkehr der Optanten
Auf dem Gebiet des heutigen Südtirols hatten von 246.036 Optionsberechtigten 86 Prozent für Deutschland optiert. Ausgesiedelt wurden den Erhebungen des Geographen und Historikers Univ.-Prof. Dr. Adolf Leidlmair zufolge etwa 74.500 Südtiroler, dann hatten die Kriegsereignisse im Jahr 1943 die Vollendung der Aussiedlung gestoppt.

Von den Ausgesiedelten kehrten nur etwa 21.000 bis 22.000, das ist weniger als ein Drittel, wieder in die Heimat zurück. (Adolf Leidlmair: „Bevölkerung und Wirtschaft seit 1945", In: Franz Huter (Hrsg.): „Südtirol. Eine Frage des europäischen Gewissens.", München 1965, S. 564) Nach anderen Schätzungen sei die Zahl der Rückkehrer sogar noch geringer gewesen.

Jedenfalls hatten zahlreiche Schikanen, Verzögerungstaktiken und willkürliche Entscheidungen der Rücksiedlungskommission sowie die Verweigerung von Wohn- und Arbeitsplätzen der überwiegenden Mehrzahl der Ausgesiedelten die Rückkehr unmöglich gemacht.

„Eins war immer Süd und Nord"
Welche Gefühle die Optanten beseelten, die nicht mehr heimkehren hatten können, zeigt ein von Rafael Thaler gestaltetes Fassadenbild im Innsbrucker Stadtteil Pradl, in welchem zahlreiche Aussiedler ansässig geworden waren.

Schloß Tirol, das Land trägt deinen Namen
Eins war immer Süd und Nord,
und gemeinsam wirkten unsre Ahnen
bis ein Schicksal riß den Süden fort

Die wachsende Empörung in Tirol und die Geheimtreffen Figl – Degasperi

➤ **Die faschistische Politik wird fortgesetzt: Forcierte Zuwanderung von Süditalienern und soziale Benachteiligung der Einheimischen**

Das Autonomiestatut von 1948 hatte in Verbindung mit der Verhinderung der Rückkehr von Optanten und der durch den italienischen Staat geförderten Zuwanderung von Italienern aus dem Süden rasch zu einer dramatischen Entwicklung geführt.

Es wurde offenkundig: Südtirol sollte in Fortführung der alten faschistischen Politik einer schleichenden „ethnischen Säuberung" unterzogen werden.

Der Staatsdienst war für Südtiroler so gut wie geschlossen. Die öffentliche Verwaltung stellte nahezu ausschließlich Italiener ein. Im nichtöffentlichen Bereich vermittelte das Arbeitsamt bevorzugt Zuwanderer aus dem Süden.

Die meisten Zuwanderer wurden in Bozen angesiedelt, das ein zunehmend südländisches Erscheinungsbild annahm. Zahlenmäßig explodierte die Stadt.

Laut Mitteilung des Meldeamtes der Stadt Bozen stieg die Einwohnerzahl von rund 50.000 im Jahre 1945 auf 80.000 im Dezember 1949. Im Laufe von nur vier Jahren hatte die Bevölkerungszahl um 30.000 Zuwanderer zugenommen, das waren rund 40 Prozent. Bald sollte die Bevölkerungszahl durch die Zuwanderung aus dem Süden auf 100.000 ansteigen. (Franz Widmann: „Es stand nicht gut um Südtirol", Bozen 1998, S. 131)

Ein österreichisches Regierungsmemorandum sollte unter der Außenministerschaft von Dr. Bruno Kreisky (SPÖ) im Jahre 1960 dazu feststellen, dass die italienische Verwaltungspraxis *„die Grundlage der Existenz"* der Südtiroler *„auf dem Boden ihrer Heimat"* gefährde und vor allem die Jungen *„in immer stärkerem Maße zur Auswanderung"* zwinge. *„Die Arbeitsämter benachteiligen die Südtiroler bei der Arbeitsvermittlung; von den seit Kriegsende mit staatlicher Beihilfe in Südtirol gebauten Wohnungen wurden den Südtirolern kaum 7 % zur Verfügung gestellt."* („Memorandum der Österreichischen Bundesregierung zur Südtirolfrage", Sonderdruck mit Beilagen, Wien, 5. September 1960, S. 10)

Eine Informationsbroschüre der Tiroler Landesregierung berichtete über die Zuwanderer aus dem Süden: *„Sie tragen ihre ganze Habe in Pappschachteln mit sich. Voll Hoffnung auf Arbeit und Brot kommen immer noch die italienischen Zuwanderer aus den übervölkerten Provinzen Italiens nach Bozen, der Hauptstadt Südtirols. Für den italienischen Staat sind sie Werkzeuge zur Italianisierung des Landes."* (Tiroler Landesregierung (Hrsg.): „Südtirol – Alarm für Europa", Innsbruck undatiert, mutmaßlich 1959, S. 30)

Zuwanderer aus dem Süden: „Sie tragen ihre ganze Habe in Pappschachteln mit sich ..."

Die Zuwanderer zogen in Elendsquartiere. Weil diese menschenunwürdig und unzumutbar waren, bevorzugten die italienischen Behörden sie nun gegenüber den Einheimischen bei der Zuteilung von Sozialwohnungen. Im Hintergrund dieses Bildes sieht man die neuen, für Zuwanderer bestimmten Wohnblocks bereits in die Höhe wachsen.

Auf enteignetem Bauernland wurden im Bozener Raum die Volkswohnbauten für die Zuwanderer aus dem Süden errichtet.

Wie eine Blitzlichtaufnahme aus diesem Geschehen wirkt eine Äußerung des italienischen Innenministers Mario Scelba (DC) Anfang 1948 gegenüber dem italienischen Bürgermeister von Bozen: *„Die italienische Regierung beabsichtige, in Südtirol öffentliche Arbeiten größeren Stils durchzuführen. Dadurch kämen 100.000 Italiener ins Land und damit bekämen die Italiener dann die Mehrheit."* („Südtiroler Autonomie", Aufzeichnung von Eduard Reut-Nicolussi vom Februar/März 1948, Nachlass Reut-Nicolussi, wiedergegeben in: Michael Gehler: „Eduard Reut-Nicolussi und die Südtiroler Frage 1918-1958. Streiter für die Freiheit und Einheit Tirols", Teil 2, Schlern-Schriften 333/2, Innsbruck 2007, S. 1073)

Am 15. Jänner 1952 zeigte die Tageszeitung „Dolomiten" in einem ersten großen Bericht unter dem Titel „Die Zuwanderung nach Südtirol im Spiegel der Statistik" auf, dass die italienische Regierung auch nach 1945 planmäßig die Zuwanderung von Italienern nach Südtirol weiter betrieb und damit die faschistische Majorisierungs- und Entnationalisierungspolitik ungebremst fortsetzte. Von 1918 bis 1951 sei die Zahl der Italiener in Südtirol von 7.000 auf 120.000 gestiegen – von rund 3 Prozent auf über 35 Prozent. Verbunden damit sei die Ausschaltung der einheimischen Bevölkerung aus allen öffentlichen Ämtern sowie den Stellen bei Post, Bahn und Polizei.

Neu errichtete Industriewerke würden zum Zweck italienischer Zuwanderung steuerlich begünstigt und würden nahezu ausschließlich italienische Arbeitskräfte aufnehmen. Finanziell günstige Volkswohnungen würden vorrangig an Zuwanderer vergeben.

Als Antwort auf diesen Artikel forderten der nationalistische Bozner Rechtsanwalt und DC-Parlamentsabgeordnete Angelo Facchin und an-

Die mit der Hilfe des Staates ins Land gepumpten Zuwanderer aus dem Süden verwandelten große Teile der alten deutschen Stadt Bozen in eine süditalienische Enklave.

Die meisten süditalienischen Zuwanderer erhielten Arbeitsplätze in der von Mussolini eigens zum Zwecke der Italianisierung auf beschlagnahmtem Bauernland errichteten Industriezone Bozen, die nach 1945 noch kräftig ausgebaut wurde.

dere DC-Politiker in italienischen Medien eine nochmalige Verstärkung der italienischen Einwanderung, um die italienische Einwohnerzahl Bozens zu vervielfachen und die Südtiroler für immer zur Minderheit im eigenen Lande zu machen. (Rolf Steininger: „Südtirol zwischen Diplomatie und Terror 1947–1969", Band 1: 1947–1959, Veröffentlichungen des Südtiroler Landesarchivs, Bd. 6, Bozen, 1999, S. 143)

Das österreichische Regierungsmemorandum von 1960 stellte in Bezug auf diese Politik fest: *„Die Südtiroler Frage ist ... nicht nur ein nationales, sondern auch ein sehr ernstes soziales und wirtschaftliches Problem geworden. Die Besetzung der staatlichen Stellen (Polizei, Justiz, Finanz, Bahn und Post) zu 90 % und mehr mit Angestellten italienischer Volkszugehörigkeit, verstößt nicht nur gegen Artikel 1, lit. d. des Pariser Abkommens, sondern verhindert auch die soziale Entwicklung der Südtiroler Volksgruppe."* („Memorandum der Österreichischen Bundesregierung zur Südtirolfrage", Sonderdruck mit Beilagen, Wien, 5. September 1960, S. 10)

Entwicklung und nationale Zugehörigkeit der Bevölkerung Südtirols

An der Zunahme des italienischen Bevölkerungsanteiles läßt sich die fortschreitende Italianisierung Südtirols ablesen.

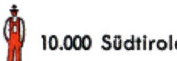 10.000 Südtiroler   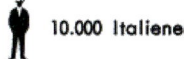 10.000 Italiener

1910
Letzte Volkszählung vor der Okkupation durch Italien. Klare Volkstumsverhältnisse: nur 3% Italiener

1921
Italiener in Verwaltung und öffentlichen Diensten. Italienischer Bevölkerungsanteil 8%

1939
Durch Industrialisierung entscheidende italienische Zuwanderung. Italienischer Bevölkerungsanteil steigt auf 25%

1953
Auswirkung der Umsiedlung. Andauernde italienische Zuwanderung auch nach dem 2. Weltkrieg. Der italienische Bevölkerungsanteil beträgt 35%

Diese Darstellung des Ausmaßes der italienischen Zuwanderung stammt aus einer Informationsbroschüre der Tiroler Landesregierung." (Tiroler Landesregierung (Hrsg.): „Südtirol Alarm für Europa", Innsbruck undatiert, mutmaßlich 1959, S. 40)

Geheimpolizei und Polizei hielten das Land eisern im Griff. Sogar harmlose Trachtenumzüge wurden überwacht, als ob es sich um staatsfeindliche Aufmärsche handle.

Die SVP wandte sich angesichts der unverhüllten italienischen Entnationalisierungsmaßnahmen mehrmals hilfeflehend an Österreich. Bald kam auch die Republik Österreich nicht darum herum, in mehreren diplomatischen Noten auf fehlende oder autonomiefeindliche Durchführungsbestimmungen zum Statut, auf die Missachtung der Gleichberechtigung der deutschen Sprache und auf eine Reihe anderer Verletzungen des Pariser Vertrages hinzuweisen.

➤ Beschwichtigung der eigenen ÖVP-Politiker und Funktionäre – Moser als „Diplomat"

In dieser sich zuspitzenden Situation betätigte sich Moser mit verstärkter Energie als Mittelsmann zwischen DC und ÖVP und besuchte die jährlichen Parteitage der „Democrazia Cristiana" (DC) als Ehrengast. In einem Rückblick auf seine Tätigkeit berichtete Moser später, dass ihm seitens der Italiener zunehmend Wertschätzung entgegen gebracht wurde. Die Wochenzeitschrift der „Democrazia Cristiana" (DC) *„stellte mir schon seit 1948 zu wiederholten Malen Raum für meine Artikel zur Verfügung".* (Rudolf Moser: Bericht, Sachsenburg, Ende August 1973, Archiv des Verfassers, Aktenbestand Moser.)

Im Jahre 1949 verfasste er für die ÖVP eine Denkschrift *„Österreich, Italien und Südtirol".*

Darin hieß es: Im Verhältnis zwischen Österreich und Italien könne *„es sich nicht darum handeln, um über politische Landesgrenzen zu diskutieren, sondern nur darum, Maßnahmen zu treffen, dass die trennende Auswirkung bestehender Grenzen gemindert, ja möglichst beseitigt werde".* Im Klartext: Österreich dürfe die Brennergrenze nicht zur Debatte stellen!

Es werde, so Moser, vielfach Klage über die mangelhafte Umsetzung des Gruber-Degasperi-Abkommens geführt. *„Hier ist zu sagen, dass kleine Geister hier wie dort die Größe des Problems noch nicht erfasst haben … Jeder, der sich mit dem neuen Italien und dessen maßgebenden Persönlichkeiten befasst hat, wird wissen, dass es dort keine unüberbrückbaren Gegensätze geben kann, wo gemeinsamer guter Wille herrscht."* Man müsse nur, so Moser, *„jene ewig gestrigen, welche aus nationalem Unterschied … die Atmosphäre trüben wollen, einfach von jeder Mitwirkung ausschalten."* (Rudolf Moser: Denkschrift „Österreich, Italien und Südtirol (Titel kann beliebig geändert werden.)", maschinschriftlich verfasst mit dem handschriftlichen Vermerk „Geschrieben 1949". Archiv des Verfassers, Aktenbestand Moser.)

Mosers Freunde in der DC und SVP

Moser war mittlerweile mit allen Spitzenpolitikern und Regierungsmitgliedern der DC persönlich bekannt und laut einem von ihm im Jahre 1951 verfertigten Rundschreiben an ÖVP-Politiker auch mit den meisten persönlich befreundet. Neben Ministerpräsident Degasperi zählte Moser den später wegen der Folterungen Südtiroler Freiheitskämpfer berüchtigten Innenminister Mario Scelba sowie weitere 24 DC-Minister, Staatssekretäre und Abgeordnete zu den Personen, die er ausdrücklich als seine Freunde benannte.

Auch die zunehmend im eigenen Land als Rom-hörig betrachtete „Alte Garde" der „Südtiroler Volkspartei" (SVP) kam in dieser Auflistung gut weg. Diesem *„gemäßigten Flügel der Südtiroler Volkspartei: Amonn – Pretz – Eckert – Menz, auch Braitenberg – Raffeiner",* spendete Moser in hohes Lob. Sie seien *„allerbestes Niveau, ernste Politiker, die den ge-*

gebenen Realitäten loyal Rechnung tragen und Ansehen in Südtirol und Rom genießen."

Für einen anderen Flügel in der SVP um die Parlamentsabgeordneten Ebner, Volgger und von Guggenberg *„gilt das Gegenteil für das vorhin gesagte. ... Von einer Unterstützung der derzeitigen unentwegten, radikalen Schreier kann nicht genug gewarnt werden".*
(Rudolf Moser: „Liste der mir bekannten und befreundeten Persönlichkeiten zur Auswahl wegen Besprechung", 9. 11. 1951; maschinschriftlich. Archiv des Verfassers, Aktenbestand Moser.)

Die Pflege eines herzlichen Verhältnisses

Auf Mosers Betreiben pflegte die Bundesspitze der „Österreichischen Volkspartei" (ÖVP) ein herzliches Verhältnis zur „Democrazia Cristiana" (DC) und lud deren Vertreter zu ihrem Parteitag im März 1951 in Salzburg ein.

Delegationsführer war der damalige Unterstaatssekretär für die Handelsmarine, Fernando Tambroni, zu dem Rudolf Moser eine besonders enge Freundschaft entwickeln sollte. Ebenso wie Moser war auch Tambroni in seinen jungen Jahren in einer faschistischen Wehrvereinigung sozialisiert worden und hatte es zum Kommandeursrang eines „Centurione" in der „Milizia Fascista" gebracht.

Der DC-Politiker und Moser-Freund Fernando Tambroni.

Bild rechts: Tambroni hatte als „Centurione" eine Hundertschaft faschistischer Milizionäre kommandiert. Auf dieser Standarte steht geschrieben: „In der Nähe des Duce wird jede Anstrengung zur Freude".

Tambroni sollte sich später während seiner Zeit als Innenminister auch als Freund der italienischen Neofaschisten vom „Movimento Sociale Italiano" (MSI) erweisen und mit deren Stimmen 1960 zum Ministerpräsidenten gewählt werden.

Ende März 1951 dankte der Unterstaatssekretär und spätere Innenminister und Ministerpräsident Fernando Tambroni dem *„Caro Moser"* für die herzliche Aufnahme der DC-Delegation und teilte ihm mit, dass er ihn bald wieder *„hier in Italien"* erwarte.

> Il Sottosegretario di Stato
> per la Marina Mercantile
> Roma, 20 MAR.1951
>
> T/B.
>
> RACCOMANDATA
>
> Caro Moser,
>
> in prossimità della Pasqua desidero farLe pervenire il mio cordiale ricordo ed il mio vivissimo augurio.
>
> Delle cordiali accoglienze riservate alla nostra delegazione vi siamo particolarmente grati.
> Attendo di rivederLa presto qui in Italia.
> Gradisca per Lei e tutti gli amici austriaci che mi ha fatto conoscere i più cordiali saluti.
> Buona Pasqua
>
> (Fernando Tambroni)
> Tambroni

Auszüge aus dem Brief Tambronis an Moser mit seinem Dank und dem Wunsch auf ein baldiges Wiedersehen in Italien. (Brief Tambroni an Moser. Archiv des Verfassers, Aktenbestand Moser.)

➤ Erste geheime Begegnung Figl – Degasperi

Mit dem österreichischen Bundeskanzler Figl war Moser per „Du" und bezeichnete ihn in Briefen als *„lieben Freund"*. Figl seinerseits richtete seine Schreiben an den „lieben Rudi" oder ebenfalls an den *„lieben Freund"*.

Der österreichische Bundeskanzler Figl war angesichts der unvermeidlich eskalierenden politischen Entwicklung ratlos. Um die politischen Wogen zu beruhigen, hielt Moser ein direktes Treffen Figl-Degasperi für angebracht. Auf Figls Ersuchen fragte Moser am 13. August 1951 brieflich bei Degasperi an, der sich an seinem Urlaubsort Borgo di Valsugana aufhielt, ob dieser zu einem vertraulichen Treffen mit Bundeskanzler Figl bereit sei.

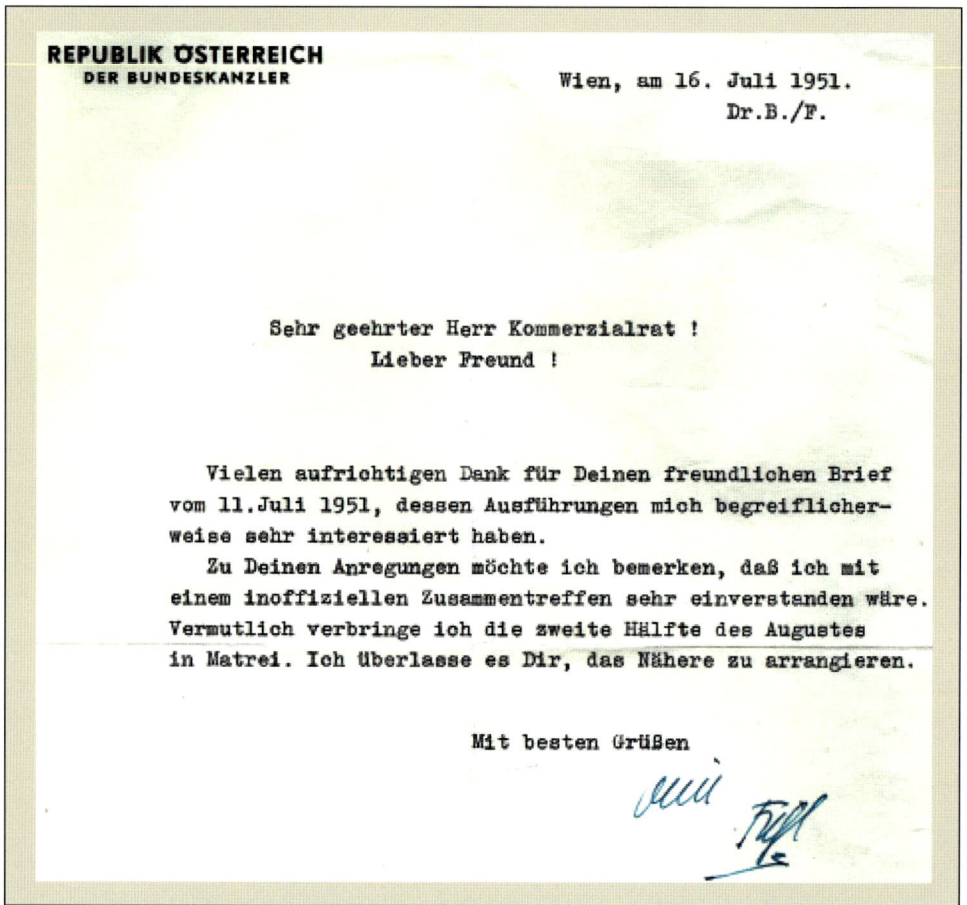

Figls Bitte an Mosers Brief um ein „inoffizielles" Zusammentreffen mit dem italienischen Ministerpräsidenten Degasperi. (Brief Figl an Moser. Archiv des Verfassers, Aktenbestand Moser.)

> 13. August 1951
>
> Hochwohlgeboren
> Herrn Ministerpräsident on Alcide Degasperi
> Borgo Valsugana
>
> Hochgeehrter Herr Ministerpräsident !
>
> Gestern hatte ich hier den Besuch von Bundeskanzler Figl und da ich von Frau Elsa Conci die Mitteilung erhielt, daß Sie sich zu kurzem Urlaub nach Borgo begeben haben, so erlaube ich mir mein Schreiben dorthin abzurichten.
>
> Freund Figl wiederholte mir, daß er größten Wert darauf legen würde mit Ihnen zusammen zu treffen,— er wird Ihnen heute oder morgen von Matrei in Osttirol auch persönlich schreiben — nur sollte eine solche Zusammenkunft nach außen hin zufälligen Charakter tragen.
>
> Sollten Sie verehrter Herr Präsident sich zu einer kleinen Rundfahrt nach Österreich entschließen, was uns alle besonders freuen würde, so erlaube ich mir meine herzliche Einladung zu wiederholen.
>
> Wenn Sie aber mit Rücksicht auf Ihre knappen Ferien sich nicht weit von Borgo zu entfernen wünschen, so bittet Kanzler einen Ort in den Dolomiten auf halbem Wege vorzuschlagen, wo man sich "zufällig" treffen würde. Auch den Vorschlag des Tages und der Stunde überläßt Kanzler Figl Ihnen, wobei zu bemerken wäre, daß dieser nur bis spätestens 29.ds. hier verfügbar ist.

Auszug aus Mosers Schreiben an Degasperi mit dem Vorschlag eines „zufälligen" Zusammentreffens. Das Schreiben war in deutscher Sprache gehalten, da Degasperi von seiner Wiener Zeit her gut Deutsch verstand. (Brief Mosers an Degasperi vom 13. August 1951. Archiv des Verfassers, Aktenbestand Moser.)

Es sollte jedoch „eine solche Zusammenkunft nach außen hin zufälligen Charakter tragen". Das Treffen könne in einem Ort in den Dolomiten *„auf halbem Wege"* stattfinden, *„wo man sich ‚zufällig' treffen würde"*.
(Brief Mosers an Degasperi vom 13. August 1951. Archiv des Verfassers, Aktenbestand Moser.)

Wie der Figl-Biograph Ernst Trost berichtet, wurde die Begegnung *„in aller Stille"* vereinbart und fand in einem Gasthaus am Karerpass in Südtirol statt. *„Die Geheimhaltung klappte vorzüglich. ... Die stundenlange Unterhaltung der beiden Politiker in einem verschwiegenen Extrazimmer wurde ... nicht gestört."* (Ernst Trost: „Österreich ist frei. Leopold Figl und der Weg zum Staatsvertrag", 7. Auflage, Wien 2005, S. 325)

Über das Geheimtreffen Degasperi-Figl gibt es – wohl aus gutem Grund – keine Gesprächsaufzeichnungen.

Über die stundenlange Unterhaltung gibt es keine Aufzeichnung. Man darf aber annehmen, dass Degasperi mit Begründungen aufwartete, warum er aus innenpolitischen Zwängen heraus die Südtirolpolitik so und nicht anders gestalten könne und dass sich schon alles in Zukunft bestens regeln werde. Über Inhalt und Ergebnis dieses Geheimtreffens wurden weder die Südtiroler noch die Nordtiroler Politiker informiert.

▶ Außenminister Gruber:
Die Stimmung in Nord- und Südtirol unter Kontrolle halten

In Südtirol allerdings wuchs die Verzweiflung der Betrogenen und die Nordtiroler machten Druck auf Wien, endlich zu handeln.
Die Bundesregierung konnte nicht länger die Augen verschließen. Die Leiterin des Referates „S", der Südtirol-Abteilung der Nordtiroler Landesregierung, Dr. Viktoria Stadlmayer, stellte dazu fest: *„In dieser ernsten Situation schaltete sich Österreich ein, wobei es freilich jede Publizität vermied, um De Gasperi, dem ‚europäischesten' der italienischen Politiker, ein Nachgeben zu erleichtern."* (Dr. Viktoria Stadlmayer: „Die Südtirolpolitik Österreichs seit Abschluß des Pariser Abkommens", in: Franz Huter (Hrsg.): „Südtirol. Eine Frage des europäischen Gewissens", München 1965, S. 481)

Das österreichische Vorgehen war schaumgebremst. In entlarvender Weise berichtete darüber Außenminister Dr. Gruber in seinem Buch „Zwischen Befreiung und Freiheit", dass die *„Meinungsverschiedenheiten ... selten so tiefreichend"* gewesen seien, *„daß sie sich zu richtigen Konflikten ausgeweitet hätten. Sie nötigten uns aber doch, diplomatische Aktionen zu unternehmen, um die Einhaltung der getroffenen Abmachungen zu sichern, um so die Stimmung in Nord- und Südtirol unter Kontrolle zu halten. Das bedeutete häufige Pilgerfahrten nach Rom".* (Karl Gruber: „Zwischen Befreiung und Freiheit. Der Sonderfall Österreich", Wien 1953, S. 260)

Es gab aber in Wahrheit kein Nachgeben von italienischer Seite. Daher kam die österreichische Bundesregierung nicht mehr umhin, am 6. Dezember 1951 in einer ersten Verbalnote gegen autonomiefeindliche Durchführungsbestimmungen zum Autonomiestatut zu protestieren.

Am 24. Dezember 1951, ausgerechnet zu Weihnachten, wies Rom aber die österreichische Beschwerde zurück, weil diese eine Einmischung in inneritalienische Angelegenheiten bedeute. Zwei weitere österreichische Noten wurden im Februar und April 1952 ebenfalls zurückgewiesen.

Während in Südtirol sich der Eindruck verstärkte, dass Rom in dem Autonomiestatut kein Instrument des Volksgruppenschutzes erblickte, sondern nur den Zeitgewinn zum Verdauen der Beute schätzte, brach in Wien Ratlosigkeit aus.

Wieder einmal sollte die Lösung im vertrauten Gespräch mit den christdemokratischen Freunden gefunden werden.

▶ Das zweite Geheimtreffen Figls mit Degasperi: „Private Außenpolitik"

Dass Regierung und Außenministerium in Rom sich gegenüber allen Beschwerden in der Südtirol-Frage gegenüber derart unzugänglich zeigen konnten, war durch das vielleicht allzu herzlich gepflogene Einvernehmen zwischen der „Österreichischen Volkspartei" (ÖVP) und der „Democrazia Cristiana" (DC) verschuldet.

Zumindest der österreichische Botschafter Schwarzenberg in Rom sah das so. In einem vertraulichen Schreiben vom 21. September 1951 an den Generalsekretär im österreichischen Bundeskanzleramt, Abteilung Auswärtige Angelegenheiten, führte er Klage über *„den bedauerlichen Umstand, daß anläßlich der zahlreichen Berührungen, die zwischen österreichischen und italienischen Persönlichkeiten immer wieder stattfinden behauptet wird, die Beziehungen zwischen den beiden, auch parteimäßig eng verwandten Regierungen seien ausgezeichnet und es stünde* *keine ernste Unstimmigkeit zwischen den beiden Ländern"*. Sobald die Gesandtschaft eine der in der Südtirol-Frage aufgetragene Demarche vornehme, *„so wird der Gesandtschaft diskret zu verstehen gegeben, daß man in italienischen Regierungskreisen besser orientiert sei und wisse, daß es uns gar nicht so ernst sei mit unserer Demarche und daß die Gesandtschaft nur pro forma und zur Beruhigung irgendwelcher Sonderkreise zu ihrem Protest beauftragt sei"*. (Wiedergegeben in: Rolf Steininger „Südtirol zwischen Diplomatie und Terror 1947–1969", Band 1: 1947–1959, Veröffentlichungen des Südtiroler Landesarchivs, Bd. 6, Bozen, 1999, S. 169f)

Von österreichischer Seite suchte man die Lösung der Probleme jedoch weiterhin im freundschaftlichen Dialog. 1952 lud Moser den italienischen Ministerpräsidenten Degasperi zu einem zweiten Geheimtreffen mit Figl ein. Die Zusammenkunft sollte abseits aller Öffentlichkeit in Mosers Haus in Sachsenburg am 18. und 19. August 1952 stattfinden.

Das Antwortschreiben Degasperis. (Archiv des Verfassers, Aktenbestand Moser.)

Degasperi antwortete zustimmend und vereinbarte, dass er in dem weiteren telegraphischen Schriftverkehr den Decknamen „Romani" verwenden werde. *„Die Sache muss"*, so Degasperi, *„ganz privat und diskret behandelt werden"*.

In einem „Eigenbericht" hat Moser festgehalten, wie er den italienischen Regierungschef über die Grenze schleuste, ohne dass die Öffentlichkeit darauf aufmerksam wurde. Moser sprach in diesem Bericht über sich selbst in der dritten Person.

Degasperi und Figl unterhielten sich bei Spaziergängen unter vier Augen, niemand durfte zuhören. Über den Inhalt der Gespräche gibt es keine Aufzeichnungen und es wurden weder die Südtiroler noch die Nordtiroler Politiker über das Treffen überhaupt informiert. Als praktisches Ergebnis dieser Aussprache kann man nur registrieren, dass ab nun jegliches Engagement der österreichischen Bundesregierung zum Erliegen kam, während die Missstimmung in Tirol weiter anwuchs.

Als De Gasperi eine "Brücke" zu Südtirol suchte – das geheime Treffen ereignete sich in Österreich

Eigenbericht

Moser unternahm alles Notwendige, um das Zusammentreffen zwischen den beiden Staatsmännern zu ermöglichen. Eine der größten Schwierigkeiten war die, den Wagen De Gasperis unbemerkt die italienisch-österreichische Grenze bei Winnebach passieren zu lassen. Moser löste das Problem, indem er direkt mit dem Bezirkshauptmann von Sillian sprach, in dessen Kompetenzbereich die Aufsicht über die lokalen Gendarmerie fiel. So wartete am Abend des 18. Augusts 1952 der Bezirkshauptmann Otto Hosp in den Amtsräumen der örtlichen Polizei, während Moser auf den Wagen De Gasperis im Niemandsland zwischen den beiden Grenzen wartete.

Bei Ankunft des Wagens von De Gasperi, den seine Frau und Mario Cingolani begleiteten, benachrichtigte Moser den Bezirkshauptmann durch ein vorher abgesprochenes Zeichen, der den Wagen des italienischen Ministerpräsidenten passieren ließ, ohne daß die Zollbeamten den berühmten Reisenden erkannt hätten. Im abgeschiedenen und ruhigen Haus in Sachsenburg, das von Wäldern und Wiesen umgeben war, blieben De Gasperi und Figl zwei Tage.

(Rudolf Moser: „Als De Gasperi eine ‚Brücke' zu Südtirol suchte – das geheime Treffen ereignete sich in Österreich. Eigenbericht", Archiv des Verfassers, Aktenbestand Moser.)

Erst Jahrzehnte später sollte enthüllt werden, dass es dieses Geheimtreffen überhaupt gegeben hatte, als der Journalist Paolo Magagnotti unter Verwendung des Moserschen „Eigenberichtes" diese Tatsache in der amtlichen Zeitschrift „Regione Trentino Alto Adige – Region Trentino Südtirol" veröffentlichte. (Paolo Magagnotti: „Quell'incontro segreto fra Degasperi e Figl", Ausgabe 16. Jg., Nr. 1-10, Trento, Oktober 1990)

Von dem Geheimtreffen wurden private Fotos aufgenommen, die in dem Aktenbestand Moser erhalten blieben und die hier nun veröffentlicht werden.

▲ *Rudolf Moser vor seiner Pappefabrik in Sachsenburg. Links im Bild sein Haus, in welchem das Geheimtreffen mit Degasperi und weitere vertrauliche Begegnungen mit christlich-demokratischen Politikern stattfinden sollten.*

Der italienische Ministerpräsident Alcide Degasperi trifft vor dem Hause Mosers in Sachsenburg ein.

Moser (links im Bild) begrüßt seinen Freund Degasperi vor seinem Haus in Sachsenburg.

Moser begrüßt Frau Degasperi mit Handkuss.

Degasperi (links im Bild mit Mütze) und Figl konferierten bei Wanderungen im Gelände um die Mosersche Pappefabrik.

Auf ausgedehnten Spaziergängen im Wald führten Degasperi und Figl ihre Gespräche.

Degasperi (links im Bild) und Figl kehren in das Wohnhaus Mosers zurück. Im Hintergrund die Pappefabrik.

Zum Abschluss des Treffens wurde ein Gruppenbild aufgenommen. Von links nach rechts: Die Tochter des Bundeskanzlers Leopold Figl, Ministerpräsident Alcide Degasperi, eine Freundin der Familie Moser, Leopold Figl, ein Freund der Familie Moser, Frau Degasperi, Rudolf Moser, Frau Figl. In der Mitte unten: Mario Cingolani, Sohn des parlamentarischen DC-Senatspräsidenten Cingolani. Er war Sekretär von Alcide Degasperi und Autolenker auf dieser Reise.

➤ Mosers Haus war auch Schauplatz künftiger Geheimtreffen – ohne Eintragungen in das Gästebuch

In einem späteren Rückblick hat Rudolf Moser festgehalten, dass es in seinem Kärntner Landsitz noch *„gar viele Zusammenkünfte, Besprechungen, Beratungen und Konferenzen"* gegeben habe, auf denen auch *„weitreichende Beschlüsse"* gefasst worden seien.

Mosers Haus in Sachsenburg: Ort heimlicher Treffen, auf denen „weitreichende Beschlüsse" gefasst wurden.

Im Gästebuch seines Hauses *„gibt es von den delikaten Besuchen fast keine Eintragungen, weil ja jedwede Dokumentation vermieden werden sollte".* (Rudolf Mosers Rundschreiben „Gesegnete frohe Weihnacht! Erfolgreiches und glückliches 1974", Sachsenburg, Christkönigsfest 1973, S. 6. Archiv des Verfassers, Aktenbestand Moser.)

> Seit 1949 gab es in meinem Kärntner Landhaus gar viele Zusammenkünfte, Besprechungen, Beratungen und Konferenzen, aber nicht selten wurden auch in fröhlichem Zusammensein weitreichende Beschlosse gefaßt.
>
> Im Gästebuch dieses "H a u s e s   d e r   B e g e g n u n g", wie es vielfach genannt wurde, gibt es von den delikaten Besuchen fast keinerlei Eintragungen, weil ja jedwede Dokumentation vermieden werden sollte.

Aus Rudolf Mosers Rundschreiben „Gesegnete frohe Weihnacht! Erfolgreiches und glückliches 1974".

Die bleierne Zeit und der Beginn des Widerstandes

Die nächsten Jahre brachten in Bezug auf die Südtirol-Frage eine „bleierne Zeit" der Erstarrung, der fehlenden Initiative und der Trostlosigkeit. Die Durchführung des „Pariser Abkommens" wurde von Rom weiterhin mit allen Mitteln torpediert. Die enge Freundschaft zur „Democrazia Cristiana" (DC) wurde dessen ungeachtet von der ÖVP-Seite her weiterhin gepflegt.

Christdemokratische Verbrüderung und diplomatische Brüskierung
1952 kam es in einem Restaurant auf dem Kahlenberg in Wien noch zu einem Treffen mit einer italienischen DC-Delegation, von dem ein Foto, aber kein inhaltlicher Bericht überliefert ist.

Das Treffen auf dem Kahlenberg im Jahre 1952. Moser bringt einen Toast auf die italienischen DC-Freunde aus.

Während zwischen ÖVP und DC die christdemokratische Freundschaftspflege in Gange war, brüskierte auf der diplomatischen Ebene der italienische Ministerpräsident und Außenminister Degasperi die Österreicher auf grobe Weise.
Ende des Jahres 1951 und im Frühjahr 1952 hatte die österreichische Gesandtschaft in Rom dem italienischen Außenministerium mehrere Noten übergeben, in denen schwerwiegende Verletzungen des „Pariser Vertrages" aufgezeigt wurden. Die Noten waren laut dem Gesandten Dr. Schwarzenberg *„im mildesten, für die italienische Seite tragbaren Ton"* gehalten. Die Antwort der Italiener war jedoch, dass man sich eine Einmischung in inneritalienische Angelegenheiten verbitte. Dega-

speri wusch höchstpersönlich dem österreichischen Gesandten Dr. Johannes Schwarzenberg den fürstlichen Kopf. Dr. Schwarzenberg berichtete nach Wien, er habe bislang *„noch nie eine derartig eindeutige Abkanzelung erfahren"*.

Zum Schluss drohte Degasperi, dass die Südtiroler mit der Erfüllung von Wünschen, bei denen sie sich Hilfe suchend an Österreich wandten, *„nicht mehr rechnen könnten"*, denn ein solches Verhalten gehe *„nun über die Hutschnur"*.

Letztendlich hatte der österreichische Gesandte Fürst Schwarzenberg aber durchaus Verständnis für die Haltung des italienischen Ministerpräsidenten Degasperi. Er teilte dazu Außenminister Dr. Gruber mit, dass er glaube, *„daß Herr De Gasperi Herrn Bundesminister persönlich nichts nachträgt und für Ihre Motive Verständnis hat; er erwartet aber auch Rücksicht auf seine Lage"*. (Bericht des Gesandten Dr. Johannes Schwarzenberg an Außenminister Dr. Gruber vom 26. April 1952, zitiert bei: Rolf Steininger: „Südtirol zwischen Diplomatie und Terror 1947–1969", Band 1: 1947–1959, Bozen, 1999, S. 172f)

Diese Rücksicht wurde Degasperi zuteil. Außenminister Dr. Gruber verzichtete auf jegliche diplomatische Reaktion auf die schroffe Zurückweisung des österreichischen Vorbringens.

➤ Figl verliert die Kanzlerschaft

Bei den Nationalratswahlen vom 22. Februar 1953 wurde die SPÖ stimmenstärkste Partei, die ÖVP behielt aufgrund der Wahlarithmetik jedoch einen Überhang von einem Mandat gegenüber der SPÖ. ÖVP-Parteivorsitzender war damals Julius Raab, ein enger Freund seines „Bundesbruders" Figl in der CV-Verbindung „Norica" in Wien. Wie der spätere Außenminister und Bundeskanzler Dr. Bruno Kreisky (SPÖ) in seinen Memoiren berichtet, drängte Raab den bisherigen Bundeskanzler Figl nun dazu, zur Erlangung eines stärkeren bürgerlichen Übergewichtes eine Dreierkoalition unter Einbeziehung des „Verbandes der Unabhängigen" (VdU) anzustreben, dem einige ehemals NS-Belastete angehörten. In der SPÖ hielt man dies angesichts der nicht vorhersehbaren Reaktionen der Sowjets für eine *„gefährliche Politik"*.

Dr. Bruno Kreisky war damals Kabinettsvizedirektor und Berater des Bundespräsidenten Theodor Körner. Dr. Kreisky erinnerte sich: *„Während des endlosen Hin und Hers dieser Wochen gelang es mir, Schärf* (Anm.: SPÖ-Parteivorsitzender und Vizekanzler) *und die anderen zu überzeugen, daß wir den Vorschlag der ÖVP unter keinen Umständen* *annehmen konnten, weil wir es politisch nicht aushielten, wenn wir ununterbrochen einen Anlaß für immer neue Schwierigkeiten mit den Russen hätten.".* (Bruno Kreisky: „Zwischen den Zeiten. Erinnerungen aus fünf Jahrzehnten". 2. Auflage, Berlin-Wien-Zürich 1986, S. 430f)

Nach wochenlangen Koalitionsverhandlungen lehnten die SPÖ und Bundespräsident Theodor Körner den Vorschlag der Dreierkoalition endgültig ab.

Inzwischen hatte sich in der ÖVP eine Front gegen den Wahlverlierer Figl gebildet, an deren Spitze sein CV-„Bundesbruder" Julius Raab stand, der seit 1951 ÖVP-Obmann war. Raab war in der Politik lange in der zweiten Reihe gestanden, vor allem deshalb, weil die Sowjets ihm nicht freundlich gegenüber gestanden hatten.

In dieser Zeit hatte sich Raab, der laut Dr. Bruno Kreisky *„in der Zwischenzeit mit Hilfe Alfred Maletas und anderer die ganze Macht in der Volkspartei an sich gerissen hatte"* (Bruno Kreisky: „Im Strom der Politik", Wien 1988, S. 53) als ÖVP-Fraktionsführer im Österreichischen Nationalrat, als Wirtschaftsbundobmann, Obmannstellvertreter und dann Obmann der ÖVP sowie als Präsident der Bundeskammer der gewerblichen Wirtschaft eine beachtliche Position aufgebaut. Raab war ein dynamischer Gestalter und durchaus ein Machtmensch. In seiner CV-Verbindung Norica hatte er sich einen selbstbewussten „Coleurnamen" gewählt. Er ließ sich von seinen Bundesbrüdern „Caesar" nennen. Das entsprach durchaus seinem eigenen Selbstwertgefühl.

Bezeichnenderweise ließ sich sein Bundesbruder Figl „Schwips" nennen. Nun war in der österreichischen Politik die Stunde „Caesars" gekommen und „Schwips" hatte in die zweite Reihe zu treten.

Der damalige Außenminister Dr. Karl Gruber erinnert sich: *„Ich mahnte Figl jeden Tag, im Parteipräsidium die Vertrauensfrage zu stellen ... Aber er hatte ein geradezu kindliches Vertrauen in seinen Bundesbruder und Leibburschen Julius Raab* (Anm.: Ein „Leibbursch" in einer Studentenver-

„Caesar"-Raab (links) mit
seinem Bundesbruder
„Schwips" Figl, der nun in die
zweite Reihe zu treten hatte.

bindung ist eine Vertrauensperson, die sich eines jüngeres Mitglieds, des „Leibfuchsen", fürsorglich anzunehmen hat) *und wollte nicht glauben, daß man ihn im Parteipräsidium bereits los sein wollte. Eines Tages war es dann soweit. Figl bat mich dringend zu sich und sagte mir ziemlich betroffen, daß ‚Abgesandte' der Partei auf dem Weg seien, um mit ihm eine ‚grundsätzliche Aussprache' zu führen. ... Während Figl schwankte, kam das ‚Exekutionskomitee' zur Tür herein und Julius Raab selber ergriff das Wort: ‚Man sagt halt, ein Wechsel wäre angebracht.' Und Figl ging – ohne Zögern. Aber etwas war zerbrochen. Die berühmte ‚Lebensfreundschaft' hatte nicht gehalten".* (Karl Gruber: „Meine Partei ist Österreich", Wien-München 1988, S. 149)

➤ Julius Raab wird Bundeskanzler

Nun übernahm Raab die Regierungsverhandlungen und brachte sie zum Abschluss. Am 2. April 1953 trat Julius Raab sein Amt als Bundeskanzler einer ÖVP-SPÖ-Koalitionsregierung an, welcher Dr. Karl Gruber (ÖVP) als Außenminister weiterhin angehörte. Als Staatssekretär wurde ihm Dr. Bruno Kreisky (SPÖ) zugeteilt. Damit war der erste Schritt zu einer Entwicklung getan, die dann 1959 mit der Bestellung Kreiskys zum Außenminister die österreichische Südtirol-Politik grundlegend ändern sollte.

Der 1891 in St. Pölten geborene Julius Raab kam aus zutiefst christlichem Milieu und war 1911 als Student an der Technischen Hochschule in Wien der katholischen akademischen Studentenverbindung Norica beigetreten, welcher einige Jahre später auch Leopold Figl angehören sollte. Anschließend an seine Dienstzeit als Einjährig-Freiwilliger war auch schon der Erste Weltkrieg ausgebrochen und Julius Raab kam an die russische Front. Dann hatte er an der Südfront zehn furchtbare Isonzoschlachten mitgemacht. Wegen Tapferkeit vor dem Feind war der Oberleutnant und Kommandant einer Sappeurkompanie mit der Großen Silbernen Tapferkeitsmedaille ausgezeichnet worden. An der Front hatte Raab auch den Stabschef der Isonzoarmee, Oberst Theodor Körner, kennengelernt, den späteren österreichischen SPÖ-Politiker und Bundespräsidenten. Er hatte Körner bei einem nächtlichen Gang durch die Stellungen begleitet und Respekt vor der Unerschütterlichkeit gewonnen, die der Oberst bei einem italienischen Feuerüberfall bewiesen hatte. Bei Kriegsende hatte Oberleutnant Raab dann seine Kompanie in voller Ordnung im Fußmarsch heil vom Isonzo bis nach Niederösterreich geführt, wo die Männer abrüsten konnten.

Links: Oberst Theodor Körner. Rechts: Oberleutnant Raab an der Isonzofront.

Julius Raab als Heimwehrführer.

In der Ersten Republik hatte Raab sein Studium an der Technischen Hochschule Wien vorzeitig mit dem Titel „Ingenieur" beendet. Politisch hatte er sich dem christlichsozialen Lager angeschlossen, in Niederösterreich eine eigene „Heimwehr" gegründet und im Mai 1930 den berüchtigten „Korneuburger Eid" mit dessen Absage an die Demokratie abgelegt: *„Wir verwerfen den westlichen demokratischen Parlamentarismus und den Parteienstaat!"* Raab gehörte in der Folge allerdings zu den eher gemäßigten Anhängern des Ständestaates.

Als Bundeskanzler der Zweiten Republik und als führender ÖVP-Politiker sollte aber auch er an der Pflege der Freundschaft mit der „Democrazia Cristiana" (DC) grundsätzlich weiterhin festhalten. Rudolf Moser, der geheime Verbindungsmann zwischen ÖVP und DC, bemühte sich um ein gutes Verhältnis zu Bundeskanzler Julius Raab, der ihn auch in seinem Haus in Sachsenburg in Kärnten aufsuchte.

Bald sollte sich aber zeigen, dass sich der neue Bundeskanzler Raab von Rudolf Moser nicht am Gängelband führen ließ. Wie der Historiker Michael Gehler anmerkt, hatte Raab eigenen Angaben zufolge kei-

Bundeskanzler Julius Raab (links) wird von Rudolf Moser vor dessen Haus in Sachsenburg willkommen geheißen.

nen diplomatischen Berater. (Michael Gehler: „Österreichs Außenpolitik der Zweiten Republik", Bd. 1, Innsbruck-Wien-Bozen 2005, S. 93) Ab nun fanden auch die Tiroler in Wien mehr Gehör als bisher, wenngleich es der Bundesregierung auch weiterhin an Eigeninitiative in der Südtirol-Frage mangeln sollte. Die Frage des Staatsvertrages hatte absolute Priorität.

➤ Degasperi: Es geht darum, das Alto Adige zu entdeutschen

Die politische Ruhe wurde am 25. Mai 1953 durch eine Wahlrede des italienischen Ministerpräsidenten Alcide Degasperi auf dem Domplatz in Trient gestört. Hinter dem Rednerpult befand sich ein Plakat mit einem Bild Degasperis. Die Aufschrift besagte: *„Er arbeitet für Italien. Der Mann, der das Alto Adige für Italien bewahrte."*

Das Plakat vermeldete: „Er arbeitet für Italien. Der Mann, der das Alto Adige für Italien bewahrte."

In seiner Rede wurde der Bewahrer sehr deutlich. Er sagte: *„Es sei gleich gesagt, dass es keine Deutschen in Südtirol gibt. Es gibt nur italienische Staatsbürger ... Als solche sind sie ein Teil der italienischen Familie. ... Einmal wenigstens stimme ich auch mit Mussolini überein, der im Jahr 1938 sagte, daß man, um Südtirol zu entdeutschen, die Südtiroler nicht isolieren dürfe, sondern sie am nationalen Leben teilhaben ... lassen müsse."* (Zitiert nach: Michael Gehler: „Eduard Reut-Nicolussi und die Südtirolfrage 1918–1958", Teil 2, Schlern-Schriften 333/2, Innsbruck 2007, S. 1199)

In Südtirol herrschte Empörung und auch in Nordtirol gingen die Wogen hoch. Aus Wien kam aber keine Reaktion.

➤ Regierungswechsel in Rom – Eine Zeit politischer Instabilität in Italien bricht an

Der neue Regierungschef Giuseppe Pella ist ein persönlicher Freund Mosers

Der aus der „Katholischen Aktion" politisch hervorgegangene Pella zählte später zu Rudolf Mosers persönlichen Freunden, wie dieser im Jahre 1972 in einer Liste mit einer Aufzählung seiner „persönlichen Freunde" festhielt.

Auch die Regierung Pella sollte in der Folge rasch durch weitere instabile Koalitionsregierungen abgelöst werden, von denen sich die meisten nur mehrere Monate im Amt hielten.

Moser hält weiterhin engen Kontakt zu seinem „lieben Freund" Degasperi

Nach wie vor pflegte Moser engen Kontakt zu Degasperi, der weiterhin großen Einfluss in der DC ausübte. Moser schlug Degasperi ein Treffen in Wien mit dem abgetretenen Bundeskanzler Figl vor. Das hielt Dega-

Mosers Freundesliste aus dem Jahre 1972. (Archiv des Verfassers, Aktenbestand Moser)

speri offenbar politisch für zu gefährlich, denn in einem Antwortschreiben vom 27. August 1953 aus seinem Ferienort Sella im Valsugana bezweifelte er die „*Opportunität einer solchen ‚Verschwörung'*". Besser wäre daher ein Besuch Mosers zur Besprechung einer persönlichen Angele-

Brief Degasperis an Moser vom 27. August 1953. (Archiv des Verfassers, Aktenbestand Moser)

genheit bei ihm auf italienischem Boden, „wenn Sie nächstens über die Grenze kommen sollten".

In einem weiteren Schreiben vom 2. September 1953 an den „Lieben Freund" Moser machte Degasperi dann einen nahezu schon konspirativen Terminvorschlag für ein Treffen in Sella.

Die Vertraulichkeit betonte Degasperi, indem er schrieb, dass er Telegramme mit dem Decknamen „Mino" unterzeichnen werde. Ob Südtirol auf dieser Besprechung neben der von Degasperi erwähnten persönlichen Angelegenheit auch ein Thema war, darüber hat Moser nichts überliefert.

Faksimile-Ausschnitte aus Degasperis Brief vom 2. September 1953. (Archiv des Verfassers, Aktenbestand Moser)

➤ Ministerpräsident Pella fordert Volksabstimmung in Triest – Südtiroler fordern von Wien die Internationalisierung der Südtirol-Frage

Die „heiligen Ideen der Volksabstimmung" – nur für Italiener gültig
Am 13. September 1953 forderte der italienische Ministerpräsident Giuseppe Pella in einer Rede auf dem römischen Kapitol eine Volksabstimmung für das von den Alliierten besetzte Triest und dessen Anschluss an Italien.
„Die heiligen Ideen der Volksabstimmung unseres Risorgimento" würden *„wieder auferstehen und beweisen, daß sie nicht tot sind"*, erklärte Pella und verwies darauf, dass das Selbstbestimmungsrecht der Völker in der Atlantikcharta und in dem Statut der Vereinten Nationen verankert sei. (Zitiert nach: Karl Heinz Ritschel: „Diplomatie um Südtirol", Stuttgart 1966, S. 271)

Südtiroler Ersuchen an Außenminister Dr. Gruber, das Südtirol-Problem zu internationalisieren
Daraufhin wandten sich die Südtiroler SVP-Politiker Dr. Karl Tinzl und der neue SVP-Obmann Dr. Otto von Guggenberg am 30. September 1953 im Auftrag ihrer Parteileitung mit der Bitte an den österreichischen Außenminister Dr. Gruber, auch das Thema Südtirol auf die internationale Ebene zu bringen. (Michael Gehler: „Eduard Reut-Nicolussi und die Südtirolfrage 1918–1958", Teil 2, Schlern-Schriften 333/2, Innsbruck 2007, S. 1206ff)
Dr. Gruber tat nichts dergleichen.

Vergebliche Beschwerden der Südtiroler bei Ministerpräsident Pella – Frage der Volksabstimmung in Südtirol „unzulässig"
Zur offenen Verhöhnung geriet der Empfang der Südtiroler SVP-Senatoren Dr. Carl von Braitenberg und Josef Raffeiner sowie der SVP-Abgeordneten Dr. Otto von Guggenberg, Dr. Karl Tinzl und Dr. Toni Ebner durch den Ministerpräsidenten Pella am 23. Oktober 1953. Die beiden Südtiroler SVP-Politiker übergaben dem Ministerpräsidenten ein Papier, in welchem in elf Punkten die wesentlichsten Beschwerden Südtirols zugleich mit Lösungsvorschlägen aufgelistet waren.
Daraufhin geschah von italienischer Regierungsseite ebenfalls nichts, außer dass Pella ein offizielles Pressekommuniqué veröffentlichen ließ, in welchem mitgeteilt wurde, dass bei der „Aussprache" mit den Südtirolern *„nicht von der unzulässigen Frage der Volksabstimmung"* in Südtirol gesprochen worden sei. (Franz Widmann: „Es stand nicht gut um Südtirol", Bozen 1998, S. 176)

➤ Ein Hilferuf aus Südtirol: „Es ist ein Todesmarsch!"

Sieben Jahre nach Abschluss des Pariser Vertrages und fünf Jahre nach Erlassung des Autonomiestatutes sah sich Kanonikus Michael Gamper, der große Vorkämpfer für die Rechte seiner Volksgruppe, am 28. Oktober 1953 veranlasst, in den „Dolomiten" zu schreiben:

„Wir müssen immer wieder davon reden, weil es unsere tägliche, ja stündliche Not ausmacht: Die gewollte Unterwanderung unseres Volkes geht unaufhaltsam weiter. Viele Zehntausende sind nach 1945 und nach Abschluss des Pariser Vertrages aus den südlichen Provinzen in unser Land eingewandert, während zur gleichen Zeit die Rückkehr von einigen Zehntausenden unserer umgesiedelten Landsleute unterbunden wurde. Von Jahr zu Jahr sinkt so der Prozentsatz der einheimischen Bevölkerung steil ab gegenüber dem unheimlichen Anschwellen der Einwanderer. Fast mit mathematischer Sicherheit können wir den Zeitpunkt errechnen, zu dem wir nicht bloß innerhalb der zu unserer Majorisierung geschaffenen Region, sondern auch innerhalb der engeren Landesgrenzen eine wehrlose Minderheit bilden werden. Dies in einem Raume, in dem noch vor kurzem die Italiener nur drei Prozent der Gesamtbevölkerung ausgemacht hatten. Es ist ein Todesmarsch, auf dem wir Südtiroler seit 1945 uns befinden, wenn nicht noch in letzter Stunde Rettung kommt."

Die Feststellung vom „Todesmarsch" stützte sich auf die Tatsache, dass die Zahl der Italiener in Südtirol durch forcierte Zuwanderung von 3 Prozent im Jahre 1910 auf mittlerweile rund 34 Prozent angestiegen war und die römischen Zentralbehörden die weitere Massenzuwanderung aus dem Süden mit allen Mitteln förderten. Es ließ sich absehen, wann die Südtiroler in ihrer eigenen Heimat zu einer entrechteten Minderheit herabsinken würden.

Es ist ein Todesmarsch, auf dem wir Südtiroler seit 1945 uns befinden, wenn nicht noch in letzter Stunde Rettung kommt. Daß ein so in seinem Leben bedrohtes Volk eine Botschaft, wie sie Ministerpräsident Pella verkündet hat, wie ein Evangelium aufnimmt, wen darf dies wundern? Die Botschaft gleicht der anderen, die wir bereits vor dreißig Jahren vernommen haben, als Woodrow Wilson gesagt: „Kein Volk darf unter eine Herrschaft gezwungen werden, unter der es nicht zu leben wünscht. Kein Gebiet darf den Besitzer wechseln, außer zu dem Zwecke, um denjenigen, die es bewohnen, gute **Möglichkeiten zum Leben und zur Freiheit zu sichern."**

Das Bild links zeigt Kanonikus Michael Gamper.

➤ Bundeskanzler Julius Raab und die Priorität des Staatsvertrages

Das Südtirol-Problem war aber nicht das vordringlichste Anliegen des Bundeskanzlers Julius Raab. Er musste in erster Linie versuchen, einen Staatsvertrag mit den alliierten Siegermächten des Weltkrieges abzuschließen, um die Unabhängigkeit Österreichs zu erreichen.

Im Gegensatz zu seinem Außenminister Dr. Gruber war Julius Raab aber kein bedingungsloser Gefolgsmann der Amerikaner, sondern verfolgte auch eine Verständigungspolitik mit den Sowjets. Eine Teilung Österreichs in eine den Westalliierten zuzuordnende Westhälfte und eine unter Sowjetkommando stehende Osthälfte wäre nicht nur für Österreich eine Katastrophe gewesen, sondern hätte auch einen gravierenden Nachteil für die Sowjets nach sich gezogen. Die Westmächte hätten durch Tirol und Vorarlberg hindurch eine militärisch nutzbare Landbrücke in den oberitalienischen Raum erhalten.

Raab stellte das grundsätzlich auch von der SPÖ geteilte Konzept einer Neutralität nach Schweizer Vorbild in den Vordergrund und machte dieses den Sowjets schmackhaft. Diesen war klar, dass ein neutrales Österreich den süddeutschen von dem ebenfalls dem westlichen Militärbündnis angehörigen oberitalienischen Raum trennen würde.

Diese Strategie Raabs wurde von den westlichen Alliierten mit Argwohn betrachtet, sollte aber 1955 zur Unterzeichnung des Staatsvertrages und zur Unabhängigkeit Österreichs führen.

Außenminister Dr. Gruber zielt auf den Bundeskanzler Raab und trifft sich selbst

Am 3. November 1953 schlug ein Artikel in der Tageszeitung „Die Presse" wie ein Blitz in der politischen Landschaft ein. Das von dem ehemaligen US-Geheimdienstmitarbeiter und Gruber-Sekretär Dr. Fritz Molden herausgegebene Blatt veröffentlichte eine Besprechung der soeben erschienenen Memoiren des US-Geheimdienstmitarbeiters und Außenministers Dr. Karl Gruber.

In seinem Buch „Zwischen Befreiung und Freiheit" wärmte Gruber eine alte Geschichte wieder auf, die von der „Presse" aber jetzt als sensationelle Enthüllung dargeboten wurde. Gruber berichtete, dass es im Jahre 1947 Geheimbesprechungen zwischen Bundeskanzler Figl und hochrangigen KPÖ-Funktionären gegeben habe. Die Kommunisten hätten ein Entgegenkommen der Sowjets in der Staatsvertragsfrage in Aussicht gestellt, wenn im Gegenzug den Kommunisten eine maßgebliche Mitbeteiligung an der Regierung eingeräumt würde.

Die Idee zu diesen Gesprächen, die damals ohnedies an der Maßlosigkeit der kommunistischen Forderungen scheiterten, soll von dem damaligen ÖVP-Klubobmann Julius Raab ausgegangen sein, wie dessen Biograph Karl Heinz Ritschel berichtet. (Karl Heinz Ritschel: „Julius Raab – Der Staatsvertragskanzler", Salzburg-Linz-Wien 1978, Einleitungstext vor dem Bildteil)
Als Dr. Gruber damals von einem „Gewährsmann" über diese Besprechungen informiert worden war, hatte er laut Eigenbericht diesem gegenüber erklärt: *„Lieber Freund, ein so katastrophaler und verbrecherischer Unsinn muß selbstverständlich verhindert werden. Mit dieser Taktik würden wir das Land direkt der Kominform in die Hände spielen. Die Folge wäre nicht die Einigung über den Staatsvertrag, sondern die Zerreißung Österreichs."*
Dr. Gruber hatte damals den Wiener Korrespondenten der amerikanischen Presseagentur „Associated Press" (AP) informiert. *„Die Nachricht ging in alle Welt und schlug wie eine politische Atombombe ein"*, hielt Gruber in seinen Memoiren fest. Er, Gruber, habe dann die aus dem Ruder gelaufene Politik der ÖVP wieder auf gerade Gleise gebracht: *„Es kam zu scharfen Auseinandersetzungen ... als ich schließlich ... forderte, daß von nun an Garantien gegen derartige Seitensprünge gegeben werden müßten."* (Karl Gruber: „Zwischen Befreiung und Freiheit. Der Sonderfall Österreich.", Wien 1953, S. 164ff)

„Eine gezielte amerikanische Salve" – Dr. Gruber muss gehen
Raab fasste den „Presse"-Artikel und die Buchveröffentlichung als Angriff gegen sich und seine aktuelle politische Linie auf, die nicht auf Konfrontation, sondern auf einen Ausgleich mit den Russen abgestellt war.
Das Magazin „Der Spiegel" sah es ähnlich: *„Tatsächlich gibt es eine ganze Reihe von sachkundigen ausländischen Beobachtern, die in der Veröffentlichung der Gruber-Memoiren eine gezielte amerikanische Salve gegen Bundeskanzler Raabs Außenpolitik sehen wollen. Gruber ist in Wien als der Mann der ‚amerikanischen Richtung' in der österreichischen Außenpolitik bekannt."* (DER SPIEGEL 47/1953)
Raab verzieh Gruber dies nicht. Sein Biograph Karl Heinz Ritschel berichtet: *„Nach heftigen Debatten in der Partei berief Raab eine Sitzung der Bundesparteileitung ein, kam – was unüblich war – zu spät, winkte Gruber zu sich und ging in sein Zimmer. Es dauerte keine fünf Minuten, dann kamen beide Herren heraus und Julius Raab stellte vor der Bundesparteileitung fest: ‚Vor Eingang in die Tagesordnung habe ich mitzuteilen, daß mich der Herr Bundesminister Dr. Gruber soeben gebeten hat, ihn seines Amtes zu entheben."*

Meldung vom Rücktritt des Ministers Dr. Gruber in den „Dolomiten" vom 14. November 1953. Sein Buch kostete Dr. Gruber das Amt als Außenminister.

Der neue Außenminister heißt Leopold Figl

Ritschel berichtet weiter: *„Die Meinungen in der Partei waren geteilt, auch die über einen Nachfolger, also gab man dem Bundeskanzler freie Hand, sich einen Außenminister zu wählen. Der neue Außenminister hieß: Leopold Figl."* (Karl Heinz Ritschel: „Julius Raab – Der Staatsvertragskanzler", Salzburg-Linz-Wien 1978, Einleitungstext vor dem Bildteil)

Figl schlug aber – vor allem in Tirol – kein besonderes Vertrauen entgegen. Einem Bericht zufolge sei die Ernennung Figls im ÖVP-Parlamentsklub *„zu 80 Prozent mit eisigem Schweigen"* aufgenommen worden und nur die Niederösterreicher hätten geklatscht. (Michael Gehler: a.a.O., S. 1247) Das Nicht-Klatschen war aber auch schon das Maximum an Protest, das sich diese ÖVP-„Rebellen" erlaubten. Am 29. November 1953 wurde Figl angelobt.

Julius Raab (links) und Leopold Figl am 29. November 1953 auf dem Weg zu Figls Angelobung durch den Bundespräsidenten.

Damit waren die Norica-Bundesbrüder wieder versöhnt. Die Federführung in der Außenpolitik – auch in den Südtirol-Belangen – sollte Raab jedoch nicht aus der Hand geben. Figl agierte ab nun unter seiner Leitung.

Wie der Historiker Uni.-Prof. Dr. Michael Gehler anmerkt, hat Raab später rückblickend den *„Minister für Äußeres ... als ‚außenpolitisch keineswegs initiativ'"* bezeichnet: *„Er machte nicht viel und ließ den Dingen ihren Lauf."* Die außenpolitischen Auffassungen des SPÖ-Staatssekretärs Dr. Bruno Kreisky habe Raab jedoch weitgehend geteilt.
(Michael Gehler: „Österreichs Außenpolitik der Zweiten Republik", Bd. 1, Innsbruck-Wien-Bozen 2005, S. 93)

Der abgesägte Minister Dr. Gruber fiel nicht ins Bodenlose. Er wurde zum Botschafter in Washington ernannt, danach folgten Botschafterposten in Bern, Bonn und Madrid.

Große Freude in Rom – man baut auf Figls Widerstandskraft gegen die Tiroler

In Rom baute man aber darauf, dass Figl seine alte nachgiebige Linie fortsetzen könne, was sich auf lange Sicht als Irrtum erweisen sollte. Am 29. November 1953, dem Tag der Angelobung Figls, berichtete der österreichische Gesandte Dr. Johannes Schwarzenberg aus Rom *„vertraulich"* nach Wien: *„... es herrscht in Rom ganz allgemein der Eindruck vor, dass Altkanzler Figl als Außenminister den Tiroler Forderungen nicht mehr ohne weiteres nachgeben und dieselben nur unter weitgehender Rücksichtnahme auf die freundschaftlichen Beziehungen zwischen den beiden Nachbarstaaten und zwischen den beiden katholischen Parteien verfechten wird."* Der Gesandte berichtete weiter, dass der Amtsantritt Figls *„hier mit größter Freude begrüßt wird"* und dass man auch *„große Genugtuung"* darüber empfunden habe, dass Bundeskanzler Raab gegenüber *„dem Ruf nach Volksabstimmung"* eine negative Haltung einnehme. (Michael Gehler: a.a.O., S. 1238)

Degasperi: Man soll an der Förderung des italienischen Proletariats in Südtirol arbeiten

Indessen betrieb die italienische Seite weiterhin konsequent ihre Politik gegen Südtirol. Am 5. Dezember 1953 informierte der SVP-Politiker Dr. Friedl Volgger in Innsbruck Nordtiroler Politiker und Freunde darüber, dass auf einer Sitzung der Trentiner „Democrazia Cristiana" (DC) *„heftigste Ausfälle gegen die Südtiroler gemacht worden seien, sogar deren Austreibung verlangt worden sei usw. Ein Senator habe dann die*

Weisungen De Gasperis mitgeteilt, die besagten, man solle Innsbruck völlig totschweigen, nichts unternehmen, aber stillschweigend verstärkt an der Förderung des italienischen Proletariats in Südtirol arbeiten. Volgger wies darauf hin, dass im Regionalrat die Aushöhlung der Südtirolautonomie weitergehe." (Wiedergegeben in: Rolf Steininger: „Südtirol zwischen Diplomatie und Terror 1947–1969", Band 1: 1947–1959, Bozen, 1999, S. 185)

➤ Der abgetretene Ministerpräsident Degasperi: Keine Verpflichtung für eine „Indianerreservation" in Südtirol

„Warum ruft ihr nach einem Plebiszit? – Das geht euch doch nichts an!"
Am 14. Dezember 1953 berichtete der österreichische Gesandte in Rom, Dr. Johannes Schwarzenberg, an Außenminister Leopold Figl in Wien, dass er zusammen mit seiner Frau von dem Ehepaar Degasperi *„zu einem Mittagessen im Familienkreise"* in deren luxuriöse Villa in Castel Gandolfo, der Stadt, in welcher sich auch der päpstliche Sommersitz befindet, eingeladen worden sei.
Degasperi war zu diesem Zeitpunkt bereits aus der Regierung geschieden, besaß jedoch noch immer beträchtlichen Einfluss in seiner Partei „Democrazia Cristiana" (DC).
Bei diesem Zusammentreffen, so berichtete Schwarzenberg, habe Degasperi sich negativ über Äußerungen des Tiroler Nationalratsabgeordneten Gschnitzer und des Tiroler Landeshauptmanns Grauß geäußert und gefragt: *„Warum ruft ihr nach einem Plebiszit in Südtirol, wo es doch auf der Hand liegt, dass Italien dies niemals zulassen wird?"* Der Gesandte Dr. Schwarzenberg erwiderte, dass Degasperi *„unseren Parlamentariern und namentlich den Tirolern ... die Forderung nicht verübeln"* solle, *„denn die bewußte Stelle in der Rede Pellas mit der Verherrlichung des Begriffes der Volksabstimmung"* sei eben *„allzu verlockend"* gewesen.

Degasperi: Mit der Eindämmung der Unterwanderung fordert Österreich „Unmögliches" – Italien hat sich nie zur Errichtung einer Indianerreservation verpflichtet
Dann ließ Degasperi seine Maske fallen und offenbarte dem österreichischen Gesandten seine wahren Ansichten und die seiner Partei. In seiner aktiven Amtszeit hätte sich Degasperi wohl nie so offen deklariert, wie er es jetzt tat Er bezeichnete *„die jüngsten Kritiken von öster-*

reichischer Seite an den Verhältnissen in Südtirol als zum Teil kindisch und weltfremd". Die italienische Regierung müsse in Bezug auf Südtirol „auf ihre Rechtsparteien Rücksicht nehmen ... und wenn wir uns gar hinter die Forderung nach Eindämmung der sogenannten Unterwanderung stellen wollten, so sollten wir doch bedenken, daß wir Unmögliches fordern. Die Süditaliener überschwemmen nun einmal den Norden ... die Arbeitslosigkeit in Italien ist bekanntlich ein furchtbares Problem; wenn hungernde Kalabresen und Apulier in den reicheren und weniger übervölkerten Nordprovinzen Arbeit suchten und fänden, so sei dies verständlich und natürlich". Italien habe sich im Pariser Abkommen „nirgends ... zur Errichtung einer ‚Indianerreservation' ... verpflichtet".

Die Zuwanderer aus dem Süden prägten bereits das Gesicht Bozens – Laut Degasperi gab es keine Verpflichtung zur Errichtung einer Südtiroler „Indianerreservation".

Freundschaftlichste Worte über Figl und Aufforderung zu österreichischem Wohlverhalten

Schwarzenberg hatte aber auch Erfreuliches zu berichten: „*Herr De Gasperi äußerte sich in den freundschaftlichsten Worten über Herrn Bundesminister und Frau De Gasperi sekundierte ihm wärmstens bei Schilderungen der privaten Zusammenkünfte in Osttirol und am Karersee.*"

Schwarzenberg übermittelte in seinem Bericht abschließend noch eine Aufforderung Degasperis zum politischen Wohlverhalten der Österreicher: Der „*democristianischen Partei*" sei so viel „*an den bisherigen guten Beziehungen zu Herrn Bundesminister und auch zum Herrn Bun-*

deskanzler" (Anm: Julius Raab) gelegen, *"den De Gasperi ausdrücklich in sehr anerkennender Weise erwähnte",* dass man über *"Angriffe und über Kritiken an der italienischen Verwaltung"* in Südtirol solange hinwegsehen werde, *"als dieselben nicht offiziell, d. h. von der Bundesregierung gefördert oder erhoben werden".* (Der Bericht Schwarzenbergs ist wiedergegeben in: Rolf Steininger: "Südtirol im 20. Jahrhundert. Dokumente", Innsbruck-Wien 1999, S. 164ff)

➤ Das neue Kabinett Scelba – "Die Zusammenarbeit war gesichert"

Am 10. Februar 1954 wurde die Regierung Pella durch das Kabinett von Ministerpräsident Mario Scelba (DC) abgelöst. Scelba sollte ab 1961 als Innenminister durch die unter seiner Obhut und mit seiner Billigung durchgeführten Folterungen politischer Südtiroler Gefangener in den Carabinieri-Kasernen noch traurige Berühmtheit erlangen.

Ministerpräsident Mario Scelba, der in Südtirol noch traurige Berühmtheit erlangen sollte.

Zu dem neuen Ministerpräsidenten Mario Scelba hatte der ÖVP-DC-Verbindungsmann Rudolf Moser einen guten Zugang, wie er in einer undatierten Aktennotiz anlässlich eines Zusammentreffens auf einem DC-Parteitag in Rom festhielt:

"Ich sah Freund Scelba inmitten leerer Fauteuils sitzen und fragte ihn, ob er mir einige Minuten Gehör schenken wolle, daraus wurden dann eine halbe Stunde. Meine Argumente wurden nicht abgelehnt aber auch nicht zurückgewiesen, persönlich jedenfalls freundlich".

Worum es bei diesem Gespräch in der Sache ging, hat Moser in dieser Aktennotiz nicht festgehalten, wohl aber das Ergebnis: *"Die gemeinsame aufrichtige Zusammen Arbeit war gesichert!"*

> *Ich sah Freund Scelba inmitten leerer Fauteuils sitzen und fragte ob er mir einige Minuten Gehör schenken wolle, daraus wurden dann eine gute halbe Stunde. Meine Argumente wurden nicht abgelehnt aber auch nicht zurückgewiesen, persönlich jedenfalls freundlich*
>
> *Die gemeinsame aufrichtige Zusammenarbeit war gesichert!*

Aktennotiz Moser. Undatiert. (Archiv des Verfassers, Aktenbestand Moser)

Der Widerstand in Tirol formiert sich

Der „Südtiroler Arbeitskreis"

In Nord- und Südtirol war inzwischen der Unmut gewachsen und es formierte sich in Nordtirol Widerstand gegen die zu weiche Haltung der Bundesregierung. Unter der Federführung der Universitätsprofessoren Dr. Franz Gschnitzer und Dr. Eduard Reut-Nicolussi war bereits im Oktober 1952 in Innsbruck ein „Südtiroler Arbeitskreis" gegründet worden. Ihm gehörten eine Reihe von Fachleuten aus den Bereichen der Wissenschaft, Publizistik und der öffentlichen Verwaltung an, die ganz und gar nicht auf der Linie des Bundeskanzlers Figl und des Außenministers Dr. Gruber lagen:

- Univ.-Prof. Dr. Franz Gschnitzer, Tiroler ÖVP-Abgeordneter zum Österreichischen Nationalrat;
- Univ.-Prof. Dr. Eduard Reut-Nicolussi, der langjährige Südtirol-Referent der Nordtiroler Landesregierung und Obmann des „Verban-

Persönlichkeiten des „Südtiroler Arbeitskreises"

Bild links: Der Nordtiroler ÖVP-Nationalratsabgeordnete und spätere Staatssekretär Univ.-Prof. Dr. Franz Gschnitzer zusammen mit der Tiroler Südtirol-Referentin Dr. Viktoria Stadlmayer bei einer Pressekonferenz. Bild rechts: Der Tiroler ÖVP-Abgeordnete zum Österreichischen Nationalrat und spätere Landesrat Dr. Aloys Oberhammer. Er ist hier links im Bild zusammen mit dem Bundeskanzler Raab zu sehen.

Bild links: Der Träger der Goldenen Tapferkeitsmedaille, Eduard Reut-Nicolussi.

Bild rechts: Univ.-Prof. Dr. Eduard Reut-Nicolussi (rechts) im Gespräch mit Außenminister Dr. Karl Gruber.

des der Südtiroler", ehemals Oberleutnant im 4. Kaiserjägerregiment und Träger der Goldenen Tapferkeitsmedaille;

- Dr. Aloys Oberhammer, Tiroler ÖVP-Abgeordneter zum Österreichischen Nationalrat;
- Landesrat Dr. Alois Lugger, Obmann der ÖVP Tirol, gebürtig aus Brixen in Südtirol;
- Dr. Hans Kneß, Chefredakteur des ÖVP-Organs „Tiroler Nachrichten", ehemals Leutnant im Kaiserschützenregiment Nr. III, Träger der Silbernen Tapferkeitsmedaille;

- Univ.-Prof. Dr. Raimund von Klebelsberg, gebürtig aus Brixen in Südtirol;
- Dr. Herbert Thalhammer, Leiter der Abteilung Landesplanung und Statistik im Amt der Tiroler Landesregierung;
- Dr. Eduard Widmoser, Tiroler Landesarchivar und Landeshistoriker;
- Franz Rosenkranz, Südtirol-Referent im Amt der Tiroler Landesregierung und seine Nachfolgerin
- Dr. Viktoria Stadlmayer;
- Hofrat Dr. Max Jaksic, stellvertretender Tiroler Landesamtsdirektor;
- DDr. Hans Trapp, Graf von Matsch, Herr auf Churburg, Südtiroler Verbindungsmann zwischen der SVP und der Tiroler Landesregierung in den Jahren 1945/46.

Im Arbeitskreis wurden unter anderem Forderungen ausgearbeitet, welche die Nordtiroler Abgeordneten der Bundesregierung in Wien unterbreiten sollten.

Der Nordtiroler Landeshauptmann Grauß fordert von Wien eine aktivere Südtirol-Politik und mahnt das Selbstbestimmungsrecht ein

In Nordtirol nahm der Unmut zu. Am 24. November 1953 forderte der wiedergewählte Nordtiroler Landeshauptmann Alois Grauß, ein ehemaliger Kaiserjäger aus dem Ersten Weltkrieg, im Tiroler Landtag und anschließend in einem Schreiben die Regierung in Wien auf, eine *„aktivere Tätigkeit zum Schutz der Lebensrechte des abgetrennten Landesteiles"* zu entfalten. (Michael Gehler: „Eduard Reut-Nicolussi und die Südtirolfrage 1918–1958", a.a.O., S. 1235f)

Alois Grauß griff in seiner Rede im Landtag das Wort des Kanonikus Gamper vom Todesmarsch der Südtiroler auf. Er verwies darauf, dass die vom Faschismus betriebene Überfremdung Südtirols planmäßig fortgesetzt werde.

Der Nordtiroler Landeshauptmann Alois Grauß mahnte das Selbstbestimmungsrecht für Südtirol ein. (Bild im Rokokosaal des Alten Landhauses in Innsbruck)

„Südtirol auf dem Todesmarsch"

wiedergewählte Landeshauptmann vor dem neuen Landtag:

Südtirol ist **nicht** durch freien Willen der Bevölkerung, sondern durch **machtpolitische Vorgänge** in der Weltpolitik zu einem anderen Staatsverband gekommen. Zwei Friedensverträge haben seine Rechte — **entgegen dem Naturrecht**, entgegen den **14 Punkten Wilsons**, entgegen den Grundsätzen der **Atlantik-Charta** — **mißachtet**. Nicht einmal die im Pariser Vertrag übernommenen Verpflichtungen werden gehörig erfüllt. Die vom Faschismus betriebene Ueberfremdung wird planmäßig fortgesetzt. Es kann uns nicht kaltlassen, wenn in der Südtiroler Presse festgestellt wird, daß sich **Südtirol auf dem Todesmarsch** befindet.

Es ist unser ehrlicher Wunsch, zu unserem großen Nachbarn im Süden gute Beziehungen zu erhalten. Höher aber steht unsere nationale Pflicht, den Südtirolern bei der Durchsetzung ihrer Rechte getreuen Beistand zu leisten. Müßte nicht auch für Südtirol billig sein, was der italienische Regierungschef für Triest als recht erachtet? Der Tiroler Landtag wird sich mit diesen Lebensfragen Südtirols bis zu ihrer annehmbaren Lösung befassen.

In der „Tiroler Tageszeitung" vom 25. November 1953 wurde die Rede des Landeshauptmannes Alois Grauß wiedergegeben.

Es sei „*unsere nationale Pflicht, den Südtirolern bei der Durchsetzung ihrer Rechte getreuen Beistand zu leisten*". Unter Hinweis auf die vom italienischen Ministerpräsidenten Giuseppe Pella für die Stadt Triest geforderte Volksabstimmung und deren Anschluss an Italien sagte

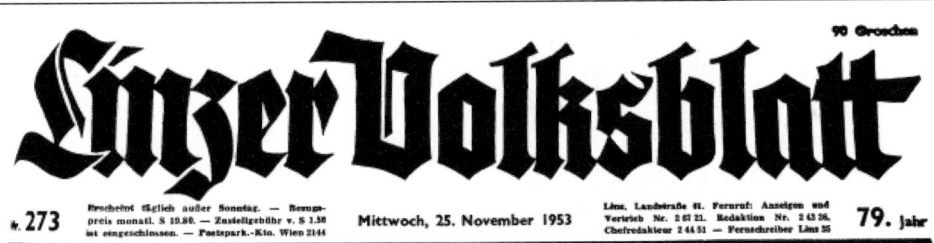

„Linzer Volksblatt" vom 25. November 1953.

Grauß: *„Müsste nicht auch für Südtirol billig sein, was der italienische Regierungschef für Triest als recht erachtet?"*

Wie man in den Bundesländern in ÖVP-Kreisen zu den Forderungen der Tiroler stand, zeigt beispielhaft die Berichterstattung des oberösterreichischen ÖVP-Organs „Linzer Volksblatt". Diese Tageszeitung brachte die Erklärung des Tiroler Landeshauptmannes Alois Grauß auf ihrer Titelseite. Noch deutlicher konnte man sich nicht solidarisieren.

Südtirol-Kundgebung in Innsbruck: Protest gegen die Absicht der italienischen Regierung, die Südtiroler „zu entdeutschen"

Am gleichen Tag veranstalteten der „Südtiroler Arbeitskreis" und der „Bund der Tiroler Heimatverbände" eine Kundgebung vor dem „Goldenen Dachl" in der Innsbrucker Innenstadt, auf welcher Univ.-Prof. Dr. Eduard Reut-Nicolussi die Hauptrede hielt und das Recht Südtirols auf Selbstbestimmung einforderte. Er dankte dem Landeshauptmann Grauß dafür, dass dieser eine feste und mutige Sprache geführt und das jahrelange Schweigen der österreichischen Politik zur Südtirolfrage durchbrochen habe.

Wie sehr dieses Geschehen die Menschen in den übrigen Bundesländern berührte, lässt sich beispielsweise aus der ausführlichen Berichterstattung der „Oberösterreichischen Nachrichten"

Univ.-Prof. Dr. Eduard Reut-Nicolussi dankte auf der Kundgebung dem Nordtiroler Landeshauptmann Grauß für seine mutigen Worte.

„Oberösterreichische Nachrichten" vom 25. November 1953

ablesen. Diese Zeitung berichtete auf der Titelseite: Dr. Reut-Nicolussi habe in Innsbruck erklärt, *"dass die Atlantik-Charta nach dem Zweiten Weltkrieg den Grundsatz der Selbstbestimmung verkündet habe. ... Dem Südtiroler Volk wurde es verweigert, einen neutralen Freistaat zu gründen, um den es gebeten hatte, wenn es schon nicht bei Nordtirol verbleiben dürfe. Die Überfremdungspolitik habe unerträgliche Ausmaße angenommen. ... Trotz einer ausdrücklichen Bestimmung sind heute 95 Prozent aller Staatsbeamten zugewanderte Italiener. De Gasperi erklärte in aller Öffentlichkeit, daß diese Art der Regelung die richtige Methode sei, die Südtiroler zu entdeutschen.*
In einer Resolution wurde dem Landeshauptmann dafür gedankt, daß er im Landtag Verwahrung gegen die rücksichtslose Verdrängung des Südtiroler Volkstums einlegte, Verwahrung gegen die widersinnige italienische Auslegung des Pariser Vertrages. Die Bevölkerung Tirols erwartet von der österreichischen Regierung, daß sie nichts unterläßt, um der kalten Unterdrückung des Südtiroler Volkes Einhalt zu tun".

„Kommunistische Inspirationen"
Wie die „Oberösterreichischen Nachrichten" weiter berichteten, habe die Nachrichtenagentur „United Press" eine *"von politischen Kreisen Roms offenbar inspirierte Meldung"* verbreitet, wonach *"man in der italienischen Hauptstadt der jüngsten Innsbrucker Südtirol-Kundgebung kommunistische Inspirationen zu unterschieben versucht. ... Man geht in Rom offenbar davon aus, daß kommunistische Verdächtigungen in der westlichen Welt auf so fruchtbaren Boden fallen, daß man auf diesem Wege auch das ethische Recht von hunderttausenden Menschen ausschalten kann. ... Das ist es aber, was sich in Wahrheit hinter der Verleumdung ‚kommunistischer Inspiration' verbirgt. Eine Nebelwand, hinter der ein finsterer Chauvinismus sein Haupt erhebt"*. („Oberösterreichische Nachrichten" vom 25. November 1953)

Die Gründung des Bergisel-Bundes
Der Vorkämpfer für die Rechte seiner Volksgruppe, der Publizist und Priester Kanonikus Michael Gamper, war Mitglied der Innsbrucker katholischen Hochschulverbindung „AKV Tirolia". Nach der Innsbrucker Kundgebung regte er bei seinen „Bundesbrüdern", zu denen auch der Nordtiroler Landesarchivar Dr. Eduard Widmoser zählte, die Ausweitung des „Südtiroler Arbeitskreises" zu einem Schutzverband für Südtirol an, welcher seinen Einfluss auch gegenüber der Bundesregierung geltend machen sollte.

Am 5. März 1954 wurde in den Stiftssälen in Innsbruck unter Anwesenheit des Südtiroler Politikers und Journalisten Dr. Friedl Volgger, welcher ein Vertrauensmann Gampers war, der „Bergisel-Bund, Schutzverband für Südtirol" gegründet. Den Vorsitz in der Gründungsversammlung führte der Exilsüdtiroler Univ.-Prof. Dr. Hermann Reut-Nicolussi, Verfasser des Buches „Tirol unterm Beil".
Als statutenmäßiger Vereinszweck wurde der „Schutz unseres Volkstums in Südtirol" festgelegt. Erster Bundesobmann wurde Landesschulinspektor Prof. Ambros. Ab Dezember 1955 fungierte der ÖVP-Nationalratsabgeordnete Univ.-Prof. Dr. Franz Gschnitzer als Obmann des Bundes, sein Geschäftsführer war der Landesarchivar Dr. Eduard Widmoser. Es wurden eine eigene Zeitung, der „Südtiroler Ruf", sowie zahlreiche Aufklärungsbroschüren herausgegeben.

Mit Publikationen in deutscher und englischer Sprache wirkte der Bergisel-Bund bei seinem Eintreten für die Rechte Südtirols über die Grenzen Österreichs hinaus.

In allen Bundesländern gründeten sich Landesverbände des Bergisel-Bundes und zahlreiche Veranstaltungen fanden in ganz Österreich statt. Bald zählte der „Bergisel-Bund" mehrere zehntausende Mitglieder und auch die Bundespolitik konnte seinen Einfluss nicht mehr ignorieren.

„Wien vorwärts treiben und zwingen"
Im Zusammenwirken mit dem Nordtiroler Landeshauptmann Alois Grauß wurde nun die Zusammenarbeit mit den Freunden in Südtirol intensiviert. Gleichzeitig wurde der Druck auf Wien erhöht. Die Meinung in diesem Kreis war, man müsse *„Wien vorwärts treiben und zwingen"*, wie es der für Südtirol-Fragen zuständige Nordtiroler Landesbe-

amte Dr. Herbert Thalhammer in einer Sitzung des „Südtiroler Arbeitskreises" am 5. Dezember 1953 formuliert hatte. (Rolf Steininger „Südtirol zwischen Diplomatie und Terror 1947–1969", Band 1: 1947–1959, Bozen, 1999, S. 186)

Am 1. Dezember 1954 hielt der Abgeordnete Univ.-Prof. Dr. Franz Gschnitzer (ÖVP) eine grundsätzliche Rede im Österreichischen Nationalrat. Er prangerte die italienische Unterwanderung, die Assimilierungspolitik und die Verweigerung der autonomen Rechte durch Rom an. Er forderte die Bundesregierung auf, Verhandlungen mit Rom aufzunehmen, um das Südtirol-Problem einer guten Lösung im europäischen Geiste zuzuführen.

In seinen Schlussworten nannte er das Ziel, welches so eine Politik verfolgen müsse, *„den Schutz des Volkscharakters und den Schutz der Entwicklung des Südtiroler Volkes in seiner Eigenständigkeit".*

> Wir wollen nicht mehr als den Schutz des Volkscharakters und den Schutz der Entwicklung des Südtiroler Volkes in seiner Eigenständigkeit. Wie das erreicht wird, ist eine Frage zweiten Ranges. Man kann es so machen, aber der Zweck muß voll erreicht werden. Von dem können wir nicht ablassen, da können wir auch keine Abstriche machen. Nur wenn dieser Zweck, die Erhaltung des Südtiroler Volkstums auf seinem alten Boden, voll erreicht wird, dann können wir sagen, daß die Südtiroler Frage eine europäische Lösung gefunden hat. Denn eine europäische Lösung muß eine sein, die Europas, das heißt des christlich-abendländischen Geistes, würdig ist. Solange sie nicht gefunden ist, müssen wir — darin wissen wir uns auch mit unserem Außenministerium einig — alle Mittel und Wege beschreiten, um eine solche Lösung herbeizuführen.

Links: Der Abgeordnete Univ.-Prof. Dr. Franz Gschnitzer (ÖVP) sprach im Österreichischen Nationalrat deutliche Worte in Richtung Regierung. Rechts: Auszug aus dem parlamentarischen Sitzungsprotokoll mit den Schlussworten Gschnitzers.

➤ In Südtirol regt sich Widerstand gegen Roms Politik – Wien bleibt untätig

Ein Memorandum der Südtiroler Abgeordneten prangert „Volksmord" an den Südtirolern an

In Südtirol begann sich, gefördert durch Kontakte zu Freunden in Innsbruck, eine deutlichere Linie des Protestes abzuzeichnen.

Am 3. April 1954 wurde dem Ministerpräsidenten Mario Scelba eine „Denkschrift der Südtiroler Senatoren und Abgeordneten, betreffend die Lage der deutschen und ladinischen Volksgruppen in Südtirol" überreicht, in welcher die zahlreichen Verletzungen des „Pariser Vertrages" aufgeführt wurden. Die Südtiroler Parlamentarier bezeichneten das Vorgehen des italienischen Staates mit der von ihm geförderten Zuwanderung als „Volksmord".

Sie führten dazu aus: *„Dieser Volksmord kann mit verschiedenen Methoden und Mitteln begangen werden ... Der Staat kann auch auf direkte Eingriffe verzichten und das natürliche Übergewicht der Mehrheit gegenüber der Minderheit ausspielen, die auch auf diese Weise mit der Zeit zerdrückt wird. Dies geschieht auch, wenn die Mehrheit nicht daran gehindert oder sogar veranlasst wird, einstmals ausschließlich von der Minderheit bewohnte Gebiete nach und nach zu besetzen. Somit wird die Volksgruppe mit der Zeit nicht nur Minderheit im Staate, in welchem sie lebt, sondern auch in ihrem ureigenen Gebiete, das die Grundlage und die wesentliche Voraussetzung ihres Eigenlebens bildet."*

Abschließend führten die Abgeordneten aus: *„Wenn wir uns abschließend ... die im Anfang gestellte Frage beantworten wollen, und zwar, ob das Pariser Abkommen und das Autonomiestatut zur Gewährleistung*

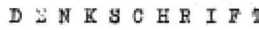

> Diese Anerkennung hat auch in der internationalen Rechtslehre und Rechtspraxis zur Festsetzung des Begriffes "Volksmord" geführt, ein strafbares Delikt internationalen Charakters, das die Menschenrechte verletzt.
>
> Dieser Volksmord kann mit verschiedenen Methoden und Mitteln begangen werden. Die extremen Formen sind die physische Vernichtung der Angehörigen einer Minderheitsgruppe, die gewaltsame Vertreibung oder Versprengung derselben, so daß die Existenz der Volksgruppe als solche aufhört. Der Staat kann jedoch auch, ohne die physische Existenz der Volksgruppe einer Minderheit direkt anzugreifen, einer Volksgruppe als solcher die Lebensmöglichkeiten nehmen und so den langsamen aber sicheren Tod dieser Minderheit als für sich stehende Volksgruppe herbeiführen. Er kann auch diesen Prozess durch direkte Entnationalisierungs-Maßnahmen beschleunigen, indem er die Minderheit zwingt, die Lebensart der Mehrheit, deren Gebräuche und Sitten anzunehmen.
>
> Der Staat kann auch auf direkte Eingriffe verzichten und das natürliche Übergewicht der Mehrheit gegen die Minderheit ausspielen, die auch auf diese Weise mit der Zeit zerdrückt wird. Dies geschieht auch, wenn die Mehrheit nicht daran gehindert oder sogar veranlasst wird, einstmals ausschliesslich von der Minderheit bewohnte Gebiete nach und nach zu besetzen. Somit wird die Volksgruppe mit der Zeit nicht nur Minderheit im Staate, in welchem sie lebt, sondern auch in ihrem ureigenen Gebiete, das die Grundlage und die wesentliche Voraussetzung ihres Eigenlebens bildet.

Aus der Denkschrift der Südtiroler Senatoren und Abgeordneten des Jahres 1954.

und Sicherung unseres Eigenlebens und unserer Existenz als Volksgruppe genügen, so kann die Antwort nicht bejahend sein." Die Abgeordneten forderten daher, dass *„wirksame Garantien geschaffen werden müssen, auf welche wir uns bei Verletzung unserer Sonderrechte berufen können".*
(Südtiroler Memorandum Endfassung. Österreichisches Staatsarchiv, Archiv der Republik, BKA, AA, ST5, Pol54, Karton 21)

ÖVP-Delegierte auf dem „NEI"-Kongress in Arezzo: Christliches Bündnis gegen den Kommunismus

Währenddessen pflegte der ÖVP-DC-Verbindungsmann Rudolf Moser weiterhin die Kontakte zu den christdemokratischen Freunden in Italien. Er vertrat die ÖVP auf den alljährlichen Tagungen der „Nouvelles Équipes Internationales" (NEI), der seit 1947 bestehenden europäischen

Dachorganisation christlicher Parteien in Europa. Diese sollte 1965 in „Union Européenne des Démocrates-Chrétiens" (EUDC), die „Europäische Union Christlicher Demokraten", umbenannt werden. Ihr Hauptziel war ein europaweites Bündnis christlicher Politiker und Parteien gegen den Kommunismus.

Aus Mosers Bericht an seine ÖVP-Parteifreunde über den NEI-Kongress des Jahres 1957 in Arezzo geht hervor, dass das Schwergewicht auch auf dieser Tagung, auf welcher auch der ÖVP-Generalsekretär Dr. Alfred Maleta eine Rede gehalten hatte, auf dem Thema *„die christliche Demokratie und die Krise des Kommunismus"* lag. Die Tagung fand ihren Abschluss mit einem Besuch in Rom, wo die Delegierten vom Papst und von dem italienischen Staatspräsidenten Gronchi in Sonderaudienzen empfangen wurden. (Rudolf Moser: Bericht über den NEI-Kongress in Arezzo 1957. Archiv des Verfassers, Aktenbestand Moser.)

Der „NEI"-Kongress in Arezzo.

„NEI"-Kongress in Arezzo: Zweiter von links: Rudolf Moser. Rechts: Der ÖVP-Generalsekretär Dr. Alfred Maleta.

Außenminister Figl interveniert zaghaft und tritt gegenüber Rom als Bittsteller auf

Nach der Vorsprache der Südtiroler Abgeordneten bei Ministerpräsident Mario Scelba konnte auch der österreichische Außenminister Leopold Figl (ÖVP) nicht mehr den toten Mann spielen. Sein Vorgehen war aber zögerlich und vorsichtig. Er sandte am 31. Juli 1954 eine Note an den italienischen Außenminister Piccioni mit der Bitte, *„dem Memorandum der Südtiroler Parlamentarier besonderes Augenmerk zuzuwenden. ... Die oesterreichische Bundesregierung ... begrüße mit Genugtuung die Einleitung von Gesprächen zwischen der italienischen Regierung und den Vertretern der Volksgruppe. Schließlich erklärt der Aus-*

senminister, ‚die oesterreichische Bundesregierung lege Wert darauf, ueber die Ergebnisse der Prüfung des Memorandums, soweit das Pariser Abkommen tangiert sei, informiert und über die Besprechungen mit den Interessenten auf dem laufenden gehalten zu werden, die auf Grund des Memorandums ohne Zweifel abgehalten werden". (Bundesministerium für auswärtige Angelegenheiten: „Argumentensammlung/Geheim/Südtirolfrage", Handakt aus dem Nachlass des Botschafters a. D. Dr. Johann Dengler. In Kopie im Besitz des Verfassers, das Original wurde dem Österreichischen Staatsarchiv übergeben; S. 333ff)

Rom verhöhnt Wien:
Es werden „eventuell" Ergebnisse mitgeteilt werden

Die italienische Antwort war die klassische italienische Reaktion auf die weiche Haltung eines Kontrahenten. Im österreichischen Außenamt hielt Botschafter Dr. Johann Josef Dengler in dem Handakt „Argumentensammlung" dazu fest:

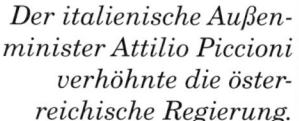

(Bundesministerium für auswärtige Angelegenheiten: „Argumentensammlung/Geheim/Südtirolfrage", a.a.O., S. 334)

Der italienische Außenminister Attilio Piccioni verhöhnte die österreichische Regierung.

Es gab keinen Protest des österreichischen Außenministers Figl angesichts dieser Unverschämtheit, mit welcher der italienische Außenminister Attilio Piccioni, ein alter Weggefährte des verstorbenen Ministerpräsidenten Degasperi, Österreich letztlich das Recht absprach, in Südtirol-Fragen von Rom Aufklärungen zu erhalten.

Vielleicht hatte die Zurückhaltung Figls auch damit zu tun, dass Piccioni noch in jüngerer Vergangenheit als guter christdemokratischer Freund gegolten hatte, wie aus einem Schreiben Mosers aus dem Jahre 1951 hervorgeht. Darin hatte Moser seinem *„lieben Freund Figl"* mitgeteilt, dass er ihm *„von Freund Piccioni Wünsche und Grüße übermitteln"* solle.

```
                                                    2.1.1951


Herrn
Bundeskanzler Dr.Ing. Leopold Figl
W i e n XIX.



                        Lieber Freund !


     Nachdem ich Dir von Freund Piccioni Wünsche und Grüsse
übermitteln soll, sende ich Dir Abschrift eines diesbezüglichen
Schreibens seiner Tochter.

     Piccioni befindet sich seit 10.Dezember in Cortina zur
Erholung nach einer schweren Krankheit und wohnt dort im Hotel
San Marco. Dies für den Fall, dass Du ihm zu seiner Genesung
schreiben wolltest.

     Mit vielen herzlichen Grüssen


                        Dein ergebener
```

Im Jahr 1951 war Piccioni noch ein „Freund" gewesen, wie aus diesem Brief Mosers an Figl aus dem Jahre 1951 hervorgeht. (Brief Mosers an Figl vom 2. 1. 1951. Archiv des Verfassers, Aktenbestand Moser)

Vergebliche diplomatische Interventionen – keine Antwort aus Rom
Als Piccioni am 19. September durch Gaetano Martino als Außenminister abgelöst wurde, verbesserte sich die Situation keineswegs.
Auf eine offizielle Anfrage des österreichischen Botschafters in Rom am 21. Dezember 1954 *„über den Stand der Verhandlungen mit den Südtiroler Parlamentariern über das Memorandum vom 9. April 1954"* gab der neue Außenminister nicht einmal eine Antwort.

Die „Argumentensammlung" des österreichischen Außenamtes vermerkt, dass das Nächste, was man aus Rom hörte, der Erlass des italienischen Justizministeriums war, welcher die weitere Gültigkeit der faschistischen Verordnung Nr. 1238 vom 9. Juli 1939 bekräftigte. Diese Verordnung verbot, *„Kindern italienischer Staatsangehörigkeit fremdsprachige Namen zu geben"*. (Bundesministerium für auswärtige Angelegenheiten: „Argumentensammlung/Geheim/Südtirolfrage", a.a.O., S. 334)

Das war eine schallende Ohrfeige in das Gesicht all jener, die von Rom die Einhaltung des Pariser Vertrages und der Menschenrechte verlangt hatten.

Im März und April 1955 musste der österreichische Botschafter noch zweimal *„über die Pruefungsergebnisse des Memorandums der Südtiroler Parlamentarier"* anfragen. (Bundesministerium für auswärtige Angelegenheiten: „Argumentensammlung/Geheim/Südtirolfrage", a.a.O., S. 334f)

Es gab keine Antwort aus Rom. Alles das ließ sich der österreichische Außenminister Figl bieten.

➤ Rom lobt Wiens Politik – in Österreich wächst der Unmut

Der Staatsvertrag gibt Österreich mehr Spielraum

Am 15. Mai 1955 wurde im Wiener Schloss Belvedere der Staatsvertrag unterzeichnet, welcher Österreich seine Souveränität zurückgab.

Bei den Verhandlungen vor der Unterzeichnung hatte der österreichische Außenminister Figl zeitweise eine humoristische Rolle gespielt, weswegen er auch nicht mehr von allen Kollegen in der Koalition ernst genommen wurde.

Am 12. April 1955 hatte Vizekanzler Adolf Schärf (SPÖ) in seinem Tagebuch über ein abendliches Bankett mit den Russen notiert: *„Während Bulganin* (Anm.: der sowjetische Ministerpräsident) *spricht, unterbricht ihn Figl mehrmals in seiner Rede ... Figl ist tatsächlich betrunken und er muss vor Ende des Diners zum Schlafen gebracht werden."*

Am 13. April 1955 berichtete Schärf in seinem Tagebuch über einen Besuch einer österreichischen Verhandlungsdelegation in Moskau bei dem sowjetischen Außenminister Molotow. Figl habe demselben mit einem *„Waidmannsheil"* zugetrunken und versucht, *„bei diesem Trunk seinen Arm in den von Molotow einzuhängen, doch tut dieser nicht mit"*. (Gertrude Enderle-Burcel (Hrsg.): Adolf Schärf – Tagebuchnotizen des Jahres 1955", Innsbruck-Wien-Bozen 2008, S. 111 und 121)

Eine dem Bundeskanzler Raab nahestehende Zeitung fordert eine Kurskorrektur

Mit der Wiedererlangung der eigenen Souveränität hatte Wien auch in Bezug auf Südtirol entscheidend an Handlungsspielraum gewonnen. Es sollte aber noch einige Zeit dauern, bis Bundeskanzler Julius Raab (ÖVP) diesen Spielraum nutzen würde.

Am 18. Juni 1955 übte die „Neue Tageszeitung", welche vom ÖVP-Wirtschaftsbund herausgegeben wurde, dessen Obmann der Bundeskanzler Raab war, offene Kritik an der österreichischen Südtirol-Politik: *„Seit Monaten erleben wir, wie maßgebende Kreise tatenlos zusehen, wie eine nationalistische Welle gegen die Lebensgrundlagen der Südtiroler hetzt und das Pariser Abkommen trotz Verankerung im italienischen Friedensvertrag immer wieder gebrochen wird."*

Das war massive Kritik am untätigen Außenminister Figl. *„Die österreichische Bevölkerung erwartet,"* hieß es weiter, *„daß von offizieller Seite energische Schritte gegen die zunehmende Diskriminierung und Schädigung der Südtiroler Volksinteressen unternommen werden. Die Unterwanderung Südtirols wird in einer Weise forciert, die nicht nur gegen den Buchstaben des Pariser Abkommens verstößt".* (Zitiert nach: Franz Widmann: „Es stand nicht gut um Südtirol", Bozen 1998, S. 248)

Dass die dem Bundeskanzler nahestehende Zeitung so deutliche Worte fand, lässt vermuten, dass deren Mahnung an den Außenminister Figl mit Billigung Raabs erfolgt war.

Rom begrüßt die bisherige Haltung der österreichischen Regierung und betont „das Recht, nach Südtirol zu übersiedeln"

Am gleichen Tag, dem 18. Juni 1955, gab das italienische Außenministerium eine Presseerklärung zum Südtiroler Memorandum und den Nachfragen der österreichischen Bundesregierung heraus, in welcher die bisherige Tatenlosigkeit der österreichischen Regierung schier höhnisch gelobt wurde. In der Argumentensammlung des Außenamtes ist dazu vermerkt:

„Aeussert die italienische ‚Befriedigung über die objektive und folgerichtige bisherige Haltung der oesterreichischen Regierung in der Suedtirolfrage und weist Anschuldigungen von Presseorganen und oertlichen Gruppen zurueck, wonach von Volksmord an den Suedtirolern durch die italienische Regierung, von einer ungenuegenden Beruecksichtigung ihrer Interessen und von einer unterbliebenen Anwendung des Pariser Abkommens gesprochen werde. Die italienische Regierung wolle gegenueber ‚der

deutschen Sprachgruppe' auch weiterhin eine Behandlung vollster Gleichberechtigung gewaehrleisten.
Allerdings koenne in keiner Weise das Recht aller Staatsbuerger geschmaelert werden, nach Suedtirol zu uebersiedeln, sich dort niederzulassen, dort ihre Taetigkeit auszuueben, zu investieren und immobilien zu besitzen und zu erwerben." (Bundesministerium für auswärtige Angelegenheiten: „Argumentensammlung/Geheim/Südtirolfrage", a.a.O., S. 336)

Figl fordert Einhaltung des Pariser Vertrages
Am 24. Juni 1955 hielt Außenminister Leopold Figl anlässlich des 10. Jahrestages der Vereinten Nationen an der Innsbrucker Universität eine Rede. In dieser betonte er den Geist der Freundschaft mit Italien, kam dann auf den Pariser Vertrag von 1946 zu sprechen und erklärte, dass in der Durchführung dieses Abkommens der Geist der Vereinten Nationen herrschen müsse. Die Argumentensammlung des Außenamtes hielt seine abschließende Forderung fest: *„Oesterreich, welchem die genaue Einhaltung von Vertraegen selbstverstaendlich sei, muesse auch von Italien dieselbe Haltung verlangen."* (Bundesministerium für auswärtige Angelegenheiten: „Argumentensammlung/Geheim/Südtirolfrage", a.a.O., S. 335)

Rom stellt Figl wie einen Schuljungen zur Rede
Bereits am 28. Juni 1955 sprach der italienische Botschafter in Wien, Angelo Corrias, bei Außenminister Figl vor und stellte ihn wie einen Schuljungen zur Rede.
Corrias wollte wissen, was Figl mit seinem Hinweis auf die Vereinten Nationen gemeint habe, ob er diese einschalten wolle. Figl beeilte sich, dem Botschafter das Manuskript seiner Rede zu überreichen und zu erklären, dass er dies keineswegs beabsichtige, sondern dass eben nur der *„Geist der Vereinten Nationen"* bei der Durchführung des Pariser Vertrages herrschen müsse. *„Ich habe gesagt, der Geist der gutnachbarschaftlichen Freundschaft mit Italien muß erhalten bleiben, wobei ich mir bewußt war, daß ich damit so manchen Tiroler Anschauungen nicht voll entsprochen habe, die sich von meiner Rede mehr erwartet hatten. Die Tiroler waren nicht ganz zufrieden, weil ich immer wieder vom Geist der Verständigung gesprochen habe."*

Der italienische Botschafter Angelo Corrias

Für diese aufklärenden Worte dankte ihm Corrias sowohl als Botschafter wie als *„Freund"* und teilte bei dieser Gelegenheit auch den Standpunkt seiner Regierung mit: *„... die Südtiroler sind Italiener. Wir geben den Südtirolern alle Rechte, die ihnen zustehen. Wir können ihnen aber keine Privilegien zugestehen, die den übrigen Italienern nicht zukommen"*.

Figl beteuert Wohlverhalten – es sei aber nicht leicht, die Südtiroler zu überzeugen

Figl erwiderte, dass seine Regierung nur die Einhaltung des Pariser Vertrages verlange, obwohl sie vom Volk seit Jahren gedrängt werde, *„gegenüber Italien eine stärkere und radikalere Haltung einzunehmen. ... Wir wollen nicht, daß sich die Vereinten Nationen mit dieser Frage befassen"*, auch wenn dies dem *„Wunsch gewisser radikaler Kreise"* entspreche. Die offenen Fragen müssten bilateral gelöst werden. *„Ich glaube, die Zuhörer überzeugt zu haben, dass die Lage durch die Behandlung vor einem internationalen Forum nicht besser werde, im Gegenteil"*.

All dem konnte Corrias nur zustimmen. Er vergaß aber nicht zu betonen, dass man gegen eine italienische Zuwanderung nach Südtirol nichts unternehmen könne, denn man könne schließlich die italienische Verfassung nicht abändern.

Figl hatte dafür Verständnis. Es sei aber *„nicht leicht für uns, die Südtiroler zu überzeugen, dass die Freizügigkeit für alle gelten muss"*. Mit seiner Rede, so Figl abschließend, habe er keine Kritik an der italienischen Regierung üben wollen. (Amtsvermerk Schöner über die Unterredung Figl-Corrias. Österreichisches Staatsarchiv, Archiv der Republik, BKA, AA, II-pol., Südtirol, Karton 26. Wiedergegeben in: Rolf Steininger: „Südtirol zwischen Diplomatie und Terror 1947–1969", Band 1: 1947–1959, Bozen, 1999, S. 203ff)

Großkundgebung in Wien: „Südtirol vor die UNO"

Am 1. Juli 1955 kam es zu einer großen Südtirol-Kundgebung auf dem Wiener Ballhausplatz, die zu einer Kampfansage nicht nur an die italienische Politik geriet, sondern auch auf eine Änderung der österreichischen Südtirol-Politik abzielte. Der Tiroler Nationalratsabgeordnete Univ.-Prof. Dr. Franz Gschnitzer rechnete in seiner Ansprache mit der römischen Politik ab.

Die Kundgebung endete mit der Verlesung einer Entschließung, in welcher die Bundesregierung aufgefordert wurde, *„ohne jeden Verzug von Rom die Einhaltung des Pariser Vertrages zu verlangen"* und sich notfalls auch an internationale Instanzen zu wenden.

Die Wiener Kundgebung wurde in Südtirol mit Aufmerksamkeit und Freude registriert. („Dolomiten" vom 2. Juli 1955)

Nach der Kundgebung empfing Bundeskanzler Julius Raab Tiroler Abordnungen. Er erklärte, dass *„die Südtiroler Volksgruppe in der Frage ihrer berechtigten Forderungen auf die Unterstützung der Wiener Stellen rechnen könne"*. (Zitiert aus „Dolomiten" vom 2. Juli 1955)

„Moskau als Auftraggeber"

Über die italienischen Reaktionen auf die Kundgebung berichtete die Innsbrucker „Tiroler Tageszeitung" am 4. Juli 1955:

„Die italienische Presse bemüht ... sich eifrig, Moskau als den ‚Auftraggeber' hinzustellen, um sich auf diese Weise die Unterstützung der Westmächte gegen die berechtigten österreichischen Forderungen zu erschleichen".

Die in Rom erscheinende Zeitung „Il Tempo" behauptete, dass eine *„geheime Vereinbarung"* zwischen der Sowjetunion und Österreich bestehe. Diese sei *„schuld an dem augenblicklichen Streit mit Wien über Südtirol"*. Das Ziel sei, so „Il Tempo", die Neutralisierung Südtirols, um *„die durch Österreichs Neutralisierung geschaffene Lücke zwischen den beiden NATO-Partnern Italien und der Bundesrepublik Deutschland zu vergrößern"*. Dieses Vorhaben, so schrieb „Il Tempo" weiter, sei womöglich schon bei einem Besuch des Bundeskanzlers Raab in Moskau abgesprochen worden.

➤ Regierungswechsel in Rom und Verhärtung der italienischen Haltung

Der ÖVP-DC-Verbindungsmann Moser schlägt dem italienischen Innenminister Tambroni ein Geheimtreffen vor

Auf die Regierung Scelba folgte am 6. Juli 1955 eine neue Regierung unter dem Ministerpräsidenten Antonio Segni, in welcher Fernando Tambroni nun Innenminister geworden war. Mit diesem mit faschistischer Vergangenheit ausgestatteten DC-Politiker war der ÖVP-DC-Verbindungsmann Rudolf Moser gut befreundet.

Der unentwegt um christdemokratische Eintracht bemühte Moser schickte umgehend an alle italienischen Regierungsmitglieder herzliche Glückwünsche. Besonders herzlich gratulierte Moser aber am 8. Juli 1955 der *„verehrten Exzellenz"* Tambroni zur deren Ernennung in einem in Italienisch gehaltenen Schreiben mit den *„äußerst inbrünstigen und aufrichtigen Glückwünschen" („i miei piu fervidi e sinceri auguri")*. Dazu, so schrieb Moser, *„gratuliere ich auch mir sowie dem italienischen Volk, dem ich mich stets mit der allergrößten Sympathie und mit wahrer Freundschaft verbunden fühle"*.

Falls es Tambroni möglich sein sollte, seinen Urlaub auch außerhalb Italiens zu verbringen, so solle er sich an ihn, Moser, wenden. Er könne ihm einen *„Aufenthalt in einem strikten Inkognito"* beschaffen. *„Von meinen Freunden befinden sich der Außenminister Figl, der Nationalratspräsident Hurdes und der Innenminister Graf in der Sommerfrische nicht weit weg von meinem Heimatort und ich bin mit ihnen in ständigem Kontakt.*

Daher wäre es leicht, ein höchst privates Zusammentreffen herbeizuführen, so wie vor 3 Jahren, als ich das große Vergnügen hatte, die verehrenswürdige Person Alcide Degasperi mit seiner Gemahlin in meinem Hause aufnehmen zu können.

Der von Rudolf Moser mit „inbrünstigen und aufrichtigen Glückwünschen" bedachte italienische Innenminister Fernando Tambroni sollte bald sein wahres Gesicht zeigen.

> 8. Luglio 1955.
>
> Sua Eccellenza on. Fernando Tambroni
> Ministro dell' Interno
>
> <u>R o m a</u>
>
> Egregia Eccellenza,
>
> con vivo soddisfazione ho appreso della Sua nominazione per

> mente a me, perché io posso provedere un soggiorno nel più
> stretto incognito.
>
> Da miei amici, il ministro degli Esteri Figl, il Presidente
> della Camera Hurdes, il Segretario di Stato nel Ministero
> dell' Interno Graf si trovano in villegiatura non lontano dal
> mio paese e con questi sono in contatto continuo.
>
> Quindi sarebbe facile di conbinare un incontro privatissimo,
> come 5 anni fa avevo il enorme piacere di poter ospitare a casa
> mia la venerabile persona Alcide de Gasperi con consorte.
>
> Vogliamo mirare per eliminare malintesi fra nostri due popoli
> e fare il nostro meglio perché le relazioni fra nostri due
> Stati diventino sempre più cordiali, sinceri e leali.

Auszüge aus dem Durchschlag des Briefes Mosers an Tambroni. (Archiv des Verfassers, Aktenbestand Moser)

Wir wollen darauf abzielen, Missverständnisse zwischen unseren beiden Völkern zu beseitigen und unser Bestes zu tun, dass die Beziehungen zwischen unseren Völkern immer herzlicher, ernsthafter und loyaler werden."

Am 25. Juli 1955 konnte Moser brieflich stolz an Außenminister Figl berichten:

„Lieber Freund!
Zu Deiner Information will ich Dir auch die Rückäußerung der mir befreundeten Regierungsmitglieder auf meine Glückwünsche bekanntgeben."
Und dann berichtete Moser unter anderem, dass der Innenminister Fer-

nando Tambroni ihm als *„Liebem Freund"* (*„Caro Amico"*) für den *„liebevollen Brief"* (*„affettuosa lettera"*) und auch *„für die freundliche neuerliche Einladung"* gedankt und versichert habe, er wolle ihr Folge leisten, *„sobald die Umstände es erlauben"*. (Archiv des Verfassers, Aktenbestand Moser)

Ob und wo es damals zu dem von Moser angeregten *„privatissimo"*-Treffen mit Tambroni und den österreichischen Politikern gekommen ist, darüber geben die von Moser und Figl hinterlassenen Dokumente keine Auskunft.

Fernando Tambroni sollte gegenüber den Südtirolern bald sein wahres Gesicht zeigen.

Forcierung der Unterwanderungspolitik

Am 17. September 1955 verkündete die italienische Bozener Tageszeitung „Alto Adige", dass die italienische Regierung bereits 200 Millionen Lire für den weiteren Wohnbau in Bozen zur Verfügung gestellt habe und noch weitere Mittel dazu zur Verfügung stellen wolle. Das bedeutete, dass die Zuwanderung aus dem Süden nicht beendet, sondern weiter vorangetrieben werden sollte. Tatsächlich war die Wohnbaupolitik der italienischen Regierung zur Förderung der Zuwanderung in Bozen nach 1945 massiver als zur Zeit des Faschismus. Bozen hatte am Ende des Zweiten Weltkrieges nur 15 Prozent der später erreichten Bausubstanz besessen. (Franz Widmann: „Es stand nicht gut um Südtirol", Bozen 1998, S. 261)

Rom: „Auf internationaler Ebene stellt sich ein Problem Südtirol nicht"

Am 27. September 1955 erklärte der italienische Außenminister Gaetano Martino im italienischen Parlament: *„Die, wie man sie unrichtigerweise zu bezeichnen pflegt, ‚Suedtiroler Frage' ist nicht dazu angetan, die Entwicklung der italienisch-oesterreichischen Beziehungen zu beeinflussen. Auf internationaler Ebene stellt sich das Problem Suedtirol nicht. Was immer die Bestrebungen gewisser Kreise sein moegen, sehen wir keinen Grund zur Annahme, dass die fuer die Politik der oesterreichischen Regierung Verantwortlichen eine andere Ansicht als wir vertreten."* Dann forderte Martino die *„verantwortlichen Exponenten der anderssprachigen Volksgruppe"* zur Loyalitaet auf. Ansonsten würde die *„anderssprachige Volksgruppe ... selbst den groessten Schaden erleiden"*. (Zitiert nach der Niederschrift im Bundesministerium für auswärtige Angelegenheiten: „Argumentensammlung/Geheim/Südtirolfrage", a.a.O., S. 336f)

**Rom brüskiert Wien: Österreich darf sich nicht
„in die inneren Angelegenheiten Italiens" einmischen**

Am 30. September 1955 beantwortete Bundeskanzler Raab eine Interpellation im Österreichischen Nationalrat und erlaubte sich zu erklären: *„Die oesterreichische Bundesregierung wird auch weiterhin nicht verfehlen, die Interessen der deutschsprachigen Bevoelkerung Suedtirols im Rahmen des Pariser Abkommens nachdruecklich wahrzunehmen und zu vertreten."* (Zitiert nach der Niederschrift im Bundesministerium für auswärtige Angelegenheiten: „Argumentensammlung/Geheim/Südtirolfrage", a.a.O., S. 338)

Am 3. Oktober 1955 erhob der italienische Botschafter in Wien mündlichen Protest gegen diese Erklärung und gab am gleichen Tag eine Presseerklärung heraus.

Darin hieß es, dass die italienische Regierung nicht bestreite, *„dass Oesterreich das Recht habe, sich für die vollstaendige Durchfuehrung des Pariser Abkommens zu interessieren, muesse es aber als eine Einmischung in die inneren Angelegenheiten Italiens betrachten, wenn Oesterreich Anspruch erhebe, im Rahmen des Pariser Abkommens die Interessen der deutschsprachigen Bevoelkerung in Suedtirol zu vertreten."*
(Zitiert nach der Niederschrift im Bundesministerium für auswärtige Angelegenheiten: „Argumentensammlung/Geheim/Südtirolfrage", a.a.O., S. 338)

➤ Ein Bischof ergreift Partei für Rom

**Paradigmenwechsel bei der katholischen Kurie in Südtirol –
der neue Bischof Dr. Gargitter ist ein Verbündeter Roms**

Am 26. April 1952 war der Fürstbischof von Brixen Dr. Johannes Geisler aus Gesundheitsgründen vom Papst von seinem Amt entbunden worden. Dr. Geisler war Jahrzehnte hindurch der treue geistliche Schutzherr seiner Volksgruppe gewesen.

Im Juli 1945 hatte er den Alliierten eine *„Petition des Bischofs von Brixen und aller Südtiroler Geistlichen"* übersandt, in welcher *„sie feierlich den einheitlichen Wunsch der Südtiroler deutschsprachigen und ladinischen Bevölkerung nach Rückkehr Südtirols zu Österreich"* bekundeten. Die Petition bezeugte, wie Fürstbischof Dr. Geisler in einem Begleitbrief an den britischen Ministerpräsi-

*Fürstbischof
Dr. Johannes Geisler*

denten Sir Attlee festhielt, „*daß es der brennendste Wunsch der Südtiroler ist, daß ihr Land mit den übrigen Teilen Tirols und mit Österreich wiedervereinigt wird*". (Landhauskorrespondenz, Sonderausgabe „Österreich ruft Südtirol, Innsbruck 1945, S. 19f)

Am 20. Oktober 1945 übersandte Bischof Dr. Geisler dem US-Präsidenten Truman ein Memorandum, in welchem er die Fortführung der alten faschistischen Politik in Südtirol anprangerte. Geisler forderte eine Volksabstimmung über die künftige staatliche Zugehörigkeit Südtirols unter alliierter Kontrolle. (National Archives Washington, RG-84, 715 South Tyrol)

Am 22. Mai 1946 richteten Fürstbischof Dr. Geisler und der Organisationsleiter der „Südtiroler Volkspartei" (SVP), Dr. Friedl Volgger, einen Brief an den britischen Außenminister Bevin, welchem sie ebenfalls die dringliche Forderung nach Selbstbestimmung Südtirols unterbreiteten.

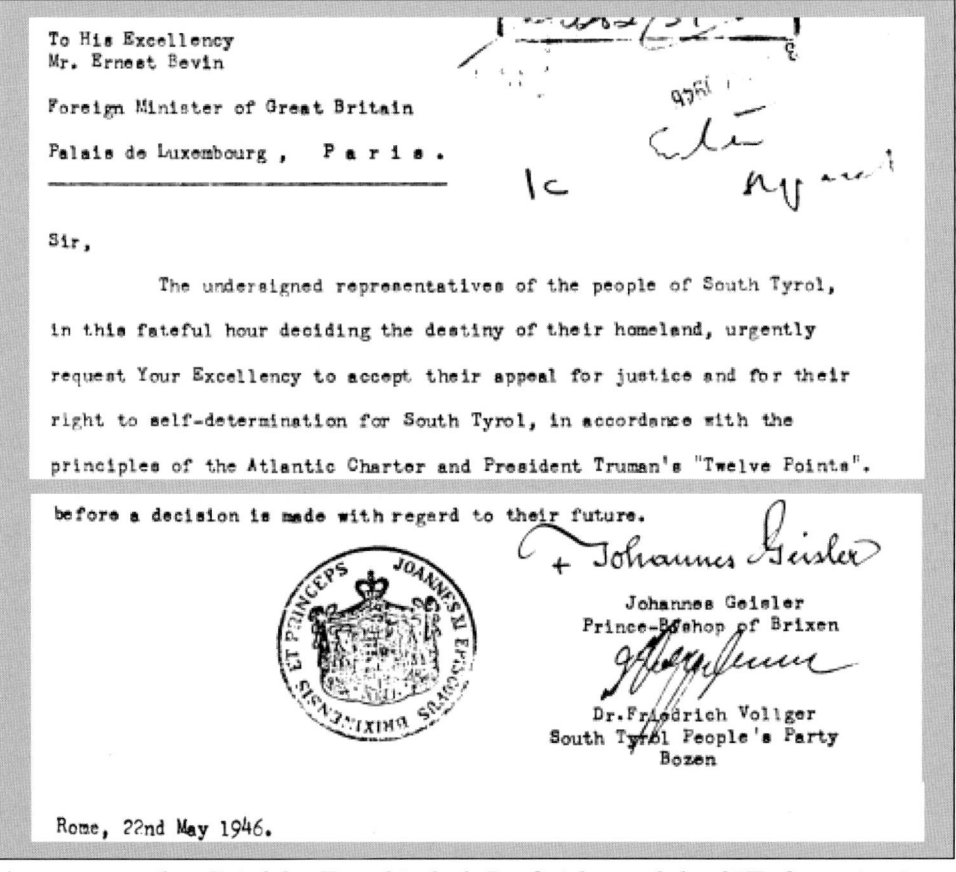

Auszüge aus dem Brief des Fürstbischofs Dr. Geisler und des SVP-Organisationsleiters Dr. Friedl Volgger an den britischen Außenminister Bevin vom 22. Mai 1946. (Public Records Office in Kew Gardens, Aktensammlung des Foreign Office, FO 371/60533)

Tiroler Nachrichten
Tagblatt der Österreichischen Volkspartei

2. Jahrgang — Montag, 12. August — Nr. 172

Der Bischof von Brixen für Rückgabe Südtirols an Österreich

London, 11. August. (DANA.)

Der Bischof von Brixen Johannes Geisler tritt in einem Brief an den britischen Außenminister Ernest Bevin für eine Revision des Beschlusses der vier Außenminister über den Verbleib Südtirols bei Italien ein.

Der Bischof, selbst ein gebürtiger Südtiroler, bezeichnet sich in dem Brief als Sprecher des Südtiroler Volkes und bittet den britischen Außenminister um Intervention, bevor es zu spät sei.

Über die italienischen Behauptungen, die Italiener seien in der dortigen Grenzbevölkerung stark vertreten, schreibt der Bischof, seit 1919, als der italienische Anteil an der Bevölkerung etwa 3 Prozent betrug, ist ein ständiger Beamtenzuwachs aus Italien zu verzeichnen, besonders in Bozen gibt es tausende italienische Arbeiter, die nur mit der Absicht dorthin gebracht wurden, eine italienische Mehrheit herzustellen. Diese Italiener, so schreibt der Bischof, seien auch die Ursache für die dort herrschende Arbeitslosigkeit.

In seiner Rede macht der Bischof von Brixen Außenminister Bevin darauf aufmerksam, daß seit der Zurückziehung der alliierten Militärregierung eine ständige Wiedereinstellung von faschistischem Personal bei den amtlichen und halbamtlichen Behörden stattgefunden habe. Schlägereien sowie Schießereien hätten stattgefunden und die Bevölkerung wage es kaum, ihre Meinung in der Öffentlichkeit zu vertreten.

Auch in Nordtirol wurde das Schreiben des Fürstbischofs mit großer Aufmerksamkeit wahrgenommen.

Mit seinem Eintreten für das Selbstbestimmungsrecht der Südtiroler hatte Bischof Dr. Geisler nicht in die neue politische Linie des Vatikans gepasst. Nun war man in Rom wahrscheinlich froh, ihn loszuwerden. Er wurde durch den linientreuen Bischof Dr. Josef Gargitter ersetzt, der sich im Volksmund bald die wenig ehrenvolle Bezeichnung *„walscher Seppele"* erwerben sollte.

Der neue Bischof Dr. Gargitter (links) und der abtretende Fürstbischof Dr. Geisler auf dem Weg zur zeremoniellen Amtsübergabe. Dr. Geislers Gesicht ist von Krankheit und Bedrücktheit gezeichnet.

Mit dem Amtsantritt des neuen Bischofs Dr. Josef Gargitter im April 1952 änderte sich die Zielrichtung des Einflusses der Kurie auf die Politik diametral.

Gargitter hatte das österreichische Tirol nicht erlebt und gekannt. Er war unter dem Faschismus groß geworden und hatte an der päpstlichen Universität Gregoriana in Rom studiert, wo er auch zum Priester geweiht worden war. Von Volkstumspolitik wollte er nichts wissen und trat als entschiedener Gegner des Direktors der Tageszeitung „Dolomiten", Kanonikus Michael Gamper, auf. Ab nun war der Bischof von Brixen ein Verbündeter Roms und der damaligen Rom ergebenen SVP-Spitze.

Bischof Gargitter: Politik im Dienste der Religion – im Dialog zwischen SVP und DC

Dr. Gargitter vertrat von Anfang an uneingeschränkt die Linie des Vatikans. Der Historiker Dr. Joachim Goller hat die Rolle des Klerus in der Südtirol-Politik eingehend analysiert. Er berichtet, dass Gargitter der italienischen Regierung *„als Mann der Mitte"* galt, unter dessen Führung ein *„Paradigmenwechsel"* bei der Kurie in Südtirol stattfand. Dr. Gargitter *„hielt die ethno-nationale Linie für einen Irrweg und schlug sich gleich zu Beginn seiner Amtszeit auf die Seite der liberalen ‚Gründungsväter' der SVP um Amonn und Raffeiner. ... Die katholischen Organisationen sollten von nun an Hauptträger der Verständigung zwischen den Volksgruppen sein und den Ethno-Nationalismus in die Schranken weisen. ... Gargitter hielt ein Bündnis zwischen SVP und DC für die richtige Lösung: antikommunistisch, Sprachgruppen-übergreifend und vor allem christlich. Südtirol-Politik dürfe nur im Dialog zwischen der christlichen SVP und der christlichen DC stattfinden"*.
(Joachim Goller: „Die Brixner Richtungen. Die Südtiroler Volkspartei, das katholische Lager und der Klerus.", Innsbruck-Wien-Bozen 2008, S. 158f)

Das bedeutete implizit die Absage an die Südtiroler Selbstbestimmung. Die Politik müsse gemäß den Worten Dr. Gargitters *„im Dienst der hohen Güter von Religion, Kultur und sozialer Wohlfahrt"* stehen, dürfe sich dabei aber nicht in kirchliche Belange einmischen. (Josef Gargitter: „Christliche Politik in Südtirol", in „Rheinischer Merkur" vom 29. Mai 1959, zitiert bei: Claus Gatterer: „Im Kampf gegen Rom", Wien-Frankfurt-Zürich 1968, S. 1315)

Dr. Gargitter kam nach Südtirol als Kreuzritter gegen den gottlosen Kommunismus. Für ihn ging es um die weltpolitische Dimension. Italien war das schwache Glied in der Kette der Staaten der „freien Welt". Hier konnte der Kommunismus den Sieg erringen und Europa und die ganze Welt ins Verderben reißen.

Daher galt es, Degasperi und die „Democrazia Cristiana" (DC) zu unterstützen und den Stand der Regierung in Rom zu festigen. Jegliche Südtiroler Volkstumspolitik musste hier störend und die Regierung schwächend wirken.

Bischof Dr. Gargitter auf Konfrontation zu Kanonikus Gamper

Irgendwann hatte sich in dem Bischof der Gedanke festgesetzt – oder war ihm eingegeben worden – dass kommunistische Agenten das Aufbegehren der Südtiroler gegen die römische Unterdrückungspolitik als Mittel für die Zerstörung des christlichen Lagers in Italien benützen würden.

Dr. Gargitter machte Front gegen die Volkstumspolitik des Kanonikus Gamper und den volkstumspolitischen Flügel der Südtiroler Volkspartei und unterstützte die romtreue anpasserische „Alte Garde" in der SVP. Gargitters Ziel war es, die SVP auf den Weg zu einer freundschaftlichen Zusammenarbeit mit der „Democrazia Cristiana" (DC) zu führen.

Zu des Bischofs Leidwesen schwenkte die unter der Leitung des Kanonikus Gamper stehende Tageszeitung „Dolomiten" auf diesen Kurs nicht ein und blieb weiterhin ein Bollwerk im Kampf um das Bestehen der deutschen und ladinischen Volksgruppe. Der Kanonikus sah sich rasch durch den Bischof Dr. Gargitter bedrängt, der das gesamte Kirchenvolk auf eine gemeinsame Linie mit der italienischen „Democrazia Cristiana" (DC) vergattern wollte.

Als sich der Kanonikus Gamper am 4. März 1953 in einem Artikel in den „Dolomiten" der beabsichtigten Kandidatur eines gewissen Dr. Natale Dander auf der Liste der Südtiroler Volkspartei widersetzte, die vom Bischof und dem italienischen Nationalistenblatt „Alto Adige" unterstützt wurde, schrieb Bischof Dr. Gargitter an Kanonikus Gamper: *„... erfülle ich die unangenehme Pflicht, Sie von meiner Sorge und Unzufriedenheit in Kenntnis zu setzen, dass Sie in Ihrem Blatte ‚Dolomiten' der Volkspartei gegenüber für die christlichen Anliegen nicht entsprechend eintreten. Durch den obenerwähnten Artikel hat sich der schon seit Jahren bestehende Eindruck wesentlich verstärkt, dass Sie das christliche Anliegen zu sehr hinter das nationale zurückstellen. Indem ich Ihnen hierüber mein Bedauern ausspreche, muss ich mit Nachdruck betonen, dass ich diese Haltung unmöglich hinnehmen kann und dass bei Beibehaltung dieser Haltung die Distanzierung des Bischofs und des Klerus unausbleiblich ist."* (Walter Marzari: „Kanonikus Michael Gamper", Schriftenreihe „Aus Christentum und Kultur" Bd. 3, Wien 1974, S. 201)

Dr. Natale Dander, der politische Schützling des Bischofs Dr. Gargitter, sollte im Jahre 1956 bei den Gemeinderatswahlen in Brixen erneut als Spaltpilz gegen die deutsche Volksgruppe in Erscheinung treten und als Spitzenkandidat auf einer mit der SVP konkurrierenden „Weiße-Turm-Liste" kandidieren, die sich als *„katholische Bewegung"* präsentierte. An dem Zustandekommen und Erfolg dieser Liste war laut Claus Gatterer *„die bischöfliche Kurie nicht unbeteiligt"*, denn sie wandte sich – ganz im Sinne des Bischofs Dr. Gargitter – *„gegen den unchristlichen Nationalismus"*. (Claus Gatterer: „Im Kampf gegen Rom", Wien 1968, S. 1265)

Die „Democrazia Cristiana": „Wenn Degasperi nicht siegt, dann ist Südtirol verloren!"

Die „Democrazia Christiana" (DC) in Südtirol genoss das Wohlwollen und Vertrauen des Bischofs. Zu den Parlamentswahlen von 1953 trat sie in Südtirol mit eigener deutscher Wahlwerbung, einigen deutschen Kandidaten und dem Parteisymbol in Form eines Kreuzritterschildes mit der Inschrift „Libertas" an. Die DC spielte geschickt die Karte der vom Vatikan geförderten Kommunistenfurcht aus, um die deutsche Volksgruppe zu spalten. Bezeichnend war der Wahlaufruf in der Wahlzeitung *„Christenstimmen aus dem Rosengarten"* unter dem Titel *„Was dann?"*. In dem Artikel hieß es: *„Die echten Südtiroler wollen Friede und Freundschaft mit der regierungstreuen Mehrheit Italiens! ... Wenn unser Ministerpräsident Degasperi mit seiner christlich-demokratischen Parlamentsgruppe in diesem entscheidenden Wahlkampf nicht den definitiven Sieg erringt, dann ist Südtirol verloren.*

Ein Neuer Umsturz vernichtet unsere Selbstverwaltung. Die Sozis werden den Rotgardisten den Weg ebnen zum Sturz jeder anderen demokratischen Regierung und folglich die Selbstverwaltung des katholischen Südtirolervolkes einem fremden ‚Volkskommissar' überlassen, welcher die ‚neue Ordnung' dadurch schaffen würde, dass er aus Wien und Graz die Rotgardisten herbeiholt."

Die kommunistische Gefahr kam also aus Österreich und über Österreich. *„Der Anschluss?"*, fragte die Wahlzeitung. *„An das zertrümmerte Österreich? Unmöglich! Seit acht Jahren wartet Österreich vergeblich auf einen Friedensvertrag! Das Einfallstor der Slaven und Kommunisten steht weit offen und unbewacht in fremdem Machtbereich! ... Glaube und Heimat ... Wir wählen im Zeichen des Kreuzes, der Freiheit, der Eintracht, der christlichen Treue, als aufrichtige Staatsbürger: ‚Libertas'."* (Wahlblatt „Christenstimmen vom Rosengarten", Parlamentwahl 1953, in Faksimile wiedergegeben in: Staffler / Hartungen: „Geschichte Südtirols", Lana 1985, S. 202)

Christenstimmen vom Rosengarten

Die echten Südtiroler wollen Friede und Freundschaft mit der regierungstreuen Mehrheit Italiens!

AB HEUTE: Entscheidende Wahlschlacht zur Rettung des christlichen Abendlandes im Zeichen des Kreuzes, der Freiheit, der Gerechtigkeit, der Selbstverwaltung, des wahren Friedens zwischen den drei Sprachgruppen in der Region Trentino - Tiroler Etschland, und besonders in Südtirol:

* * *

Wenn unser Ministerpräsident Degasperi mit seiner christlich-demokratischen Parlamentsgruppe in diesem entscheidenden Wahlkampf nicht den definitiven Sieg erringt, dann ist Südtirol verloren.

Was dann?

Ein neuer Umsturz vernichtet unsere Selbstverwaltung. Die Sozi werden den Rotgardisten den Weg ebnen zum Sturz jeder anderen demokratischen Regierung und folglich die Selbstverwaltung des katholischen Südtirolervolkes einem fremden «Volkskommissar» überlassen, welcher die «neue Ordnung» dadurch schaffen würde, dass er aus Wien und Graz die Rotgardisten herbeiholt.

DER ANSCHLUSS? An das zertrümmerte Oesterreich? Unmöglich! Seit acht Jahren wartet Oesterreich vergebens auf einen Friedensvertrag! Das Einfallstor der Slaven und Kommunisten steht weit offen und unbewacht in fremdem Machtbereich!

DER ALPEN-BUNKER? Ohne die italienischen und ladinischen Katholiken ist kein Bunker und auch keine Selbstverwaltung denkbar!

Gott sei gedankt, dass Hitlers Alpenbunker nicht funktioniert hat! Ministerpräsident Degasperi sei gedankt, dass die Südtiroler wieder die italienische Staatsbürgerschaft erhalten haben.

Glaube und Heimat

Wir wählen im Zeichen des Kreuzes, der Freiheit, der Eintracht, der christlichen Treue, als aufrichtige Staatsbürger: «LIBERTAS».

Ausschnitte aus der DC-Wahlzeitung „Christenstimmen aus dem Rosengarten".

Bischof Dr. Gargitter: Volkstumspolitik als Werk des kommunistischen Teufels

Dieser Linie folgte Bischof Dr. Gargitter auch in den folgenden Jahren. Am 24. September 1955 meldete er sich mit einem skurrilen politischen Hirtenbrief gegen *„die Gefahr des Kommunismus in unserem Lande"* zu Wort.

Dr. Gargitter meinte damit aber nicht die zum Teil kommunistisch organisierten italienischen Arbeiter in der Bozner Industriezone, von denen bei Betriebswahlen bis zu 50 Prozent die Kommunistische Partei wählten. Gargitter zielte auf den volkstumspolitischen Flügel in der „Südtiroler Volkspartei": *„Der Kommunismus richtet gegenwärtig sein Augenmerk mit erhöhtem Interesse auf unser katholisches Land und Volk. Die Gefahr ist groß, auch wenn sie jetzt noch nicht nach außen so unmittelbar sichtbar wird. Die kommunistische Propaganda arbeitet versteckt, mit Schlauheit und Verstellung. Die Verstellungskunst des Kommunismus ist vielfältig, weil sie vom Vater der Lüge kommt, vom Teufel."*

Es war ein sehr gut getarnter kommunistischer Teufel, der umging im Lande. Der Bischof aber hatte ihn erkannt und schickte sich nun an, ihn auszutreiben: *"Er sucht Misstrauen zu säen gegen Männer, die auch im öffentlichen Leben zu den christlichen Grundsätzen stehen, gegen die Kirche, gegen Bischof und Klerus; er sucht das Volk zu verhetzen …* **Wenn er auch nationale Vorteile, Freiheit und Unabhängigkeit verspricht, dann wisset, dass er euch nur betrügen will, um euch ins Unglück und in Knechtschaft zu bringen. Alle Versprechungen des Kommunismus sind wie die Versprechungen des Teufels."**

Der Zeitzeuge, SVP-Politiker und Chronist Franz Widmann berichtet: *„Ob gewollt oder ungewollt, der Hirtenbrief mußte auf die deutsch- und ladinischsprachige Wählerschaft den Eindruck machen, daß die Gefahr im Volk und in der Volkstumspolitik stecke."* (Franz Widmann: „Es stand nicht gut um Südtirol", Bozen 1998, S. 275)

Umgehend wurde das politische Hirtenwort von politischen Vertretern der „Democrazia Cristiana" in Südtirol und im Trentino aufgegriffen, die erklärten, dass gewisse Exponenten der SVP dem Kommunismus den Weg bereiteten.

Des Bischofs Botschaft kam bei den Italienern an

Bei den Südtirolern löste Dr. Gargitters Botschaft des Jahres 1955 Verwirrung und Unsicherheit aus. Klar und verständlich kam sie jedoch im italienischen Lager an, wie der nächste Provinz-Parteitag der DC in Bozen zeigte: Dort warf ein DC-Vertreter aus Franzensfeste der SVP vor, unchristlichen Hass gegen die Italiener zu schüren und eine verhängnisvolle Politik zu bestreiten: *„Wenn sie diese Politik weitermacht, so wird sie zur geschlossensten kommunistischen Partei der Welt werden".* Der Trentiner Regionalsekretär der DC und Senator Luigi Benedetti forderte den Abbruch jeglicher Beziehung zwischen der römischen DC und der SVP, auch weil sich *„hinter gewissen Exponenten der SVP der Kommunismus"* verberge. (Zitate aus: Franz Widmann: „Es stand nicht gut um Südtirol", Bozen 1998, S. 273ff)

▶ Figls Entblößung – Empörung in Tirol

Figl, die italienischen Freunde und die „Politik der 51 Prozent"

Bereits im April 1954 hatte der italienische Generalkonsul in Innsbruck, Mario Paulucci, in einer Denkschrift den Weg zur endgültigen Italianisierung Südtirols durch eine *„politica del 51 percento"* aufgezeigt. Um

Der italienische Generalkonsul Mario Paulucci (rechts), ein Verfechter der „Politik der 51 Prozent".

die möglichst rasche Majorisierung der Südtiroler zu erreichen, sei eine weitere progressive Industrialisierung Südtirols mit Schaffung neuer Arbeitsplätze für zuwandernde Italiener notwendig. In Wien hatte sich der Botschafter Angelo Corrias zustimmend zu diesem Plan geäußert.
Gegenüber dem Bundeskanzler und Außenminister Figl beteuerte Corrias zur gleichen Zeit seine herzliche Freundschaft und stellte entschieden in Abrede, dass Italien eine Unterwanderungspolitik in Südtirol betreibe.
Am 26. Jänner 1956 konnte Paulucci voll Freunde an das italienische Außenamt melden, dass Corrias in Kürze nach Rom reisen und dort der italienischen Industriellenvereinigung „Confindustria" seinen Plan der verstärkten Italianisierung Südtirols unterbreiten werde. (Brief von Paulucci an den Leiter der Politischen Abteilung im italienischen Außenministerium. Wiedergegeben in: Rolf Steininger: „Südtirol im 20. Jahrhundert. (Dokumente.) Innsbruck-Wien 1999, S. 188f)

Figl: „Was uns trennt, ist unendlich geringfügig"
Im März 1956 weilte der österreichische Außenminister Leopold Figl anlässlich der Feierlichkeiten des 80. Geburtstages von Papst Pius XII. in Rom. Dort traf er mit dem Ministerpräsidenten Antonio Segni (DC)

Außenminister Leopold Figl wurde von dem italienischen Ministerpräsidenten Antonio Segni überschwänglich herzlich empfangen. Man tätschelte sich in christdemokratischer Freundschaft die Hände. Figl bedankte sich für diese südländischen Freundschaftsbekundungen am 14. März 1956 in einer Weise, die in Tirol Empörung auslöste.

sowie mit weiteren Spitzenpolitikern der italienischen Regierung und der „Democrazia Cristiana" (DC) zusammen. Laut einer italienischen Aktennotiz habe Figl dabei *„zu verstehen gegeben, daß sich auch seiner Ansicht nach die italienisch-österreichischen Probleme hinsichtlich des Alto Adige mit der Durchführung des Abkommens* (Anm.: gemeint ist das Pariser Abkommen von 1946) *erledigen"*. (Rolf Steininger,: „Südtirol zwischen Diplomatie und Terror 1947–1969", Band 1: 1947–1959, Bozen, 1999, S. 236)

Am 14. März 1956 krönte Figl seinen Rom-Besuch mit einem Vortrag vor der italienischen „Gesellschaft für internationale Organisationen". Im Nachlass Figls im niederösterreichischen Landesarchiv ist das Manuskript seiner Rede erhalten. Daraus sind hier jene Passagen wiedergegeben, die in Nord- und Südtirol Empörung auslösen sollten:

```
500.378-K/56        Rede über ST 14.3.56 in Rom d. BM Figl
                    500.516-K/56(Hilbert)500.534-K/56(Raab)
                    500.775-K/56(Moser)500.198-K/56(Moser)
```

Speziell mit Italien verbinden uns Österreicher jahrhunderalte Bande der Freundschaft. Unser großes Interesse am wirtschaftlichen

Feststellung berechtigt zu der Annahme, daß die alten Händel zwischen den europäischen Nationen endlich doch vor den gemeinsamen Erfordernissen eines geeinten Europa zurücktreten werden. Das trifft auch auf das Problem Südtirol zu; die österreichische Bundesregierung steht nach wie vor auf dem Boden des Pariser Abkommens, in dessen Rahmen ihr ein auch von der italienischen Regierung niemals bestrittenes Recht der Interessenahme zusteht. Auch hier gilt das bereits Gesagte: was uns trennt, ist unendlich geringfügig gegenüber dem was uns eint, so daß wir hoffen können, die noch öffenen Fragen im Geiste unserer gemeinsamen Tradition zu lösen.

(Auszüge aus dem Redemanuskript Figls für seinen Vortrag in Rom am 14. März 1956. NÖ Landesarchiv, Nachlass Figl, Karton 39)

Tiroler Proteste gegen Figl

In Nord- und Südtirol gingen nach dieser Rede die Wogen hoch. Der Nordtiroler ÖVP-Obmann Dr. Aloys Oberhammer nahm im ÖVP-Organ „Tiroler Nachrichten" unter der Überschrift *„Genug, Herr Außenminister!"* zornig Stellung und erklärte, dass *„unendlich geringfügig"* bis-

lang nur die außenpolitische Leistung unter der Ministerschaft Figls gewesen sei. *"Wir können Wien zu diesem Minister gratulieren! Unendlich geringfügig!"*
Die Nordtiroler Wochenzeitung „Der Volksbote" forderte am 25. März 1956 eine radikale Kursänderung der Wiener Südtirol-Politik und drohte, dass ansonsten die Tiroler zur *„Selbsthilfe"* gezwungen seien.

Das Volk von Tirol verliert die Geduld mit Rom und Wien
Auch in Südtirol schlug das Thema hohe Wellen und führte zu empörten Kommentaren. Die Bozener Tageszeitung „Dolomiten" berichtete auf ihrer Titelseite über die Nordtiroler Proteste.

Figls Selbstenthüllung in Rom und die Nordtiroler Kommentare dazu waren auch ein Hauptthema in der Tageszeitung „Dolomiten".

Am 26. März 1956 fasste der SVP-Parteiausschuss eine Resolution, in der es hieß, dass die Südtirol-Frage nicht hinter Fragen der Zusammenarbeit zwischen Österreich und Italien zurückstehen dürfe. Das war noch sehr vornehm formuliert. Am 28. März 1956 drückten die „Dolomiten" in einem Kommentar dies so aus: *„Das bedächtige und ruhige Volk von Tirol verliert langsam die Geduld. Und zwar verliert sie Südtirol gegenüber Rom und Nordtirol gegenüber Wien … Südtirol und die Behandlung seiner Fragen darf nicht auf ein Nebengleis geschoben und auf die leichte Schulter genommen werden."* („Dolomiten" vom 28. März 1956)

Ein geheimes Rechtfertigungspapier des Außenamtes: Das Problem „entdramatisieren" – sich nicht von „gefühlsbetonten Momenten" leiten lassen! – keine Befassung der UNO anstreben!

Es drohte der offene Bruch der Tiroler ÖVP-Landespartei mit der Bundespartei. Im Wiener Außenamt brach Bestürzung aus.

In aller Eile wurde am 29. März 1956 ein als „*geheim*" klassifiziertes Memorandum mit dem Titel „*Möglichkeiten einer gesamtösterreichischen Südtirolpolitik*" erstellt.

Diese umfangreiche und in gestelztem Hofrats-Deutsch verfasste Schrift, die bezeichnenderweise keinen Verfassernamen trug, beklagte die heftigen Angriffe auf Minister Figl und versuchte „*die leider beschränkten Möglichkeiten*" darzulegen, „*die für den Ballhausplatz in der Südtirolfrage überhaupt gegeben sind*".

Das Papier wandte sich gegen die Forderung, die Vereinten Nationen mit der Südtirol-Frage zu befassen. Man würde dafür „*als glühende Verfechter unserer Interessen nur die Vertreter der Ostblock-Staaten sowie der neutralistischen und unzufriedenen Staaten Asiens*" finden. „*Das Resultat wäre verheerend!*"

Eine „*verantwortungsbewußte österreichische Außenpolitik kann sich demnach im Augenblick in der Südtirol-Frage nicht von gefühlsbetonten Momenten leiten lassen*".

Man solle mit den „*verantwortlichen Kreisen Tirols*" Fühlung aufnehmen, um zu klären, „*ob es nicht richtiger wäre, heute nicht mit dem Feuer zu spielen, sondern sicherlich berechtigte nationale Wünsche ... für den Moment im gesamtnationalen Interesse, aber auch um der Sache willen, zurückzustellen*".

Dann versuchte das Papier zu begründen, dass Österreich in der Südtirol-Frage so gut wie keine völkerrechtlichen Mittel zur Durchsetzung von Rechtsansprüchen habe. Man müsse daher „*von der nackten Realität*" ausgehen, wonach Erfolge „*nicht gegen die italienische Regierung, sondern nur im Einvernehmen mit ihr*" erzielt werden könnten.

Eine solche Politik erfordere „*eine unermüdliche Klein- und Kleinstarbeit*", sei aber der einzige gangbare Weg. „*Nach außen hin wird es jedoch angezeigt sein, das Problem zu ‚entdramatisieren' und zu ‚europäisieren'.*" (Das Memorandum ist zur Gänze wiedergegeben in: Rolf Steininger: „Südtirol im 20. Jahrhundert. Dokumente.", Innsbruck-Wien1999, S. 189ff)

Das Fazit dieser Rechtfertigungsschrift war somit, dass die bisherige Praxis des ständigen Nachgebens und Stillhaltens fortgesetzt werden sollte.

Eine Enthüllungsschrift an den Tiroler Landeshauptmann deckt die Missachtung der Südtirol-Frage im Außenamt auf

Es gab im Wiener Bundeskanzleramt beziehungsweise Außenamt einen – uns heute namentlich nicht bekannten – führenden Mitarbeiter, der nun dem Tiroler Landeshauptmann Grauß eine vertrauliche Denkschrift zusandte, in welcher er schonungslos aufdeckte, wie in Figls Außenamt die Südtirol-Frage tatsächlich behandelt wurde.

In dieser Denkschrift teilte der Verfasser dem Landeshauptmann mit, dass die Vernachlässigung dieser wichtigen Frage sowohl auf moralischen, wie auf materiellen Mängeln beruhe. Es herrsche diesbezüglich in Figls Außenamt *„eine laxe Auffassung, wenn nicht überhaupt gänzliche Verkennung des Ernstes der betreffenden Probleme"* und es werde eine *„nebensächlich-gleichgültige Bearbeitung"* vorgenommen. Es sei *„eine fühlbare Desorganisation und damit ein peinlicher Mangel an Koordination und Kontinuität"* gegeben.

Das Außenamt beziehe nicht einmal das Amtsblatt der Region Trentino-Tiroler Etschland. Es herrsche einfach Gleichgültigkeit. Jedes ernsthafte Vorgehen werde vermieden, die mangelhafte Betreuung Südtirols finde in einem *„armseligen Rahmen"* statt.

Es sei im ganzen Außenamt ein einziger Beamter, *„der nicht nur Italien mit Südtirol, sondern bis heute auch noch andere Themen zu bearbeiten hat"* und der so gut wie keine eigenen Kompetenzen habe.

Der Verfasser der Denkschrift schlug die Schaffung einer eigenen Südtirol-Abteilung im Außenamt vor und forderte: *„Diese Abteilung ... muß das Herzstück des österreichischen Kampfes um Südtirol werden."* Der künftige Sachbearbeiter solle *„die Möglichkeit einer schließlichen Wiedervereinigung Südtirols mit Nordtirol im Auge behalten"*.

Hier handle es sich nicht *„um zu erledigende Akten in einem kalten, bürokratischen Rahmen, sondern um eine heilige Ehrenpflicht"*. (Die Denkschrift ist wiedergegeben in: Rolf Steininger: „Südtirol zwischen Diplomatie und Terror 1947–1969", Band 1: 1947–1959", Bozen, 1999, S. 248ff)

Nun war für Innsbruck die Grenze des Erträglichen erreicht und man wurde gegenüber Wien tätig.

▶ Die Wende hin zu einer entschiedeneren Südtirol-Politik

Nordtirol reagiert – Univ.-Prof. Dr. Franz Gschnitzer wird Staatssekretär im Außenamt

Am 29. Juni 1956 zog nach massivem Druck aus Tirol der Innsbrucker Völkerrechtsexperte, Univ.-Prof. Dr. Franz Gschnitzer, als ÖVP-Staats-

Der Völkerrechtsexperte Univ.-Prof. Dr. Franz Gschnitzer war nun Staatssekretär mit der Zuständigkeit für Südtirol-Fragen geworden.

sekretär und Vertrauensmann der Tiroler Landesregierung in das Wiener Außenamt ein.

Er war zuständig für die neue Südtirol-Abteilung, die nun eingerichtet wurde. Mit Gschnitzer und dem sozialistischen Staatssekretär Dr. Bruno Kreisky war nun ein Zweigespann am Werk, welches auch in den nächsten Jahren über die Parteigrenzen hinweg freundschaftlich und erfolgreich zusammenarbeiten sollte. Das war die Wende hin zu einer entschiedeneren Südtirol-Politik.

Eine vorsichtige Mahnung des Bundeskanzlers Raab und wütende Proteste aus Italien

Am 4. Juli 1956 erklärte der Bundeskanzler Julius Raab im Österreichischen Nationalrat in seiner Regierungserklärung: *„Die oesterreichische Bundesregierung steht nach wie vor auf dem Boden des Pariser Abkommens, ist jedoch der Ansicht, dass dieses in wesentlichen Punkten nicht erfuellt ist."* Die noch offenen Fragen könnten jedoch *„im Geiste der Freundschaft und der europaeischen Solidaritaet"* einer gerechten Lösung zugeführt werden. (Bundesministerium für auswärtige Angelegenheiten: „Argumentensammlung/Geheim/Südtirolfrage", a.a.O., S. 340)

Die italienische Presse, einzelne italienische Politiker und die italienischen Parteien in Südtirol vollführten nun eine regelrechte öffentliche Kampagne gegen den Bundeskanzler Raab und gegen den *„glühenden Nationalisten"* Gschnitzer.

Der italienische Innenminister erklärt das Südtirol-Problem für inexistent und droht den Südtiroler Politikern

Am 16. September 1956 hielt der italienische Innenminister und Moser-Freund Fernando Tambroni anlässlich der Eröffnung der Bozner Messe eine Rede, in welcher er erklärte, *„daß es kein Problem Oberetsch gibt"*. Italien habe alle seine Verpflichtungen eingehalten. Dann kam die Drohung gegenüber jenen Südtiroler Politikern, die es wagten, die Nöte und Sorgen des Landes mit österreichischen Politikern zu besprechen: *"Nichts also kann die Anrufung anderer Staaten durch italienische Staatsbürger rechtfertigen und die Regierung kann nicht zulassen, daß weiterhin eine Methode angewandt wird, die in jedem Land als Verletzung der staatlichen Souveränität beurteilt würde".* (Franz Widmann: "Es stand nicht gut um Südtirol", Bozen 1998, S. 301f)

Rom wollte die Beute Südtirol ungestört verdauen können. Das Verbot, sich an die Schutzmacht Südtirol zu wenden, war aus dem Mund eines italienischen Innenministers eine gefährliche Drohung, wie sich in der Folge noch zeigen sollte. Sie löste in Tirol und im übrigen Österreich Proteste aus.

Kundgebungsverbot und Protestfeuer auf den Bergen
Am 29. September 1956 verbot der Statthalter Roms in Südtirol, der Regierungskommissar, eine von der Südtiroler Volkspartei (SVP) in der Stadt Bozen geplante Protestkundgebung gegen die Nichterfüllung des Pariser Vertrages.

Am Abend dieses Tages flammte in ganz Südtirol auf allen Bergeshöhen, bis hinauf auf die Gipfel der Dreitausender, der Protest des Landes. Auf ein Signal – rote und grüne Leuchtkugeln vom Ritten bei Bozen und als Antwort das gleiche Signal aus dem Unterland – wurden in ganz Südtirol die Feuerzeichen entzündet. Sie waren ein Warnsignal, vor dem man aber in Rom die Augen verschloss.

➤ Feuerzeichen an der Wand:
Der Pfunderer-Prozess und erste Anschläge in Südtirol

Die Südtiroler Historikerin Elisabeth Baumgartner schreibt über die ersten im Herbst 1956 einsetzenden Bombenanschläge in Südtirol, die von einer Gruppe junger Männer um den Athesia-Verlagsangestellten Hans Stieler begangen wurden: *"Der zündende Funke war für die Stieler-Gruppe der gleiche wie für die späteren Attentäter der Sechzigerjahre: das Schicksal der ‚Pfunderer Buam'."* (Elisabeth Baumgartner: "Bomben für Herrgott und Heimat", in: Elisabeth Baumgartner – Hans Mayr – Gerhard Mumelter: "Feuernacht. Südtirols Bombenjahre.", 1. Auflage Bozen 1992, S. 12f)

Der Fall hatte Schlagzeilen in den italienischen Medien gemacht. Sieben Bauernburschen aus dem Bergdorf Pfunders hatten in der Nacht des 17. August 1956 zusammen mit italienischen Finanzern in einem

Wirtshaus gezecht. Man war in Streit geraten und vor dem Wirtshaus kam es zu einer Prügelei.

Einer der Finanzer, Raimondo Falqui, nahm Reißaus, rannte davon und stürzte von einer Brücke ohne Geländer drei Meter tief in den ausgetrockneten Roanerbach, wo er sich an einem Stein die Stirne einschlug. Niemand hatte dies bemerkt. Die Burschen gingen nach Hause und schliefen ihren Rausch aus. Nun wurden die Bauernburschen als „Mörder" verhaftet.

Zwei Tage nach dem Leichenfund im Roanerbach gab die römische Zeitung „Giornale d'Italia" das Zeichen zur Hetzjagd: Es sei Mord gewesen und zwar ein *„politischer Mord ... Die Gründe sind noch nicht bekannt, aber sie sind zweifellos in dem Klima des Hasses zu suchen, den die Vertreter einer Partei seit Jahren säen ..."*.

Wenige Tage später wusste es die italienische Wochenillustrierte „Oggi" ganz genau: *„Dies ist ein grausames sinnloses Verbrechen, geboren aus dem Hassfeldzug, der von einigen Exponenten der örtlichen Minderheit geführt wurde. Der Mord an dem jungen Beamten stellt das letzte und blutige Glied in einer Kette von Übergriffen und Gewalttaten dar."*

Ein politischer Mord also! Die gesamte Südtiroler Volksgruppe und ihre Führung als angebliche Anstifter eines hinterhältigen und grausamen Verbrechen, zitiert vor die Schranken der italienischen Nation.

Bereits die ersten Ermittlungen wurden so geführt, dass sie eine spätere Mordanklage rechtfertigen sollten. Daher wurden die Burschen so lange geschlagen, bis sie die Protokolle, deren Inhalt sie nicht verstanden, unterschrieben hatten. Diese Protokolle enthielten jedoch „Geständnisse", die zur Grundlage der Verurteilung der Burschen wurde.

Am 16. Juli 1957 sollten die „Pfunderer Buam" dann in einem Prozess, in welchem bestimmte Beweismittel und Zeugen nicht zugelassen wurden, zu Gefängnisstrafen von jeweils zwischen 10 und 24 Jahren wegen Mordes verurteilt werden. Das Urteil sollte in ganz Tirol Entsetzen hervorrufen und der Tiroler Landeshauptmann Dr. Tschiggfrey sollte im Rundfunk erklären: *„Das Tiroler Volk denkt, von tiefstem Leid erfaßt, an jene sechs jungen Bauernsöhne eines entlegenen Südtiroler Bergdorfes, deren Leben durch einen Richterspruch ganz oder teilweise vernichtet wird."* (Näheres in: Helmut Golowitsch: „Für die Heimat kein Opfer zu schwer. Folter – Tod – Erniedrigung: Südtirol 1961–1969", Edition Südtiroler Zeitgeschichte, 2. Auflage 2012, Seite 47ff)

Im September 1956 setzten die ersten demonstrativen Anschläge der Gruppe Stieler ein, die nur Sachschaden verursachten und im Jänner

Erpreßtes Geständnis als Grundlage für Verurteilung der Burschen von Pfunders

Gefängnisstrafen von 10 bis 24 Jahren — Gericht war dem Staatsanwalt willfährig

BOZEN (UP). Der Bozener Geschworenengerichtshof sprach am Dienstag sieben Südtiroler des Mordes an dem italienischen Grenzsoldaten Raimondo Falqui für schuldig und verurteilte sie zu Freiheitsstrafen zwischen 10 und 24 Jahren. In der Urteilsbe- toten Zöllners Schadenersatz leisten. Die Höhe des Schadenersatzes wird erst festgelegt.

Die Staatsanwaltschaft hatte erklärt, daß Falqui von den Angeklagten mit „Stöcken und Steinen" erschlagen worden und sodann über die Brücke in einen Bach geworfen worden

Das unglaubliche Urteil gegen die schwer misshandelten „Pfunderer Buam" wurde in ganz Österreich mit Empörung aufgenommen. Schlagzeile in den „Oberösterreichischen Nachrichten" vom 18. Juli 1957.

Links: Die „Liga für Menschenrechte" veröffentlichte im Jahre 1958 eine Broschüre, in welcher der Skandalprozess gegen die Pfunderer Burschen eingehend untersucht und dargestellt wurde. Auf dem Umschlagbild ist der junge Pfunderer Alois Ebner zu sehen. Rechts: Die „Pfunderer Buam" in Ketten.

1957 ein Ende fanden, als die Männer verhaftet wurden. Auch sie wurden im Verhör schwer misshandelt und in der Folge zu hohen Strafen verurteilt. (Näheres in: Helmut Golowitsch: „Für die Heimat kein Opfer zu schwer. Folter – Tod – Erniedrigung: Südtirol 1961–1969" a.a.O., Seite 52ff)

Ein von der Gruppe Stieler gesprengter Leitungsmast.

▶ Ein österreichisches Memorandum

In ganz Österreich und vor allem in Tirol hatte die Empörung den Siedepunkt erreicht. Die Österreichische Bundesregierung ließ nun am 11. Oktober 1956 der italienischen Botschaft in Wien und dem italienischen Außenminister Gaetano Martino ein Memorandum überreichen, in welchem in Form einer detaillierten Dokumentation auf die Vorenthaltung autonomer Rechte für Südtirol und damit auf die Nichterfüllung des Pariser Vertrages hingewiesen wurde.

Darin wurde festgestellt, dass Italien die Gleichstellung der deutschen und italienischen Sprache im öffentlichen Leben nicht durchgeführt habe. Es sei keine Gleichberechtigung der Südtiroler mit Italienern bei Einstellung im öffentlichen Dienst gegeben. Die Provinzialautonomie für Südtirol sei nicht verwirklicht und es gebe keinen Schutz der Südtiroler Volksgruppe vor der italienischen Zuwanderung. (Das Memorandum, datiert mit 8. Oktober 1956, ist zur Gänze wiedergegeben in: Wolfgang Pfaundler, (Hrsg.): „Südtirol – Versprechen und Wirklichkeit", Wien 1960, S. 112)

Außenminister Martino konterte gegenüber dem österreichischen Botschafter Löwenthal: Der Pariser Vertrag sei erfüllt. Die Schaffung eines Staates im Staate für die Südtiroler sei jedoch ausgeschlossen. Eine künstliche Förderung italienischer Zuwanderung nach Südtirol finde nicht statt. Italien habe ein gutes Gewissen. (Rolf Steininger: „Südtirol zwischen Diplomatie und Terror 1947–1969", Band 1: 1947–1959, Bozen, 1999, S. 270)

▶ Die Linie des Vatikans – Rudolf Mosers Geheimverhandlungen mit der „Democrazia Cristiana" in Trient

Der ÖVP-DC-Geheimunterhändler Moser handelte auf der Linie des Vatikans, dessen Hauptziel die transnationale Zusammenarbeit christlicher Politiker und Parteien angesichts der Bedrohung durch die internationalistische kommunistische Ideologie war. Es ging um den gemeinsamen Widerstand gegen den Kommunismus und um die Schaffung eines geeinten Europas, welches unter christlicher Führung stehen und „christlich-abendländisch" geprägt sein sollte. Diesem hohen Ziel hatten sich alle als weniger wichtig eingestuften Anliegen unterzuordnen.

Folgerichtig erging auch eine Ermahnung des Papstes Pius XII. an den Südtiroler Klerus und den Brixner Bischof im Jahre 1956, über welche „Der Spiegel" berichtete.

In Wien bereiteten Südtirolvereine und befreundete Verbände eine große Protestkundgebung gegen die italienische Italianisierungs- und Repres-

> **SÜDTIROL**
>
> Der Vatikan wies den Klerus der Südtiroler Volksgruppe in Oberitalien an, in dem Streit um die Auslegung der Südtiroler Autonomie größere Zurückhaltung zu wahren. In einer Unterredung mit dem Bischof von Brixen, Monsignore Gargitter, erinnerte Papst Pius XII. den Südtiroler Oberhirten daran, daß auch er der Republik Italien den Treueid geschworen habe. Der Papst förderte den Klerus auf, die Forderungen der Südtiroler nicht mehr vorbehaltlos zu unterstützen.

„Der Spiegel",
Ausgabe 42 / 1956
vom 17. Oktober 1956

sionspolitik in Südtirol vor. Dies wollte der Vertrauensmann der DC- und gleichzeitige ÖVP-Unterhändler Rudolf Moser verhindern.

Am 7. Oktober 1956 führten Rudolf Moser und der ÖVP-Generalsekretär Alfred Maleta in Italien ein geheimes Gespräch mit DC-Politikern. Der DC-Generalsekretär Amintore Fanfani hatte sich entschuldigen lassen. Erschienen waren jedoch der Trentiner Regionalratspräsident Tullio Odorizzi (DC) und der Trentiner Parlamentsabgeordnete Renzo Helfer (DC). Es ist nicht bekannt, wo das Treffen stattfand, über das Gespräch selbst ist jedoch aus Figls Nachlass ein handschriftlicher Bericht Mosers erhalten, den er an den hochgeschätzten Freund gerichtet hatte.

Aus dem handschriftlichen Bericht Mosers an Figl.
(NÖ Landesarchiv, Nachlass Figl, Karton 39)

211

Odorizzi und Helfer erklärten laut Mosers Bericht, dass eine Südtirol-Kundgebung in Wien knapp vor dem DC-Parteitag die gesamte DC gegen Österreich aufbringen würde. *"Sie ersehen keine Möglichkeit in absehbarer Zeit dann wieder eine gedeihliche Atmosphäre zu schaffen."*

Moser hielt als *"Endergebnis unserer Besprechungen"* fest: *"Maleta wird Dir und Raab Dienstag berichten und falls Ihr einverstanden seid, soll den Veranstaltern nahe gelegt werden, die Kundgebung abzusagen, da die italienische Regierung bereit ist, besondere Zugeständnisse zu machen."* (NÖ Landesarchiv, Nachlass Figl, Karton 39)

Die Veranstalter waren dazu aber offenbar nicht bereit gewesen, da die Kundgebung wie geplant am 13. Oktober 1956 stattfand und durch die Berichterstattung der „Dolomiten" auch großes Echo in Südtirol hervorrief.

An die 20.000 Menschen nahmen laut Presseberichten an der Protestkundgebung teil. Die österreichische Bundesregierung samt Bundeskanzler Raab und Außenminister Figl glänzte durch Abwesenheit, als vor dem Wiener Rathaus der Landesobmann der ÖVP in der Steiermark und Dritte Nationalratspräsident Dr. Alfons Gorbach eine Rede hielt. Dr. Gorbach zeigte damals, dass er in der Südtirol-Frage nicht die Bundeslinie der ÖVP vertrat. Später, als Bundeskanzler, sollte Gorbach in der Südtirol-Frage allerdings wieder auf die Linie der Bundes-ÖVP einschwenken. Auf der Kundgebung des Jahres 1956 erklärte er jedoch:

„Die Alliierten haben angeblich zwei Weltkriege für das Selbstbestimmungsrecht der Völker durchgekämpft. Jetzt aber setzen sie sich über dasselbe Recht, das sie damals forderten, hinweg. Der europäische Zankapfel Saar konnte bereinigt werden. Dasselbe muss auch für Südtirol möglich sein."

Der sozialistische Nationalratspräsident Zechtl aus Innsbruck hieb in seiner Rede in dieselbe Kerbe und erklärte: *„Die Selbstbestimmung ist ein Recht der Minderheiten, das schon in der Atlantik-Charta gefordert wird."*

Die Spruchbänder gaben die Einstellung und die Forderungen der Kundgebungsteilnehmer wieder.

Schließlich wurde eine Resolution gefasst, in welcher gegen die Verweigerung des Selbstbestimmungsrechts protestiert und die Bundesregierung aufgefordert wurde, die UNO mit der Südtirol-Frage zu befassen.

Unterstützt wurden die Forderungen dieser Landespolitiker durch zahlreiche Selbstbestimmungstransparente und die Zurufe der Kundgebungsteilnehmer. Eine starke Tiroler Abordnung nahm an der Kundgebung teil und zeigte mit ihren Spruchbändern nur wenig Gleichklang mit der Linie der Bundespolitik.

Die Tiroler dokumentierten ihre Auffassungen unmissverständlich.

Publizistisch wurde jedoch bereits gegengesteuert. Im ÖVP-Organ „Kleines Volksblatt" konnte man dann lesen, dass die Kundgebung nicht in der gewünschten *„Würde"* verlaufen sei und in der regierungsnahen Tageszeitung „Neues Österreich", einem ursprünglichen Organ der Besatzungsmächte, das nun zu je einem Drittel der ÖVP, der SPÖ und der KPÖ gehörte, hieß es, dass die Kundgebung *„den Bemühungen Österreichs um eine Revision der italienischen Politik eher geschadet als genützt"* habe. (Zitate aus dem Bericht der „Dolomiten" vom 15. Oktober 1956)

Am 15. Oktober 1956 überreichte der italienische Botschafter in Wien, Angelo Corrias, der österreichischen Bundesregierung eine diplomatische Note, in welcher die italienische Regierung gegen den „irredentistischen Charakter" der Wiener Kundgebung protestierte.

Bericht im „Alto Adige" vom 16. Oktober 1956 über die Überreichung der italienischen Protestnote in Wien.

Die Explosion und die Eindämmung des Feuers

➤ Der ÖVP-Unterhändler Moser als „Vertrauensmann der italienischen DC-Führung"

Je mehr in Südtirol und Nordtirol die Empörung über italienische Politik wuchs, desto umtriebiger versuchte Rudolf Moser hinter den Kulissen die Risse in der österreichisch-italienischen Freundschaft zu kitten. Moser genoss aufgrund seiner Zusammenarbeit mit Degasperi und anderen DC-Politikern seit 1946 beträchtliches Vertrauen in der „Democrazia Cristiana" (DC).

Rudolf Moser publizierte des Öfteren in Presseorganen der „Democrazia Cristiana" (DC). Hier ein Artikel, den er in der Zeitung „Democrazia" am 20. Juli 1949 unter dem Titel „Österreich und die Wiedererrichtung Europas" veröffentlicht hatte.
(Archiv des Verfassers, Aktenbestand Moser.)

Er stand in ständiger Verbindung mit den DC-Abgeordneten Renzo Helfer und Tullio Odorizzi. Aus einem Brief Renzo Helfers an Rudolf Moser geht hervor, dass dieser versucht hatte, ein Treffen Moser mit dem früheren und künftigen italienischen Ministerpräsidenten Italiens, dem Parlamentsabgeordneten Amintore Fanfani herbeizuführen. Dieses Treffen kam damals, wie aus dem Brief hervorgeht, wegen terminlicher Probleme nicht zustande.

Rudolf Moser
Sachsenburg, Kärnten
Fernruf: Möllbrücke 54

Sachsenburg, am 21. Juni 1957

Herrn
Bundeskanzler Dr.Ing. Leopold F i g l
W i e n   XIX.
Peter-Jordan-Straße 62

Verehrter Herr Bundeskanzler!
Lieber Freund!

Von unserer Aussprache heimgekehrt, fand ich einen Brief des Abgeordneten Helfer vor.

Nachdem in diesem Schreiben optimistische Prävisionen aufgezeigt werden, so übermittle ich Dir hievon Übersetzung.

Je nach Lösung der Regierungskrise werde ich Dir dann einen Vorschlag unterbreiten, damit die Bereinigung der Differenzen unter Deiner Initiative auf kurzem Wege erfolgen kann.

Inzwischen viele herzliche Grüße

Dein

Ü b e r s e t z u n g !

Renzo Helfer   Rom, 14. Juni 1957

Lieber Herr Moser!
                                                    a-ktiv
Nach meiner Rückkehr aus Sardinien, wo ich an der Wahlkampagne/teilgenommen hatte, habe ich Ihren letzten Brief vorgefunden.

Zuvor hatte ich mit on Fanfani gesprochen, um das Datum für unsere Zusammenkunft festzulegen, selbstverständlich immer unter aktiver Teilnahme von Fanfani selbst; leider fand diese Aussprache - anwesend war auch on Conci - am Vortag statt, an dem das Parlament dem Ministerium Zoli das Vertrauen aussprechen sollte.

Die Situation war außerordentlich gespannt und daher konnte on Fanfani wirklich vorausehen, wann er frei sein könnte, um diese Zusammenkunft zu bewerkstelligen. Man konnte wirklich nicht voraussehen, ob dieses Ministerium bestehen werde können oder ob es demissionieren müsse. Nun, wie Sie wissen, Zoli mußte zurücktreten und wir müssen nun von vorne anfangen Konsultierungen beim Staatspräsidenten, Verhandlungen wegen Bildung einer neuen Regierung.

Folglich unmöglich, einen Zeitpunkt zu bestimmen, an welchem Fanfani bei einer Besprechung anwesend sein könnte, welcher übrigens auch der neue Ministerpräsident werden könnte.

Rudolf Moser informierte seinen lieben Freund und Außenminister Leopold Figl (den er nostalgisch immer noch als „Bundeskanzler" und auch als „Dr." titulierte) über das geplante Treffen mit Amintore Fanfani, indem er ihm eine Übersetzung des Briefes von Renzo Helfer übermittelte. (Brief und Beilage befinden sich im Niederösterreichischen Landesarchiv, Nachlass Figl, Karton 39)

Wie die langjährige Leiterin des Referates „S", der Südtirol-Abteilung der Nordtiroler Landesregierung, Dr. Viktoria Stadlmayer, urteilte, wusste sich Moser als *„Vertrauensmann der italienischen DC-Führung bei den führenden ÖVP-Politikern in der Bundesregierung und in Nordtirol eine beachtliche Rolle ... zuzumessen".* (Viktoria Stadlmayer: „Kein Kleingeld im Länderschacher. Südtirol, Triest und Alcide Degasperi 1945/1946", Innsbruck 2002, S. 113)

Moser war es auch ein Anliegen, die ÖVP-Presse auf einen Italien-freundlichen Kurs zu bringen. Wie aus einem weiteren Brief Mosers aus dem Jahre 1957 an seinen *„hochgeschätzten Freund"* Leopold Figl

> **Rudolf Moser**
> **Sachsenburg, Kärnten**
> Fernruf: Möllbrücke 84=2514
>
> Sachsenburg, am 25. Oktober 1957
>
> Herrn
> Bundeskanzler Dr. Ing. Leopold F i g l
> W i e n XIX.
> Peter Jordan-Straße 62
>
> Sehr geehrter Herr Bundeskanzler!
> Hochgeschätzter Freund!
>
> Vor allem herzlichsten Dank für Deine Kartengrüße aus den USA. Es hat mich wirklich sehr gefreut, daß trotz Deiner großen Überlastung Du an mich gedacht hast.
>
> Wenn ich seit 2 Monaten nichts mehr hören ließ, so dies nicht deshalb, weil ich untätig war, sondern weil Krankheit der Partner mich hinderte.
>
> Mitte Oktober wollte ich Doktor Maier, Klagenfurt, mit Dr. Helfer und Regional-Präsidenten Odorizzi zusammen bringen, damit die Grundlagen für ein Presse-Übereinkommen vereinbart würden.
>
> Während mir Dr. Maier bereits am 11. wegen Erkrankung absagte, erhielt ich am 12.d.M. von einem Sekretär des Dr. Helfer die Nachricht, daß dieser mit Grippe samt Lungenkomplikation zu Bett liege.
>
> Gestern habe ich Dr. Helfer unsere Zusammenkunft in Trient für die Zeit vom 1. bis 4. November nach seiner Wahl vorgeschlagen.
>
> Heute erhielt ich einen Brief von Dr. Helfer, wovon ich Übersetzung zu Deiner Information beilege. Ebenso schließe ich Abschrift des Briefes von Dr. Maier bei und bleibe weiter bemüht, Exponenten der Presse beider Staaten zusammenzubringen, um zu erreichen, daß man nicht nur die negativen Belange in Schlagzeilen in die Zeitungen bringt, sondern loyalerweise auch die positiven Seiten aufzeigt.
>
> Vom Ergebnis meiner Unterredung mit Dr. Helfer werde ich Dir sogleich berichten.
>
> Mit vielen herzlichen Grüßen
> Dein ergebener

Mosers Brief an Figl vom 25. Oktober 1957. (Niederösterreichisches Landesarchiv, Nachlass Figl, Karton 39)

hervorgeht, hatte sich Moser bemüht, ein Treffen des Chefredakteurs des ÖVP-Blattes „Volkszeitung" in Klagenfurt mit dem italienischen DC-Politiker Dott. Renzo Helfer und dem Trentiner Regionalratspräsidenten Tullio Odorizzi zu arrangieren, *„damit die Grundlagen für ein Presse-Abkommen vereinbart würden".* Eine Grippe-Erkrankung hatte dieses Treffen zunächst verhindert. Moser schrieb an Figl, er *„bleibe weiter bemüht, Exponenten der Presse beider Staaten zusammenzubringen".*

Der Chefredakteur Maier lag zu diesem Zeitpunkt schon ganz auf Moser-Kurs und benützte bereits das von Degasperi und Moser in die Welt gesetzte Schlagwort von der Brückenfunktion Südtirols. Maier hatte am 11. Oktober 1957 an Moser geschrieben, *„daß aus christlicher Verpflichtung heraus alles getan werden müßte, um aus Südtirol eine völkerverbindende Brücke zu machen. ... Man müßte zeigen – von uns aus –, daß wir wirklich keine Feinde Italiens sind".* (Brief in Abschrift als Beilage zu Mosers Brief an Figl vom 25. Oktober 1957. Niederösterreichisches Landesarchiv, Nachlass Figl, Karton 39)

➤ Weitere Geheimgespräche – Rudolf Mosers Rolle auf dem internationalen Parkett

Mosers Rolle beschränkte sich nicht auf die eines Verbindungsmannes zwischen ÖVP und DC. Er war auch auf dem internationalen Parkett tätig und vertrat die ÖVP auf den seit 1947 stattfindenden alljährlichen Kongressen der „Democrazia Cristiana" (DC). Nach eigener Aussage in den späten Sechzigerjahren hatte Moser bereits auf dem ersten Kongress der DC im Jahre 1947 als Gastredner gesprochen und seitdem – mit zwei Ausnahmen – an allen jährlichen DC-Kongressen teilgenommen.

Moser vertrat die ÖVP aber auch auf den alljährlichen Tagungen der „Nouvelles Équipes Internationales" (NEI), der seit 1947 bestehenden europäischen Dachorganisation christlicher Parteien in Europa. Diese sollte sich 1965 in „Union Européenne des Démocrates-Chrétiens" (EUDC), die „Europäische Union Christlicher Demokraten", umbenennen. Ihr Hauptziel war die grenzüberschreitende Zusammenarbeit christlicher Politiker und Parteien gegen den Kommunismus.

Aus Mosers Bericht an seine ÖVP-Parteifreunde über den NEI-Kongress, welcher im April 1957 in Arezzo stattfand, geht hervor, dass das Schwergewicht der Tagung auf dem Thema *„die christliche Demokratie und die Krise des Kommunismus"* gelegen hatte. (Rudolf Moser: Bericht über den NEI-Kongress in Arezzo 1957. Archiv des Verfassers, Aktenbestand Moser.)

Moser am 25. September 1960 auf dem NEI-Kongress im Palais de Luxembourg in Paris.

April 1957: Rudolf Moser (Zweiter von links in der ersten Reihe) als Vertreter der ÖVP auf dem europäischen NEI-Kongress im Stadttheater von Arezzo. Vierter von links: Der Leiter der österreichischen Delegation, der ÖVP-Generalsekretär Dr. Alfred Maleta.

Moser (links) auf dem NEI-Kongress von 1962 in San Marino.

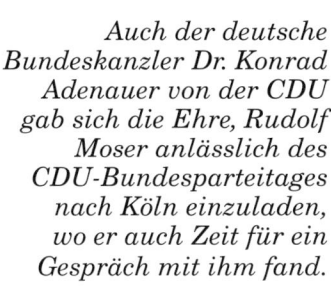

Auch der deutsche Bundeskanzler Dr. Konrad Adenauer von der CDU gab sich die Ehre, Rudolf Moser anlässlich des CDU-Bundesparteitages nach Köln einzuladen, wo er auch Zeit für ein Gespräch mit ihm fand.

Moser entwickelte aber auch neben seinen Besuchen solcher Tagungen eine rege und vor der Öffentlichkeit verborgen gehaltene Tätigkeit. Sein Haus in Sachsenburg wuchs zu einem Zentrum christdemokratischer Netzwerkarbeit und zu einem jährlichen Treffpunkt der Spitzenpolitiker christlich-demokratischer Parteien aus ganz Europa heran, unter denen sich so bedeutende Persönlichkeiten wie der EWG-Präsident Walter Hallstein befanden. (Mitteilung von Rudolf Moser an den Autor Ernst Trost, welcher diese in seiner Figl-Biografie wiedergab. Ernst Trost: „Österreich ist frei. Leopold Figl und der Weg zum Staatsvertrag", 7. Auflage, Wien 2005, S. 323)

Rudolf Moser begrüßt den EWG-Präsidenten Walter Hallstein vor seinem Haus in Sachsenburg.

▶ Die Verschärfung der Lage in Südtirol

„Der Spiegel" rüttelt die Öffentlichkeit auf
In Südtirol hatte sich die Lage verschärft. Bereits Am 5. Oktober 1955 hatte das deutsche Nachrichtenmagazin „Der Spiegel" einen alarmierenden Bericht unter dem Titel „König Laurins Rückkehr" über die Zustände in Südtirol veröffentlicht.

In dem Artikel hatte es geheißen: *„Seit Frühjahr dieses Jahres aber kommt aus dem ehemals fast rein deutschsprachigen Südtirol immer dringlicher der Ruf, das Deutschtum jenseits des bis zu 3000 Meter sich erhebenden Alpenkamms könne nicht viel länger mehr ‚aushalten'.*
Mitte Juli sagte der Tiroler Abgeordnete im italienischen Parlament, Dr. Karl Tinzl, daß seine Volksgruppe vom ‚Frieden des Todes' bedroht sei. Auf Tinzls Klage hin machte sich der römische Korrespondent der schwedischen Tageszeitung ‚Dagens Nyheter', Dr. Agne Hamrin, nach Bozen auf. Was er dabei entdeckte, war dies: ‚In zwanzig Jahren dürfte die alteingesessene Bevölkerung (Südtirols) verdrängt sein.'

SÜDTIROL

VOLKSTUM

König Laurins Rückkehr

Am 5. Oktober 1955 hatte das Magazin „Der Spiegel" die westdeutsche und österreichische Öffentlichkeit mit einem ungeschminkten Bericht über die Zustände in Südtirol aufgerüttelt.

Italiens Entnationalisierungs-Politik in Südtirol ist seit 1945 behutsamer geworden, keineswegs aber – wie Dr. Hamrin beobachtete – weniger entschlossen und weniger wirksam. ‚In Südtirol, der früheren österreichischen Provinz, die seit 1919 zu Italien gehört', schrieb Hamrin, ‚geht eine Umwandlung vor sich, die die deutschsprachige Minderheit des Landes und deren kulturelle Überlieferung langsam abzuwürgen droht'."

Die „Umwandlung"

Wie sich diese „Umwandlung" zahlenmäßig auswirkte, hatte „Der Spiegel" wie folgt beschrieben:

„Bei der letzten Volkszählung unter österreichischer Ägide im Jahre 1910 lebten in Südtirol 224.000 Deutschsprachige, 17.000 Ladiner und 6.000 Italiener. Daß diese Zählung korrekt war, bestätigte die erste italienische Personenstands-Aufnahme im Jahre 1921. – Sie registrierte 192.000 Deutsprachige, 17.000 Ladiner und 27.000 Italiener.

Heute gibt es rund 216.000 Deutschsprachige in Südtirol, also trotz des hohen Geburtenzuwachses der vorwiegend bäuerlichen Volksgruppe etwa 8.000 weniger als im Jahre 1910. Die italienische Bevölkerung dagegen ist seit dem Ende des ersten Weltkrieges um das rund 17fache gewachsen, nämlich von 6.000 auf 120.000.

Daß dieser langsame Überwanderungs-Feldzug der Italiener sich keineswegs auf die faschistische Zeit (1922 bis 1943) beschränkt, geht daraus hervor, daß sich von den heute in Südtirol ansässigen Italienern etwa 50 Prozent – nämlich 50.000 bis 60.000 – erst nach 1945 niedergelassen haben.

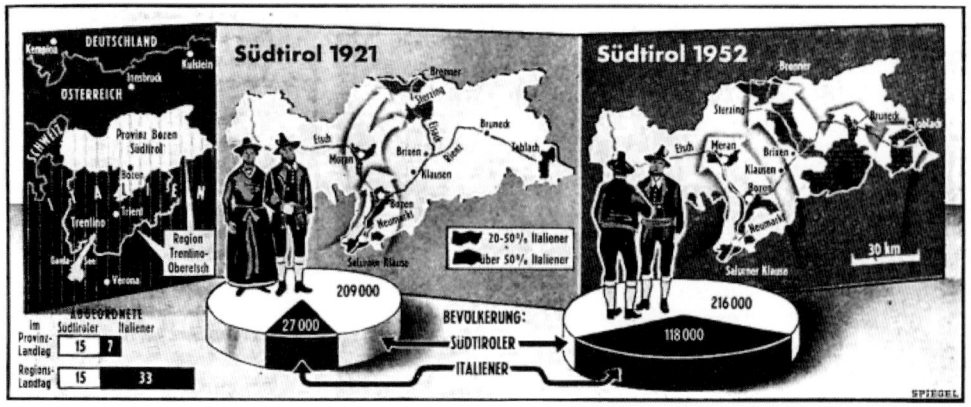

Darstellung der „Umwandlung" Südtirols durch eine gezielte Unterwanderungspolitik. (Aus: „Der Spiegel" vom 5. Oktober 1955)

„Das Ringen," so hatte „Der Spiegel" weiter geschrieben, „das sich in diesen Ziffern abzeichnet, ist ein ergreifender und zugleich völlig unzeitgemäßer Vorgang, zu dem es in der westeuropäischen Geschichte der letzten Jahrzehnte keine Parallele gibt. Hineinreichend in eine Epoche, in der eine übernationale Ordnung Europas immer mehr zu einer zwingenden Notwendigkeit wird, konfrontiert dieses Ringen die Südtiroler mit der schier krankhaften, nach dem Wort eines österreichischen Politikers ‚letztlich nur mit dem romanischen Hahnenstolz' zu erklärenden Begierde der Italiener, die deutsche Volksgruppe biologisch und kulturell zu assimilieren".

Einen „geräuschlos arbeitenden Volksmord-Mechanismus" hatte „Der Spiegel" die italienische Entdeutschungspolitik genannt, welche mittels einer „künstlichen Industrialisierung Südtirols ... dafür sorgt, daß immer neue Massen italienischer Arbeiter in Südtirol Fuß fassen können. Diese ständige Zuwanderung wird auch von den Arbeitsämtern gedeckt".

„Das deutschsprachige Element", hatte „Der Spiegel" weiter berichtet, „wird von der Industrie langsam in die Seitentäler und Berge abgedrängt."

Zu diesem Zwecke werde in Fortführung von Mussolinis Entnationalisierungspolitik das fruchtbare Bauernland in den Tallagen mittels eines immer noch in Kraft befindlichen faschistischen Gesetzes systematisch enteignet, wobei die Entschädigungen willkürlich festgesetzt würden. Die Südtiroler waren sich zu diesem Zeitpunkt ihrer existenziellen Bedrohung durchaus bewusst gewesen. Am 3. März 1956 hatte der Südti-

roler Parlamentsabgeordnete Dr. Karl Tinzl auf der Landesversammlung der Südtiroler Volkspartei (SVP) erklärt: *„Der Pariser Vertrag kann seinem Sinn und Zweck nach erst als erfüllt angesehen werden, wenn die Bedrohung unseres Lebens durch Zuwanderung aufgehört hat."*
Die Landesversammlung hatte dazu in einer Resolution festgestellt, *„daß infolge Zuwanderung die Überfremdung im eigenen Land ein Ausmaß angenommen hat, das den Zweck, für den der Pariser Vertrag abgeschlossen wurde, zu vereiteln droht"*.

Erster Protest Österreichs

Angesichts der Stimmung in ganz Tirol hatte auch die österreichische Bundesregierung handeln müssen. Ein sehr zahm und zurückhaltend formuliertes Memorandum vom 8. Oktober 1956 hatte betont, dass der Zusammenschluss Südtirols (Provinz Bozen) mit dem Trentino zu einer gemeinsamen autonomen Region Trentino-Alto Adige dem Inhalt und Geist des Pariser Vertrages widerspreche, welcher eine Autonomie für Südtirol allein vorgesehen habe.

> **DAS MEMORANDUM DER ÖSTERREICHISCHEN BUNDESREGIERUNG**
> VOM 8. OKTOBER 1956.

Durch die Subautonomie für die Provinz Bozen habe diese jedoch nur Gesetzgebungsbefugnisse auf 17 minder wichtigen Sachgebieten erhalten und auch dort würden die Landesgesetze von Rom meistens zur Abänderung zurückverwiesen, bevor sie endlich genehmigt würden. Auf anderen Sachgebieten würde die Gesetzgebungsbefugnis der Provinz durch Nichterlass staatlicher Durchführungsbestimmungen gezielt lahmgelegt.

Auf die autonome Regionalgesetzgebung hingegen hätten die Südtiroler angesichts ihrer zahlenmäßigen Unterlegenheit so gut wie keinen Einfluss.

Staatlich gesteuerte Zuwanderung und soziale Diskriminierung

Das Memorandum hatte auch das Ausmaß der staatlich gesteuerten Zuwanderung aufgezeigt und darauf hingewiesen, dass der Anteil der Italiener in Südtirol von 3 Prozent im Jahre 1910 bereits auf 34 Prozent im Jahre 1951 gestiegen war.

Von einer Gleichberechtigung der einheimischen Bevölkerung mit den italienischen Zuwanderern bei der Einstellung in öffentliche Ämter sei keine Rede.

In der staatlichen Verwaltung der Provinz Bozen waren damals, wie das Memorandum ausgewiesen hatte, je nach Sachgebiet zwischen 78,9 und 93,5 Prozent der Beamten Italiener.

Es ging aber nicht nur um die Besetzung öffentlicher Stellen, sondern auch um die Vergabe von geförderten Sozialwohnungen und um die Vergabe von Arbeitsplätzen durch das Arbeitsamt. Während damals immer mehr Italiener in Südtirol Wohnung und Arbeit erhielten, mussten immer mehr junge Südtiroler Arbeit und Brot im Ausland suchen.

Das österreichische Memorandum hatte in mehr als maßvoller Weise nicht einmal die Unterbindung weiterer Zuwanderung verlangt, sondern lediglich *„die Unterlassung von Maßnahmen, die eine Zuwanderung künstlich fördern"*.

Keine Gleichstellung der Sprachen

Von der im Pariser Vertrag festgelegten Gleichstellung der deutschen mit der italienischen Sprache, so das Memorandum, könne nicht gesprochen werden. Auch die Gerichtssprache sei ausschließlich italienisch. (Memorandum der österreichischen Bundesregierung vom 8. Oktober 1956. Im Besitz des Verfassers.)

Die italienische Seite hatte in einem mit 13. Jänner 1957 datierten eigenen Memorandum alle österreichischen Vorwürfe als völlig unbegründet zurückgewiesen.

Flammenschrift an der Wand

Das Ergebnis der Südtiroler Landtagswahlen von 1956 war ebenfalls alarmierend. Die Südtiroler Volkspartei hatte als deutsch-ladinische Sammelpartei 64,4 Prozent der Stimmen erhalten und die Zahl der italienischen Stimmen war auf 35,5 Prozent angewachsen. Es war den Südtirolern nunmehr klar, dass die „demokratische" Republik Italien gnadenlos das Entnationalisierungsprogramm der Faschisten zu vollenden gedachte. Zum zweiten Mal waren die Südtiroler nun nach der Faschistenzeit Opfer eines gigantischen staatlichen Anschlages auf Leben und Bestand ihrer Volksgruppe.

➤ Südtirol wehrt sich – Die Volkskundgebung von Sigmundskron

Neue Massenzuwanderung angekündigt – das Fass läuft über

Die italienische Südtirol-Politik verfolgte auch im Jahre 1957 unbeirrt ihre Politik der Majorisierung der Südtiroler. Am 1. Oktober 1957 schickte der italienische Arbeitsminister Togni ein Telegramm an den italienischen Bürgermeister von Bozen und teilte ihm mit, dass die Regierung die Gelder für den Bau von 5.000 neuen Wohneinheiten – eines ganzen Stadtviertels in Bozen – zur Ansiedlung neuer italienischer Zuwanderer genehmigt habe.

Das Ausmaß der Bedrohung war in Südtirol den Politikern und den Bürgern schnell klar. Bis zum Jahre 1957 waren in ganz Südtirol 4.100 staatlich geförderte Volkswohnungen gebaut worden, von denen nur 216 an deutsche und ladinische Südtiroler vergeben worden waren. Das Gros der Wohnungen wurde als Instrument der Unterwanderung eingesetzt. Und nun sollten es 5.000 neue geförderte Wohnungen allein in der Stadt Bozen sein.

In Südtirol kam es nun zur Eskalation. Die „Dolomiten" veröffentlichten am 16. Oktober 1957 einen flammenden Protest auf dem Titelblatt unter der Schlagzeile: *„Das Deutschtum in Bozen völlig abgewürgt – Rom scheut keine Gelder, um neue Italiener anzusiedeln."*

Die neue SVP-Führung leistet Widerstand
In Südtirol hatte inzwischen ein Richtungswechsel stattgefunden. Die alte gegenüber Rom nachgiebige Parteispitze war am 25. Mai 1957 auf der SVP-Landesversammlung gegen zumeist jüngere und energischere Führungspersonen ausgetauscht worden. Der bisherige Obmannstellvertreter Dr. Silvius Magnago hatte die Obmannschaft übernommen. Er und seine Führungsmannschaft waren entschlossen, gegen Roms Politik stärkeren Widerstand als bisher zu leisten.

Beschluss zur Abhaltung einer Volkskundgebung
Am 26. Oktober fasste die Landesleitung der SVP den Beschluss zur Abhaltung einer Volksversammlung, deren Zweck die Landesleitung wie folgt bekannt gab:
„Der Parteiausschuß hat die Zuweisung von 2,5 Milliarden Lire für die Schaffung eines neuen Wohnviertels in Bozen zum Anlaß genommen, die gesamte volkstumspolitische Lage der Südtiroler Volksgruppe zu überprüfen.
Er hat beschlossen, das Südtiroler Volk zu einer allgemeinen Stellungnahme über die Grundfragen seines Daseins auf dem angestammten Heimatboden, insbesondere im Zusammenhang mit der Durchführung des Pariser Vertrages aufzurufen."
Am 27. Oktober beschloss der Parteiausschuss, diese Kundgebung gegen die *„Überfremdung des Heimatbodens und die Nichterfüllung des Pariser Vertrages"* am 17. November auf dem Platz vor dem Landhaus in Bozen abzuhalten. Die Kundgebung wurde ordnungsgemäß bei der Polizeidirektion – der Quästur – angemeldet.

„Wogegen wir uns wehren müssen ..."
Am 28. Oktober 1957 veröffentlichte die Südtiroler Tageszeitung „Dolomiten" einen Leitartikel, in welchem unter dem Titel „Ein Notruf" dargelegt wurde, worum es ging:
„Wogegen wir uns wehren und wehren müssen im Interesse unseres Volkes, das ist die Tatsache, daß auf Grund der heutigen gesetzlichen Bestimmungen der Zuteilung dieser Wohnungen die Südtiroler nie in den Genuß einer solchen ‚sozialpolitischen Maßnahme' kommen können.
Das heutige Zuteilungssystem schließt nicht nur die Südtiroler infolge ihrer verschiedenen sozialen Struktur von der Wohnungszuteilung vollkommen aus ... Die neuen Wohnungen kommen einzig und allein den Letztzugewanderten zugute und lenken einen neuen Strom von Zuwanderern in die Stadt."

Am 9. November 1957 schilderten die „Dolomiten" die herrschende Stimmung im Volk:

„Das Deutschtum wird sozial erdrosselt. ... Wir haben es nun einmal satt, daß in Bozen dauernd Hunderte von Wohnungen für Rovigoten, Lombarden, Trentiner, Neapolitaner und Calabresen geschaffen werden und unsere Leute wie Bettler vor den Toren der Stadt bleiben müssen. Wir sind es satt, daß man Industrien aufbaut, die keinem der Landeskinder Brot geben, sondern nur solchen, die aus allen Teilen Italiens zuwandern. Baut Industrien und Wohnungen für die Rovigoten in Rovigo, sie schreien dort danach und werden euch dankbar sein. In Südtirol aber baut solche Industrien und solche Wohnungen, die den Südtirolern zugute kommen. Das wollen wir."

Kundgebung in Bozen verboten
Das Vorhaben der SVP-Parteileitung löste in Rom Alarm aus. Bislang hatte man alle Südtiroler Beschwerden als das Werk einiger unverantwortlicher Scharfmacher hingestellt. Und nun sollte eine Großkundgebung der versammelten internationalen Presse zeigen, dass das Volk hinter diesen Forderungen stand?
Das durfte nicht sein.
Am 12. November 1957 verboten die Quästur und das Regierungskommissariat – eine Art römische Statthalterei in Bozen – *„aus Gründen der öffentlichen Sicherheit"* die Abhaltung der Kundgebung auf dem Landhausplatz in Bozen. Daraufhin schlug die Südtiroler Volkspartei den weitab vom Stadtzentrum gelegenen Sportplatz vor. Auch für diesen Standort wurde umgehend das Verbot ausgesprochen. Wie der Regierungskommissär Dr. Sandrelli gegenüber dem SVP-Obmann Dr. Magnago das Verbot begründete, schilderten die „Dolomiten" am 13. November 1957 ihren Lesern so:

„Er habe vorhin mit den Vertretern der italienischen Parteien in Bozen eine Aussprache gehabt und diese hätten ihm keine befriedigenden Zusicherungen gegeben, daß die Kundgebung auf dem Sportplatz nicht gestört würde."

Tatsächlich hatten die Neofaschisten angekündigt gehabt, sie würden am *„selben Tag, zur selben Stunde und am selben Orte"* eine Gegenkundgebung abhalten.
Nun sah sich die Südtiroler Volkspartei gezwungen, die Kundgebung außerhalb der Stadt Bozen abzuhalten. Man wählte das auf einer Anhöhe über der Etsch aufragende Schloss Sigmundskron. Damit die Ver-

Schlagzeilen auf der Titelseite der „Dolomiten" vom 13. November 1957.

anstaltung nicht auch dort verboten werde, gab Dr. Silvius Magnago dem Regierungskommissär sein Wort, dass die Kundgebungsteilnehmer nicht nach Bozen marschieren würden.

In der eigenen Landeshauptstadt zu Rechtlosen geworden
Das Organ der „Südtiroler Volkspartei" (SVP), die Wochenzeitung „Volksbote", kommentierte am 14. November 1957 in einem Leitartikel unter dem Titel *„Faschistenbeil über Südtirol"* die Willfährigkeit des Regierungskommissariates gegenüber den Neofaschisten.
In dem Artikel hieß es: *„Im stillen Kämmerlein waren sich nämlich Neofaschisten und Democrazia Cristiana völlig einig darüber, daß man die Südtiroler nicht nach Bozen kommen lassen dürfe; daß die heutige ‚Italianita' der vor 30 Jahren noch rein deutschen Stadt Bozen durch eine Protestkundgebung der Südtiroler gegen diese Überfremdung Schaden leiden könnte. ... Wir Südtiroler müssen zur Kenntnis nehmen, daß*

wir in der Landeshauptstadt schon zu Rechtlosen geworden sind, die sich nicht mehr mucken dürfen.
Wir müssen zur Kenntnis nehmen, daß man durch eine sozial getarnte Wohnbaupolitik und durch Vorenthaltung der Arbeitsmöglichkeiten uns im ganzen Land zu Rechtlosen machen will."

> **Das neueste „Njet":**
> # Auch die Parteifahne verboten
>
> rend sie in der gleichen Anordnung die Fahne des österreichischen **Landes Tirol** darstellen
>
> hält der Regierungskommissär dafür,
>
> daß deshalb einer italienischen Vereinigung, die nicht einen öffentlichen Rechtscharakter hat, der Gebrauch dieser Fahne zu verbieten sei, der eine nicht ganz klare symbolische Bedeutung anhaftet, so daß sie geeignet ist, schwere Störungen der öffentlichen Ordnung hervorzurufen.
>
> Da anläßlich der bevorstehenden öffentlichen Kundgebungen der genannten Partei die Ergreifung von Maßnahmen dringlich ist,
>
> verfügt der Regierungskommissär auf Grund des Art. 77 des Autonomiestatutes und auf Grund des Art. 2 des Gesetzes über die öffentliche Sicherheit, daß der Südtiroler Volkspartei jeder Gebrauch der oben beschriebenen Fahne in der Öffentlichkeit verboten ist."

Aus „Dolomiten" vom 16. November 1957

Am 14. November 1957 teilte der Regierungskommissär Dr. Sandrelli dem Obmann der SVP, Dr. Silvius Magnago, das Verbot der Parteifahne der Südtiroler Volkspartei mit, welche in den Tiroler Farben Weiß-Rot gehalten war und ein Edelweiß in der Mitte zeigte.
Weil diese Farben auch *„die Fahne des österreichischen Landes Tirol darstellen"*, hieß es in dem Dekret des Regierungskommissariats, *„hält der Regierungskommissär dafür, daß deshalb einer italienischen Vereinigung, die nicht einen öffentlichen Rechtscharakter hat, der Gebrauch dieser Fahne zu verbieten sei, der eine nicht ganz klare symbolische Bedeutung anhaftet, so daß sie geeignet ist, schwere Störungen der öffentlichen Ordnung hervorzurufen. Da anläßlich der bevorstehenden öffentlichen Kundgebungen der genannten Partei die Ergreifung von Maßnahmen dringlich ist, verfügt der Regierungskommissär ... daß der Südtiroler Volkspartei jeder Gebrauch der oben beschriebenen Fahne in der Öffentlichkeit verboten ist".* („Dolomiten" vom 16. November 1957)

Der Aufbruch des Volkes
Der 17. November 1957 brach an. In Bozen waren mit Maschinenpistolen bewaffnete Carabinieri aufmarschiert, um einen allfälligen Marsch der Südtiroler in ihre eigene Hauptstadt zu unterbinden. Wie die „Ti-

Der Aufmarsch der schwer bewaffneten Carabinieri in Bozen.

roler Nachrichten" am 18. November 1957 berichteten, sollen es an die 4.000 Carabinieri gewesen sein, die *„entlang der Auffahrtsstraße nach Bozen ... in dichten Massen, in kleinen und großen Gruppen"* standen.
Die Wiener Tageszeitung „Die Presse" berichtete, dass Tags zuvor 3.000 Carabinieri aus anderen Provinzen herangekarrt worden waren. *„Alle Straßenzüge waren von starken Polizeiaufgeboten besetzt. ... Die Militärgarnisonen hatten Alarmbereitschaft."*
Die Südtiroler blieben diszipliniert und wanderten auf das Gelände der Ruine Sigmundskron hoch über der Stadt.
„12.000 Menschen faßt der riesige Schlosshof, der zum Bersten gefüllt war", berichteten die „Tiroler Nachrichten" am 18. November 1957. *„Auf den Zinnen der breiten Mauern standen die Leute dicht gedrängt, in den Bäumen hingen sie, hoch auf den Felsen, die an der einen Schloßhofseite emporwachsen, klebten sie. Auf den Wiesen außerhalb des eigentlichen Schloßraumes standen sie dicht gedrängt und die fast einen Kilometer lange Auffahrtsstraße von Frangart zum Schloß füllten sie."*
Wie die „Dolomiten" am 18. November 1957 berichteten, hatte der Massenzustrom zur Kundgebung alles bisher *„in Südtirol Dagewesene verblassen"* lassen.
„Wer ... von 9 bis 10 Uhr an den Straßenkreuzungen um Bozen stand," schrieb die Zeitung, *„der konnte sehen, daß an diesem Sonntag ein ganzes Volk aufgebrochen war, um seine natürlichen und verbrieften Rechte zu fordern.*

Aus allen Landesteilen waren die Menschen gekommen.

Kolonne um Kolonne der Fahrzeuge rollte ohne Unterbrechung heran. Heran aus allen Richtungen und aus allen Tälern. Sie kamen in Omnibussen, sie kamen in Privatautos, sie kamen mit ihren Motorrädern und Rollern, sie kamen auf Fahrrädern und sie kamen – zu Fuß.

Jedes Bergdorf hatte genau so seine Vertreter entsandt wie die Marktflecken und die Städte in den Talebenen. Sie kamen aus allen Ständen und Berufsschichten: Bauern, Arbeiter, Handwerker, Kaufleute, Akademiker und vor allem kam die Jugend, die Zukunft unseres Volkes. Die Jugend, die die Fahne für Gerechtigkeit

Die Menschen hingen in den Bäumen

231

und Freiheit mit neuer Kraft aufgenommen hat und weitertragen wird. Sie kamen ohne viel Aufhebens mit der selbstverständlichen Gelassenheit jener, die wissen, daß sie das Recht auf ihrer Seite haben, daß die Heimat aber verlange, daß man den Ruf nach dem Recht laut und deutlich aller Welt künden müsse".

Der Tag von Sigmundskron
Unter dieser Überschrift berichteten die „Dolomiten" am 18. November 1957 über den Ablauf der Volkskundgebung:

„*Südtirol! Der strahlende Glanz dieses Wortes spiegelte sich tausendfach in einem unvergeßlichen Tag. Was der Himmel uns geschenkt hat, das Heimatland, lag ausgebreitet im milden Licht eines wundervollen Herbstmorgens, auf daß wir uns seiner Schönheit freuten, seines Besitzes voll und innig bewußt wurden, in diesem Bewußtsein uns selbst erkannten und mit der Würde und der Kraft, die das natürliche Recht verleiht, den Willen zur Verteidigung des ererbten Bodens kundgeben, den Protest gegen seine Überfremdung zum Ausdruck bringen konnten. 35.000 Südtiroler versammelten sich auf dem etschumschlungenen Felsen von Sigmundskron im Herzen des Landes, vor den Toren der Stadt Bozen, aus der man sie verwiesen hatte, und die Erinnerung an die mächtige Kundgebung von 1946 (Anm.: Kundgebung für den Anschluß an*

Österreich) verblaßte vor dieser noch größeren, noch stärkeren Demonstration der Einigkeit und der Entschlossenheit unseres Volkes.
Sie versammelten sich – nein, sie strömten zusammen: dies ist das einzig treffende Wort für das, was man gestern in Sigmundskron gesehen hat ...
Alle Mauern, Türme und Zinnen des Schlosses waren von der Jugend bereits besetzt worden.
Sie hatte die (verbotenen) Tiroler Landesfarben gehißt und aus dem Burghof, wo die Grieser Musikkapelle spielte, klangen den Neuankommenden die vertrauten Heimatlieder entgegen:
Von Sigmundskron der Etsch entlang bis zur Salurner Klaus ...

Wer im Schloßhof nicht mehr Platz fand, stieg auf die Mauern, auf die Türme, die Dächer, die Felsen, wo schließlich bis zum äußersten Rand heraus jeder Zoll besetzt war.
In der Mitte des Hofes stand das Rednerpult, von einem aus Blüten zusammengesetzten Tiroler Adler geschmückt.
Davor hatten sich die vielen Vertreter österreichischer, deutscher und italienischer Zeitungen niedergelassen. Tafeln und Spruchbänder sagten ihnen, was die Teilnehmer an dieser Kundgebung bewegte. Hier einige der Aufschriften:
‚Quo vadis? Südtirol ad victoriam!'; ‚Los von Trient'; ‚Aus mit der Zuwanderung'; ‚Wohnungen den Südtirolern'; ‚Landesautonomie für Südtirol'; ‚Südtirol vor die Uno!'; ‚Schutz vor 48 Millionen'; ‚Drohungen sind

nutzlos'; ‚Selbstbestimmung oder Selbstregierung'; ‚Schluß mit der Scheinautonomie'; ‚SOS – Volk in Not'; ‚Die Kolonie Südtirol ruft nach dem Selbstbestimmungsrecht!'; ‚Mander, es ist Zeit'; ‚Tirol den Tirolern – weniger Worte, mehr Taten'; ‚Brüder im Norden, helft!'; ‚Hier ist Südtirol'.

Als einige der Jungen neben den vielen Fahnen, die im Schloß bereits hingen (zwei schwebten sogar an Ballonen über den Himmel) noch eine auf ein Türmchen hißten, gab es den ersten Applaus."

Der Leidensweg eines Volkes

Als erster Redner sprach Georg Pircher, der Hofmann-Bauer aus Lana, dessen Sohn vier Jahre später als Südtiroler Freiheitskämpfer verhaftet, schwer gefoltert und dann zu einer hohen Freiheitsstrafe verurteilt werden sollte. Er sagte:

„Wir wollen ja nichts als unsere Heimat und unsere Arbeit. Wir wollen dies mit der Stadt Bozen. Wir wollen frei sein, aber wir fürchten auch niemand ... Wir werden am Ende der Kundgebung offen und feierlich vor aller Welt bekennen und fordern, was wir brauchen und wollen: Freiheit für Südtirol!"

Die Hauptrede hielt der SVP-Parteiobmann Dr. Silvius Magnago. Er breitete – in dem Bewusstsein, dass durch die Präsenz der Medienvertreter erstmals eine große internationale Öffentlichkeit mithörte – das Nachkriegsschicksal Südtirols in allen Details aus. Er schilderte die Verlogenheit der römischen Politik, die gebrochenen Versprechungen, die Missachtung des Pariser Autonomievertrages, die Kniffe und Winkelzüge der römischen Politik.

Dr. Magnago spricht im Schlosshof zu den Menschen und fordert eine Landesautonomie allein für Südtirol unter dem Motto „Los von Trient". Transparente zeigen, dass das Volk schon die Selbstbestimmung fordert.

„Wir müssen lauter werden!", rief Dr. Magnago. „Deswegen sind wir heute zusammen gekommen, und wir können nur versichern, daß wir in Zukunft noch lauter werden, wenn man weiter schwerhörig bleibt."
Es gelte, die im Pariser Vertrag für Südtirol verbriefte Autonomie einzufordern. Das bedeute *„Los von Trient"*, denn: *„Uns steht aufgrund des Pariser Vertrages eine Autonomie für Südtirol allein zu."*

Die Resolution von Sigmundskron – Magnagos deutsches Ehrenwort
Dann verlas Dr. Magnago eine Entschließung, in welcher alle Beschwerden und Forderungen nochmals knapp zusammengefasst waren.
Wörtlich hieß es darin, dass es der *„Sinn und Zweck"* des Pariser Vertrages sei, *„Südtirol als deutsches Land seiner angestammten Bevölkerung in ihrer geschichtlich gewordenen Einheit zu erhalten. Das Südtiroler Volk stellt fest, daß dieser Sinn und Zweck bis heute nicht erfüllt, sondern eher in sein Gegenteil verkehrt worden ist … Das Südtiroler Volk sieht sich so, 11 Jahre nach Abschluss des Pariser Vertrages in seiner Existenz immer mehr bedroht"*.
Die Entschließung forderte *„die Gewährung einer echten Autonomie für Südtirol als eigene Region mit der Sicherung des unbedingten Vorrechtes auf Arbeit und Wohnung für die einheimische Bevölkerung"*. Auf ei-

nen kurzen Nenner gebracht, war dies die Forderung „Los von Trient!", die Forderung nach einer eigenen Landesautonomie für Südtirol.
Weitere Forderungen waren die Gleichberechtigung der deutschen Sprache im öffentlichen Leben und Zugang zu den öffentlichen Stellen für die Südtiroler.
Abschließend hieß es in der Resolution: *„Sollten unmittelbare Verhandlungen zu keinem Ergebnis führen, so fordern wir Österreich schon heute auf, vor den geeigneten internationalen Instanzen Recht und Gerechtigkeit für Südtirol zu verlangen."*
Die Versammlung stimmte mit lautem Zuruf zu. Dann erklang das Andreas Hofer-Lied. Ergriffen nahmen die Kundgebungsteilnehmer ihre Kopfbedeckungen ab.

Bericht in dem SVP-Organ „Volksbote" vom 21. November 1957.

Der Heimweg der 35.000 vollzog sich in Ruhe und Ordnung. Es kam zu keinen Übergriffen, zu keinen Pöbeleien gegen Italiener.

Demonstration der italienischen „Frontkämpfer" und der Neofaschisten in Bozen

Während die italienischen Behörden den Südtirolern die Abhaltung der Kundgebung in ihrer eigenen Landeshauptstadt untersagt hatten, durften am 24. November 1957 Neofaschisten und italienische „Frontkämpfer" verschiedenster Vereinigungen vor dem faschistischen „Siegesdenkmal" in Bozen gegen die Südtiroler „Nazis" und ihre Forderungen demonstrieren.
Die Hauptrede hielt der Dottore Andrea Mitolo, Rechtsanwalt und Landtagsabgeordneter der neofaschistischen Partei „Movimento Sociale

Wie üblich pilgerten die Neofaschisten zu dem faschistischen „Siegesdenkmal" in Bozen, um dort die Rede ihres Mini-„Duce" Dott. Andrea Mitolo zu hören.

Italiano" (MSI) in Bozen. Es war eine antideutsche Hetzrede, in der er die Kündigung des Pariser Vertrages und die Abschaffung des Autonomiestatuts forderte. Der Neofaschist vergaß auch nicht, die Südtiroler pauschal als „Nazis" zu diffamieren.

Wie die „Dolomiten" am 25. November weiter berichteten, zog anschließend *„mit dem Ruf ‚Morte ai crucchi!'* (Übersetzung: ‚Tod den Deutschen!', wobei es sich bei dem Wort „crucchi" um ein herabsetzendes Schimpfwort handelt.) *eine Tausendschaft von jungen (und nicht mehr ganz jungen) Neofaschisten zur Erstürmung unseres Redaktions- und Druckereigebäudes über die Talferbrücke".*

Die Polizei verhinderte die Erstürmung des Gebäudes, woraufhin die Neofaschisten einen Sitzstreik auf einer Kreuzung abhielten. Als sie

Neufaschistische Ausschreitungen in Bozen
Der neue „Duce" Adv. Mitolo fordert Kündigung des Pariser Vertrages und Abschaffung des Autonomiestatutes

Andrea Mitolo erging sich u. a. auch in wüsten Beschimpfungen der Südtiroler und ihrer Vertreter in Partei und Verwaltung. U. a. verstieg er sich zu dieser unerhörten Behauptung: „Die Südtiroler werden als Nazi geboren und bleiben Nazi, denn sie sind von Natur aus (per costituzione) Nazi".

Schlagzeile und Textausschnitt aus den „Dolomiten" vom 25. November 1957.

Der neofaschistische Landtagsabgeordnete Dott. Andrea Mitolo: Die Südtiroler sind alle „Nazis"!

einen Redakteur der „Dolomiten" erblickten, musste die Polizei ihn, um ihn zu retten, buchstäblich aus einem gewalttätigen und brüllenden Haufen herausschlagen. Dabei wurde der „Dolomiten"-Redakteur von der entfesselten Meute schreiend als *„porco"* (Schwein), *„delinquente"* (Verbrecher), *„criminale nazista"* (Nazi-Krimineller), *„brutto bastardo"* (hässlicher Bastard) und *„vigliacco"* (Schurke) bezeichnet. Mit dem Ruf *„a morte"* forderten die Neofaschisten seinen Tod. (Aus „Dolomiten" vom 25. November 1957)

Der Redakteur konnte in Sicherheit gebracht werden, anschließend kam es aber in der ganzen Stadt zu Beschimpfungen und Beleidigungen von Südtirolern. *„Südtiroler Burschen wurden, wo man sie einzeln antraf, geohrfeigt; der Pöbel schlug unseren Leuten die Hüte herunter, wenn sie sie vor den an Zaunlatten befestigten Tricolorefahnen nicht abnahmen. Einem Burschen wurde gedroht, man werde ihn in die Talfer werfen, so er nicht italienisch rede. ‚Qui siamo in Italia, qui si parla italiano'* (Übersetzung: ‚Wir sind hier in Italien, hier spricht man Italienisch'). *Die*

Der kurze Sitzstreik der Neofaschisten in Bozen.

obszönen Beleidigungen, die unsere Frauen und Mädchen zu hören bekamen, können hier überhaupt nicht angedeutet werden"*, schrieben die „Dolomiten".

Resolution der „Democrazia Cristiana" (DC)

Es waren aber nicht nur die Neofaschisten, die gegen die Südtiroler hetzten. Die „Dolomiten" berichteten darüber, wie sich die allerchristlichste italienische Schwesterpartei der „Österreichischen Volkspartei" nun benahm:

„Rund 140 Ortssekretäre (wir sagen Ortsobmänner) der Democrazia Cristiana kamen gestern bei der Parteileitung in Bozen zusammen. Nach einem Bericht des Parteisekretärs Finato wurde eine Entschließung angenommen, in der unter anderem ein scharfer Protest gegen die ‚Provokationen in Sigmundskron' erhoben und die Zentralregierung aufgefordert wird, die ‚Südtiroler zur Respektierung der Verfassung und der anderen Gesetze zu zwingen, sowie den Südtirolern gegenüber eine resolutere Haltung einzunehmen'". (Aus „Dolomiten" vom 25. November 1957)

➤ Die Auswirkungen von Sigmundskron: Solidaritätsempfinden und eine neue Linie in der Außenpolitik Österreichs

Die Volkskundgebung von Sigmundskron hatte das Selbstbewusstsein der deutschen und ladinischen Volksgruppe erstarken lassen. Dieser Tag hatte den Südtirolern die Gewissheit gegeben, dass sie nicht untergehen würden, wenn sie zusammenhielten. Die Kundgebung hatte mit ihren Transparenten aber auch gezeigt, dass im Volk die Stimmung vorherrschte, dass man die Selbstbestimmung fordern müsse, wenn Rom seine Politik nicht ändere.

Die ausführliche Berichterstattung der „Tiroler Tageszeitung" und des ÖVP-Organs „Tiroler Nachrichten" hatte aber auch in Nordtirol eine Welle der Solidarität ausgelöst.

Auf der bundespolitischen Ebene vollzog sich ebenfalls ein Wandel. Der gegenüber Italien stets nachgiebige Außenminister Leopold Figl wurde durch einen Politiker abgelöst, dem – wie sich zeigen sollte – die Südtirol-Frage ein echtes Anliegen bedeutete und der aufgrund seiner politischen Herkunft gegen römische Sirenenklänge einer christlichdemokratischen Verbrüderung immun war.

Dr. Bruno Kreisky (SPÖ) wurde neuer österreichischer Außenminister.

Am 16. Juni 1959 wurde Dr. Bruno Kreisky (SPÖ) neuer Außenminister in der ÖVP-SPÖ-Koalitionsregierung unter Bundeskanzler Julius Raab. Er leitete eine Phase entschlossener österreichischer Südtirol-Politik ein und übernahm die von Dr. Silvius Magnago vorgegebene Linie der Forderung nach eigener Landesautonomie für Südtirol und er war vor allem bereit, entsprechend der SVP-Resolution von 1957, *„vor den geeigneten internationalen Instanzen Recht und Gerechtigkeit für Südtirol"* zu vertreten. Dr. Kreisky rüstete sich für einen Gang vor die Generalversammlung der Vereinten Nationen, wo er am 21. September 1959 dann auch ankündigen sollte, die UNO mit der Südtirol-Frage befassen zu müssen, falls Italien zu keiner befriedigenden Lösung bereit sei.

▶ Die Landesfeiern von 1959 vertiefen die Verbundenheit

Wie tief die Verbundenheit Nordtirols mit dem Süden des Landes war, wurde bei allen Gedenkfeiern anlässlich des 150. Jubiläums des Tiro-

ler Freiheitskampfes von 1809 deutlich. Sie fand einen bewegenden Ausdruck, als am 13. September 1959 im Tiroler Landesfestzug eine Dornenkrone als Zeichen des empfundenen Schmerzes über die Landesteilung durch Innsbruck getragen und der Ruf nach Selbstbestimmung unüberhörbar wurde.

▶ Moser als „Beobachter" auf dem Parteitag der „Democrazia Cristiana" (DC) in Florenz

Der ÖVP-DC-Mittelsmann Rudolf Moser war über die Stimmung in Österreich hinsichtlich Südtirols erzürnt. Diese ließ nämlich eine offizielle Teilnahme einer ÖVP-Delegation an dem Parteikongress der „Democrazia Cristiana" (DC), der vom 23. bis zum 28. Oktober 1959 in Florenz stattfinden sollte, als wenig ratsam erscheinen.

In einem Brief vom 3. Oktober 1959 an seinen lieben Freund Leopold Figl machte Moser dafür den SPÖ-Außenminister Dr. Kreisky und das internationale Freimaurertum verantwortlich, welches den *„Sonder-*

```
Kommerzialrat
RUDOLF MOSER                          Sachsenburg, den  3. Oktober 1959
SACHSENBURG, Kärnten
Telefon (04769) 25 14


                              Herrn
                              Bundeskanzler Dr. Ing. Leopold F i g l
                              Präsident des Österr. Nationalrates
                              W i e n     XIX.
                              Peter-Jordan-Straße 62


Sehr geehrter Herr Bundeskanzler!
Lieber Freund!
```

      Aber Herr Kreisky braucht Erfolge für seine, aber schon sehr weit gesteckten Pläne. Jedenfalls ein willkommener Anlaß um vorzutäuschen, daß die SPÖ der verläßliche Verteidiger Südtirols ist.
      In Wirklichkeit ist ihm aber dieses Problem nur Objekt, welches er – falls opportun – ebenso rasch wird fallen lassen, als er sich hiefür begeistert hat.
      Die Gefahren – weit über das Südtirol/Italien Problem hinaus – wirst Du besser zu beurteilen wissen als ich.
      So wie wir ja hier am 20. August besprochen haben: Es sieht fast so aus, daß dort, wo die christliche Solidarität versagt hat, nun das internationale Freimaurertum den Erfolg vortäuschen wollte.
      Für diese,wird überdies der Sonderzweck erreicht, zwischen beiden katholischen Staaten für dauernd Freundschaft und Zusammenarbeit auf weltanschaulichem Gebiet verhindert zu haben.
      Nachdem ich wegen des Kongresses Klarheit haben wollte, so begab ich mich am vergangenen Mittwoch in das Café Mozart, wo Dr. Maleta stets sein Frühstück einnimmt. Er nahm dann auch richtig an meinem Tische Platz und so konnten wir diese Sache in Ruhe besprechen.
      Er ersuchte mich, als Beobachter an dem Kongreß teilzunehmen, nachdem in dieser gespannten Situation eine repräsentative Delegation es sehr schwierig haben müßte. Jedoch wollte er zuvor noch mit Dir und mit Bundeskanzler Raab sprechen.
      Wirklich nur durch Zufall traf ich mit Raab bei der "Linde" zusammen, der mich einlud, an seinem Tische Platz zu nehmen.
      Auch er äußerte sich dahingehend, daß man nur einen Beobachter entsenden könne.

Aus dem Brief Mosers an Leopold Figl vom 3. Oktober 1959 (NÖ Landesarchiv, Nachlass Figl, Karton 61)

zweck" erreicht habe, „zwischen beiden katholischen Staaten für dauernd Freundschaft und Zusammenarbeit auf weltanschaulichem Gebiet verhindert zu haben".

Moser im Kreis seiner DC-„Parteifreunde"

Er habe nun, schrieb Moser, mit dem ÖVP-Generalsekretär Dr. Maleta und Bundeskanzler Raab abgesprochen, dass er den DC-Kongress nur als Beobachter besuchen werde.

Am 12. November 1959 sandte Moser einen Bericht an Figl über seinen Aufenthalt auf dem DC-Kongress, in welchem er die DC-Mitglieder als seine eigenen Parteifreunde bezeichnete. Er fühlte sich nun auch schon als italienischer Christdemokrat.

```
In Florenz habe ich mich volle 5 Tage im Kreise meiner Parteifreunde
aufgehalten.
Ich wußte, daß ich dort sehr bekannt bin, daß ich aber so bekannt bin,
darüber war ich selber überrascht.
Auch, daß man mir wohlgesinnt ist, war mir nicht neu, aber über die auf-
richtige, herzliche Sympathie, welche man mir entgegenbringt, war ich
wirklich ehrlich erfreut.
```

Moser erteilt einen Ratschlag zum Schaden der österreichischen Südtirol-Politik

In seinem Bericht rühmte Moser die freundschaftliche Gesinnung der Italiener gegenüber Österreich, unterstützte die italienischen Positionen in der Südtirol-Frage und gab seiner Überzeugung Ausdruck, dass Kreisky vor der UNO eine Niederlage erleiden werde. Er habe, wie er in seinem Bericht festhielt, daher den DC-Politikern einen Ratschlag gegeben, wie man der österreichischen Südtirol-Politik schaden könne:

```
Meine Äußerung war dahingehend:
1) Aus psychologischen Gründen sei es erforderlich, die Situation bei
   der UNO auf die Spitze zu treiben.
2) Solange von den radikalen Kreisen s o  große Hoffnungen auf die-
   ses Forum gesetzt werden, kann von einer sachlichen, leidenschafts-
   losen Behandlung des Problemes keine Rede sein.
3) Erweist sich aber der Appell an die UNO als diplomatische Niederlage
   für die Interpellanten, so wird die Atmosphäre beruhigt und gerei-
   nigt sein.
```

Aus dem Bericht Mosers an Leopold Figl vom 12. November 1959. (NÖ Landesarchiv, Nachlass Figl, Karton 61)

Moser hatte falsch kalkuliert

Es muss in der Folge für Moser enttäuschend gewesen sein, dass er falsch kalkuliert hatte. Es sollte Dr. Kreisky doch gelingen, das Thema Südtirol vor den Vereinten Nationen zu internationalisieren und am 31. Oktober 1960 eine Resolution der UNO zu erwirken, in welcher Italien und Österreich aufgefordert wurden, auf dem Verhandlungswege eine Lösung ihrer Differenzen hinsichtlich der Auslegung des Pariser Abkommens zu finden. Die Anerkennung des österreichischen Verhandlungsmandats durch die Vereinten Nationen sollte die italienische These vom Tisch fegen, wonach die Südtirolfrage keine internationale Frage, sondern eine rein inneritalienische Angelegenheit sei.

➤ SVP-Landesversammlung 1960: Mit ÖVP-Hilfe aus Wien nicht auf sofortiger Forderung nach Selbstbestimmung beharrt

1960 war es soweit, dass Dr. Kreisky entschlossen war, den Gang vor die Vereinten Nationen anzutreten, um diese offiziell mit der Südtirol-Frage zu befassen.

Die öffentlichen Forderungen nach Selbstbestimmung hatten dazu geführt, dass die „Südtiroler Volkspartei" (SVP) ihren politischen Kurs vor dem anstehenden Weg zur UNO abklären musste. Zu diesem Zweck wurde für den 7. Mai 1960 eine außerordentliche Landesversammlung der Partei einberufen.

Die Partei stand damals, wie der SVP-Funktionär Franz Widmann in seinen Erinnerungen berichtet, *„selbst unter allergrößtem Druck ihrer Basis ... Die Geduld der Südtiroler, jahrzehntelang strapaziert, war am Ende"*. (Franz Widmann: „Es stand nicht gut um Südtirol", Bozen 1998, S. 503).

Der SVP-Ortsausschuss von Brixen hatte bereits eine Resolution gefasst, mit der die Landesversammlung die Partei verpflichten sollte, die Selbstbestimmung zu fordern, *„falls die Autonomie nicht bald gewährt wird"*. Im Zuge der Aussprache auf der Landesversammlung verlangte eine Reihe von Rednern, dass nun endlich die Selbstbestimmung gefordert werden solle.

Ein solcher Beschluss wäre in Widerspruch zu der mit Kreisky abgesprochenen Linie gestanden, den Vereinten Nationen das Begehren nach einer eigenen Landesautonomie vorzulegen.

Daher setzten sich der Parteiobmann Dr. Silvius Magnago und sein Obmannstellvertreter Dr. Friedl Volgger mit aller Kraft dafür ein, den eingeschlagenen Weg beizubehalten. Magnago drohte sogar mit seinem Rücktritt, falls die Landesversammlung dazu nicht bereit sein würde. Die bereits im Vorfeld der SVP-Landesversammlung erkennbare Bereitschaft weiter Kreise der Partei, die Selbstbestimmung zu fordern, hatte auch die auf Freundschaft mit Rom ausgerichteten ÖVP-Bundespolitiker alarmiert.

Der damalige ÖVP-Generalsekretär Dr. Hermann Withalm, zu dessen Aufgaben auch die Pflege der auswärtigen Beziehungen seiner Partei gehörte, war dazu auserkoren worden, der Landesversammlung der „Südtiroler Volkspartei" klarzumachen, dass die „Schwesterpartei" ÖVP Selbstbestimmungsforderungen nicht unterstützen würde. Vor der Abreise Withalms nach Bozen traf er sich mit Rudolf Moser. Dieser berichtete im Rückblick über die Besprechung:

> Landesversammlung der Südtiroler Volkspartei in Bozen
>
> Einige Tage vor der Abreise des Generalsekretärs Dr. Withalm trafen wir in Wien zusammen und ich benützte die Gelegenheit ihn über die aktuelle Situation Italien - Südtirol aus meiner Sicht zu informieren. Auch er teilte mir mit, wie er sich auf dem Parteitag verhalten wolle.
>
> Später überlegte ich: Falls er an seiner Absicht festhält und daran zweifelte ich nicht, so würde mich ein ungestörter Verlauf seiner Intervention wundern.

Moser-Rundschreiben an Parteifreunde und Politiker mit Rückblick „Hass, Dummheit und Verbrechen gewinnen die Oberhand", Sachsenburg, Christkönigsfest 1973, S. 7 (Archiv des Verfassers, Aktenbestand Moser.)

Withalm selbst erinnerte sich daran, wie er im Jahre 1960 der Landesversammlung der „Südtiroler Volkspartei" (SVP) geholfen hatte, den Delegierten ihre Selbstbestimmungs-Ideen auszutreiben. Er berichtete in seinen Memoiren: *„Der 7. und 8. Mai 1960 führte mich nach Bozen, wo zu dieser Zeit die Landesversammlung der Südtiroler Volkspartei stattfand. Im Auftrag der Bundesparteileitung hatte ich mich dorthin begeben, um vor der Landesversammlung den Standpunkt der ÖVP zur Frage Südtirol darzulegen.*

Fürs erste wurde ich nicht gerade mit überschäumender Begeisterung begrüßt, dafür wurden meine Ausführungen anfänglich immer wieder mit Sprechchören ‚Selbstbestimmung' unterbrochen. Ich machte sodann

Während Dr. Withalm auf der Landesversammlung der SVP im Namen seiner Bundespartei den Südtirolern die Absage an die Selbstbestimmung überbrachte, wurden von der Galerie Flugzettel mit der Forderung nach Selbstbestimmung in den Saal geworfen. Das T im Kreis symbolisierte das geeinte Tirol.

der Landesversammlung mit aller Deutlichkeit und Nüchternheit den Standpunkt meiner Partei klar und ließ keinen Zweifel darüber, dass dieser Standpunkt nicht auf der Linie der Forderung nach Selbstbestimmung lag." (Hermann Withalm: „Aufzeichnungen", Graz-Wien-Köln 1973, S. 98)

Die unverhüllte Absage der ÖVP an alle Selbstbestimmungsforderungen trug dazu bei, dass sich die SVP-Landesversammlung halb resignierend mit einer Resolution begnügte, in welcher es dann abgeschwächt hieß: „... *falls alle Bemühungen ... um eine echte Landesautonomie scheitern würden, erklärt sich die Landesversammlung außerstande, das Drängen des Volkes auf Ausübung des Selbstbestimmungsrechtes aufzuhalten."*

Wie mühsam es gewesen war, die SVP-Delegierten auf Magnago-Kurs zu halten, bekannte Dr. Friedl Volgger am 1. Juni 1960 auf einer Südtirol-Besprechung in Innsbruck gegenüber Außenminister Dr. Kreisky: „*Vergessen Sie nicht, dass die Landesversammlung ja ganz anders ausgegangen wäre, würden wir nicht unsere Ortsobmänner einfach vergewaltigt haben.*" (1. 6. 1960: Südtirolbesprechung in Innsbruck, Institut für Zeitgeschichte, Universität Innsbruck, Bestand 3, Südtirol; wiedergegeben bei Rolf Steininger (Hrsg.): „Akten zur Südtirol-Politik 1959–1969", Bd. 2, 1960, Innsbruck-Wien-Bozen 2006, Dok. 148, S. 376ff)

➤ Richtungswechsel in Bozen

Am 31. Dezember 1960 wählte der aus den Wahlen am 6. November hervorgegangene Südtiroler Landtag Dr. Silvius Magnago zum neuen Landeshauptmann. Sein Stellvertreter wurde Dr. Alfons Benedikter, ebenfalls Vertreter eines konsequenten Kurses gegenüber Rom. Der innerparteilich bereits 1957 eingeleitete Kurswechsel fand nun auch auf der landespolitischen Ebene statt.
Dies war der Beginn einer guten Zusammenarbeit mit dem österreichischen Außenminister Dr. Bruno Kreisky (SPÖ), welche in loyaler Weise auch von dem österreichischen Bundeskanzler Julius Raab (ÖVP) unterstützt wurde.

Moser bezeichnet die SVP-Führung als terrorisierende „Rowdies"
Der DC-Vertrauensmann Rudolf Moser hielt die neue Entwicklung nicht für gut. Seiner Meinung nach waren in der „Südtiroler Volkspartei" (SVP) *„Kräfte am Werk, ... die unbedingt Gegner einer Einigung, einer Versöhnung sind!"* Diese Beurteilung findet sich in einer Denkschrift

> Die Südtiroler Volkspartei
>
> Ursache des Abgleitens ist ganz gewiß nicht allein Gleichgültigkeit oder böser Absicht der italienischen Regierung zuzuschreiben, sondern brennende innenpolitischen Schwierigkeiten oder Verständnislosigkeit einzelner Funktionäre Roms – innerhalb der wiederholten Regierungswechsel – stellten die Behandlung immer wieder zurück.
>
> Was aber das Wesentlichste ist, in Südtirol waren stets Kräfte am Werk und sind heute mehr denn je aktiv, die unbedingt Gegner einer Einigung, einer Versöhnung sind!

Auszug aus der Moser-Denkschrift „Die Südtiroler Volkspartei" vom 3. August 1961, sowie eine handschriftliche Mitteilung Mosers an Figl. (NÖ Landesarchiv, Nachlass Figl, Karton 61)

Mosers. (Moser-Denkschrift „Die Südtiroler Volkspartei" vom 3. August 1961. NÖ Landesarchiv, Nachlass Figl, Karton 61)

Noch deutlicher wurde Moser in einer handschriftlichen Notiz, welche sich ebenfalls im Nachlass Figls befindet. Darin hieß es:
*„In Südtirol entwickeln sich die Dinge so, wie ich es in meinem Aufsatz vom 5. 8. 61 ‚Die Südtiroler Volks Partei' dargestellt hatte. Eine aktive Minderheit (die Parteiführung) terrorisierte eine loyale, aber sehr faule Mehrheit und diese Minderheit von Rowdies bestimmten den Weg für Österreich und Italien, weil in Österreich alles fasziniert um die ‚unterdrückte Bevölkerung' weinte und den Partner sinnlos beschimpfte.
Damit wurde das Gegenteil erreicht.
Zur Umkehr und Einsicht ist es nie zu spät."* (Notiz von Rudolf Moser für Leopold Figl. NÖ Landesarchiv, Nachlass Figl, Karton 61)

➤ Kampf des Gottlosentums gegen die freie christliche Welt

Der Donnerschlag der „Herz-Jesu-Nacht"

Bereits in den Jahren 1956 und 1957 hatte es erste Protest-Anschläge gegeben, die durch eine Gruppe junger Patrioten um den Athesia-Druckereiangestellten Hans Stieler verübt worden waren. In Rom hatte man diese erste Flammenschrift an der Wand nicht lesen können.

So kam es, dass im Juni 1961 die Lage eskalierte und eine dramatische und tragische Entwicklung in Südtirol einsetzte.

Seit 1945 hatten die Südtiroler auf eine Besserung ihrer Lage gehofft gehabt. Tatsächlich aber waren die Methoden der faschistischen Unterdrückungspolitik einschließlich der Anwendung faschistischer Unterdrückungsparagraphen des Strafgesetzbuches weiterhin angewandt worden. Wer eine Fahne in den Landesfarben gehisst oder seine Fensterläden in diesen traditionellen Farben angestrichen hatte, dem waren die Carabinieri und die Justiz an den Leib gerückt. Das Zeigen der Tiroler Landesfarben war ein Kriminaldelikt.

Die Entnationalisierungs- und Unterwanderungspolitik war ungehemmt weitergegangen und es hatte sich absehen lassen, wann eine italienische Mehrheit im Lande alle Forderungen der Südtiroler hinfällig machen würde. Als nun auch noch ein Gesetz in Kraft treten sollte, welches die Ausbürgerung missliebiger Südtiroler durch einfache Verwaltungsakte erlaubt hätte, war die Situation im wahrsten Sinne des Wortes explodiert.

Die gegen Strommasten und nicht gegen Menschen gerichteten demonstrativen Anschläge des „Befreiungsausschusses Südtirol" (BAS) in der Herz Jesu-Nacht des 11. Juni 1961 hatten das Augenmerk der Weltöffentlichkeit auf das ungelöste Südtirol-Problem gerichtet.
Der christdemokratische Innenminister Mario Scelba, ein Sizilianer, reagierte nun mit Zuckerbrot und Peitsche. Er verkündete zur Beruhigung der Gemüter, eine Kommission zur Behandlung Südtiroler Autonomiewünsche einzusetzen. Gleichzeitig aber deckte er die Folterungen politischer Häftlinge in den Carabinieri-Kasernen Südtirols, mit denen man den Verhafteten die Namen weiterer Mitverschwörer entriss. Eine Verhaftungswelle und das Bekanntwerden immer neuer Einzelheiten über grauenhafte Misshandlungen ließen das Land in Angst erstarren.

Bild links: In der „Feuernacht" gesprengter Hochspannungsmast. Auf dem Zeitungsbild aus der italienischen Tageszeitung „Alto Adige" rechts: Der BAS-Freiheitskämpfer Martin Koch (links) und der BAS-Gründer Sepp Kerschbaumer (rechts) werden in die Carabinieri-Kaserne eingeliefert, wo sie gefoltert werden.

Verhaftungen und Folterungen
Bald waren nicht nur in Südtirol, sondern auch in Österreich und Deutschland die Zeitungen voll mit erschütternden Berichten. Am 21. Juli 1961 berichtete die Wiener Tageszeitung „Die Presse" über konkrete Misshandlungsfälle. An dem gleichen Tag sprach der italienische Ministerpräsident Fanfani den verantwortlichen Carabinierei öffentlich den *„Beifall der ganzen Nation" („il plauso della nazione tutta")* aus. Am 22. Juli 1961 berichtete die „Tiroler Tageszeitung" über Folter-Details wie Prügel, Versengen mittels Höhensonnen und das Einschlagen von Zähnen.

Am 22. Juli 1961 forderte die Südtiroler Tageszeitung „Dolomiten" die Bevölkerung auf, Misshandlungen der „Südtiroler Volkspartei" (SVP) zu melden und an dem gleichen Tag veröffentlichten die renommierten „Salzburger Nachrichten" auf der Titelseite einen von dem Vizepräsidenten der Europäischen Kommission für Menschenrechte, dem österreichischen Universitätsprofessor Dr. Felix Ermacora, verfassten Artikel. Darin schilderte dieser aufgrund ihm zugegangener Berichte zahlreiche Misshandlungen Südtiroler Häftlinge, die *„unfassbar für Europa, unfassbar für einen Rechtsstaat"* seien.

Nun reagierte der italienische Innenminister auf diese Meldungen. Er drohte der „Südtiroler Volkspartei" (SVP) mit Parteiverbot und erklärte dem Südtiroler Senator Luis Sand am 24. Juli 1961 gegenüber kaltschnäuzig: *„Tutte le polizie del mondo picchiano."* (*„Alle Polizeibehörden auf der Welt prügeln."*)

Allerdings befassten sich nun aber auch deutsche Medien, darunter das Nachrichtenmagazin „Der Spiegel", mit dem für alle christlich-demokratischen Parteien Europas peinlichen Thema der Folter in einem von einer Schwesterpartei regierten Land.

In Österreich gingen in der Öffentlichkeit mittlerweile die Wogen der Empörung hoch. Der „Bergisel-Bund" hatte mit Unterstützung des Nordtiroler Landesrates Dr. Aloys Oberhammer (ÖVP) und der Tiroler Schützenkompanien für den 29. Juli 1961 in Innsbruck eine große Protestkundgebung angekündigt.

Der einst mit Südtirol so solidarische Bundeskanzler Dr. Alfons Gorbach (ÖVP) lag mittlerweile auf der Linie der Bundes-ÖVP und dachte nicht daran, den christdemokratischen Freunden in Italien in den Rükken zu fallen. Er nahm dafür die Brüskierung seiner Parteifreunde in Nordtirol in Kauf. Er erklärte gegenüber dem österreichischen Innenminister Josef Afritsch (SPÖ), *„dass seiner persönlichen Meinung nach diese Versammlung aus formellen Gründen, da verspätet angemeldet, nicht bewilligt werden könnte"*. Diese wäre außerdem *„dem Ansehen Österreichs im In- und Auslande nicht förderlich"*. Zudem seien *„die behaupteten Verhörmethoden und Misshandlungen verhafteter Südtiroler ... wohl in der Presse behauptet, aber bisher noch nicht einwandfrei nachgewiesen worden"*. (Aktenvermerk vom 28. 7. 1961, wiedergegeben bei Rolf Steininger (Hrsg.): „Akten zur Südtirol-Politik 1959–1969", Bd. 3, 2. Halbband 1961, Innsbruck-Wien-Bozen 2007, Dok. 254, S. 568)

Das Innenministerium in Wien verbot daraufhin die Veranstaltung.

Aus „Der Spiegel" vom 16. August 1961.

Schlagzeile in den „Oberösterreichischen Nachrichten".

Die „Tiroler Nachrichten" veröffentlichten einen Protestaufruf führender Vertreter des Geisteslebens gegen die Folterungen in Südtirol.

Während immer neue schockierende Mitteilungen über Folterungen öffentlich wurden, wies der Innenminister Scelba am 4. August 1961 in einem Kommuniqué alle Folter-Vorwürfe als Erfindungen jener „Zentren" zurück, welche auch die Sprengstoffanschläge organisiert hätten. Am gleichen Tag meldete sich der zuvor von Innenminister Scelba in seiner Brixener Residenz besuchte Südtiroler Bischof Dr. Josef Gargitter zu Wort und erklärte den Gläubigen in einem „Hirtenwort", dass es sich bei den verhafteten und gefolterten Südtiroler Bauernbuben, Handwerkern und Arbeitern um Werkzeuge des Weltkommunismus handle. Es gelte zu verhindern, sagte er unter anderem in seinem „Hirtenwort", dass *„gottlose und totalitäre Kräfte, die schon seit geraumer Zeit am Werke sind, verschiedene Leute zu weiteren verwerflichen Gewalttaten verleiten und schließlich unser gutes katholisches Volk an den Rand des Abgrundes führen"*. („Dolomiten", 5. August 1961)

Dieser „Gottesmann", der hier wohl im Auftrag und mit der Stimme des Vatikans in Rom sprach, war Südtiroler und von der Kindheit herauf damit vertraut, wie zutiefst christlich seine Landsleute geprägt und eingestellt waren. Er hatte wider besseres Wissen gesprochen.

Der christdemokratische Innenminister Mario Scelba hatte den Bischof Dr. Gargitter nach der „Feuernacht" des Jahres 1961 in Brixen besucht und ihm seine Sicht der Dinge dargelegt.
Nun sah der Bischof in den Südtiroler Freiheitskämpfern die Agenten des internationalen Kommunismus.

Es geht in dieser Stunde in diesem Lande um viel mehr als um gute oder schlechte Politik. Hier sucht vor allem auch der Kommunismus einen Unruheherd im Herzen Europas, hier geht es um den Kampf des Gottlosentums gegen die freie, christliche Welt. Es ist hohe Zeit, daß die christlichen

Aus dem in den „Dolomiten" vom 5. August 1961 wiedergegebenem „Hirtenwort" des Bischofs Gargitter.

Nach dem „Hirtenwort" des Brixener Bischofs handelte es sich bei dem tief-gläubigen Frangarter Kaufmann Sepp Kerschbaumer (3. von links), dem Gründer des „Befreiungsausschusses Südtirol" (BAS), um einen Exponenten der gottlosen und totalitären Kräfte, der das gute katholische Volk an den Rand des Abgrundes führen wollte.

Die Ortspfarrer teilten die Meinung ihres Bischofs nicht

Man muss in diesem Zusammenhang festhalten, dass der niedere Klerus in Südtirol die Sichtweise seines Bischofs durchwegs nicht teilte. Es sind zahlreiche Fälle bekannt, in denen Ortspriester verfolgten Landleuten und auch deren Familien treu beistanden und ihnen nicht nur geistliche Hilfe angedeihen ließen. Einzelne Priester gingen hierbei ein nicht unerhebliches Risiko ein, wenn sie Flüchtige verbargen oder bei Gefängnisbesuchen Botschaften zwischen politischen Gefangenen und deren in Freiheit befindlichen Kameraden austauschten.

Bei geistlichen Gesprächen zwischen Priestern und Häftlingen in den Gefängnissen durften keine Wärter dabei sein. So war es möglich, dass mündliche Mitteilungen von außen an Häftlinge gelangten und auf Toilettenpapier geschriebene Mitteilungen unter dem geistlichen Gewand des Priesters aus dem Gefängnis heraus ihren Weg zu Familienangehörigen und Freunden fanden.

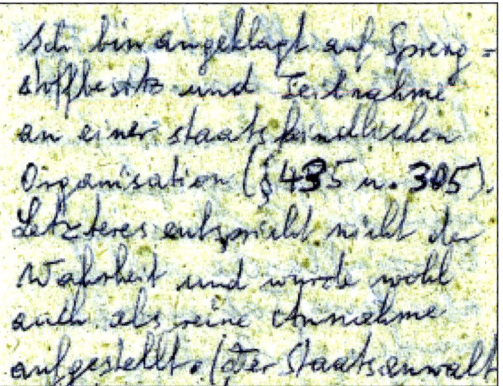

Ausschnitt aus einem der auf Toilettenpapier geschriebenen und von Pfarrern aus dem Gefängnis geschmuggelten Briefe.
(Im Besitz des Verfassers)

Moser verbreitet die Botschaft von der kommunistischen Verschwörung

Rudolf Moser nahm die Argumentation des Bischofs Dr. Gargitter umgehend auf und verbreitete die Botschaft in einem Rundschreiben an die ÖVP-Funktionäre und Politiker.

```
            Die wahren Hintergründe!

        W e g    u n d    A u s w e g  !
```
```
Der überspitzte Nationalismus, dessen Nährboden Maßlosigkeit
und Haß sind, benützt jede Gelegenheit um zu zerstören, denn
auch dieser nationale Haß merkt es nicht, daß er durch seine
Zerstörung nur Wegbereiter des internationalen Bolschewismus
ist, der den Menschen Seele und Leib zerstört und nur robotende
Verdauungsapparate zurückläßt.
```

> Mit Mitteln der Gewalt, der Macht, des Terrors, der Lüge, der Entstellung, wird die Situation chaotisch werden und allen Verblendeten werden die Augen aufgehen, wenn sie zu spät zur Erkenntnis kommen, daß sie wacker dazu beigetragen haben, daß die Einigung Europas von Osten her erfolgt!

Auszüge aus dem Moser-Rundschreiben „Die wahren Hintergründe! Weg und Ausweg!" vom 3. August 1961. (Archiv des Verfassers, Aktenbestand Moser.)

▶ Auf Bitte von Bundesminister Dr. Josef Klaus: Mosers „konzentrierte und intensive Informationswelle"

Die brutalen Polizeimaßnahmen in Südtirol, die Verhaftungen, die Folterungen, die Erschießung von zwei Unschuldigen – all das hatte bewirkt, dass in Österreich die Zeitungen über Italien kritisch berichteten. Es war der damalige Finanzminister und spätere Bundeskanzler Dr. Josef Klaus, der Moser dazu bewegte, dem durch eine verstärkte Informationstätigkeit in der ÖVP und gegenüber der katholischen Publizistik entgegen zu arbeiten. Klaus beklagte die *„einseitig gehässige*

> RUDOLF MOSER
> A-9751 SACHSENBURG
>
> Beilage
>
> KONZENTRIERTE und INTENSIVE INFORMATIONSWELLE
> ab. 3. August 1961
>
> Gelegentlich der Festspiele traf ich in Salzburg mit dem damaligem Finanzminister Dr. Josef Klaus zusammen.
>
> Derselbe war über die einseitig gehässige Schreibweise wegen Südtirol und gegen Italien sehr besorgt. Daher legte er mir nahe, mit ihm einen Funktionär der Katholischen Presse aufzusuchen, damit wenigstens die Zeitungen dieser Richtung den Tatsachen entsprechende Berichte bringen könnten.
>
> In diesem Dreiergespräch mußte ich erklären, daß meine privat persönlichen Informationen nicht für die Öffentlichkeit bestimmt sind, außerdem würden sich meine Freunde im Falle von Indiskretionen sich zurückziehen. Jedenfalls versprach ich wegen Information eines erweiterten Personenkreises nachzudenken.

Aus der Beilage zu Mosers Bericht „Die wahren Hintergründe!" (Archiv des Verfassers, Aktenbestand Moser.)

Schreibweise ... gegen Italien" und forderte Moser auf, zu helfen, damit wenigstens die katholischen Zeitungen *„den Tatsachen entsprechende Berichte"* bringen könnten.

Wie Moser in einer nichtdatierten später ausgesandten Beilage zu einem Informationsrundschreiben vermerkte, machte er Dr. Klaus bei diesem Gespräch darauf aufmerksam, dass seine *„privat persönlichen Informationen"*, die er bis dahin an einen ausgesuchten Kreis von Funktionären und Politikern sandte, *„nicht für die Öffentlichkeit bestimmt sind."* („Beilage. Konzentrierte und intensive Informationswelle ab 3. August 1961". Archiv des Verfassers, Aktenbestand Moser.)

Moser versprach aber, darüber nachzudenken, wie man einen erweiterten Personenkreis informieren könnte. Das Ergebnis des Nachdenkprozesses war, dass Moser ab nun in kurzen Abständen aktuelle Rundbriefe unter wechselnden Titeln an einen erweiterten Personenkreis führender Parteifunktionäre, Politiker und katholischer Journalisten aussandte. In der schon zitierten „Beilage" zu einem später ausgesandten Rundbrief hielt Moser dazu fest: *„Diese Wünsche habe ich erfüllt. Die Zahl der Aussendungen hat bisher 70 überschritten. Vom deutschen Text gab es jeweils 400 - 500, vom italienischen Text jeweils 200 - 250 Exemplare pro Aussendung."* („Beilage. Konzentrierte und intensive Informationswelle ab 3. August 1961", Archiv des Verfassers, Aktenbestand Moser)

▶ Mosers Geheimpolitik hinter den Kulissen: NEI-Tagung in Wien

Ungeachtet der dramatischen Ereignisse in Südtirol arbeitete Moser unverdrossen, aber mit großer Vorsicht, hinter den Kulissen an der Vertiefung der Freundschaft mit den italienischen Christdemokraten. Dies musste angesichts der Folterungen Südtiroler Häftlinge und der daher in Österreich vorherrschenden Stimmung der Bevölkerung unter Geheimhaltung erfolgen.

Öffentliche Freundschaftsbekundungen zwischen der ÖVP-Parteispitze und führenden DC-Politikern wären bei der Mehrzahl der ÖVP-Wähler auf kein Verständnis gestoßen und hätten auch zu einer offenen Konfrontation mit der Tiroler Landespartei führen können.

Eine am 23. und 24. Juni 1962 in Wien stattfindende Tagung der „Nouvelles Équipes Internationales" (NEI), der Dachorganisation christlicher Parteien in Europa, schien eine gute Gelegenheit zu bieten, vertrauliche Gespräche mit italienischen christdemokratischen Spitzenpolitikern zu führen.

Moser hatte mit dem italienischen Schatzminister und späteren Innenminister Taviani (hier im Bild auf Visitation bei italienischen Truppen in Südtirol), den er als seinen persönlichen Freund bezeichnete, Absprachen getroffen.

Gespräche „ohne öffentliche Kontrolle"

In einem kurzen Memorandum wies Moser seine eigene Parteispitze darauf hin, dass die NEI-Tagung in Wien den Italienern eine *„unauffällige Gelegenheit"* bieten würde, *„ohne öffentliche Kontrolle mit den Funktionären unserer Partei in intimerem Kreis Besprechungen abzuhalten. Daher habe ich diesbezüglich mit Minister Taviani gesprochen".*

Paolo Emilio Taviani war damals unter der Regierung Fanfani italienischer Schatzminister und zuständig für internationale Kontakte der DC, die er auch als Vizepräsident der NEI pflegte. Er würde bei der Wiener Tagung zugegen sein. Laut Mosers Bekundung war Taviani sein persönlicher Freund und darüber hinaus *„mit mehreren unserer Spitzenfunktionäre herzlich befreundet".*

Der nunmehrige Regierungschef Amintore Fanfani und dessen Schatzminister Taviani seien von den Mitarbeitern des früheren Ministerpräsidenten Degasperi *„die ersten gewesen, ... welche er zur gemeinsamen Arbeit mit mir zusammengebracht hatte".*

Taviani, so berichtete Moser weiter, *„war grundsätzlich sogleich bereit, meinen Vorschlag anzunehmen, doch müsse er sich vorbehalten, vor einer endgültigen Zusage vorerst diesbezüglich mit Fanfani und Moro zu besprechen, um deren Einverständnis zu erhalten".* Aldo Moro war damals „Nationaler Sekretär" der „Democrazia Cristiana" (DC), was der Position eines Parteivorsitzenden entsprach.

„Beratungen ausschließlich in den Räumen der Bundesparteileitung und im streng privaten Kreis"

Taviani, so berichtete Moser weiter, habe bezüglich der vertraulichen Aussprachen in Wien Folgendes verlangt: *„Grundbedingung sei, dass er nicht offiziell als Vertreter der italienischen Regierung behandelt werde, er nirgends diesbezüglich offiziell empfangen werde und unbedingt* *jede Publizität ferngehalten bleibe. Diesbezüglich gab ich ihm die verbindliche Zusage, dass Aussprachen, soweit sie nicht gemeinsam im Rahmen der NEI-Tagung stattfinden, ausschließlich in den Räumen der Bundesparteileitung und im streng privaten Kreis stattfinden würden."* Zum Abschluss seines Memorandums betonte Moser nochmals, dass Taviani, *"so wie wohl alle meine persönlichen Freunde es sind – subjektiv von der besten Absicht erfüllt ist."* Es werde sich herausstellen, erklärte Moser, dass *"mittels vertrauensvoller offenherziger Aussprache eine Lösung zu finden ist, welche allen Partnern entsprechen kann, die guten Willens sind. Taviani wird mir in der nächsten Zeit Nachricht geben."* (Moser-Memorandum „NEI-Tagung am 23. und 24. Juni 1961 in Wien". NÖ Landesarchiv, Nachlass Figl Karton 61)

> **N E I - Tagung am 23. und 24. Juni 1961 in W I E N**
>
> Diese Zusammenkunft der Delegierten einer übernationalen Vereinigung kann unauffällige Gelegenheit bieten, dass einer oder mehrere führende und verantwortliche Funktionäre Italiens nach Wien kommen, um so ohne öffentliche Kontrolle mit den Funktionären unserer Partei in intimeren Kreis Besprechungen abzuhalten. Daher habe ich diesbezüglich mit Minister Taviani gesprochen.
> Mit Taviani deshalb, weil derselbe Vizepräsident der NEI ist, wiederholt schon in Österreich war, mit mehreren unserer Spitzen-Funktionäre herzlich befreundet ist und schliesslich Taviani und Fanfani von Degasperis Mitarbeitern die ersten gewesen sind, welche er zur gemeinsamen Arbeit mit mir zusammengebracht hatte. Es war dies zu einem Zeitpunkt, wo beide noch keine öffentliche politische Funktion hatten.
> Taviani war grundsätzlich sogleich bereit, meinen Vorschlag anzunehmen, doch müsse er sich vorbehalten, kusk vor einer endgültigen Zusage vorerst diesbezüglich mit Fanfani und Moro zu sprechen, um deren Einverständnis zu erhalten. Grundbedingung sei, dass er nicht offiziell als Vertreter der italienischen Regierung behandelt werde, er nirgends diesbezüglich offiziell empfangen werde und unbedingt jede Publizität ferngehalten bleibe. Diesbezüglich gab ich ihm die verbindliche Zusage, dass Aussprachen, soweit sie nicht gemeinsam im Rahmen der NEI-Tagung stattfinden, ausschliesslich in den Räumen der Bundesparteileitung und im streng privatem Kreis stattfinden würden.

Aus dem Moser-Memorandum „NEI-Tagung am 23. und 24. Juni 1961 in Wien".
(NÖ Landesarchiv, Nachlass Figl Karton 61)

Zu der NEI-Tagung in Wien war aus Italien dann auch eine italienische Delegation eingetroffen. Über die in Wien geführten Gespräche liegt kein Bericht vor.

Taviani hatte die italienische Haltung gegenüber Südtirol offen geschildert
Jahre später hat Rudolf Moser in einem Rundschreiben an seine Parteifreunde geschildert, dass Taviani in dem 50 Minuten dauernden Gespräch, welches Anfang Juni 1961 stattgefunden hatte, sich ihm gegenüber sehr offen geäußert hatte:

```
Seine Sorgen und Bedenken brachte er dahingehend zum Aus-
druck, daß die Möglichkeiten von Zugeständnissen an die Süd-
tiroler Bevölkerung deshalb begrenzt sein müßten, weil diese
ethnische Minorität unmittelbar an den riesigen deutschen
Sprachraum anschließe.
"Ja, wenn Südtirol irgendwo   i n n e r h a l b   Italien
isoliert sein würde, dann könnte man jede Freizügigkeit ge-
währen!"

Diese Auffassung entsprach der großen Mehrzahl italienischer
Funktionäre, gutgesinnter und ablehnender.
```

Aus Mosers Rundschreiben „...UND ES LEUCHTET EIN LICHT Österreich-Südtirol-Italien 1946 bis 1971", S. 10. (Archiv des Verfassers, Aktenbestand Moser.)

Die Ausflucht, dass die Gewährung der von den Südtirolern eingeforderten Rechte aufgrund der geografischen Situation des Landes nicht möglich sei, empörte Moser nicht. Er gab diesen Standpunkt an die ÖVP-Politiker und Funktionäre weiter, als ob es sich hier um eine legitime Position handle.

▶ Moser bestärkt im September 1961 den italienischen Innenminister: Gegen die verrückten Südtiroler Handlanger des Bolschewismus vorgehen – eliminieren, isolieren!

Der ÖVP-DC-Mittelsmann Moser, welcher auch mit dem neuen österreichischen Bundeskanzler Dr. Alfons Gorbach in gutem Einvernehmen stand, teilte die Sicht des Bischofs Dr. Gargitter, wonach die Südtiroler Freiheitskämpfer Handlanger des Bolschewismus seien.
Er beeilte sich, dies auch dem italienischen Innenminister mitzuteilen und diesen in seiner Vorgangsweise zu bestärken. Am 16. September 1961 – zu diesem Zeitpunkt lagen der Bundesregierung in Wien schon

Rudolf Moser (links im Bild) zusammen mit dem österreichischen Bundeskanzler Dr. Alfons Gorbach.

zahlreiche Beweise für die Folterungen vor – schrieb Moser einen sehr ergebenen Brief an den italienischen Schutzpatron der Folterer, „*die höchstgeschätzte Exzellenz, den Abgeordneten und Innenminister Mario Scelba*" in Rom.

Für seine Freunde in der ÖVP-Spitze fertigte Moser eine von ihm selbst verfasste Übersetzung an, aus welcher hier zitiert wird.

Moser warnte angesichts der demonstrativen Anschläge des „Befreiungs-

---

KOMMERZIALRAT
RUDOLF MOSER
9751 SACHSENBURG, Kärnten
Tel. (0 47 69) 25 14

1164 WIEN 16, Grundsteingasse 39
Tel. (02 22) 42 03 61

16 Settembre 1961

A Sua pregiatissima Eccellenza
onorevole Mario S c e l b a
Ministro dell'Interno

R o m a

Egregio Signor Ministro,

rivolgo a Lei la parola, pregiatissima Eccellenza, in riguardo alla Sua iniziativa "Alto Adige".

Contemporaneamente si tratta di eliminare ogni radicalismo nazionale.

Difatto – in quanto riguardo l'Alto Adige – ormai è l'ultima e l'unica occasione di isolare definitivamente quei pazzi radicali che con atti di deliquenza tentavano di impedire ogni accordo leale e nei loro fatti si dimostravano esecutori del comune nemico, ossia del bolscevismo.

Voglia gradire, egregia Eccellenza, l'espresione della mia sincera e particolare stima! Con distinti saluti Rudolf Moser

Suo dev.mo

Auszüge aus dem Schreiben Mosers an den Chef der Folterer, den Innenminister Mario Scelba. (Archiv des Verfassers, Aktenbestand Moser.)

ausschusses Südtirol" (BAS) *„die höchstgeschätzte Exzellenz"* eindringlich: *„Die Gefahr, dass die gesamte christliche Kultur von der bolschewistischen Welle eliminiert werde, ist aktiver und aktueller denn je!"* Wer sich in einen *„Streitfall"* mit einem Volk einlasse, welches *„in seiner Mehrheit sich für die christlich-westliche Kultur erklärt hat"*, trete *„in den wirksamen Dienst des gemeinsamen Gegners"*. Daher handle es sich jetzt darum, *„jedweden nationalen Radikalismus zu eliminieren"*. Was nun *„das Alto Adige"* betreffe, so bestehe *„dermalen die letzte und die einzige Gelegenheit, jene wahnsinnigen Radikalen zu isolieren, welche mit verbrecherischen Taten sich als Handlanger des Bolschewismus erweisen"*. Zum Abschluss bat Moser, der *„sehr verehrte Herr Minister"* möge *„den Ausdruck meiner aufrichtigen und besonderen Wertschätzung"* genehmigen. (Archiv des Verfassers, Aktenbestand Moser.)

Die von Moser „höchstgeschätzte Exzellenz" Mario Scelba, Dienstherr und Schutzpatron der Folterer.

1961: Die Einlieferung der laut Moser „wahnsinnigen Radikalen" und „Handlanger des Bolschewismus" zu Verhör, Folter, Haft, Siechtum und auch Tod.
(Zu dem Thema der Folterungen siehe: Helmut Golowitsch: „Für die Heimat kein Opfer zu schwer. Folter – Tod – Erniedrigung: Südtirol 1961–1969", Edition Südtiroler Zeitgeschichte, zweite ergänzte Auflage 2012)

➤ Staatssekretär Steiner will Kreisky von dem Gang zur UNO abhalten – Mosers Denkschrift am Tag der „Erscheinung des Herrn": Gegen Kreisky und gegen die Freiheitskämpfer

Am 23. November 1961 hatte die Politische Sonderkommission der UN-Vollversammlung sehr zum Missfallen Roms eine Resolution verabschiedet, in welcher Italien und Österreich aufgefordert wurden, zu verhandeln, um eine Lösung des Streitfalles zu finden.
Vergeblich hatte im Vorfeld des Ganges zur UNO der ÖVP-Staatssekretär im Außenministerium, Dr. Ludwig Steiner, am 4. September 1961 Außenminister Dr. Bruno Kreisky (SPÖ) empfohlen gehabt, von einer weiteren Befassung der „Vereinten Nationen" mit der Südtirolfrage abzusehen, denn man *„solle ... nicht die westlichen Freunde Österreichs strapazieren"*.

Aktenvermerk über die „Unterredung des Herrn Bundesministers mit dem Herrn Staatssekretär am 4. September 1961, Verschluss, P". (Stiftung Bruno-Kreisky-Archiv, Wien, Bestand Südtirol)

Es wird sich hierbei kaum um einen Alleingang Dr. Steiners gehandelt haben. Er vertrat hier wohl eine ihm verordnete Linie der Rücksichtnahme auf die Schwesterpartei „Democrazia Cristiana". Angesichts seiner patriotischen Vergangenheit kann man vermuten, dass Dr. Steiner diesen Vorstoß bei Kreisky ohne große Begeisterung vorgenommen hat. Letztlich hatte aber die Parteitreue obsiegt.

Dr. Kreisky hatte darüber eine Aktennotiz verfertigt und darin auch seine Antwort festgehalten: *„Seit seinem Eintritt als Staatssekretär haben die Intrigen gegen die gemeinsame Außenpolitik in hohem Maße zugenommen."*

Ebenso vergeblich hatten auch der spätere ÖVP-Außenminister Dr. Kurt Waldheim und der Leiter der Politischen Abteilung im österreichischen Außenministerium, Dr. Heinrich Haymerle, versucht, Dr. Kreisky *„in stundenlangem Gespräch zu überreden, dass wir uns jetzt aus der Affäre ziehen sollten ... Andernfalls würde Österreich als ein Störenfried betrachtet werden, und dies wäre uns keineswegs zuträglich".* (Bruno Kreisky: „Im Strom der Politik – Der Memoiren zweiter Teil", Verlag Kremayr & Scheriau 1988, S. 155)

In Tirol nördlich und südlich des Brenners sah man jedoch die UNO-Resolution als Erfolg an. Rom konnte substantielle Verhandlungen nicht weiter verweigern, ohne in Widerspruch zu der Resolution der Vereinten Nationen zu geraten.

Die der ÖVP zuzurechnenden Diplomaten Dr. Waldheim und Dr. Haymerle (Bild links) hatten ebenfalls wie der ÖVP-Staatssekretär Dr. Steiner (Bild rechts) versucht, Dr. Kreisky von seinem Auftritt vor der UNO in New York abzuhalten.

In den Rom-freundlichen Kreisen der Bundes-ÖVP wurde dieser Erfolg des sozialdemokratischen Außenministers jedoch mit Unwillen registriert und als Misserfolg dargestellt. *„Am hohen Fest der Erscheinung des HERRN 1962"*, am 6. Januar 1962, dem „Dreikönigstag", verfasste und versandte Rudolf Moser an zahlreiche ÖVP-Politiker und Funktionäre eine politische Denkschrift.

```
              S Ü D T I R O L
              ================

  Rückblick - Tatsachen-Situation - Ausblick
  ==========================================

             I. R ü c k b l i c k
```

In diesem „Rückblick" auf diese jüngste diplomatische Entwicklung behauptete Moser, dass Dr. Kreisky eine *„dilettantisch geführte Außenpolitik"* betreibe:

```
Eine kräftige Ernüchterung war unvermeidlich.
Damit diese rasch erfolgte, hat eine dilettantisch geführte Außen-
politik Sorge getragen.
Erstaunlich bleibt nur, daß ansonsten auch ernste Politiker und
Funktionäre sich von der mehr in Nord- als in Südtirol vorherr-
schenden Mentalität "Tirol sei so etwas, wie der Nabel der Welt"
und folglich werde das höchste Weltforum ohne Prüfung dessen For-
derungen und ohne Abwägung mit den Welterfordernissen den angemel-
deten Wünschen eilends entsprechen, beeinflussen ließen.

Schwerste Verantwortung trifft die Presse, welche durch sensatio-
nelle Aufmachungen ein vollkommen verzerrtes Bild der Gesamtlage
dargestellt hat.
```

Dann ging Moser auf die *„Tatsachen-Situation"* ein und versuchte zu begründen, dass es in Südtirol keine staatlich geförderte italienische Unterwanderung und auch keine soziale Benachteiligung Südtiroler Arbeitnehmer gebe.

In dem Kapitel „Ausblick" führte Moser nun aus, wie die ÖVP-Politiker abseits solch *„abwegiger Sentimentalität"* gegenüber Südtirol das Verhältnis zu Italien zu gestalten hätten. Es gelte vor allem, die Attentäter zu isolieren.

Zum Abschluss schlug Moser vor, dass auftretende Probleme in der Südtirol-Frage künftig statt durch die staatlichen Institutionen in einem parteipolitischen ÖVP-DC-Komitee behandelt werden sollten.

> Und nun einige Worte zu den Attentaten, auch "Aktionen der Freiheitskämpfer" genannt:
>
> Die bisherigen Enthüllungen und Verhaftungen haben fürwahr nicht ergeben, daß es sich um bodenständige, ernste, verantwortungsbewußte Menschen gehandelt hat, die unter "untragbarer Unterdrückung" zu "Verzweiflungstaten" schreiten mußten.
>
> Die Attentäter sind Halbstarke, die Drahtzieher einerseits unentwegte Nazi, andererseits – auch dies muß gesagt werden – abwegige Idealisten, welche Äußerungen vollverantwortlicher Regierungs- und Parteifunktionäre – von diesen demagogisch oder fahrlässig ausgesprochen – wörtlich, allzu wörtlich genommen haben.
>
> Es ist eine ungeheure Frechheit, daß der anonyme Bombenwerfer vermeint bestimmen zu können, welche Abmachungen für die Bevölkerung gerecht und ausreichend sind.
>
> Es ist ein erschreckender Mangel an Rückgrat, wenn verantwortliche Funktionäre sich von diesen das Gesetz des Handelns vorschreiben lassen.
>
> "Distanz von Attentätern" offiziell kundgeben, die Bombenwerfer andererseits als "Freiheitskämpfer" bezeichnen, wirkt vor dem Verhandlungspartner nicht aufrichtig und vertrauenserweckend, dem Bombenwerfern aber erscheint eine derartige Bezeichnung als Aufmunterung zu weiteren Aktionen.

> Eine weitere Instanz, die einzugreifen hätte,
>
> a) falls irgendwelche Konferenzen oder Aktionen auf einen toten Punkt gelangen sollten,
>
> b) um getroffene Vereinbarungen in christlichem, brüderlichem Geiste abschließend zu erfüllen und zurechtzufeilen,
>
> ist ein kleines Komitée von Exponenten der Ö V P und der D C .
>
> In diesem Sinne "Mit GOTT" an die Arbeit gegen den Ungeist des Haders und für Realisierung des Geistes von Frieden und Versöhnung benachbarter Völker im Dienste der Integration Europas!!
>
> Am hohen Fest der Erscheinung des HERRN 1962

(Tiroler Landesarchiv Innsbruck, LR Wallnöfer, Handakten, Pos. 31, Karton 38)

Mosers Denkschrift war an wichtige Führungspersönlichkeiten in der ÖVP gegangen und hatte – gewollt oder ungewollt – ihren Weg auch nach Innsbruck gefunden. Wie ernst man diese Schrift – wahrscheinlich bei aller Ablehnung – dort nahm, zeigt die Tatsache, dass der für Südtirol-Fragen zuständige Landesrat und spätere Landeshauptmann Eduard Wallnöfer sie bei seinen Handakten aufbewahrte.

Das Kitten der zerbrochenen Freundschaft

Angesichts der Empörung breitester Kreise der Bevölkerung über Italiens polizeistaatliche Methoden war es Anfang des Jahres 1962 kein leichtes Unterfangen, innerparteilich in der ÖVP für die Vertiefung freundschaftlicher Beziehungen zu der verantwortlichen italienischen Regierungspartei „Democrazia Cristiana" (DC) einzutreten. In Nordtirol war ein solches Unterfangen aussichtslos, im restlichen Österreich schwierig. Ein Rückblick auf die damaligen Ereignisse und die in Österreich herrschende Stimmung macht deutlich, wie schwierig das Kitten der Scherben der zerbrochenen Freundschaft zwischen ÖVP und DC damals war. Das christdemokratische Freundschaftswerk sollte durch die zielstrebige Zusammenarbeit von Leuten wie Dr. Gorbach, Dr. Klaus, Moser und Dr. Withalm jedoch weitgehend gelingen.

Der Tod gefolterter Südtiroler Häftlinge und die Stimmung in der Bevölkerung Österreichs

➤ Der Tod des Franz Höfler

Am 22. November 1961 war der politische Südtiroler Gefangene Franz Höfler im Bozener Krankenhaus verstorben, wohin er auf Weisung des Gefängnisarztes am 17. November eingewiesen worden war.
Der kräftige Bauernsohn Franz Höfler hatte auf dem elterlichen Hof und als Angestellter gearbeitet. Er war hilfsbereit gegenüber seinen Mitmenschen gewesen und hatte ein ausgeprägtes Rechtsbewusstsein besessen, welches ihn bald in Konflikt mit der Staatsmacht gebracht hatte. Höfler und andere junge Burschen aus Lana hatten in der Nacht die verbotenen Tiroler Fahnen an Orten gehisst, wo man diese nur sehr schwer wieder entfernen konnte. So flatterte zum Beispiel die Tiroler Fahne von der kaum erklimmbaren Kirchturmspitze in Niederlana.
Die Burschen hatten sich die traditionelle Tracht von der Staatsmacht nicht so ohne weiteres verbieten lassen und sie hatten die traditionelle blaue Schürze nicht nur als Arbeitskleidung, sondern auch als Bekenntnis zu Volk und Heimat getragen.
Sie hatten in der Nacht das Wort „Tirol" mit Farbe auf die Straße geschrieben. Franz Höfler, Feuerwehrmann und Alpinist im Alpenverein, war mehrmals zusammen mit dem Schützenhauptmann Walter Gruber

Linkes Bild: Franz Höfler wurde 1958 der erste Oberjäger der wiedergegründeten Schützenkompanie Lana.

Rechtes Bild: Von der höchsten Kirchturmspitze in Niederlana flatterte die verbotene Tiroler Fahne.

aus dem Wald in die steile Schwarzwand geklettert. Sie hatten dort, wo die Carabinieri sich nicht hinein zu klettern getrauten, die verbotene Tiroler Fahne gehisst und zuletzt die Tiroler Farben groß auf die Bergwand gemalt.

Bei dem Tiroler Landesfestzug des Jahres 1959 trug Franz Höfler zusammen mit seinen Kameraden einen großen Tiroler Adler auf seinen Schultern.
Die Schützen legten damit ihr Bekenntnis zu dem einen und unteilbaren Tirol ab. Hier im Bild ist Höfler direkt neben dem Tiroler Adler zu sehen.

Nach der Herz-Jesu-Nacht waren die Carabinieri am 15. Juli 1961 gekommen und hatten Franz Höfler in die Meraner Kaserne gebracht, wo sie ihn fürchterlich misshandelten. Höfler hatte später geklagt, dass ihm beide Ohren eingerissen worden seien.

Sepp Mitterhofer aus Obermais, der ebenfalls in der Meraner Kaserne gefoltert wurde, war stundenlang neben Franz Höfler mit erhobenen Armen gestanden. Immer, wenn die beiden Burschen vor Schmerzen in den Schultern die Arme hatten sinken lassen, waren sie von dem wachhabenden Carabiniere geschlagen worden.

Sepp Mitterhofer berichtete später:
„Ich stand neben Höfler, als auch er immer wieder mit dem Gewehrkolben geschlagen wurde. Auf die Zehen, bis diese eine blutige Masse waren und auch am ganzen Körper. Dabei muß es dann passiert sein. Er bekam einen fürchterlichen Schlag mit dem Gewehrkolben ins Kreuz."
(Bericht in der Gedenkschrift: Schützenkompanie Lana: „Ein viel zu kurzes Leben – Franz Höfler", Lana 1996, S. 23)

Dieser Schlag und die anderen Folterungen hatten bewirkt, dass Höfler mehrere Wochen später seinen Brüdern gegenüber bei Besuchen im Gefängnis geklagt hatte, dass es ihm *„ab und zu den Atem einhält"*.

Sepp Mitterhofer berichtete weiter: *„Als wir Verhafteten und Gefolterten im Juli 1961 ins Bozner Gefängnis eingeliefert wurden, waren wir glücklich. Es mag heute für den Leser makaber klingen, aber es war so. Man darf nicht vergessen, daß wir eine menschenverachtende Behandlung in den Carabinierikasernen hinter uns hatten und eben hofften, daß wir im Gefängnis halbwegs normal behandelt werden würden und endlich trinken, essen und schlafen könnten."* (Sepp Mitterhofer: „Das Leben als politischer Häftling", in: Sepp Mitterhofer – Günther Obwegs (Hrsg.): „... Es blieb kein anderer Weg", Auer 2000, S. 107)

Der ehemalige Freiheitskämpfer Sepp Mitterhofer (hier auf einem Bild aus dem Jahre 2011) hatte die Misshandlungen seines Mitgefangenen Höfler zum Teil selbst miterlebt.

Am 26. September 1961 hatte sich Franz Höfler in einem Brief an den Landeshauptmann Dr. Magnago gewandt, welcher – wie aus dem Fehlen des Zensurstempels hervorgeht – aus dem Bozener Gefängnis heraus geschmuggelt worden war.
Dieser Brief, auch er ein einziger Hilferuf, hatte Dr. Magnago tatsächlich erreicht. Er liegt heute bei den SVP-Akten im Südtiroler Landesarchiv und lautet:

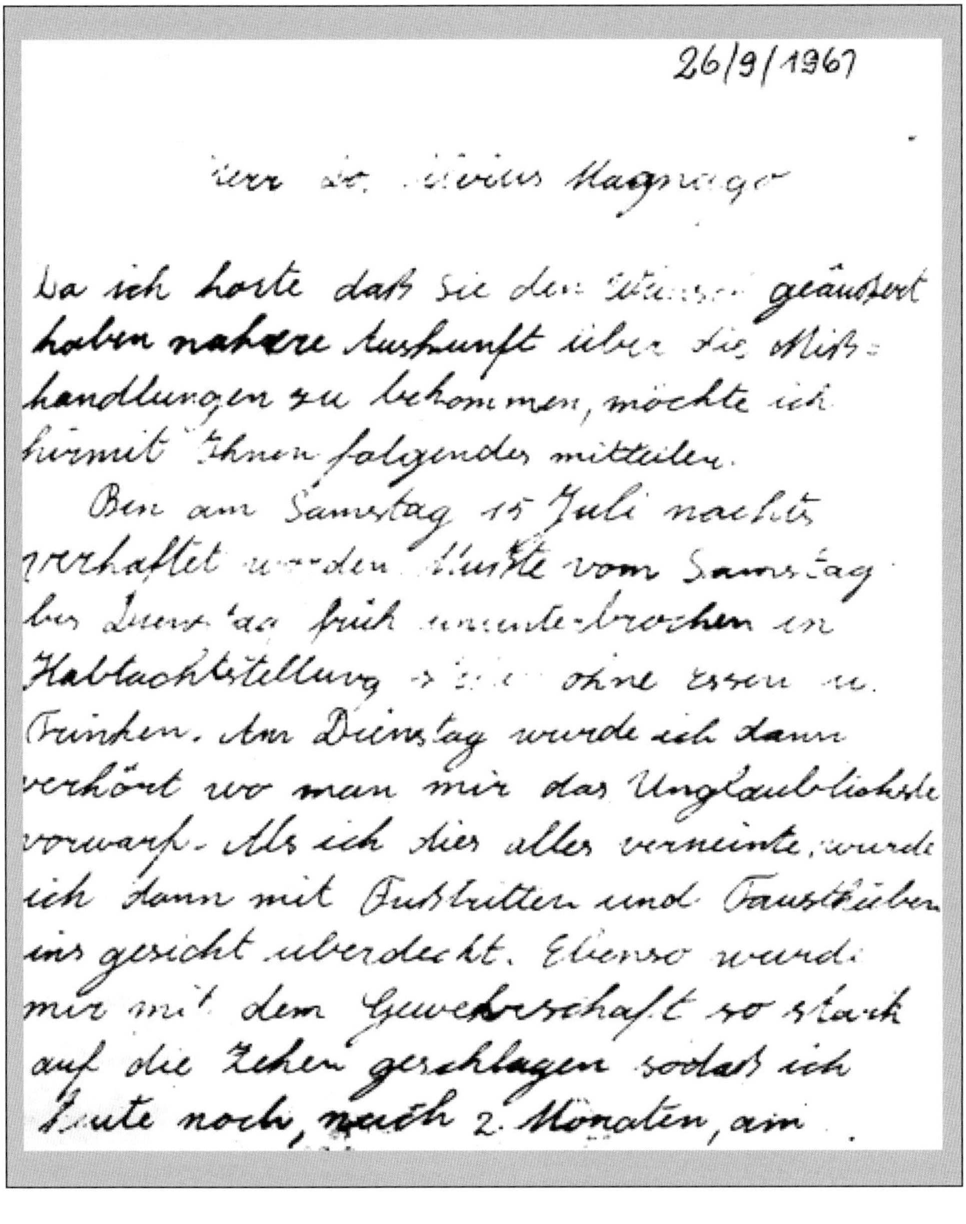

> 26/9/1961
>
> Herr dr. Silvius Magnago
>
> Da ich hörte daß sie den Wunsch geäußert haben nähere Auskunft über die Mißhandlungen zu bekommen, möchte ich hiermit Ihnen folgendes mitteilen.
>
> Bin am Samstag 15 Juli nachts verhaftet worden. Mußte vom Samstag bis Dienstag früh ununterbrochen in Habachtstellung stehen ohne Essen u. Trinken. Am Dienstag wurde ich dann verhört wo man mir das Unglaublichste vorwarf. Als ich dies alles verneinte, wurde ich dann mit Fußtritten und Faustschlägen ins gesicht überdeckt. Ebenso wurde mir mit dem Gewehrschaft so stark auf die Zehen geschlagen sodaß ich heute noch, nach 2. Monaten, am

269

Auszüge aus dem aus dem Gefängnis herausgeschmuggelten Brief, in welchem Franz Höfler die erlittenen Misshandlungen beschrieb.

„Herr Dr. Silvius Magnago

Da ich hörte, daß Sie den Wunsch geäußert haben nähere Auskunft über die Mißhandlungen zu bekommen, möchte ich hiermit Ihnen folgendes mitteilen.

Bin am Samstag 15. Juli nachts verhaftet worden. Mußte vom Samstag bis Dienstag früh ununterbrochen in Habtachtstellung stehen ohne Essen und Trinken. Am Dienstag wurde ich dann verhört, wo man mir das Unglaublichste vorwarf. Als ich dies alles verneinte, wurde ich dann mit Fußtritten und Fausthieben ins Gesicht überdeckt. Ebenso wurde mir mit dem Gewehrschaft so stark auf die Zehen geschlagen sodaß ich heute noch, nach zwei Monaten, am großen Zehn nicht geheilt bin, und ärztliche Pflege bedarf. Bin dann noch 3 – 4 Stunden unter einer Lampe gestanden und habe daraus Schaden gezogen, da ich in den Augen empfindlich bin und jetzt viel weniger sehe.

Sie haben mir dann noch das linke Ohr losgerissen, wo ich sehr blutete. Am Mittwoch wurde ich dann nochmals zu Boden geschlagen, und ich war fast bewußtlos. Um diesen Mißhandlungen endlich zu entgehen, habe ich dann ein vorgelegtes Protokoll unterschrieben. Da ich schon vor dem Untersuchungsrichter war, habe ich aus den Karabinieriprotokollen entnommen, mit was für Lügendokumente die Polizei versucht hatte mich schuldig zu stempeln.

Ich glaube Sie haben eine kleine Vorstellung von den Art der Mißhandlungen der Polizei. Diese Art von Behandlung wird sicher keine Früchte bringen und keine Liebe den Anderen gegenüber zeitigen.

Mit vorzüglicher Hochachtung
grüßt Sie in vollen Vertrauen
Franz Höfler"

(Wörtliche Wiedergabe des Originalbriefes. SVP-Archivalien, Südtiroler Landesarchiv Bozen)

Auch der ehemalige Mithäftling Höflers und spätere österreichische Bundesratspräsident Helmut Kritzinger (ÖVP) – hier auf einem Bild aus dem Jahre 2013 – schilderte die Misshandlungen Höflers.

Damals hatte sich auch der Sarner SVP-Obmann Helmut Kritzinger, der spätere Präsident des österreichischen Bundesrates, unter den Inhaftierten befunden. Nach seiner Entlassung aus der Untersuchungshaft war er nach Österreich geflüchtet und hatte für die Leiterin der Südtirol-Abteilung des Amtes der Tiroler Landesregierung, Dr. Viktoria Stadlmayer, einen Bericht darüber verfasst, was er im Gefängnis erlebt und gesehen hatte.

Über Franz Höfler berichtete er:

> Auch Franz Höfler, der 28-jährige Bauernsohn aus Lana, der dort eine
> Fischzucht besaß, mußte so stehen wie Mitterhofer; Höfler starb am
> 23. November 1961 an den Folgen der Folterung. Höfler war groß und stark
> wie ein Bär. Er hatte noch bei seinem Tode zerquetschte Zehen. XXXX
> Höfler erzählte mir, die Karabinieri hätten ihm jedesmal den Gewehr-
> kolben auf die Zehen gestoßen, wenn er mit der Ferse auftrat. Höfler
> sah ich an dem Tage, als man ihn ins Gefängnis nach Bozen brachte. Ich
> war oft mit dem gutmütigen Burschen beisammen. Als er ins Gefängnis kam,
> sah ich auf seinem Nacken eine handtellergroße Geschwulst. Sein rechtes
> Ohr war losgetrennt und das ganze Gesicht von den vielen Faustschlägen
> und Ohrfeigen geschwollen. Auch die Augen - wie übrigens bei den meisten-
> sahen entzündet aus. Die Geschwulst am Nacken haben Kolbenhiebe verur-
> sacht, die ihm von den Karabinieri verabreicht worden waren, wenn er
> sich von der Quarzlampe wegwandte. Höfler schien mir nicht am meisten

Auszug aus dem Bericht Helmut Kritzingers vom 5. Dezember 1962 „Wie Südtiroler von den Carabinieri gefoltert wurden". (Südtirolakten des Referates „S" der Nordtiroler Landesregierung, Häftlingsakt 3/2, Tiroler Landesarchiv Innsbruck)

Am Abend des 22. November 1961 war Franz Höfler im Bozener Krankenhaus um 20 Uhr 30 im Alter von 28 Jahren verstorben.
Der mit inhaftierte Südtiroler Arzt Dr. Josef Sullmann aus St. Pankraz in Ulten fasste in einem mit 29. November 1961 datierten Sammelbericht die grausigen Erlebnisse seiner gefolterten Kameraden zusammen. Seine inhaftierten Kameraden erzähltem ihm ihre Erlebnisse und Leiden und Dr. Sullmann schrieb sie nieder. Diesen Brief steckte Sepp Mitterhofer bei einem Besuch heimlich seiner Frau zu. So wurde er aus dem Gefängnis geschmuggelt. Über Franz Höflers Ende heißt es darin:

Auszug aus dem Bericht von Dr. Sullmann

„Franz Höfler war ein netter, ruhiger Junge. Wir sind oft mit ihm im Hofe spazierengegangen. Er hat uns erzählt von seinen grausamen Torturen, die er bei den Carabinieri durchmachen mußte. Er klagte über ganz un-

bestimmte, uncharakteristische Beschwerden. Er erzählte uns, daß er in seinem Leben nie eine Stunde krank gewesen sei, ja er wußte gar nicht einmal, was Krankheit sei, aber seitdem er bei den Carabinieri mit den grausamsten Martern gepeinigt wurde, seitdem fühle er sich gar nicht mehr gesund, bis er schließlich einmal im Hofe während des Spazierganges über so furchtbare Schmerzen in der Brust und am Rücken klagte, daß er fast zusammenbrach. Dr. Sullmann leistete ihm Erste Hilfe und begleitete ihn in die Zelle. Er stellte fest: beginnende Lähmungserscheinungen des ganzen linken Ober- und Unterarms. Er erkannte sofort die Dringlichkeit und Schwere des Falles und beantragte sofortige Einlieferung ins Krankenhaus, jedoch als ebenfalls Inhaftierter konnte seine Anordnung nicht befolgt werden und somit konnte Höfler erst nach dreistündigem Abwarten des Gefängnisarztes ins Krankenhaus eingeliefert werden.

Liebe Landsleute, Ihr werdet Euch wundern, daß einer unserer besten Kameraden gestorben ist. Wir alle wundern uns nicht, wir wundern uns nur, daß nicht einer oder mehrere schon während der Folterungen in der Torturenkammer tot liegengeblieben ist. Der liebe Gott hat es nicht gewollt. Die göttliche Vorsehung wollte erst jetzt einen von uns nehmen. Daß der liebe Verstorbene an den Folgen von den schrecklichen Mißhandlungen zugrunde gegangen ist, daran, glauben wir, werdet Ihr alle nicht zweifeln". (Das Original dieses Briefes ist im Besitz von Sepp Mitterhofer, eine Kopie liegt heute in einer Vitrine auf Schloss Tirol, eine weitere ist im Besitz des Verfassers)

Am 5. Februar 1962 veröffentlichten die „Dolomiten" eine amtliche italienische Mitteilung: *„Franz Höflers Tod ist auf gewöhnliche krankhafte Ursachen zurückzuführen, ohne direkten oder indirekten Zusammenhang mit den behaupteten Mißhandlungen, die Höfler selbst vier Monate zuvor erlitten haben soll."*

Trauerkundgebung einer unübersehbaren Menschenmenge

An dem Begräbnis Franz Höflers in Niederlana nahm am 29. November 1961 eine *„unübersehbare Menschenmenge"* teil, wie die „Dolomiten" tags darauf berichteten. *„Über eine Stunde lang war der fast nicht mehr enden wollende Begräbniszug unterwegs."*

Als die Musikkapelle das Lied vom „Guten Kameraden" anstimmte, schämten sich die Menschen ihrer Tränen nicht. Die Menge wurde auf etwa 15.000 Trauergäste geschätzt, die aus allen Landesteilen gekommen waren.

Ein unübersehbarer Trauerzug bewegte sich zum Friedhof. Die Schützen trugen den Sarg, die Kameraden der Feuerwehr stellten das Ehrengeleit.

Empörung in Österreich

Unmittelbar nach Höflers Tod hatte sich ein österreichischer Fotoreporter und Mitarbeiter des ÖVP-Organs „Tiroler Nachrichten" unter erheblicher eigener Gefahr Eintritt in die Totenkammer des Bozener Spitals verschafft und dort Bilder des toten Franz Höfler aufgenommen. Diese wurden dann in den „Tiroler Nachrichten" und in anderen österreichischen Zeitungen veröffentlicht. Die öffentliche Meinung in Österreich schwankte zwischen Trauer und ohnmächtigem Zorn.

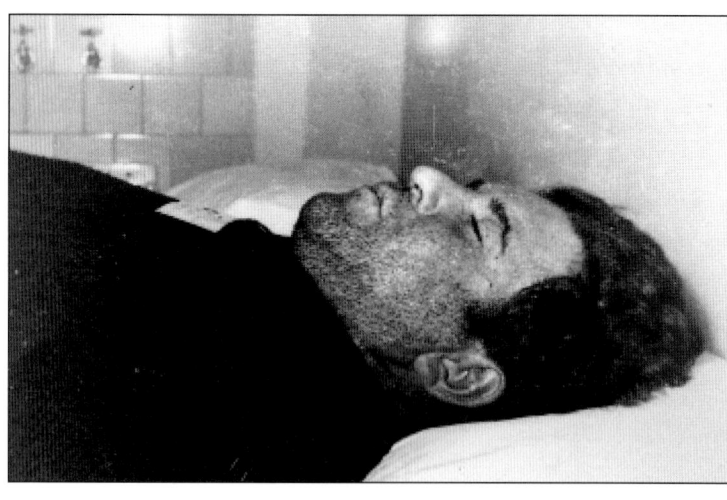

Franz Höfler in der Totenkammer des Bozener Krankenhauses.

Am 25. November 1961 berichteten die in Innsbruck erscheinenden „Tiroler Nachrichten" über das Schicksal Franz Höflers und griffen hierbei den italienischen Gefängnisarzt Dott. Piazza an. Daraufhin wurde der Vertrieb der Zeitung in Südtirol durch die italienischen Behörden verboten.

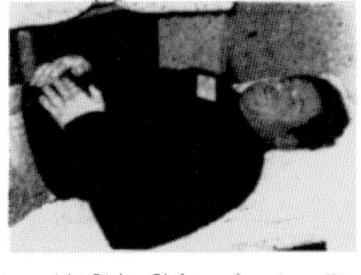

Können Sie schweigen, Herr Dr. Piazza?

Unser Bild, das unter schwierigsten Umständen im Bozner Krankenhaus aufgenommen und nach Innsbruck gebracht wurde, zeigt den toten Südtiroler Franz Höfler. Er starb als Opfer der italienischen Folterungen an einem Blutgerinnsel im Gehirn. Die „Tiroler Nachrichten" sind in der Lage, der Weltöffentlichkeit ein von Franz Höfler persönlich unterzeichnetes Protokoll vorzulegen, das Mitte August im Gerichtsgefängnis zu Trient aufgenommen wurde. Einige Südtiroler Häftlinge befanden sich Tage hindurch in diesem Gefängnis, unter ihnen auch Franz Höfler. Das Protokoll, das wir im Originaltext wiedergeben, lautet:

„Franz Höfler, Lana. In der Karabinierikaserne von Meran. Drei Tage stehen, ohne Essen, ohne Schlafen, teilweise unter Quarzlampen. Fausthiebe ins Gesicht. Linker Ohrlappen losgerissen. Höre sehr wenig seither. Schläge am Nacken. War ganz verschwollen. Viele Zeugen vorhanden. Auf Zehenspitzen stehen, wenn bewegt, mit Gewehrkolben auf Zehen geschlagen. Heute, 15. August, sind die Zehen vereitert. War in Behandlung von Gefängnisarzt Dr. Piazza in Bozen.

Höfler Franz."

Es erübrigt sich, zu dieser Meldung einen Kommentar abzugeben. Aber wir fragen die Verantwortlichen in Rom und Bozen: Warum mußte Franz Höfler sterben? Wir fragen den Gefängnisarzt von Bozen, Dr. Piazza, der einst den Eid des Hippokrates geschworen hat: „Können Sie schweigen, Herr Dr. Piazza?" Der Fall Franz Höfler muß von einer objektiven und neutralen Kommission untersucht und geklärt werden.

▶ Der Tod des Anton Gostner

Am 7. Jänner 1962 holte der Tod sein zweites Opfer unter den Südtiroler Häftlingen. Es war der junge Kleinbauer und Hotelportier Anton Gostner aus St. Andrä bei Brixen, welcher in der Carabinieri-Kaserne von Brixen trotz seines Herzleidens unmenschlich gefoltert worden war.

Dieses Foto aus der italienischen Tageszeitung „Alto Adige" über die Verhaftung und Einlieferung Anton Gostners am 20. Mai 1961 ist das letzte Bild, welches ihn noch lebend zeigt.

Er hatte noch in der Carabinieri-Kaserne seine Kinder zu sich gerufen, die Carabinieri hatten es zugelassen. Lebend werde er hier nicht mehr herauskommen, hatte er ihnen gesagt. (Berichtet von Gerhard Mumelter: „Schreie aus der Kaserne. Repression und Folter zu Beginn der Sechzigerjahre.", In: Elisabeth Baumgartner – Hans Mayr – Gerhard Mumelter: „Feuernacht", Bozen 1992, S. 87)

Die „cura speciale" hatte Gostner in der Carabinierik-Kaserne dann doch überlebt. Von den Folgen aber hatte der Herzkranke, der seine Folterer sogar auf sein Herzleiden aufmerksam gemacht hatte, sich nicht mehr erholen können. Der frühe Tod ereilte ihn nun zu Beginn des neuen Jahres.

Der damals mit inhaftierte Sarner SVP-Obmann und spätere österreichische ÖVP-Bundesrats-Präsident Helmut Kritzinger berichtete nach seiner Entlassung und Flucht nach Österreich, welche Folterspuren an dem Körper Gostners er mit eigenen Augen gesehen hatte:

„Eingesperrt wurde Anton Gostner bereits im Mai 1961. Damals wegen eines ganz geringfügigen Verdachtes: angeblich soll er in Innsbruck an einer Versammlung teilgenommen haben usw. Als die große Verhaftungwelle im Juli vorüber war, wurde Gostner Ende August – ich glaube, mich nicht im Datum zu irren – von den Karabinieri aus dem Gefängnis herausgeholt und weggebracht. Wohin und was mit ihm geschah, erfuhren wir erst später ... Ich sagte bereits, Gostner wurde weggebracht und nach zehn Tagen kam er wieder nach Bozen. Der Mann war abgemagert wie ein 12-jähriger Junge. An der Stirn hatte er einen großen roten Fleck, an beiden Nasenlöchern trug er Brandwunden. Die Karabinieri, erzählte Gostner, hätten ihm brennende Zigaretten in die Nasenlöcher gesteckt und ebenso die Stirne verbrannt. Er erzählte ausführlich über die Foltermethoden. Auch Salzsäure hatte man bei ihm angewandt. Einmal schob er das Hemd weg und zeigte mir eine Schwellung am Bauch. Diesen Bruch haben mir die Karabinieri aufgeschlagen, erzählte er." (Bericht Kritzingers an das Referat „S" des Amtes der Nordtiroler Landesregierung: „Wie Südtiroler von den Carabinieri gefoltert wurden"; Südtirolakten des Referates „S" der Nordtiroler Landesregierung, Häftlingsakt 3/2, Tiroler Landesarchiv Innsbruck)

Am 16. August 1961 schrieb Anton Gostner aus dem Bozener Gefängnis einen erschütternden Brief an seinen Anwalt Dr. Egger, in welchem er über die erlittenen sadistischen Folterungen berichtete. Es war dies ein Hilfeschrei de profundis, aus der Tiefe seiner Qualen und der Hoffnungslosigkeit.

Nachstehend ist der Text auszugsweise ohne Korrektur der orthographischen Fehler wiedergegeben. Diese sind darauf zurückzuführen, dass Anton Gostner, wie so vielen anderen Südtirolern, vom Faschismus die deutsche Schule vorenthalten worden war.

„Bozen, am 16. August 1961

Sehr geehrter Herr Dr. Egger!

… Man brachte mich in die Karabinierikaserne fon Brixen und verhörte mich dort bis zum nächsten Tag, zirka 10 Uhr.

Die Behandlung war gerade nicht die angenähmste. Man gab mir abwechselnd immer mehr oder weniger Schläge. Man stellte mich an die Wand unter die quarz Lampe, mit den Händen immer hoch über den Kopf, nicht weniger als wenigstens 4 Stunden ununterbrochen, wobei ich 3- oder 4 mal ohnmächtig wurde.

Man zihte mich bei den Haren auf dem Boden. Man setzte mir Käfer an, auf dem Bauch, dessen Gattung ich nicht kenne, sie waren zimlich groß. Ich denke sie hatten die Eigenschaft sich eine Vertiefung zu graben mit den Zangen, was sie auch taten.

Dan brachte man mich nach Eppan, woh es noch weitaus schlimmer wahr. Man schlug mich so häftig, das ich oft nicht mehr wuste, woh ich wahr.

Man hat mich nackt ausgezogen, über einen Tisch gelegt, mit dem Kopf nach unten, u. schüttete mier 3 volle Stunden Salzwasser, vielleicht mit einer Säure gemischt, in den Mund u. Nase, dass man fast jede Minute glaubte, ersticken zu müssen, u. das immer sollange, bis man ohnmechtig wahr.

Man schlug mich dan nieder, u. dan ging es immer wieder aufein Neues. Man hebte mier brennende Zigaretten in die Nasenlöcher u. auf die Stirn, woh man Heute noch die brand Wunde erkennen kann. Man riß mier Hare beim Geschlechtsteil aus.

So ging es mier, mehr oder weniger 10 Tage, bis man mich wieder ins Bozner Gefängnis brachte.

Ich möchte Sie bitten Herr Dr. sich zu erkundigen ob das wirklich alles erlaub ist. Noch dazu mit meinem Herzleiden was ich habe. Ich könnte es verstehen, wenn ich wirklich ein Verbrecher wehre, aber so kommt es mir schon ein pischen krass for.

Ich danke Ihnen im vorhinaus, u. grüße Sie
Hochachtungsvoll
Gostner Anton"

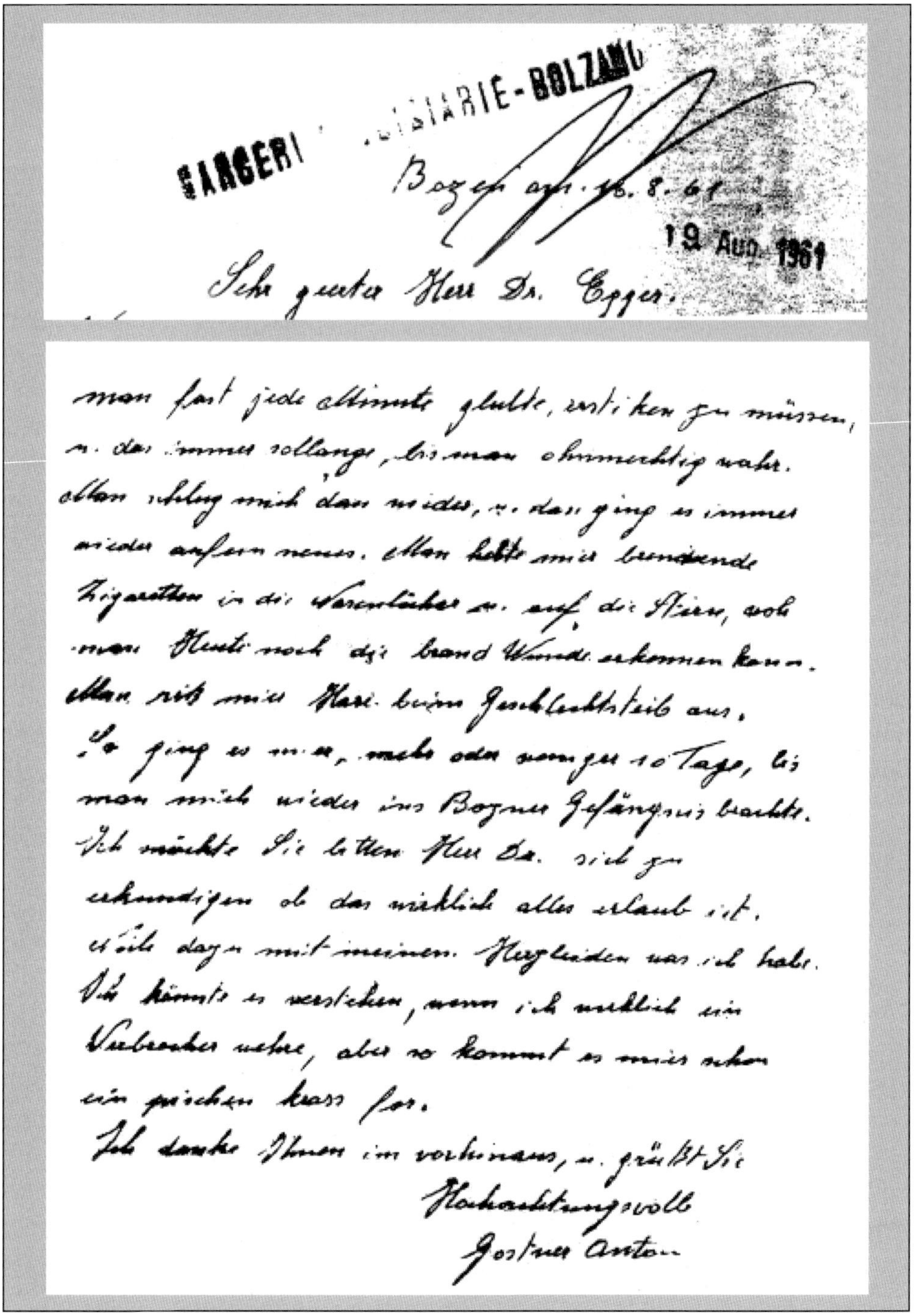

CANCERI ... ISTARIE-BOLZANO

Bozen a... 18.8.61

19. Aug. 1961

Sehr geehrter Herr Dr. Egger,

man fast jede Minute glaubte, ersticken zu müssen,
u. das immer solange, bis man ohnmächtig wahr.
Man schlug mich dann wieder, u. dann ging es immer
wieder aufs neue. Man hielt mir brennende
Zigaretten in die Achselhöhlen u. auf die Stirn, wo
man Heute noch die Brand Wunde erkennen kann.
Man riß mir Harr beim Geschlechtsteil aus.
So ging es mir, mehr oder weniger 10 Tage, bis
man mich wieder ins Bozner Gefängnis brachte.
Ich möchte Sie bitten Herr Da. sich zu
erkundigen ob das wirklich alles erlaubt ist.
Noch dazu mit meinem Herzleiden was ich habe.
Sie könnte es verstehen, wenn ich wirklich ein
Verbrecher wehre, aber so kommt es mir schon
ein bischen krass for.
Ich danke Ihnen im vorhinaus, u. grüßt Sie
Hochachtungsvoll
Gostner Anton

Auszüge aus dem Brief Anton Gostners an seinen Rechtsanwalt Dr. Egger. Der Brief trägt den Stempel der Gefängniszensur. (SVP-Archivalien, Südtiroler Landesarchiv Bozen)

Gostners Mitgefangener Sepp Mitterhofer erinnert sich daran, wie das unerbittliche Schicksal nach Anton Gostner gegriffen hatte:

„Am 7. Jänner 1962 gingen wir im Gefängnishof spazieren, als Toni Gostner plötzlich über ein beklemmendes Gefühl in der Brust und einen starken Schmerz im linken Arm klagte. Auf der Krankenstation wurde er kurz behandelt und in seine Zelle zurückgebracht. Einige Minuten später kamen auch wir vom ‚Auslauf‘ im Gefängnishof zurück. Wir waren zu viert in derselben Zelle zusammengeschlossen. Ich setzte mich auf Gostners Pritsche und fragte, wie es ihm gehe. Wir wechselten ein paar Worte, und plötzlich riß es ihn nach hinten, er rang nach Luft, wurde ganz blau im Gesicht und starb. Er wurde von den Wärtern fortgetragen, und wir blieben in tiefer Niedergeschlagenheit zurück." (Sepp Mitterhofer: „Herz-Jesu-Nacht 1961. Vorbereitung, Durchführung und Folgen", in: Schützenkompanie Eppan (Hrsg.): „...grüß mir die Heimat, die ich mehr als mein Leben geliebt. Zum 30. Todestag von Sepp Kerschbaumer und Luis Amplatz 1964. 1994", Eppan 1994, S. 19f)

Am 7. Jänner 1962 starb dann der fünffache Familienvater Anton Gostner um 16.30 Uhr im Gefängnis.

Anton Gostners Tod rief in ganz Tirol tiefe Bestürzung und Empörung hervor. Auch sein Begräbnis im Bergfriedhof von St. Andrä bei Brixen, bei welchem Schützen den einfachen Sarg trugen, wurde zu einer großen Volkskundgebung der Trauer und des Schmerzes. Mehr als 10.000 Menschen hatten ihn auf seinem letzten Weg begleitet.

Eine riesige Menschenmenge nahm an Gostners Begräbnis teil. (Bild aus „Dolomiten")

Der Direktor der „Dolomiten", der SVP-Abgeordnete Dr. Toni Ebner, veröffentlichte am 9. Jänner 1962 einen von ihm namentlich gezeichneten Leitartikel unter dem Titel *„Diese Schande muß getilgt werden"* und machte damit die Folterungen zum Missfallen Roms landesweit zum Thema Nummer Eins.

Mit diesem Leitartikel attackierte der SVP-Parlamentarier und Direktor der „Dolomiten", Dr. Toni Ebner, erstmals die Vertuschungspolitik der SVP und leitete damit eine Wende in der Berichterstattung dieser Zeitung ein.

Nun kam auch die österreichische Bundesregierung nicht umhin, Stellung zu beziehen. Der ÖVP-Staatssekretär Dr. Ludwig Steiner tat dies in sehr vorsichtiger Form, indem er auf einer Vertrauensmännerkonferenz der ÖVP erklärte: *„Die verantwortlichen österreichischen Stellen seien weit davon entfernt, das erschütternde menschliche Schicksal dieses Südtirolers propagandistisch auszunützen, doch bestehe kein Zweifel darüber, dass der Vorfall bei unserer Bevölkerung große Erregung hervorrufen muss."* (Zitiert nach „Tiroler Nachrichten" vom 11. Jänner 1962)

Diese vornehme Zurückhaltung der „verantwortlichen österreichischen Stellen" anlässlich des Todes Anton Gostners und in den folgenden Jahren hatte zur Folge, dass Rom in Südtirol weiter foltern lassen konnte.

Die Tiroler Landesregierung sah den Sachverhalt anders als ihr in Wien geistig abtrünnig gewordener Landsmann Dr. Steiner. In einer Regierungserklärung wandte sie sich gegen die *„systematische Anwendung der Folter als polizeiliche und strafgerichtliche Untersuchungsmethode"* durch italienische Behörden.

Die vornehme Zurückhaltung des Dr. Ludwig Steiner. Titelseite des ÖVP-Organs „Tiroler Nachrichten vom 11. Jänner 1962

Tiroler Nachrichten

18. Jahrgang   Samstag, 13. Jänner 1962   Nr. 10

Scharfe Erklärung der Tiroler Landesregierung: „Italien foltert mit System und Brutalität"

Sondersitzung des Südtiroler Landtages – Rom soll parlamentarische Untersuchungskommission einsetzen – Sonntag wird Gostner beerdigt

BOZEN, INNSBRUCK. — Die Tiroler Landesregierung gab gestern zum Tode der beiden Südtiroler Franz Höfler und Anton Gostner eine Regierungserklärung ab, in der mit scharfen Worten gegen die „systematische Anwendung der Folter als polizeiliche und strafgerichtliche Untersuchungsmethode" durch italienische Behörden protestiert wird. Sonntag wird Anton Gostner in Südtirol zu Grabe getragen. Man erwartet eine starke Beteiligung der Bevölkerung. Auch der Südtiroler Landtag trat gestern unter dem Vorsitz von Landtagspräsident Ing. P u p p zu einer S o n d e r s i t z u n g zusammen, um über eine

Titelseite des ÖVP-Organs „Tiroler Nachrichten" vom 15. Jänner 1962.

Die italienische Regierung – weit von Schuldeinsicht und Reue entfernt – goss noch Öl in das Feuer. Als eine Delegation der Tiroler Landesregierung unter der Leitung des Landeshauptmannes Dr. Tschiggfrey an dem Begräbnis Gostners teilnehmen wollte, erteilte die Regierung in Rom den österreichischen Politikern ein Einreiseverbot.

So kam es, dass sich in der überfüllten Hofkirche in Innsbruck der Nordtiroler Landeshauptmann Dr. Tschiggfrey (ÖVP), sein Stellvertreter Dr. Gamper (ÖVP), der Staatssekretär a.D. Univ.-Prof. Dr. Gschnitzer (ÖVP) und viele andere Landespolitiker versammelten, um in einem Gedenkgottesdienst *„für einen Märtyrer"* zu beten, wie das ÖVP-Organ „Tiroler Nachrichten" berichtete.

Nordtirol betete für einen Märtyrer

INNSBRUCK. – In der überfüllten Innsbrucker Hofkirche fand am Sonntagabend ein Gedenkgottesdienst für den Südtiroler Anton Gostner statt, dem u. a. Landeshauptmann Dr. Tschiggfrey, NR. Staatssekretär a. D. Prof. Gschnitzer, Landeshauptmannstellvertreter Dr. Gamper und Landesamtsdirektorstellvertreter Dr. Bachmann beiwohnten. Beim Altar hatten zahlreiche Fahnenabordnungen in Tracht Aufstellung genommen. Auch eine Abordnung des Bundesheeres, Delegationen verschiedener Verbände und Vereine hatten sich eingefunden. – Es wurde die Deutsche Messe von Schubert aufgeführt. Ansprachen wurden nicht gehalten.

Tiroler Nachrichten

18. Jahrgang — Montag, 15. Jänner 1962 — Nr. 11

Italiener verhindern Teilnahme einer Tiroler Regierungsdelegation am Begräbnis von Anton Gostner

Unter Führung von Landeshauptmann Dr. Tschiggfrey wollte eine offizielle Tiroler Delegation nach Südtirol einreisen – Ohne Angabe von Gründen durfte Landesrat Zechtl nicht über die Schandgrenze – Tschiggfrey und Wallnöfer lehnten unter diesen Umständen Einreise ab – Ein feindseliger Akt der römischen Regierung

INNSBRUCK. — Unter Führung von Landeshauptmann Dr. H. Tschiggfrey wollte gestern die Abordnung des Landes Tirol, der der Südtirolreferent der Landesregierung, Landesrat Wallnöfer, Landesrat Zechtl, Landesamtsdirektor Dr. Kathrein, Präsidialvorstand Hofrat Dr. Petzer und Landesregierungsoberkommissär Dr. Senn angehörten, am Begräbnis des Anton Gostner in St. Andrä bei Brixen teilnehmen. Am Brenner wurde Landesrat Rupert Zechtl die Einreise durch die italienischen Grenzbehörden verweigert. Landeshauptmann Dr. Tschiggfrey und Landesrat Wallnöfer erklärten daraufhin, unter diesen Umständen müsse die gesamte Abordnung von der Teilnahme am Begräbnis absehen.

Gesamtdeutsche Partei fordert Bonn zur aktiven Südtirolpolitik auf

GÖTTINGEN. — Die 160 Delegierten der Gesamtdeutschen Partei forderten gestern die Bonner Regierung in einer einstimmig angenommenen Entschließung auf, in der Südtirolfrage...

Römisches Öl in das Feuer: Einreiseverbot für Tiroler Landespolitiker.

Als in Südtirol mehrere Leute Spenden für die Witwe Gostners sammeln wollten, die fünf Kinder zu ernähren hatte und nun auch das Begräbnis ihres Mannes bezahlen musste, wurden diese von den italienischen Behörden wegen Verstoßes gegen die öffentliche Sicherheit angezeigt. Italienische Zeitungen titulierten in diesem Zusammenhang den verstorbenen Anton Gostner höhnisch als „Ex-Häftling Gostner".

Aus „Tiroler Nachrichten" vom 15. Jänner 1962.

> **„Ex-Häftling" Gostner**
>
> *Italienische Zeitungen melden, in Auer wurden fünf Südtiroler wegen „Verstoßes gegen die öffentliche Sicherheit" angezeigt. Sie hatten für den Unterhalt der fünf Kinder und der Witwe Gostners gesammelt; die Zeitungen bezeichnen ihn kaltschnäuzig als „Ex-Häftling Gostner"; ihnen steht der Journalbericht jener Behörde zur Verfügung, welche die Anzeige gegen die fünf Samariter veranlaßte. Aus diesen Unterlagen stammt wohl auch der Ausdruck „Ex-Häftling". Die Gemeinheit dieser Rechtsfarce findet nur in „Volksdemokratien" Beispiele.*

Geldprämien und Auszeichnungen für die Folterer

Am 22. Jänner 1962 wurden im Gebäude der Carabinierilegion in Bozen mehr als 60 Carabinieri für ihre erfolgreiche Tätigkeit bei der Suche nach Südtiroler Freiheitskämpfern und deren Verhören ausgezeichnet.

Diese Spezialisten für Folterung und Gefangenenmisshandlung erhielten von dem Brigade-Kommandanten General Celi Geldprämien sowie *„feierliche Belobigungen"* *(„encomio solenne"),* weil sie sich bei der *„Feststellung der Verantwortlichen der Sprengstoff-Attentate"* durch *„ihren Geist der Initiative, der Arbeitsamkeit und der Fähigkeit"* ausgezeichnet hätten. Dies berichtete am 23. Jänner 1962 die in Trient erscheinende Tageszeitung „L'Adige", das Organ der christdemokratischen Partei „Democrazia Cristiana" (DC) im Trentino.

Ein Bischof ohne Nächstenliebe

Nach Gostners Begräbnis regte Rosa Klotz, die Frau des in den Untergrund gegangenen Freiheitskämpfers Georg Klotz, an, dem damaligen regierungshörigen Bischof von Brixen, Dr. Josef Gargitter, die Aufwartung zu machen. Dieser hatte sich nämlich auch nicht auf dem Begräbnis blicken lassen. So zogen nun die Frauen, Schwestern und Mütter der politischen Häftlinge zur Brixner Hofburg, um dort den Bischof zu fragen, wie er denn zu all dem Schrecklichen schweigen und es widerspruchslos zulassen könne. Der Mission war jedoch kein Erfolg beschieden.

Die Entschlossenheit der Frauen, bis zu dem Bischof vorzudringen, brachte zwar einen Monsignore ins Schwitzen, der Bischof jedoch ließ sich verleugnen.

Der politische Häftling Sepp Mitterhofer berichtet über den Bischof Gargitter, wie dieser auch seinen Schulfreund Gostner in seiner Not allein gelassen hatte:

„Wir politischen Häftlinge und das möchte ich mit aller Klarheit betonen, genossen bei Bischof Gargitter nicht viel Sympathien. Im Hirtenbrief von August 1961 be-

Der Bischof von Brixen, Dr. Josef Gargitter, hielt die Südtiroler Freiheitskämpfer für Handlanger des Kommunismus. Gegenüber deren Frauen und Kindern erwies er sich als seltsamer „Gottesmann" ohne Mitleid.

zeichnete er uns als Handlanger des Kommunismus, obwohl wir alle religiöse Menschen waren. ...

Mit Anton Gostner, der an den Folgen der Folterungen im Gefängnis gestorben ist, hat Gargitter dieselbe Schule besucht, ja sogar dieselbe Schulbank gedrückt. Er hat mir das selbst erzählt, wir waren nämlich in derselben Zelle, er ist praktisch in meinen Armen gestorben. Bei der Beerdigung von Gostner 1962 in St. Andrä bei Brixen, hat sich aber sein ehemaliger Schulkamerad Bischof Gargitter nicht blicken lassen." (Sepp Mitterhofer/Günther Obwegs: „...Es blieb kein anderer Weg...", Meran 2000, S. 342f)

Auch Karl Masoner, ein Südtiroler, der sich der Familien der Inhaftierten annahm, hatte sich ein Bild von dem seltsamen Christentum des Bischofs Dr. Gargitter machen können. Er war zu diesem gegangen, um von ihm Mitleid und Hilfe zu erbitten und war dabei brüsk abgewiesen worden: „*Ich hab ihm erzählt von ... den vielen Kindern und Frauen, die ganz allein auf sich gestellt sind und hab gesagt, das ist einfach eine Katastrophe, wenn man sieht, was da für ein Elend herauskommt. ‚Wissen Sie', hat der Bischof kühl geantwortet, ‚diese Leute haben sich vergangen.' Darauf ich: ‚Dann gibt's da keine Verzeihung mehr?' Der Bischof: ‚Ich glaube, ich habe alles gesagt.'"* (Zitiert bei Hans Mayr: „Wein, Würscht und Anguilotti", in: Baumgartner/Mayr/Mumelter: „Feuernacht", Bozen 1992, S. 177)

„Ein Land in zwei Staaten" – Der verhinderte Auftritt von Moser und Withalm 1962 auf dem DC-Kongress in Neapel

Der DC-ÖVP-Verbindungsmann Rudolf Moser widmete sich trotz aller Widrigkeiten unverdrossen der schwierigen Aufgabe, die Scherben der zerbrochenen christlich-demokratischen Freundschaft wieder zu kitten. Das war angesichts der in ganz Österreich aufgeflammten Empörung keine leichte Aufgabe. Er konnte dabei aber auf die Unterstützung einiger – allerdings nicht aller – hochrangiger ÖVP-Granden zählen. Moser hielt engen Kontakt zu italienischen DC-Spitzenpolitikern und war ständiger ÖVP-Gastdelegierter auf Tagungen und Parteitagen der DC. In einem Rundschreiben vom 4. Jänner 1962 informierte er seine Bundes-Parteispitze über den bevorstehenden DC-Parteitag vom 27. Jänner 1962 in Neapel, über die innenpolitischen Probleme Italiens und über seine Ansichten, wie die Südtirol-Frage zu lösen sei:

```
      Parteitag der Democrazia Cristiana
      ====================================
         ab 27. Jänner 1962 in Neapel
         ============================
```

Freilich ist es auch unerläßlich, daß in Süd- und Nordtirol,
sowie in ganz Österreich man sich den realen Tatsachen und Möglichkeiten von 1962 anpaßt und nicht in Mentalitäten vor 1918
und Sentimentalitäten 1809 schwelgt.

Die drei Kardinalgrundsätze

   a) E i n   Land in z w e i   Staaten,
   b) Sprachgrenze muß mit Staatsgrenze nicht identisch sein,
   c) die Tiroler haben das Recht ....
       Italien hat die Pflicht ......

werden sich in direkten Verhandlungen realisieren lassen, denn
die maßgeblichen Persönlichkeiten, sowie zum Teil die öffentliche Meinung sind diesen Grundsätzen bereits zugänglich.

(Tiroler Landesarchiv Innsbruck, LR Wallnöfer, Handakten, Pos. 31, Karton 38)

Am 11. Jänner 1962 teilte Moser dem Staatssekretär für Auswärtige Angelegenheiten, Dr. Ludwig Steiner (ÖVP), brieflich mit, dass er am 27. Jänner 1962 den DC-Parteikongress in Neapel zusammen mit dem ÖVP-Generalsekretär Dr. Withalm besuchen wolle. Dort werde es Gelegenheit *„zu mancherlei persönlichen Kontakten"* geben. Man müsse *„engste vertrauliche Zusammenarbeit"* anstreben *„mit den aufrechten Europäern und mit jenen Christen, welche den Mut haben, solche der Tat zu sein."* Wichtig sei auch die *„gemeinsame Verurteilung jeder Äußerung von unzeitgemäßem Nationalismus und unchristlichen Gewalttaten."* (Brief Mosers an Dr. Ludwig Steiner vom 11. Jänner 1962. NÖ Landesarchiv, Nachlass Figl, Karton 61)

Mit den *„unchristlichen Gewalttaten"* waren natürlich nicht die Folterungen mit Todesfolgen in den Carabinieri-Kasernen gemeint, sondern die Anschläge der Südtiroler Freiheitskämpfer auf Strommasten.

Bevor es aber auch zu der geplanten einträchtigen DC-ÖVP-Verurteilung *„jeder Äußerung von unzeitgemäßem Nationalismus"* kommen konnte, musste Moser eine Niederlage hinnehmen. Die ÖVP-Parteispitze hielt angesichts der öffentlichen Erregung in Österreich eine Teilnahme an dem DC-Parteikongress nicht für opportun. Daher musste Withalm die Teilnahme absagen. Er schrieb am 18. Jänner 1962 an den DC-Generalsekretär Aldo Moro, dass *„es die derzeitige Situation leider nicht möglich macht, einen Vertreter der Österreichischen Volkspartei zu Ihrem Kongress zu entsenden"*.

Damit war auch Mosers Teilnahme untersagt. Offenbar war es dem ÖVP-Parteivolk – vor allem in Nordtirol – nicht zumutbar gewesen, eine christdemokratische Verbrüderung von ÖVP und DC in Neapel in den Medien verfolgen zu müssen, während erst vor kurzem zwei Südtiroler an den Folgen der in Carabinieri-Kasernen erlittenen Folterungen gestorben waren.

```
                                    Herrn
                                    Kommerzialrat Rudolf  M o s e r
                                    zur gef.Kenntnisnahme!

Herrn
Generalsekretär
Aldo  M o r o                       Wien, am 18.Jänner 1962
                                    Dkfm.H/sch - 234/62
R o m
Piazza Navona, 49
Italien


Sehr geehrter Herr Generalsekretär!

Ihre freundliche Einladung durch Herrn Dal Falco, zu dem vom
27. - 30. Jänner 1962 stattfindenden 8. Nationalkongress der
Democrazia Cristiana in Neapel einen offiziellen Vertreter
unserer Partei zu entsenden, habe ich dankend erhalten.

Ich bedauere es ausserordentlich, dass es die derzeitige Situation
leider nicht möglich macht, einen Vertreter der Österreichischen
Volkspartei zu Ihrem Kongress zu entsenden.

Nichtsdestoweniger wünscht die Österreichische Volkspartei Ihrer
Partei einen erfolgreichen Verlauf des bevorstehenden Kongresses,
dem ja zweifelsohne für die künftige Entwicklung Italiens grosse
Bedeutung zukommen wird.

                                    Mit freundlichen Grüssen

                                              (NR.Dr.Withalm)
```

Für diesen Congreß hatte sogar ich Partei-Verbot, worüber die italienischen Freunde sehr bestürzt waren.

Dr. Withalm hatte seinem Freund Moser eine Briefkopie zukommen lassen. An deren unterem Rand hatte Moser resignierend vermerkt: „Für diesen Congreß hatte sogar ich Partei-Verbot, worüber die italienischen Freunde sehr bestürzt waren." (Brief Dr. Withalms an Aldo Moro vom 18. Jänner 1962. Archiv des Verfassers, Aktenbestand Moser)

Angriff auf die Festung Tirol

In Wiener diplomatischen Kreisen war man mit der Haltung der Nordtiroler in der Südtirol-Frage alles andere als zufrieden. Der österreichische Botschafter in der Bundesrepublik Deutschland, Josef Schöner, ein diplomatischer Veteran aus der Ständestaatszeit, schimpfte Ende Juli 1961 gegenüber dem zuständigen Referatsleiter im Bonner Auswärtigen Amt hemmungslos über die Nordtiroler Politiker: *„Im Land Tirol wird die Südtirolfrage derart sentimental beurteilt, daß es der Wiener Regierung geradezu unmöglich ist, nüchterne und allgemeinpolitische Gesichtspunkte zur Geltung zu bringen. Jeder, der dies in Innsbruck versucht, ist gesellschaftlich und auch politisch erledigt. Der Polizeiapparat, selbst die Staatspolizei, versagt im Lande Tirol; jedenfalls hat die Wiener Regierung diesen Apparat nicht in der Hand."* (Dies hielt der Bonner Beamte im Auswärtigen Amt in einer Aktennotiz fest, die wiedergegeben ist bei Rolf Steininger: „Südtirol zwischen Diplomatie und Terror 1947–1969", Bd. 2, Bozen 1999, S.569)

Die Tiroler Landesregierung war aufgrund der damals geltenden Landesverfassung nach dem Porporzsystem zusammengesetzt. Ihr gehörten daher neben dem ÖVP-Landeshauptmann Dr. Hans Tschiggfrey und dem für Südtirol-Angelegenheiten zuständigen ÖVP-Landesrat Dr. Aloys Oberhammer sowie anderen ÖVP-Landesräten auch der SPÖ-Landeshauptmannstellvertreter Dr. Karl Kunst und der SPÖ-Landesrat Rupert Zechtl an. Diese standen dem ÖVP-Landeshauptmann Dr. Tschiggfrey loyal zur Seite. Dieser unterstützte die Bestrebungen nach Selbstbestimmung Südtirols nach Kräften und nahm demonstrativ an Veranstaltungen des Bergisel-Bundes teil. (Otto Scrinzi [Hrsg.]: „Chronik Südtirol 1959–1969. Von der Kolonie Alto Adige zur autonomen Provinz Bozen.", Graz-Stuttgart 1996, S. 214)

Der ÖVP-Landesrat Dr. Oberhammer hatte bei der Gründung des Nordtiroler Zweiges des „Befreiungsausschusses Südtirol" (BAS) Pate gestanden und die Südtirol-Attentäter auch finanziell unterstützt.

Der ÖVP-Landesrat Dr. Hans Gamper vertrat die gleiche Linie und hielt auch in den Zeiten von der Verfolgung freundschaftliche Kontakte zu den Südtiroler Freiheitskämpfern in Österreich. Der SPÖ-Landesrat Zechtl war eine persönlicher Freund des Gründers des „Befreiungsausschusses Südtirol" (BAS), Sepp Kerschbaumer und erstattete regelmäßig Dr. Bruno Kreisky in Wien schriftlichen Bericht über den Ausbau und die Pläne des BAS. Der spätere SPÖ-Landesparteiobmann und Landeshauptmannstellvertreter Dr. Herbert Salcher war ebenfalls anfänglich in die Pläne des BAS eingeweiht. Der österreichische Außenminister Dr. Bruno Kreisky traf mit führenden Männern des Südtiroler Widerstandes in Wien zusammen und billigte laut späteren Berichten den Beginn der Anschläge. (Die Berichte Zechtls sind im Kreisky-Archiv in Wien erhalten: Karton VII, 9 Südtirol, Terror, Intern BKA, BMfAA, Nationalrat. Siehe weiters dazu: Christoph Franceschini: Serie „Kampf für Südtirol' – Teil I.: ‚Molden hat sehr viel Geld hineingesteckt' – Gründung und Aufbau des Befreiungsausschusses Südtirol: Wie prominente Österreicher Ende der Fünfzigerjahre die ‚Freiheitskämpfer' aufmunitionierten"; „Profil" Nr. 47 / 18. November 1991, S. 72ff. Christoph Franceschini: „Der Aluminiumduce beim Kreisky", „FF Südtiroler Illustrierte", Nr. 14/91, S. 12ff. Hans Karl Peterlini: „Südtiroler Bombenjahre", Bozen 2005, S. 70ff)

In der Südtirol-Frage waren die Nordtiroler ÖVP- und SPÖ-Politiker weitgehend eines Sinnes und nicht auseinander zu dividieren.

Was aber für die Italien-freundlichen Kreise in der Bundes-ÖVP noch schwerer gewogen haben muss, war die Tatsache, dass ihre eigenen Tiroler Parteifreunde in gutem Einvernehmen mit dem sozialistischen Außenminister Dr. Bruno Kreisky standen und dessen Politik der Internationalisierung der Südtirol-Frage unterstützten. Damit standen die Nordtiroler ÖVP-Politiker in scharfem Gegensatz zu allen Bestrebungen in der Bundespartei, mit der DC eine Politik des Konsenses auf Kosten Südtirols zu betreiben.

▶ Die Ablösung des Staatssekretärs Dr. Gschnitzer

Diese Konstellation führte zu erfolgreichen konspirativen Bemühungen, die Gegner einer gemeinsamen ÖVP-DC-Linie politisch aus dem Weg zu räumen.

In Wien vertrat der international renommierte Innsbrucker Universitätsprofessor für Öffentliches Recht, Dr. Franz Gschnitzer, als ÖVP-Staatssekretär im Bundesministerium für Auswärtige Angelegenheiten entschieden die Innsbrucker Linie. Er war ein Anhänger der Selbstbestimmung. Er unterstützte aber Außenminister Dr. Kreisky (SPÖ) bei dessen Forderung vor der UNO nach einer vollständigen Landesautonomie für Südtirol und betrachtete diese als erreichbare pragmatische Zwischenlösung.

Univ.-Prof. Dr. Gschnitzer war als Bundesobmann des „Bergisel-Bundes", eines über viele tausende Mitglieder verfügenden „Schutzverbandes für Südtirol", mehrmals von der italienischen Regierung scharf angegriffen und im Jahre 1959 auch mit einem vorübergehenden Einreiseverbot nach Südtirol belegt worden. Er hatte sich auch öffentlich zu Südtirols Selbstbestimmungsrecht bekannt.

Der neue Bundeskanzler Dr. Alfons Gorbach (ÖVP) legte wieder vermehrt Wert auf Freundschaft mit Italien.

Auch damit stand Dr. Gschnitzer in Widerspruch zur Freundschaftspolitik mit der „Democrazia Cristiana" (DC). Zudem arbeitete er produktiv mit seinem Außenminister Dr. Kreisky zusammen, statt ihn lediglich zu kontrollieren und zu denunzieren.

Am 11. April 1961 ersetzte der neue Bundeskanzler Dr. Alfons Gorbach (ÖVP) den bisherigen Staatssekretär Dr. Gschnitzer durch den Berufsdiplomaten Dr. Ludwig Steiner (ÖVP). Dieser hatte kurz nach Kriegsende in Tirol eine sehr patriotische Linie vertreten und sich für die Landeseinheit eingesetzt. Auf dem Wiener Parkett hatte er seine Linie gewechselt und lag nun auf der Linie, welche Gorbach und dessen Gesinnungsgenossen sich wünschten.

Gschnitzers Ablösung war der Beginn einer Wende. Der neue Bundeskanzler Dr. Gorbach (ÖVP) vertrat in der Südtirol-Politik eine gänzlich andere Linie als der abgelöste Bundeskanzler Julius Raab. Ab nun sollte wieder die Wahrung christdemokratischer Freundschaft mit der DC Vorrang vor den Anliegen der Tiroler haben.

Die Absetzung Univ.-Prof. Dr. Gschnitzers geschah trotz flehentlicher Bitten des Parteiausschusses der „Südtiroler Volkspartei" (SVP), welcher bereits am 21. März 1961 ein Telegramm an den ÖVP-Generalsekretär Dr. Withalm gerichtet hatte, in welchem es hieß: *„Parteiausschuss Südtiroler Volkspartei tief besorgt betreff Wiederbestellung Staatssekretär Gschnitzer – befürchtet schwerwiegende Folgen. Bittet dringend um Belassung des Staatssekretärs im Interesse Südtirols. Expressbrief unterwegs an Präsidenten Gorbach. Dr. Stanek, Generalsekretär der Südtiroler Volkspartei."* (Südtiroler Landesarchiv, SVP, Landesleitung, Nr. 1070. Wiedergegeben bei: bei Rolf Steininger (Hrsg.): „Akten zur Südtirol-Politik 1959-1969", Bd. 3 Erster Halbband 1961, Innsbruck-Wien-Bozen 2007, Dok. 69, S. 183)

In einem Expressbrief an Dr. Gorbach wies der SVP-Obmann und Südtiroler Landeshauptmann Dr. Magnago darauf hin, dass *„Herr Prof. Dr. Gschnitzer einer der ersten Vorkämpfer für die Sache Südtirols gewesen"* sei und dass es *„im jetzigen heiklen Zeitpunkt"* besonders wichtig sei,

„den Anschein zu vermeiden, als ob Österreich von der bisherigen Südtirol-Politik abweichen wollte". (Magnago an Gorbach, 20. 3. 1961, Tiroler Landesarchiv, Kanzlei LH, Sammelakten Pos. 94 (2), Karton 123. Wiedergegeben bei: Franz Watschinger: „Bomben und Justiz", Innsbrucker Forschungen zur Zeitgeschichte, Bd. 20, Innsbruck-Wien-München-Bozen 2003, S. 50)

Der von Dr. Magnago erwähnte *„Anschein"* der Änderung der Südtirol-Politik trog aber nicht.

Der Historiker Dr. Rolf Steininger berichtet aufgrund der Dokumentenlage, dass schon im April 1961 die Absicht des designierten Bundeskanzlers Dr. Alfons Gorbach kolportiert worden sei, dass *„die radikalen Kräfte entschieden beseitigt werden sollten"*. Der SPÖ-Landesrat Rupert Zechtl habe am 18. April 1961 an Dr. Bruno Kreisky berichtet, dass man in der SVP von einer *„Absetzung"* Univ.-Prof. Dr. Gschnitzers spreche, über die *„allgemein große Beunruhigung herrscht ... weil er von den Italienern so gefürchtet ist und die italienische Nationalisierungspolitik an der Wurzel erkannt und auch getroffen hat."* (Rolf Steininger: „Südtirol zwischen Diplomatie und Terror 1947–1969", Bd. 2, Bozen 1999, S.333)

Der österreichische Außenminister Dr. Bruno Kreisky (SPÖ) setzte sich nun in offenen Widerspruch zur ÖVP-Bundespolitik und zog Dr. Gschnitzer weiterhin als Experten zu allen Südtirol-Beratungen hinzu. Das sollte bald auch ihn in die Schusslinie seines Koalitionspartners ÖVP bringen.

Univ. Prof. Dr. Franz Gschnitzer – von seiner eigenen ÖVP als Staatssekretär abgesägt, von Dr. Kreisky jedoch weiterhin als Ratgeber geschätzt.

➤ Eine weitere Bresche in Tirols Festungsmauer: Die Beseitigung des Landesrates Dr. Oberhammer

Der Nächste auf der Wiener Abschussliste war nun der ÖVP-Landesrat und Parteivorsitzende der Landes-ÖVP Dr. Aloys Oberhammer. Er leitete das Südtirol-Referat der Tiroler Landesregierung und trat immer wieder für die Selbstbestimmung Südtirols ein. Er war ein Hauptziel politischer und medialer italienischer Angriffe. Seinen Einfluss galt es aus der Sicht der Bundes-ÖVP zu beseitigen.

Landesrat Dr. Aloys Oberhammer

Am 7. Juli 1961 verbreitete die Nachrichtenagentur „Associated Press" (AP) ein von ihrem Korrespondenten Hans Benedict geführtes Interview mit Dr. Oberhammer. Darin habe dieser laut Benedict angeblich geäußert:
„Die Südtiroler werden für ihre natürlichen Rechte kämpfen, auch wenn dies Jahre eines blutigen Kampfes bedeutet." (Wortgetreue Übersetzung, zitiert aus: Otto Scrinzi (Hrsg.): „Chronik Südtirol 1959–1969. Von der Kolonie Alto Adige zur autonomen Provinz Bozen.", Graz-Stuttgart 1996, S. 214)

Nun brach ein medialer Sturm über Dr. Oberhammer herein, obwohl dieser erklärte, er habe dies so nicht gesagt.

Als Außenminister Dr. Kreisky sich schützend vor Dr. Oberhammer stellte, erteilte der ÖVP-Bundeskanzler Dr. Gorbach der Tiroler Landesgruppe der ÖVP die Direktive, sich von den *„Gedankengängen"* Oberhammers zu distanzieren. (Wiedergegeben und mit Dokumenten belegt bei: Franz Watschinger: „Bomben und Justiz", Innsbrucker Forschungen zur Zeitgeschichte, Bd. 20, Innsbruck-Wien-München-Bozen 2003, S. 50)

Am 22. Juli 1961 erfolgte der nächste Schlag, als die angesehene „Neue Zürcher Zeitung" einen Artikel unter dem Titel *„Kreiskys Kurs im Südtirolkonflikt"* aus der Feder ihres Wiener Korrespondenten Christian Kind veröffentlichte. Darin hieß es:
„Von politischen Persönlichkeiten, die dem Südtirolunternehmen kritisch gegenüber stehen, kann man die Versicherung erhalten, nicht nur der Tiroler Volksparteiobmann Oberhammer und der ebenfalls aus Tirol stammende frühere Staatssekretär Gschnitzer, sondern auch ... Außenminister Kreisky hätten in den verschiedenen Phasen des Aufbaus einer Partisanenorganisation teils durch direkte Teilnahme, teils durch aktive Vorschubleistung, teils durch mitwissende Duldung eine helfende Rolle gespielt."

Bereits einen Tag nach dem Erscheinen der „Neuen Zürcher Zeitung" verbreitete der ÖVP-Pressedienst am 23. Juli 1961 unter wörtlicher Zitierung der Textstellen die Anschuldigungen gegen Dr. Oberhammer, Univ.-Prof. Dr. Gschnitzer und Dr. Kreisky. (Rolf Steininger: „Südtirol zwischen Diplomatie und Terror 1947–1969", Bd. 2, Bozen 1999, S.564f)

Die Angegriffenen dementierten umgehend die Vorwürfe. Angesichts der Anschläge in Südtirol gingen jedoch die Wogen der Erregung in den internationalen Medien und vor allem in Italien hoch. Österreich wurde beschuldigt, den „Terrorismus" zu unterstützen.

Oberhammers politisches Schicksal war nun besiegelt. Auf einer Krisensitzung der Tiroler ÖVP-Spitze erklärte der aus Wien herbeigeeilte neue Staatssekretär Dr. Ludwig Steiner, dass Dr. Oberhammers Äußerungen den bilateralen Gesprächen zwischen Österreich und Italien schaden würden.
(Rolf Steininger: „Südtirol zwischen Diplomatie und Terror 1947–1969", Bd. 2, Bozen 1999, S. 564)

Daraufhin demissionierte Dr. Oberhammer, das Südtirol-Referat übernahm nun Landeshauptmann Dr. Tschiggfrey.

Der sozialistische Außenminister Dr. Bruno Kreisky hatte schon frühzeitig den Verdacht einer Intrige, in der auch der ihm aufgezwungene Staatssekretär Dr. Steiner mitspielte. Besonders stutzig gemacht hatte Dr. Kreisky, dass Dr. Steiner bereits über das Interview informiert gewesen war, bevor dieses öffentlich bekannt wurde. Bei einer Unterredung mit Dr. Steiner am 4. September 1961 sagte Dr. Kreisky ihm seinen Verdacht auf den Kopf zu. In einem Aktenvermerk hielt Dr. Kreisky darüber fest:

> Gesprächsweise erwähnte ich auch, dass ich – wenn ich mit der gleichen Illoyalität vorginge wie er und seine Mitarbeiter – z.B. durchsickern lassen könnte, wie sehr er mich immer zu bewegen versuchte, etwas von meiner Seite gegen Landesrat Oberhammer zu unternehmen, oder dass er es war, der in einer Sitzung des ERP Komitees vor den sozialistischen Ministern dem Bundeskanzler von dem bekannten Interview Oberhammers berichtete, ehe diese Angelegenheit noch der Öffentlichkeit bekannt war. Ich habe den Eindruck, dass Oberhammer das Opfer einer echten Intrige geworden sei.

(Unterredung des Herrn Bundesministers mit dem Herrn Staatssekretär am 4. September 1961, Verschluss, P, Stiftung Bruno Kreisky-Archiv, Wien, Bestand Südtirol)

Von sozialistischer Seite wurde schon bald der Chefredakteur im Bundespressedienst des Bundeskanzleramtes, Dr. Hans Kronhuber, als Informant der Schweizer Zeitung verdächtigt. Dr. Kronhuber war vor dem Krieg in der Zeit des Ständestaates Pressereferent bei der „Vaterländischen Front" gewesen und hatte nach dem Krieg eine Zeit lang bei dem der ÖVP gehörenden „Österreichischen Verlag" gearbeitet, bevor er Chef des Bundespressedienstes wurde. Bundeskanzler Dr. Gorbach stellte

Dr. Hans Kronhuber – Chefredakteur im Bundespressedienst des Bundeskanzleramtes und mutmaßlicher Drahtzieher bei der Intrige gegen den Tiroler Landesrat Oberhammer.

sich jetzt hinter seinen ÖVP-Parteifreund und Verbandsbruder der CV-Verbindung Amelungia Wien und erklärte, dass dieser sein *„besonderes Vertrauen"* genieße. (Franz Watschinger: „Bomben und Justiz", Innsbrucker Forschungen zur Zeitgeschichte, Bd. 20, Innsbruck-Wien-München-Bozen 2003, S. 29)

Dem Innsbrucker Zeitgeschichtsforscher DDr. Franz Watschinger ist es jedoch gelungen, die Veröffentlichung in der Schweizer Zeitung tatsächlich als gesteuerte ÖVP-Intrige zu enttarnen. Der Verfasser des Artikels in der „Neuen Zürcher Zeitung", der damalige Wiener Korrespondent Christian Kind, teilte am 6. Mai 1999 DDr. Watschinger in einem Brief mit, dass er damals tatsächlich von Dr. Hans Kronhuber *„detaillierte Mitteilung mit Namen und abgestuften Schuldzuweisungen ... gewissermaßen ins Notizbuch diktiert"* bekommen habe. *„Er hatte das Gefühl"*, schreibt Watschinger *„dass der Bundeskanzler hinter dieser Information stand und er bei einer Veröffentlichung Unterstützung von dieser Stelle erhalten würde."* (Franz Watschinger: a.a., S. 24)

Dr. Hans Kronhuber wurde für diese Denunziation angemessen belohnt. Auf Antrag des Bundeskanzlers Dr. Gorbach wurde er zum Ministerialrat befördert und in den höheren Ministerialdienst des Bundeskanzleramtes übernommen. (Franz Watschinger: a.a.O., S. 29)

➤ Nordtirol: Finanzielle Unterstützung für die inhaftierten Freiheitskämpfer

Dass die ÖVP-Uhren in Nordtirol anders gingen als in Wien, zeigte sich am 31. August 1961 klar, als auf einer Südtirol-Besprechung in Innsbruck Vertreter der Südtiroler Volkspartei (SVP) das Thema der Notlage der Familien der inhaftierten Freiheitskämpfer anschnitten und die Notwendigkeit der finanziellen Unterstützung für deren Verteidigung in den bevorstehenden Prozessen zur Sprache brachten.

Für den Nordtiroler Landeshauptmann Dr. Hans Tschiggfrey war es

Als es um die Hilfe für die inhaftierten Freiheitskämpfer und deren Familien ging, zögerte der Landeshauptmann Dr. Tschiggfrey nicht einen Moment mit seiner Zusage.

eine Selbstverständlichkeit, dass man den Inhaftierten helfen und auch die Finanzierung ihrer Verteidigung übernehmen musste. Dr. Tschiggfrey fragte die anwesenden SVP-Politiker: *„Genügt Ihnen das, meine Herren, wenn wir erklären: Wenn zur Durchführung der Prozesse eine Million Schilling gebraucht wird, werden sie aufgebracht. Genügt Ihnen das?"*
Es genügte. Die SVP-Vertreter nickten und dankten. (Sitzungsprotokoll vom 31. August 1961, zitiert bei: Rolf Steininger: „Südtirol zwischen Diplomatie und Terror 1947–1969", Bd. 2, S. 569)
Auf einer neuerliche Besprechung am 5. September 1961 in Innsbruck sagte der Außenminister Dr. Kreisky ebenfalls finanzielle Unterstützung zu. (Protokoll der Sitzung vom 5. September 1961 in Innsbruck. Tiroler Landesarchiv Innsbruck, Referat „S", Präs. 1, Jahr 1961/62)
In der Folge wurde diese Hilfe über Nordtirol organisiert, die Gelder wurden von der Nordtiroler Landesregierung und der Bundesregierung in Wien zur Verfügung gestellt. Es wurden so die Verteidigungskosten aller Südtirol-Prozesse – vor italienischen wie vor österreichischen Gerichten – finanziert und es wurden auch die Familien der Inhaftierten unterstützt. Diese Hilfe wurde von dem Südtirol-Referat (Präsidium „S") in der Nordtiroler Landesregierung koordiniert und dann in Südtirol über ein Personenkomitee verteilt.
Man muss im Rückblick Hochachtung vor der Haltung des Außenministers Dr. Kreisky und den Nordtiroler Landespolitikern empfinden. Deren Menschlichkeit und die karitative Hilfe öffentlich anzuprangern, haben ihre Gegner aber dann doch nicht gewagt.

➤ Nordtirols Landeshauptmann-Stellvertreter fordern: Keine Gerichtsverfahren gegen Unterstützer des Südtiroler Freiheitskampfes

Eine Auswirkung der öffentlichen Denunziation von Dr. Kreisky und Oberhammer als Helfer der Südtirol-Attentäter war, dass Dr. Kreisky und die SPÖ es politisch nicht mehr wagen konnten, sich öffentlich gegen deren Verfolgung durch die österreichische Justiz zu stellen. In

Nordtirol versuchte man trotzdem, die geplanten Prozesse gegen die Südtirol-Aktivisten zu verhindern.

Am 17. November 1961 richteten die Nordtiroler Landeshauptmann-Stellvertreter Dr. Hans Gamper (ÖVP) und Dr. Karl Kunst (SPÖ) ein Fernschreiben an den österreichischen Bundeskanzler Dr. Alfons Gorbach und die österreichische Bundesregierung. Darin forderten sie, *„von jeder Gerichtsverhandlung wegen Unterstützung der Südtiroler Freiheitskämpfer ... unbedingt Abstand zu nehmen".*

Es ist bemerkenswert, dass die beiden hochrangigen Tiroler Politiker ausdrücklich die Bezeichnung „Freiheitskämpfer" verwendeten. Zudem erklärten sie im Namen der Landesregierung, für eine vom Gericht allenfalls geforderte Kaution für die Freilassung des Angeklagten Kurt Welser aufkommen zu wollen.

Bild links: Der Nordtiroler Landeshauptmann-Stellvertreter Dr. Hans Gamper (ÖVP). Bild rechts: Sein SPÖ-Kollege Dr. Karl Kunst (rechts im Bild) neben dem ÖVP-Landesrat Eduard Wallnöfer (ÖVP), an welchen das Schreiben auch in Kopie erging.

Bundeskanzler Dr. Gorbach lehnte das Ansinnen ab. Auch eine weitere schriftliche Intervention des Nordtiroler Landeshauptmannes Dr. Hans Tschiggfrey, eine von allen Nordtiroler Regierungsmitgliedern unterzeichnete Denkschrift, an der auch Dr. Gschnitzer mitgearbeitet hatte, sowie eine persönliche Vorsprache der Nordtiroler Landespolitiker bei dem Bundeskanzler bewirkten nichts. (Franz Watschinger: „Bomben und Justiz", Innsbrucker Forschungen zur Zeitgeschichte, Bd. 20, Innsbruck-Wien-München-Bozen 2003, S. 121ff)

Das Verhalten der Tiroler Politiker zeigte aber, dass sie gegenüber der ÖVP-Bundespartei nicht kapituliert hatten und nicht so schnell kapitulieren würden.

F e r n s c h r e i b e n

Innsbruck, am 17.Nov.1961

Herrn
Bundeskanzler
Dr. Alphons G o r b a c h
W i e n

Sehr geehrter Herr Bundeskanzler !

Die unterzeichneten Landeshauptmannstellvertreter von Tirol richten die nachstehende dringende Bitte an ~~den Herrn Bundeskanzler:~~ Sie und die Österreichische Bundesregierung:

1) Infolge der durch die UNO-Generalversammlung geschaffenen politischen Atmosphäre ist es geboten, von jeder Gerichtsverhandlung wegen Unterstützung der Südtiroler Freiheitskämpfer in dieser Zeit unbedingt Abstand zu nehmen, weil sowohl Richter als auch Laienrichter indirekt dadurch als beeinflußt gelten müssen. Auf keinen Fall dürfte daher die für Anfang Dezember vorgesehene Hauptverhandlung vor dem Straflandesgericht Graz als Schöffengericht anberaumt bezw. durchgeführt werden.

2) Von den Angeklagten ist zurzeit nur Kurt W e l s e r in Haft. Die Untersuchung gegen ihn ist bereits abgeschlossen. Es wird deshalb ersucht, dem einzubringenden Antrag der Verteidigung auf Enthaftung stattzugeben. Die Landesregierung ist nötigenfalls bereit, die vom Gericht geforderte Sicherstellung zu veranlassen.

Dr.Hans Gamper   Dr.Karl Kunst
1.Landeshauptmannstellvertreter   2.Landeshauptmannstellvertreter

Herrn
Landesrat Ök.Rat Eduard W a l l n ö f e r   im Hause

mit der Bitte um Kenntnisnahme vorgelegt.

Das Schreiben der Nordtiroler Landeshauptmann-Stellvertreter. (Tiroler Landesarchiv Innsbruck, LR Wallnöfer, Handakten, Pos. 31, Karton 38)

Wiener Bundespolitiker auf Gegenkurs zur Nordtiroler ÖVP: Geheimtreffen mit der „Democrazia Cristiana" – Südtiroler „Friedensstörer" sind gemeinsame Feinde

Der damalige ÖVP-Generalsekretär Dr. Hermann Withalm war ein großer Freund der italienischen Christdemokraten. Wie er in seinen Erinnerungen berichtet, versäumte er *„keine Gelegenheit, Kongresse der Democrazia Cristiana zu besuchen"*. (Hermann Withalm: „Aufzeichnungen", Graz-Wien-Köln 1973, S. 98)

Nun hatte die ÖVP-Parteispitze aber angesichts der Lage in Südtirol ihm und seinem Freund Moser den Besuch des DC-Parteikongresses im Jänner 1962, welcher in Neapel stattfand, verboten gehabt. Damit war eine offene Konfrontation mit der Tiroler Landes-ÖVP vermieden worden.

➤ Das Geheimtreffen am Lago di Como

Mit der Hilfe Mosers wurde ein Ausweg gefunden, wie auf vertraulicher Ebene trotzdem Gespräche mit der DC geführt werden konnten. Durch Mosers Vermittlung konnte Dr. Withalm am 12. Mai 1962 mit maßgeblichen DC-Politikern in Moltrasio am Lago di Como zu Geheimgesprächen zusammentreffen. Bei dieser Besprechung waren auch Rudolf Moser und der ÖVP-Staatssekretär Dr. Ludwig Steiner mit dabei. (Hermann Withalm: „Aufzeichnungen", Graz-Wien-Köln 1973, S. 98)

Der ehemals freiheitskämpferisch bewegte Steiner hatte sich gewandelt gehabt. Seit dem Pariser Vertrag von 1946 war er auf den Kurs eines linientreuen ÖVP-Funktionärs und Bundespolitikers eingeschwenkt. An dieser Haltung sollte sich auch in den folgenden Jahren nicht mehr viel ändern.

Das geheime Treffen war von Rudolf Moser eingefädelt und organisiert worden. Der diesbezügliche Briefverkehr mit Bundeskanzler Dr. Gorbach, Staatssekretär Dr. Ludwig Steiner, Minister a.D. Felix Hurdes und LH Leopold Figl ist erhalten geblieben. (NÖ Landesarchiv, Nachlass Figl, Karton 61)

Mit den italienischen Partnern hatte Moser direkt gesprochen und war zu diesem Zweck eigens nach Rom gereist.

Moser hat über diese „Aussprache am 15. April 1962" eine Niederschrift für die ÖVP-Spitze verfasst, in der er die Zustimmung seiner römischen Gesprächspartner zu dem Treffen mitteilen konnte.

In Mosers Bericht hieß es weiter, dass man in Rom *„eine Gipfelkonfe-*

> AUSSPRACHE am 15. April 1962
> ================================
>
> I ALLGEMEINES
>
> Vorerst wurde ich beglückwünscht zu dem Eindruck, welchen meine
> Aussprachen und Grundsätze in Rom hinterlassen haben.
>
> In wiederholten Gruppengesprächen hatten sich nicht nur jene Funktionäre
> damit befaßt welche ich besucht hatte, sondern auch die Spitzenpersönlichkeiten, mit welchen ich wegen deren damaliger Überlastung nicht
> persönlich zusammentreffen konnte, die mich aber gebeten hatten deren
> Stellvertreter aufzusuchen.
>
> Einmütig bestand in diesen Besprechungen die Auffassung, daß man über
> den Appell des guten Willens nicht hinweggehen könne, sondern sich demselben aktiv und konstruktiv anschließen müsse. Das heißt man ist ebenfalls bereit mitzuwirken, da man die Notwendigkeit hiezu anerkennt, gemeinsam in gutem Willen einen Weg zu suchen, der auch offiziell freundschaftliche Beziehungen ermöglicht.
>
> Die Ursachen der Spannung sollen nicht wie bisher polemisch behandelt
> werden, sondern unter der Verantwortung europäischer Zusammenarbeit;
> jeder Partner soll sich bemühen für die innenpolitischen Schwierigkeiten Verständnis aufzubringen und sich gleichsam jeweils in den
> Sessel des anderen setzen.

Aus der Niederschrift „Aussprache am 15. April 1962" (NÖ Landesarchiv, Nachlass Figl, Karton 61)

renz der höchsten Parteispitzen ... für den Anfang nicht für zweckmäßig und nach persönlichem Terminkalender auch nicht für möglich" halte. Für die Teilnahme an dem Geheimtreffen wurden Funktionäre aus der zweiten Ebene bestimmt. Moser nannte in seiner Niederschrift aus Geheimhaltungsgründen diese Personen nicht mit Namen, sondern bezeichnete sie nur mit Ziffern.

> Meine Zuschriften möge ich nun direkt an Herrn ⑤ richten.
> Da ich schriftlich keine Namen anführen kann, bezeichne ich diese mit
> Ziffern.
> Eine Gipfelkonferenz der höchsten Parteispitzen halte man für den Anfang nicht für zweckmäßig und nach persönlichem Terminkalender auch
> nicht für möglich. Um aber den Ernst zu dokumentieren mit welchem
> man dem Vorschlag näher treten wolle, sei für eine Zusammenkunft 6
> und 7 oder 8 bestimmt worden.

Aus der Niederschrift „Aussprache am 15. April 1962" (NÖ Landesarchiv, Nachlass Figl, Karton 61)

In einem Beiblatt, welches Moser mit „Streng geheim!" kennzeichnete, kam er dann auf die Einzelheiten zu sprechen:

> Streng geheim!
>
> ORGANISATORISCHE BELANGE
>
> I   Zeit: Samstag, 12. Mai wurde vom Partner verbindlich akzeptiert.
> II   Ort: Einvernehmliche Auffassung: Gemeinsame Anwesenheit an einem öffentlichen Ort (Hotel Konferenzzimmer) auch in der Schweiz könnte die Geheimhaltung gefährden.
>
> Vorschläge:
>
> a) des Partners: Da einer der vorgesehenen Delegierten aus der Provinz Bergamo stammt, so würde er sicher einen geeigneten Ort finden. (Entfernung von Schweizer Grenze je nach Treffpunkt 70 – 120 km)
>
> b) mein Vorschlag: Eine Industrielle, derzeit etwa 65, gebürtige Grazerin, ehemalige Österreicherin, seit 1940 ca. italienische Staatsbürgerschaft mit Fabriken im Cadore, Lombardei und Büro in Mailand, besitzt in Moltrasio am Como-See die "Villa Bellini". Ich halte diese persönlich für unbedingt verschwiegen.
>
> Auf meine Anfrage teilte mir die Besitzerin mit, daß sie grundsätzlich einverstanden sei, doch befinde sich in der Villa derzeit nur ein Hausmädchen, weshalb die Verpflegung nur einfach sein könne. Sie selber würde aber anwesend sein, da es auffallen würde, wenn in ihrer Abwesenheit sich fremde Leute treffen. Dem Mädchen könne sie einfach sagen, daß italienische und österreichische oder Schweizer Industrielle sich bei ihr treffen.

Aus dem Beiblatt zur Niederschrift „Aussprache am 15. April 1962" (NÖ Landesarchiv, Nachlass Figl, Karton 61)

Man einigte sich auf Mosers Vorschlag b), das Treffen am 12. Mai 1962 in der Privatvilla am Comer See abzuhalten. Von italienischer Seite nahmen an dem Treffen der italienische DC-Generalsekretär-Stellvertreter und Parlamentsabgeordnete Giovanni Battista Scaglia und die Sekretärin der DC-Parlamentsfraktion, die Abgeordnete Elisabetta Conci, teil.
(Briefliche Mitteilung Mosers an Staatssekretär Dr. Ludwig Steiner. NÖ Landesarchiv, Nachlass Figl, Karton 61)

Von österreichischer Seite kamen Staatssekretär Dr. Ludwig Steiner, ÖVP-Generalsekretär Dr. Hermann Withalm und Rudolf Moser.

Das Treffen fand in der „Villa Bellini" statt, welche der mit Moser befreundeten norditalienischen Papierfabrikantin Anna Erker-Hocevar aus Ovara bei Udine gehörte.

Für die geheime Besprechung in Moltrasio hatte Rudolf Moser Dr. Steiner und Dr. Withalm vorweg einen Ablaufplan geliefert, in welchem er auch auf Fragen der Geheimhaltung des Treffens und der Möglichkeit einer Beschattung eingegangen war.

```
VORSCHLAG DES ABLAUFES
========================

Bei Übernachtung in Como halte ich Beschattung nicht für ausgeschlossen.
Taxifahrt Como - Moltrasio ca. 1/4 Stunde.
Im Haus und Garten der Villa kann man nicht beobachtet werden.
Saisonweise ist dort Büro-Betrieb und die Umgebung an großen Verkehr gewöhnt.
Derzeit nur ein Hausmädchen in der Villa; die Besitzerin würde aber kommen, damit es nicht auffällt, daß fremde Menschen allein sich aufhalten.
```

„Vorschlag des Ablaufes", verfasst von Rudolf Moser. (NÖ Landesarchiv, Nachlass Figl Karton 61)

Die Villa in Moltrasio am Comer See, in welcher das von Moser organisierte Geheimtreffen stattfand.

ÖVP-Generalsekretär Dr. Hermann Withalm (links) war ein enger Vertrauter des Finanzministers und späteren Bundeskanzlers Dr. Josef Klaus (rechts).

Rudolf Moser berichtete später in einem Rückblick: *„Nach einverständlicher Vereinbarung: Dr. Withalm und Dr. Steiner reisten am Tag vor der Zusammenkunft nach Lugano in der Schweiz, hart an der Grenze zu Italien gelegen. Ich hatte in Moltrasio übernachtet; am nächsten Morgen holte ich die beiden Freunde in Lugano ab und brachte diese in die Villa Bellini."* (Moser-Rundschreiben aus dem Jahre 1986 an Parteifreunde und ÖVP-Politiker mit Rückblick: „Anfang der 60er Jahre – Österreich-Südtirol-Italien – Kalter Krieg". Archiv des Verfassers, Aktenbestand Moser.)

Über den genauen Inhalt der in Moltrasio geführten Gespräche hat Moser in seinem Rückblick nichts mitgeteilt. Sie waren aber erfolgreich, wie Moser in einem Rückblick später erwähnte. Die Wiederherstellung und Vertiefung eines freundschaftlichen Verhältnisses mit der „Democrazia Cristiana" (DC) konnte eingeleitet werden.

Der ÖVP-Generalsekretär Dr. Hermann Withalm war jedenfalls beeindruckt und fand im Rückblick lobende Worte für die Tätigkeit Mosers:

Rudolf Moser, der mit „nimmermüdem Fleiß und einer Ausdauer sondergleichen" Gespräche mit der DC führte, nahm auch am 28. September 1962 an dem in San Marino abgehaltenen Kongress der „Nouvelles Équipes Internationales" (NEI), der Dachorganisation christlicher Parteien in Europa, teil.

„Noch eines Mannes muß ich in diesem Zusammenhang gedenken, eines Mannes, der es geradezu als seine Lebensaufgabe betrachtete, seinen Beitrag zur Lösung der Südtirolfrage zu leisten: Kommerzialrat Rudolf Moser aus Sachsenburg ... er kannte und kennt fast alle maßgeblichen Politiker der Democrazia Cristiana. Immer wieder – mit nimmermüdem Fleiß und einer Ausdauer sondergleichen – hat Kommerzialrat Moser Gespräche geführt und Kontakte hergestellt und so einen wesentlichen Beitrag zur Lösung dieses dornenvollen Problems geleistet." (Hermann Withalm: „Aufzeichnungen", Graz-Wien-Köln 1973, S. 128)

„Der Beginn einer langen Reihe von Gesprächen mit italienischen Freunden"

Das von Rudolf Moser eingefädelte Geheimtreffen in Moltrasio sollte nicht das letzte seiner Art gewesen sein. Der damalige Generalsekretär Dr. Hermann Withalm berichtet diesbezüglich in seinen Erinnerungen: *„Am 12. und 13. Mai trafen der damalige Staatssekretär im Bundesministerium für Auswärtige Angelegenheiten, Dr. Ludwig Steiner, und ich mit maßgeblichen Politikern der Democrazia Cristiana am Comer See zusammen. Es sollte der Beginn einer langen Reihe von Gesprächen mit italienischen Freunden sein ... Ihre Fortsetzung fanden diese Gespräche bei allen Bürositzungen der Union Christlicher Demokraten, an denen ja die Italiener regelmäßig teilnahmen."* (Hermann Withalm: a.a.O., S. 98)

Auch Rudolf Moser hat in späteren Rundschreiben an Parteifreunde und ÖVP-Politiker im Rückblick darüber berichtet, dass dem Treffen in Moltrasio weitere von ihm organisierte Geheimtreffen folgten, darunter eines in Zürich:

> Es gab nur Einmütigkeit für alle Belange und Notwendigkeiten. Eine nächste Zusammenkunft sollte bald erfolgen, aber auch garantiert geheim.
>
> So mietete ich mir zur vereinbarten Zeit in Zürich in einem kleinen Hotel ein Appartement für eine Konferenz und dort bekam ich dann den Besuch von 2 Mal je 3 Herren zur Besprechung, für die sich dort niemand interessierte.

Moser-Rundschreiben an Parteifreunde und ÖVP-Politiker mit Rückblick „Hass, Dummheit und Verbrechen gewinnen die Oberhand", Sachsenburg, Christkönigsfest 1973, S. 7 (Archiv des Verfassers, Aktenbestand Moser.)

> Als Funktionär der Papier/Pappen-Industrie mit Absatz Richtung Italien waren meine wiederholten Aufenthalte in diesem Lande unauffällig.
>
> Ich konnte daher Geheimtreffen von politischen Persönlichkeiten der ÖVP und DC kombinieren; in Österreich in meinem Landhaus, in Italien bei persönlichen Freunden in der Villa Bellini zu Moltrasio am Comosee, in der Schweiz, indem ich im Hotel ein Appartement zur Besprechung mietete und dort die nicht kontrollierten Konferenz-Teilnehmer empfing.
>
> Niemals hat es über das gemeinsame Ziel Meinungsverschiedenheiten gegeben. Vor allem handelte es sich darum, die jeweils psychologisch richtige Form der Realisierung zu finden.
>
> Ab 1968 hatte sich die Atmosphäre soweit beruhigt, daß offizielle Begegnungen keinen Anstoß mehr erregten.

Aus einem Rückblick Mosers in seinem Rundbrief „ÖVP-Parteitag zu Salzburg, 29.1.–1.3.1980" (Archiv des Verfassers, Aktenbestand Moser)

▶ Süd- und Nordtiroler als Störfaktoren

Als störend für Mosers Befriedungswerk erwies es sich, dass die „Südtiroler Volkspartei" (SVP) mit der Nordtiroler Landesregierung Besprechungen abhielt und diese auch schriftlich über die Lage in Südtirol informierte. Die Nordtiroler wiederum vertraten die Anliegen der Südtiroler gegenüber der Wiener Regierung in loyaler Weise.

Nachstehend ist hier ein Schreiben der SVP an den Nordtiroler Landeshauptmann Dr. Tschiggfrey wiedergegeben, in welchem die Südtiroler freimütig Wünsche äußerten, die mit der von Rudolf Moser und ÖVP-Politikern wie Dr. Withalm vertretenen Beschwichtigungslinie wohl kaum in Einklang zu bringen waren.

SÜDTIROLER VOLKSPARTEI
LANDESLEITUNG

DER OBMANN

BOZEN. 11.9.1962
VILLA BRIGL · TEL. 31119 · 50 7 85

Herrn Landeshauptmann
Dr. Hans Tschiggfrey
Innsbruck

Lieber Herr Landeshauptmann!

Im Sinne unserer jüngsten Besprechung erlaubt sich die Landesleitung der Südtiroler Volkspartei nachstehende Wünsche vorzubringen:

1) An die Österreichische Bundesregierung wird das dringende Ersuchen gerichtet, daß der Herr Außenminister über die Durchführung der UNO-Südtirolresolution vom vorigen Jahre und über den Stand der Südtirolfrage im allgemeinen, nicht bloß in der Generaldebatte referieren, sondern auch dem UNO-Generalsekretär einen gesonderten Bericht darüber zukommen lassen möge. Der Generalsekretär soll gebeten werden, diesen Bericht der Politischen Spezialkommission zur Kenntnisnahme weiterzuleiten. Die Landesleitung legt größten Wert auf die Überreichung eines solchen Sonderberichtes an den UNO-Generalsekretär.

2) In dem Bericht an den Generalsekretär sollte unseres Erachtens u.a. auf folgende Umstände hingewiesen werden:
   a) trotz der loyalen Mitarbeit der Südtiroler Vertreter in der von Rom eingesetzten Studienkommission hat sich die Lage in der Provinz selbst keineswegs zum Besseren gewendet. Die italienische Behörde unterbindet nach wie vor Äußerungen jahrhundertalter Südtiroler Tradition, wie das Hissen der Landesfahne, Auftreten der Schützen usw.
   b) Nach über einem Jahr sitzen noch immer 72 Südtiroler, die der Mittäterschaft an den Sprengstoffanschlägen vom vorigen Jahre beschuldigt werden, in den Gefängnissen, ohne Aussicht auf eine Gerichtsverhandlung in absehbarer Zeit.

SÜDTIROLER VOLKSPARTEI
LANDESLEITUNG

– 2 –

DER OBMANN

BOZEN,
VILLA BRIOL - TEL. 31119 - 30788

   c) Die genannten politischen Häftlinge haben zum Großteil Anklage wegen schwerer und schwerster Mißhandlung während der Polizeiverhöre erhoben. Die Südtiroler Volkspartei hat bereits vor über einem Jahr die Einsetzung einer parlamentarischen Untersuchungskommission zur Überprüfung der beklagten Polizeiübergriffe gefordert. Diesem Verlangen wurde bis heute nicht stattgegeben. Auch die vom Oberlandesgericht in Trient eingeleitete gerichtliche Untersuchung zur Prüfung dieser Anklagen, hat bis heute keinen Abschluß gefunden.

> d) Laufend wurden auch im heurigen Jahr Dutzende von Südtirolern vom Bozner Schwurgericht zu langen Freiheitsstrafen verurteilt, wegen "Schmähung der Nation, oder der Armee usw.". Die Anklageerhebung stützt sich in diesen Fällen auf Paragraphen des Strafgesetzbuches aus der Faschistenzeit, die im demokratischen Italien längst schon hätten abgeschafft werden müssen, die aber ganz im Gegenteil, in Südtirol mit immer größerer Härte angewendet werden.
> e) In letzter Zeit haben die italienischen Behörden durch eine Reihe von Strafanzeigen und Gerichtsverfahren gegen Südtiroler Redakteure und auch ausländische Journalisten versucht, die freie Presse in Südtirol und im Ausland mundtot zu machen. Damit verstoßen sie gegen die Grundrechte der Meinungsfreiheit in einem demokratischen Staat (Urteil Volgger!).
> f) Natürlich müßte in dem Bericht wohl auch der dringende Wunsch zum Ausdruck kommen, daß die Arbeiten der 19er-Kommission beschleunigt und ehebaldigst zu einem Abschluß kommen sollten.
>
> In Vorstehendem konnten nur ein paar Hinweise gegeben werden, was man nach Meinung der Südtiroler Volkspartei in dem Bericht bringen sollte. Die näheren Formulierungen bleiben naturgemäß den zuständigen Stellen überlassen.
>
> (Dr. Silvius Magnago)

(Tiroler Landesarchiv. LR Wallnöfer, Handakten 1950–1963, Pos. 31, Karton 38)

Eine kurzfristige Störung: Der Carabinieri-Prozess in Trient

Es waren aber nicht nur die Süd- und Nordtiroler Politiker, die Rudolf Mosers „Friedenswerk" behinderten. Seine Bemühungen um die Festigung der DC-ÖVP-Freundschaft wurden vorübergehend auch noch durch ein anderes unerfreuliches Ereignis gestört. Bereits im Juli 1961 hatte der korrekte Amtsrichter von Neumarkt, Dott. Luciano Cicciarelli, Anzeige bei der Staatsanwaltschaft in Trient gegen unbekannte Täter erstattet. Er hatte bei ihm vorgeführten Südtiroler Häftlingen die Spuren der Folter gesehen und daraufhin medizinische Untersuchungen veranlasst, deren Ergebnis eindeutig gewesen war. Die Häftlinge ihrerseits hatten Anzeige gegen ihre Folterer erstattet. Zunächst hatten die Justizbehörden nichts unternommen. Der Tod der beiden Südtiroler Häftlinge Franz Höfler (am 22. November 1961) und Anton Gostner (am 7. Jänner 1962) hatte dann doch bewirkt, dass die begangenen Folterungen nicht mehr mit einem Mantel des Schweigens zugedeckt werden konnten.

Die Begrenzung des Schadens
Nun wurde die italienische Justiz höchst aktiv, um das Schlimmste zu verhindern. Der Untersuchungsrichter Dott. Giuseppe De Baggis vernahm nun die gefolterten Gefangenen. Als die Häftlinge dann die ausgestandenen Folterungen in ihren Einzelheiten schilderten, machte sie der Untersuchungsrichter sofort darauf aufmerksam, dass sie mit schwerwiegenden Strafen zu rechnen hätten, wenn sie ihre Anzeigen gegen die Polizei nicht zurückzögen. Denn alles sei erlogen, die Aussagen der Carabinieri hätten ergeben, dass niemand bei den Verhören misshandelt worden sei, und *„die italienische Polizei lügt nicht!"*.
Da die politischen Südtiroler Gefangenen standhaft blieben, versuchte der Untersuchungsrichter, ihnen einzureden, sie würden in Kürze durch eine Amnestie freigehen, deren Anwendung jedoch in Frage stehe, wenn sie die Anzeigen nicht zurückzögen. (Siehe: Max Walla [Hrsg.]: „Schändung der Menschenwürde in Südtirol", Schriftenreihe des Mondseer Arbeitskreises, Bd. Nr. 3, S. 53ff)
Die Identifizierung von Tätern wurde erschwert, indem den Rechtsvertretern der Kläger die Einsicht in die Dienstbücher der Kasernen verweigert wurde. Dadurch war es den Anwälten nicht möglich, die zum Zeitpunkt der Folterungen diensttuenden Carabinieri zu Gegenüberstellungen und Identifizierungen vorladen zu lassen. Diese waren aber inzwischen dienstlich versetzt und eiligst in Kasernen über ganz Italien verteilt worden. Die Anzeigen der Gefolterten mussten sich daher fast ausschließlich auf jene Carabinieri beschränken, die ihnen namentlich bekannt waren.

Die wundersame Verringerung der Täterzahl
Insgesamt lagen den italienischen Justizbehörden trotz aller vorangegangenen Versuche, die Identifizierung der uniformierten Täter durch die Angeklagten unmöglich zu machen oder zumindest zu erschweren, die Anzeigen von 44 Häftlingen gegen 21 namentlich bekannte und identifizierte Peiniger vor.
Ausgerechnet der öffentliche Ankläger, der Stellvertretende Oberstaatsanwalt beim Oberlandesgericht Trient, Dott. Agostini, schränkte in seiner Anklageschrift – wie die Justizbehörden am 17. Jänner 1963 bekannt gaben – die Zahl der Anzuklagenden auf 11 und damit die Zahl der Kläger auf 7 (statt 44) ein.
Gegen 10 weitere Beschuldigte wurde das Verfahren eingestellt, *„weil sie die Tat nicht begangen haben"*, weil die Anzeige zu spät erfolgt sei oder weil die Taten wegen Geringfügigkeit unter die letzte Amnestie gefallen waren.

Am 3. Juli 1963 verfügte die Untersuchungssektion beim Trienter Oberlandesgericht, dass das Verfahren noch gegen einen weiteren Carabiniere eingestellt werde, sodass nur noch 10 Beschuldigte übrig blieben.

Eine Amnestie zur rechten Zeit – nicht jedoch für politische Delikte
Am 23. Jänner 1963 beschloss das italienische Parlament auf Regierungsantrag eine großzügige Amnestie, wie sie in Italien des Öfteren zur Leerung der überfüllten Gefängnisse erlassen zu werden pflegte.
Diese Amnestie war jedoch auf die aktuelle politische Lage zugeschnitten: Auf Regierungsantrag waren politische Delikte ausdrücklich von der Amnestie ausgenommen worden.
Alle gemeinen Delikte mit einem Strafmaß bis zu 3 Jahren sollten jedoch amnestiert werden. Im Falle von deren Verurteilung würde die Amnestie den Folter-Carabinieri, nicht jedoch ihren Opfern zugutekommen.

Der Prozess
Am 20. Auust 1963 begann in Trient der Prozess gegen die nach der wundersamen Verminderung der Zahl der Beschuldigten übrig gebliebenen zehn Carabinieri.
Die Kläger, das waren die gefolterten Südtiroler, erschienen als klirrender Kettenzug.
Am zweiten Verhandlungstag wurden beschuldigte Carabinieri einvernommen.

Die Kläger erschienen als klirrender Kettenzug.

Drei der angeklagten Carabinieri in bester Laune bei einer Verhandlungspause des Prozesses in Trient. Links im Bild der Carabinieri-Oberleutnant Vittorio Rotellini.

Der Kommandant der Neumarkter Kaserne, Oberleutnant Rotellini, erklärte, dass er niemals irgendjemanden misshandelt, ja nicht einmal angerührt habe. Dies sei auch gar nicht nötig gewesen, denn: *„Die zum Verhör vorgeführten Häftlinge haben die gegen sie erhobenen Anschuldigungen ohne Zögern zugegeben."*

Als der Südtiroler Rechtsanwalt Dr. Gartner fragte, wie er sich dann die durch ärztliche Atteste bestätigten Verletzungen erklären könne, antwortete Rotellini, *„daß sich die Häftlinge diese Verwundungen bei der Bergung des in Höhlen, Dachstühlen, Fuchsbauten usw. versteckten Sprengstoffes zugezogen hätten. Die festgenommenen Südtiroler hätten ihnen bald freiwillig diese Verstecke gezeigt. Beim Hineinkriechen in die Höhlen usw. hätten sich die Häftlinge manch leichtere Verletzung zugezogen".* („Dolomiten", 22. August 1963)

Schlagzeile auf dem Titelblatt des Nordtiroler ÖVP-Organs „Tiroler Nachrichten".

„Wenn es überhaupt zu Verletzungen gekommen sein sollte, dann müssen diese restlos natürliche Ursachen gehabt haben. Die Sprengstoffverstecke lagen nämlich in einer rauhen Gebirgsgegend und deren Bergung war höchst schwierig. ... Möglicherweise haben sich die Häftlinge diese Verletzungen selbst zugefügt, vielleicht im Auftrag ihrer Chefs, um den gegen sie erhobenen Anschuldigungen etwas entgegenstellen zu können." („Tiroler Nachrichten", Innsbruck, 22. August 1963) Ähnlich verantworteten sich die übrigen Carabinieri.

Dann ergriff am 27. August 1963 der Staatsanwalt Dott. Catullo Zanfei das Wort zu seiner Anklagerede, die zur Verteidigungsrede der angeklagten Carabinieri geriet.

„Man müsse die angespannten Nerven der Carabinieri nach den großen Anstrengungen im Juli 1961 berücksichtigen, man müsse Verständnis haben für den Groll, den sie gegenüber jenen hatten, die zur Gewalt gegriffen haben. Vor allem aber dürfe man die positiven Seiten der damaligen Polizeiaktionen, durch die es gelungen sei, wenigstens für einige Zeit in Südtirol die Ruhe zu erhalten, nicht übersehen."

Man dürfe nicht alles glauben, was gesagt werde, führte der Verteidiger-Staatsanwalt aus. Von Folter könne daher keine Rede sein, sondern lediglich von *„leichter Körperverletzung"*. („Tiroler Tageszeitung", Innsbruck, 28. August 1963)

Schlagzeilen in den „Oberösterreichischen Nachrichten" und in den „Dolomiten"

Er beantragte daher einige Freisprüche und forderte die Anerkennung von Milderungsgründen für die übrigen Angeklagten. Aus diesen Gründen könne der Gerichtshof ruhigen Gewissens die Amnestie anwenden. Am 28. August 1963 ergriff der Staatsadvokat Dott. Pifferi das Wort, welcher die angeklagten Carabinieri im Auftrag der Republik Italien verteidigte. Das *„spontane Zustandekommen"* der Geständnisse der Häftlinge beweise, dass Misshandlungen gar nicht notwendig gewesen und daher auszuschließen seien. Die Carabinieri hätten vielmehr *„ein Übermaß an Humanität gezeigt"*. Offensichtlich wollten die Südtiroler Häftlinge nun ihre *„ohne jeden Zwang"* gemachten *„spontanen"* Geständnisse jetzt entwerten, um *„das Ansehen des Carabinierikorps zu untergraben und somit die staatliche Autorität zu diskreditieren"*.

Das Urteil
Dieser Logik konnte sich der Gerichtshof nicht verschließen. Am 29. August 1963 betrat der Gerichtshof nach 13-stündiger Beratung den Verhandlungssaal. Stehend verlas der Richter Dott. Giacomelli das Urteil: Freispruch für 8 der zehn Angeklagten, Anwendung der Amnestie für die beiden restlichen Angeklagten.

Stehend vernahmen die angeklagten Carabinieri das für sie so erfreuliche Urteil. Über dem Richtertisch ist an der Wand der Spruch zu lesen: „La legge e uguale per tutti" – „Das Gesetz ist für alle gleich!" – Das Gesetz schon, so lernten es die Kläger an diesem Tag, nicht jedoch seine Anwendung.

Das Urteil wurde von den im Gerichtssaal anwesenden Italienern mit Beifall und Jubelrufen wie „*Viva l'Arma, viva l'Italia!*" („Es lebe die Carabinieritruppe, es lebe Italien") aufgenommen. Mehrere Zuhörer erhoben den Arm zum faschistischen Gruß.

Den Südtiroler Klägern wurden wieder die Handschellen angelegt, sie wurden wieder an ihre lange Eisenkette gehängt und klirrend aus dem Saal gebracht. Zahlreiche Pfiffe italienischer Zuschauer ertönten und auf dem Gang entstand ein Tumult, als italienische Zuschauer auf die Häftlinge eindringen wollten. Einige Frauen, wahrscheinlich Angehörige der Südtiroler Häftlinge, weinten. So endete dieser Prozess.

Fünf Wochen später wurde die von dem Richter Dott. Traversa verfasste Urteilsbegründung hinterlegt. Bei den Anzeigen, so behauptete das Urteil, habe es sich um eine *„Orchestrierung"* von außen gehandelt. Glaubhaft sei die *„Selbstverletzung der Häftlinge"*, während für die behaupteten Taten der Carabinieri der *„Mangel eines glaubhaften Beweggrundes"* vorgelegen habe. (Zitiert nach: Rechtsanwalt Dr. Hugo Gamper: „Ein Trauerspiel der Justiz", in: „Südtiroler Nachrichten", Nr. 12/13, 25. November 1963, S. 1ff)

In dem Urteil wurde anhand des Beispiels des Häftlings Anrather ausgeführt, weshalb Selbstverletzungen angenommen werden konnten. Anrather sei Schneider und sei daher gewohnt, mit spitzen Gegenständen umzugehen. Er habe sich die vom medizinischen Gerichtssachverständigen festgestellten Verletzungen selbst zugefügt, *„weil er als Schneider den Umgang mit Gegenständen, welche geeignet sind, Abschürfungen zu verursachen, gewohnt ist"*. (Zitiert nach: Rechtsanwalt Dr. Hugo Gamper: „Ein Meisterstück der Dialektik", in: „Südtiroler Nachrichten", Nr. 14/15, 20. Dezember 1963, S. 5f)

Die militärische Belobigung und der Jubel der italienischen Presse

Wie die römische Zeitung „Il Tempo" meldete, wurden die 10 Carabinieri, die in Trient wegen der Folterung Südtiroler Häftlinge vor Gericht gestanden waren, am 1. September 1963 in Rom von dem Oberbefehlshaber der Carabinieri und Chef des militärischen Geheimdienstes „SIFAR", General De Lorenzo, in voller Uniform feierlich empfangen. Der General sprach ihnen seine Anerkennung für ihr Verhalten während des Prozesses aus.

De Lorenzo hatte während der Polizeiaktionen und Folterungen bereits den Oberbefehl über die Carabinieri. (De Lorenzo sollte später, im Jahre 1964, die Vorbereitungen zu einem gescheiterten neofaschistischen Staatsstreich treffen helfen und Anfang der Siebzigerjahre, nach auf-

Nach Freispruch auch — „Belobigung"
Die römische Zeitung „Il Tempo" vom 1. September berichtete, daß die zehn Carabinieri, die in Trient wegen Mißhandlung von Südtiroler Häftlingen vor Gericht gestanden sind, in Rom vom Kommandanten der Carabinieri, General de Lorenzo, empfangen wurden, der ihnen seine Anerkennung für ihr Verhalten während des Prozesses aussprach. Das Blatt veröffentlicht auf Seite 1 in großer Aufmachung obiges Photo der zehn Carabinieri in voller Uniform, das nach ihrer Ankunft in Rom aufgenommen wurde. In der Bildunterschrift wird auch auf das „provokatorische Verhalten" der Südtiroler Häftlinge während des Prozesses hingewiesen. Die Tatsache, daß die zehn Carabinieri nach dem Freispruch nun auch von ihrem höchsten Vorgesetzten eine „Belobigung" erhielten, hat zur Beruhigung der Gemüter bestimmt nicht beigetragen. Der Artikel im „Tempo" trieft vor Haß gegen Oesterreich.

Aus „Dolomiten" vom 7. September 1963

gedecktem Putschversuch und Amtsenthebung, als neofaschistischer MSI-Abgeordneter in das römische Parlament einziehen.)

Ein großer Teil der italienischen Presse jubelte. „Il Popolo", das Zentralorgan der „Democrazia Cristiana" (DC), nahm am 31. August 1963 das Urteil *„mit Genugtuung"* auf und wertete es als Beweis für die *„Unbestechlichkeit und Lauterkeit"* der Justiz.

„Il Quotidiano", das Organ der italienischen Katholischen Aktion, nannte am 31. August 1963 das Trentiner Urteil einen *„Akt der Gerechtigkeit, mehr noch, einen Akt der Wiedergutmachung gegenüber den Beschützern der Ordnung und der Rechtmäßigkeit"*.

„L'Adige", das Trentiner Organ der DC schrieb am 31. August 1963: *„Die Kräfte der Ordnung, die in Südtirol gewirkt haben, ...verdienen Anerkennung und Dankbarkeit"*.

Fassungslosigkeit

In Südtirol und in Österreich wurde das Trentiner Urteil mit Fassungslosigkeit und Empörung aufgenommen. Das kam auch in den Schlagzeilen der Presse zum Ausdruck.

Italien „jubelt" über Urteil im Trienter Carabinieri-Prozeß

Der der Regierung nahestehende „Messaggero" schreibt am Freitag: „Die größte politische Machenschaft der letzten Jahre, inszeniert von den reaktionärsten Elementen der deutschsprachigen Volksgruppe in Südtirol, ist damit zusammengebrochen. Vereitelt ist auch der doppelte Zweck, zu dem dieser Prozeß angezettelt worden war: Die Carabinieri in Mißkredit zu bringen und im voraus den viel

Aus „Dolomiten" vom 31. August 1963

Der rechtsliberale „Tempo" schildert die Atmosphäre bei Schluß des Prozesses:

„In der Substanz hat das Gericht das wohlorchestrierte Manöver der Terroristen, mit dem zehn Carabinieri als Folterknechte hingestellt werden sollten, völlig zurückgewiesen. Nach dem Applaus und den Viva-Rufen, nachdem sich das Gericht endgültig zurückgezogen hatte, drückten die zehn Carabinieri einander die Hand und umarmten sich. Zahlreiche höhere Carabinierioffiziere, die in Zivil inmitten der Menge der Verlesung des Urteils beigewohnt hatten, eilten herbei, um den Freigesprochenen und ihren Verteidigern zu gratulieren.

Dolomiten
Tagblatt der Südtiroler

Nr. 198 — Freitag, den 30. August 1963 — 40. Jahrgang

„Das Gesetz ist für alle gleich"...

Unfaßbares Urteil im Carabinieri-Prozeß von Trient

Acht schwerster Mißhandlungen angeklagte Polizisten völlig freigesprochen – zwei amnestiert
Empörung aller rechtlich Denkenden in ganz Südtirol – Mitolo und Vilardo umarmten sich im Gerichtssaal

OBERÖSTERREICHISCHE Nachrichten
VEREINIGT MIT DER »TAGES-POST« GEGRÜNDET 1865

Nr. 202 — Samstag, 31. August 1963 — 99. Jahrgang

Die Karabinieri gingen straffrei aus Mißhandlungen wurden nicht gesühnt

Der Trienter Prozeß endete mit Freisprüchen — Triumphgeschrei im Gerichtssaal nach dem Urteil

„Italien strahlt das Licht des Rechts aus!"
Die Tiroler Landesregierung hatte unmittelbar nach dem Urteil von Trient eine Erklärung abgegeben, in welcher es hieß:
„Ein italienisches Gericht hat somit die angewandten Foltermethoden durch sein Urteil gedeckt. Versuchte der italienische Innenminister schon bei Bekanntwerden der Gewalttaten diese mit der Erklärung zu beschönigen, daß die Polizei der ganzen Welt Schläge austeile, so bedeutet der erfolgte Freispruch eine Ermunterung für die italienischen Ordnungsorgane, mit ihren Gewaltmethoden fortzufahren ... Kein Tiroler wird das, was in Trient geschah, jemals vergessen."

Schlagzeile auf dem Titelblatt des Nordtiroler ÖVP-Organs „Tiroler Nachrichten" vom 31. August 1963.

In Österreich kam es nach dem skandalösen Urteil von Trient zu mehreren Kundgebungen. In Wien zeigten Demonstranten ein Transparent, auf welchem die Carabinieri mit der GESTAPO gleichgesetzt wurden.

Am 31. August überreichte die italienische Regierung dem österreichischen Geschäftsträger in Rom eine Protestnote, in der die Erklärung der Tiroler Landesregierung vom 30. August als *„unannehmbare Einmischung in die inneren Angelegenheiten Italiens"* bezeichnet wurde.

Die österreichische Bundesregierung verurteilte am 6. September 1963 in einer Stellungnahme *„die Folterungen, denen Südtiroler Häftlinge ausgesetzt gewesen sind"*, und gab ihrem Erstaunen *„über das merkwürdige Verhalten des Vertreters des Staatsanwaltes beim Prozess in Trient"* Ausdruck.

Am 10. September 1963 erklärte der italienische Justizminister Giacinto Bosco in Rom vor dem Abgeordnetenhaus in Bezug auf das Trentiner Urteil, dass in der Kultur des italienischen Volkes *„die römisch-juridische Weisheit einen wesentlichen Bestand bildet. Sie strahlt in die Welt das Licht des Rechtes aus. Italiens Rechtsordnung gebührt die einstimmige Achtung der Nation ob ihrer Objektivität, Weisheit und Gewissenhaftigkeit, durch die sich das Werk der italienischen Richter auszeichnet."*

Am 13. September 1963 hatte die italienische Regierung die Stirn, in einer offiziellen diplomatischen Note dagegen zu protestieren, dass Österreich es sich erlaubt hatte, Kritik an dem Trentiner Urteil zu äußern.

Aus „Oberösterreichische Nachrichten"
vom 14. September 1963.

Letzte Meldung:

Italien protestiert

ROM (AP). Dem österreichischen Geschäftsträger in Rom wurde gestern in einer Verbalnote der entschiedene Protest Italiens gegen den „unannehmbaren offiziellen Standpunkt" der österreichischen Regierung in der Südtirolfrage ausgedrückt. Ein Sprecher des italienischen Außenministeriums erklärte, in der Note werden die Erklärungen der österreichischen Regierung über das Urteil im Trienter Prozeß als grundlos zurückgewiesen. Die österreichische Regierung werde davon in Kenntnis gesetzt,

Die weitere Vertiefung der Freundschaft

▶ Moser versucht, die Wogen zu glätten

„Unbehagen"

Angesichts der nun in Österreich herrschenden Stimmung sah sich Rudolf Moser veranlasst, einen Rundbrief an die ÖVP-Funktionäre und Politiker auszusenden, in welchem er einbekannte, dass das Trentiner Urteil *„eine schwere Niederlage"* für alle jene bedeutete, welche den Südtirolern gepredigt hatten, *„Vertrauen"* zur italienischen Staatsmacht zu haben. Das Gerichtsurteil, so fürchtete Moser, müsse bei den Südtirolern *„Unbehagen in der positiven Einstellung"* gegenüber Italien auslösen.

> Wie soll es nun weitergehen?
>
> Gedanken an Österreich – Südtirol – Italien
>
> Das Gerichtsurteil bedeutet eine schwere Niederlage für alle jene, welche in gläubigem Optimismus den Zweifelnden, den Abseitsstehenden, den Feindseligen Vertrauen gepredigt haben, Vertrauen zu jenen, welche über die reale Macht im Staate verfügen.
>
> Die deutschsprachigen Staatsbürger Italiens müssen das Gefühl haben, daß bei Gericht mit zweierlei Maß gemessen wird; die Folge: Unbehagen in der positiven Einstellung zum Staate, dem sie angehören.

Aus Mosers Rundbrief „Wie soll es nun weitergehen? Gedanken an Österreich – Südtirol – Italien", Sachsenburg, am 3. September 1963. (Archiv des Verfassers, Aktenbestand Moser.)

Moser: „Strenge" gegen die Südtiroler Gesetzesbrecher

Mit der Annahme, dass staatlich verordnete Folterungen bei der betroffenen Bevölkerung *„Unbehagen"* auslösen könnten, dürfte Moser wohl Recht gehabt haben.

Nichtsdestotrotz stellte Moser in seinem Rundschreiben aber fest, dass *„Strenge in der Anwendung der Gesetze"* gegen die Südtiroler Gesetzesbrecher *„von jedem rechtlich empfindenden Menschen gutgeheißen und gebilligt"* werde.

> Strenge in der Anwendung geltender Gesetze gegen jene, welche die öffentliche Ordnung stören, Menschenleben gefährden, Volksvermögen zerstören, Ruhe und Frieden im Zusammenleben behindern, wird von jedem rechtlich empfindenden Menschen gutgeheißen und gebilligt.
>
> Hat aber die italienische Polizei und Justiz klug damit gehandelt die Beschuldigten im vorhinein die Glorie der Martyrerschaft zuzuerkennen?

Aus Mosers Rundbrief „Wie soll es nun weitergehen? Gedanken an Österreich – Südtirol – Italien", Sachsenburg, am 3. September 1963. (Archiv des Verfassers, Aktenbestand Moser.)

Allerdings müsse man sich die Frage stellen, ob *„die italienische Polizei und Justiz klug damit gehandelt"* hätten, den *„Beschuldigten im vornehrein die Glorie der Märtyrerschaft zuzuerkennen."*

Moser: Zusammenarbeit mit den italienischen Behörden gegen die „größten Feinde Südtirols" – „Und nun mit Gott wieder ans Werk"

Dann kam Moser zu dem für ihn logischen Schluss seiner Ausführungen: Die *„größten Feinde Südtirols"* seien die *„Bombenwerfer und Saboteure"*. Deshalb würden die italienischen Behörden sowohl die Südtiroler Bevölkerung wie auch Österreich dazu einladen, *„daß alle guten Elemente zur Auffindung der Attentäter zusammenwirken mögen. Eine solche Zusammenarbeit würde logisch sein"*, erklärte Moser in seinem Rundbrief. *„Gerechte Justiz ja, Folterung nein !"*

```
Italiens Polizei- und Justizbehörden laden die Bevölkerung
Südtirols ein, ja erstellen ähnliche Vorschläge an Öster-
reich, daß alle guten Elemente zur Auffindung der Attentä-
ter zusammenwirken mögen.
Eine derartige Zusammenarbeit würde logisch sein, sind doch
die Bombenwerfer und Saboteure in der Endauswirkung die
größten Feinde Südtirols.

            Gerechte Justiz ja, Folterung nein !
```

Aus Mosers Rundbrief „Wie soll es nun weitergehen? Gedanken an Österreich – Südtirol – Italien", Sachsenburg, am 3. September 1963. (Archiv des Verfassers, Aktenbestand Moser.)

Moser schloss seinen Rundbrief mit der Feststellung, dass Tirol eben *„ein Land in zwei Staaten"* sei und endete mit der Aufforderung, *„mit Gott"* wieder ans Werk zu gehen.

```
              Und    nun    mit    Gott    wieder    ans    Werk !

Sachsenburg, am 3. September 1963
```

Aus Mosers Rundbrief „Wie soll es nun weitergehen? Gedanken an Österreich – Südtirol – Italien", Sachsenburg, am 3. September 1963. (Archiv des Verfassers, Aktenbestand Moser.)

„Hand aufs Herz!"

Derart *„mit Gott"* zu Werk gehend, sollte Moser im Jahre 1967 nochmals in einem Rundbrief an ÖVP-Funktionäre und Politiker auf die Folterungen Südtiroler Häftlinge zurückkommen. Er schrieb, *„daß die Folterungen von Südtiroler Seite maßlos aufgebauscht und übertrieben worden sind"*. Und: *„Hand aufs Herz! Wer wüßte einen Staat, einen ein-*

> Tatsache ist jedoch, daß die Folterungen von Südtiroler Seite maßlos aufgebauscht und übertrieben worden sind. Daher ist das Stück Packpapier, beim Prozeß vorgelegt, an welchem ein angeblicher Häftling über angebliche Folterungen berichtet, keinesfalls als Beweis des wirklichen Geschehens zu betrachten.
>
> Hand aufs Herz! Wer wüßte einen Staat, nur einen einzigen Kulturstaat der Welt zu nennen, wo von Seiten der Polizei noch niemals Übergriffe oder Mißhandlungen vorgekommen seien.

Auszug aus dem Moser-Rundbrief „Österreich – Südtirol – Italien. Barriere oder Brücke", La Verna-Sachsenburg, 1. Hälfte Juni 1967 (Archiv des Verfassers, Aktenbestand Moser.)

zigen Kulturstaat der Welt zu nennen, wo von Seiten der Polizei noch niemals Übergriffe oder Mißhandlungen vorgekommen seien." (Moser-Rundbrief „Österreich – Südtirol – Italien. Barriere oder Brücke", La Verna-Sachsenburg, 1. Hälfte Juni 1967. Archiv des Verfassers, Aktenbestand Moser.)

▶ Die Einführung des „Giuseppe Klaus" bei der Parteispitze der „Democrazia Cristiana" in Rom

Im Zuge seiner Anstrengungen zur Wiederherstellung und Festigung der Freundschaft mit Italien war es Rudolf Moser ein Anliegen, den Finanzminister und ehemaligen Salzburger Landeshauptmann Dr. Josef Klaus rasch mit den Spitzen der „Democrazia Cristiana" (DC) in engeren Kontakt zu bringen.

Klaus war am 19. September 1963 auf dem Bundesparteitag der ÖVP zum neuen Bundesparteiobmann der ÖVP gewählt worden und es zeichnete sich schon ab, dass er bald den bisherigen Bundeskanzler Dr. Gorbach ablösen würde. Am 14. November 1963 kündigte Moser in einem Brief an einen befreundeten hohen DC-Funktionär den bevorstehenden Besuch des *„neuen Präsidenten unserer Partei, des bisherigen Finanzministers Giuseppe Klaus"* bei dem Papst in Rom an. Moser bat darum, ein Treffen von *„Giuseppe Klaus"* mit den Spitzen der DC, darunter dem DC-Generalsekretär Aldo Moro, zu arrangieren. *„Il Staatssekretär Steiner"* werde mit dabei sein. Er, Moser, sei terminlich leider verhindert, die *„amici"* nach Rom begleiten zu können. Er hoffe jedoch, *„dass die freundschaftliche Entwicklung unserer Beziehungen bald nach weiteren und fortlaufenden persönlichen Kontakten verlangen werde".* (Archiv des Verfassers. Aktenbestand Moser.)

> Pregiatissima Eccellenza,
> Egregio amico,
>
> il nuovo Presidente del nostro Partito, già Ministro delle
> Finanze Giuseppe Klaus, il quale Le aveva fatto compagnia

Schreiben Mosers an die „Democrazia Cristiana" (DC) mit der Ankündigung des Besuches von „Giuseppe Klaus" in Rom. (Archiv des Verfassers. Aktenbestand Moser.)

Moser hatte das Treffen Klaus-Moro gut vorbereitet und am 3. September 1963 eine Denkschrift unter dem Titel *„Wie soll es nun weitergehen? Gedanken an Österreich – Südtirol – Italien"* verfasst, an die Spitzenfunktionäre und Politiker der „Democrazia Cristiana" versandt und auch auf einem „NEI"-Kongress in Straßburg an die italienischen Delegierten verteilt gehabt. Darin hatte Moser dazu aufgerufen, die christdemokratische Gemeinsamkeit nicht durch Differenzen in der Südtirol-Frage beeinträchtigen zu lassen. Er hatte daraufhin nur positive Rückantworten, darunter auch von dem DC-Politiker Aldo Moro, erhalten.
(Rudolf Moser: Auflistung positiver Antworten auf die Denkschrift vom 3. September 1963, Archiv des Verfassers, Aktenbestand Moser.)

Am 4. Dezember 1963 wurde Aldo Moro italienischer Ministerpräsident an der Spitze einer Koalitionsregierung mit dem „Partito Socialista Democratico Italiano" (PSDI), der italienischen sozialdemokratischen Partei.

Am 19. Dezember 1963 sandte Moser brieflich Glückwünsche an Dott. Franco Salvi, einen engen Mitarbeiter und Berater von Aldo Moro. Moser versicherte in dem Brief, *„daß alle Verantwortlichen der Hierarchie unserer Partei ebenso wie unsere Mitglieder vollständig meine Mentalität der Loyalität und Aufrichtigkeit gegenüber den Freunden Italiens teilen".* (Rudolf Moser: Brief an Franco Salvi vom 19. Dezember 1963, Archiv des Verfassers, Aktenbestand Moser.)

Aldo Moro wurde im Dezember 1963 italienischer Ministerpräsident. Kurz vorher hatte Moser ein Treffen zwischen ihm und dem österreichischen Bundeskanzler Dr. Klaus arrangiert gehabt.

➤ Mosers Botschaft an die DC:
Die sozialdemokratischen Außenminister sollen nur noch die Rolle von Protokollführern spielen

Der „NEI"-Kongress des Jahres 1963 fand vom 26. bis 29. September 1963 in Straßburg statt.

Moser war selbstverständlich hingereist. Über seine Tätigkeit dort hat er seiner eigenen Partei einen ausführlichen schriftlichen Bericht erstattet. Seinem Bericht zufolge hatte Moser gegenüber seinen italienischen Freunden unverblümt erklärt, dass er sich von einem Treffen der beiden sozialistischen Außenminister Dr. Bruno Kreisky und Giuseppe Saragat nicht viel erwarte und zwar *„wegen deren mangelnder klaren Einstellung zur Materie,"* wenngleich ein Außenministertreffen *„aus optischen Gründen"* einfach unerlässlich sei.

Wie Moser weiter berichtete, konnten auf dem NEI-Kongress *„die Freunde unserer Schwester-Partei ... endlich restlos dafür gewonnen werden, daß unsere beiden Parteien das Gesetz des Handelns bestimmen müssen und wir uns dieses nicht von den Feinden des Friedens (den Radikalen und Bumsern) vorschreiben lassen dürfen"*.

Moser wies in seinem Bericht darauf hin, *„daß das Südtirolproblem als solches für Italien in keinem Fall eine Angelegenheit des Außenministers ist. Dieser fungiert lediglich als Sprecher der diversen Ressorts innenpolitischer Kompetenzen"*.

Aus diesen Gründen, so folgerte Moser, sei es *„viel zweckmäßiger wir behandeln die einzelnen Belange direkt mit dem zuständigen Parteifreund ... Die Herren Saragat und Kreisky mögen dann lediglich die bereits fertig gestellten Lösungen in jene Form des Protokolles bringen, welche für zwischenstaatliche Vereinbarungen erforderlich ist"*. (Rudolf Moser: „Informationen zur Regierungsbildung in Italien", maschinschriftlich, datiert 10. Dezember 1963. Archiv des Verfassers, Aktenbestand Moser.)

> D A H E R ist es viel zweckmäßiger wir behandeln die einzelnen Belange direkt mit dem zuständigen Parteifreund im Sinne und Geiste des Briefes MATTARELLA.
>
> Die Herren Saragat und Kreisky mögen dann lediglich die bereits fertiggestellten Lösungen in jene Form des Protokolles bringen, welche für zwischenstaatliche Vereinbarungen erforderlich ist.

Auszug aus Mosers Bericht an die ÖVP über seine geheime diplomatische Tätigkeit unter Umgehung des österreichischen Außenministers Dr. Kreisky (SPÖ).

Moser stellt den ÖVP-Politikern die neue Regierung Aldo Moro vor

➤ Mosers Denkschrift

Am 10. Dezember 1963 sandte Rudolf Moser eine Denkschrift mit dem Titel „Informationen zur Regierungsbildung in Italien" an hohe ÖVP-Funktionäre und Politiker. Darin stellte Moser die neue italienische Regierung Moro vor und beschrieb insgesamt 12 einzelne Politiker. Aus seinem Bericht geht auch hervor, dass er zu den meisten von ihnen ein enges und gutes Verhältnis hatte.

Moser beschrieb den neuen italienischen Regierungschef Aldo Moro als einen Mann, den *„Methodik, Systematik und Zähigkeit, aber auch Vorsicht und Behutsamkeit"* auszeichneten.

```
             INFORMATIONEN
      ZUR  REGIERUNGSBILDUNG  IN  ITALIEN
      ─────────────────────────────────────

Angaben, soweit es sich auf Regierungsmitglieder der DEMOCRAZIA
CRISTIANA bezieht.

Für jene Funktionäre, zu welchen ich persönlichen Kontakt habe,
führe ich auf Beiblatt nähere Angaben.


1) Ministerpräsident Aldo   MORO
   Beiblatt A/1

2) Minister ohne Portefeuille Attillio   PICCIONI
   betraut mit besonderen politischen Aufgaben
   Beiblatt A/2

3) Minister ohne Portefeuille Giulio   PASTORE
   betraut mit der Kassa des Südens

4) Minister ohne Portefeuille Umberto delle  FAVE
   Beauftragter der Regierung für Verbindung mit dem Parlament

5) Minister des Inneren Paolo Emilio   TAVIANI
   Beiblatt A/3

6) Schatzminister Emilio   COLOMBO
   Beiblatt A/4

7) Verteidigungsminister Giulio   ANDREOTTI
   Beiblatt A/5
```

Auszug aus dem umfangreichen Informationsschreiben Mosers vom 10. Dezember 1963. Eingangs hat Moser die Regierungsmitglieder aufgelistet. Die näheren Informationen über die einzelnen Politiker hat er in Beiblättern angefügt. (Archiv des Verfassers, Aktenbestand Moser.)

"Was nun aber unsere Beziehungen anbelangt", schrieb Moser, *"so kann ich aus Erfahrung feststellen, daß jeder meiner an ihn herangetragenen Wünsche stets aufrecht und dies in überaus kurzer Frist positiv erledigt wurde"*.

Als eines der Beispiele nannte Moser: *"Die Entsendung einer starken und repräsentativen Delegation zu dem NEI-Kongreß nach Wien. (Dies, obwohl die ÖVP demonstrativ dem DC-Kongreß in Neapel zuvor ferngeblieben war)."*

Sodann sei zu dem vom 26. bis 29. September 1963 in Straßburg tagenden NEI-Kongreß *"eine starke, über Österreich-Südtirol-Belange gut informierte Delegation gesendet worden"*.

Wie Moser in seiner Darstellung festhielt, hätten die italienischen Freunde auch seinen Vorschlag aufgegriffen, ein Außenministertreffen vorzuschlagen. Zwar sei von einem solchen Treffen (des von Moser gehassten

Auszug aus dem Beiblatt A) mit Informationen über Aldo Moro. (Archiv des Verfassers, Aktenbestand Moser.)

sozialistischen Außenministers Dr. Bruno Kreisky mit dem sozialistischen italienischen Außenminister Giuseppe Saragat) *„nicht viel"* zu erwarten, *„aber trotzdem sei ein solches Treffen aus optischen Gründen einfach unerlässlich"*.

Über den Innenminister Paolo Emilio Taviani berichtete Moser, dass er mit diesem bereits im März 1946 durch Alcide Degasperi bekannt gemacht worden sei. *„Wir beide standen stets in Kontakt und trafen uns wiederholt im Jahresablauf."* Der Schatzminister Emilio Colombo *„ist für uns stets erreichbar für zeitgemäße Aktionen."* Auch mit dem Verteidigungsminister, schrieb Moser, sei er persönlich bekannt, *„da Andreotti 1947 - 49 Staatssekretär bei De Gasperi gewesen ist."* Der Außenhandelsminister Bernardo Mattarella, schrieb Moser, sei ein persönlicher Freund.

▶ Moser: Alle ÖVP-Mitglieder sind loyale und aufrichtige Freunde

In Mosers Hinterlassenschaft sind zudem noch einige Durchschriften und Abschriften von Briefen erhalten, in denen Moser Ende des Jahres 1963 für eine engere Zusammenarbeit der ÖVP mit der DC warb. Die Adressaten waren der Ministerpräsident Aldo Moro, dessen Berater Dott. Franco Salvi, der Landwirtschaftsminister Mattarella und eine Reihe anderer einflussreicher DC-Politiker.

Aus einem typischen Schreiben sei hier zitiert. Dem Moro-Berater Dott. Salvi schrieb Moser am 19. Dezember 1963: *„Ich kann nicht verabsäumen, Ihnen aus ganzem Herzen zu danken für dies, was Sie getan haben, um unsere Verhandlungen auf den guten Weg zu bringen.*

Andererseits kann ich Ihnen versichern, dass alle Verantwortlichen der Hierarchie unserer Partei ebenso wie unsere Mitglieder vollständig die Mentalität der Loyalität und Aufrichtigkeit gegenüber den italienischen Freunden teilen." (Übersetzung des italienischen Brieftextes durch den Verfasser)

> Non posso mancare di ringraziarLa di tutto cuore per quel che Lei abbia fatto per portare a buona strada le nostre trattative.
>
> D'altra parte posso assicurarLa che tutti risponsabili nella gerarchia del nostro Partito, come pure nostri membri del governo condividono in pieno la mia mentalità di lealtà e di sincerità in confronto agli amici d'Italia.

Ausschnitt aus dem Brief Mosers an Dott. Salvo vom 19. Dezember 1963 (Archiv des Verfassers, Aktenbestand Moser.)

Die ÖVP-SPÖ-Koalitionsregierung – Dr. Josef Klaus, die „Democrazia Cristiana" und die Südtirolfrage

Dr. Josef Klaus wird Bundeskanzler

➤ Das „Lied vom braven Mann"

Am 2. April 1964 wurde Dr. Josef Klaus als Bundeskanzler einer Koalitionsregierung mit der SPÖ angelobt. In ihm hatte Rudolf Moser einen gleichgesinnten Mitkämpfer für die christdemokratische Einigung Europas im Kampf gegen den Kommunismus gefunden. Er gab dem neuen Kanzler von Anfang an jede Unterstützung und dieser war dafür auch dankbar.

In seiner Autobiografie „Macht und Ohnmacht in Österreich" hob Dr. Josef Klaus die politischen Verdienste Mosers hervor: *„Ich habe hier ... ein Lied vom ‚braven Mann' anzustimmen. Ich meine Kommerzialrat Moser aus Sachsenburg in Kärnten. Als Freund Figls und zahlreicher anderer ÖVP-Politiker, Freund de Gasperis und zahlreicher anderer DC-Politiker hat er keine Reise, keine Mühe bei der Abfassung von Denkschriften und Briefen gescheut, wenn er sich als echter Parlamentär – sua sponte, sine lege –* (Übersetzung: *„aus eigenem Antrieb, ohne Legitimation")* *der guten Sache widmen konnte".* (Josef Klaus: „Macht und Ohnmacht in Österreich", Wien-München-Zürich 1971, 1. Aufl., S. 294)

In ähnlicher Weise äußerte sich auch der langjährige ÖVP-Generalsekretär Dr. Hermann Withalm, ein Freund und innerparteilicher Parteigänger von Dr. Josef Klaus, in seinen Memoiren über Rudolf Moser: *„... er kannte und kennt fast alle maßgeblichen Politiker der Democrazia Cristiana.*

Der bisherige Salzburger Landeshauptmann Dr. Josef Klaus wurde nun österreichischer Bundeskanzler.

Josef Moser als ein von Dr. Klaus gerühmter „echter Parlamentär" auf einem DC-Kongress. Auf dem linken Bild in der 3. Reihe von vorne, 3. von links (mit Glatze und Brille).

Immer wieder – mit nimmermüdem Fleiß und einer Ausdauer sondergleichen – hat Kommerzialrat Moser Gespräche geführt und so einen wesentlichen Beitrag zur Lösung dieses dornenvollen Problems geleistet."
(Hermann Withalm: „Aufzeichnungen", Graz-Wien-Köln 1973, S. 128)

▶ Die Gedankenwelt des Dr. Josef Klaus

In seiner Autobiografie gibt Dr. Klaus auch einen Einblick in seine ideologischen Bindungen. Er beklagt, dass es so geschienen habe, als sei *„die große christlich-demokratische Bewegung der Nachkriegsjahre ... mit der Ära ihrer Gründer de Gasperi – Schumann – Adenauer zu Ende gegangen"*. Das katholische Lager sei auf *„Entideologisierungsmelodien"* hineingefallen, *„deren Erfinder meist unbewußt auch schon den Hymnus auf die Neue Linke"* mit komponierten. (Josef Klaus: „Macht und Ohnmacht in Österreich", Wien-München-Zürich 1971, S. 408f)

Gemäß Dr. Klaus seien jedoch Christentum und Demokratie deckungsgleich. *„Man darf sogar sagen, dass Demokratie die praktische Anwendung der christlichen Lehre auf Führung und Lenkung der menschlichen Gesellschaft ist."* Daher seien *„die Baugesetze für ein einiges Europa und für die Christliche Demokratie identisch".* (Josef Klaus: a.a.O., S. 410)
Die Staatsmänner der Christlichen Demokratie hätten die Werte des christlichen Menschen-, Welt- und Gesellschaftsbildes zu den Grundlagen des aus den Trümmern neu entstandenen Europa gemacht, um gleichzeitig damit *„den kommunistischen Totalitarismus abzuwehren."* (Josef Klaus: a.a.O., S. 411)

▶ Prägungen in der Jugend

Um die Gedankenwelt des Dr. Josef Klaus zu verstehen, muss man seinen Lebensweg betrachten. 1910 wurde Josef Klaus, Sohn des Bäckermeisters Mathias Klaus, im kärntnerischen Mauthen im Gailtal in eine streng christliche Familie mit mehreren Kindern, aber auch in eine Welt des Umbruchs hinein geboren.

Als der junge Josef Klaus vier Jahre alt war, geriet sein Vater 1914 an der Ostfront in russische Kriegsgefangenschaft, aus welcher er erst 1920 schwer krank zurück kehrte, um 1922 zu sterben.

Die Mutter, eine geborene Theresia Pfliegl, war unweit der Grenze zu Italien auf dem gegenüber dem Plöckenpass gelegenen Tilliacher Hof aufgewachsen. Sie hatte als junges Mädchen auf der Alm und im Gasthaus Ederwirt an der Plöckenstraße gearbeitet und die Winter jenseits der Grenze bei Freunden verbracht, wo sie fließend Italienisch zu sprechen gelernt hatte. Ihr Vater trieb nämlich regen Handel mit Vieh und Fellen über die Grenze. Sie gab ihre italienischen Sprachkenntnisse an ihre Kinder und vor allem an den Sohn Josef weiter, der diese später als Politiker gut nutzen sollte.

Der junge Student Josef Klaus im Kreis seiner Bundesbrüder.

Auch in späteren Jahren bekannte sich Dr. Klaus zur weltanschaulichen Gemeinschaft der CV-Verbindungen und trat – so wie hier im Bild mit dem damaligen ÖVP-Generalsekretär Dr. Hermann Withalm – öffentlich mit seiner Studentenmütze mit den Verbindungsfarben auf.

Während Mutter Theresia, die einen Papier- und Tabakladen betrieb, unter großer Aufopferung die Familie versorgte, ermöglichten kirchliche Fürsprache und Unterstützung dem Sohn Josef die Matura in Klagenfurt und das Ius-Studium in Wien, wo er der katholischen Studentenverbindung „Rudolfina" des damaligen gesamtdeutschen „Cartellverbandes (CV)" beitrat.

Josef Klaus betätigte sich damals auch in der „Katholisch Deutschen Hochschülerschaft Österreichs" (KDHÖ) sowie in dem Dachverband aller *„deutsch-arischen"* Studenten, der „Deutschen Studentenschaft" (DSt). Auch er war dem Einfluss des Zeitgeistes unterworfen und unterzeichnete als Studentenfunktionär ein Flugblatt, in welchem er einem Professor der Universität wegen dessen jüdischer Herkunft die Eignung zum Dekan absprach. Dieser wurde in dem Flugblatt in

Das von dem damaligen Studenten Josef Klaus mit unterzeichnete Flugblatt gegen den jüdischen Professor Dr. Pick.

Der „Echte Österreicher" Dr. Josef Klaus verlor die Nationalratswahlen von 1970 gegen den aus der Sicht seiner Partei offenbar „unechten Österreicher" Dr. Bruno Kreisky.

mehr oder weniger drohendem Ton dazu aufgefordert, auf dieses Amt zu verzichten. Jahrzehnte später sollten die österreichischen Sozialisten dem Bundeskanzler Dr. Klaus vorhalten, in seine alte antisemitische Gesinnung zurück verfallen zu sein, als er im Wahlkampf des Jahres 1970 mit einem Wahlplakat auftrat, auf welchem er sich gegenüber seinem Mitbewerber Dr. Bruno Kreisky als „Echter Österreicher" präsentierte. Der aus ÖVP-Sicht offenbar „unechte Österreicher" Dr. Bruno Kreisky sollte allerdings dann diese Wahl gewinnen und Dr. Josef Klaus als Bundeskanzler ablösen.

➤ Vom Salzburger Landeshauptmann zum Bundeskanzler der Republik

Im Ständestaat hatte der junge Jurist Dr. Josef Klaus keine herausragende Stellung eingenommen. Er war lediglich im ständestaatlichen Gewerkschaftsbund und in der Arbeiterkammer tätig gewesen. So hatte er das Jahr 1938 und auch den Zweiten Weltkrieg in diversen Stäben und Kanzleien der Wehrmacht unbeschadet überstanden.

Nach dem Krieg ließ er sich im salzburgischen Hallein als Rechtsanwalt nieder, trat der ÖVP bei und machte eine rasche Karriere als Salzburger Landeshauptmann und Finanzminister. 1963 wurde er Bundesparteiobmann der ÖVP und am 2. April 1964 trat er sein Amt als Bundeskanzler und Chef einer ÖVP-SPÖ-Koalitionsregierung an, in welcher Dr. Bruno Kreisky das Amt des Außenministers bekleidete.

Christdemokratische Politik in Europa

➤ Der Stolperstein Südtirol

Dr. Klaus war überzeugt davon, dass die gemeinsame christdemokratische Politik der Abwehr der kommunistischen Gefahr bislang Stückwerk geblieben sei. Er sah sich nun als Bundeskanzler dazu berufen, dieses Werk in Zusammenarbeit mit den anderen christlichen Parteien zu vollenden, die sich 1965 in der „Europäischen Union Christlicher Demokraten" (EUCD), der Nachfolgeorganisation der „Nouvelles Equipes Internationales" (NEI), zusammengeschlossen hatten. (Auf Italienisch lautete der Name „Unione Europea dei Democratici Cristiani" – UEDC.) Dr. Klaus betrachtete nicht allein den Kommunismus als politischen Gegner, sondern auch die sozialistischen Bewegungen unterschiedlicher Ausrichtung, wenngleich er einzelne gegnerische Politiker als Personen zu respektieren schien.

Von „*Schalmeienklängen*" einer „*Entideologisierung*" hielt Dr. Klaus nichts. Seiner Überzeugung nach musste Politik „*von einem vorgefassten Standpunkt her aus einer Welt-Anschauung heraus erfolgen.*" (Josef Klaus: „Macht und Ohnmacht in Österreich", a.a.O., S. 426)

Im Herbst 1964 und im Februar 1965 lud Dr. Klaus Spitzenpolitiker der christlich-demokratischen Parteien Europas nach Österreich ein, um die persönlichen Kontakte zu vertiefen und um eine ideologische Standortbestimmung vorzunehmen.

Bei der Verfolgung der hohen Zielsetzungen einer gemeinsamen christlich-demokratischen Politik in Europa hatte Klaus die Südtirol-Frage wohl als Störelement empfunden.

Es gab aber auch noch einen zweiten Grund dafür, dass Dr. Klaus bereit war, in der Südtirol-Frage sich mit Wenigem zu bescheiden: Das war der von Wien angestrebte und von Italien erpresserisch blockierte Beitritt Österreichs zur „Europäischen Wirtschaftsgemeinschaft" (EWG).

Südtirol wurde zum Stolperstein auf dem Weg in die EWG, welcher aus dem Weg geräumt werden musste. Dieser Politik zu Lasten Südtirols sollte aber bis 1966 der sozialistische Außenminister als Koalitionspartner im Wege stehen.

Dr. Bruno Kreisky (SPÖ) stand als Außenminister einer Preisgabe-Politik zu Lasten Südtirols im Wege.

➤ Die Liebe des Dr. Klaus zu Italien – „Verbrechen" und „Morde" der „Terroristen"

Man darf Dr. Josef Klaus aufgrund seiner eigenen Bekundungen eine sehr italienfreundliche Grundeinstellung zuschreiben.

In seiner Autobiografie schildert Dr. Klaus, wie es ihn schon als Kind beeindruckt hatte, dass das Gailtal früher zum Patriarchat Aquileja gehörte, dass das Altarbild der Pfarrkirche in Mauthen von einem venezianischen Maler stammte und es vom Plöckenpass nach Triest ungefähr gleich weit wie nach Klagenfurt sei. Als Landeshauptmann von Salzburg habe ihn beeindruckt, dass italienische Architekten, Maler und Stuckateure Kirchen und Paläste nördlich der Alpen gebaut und italienische Musiker und Sänger im Dienste von Fürsten und Prälaten gestanden hatten. *„Welche Kulturkraft, welche Bereicherung an Geist und Schönheit für den europäischen Gedanken, für das europäische Antlitz. Salzburg wurde so eine ‚citta mezza italiana'"* (Übersetzung: *„eine halb italienische Stadt"*). (Josef Klaus: Macht und Ohnmacht in Österreich", a.a.O., S. 282f)

Seine Freundschaft zu Italien vertiefte Dr. Klaus bei Bergtouren in Norditalien. Darüber berichtete er in seiner Autobiografie ausführlich, auch darüber, wie ihn der italienische Hüttenwirt auf der Marmolata mit einem Bruderkuss verabschiedete und wie dieser Mann sowie auch Alpini-Offiziere ihn später in Wien besuchten. Als besonders nahegehendes Erlebnis schilderte Dr. Klaus, wie er die Große Zinne in den Dolomiten bestieg und dort eine Alpini-Kompanie bei einer Gebirgsübung traf. Ihn beeindruckten vor allem die italienischen Offiziere und die Begegnung mit einem Südtiroler Alpini-Soldaten: *„Es freute mich zu sehen, wie er sich mit den italienischen Kameraden und Untergebenen aufs beste verstand"*. (Josef Klaus: a.a.O., S. 287f)

In seiner Autobiografie schildert Dr. Klaus neben seiner Bewunderung für die italienische Kultur und Mentalität auch seine tiefe Abneigung gegen die Südtiroler Freiheitskämpfer, die er als Verbrecher wahrnahm.

Dass in den Carabinieri-Kasernen Südtirols weiter gefoltert wurde, hielt daher Dr. Klaus in jenen Jahren nicht davon ab, mit seiner Familie in Bonassola, einem idyllischen Ort der „Cinque Terre" an der Ligurischen Felsenküste, Urlaub zu machen. (Josef Klaus: a.a.O., S. 293)

Nach Meinung des Bundeskanzlers Dr. Klaus ging es darum, *„Entspannungspolitik ... auch in südlicher Richtung"* zu betreiben. Die *„Bemühungen um die Beilegung des Südtirolkonflikts"* wurden aber aus seiner

Sicht „*durch das vor Verbrechen und Morden nicht zurückscheuende Treiben der Terroristen und durch die schweren Übergriffe des in Südtirol sich immer mehr breitmachenden Polizeiregimes außerordentlich erschwert.*" (Josef Klaus: a.a.O., S. 288f)

Den Südtiroler „Terroristen" gegenüber nahm Dr. Klaus eine ganz andere Haltung ein als der Außenminister Kreisky, dessen Kontakte zu Männern des BAS er missbilligte: „*Radikale Südtiroler Patrioten hatten sich Ende der fünfziger Jahre bei politischen Stellen in Österreich um Unterstützung und Verständnis umgesehen, ehe die Serie von Sprengstoffanschlägen und anderen Attentaten ins Rollen gebracht worden war. Schon als Salzburger Landeshauptmann habe ich einer solchen Besuchergruppe – unter ihnen befand sich auch der dann im Gefängnis gestorbene Josef Kerschbaumer – ernstlich abgeraten und ins Gewissen geredet: Keine Gewalt anwenden!*" (Josef Klaus: a.a.O., S. 47)

Dieses Zeitungsfoto zeigt Dr. Klaus im Jahre 1966 zusammen mit seiner Frau im Urlaub in Bonassola an der Ligurischen Felsenküste, während österreichische Zeitungen über neue Folterungen in Südtirols Carabinieri-Kasernen berichteten. ▼

▲ *Der Gründer des „Befreiungsausschusses Südtirol" (BAS), Sepp Kerschbaumer aus Frangart, war ein streng religiöser Mann, der mit seiner Familie täglich den Rosenkranz betete. Er hatte vergeblich gehofft gehabt, von dem christlichen Landeshauptmann von Salzburg Unterstützung für das Freiheitsstreben seiner Landsleute zu erhalten.*
(Bild von Rudolf Comploier)

In seiner ganzen Autobiografie kam Dr. Klaus auf die entsetzlichen Folterungen in den italienischen Carabinieri-Kasernen nur mit einer kurzen Bemerkung über die *„schweren Übergriffe"* des Polizeiregimes zu sprechen. Dr. Klaus attestierte hingegen den Staatsmännern Italiens, dass von ihnen *„viel guter Wille an den Tag gelegt worden"* sei und dass dies letztendlich dazu geführt habe, den Südtirolern *„ein erreichbares Höchstmaß an Autonomie"* zu bringen. (Josef Klaus: a.a.O., S. 289)

▶ Die Südtirolfrage „bereinigen", um in die EWG zu kommen

In seiner Regierungserklärung hatte Bundeskanzler Dr. Klaus vor dem österreichischen Nationalrat zur Südtirol-Frage erklärt: *„Ein Herzensanliegen der Bundesregierung ist die Sicherung der Lebensrechte der Südtiroler Volksgruppe."*
Er hatte aber auch ein mit einem neutralitätspolitischen Vorbehalt gekoppeltes Bekenntnis zu den Inhalten der EWG-Verträge abgelegt. Das Ziel war, Österreich in den großen europäischen Markt zu integrieren. Dem standen der Einspruch der Sowjetunion und der Widerstand Italiens entgegen.
Wie der Historiker Univ.-Prof. Dr. Michael Gehler anhand bislang vertraulicher diplomatischer Akten nachweist, hatte Italien seit 1963 auf diplomatischer Ebene das österreichische Bestreben, in die „Europäische Wirtschaftsgemeinschaft" (EWG) einzutreten, mit der Südtirol-Frage gekoppelt, *„um Wien zu einer konformeren und nachgiebigeren Haltung zu bewegen."* Der wirtschaftspolitische Direktor im römischen Außenministerium, Attilio Cattani, habe bei internen Besprechungen im italienischen Außenministerium stets vorgeschlagen, *„die Österreicher doch mit ihren EWG-Sorgen ‚in die Zange' zu nehmen",* um Österreich zu veranlassen, von der Forderung nach einer Vollautonomie für Südtirol abzurücken.
Gehler: *„Wien sah sich zum Einlenken veranlasst, um seine Integrationsinteressen zu wahre".* Der ehemalige Außenminister Dr. Waldheim (ÖVP) bestätigte dies im Rückblick in einem Interview: *„Die Integrationsfrage war für uns so wichtig, dass wir alles daran setzten, das Südtirolproblem endlich zu bereinigen, um uns schließlich der Integration in den europäischen Markt widmen zu können."* (Siehe: Michael Gehler: „Österreichs Außenpolitik der Zweiten Republik", Band I, Innsbruck-Wien-Bozen 2005, S. 321)
Der zweite Außenminister der Regierung Klaus (nach der Ablösung des glücklosen Dr. Toncic-Sorinj), Dr. Kurt Waldheim (ÖVP), hat später *„die guten Beziehungen von Klaus und Withalm zur italienischen Schwester-*

Auch mit Außenminister Dr. Kurt Waldheim stand Rudolf Moser (links) in engem Kontakt.

partei" gelobt und damit auch die Arbeit Mosers gewürdigt. Die österreichische Regierung, so Waldheim, habe *„auf Kontakte zur italienischen Regierung gesetzt, die ja von Christdemokraten geführt wurde. Es ist uns im Laufe der Zeit gelungen, ein Vertrauensverhältnis zu den italienischen Christdemokraten aufzubauen, vor allem auch zu Aldo Moro. ... Es wurde nämlich parallel auf Parteienebene zwischen der ÖVP und der DC eine hilfreiche Arbeit im Sinne von vertrauensbildenden Maßnahmen geleistet. Ich bin heute mehr denn je davon überzeugt, dass es gerade diese vertrauensbildenden Maßnahmen waren, die eine politische Lösung des Konflikts ermöglicht haben."* (Robert Kriechbaumer (Hrsg.): „Die Ära Josef Klaus", Bd. 2, Wien-Köln-Weimar 1999, Interview mit Dr. Kurt Waldheim, S. 109ff)

In seiner Autobiografie bestätigt auch der ehemalige österreichische Bundeskanzler Dr. Josef Klaus diese politische Linie. (Josef Klaus: „Macht und Ohnmacht in Österreich", a.a.O., 1. Aufl., S. 294)

▶ Signale guten Willens – Pluspunkte für die neue ÖVP-Regierung Klaus

Illegale Schubhaft für einen Südtiroler Freiheitskämpfer

Zu den von Dr. Kurt Waldheim gerühmten *„vertrauensbildenden Maßnahmen"* gehörte die Umsetzung von Repressionsmaßnahmen gegen im österreichischen Exil lebende Südtiroler Freiheitskämpfer, wie sie andauernd von italienischen Politikern gefordert wurden.

Am 20. März 1964 hatte der italienische Botschafter in Wien, Enrico Martino, bei dem Gesandten Dr. Kurt Waldheim im österreichischen Außenministerium vorgesprochen und gegen ein Interview protestiert, welches der Südtiroler Freiheitskämpfer Luis Amplatz dem deutschen

Nachrichtenmagazin „Der Spiegel" gegeben hatte. Darin hatte Amplatz erklärt: *„Bei dem gegenwärtigen Stand der Dinge bleibt uns nichts anderes übrig, als für unser Land weiterzukämpfen."* („Der Spiegel", Nr. 10/1964)
Laut einem österreichischen Aktenvermerk hatte der italienische Botschafter Martino erklärt: *„Die Tatsache, dass sich Amplatz und Klotz immer noch auf freiem Fuß befinden, obwohl sie auf österreichischem Boden aktiv mit der Vorbereitung neuer Terrorakte befasst seien, rufe bei seiner Regierung größte Beunruhigung hervor."* Es müsse doch schließlich möglich sein, *„den beiden wenigstens den Aufenthalt in Tirol zu verbieten und ihnen einen Zwangsaufenthalt, allenfalls im Burgenland, zuzuweisen".* (7. 4. 1964 BMfAA an Österreichische Botschaft Rom, wiedergegeben in: Rolf Steininger: „Akten zur Südtirol-Politik 1959–1969", Bd. 4 – 1962/64, Innsbruck-Wien-Bozen 2011, S. 537f)

Die neue Bundesregierung Klaus spurte. Am 4. April 1964 verhängte das Innenministerium in Wien über Georg Klotz eine illegale Schubhaft und ließ ihn nach Wien ins Gefängnis bringen. Illegal war die Schubhaft deswegen, weil aufgrund der Gesetzeslage in politischen Fällen eine Auslieferung an Italien ausgeschlossen war. Aber immerhin brachte man Klotz damit hinter Gitter, befriedigte so die Wünsche Roms und überließ es dem Anwalt des Inhaftierten, einen langwierigen Rechtsstreit für dessen Wiederfreilassung zu führen.

Als Grund für diese Maßnahme wurde ein Interview angegeben, welches Georg Klotz der italienischen Illustrierten „Europeo" gegeben und in welchem er sich zum Freiheitskampf bekannt hatte.

Am 6. April 1964 wurde auch der Freiheitskämpfer Luis Amplatz verhaftet und nach Wien gebracht. Die italienische Presse würdigte diese Maßnahmen als Pluspunkt für die neue ÖVP-Regierung Klaus. Am 4.

Der italienische Botschafter in Wien, Enrico Martino (Bild links), hatte Verhaftung oder Zwangsaufenthalt für den Südtiroler Freiheitskämpfer und Schützenmajor Georg Klotz gefordert und die Regierung Klaus hatte sich beeilt, diesem Wunsch zu folgen. Nun befand sich Georg Klotz (Bild rechts) im Wiener Exil, wo er unglücklich wurde und seelisch litt.

Bild links: Der ebenfalls verhaftete und nach Wien verbrachte Freiheitskämpfer Luis Amplatz. Bild rechts: Der ehemalige österreichische Unterrichtsminister Dr. Heinrich Drimmel, der Luis Amplatz einen ehrenden Nachruf widmete.

Mai 1964 wurde Amplatz entlassen, am 5. Juni 1964 Georg Klotz. Beiden Männern wurde der Zwangsaufenthalt in Wien mit täglicher Meldepflicht auferlegt. Der italienischen Forderung nach Zuweisung eines Zwangsaufenthaltes war entsprochen worden.

Als Luis Amplatz sich Anfang Ende August 1964 zusammen mit Georg Klotz nach Südtirol begab und dort von einem italienischen Auftragsmörder im Schlaf erschossen wurde, widmete ihm der ehemalige österreichische Unterrichtsminister Dr. Heinrich Drimmel (ÖVP) einen ehrenden und ergreifenden Nachruf, der in mehreren österreichischen Tages- und Wochenzeitungen, darunter in der „Wochenpresse", unter dem Titel „Schützenbegräbnis" erschien. Darin hieß es:

„*Der Schützenhauptmann, den man unlängst in Tirol begraben hat, hat gar kein Schützenbegräbnis bekommen. Nichts von aller Farbe und Form und Musik. Selbst von den Kränzen hat man die Schleifen entfernt, weil in Tirol Farbe noch Sinn hat. Und überdies: Man begrub ja einen Terroristen. Einen Extremisten. Einen, der mit dem Tod Umgang hatte und den der Tod dabei gefasst hat... Es gibt also etwas in unserer Zeit, das ist das Leben wert. Wie viel ist das Leben wert? Der Mutter die Gefahr für das Kind, dem Feuerwehrmann bedrohtes Leben und Gut; dem Bauern Haus und Hof. O ja, es gibt noch einen Heroismus in unserer Zeit, der echt und ohne Pathos ist.*" In seinem Artikel blickt Drimmel in die jüngste Geschichte zurück, in der jeder Österreicher einmal „*illegal*" gewesen sei und zwar jeweils für eine Sache, „*die im Wechsel der Zeiten einmal gepriesen und einmal verdammt wurde*". Luis Amplatz habe nichts als seine Heimat gehabt. „*So arm*", schreibt Drimmel, „*muss man in dieser unserer Zeit des Wohlstandes vielleicht sein, um dieser Heimat – trotz Irrungen und Wirrungen – zuletzt alles zu geben ... Und deswegen: eine Generaldecharge über das stille Grab in den Bergen!*"

Unter der Regierung Gorbach war Dr. Drimmel noch Unterrichtsminister gewesen. Als Dr. Klaus ans Ruder gekommen war, hatte Drimmel gehen müssen. Ganz offensichtlich hatte seine ideelle Linie nicht mit der des neuen Kanzlers übereingestimmt.

Illegale Zusammenarbeit mit der italienischen Polizei
Ein weiteres Signal sollte Bundeskanzler Dr. Klaus ein Jahr später setzen, als der österreichische Geschäftsträger in Rom, Dr. Frölichsthal, am 31. August 1965 in seinem Auftrag der italienischen Regierung mitteilte, daß die österreichischen Behörden bereit seien, mit der italienischen Polizei zusammenzuarbeiten. Auch das war eine gesetzwidrige Entscheidung des Bundeskanzlers, da aufgrund der Gesetzeslage in politischen Fällen jegliche Rechtshilfe ausgeschlossen war. (Otto Scrinzi (Hrsg.): „Chronik Südtirol 1959–1969", Graz-Stuttgart 1996, S. 463f)
In der Folge wurden tatsächlich *„lokale Kontakte zwischen den österreichischen Sicherheitsbehörden in Tirol und den italienischen Sicherheitsbehörden in Bozen"* installiert. Hierbei kam es auch zu Besuchen des Sicherheitsdirektors von Innsbruck in Bozen. Dies geht aus den Akten des österreichischen Innenministeriums hervor. (Informationen des Bundesministeriums für Inneres vom 17. und vom 31. August 1966, Generaldirektion für die öffentliche Sicherheit, Gruppe Staatspolizeilicher Dienst, Geschäftszahl 17 34.006-/66, betr. Terroranschläge in Südtirol, Zusammenarbeit der Sicherheitsbehörden, Demarche des italienischen Botschafters; Verschluss, GEHEIM, ÖStA/AdR/02/BMfI/ Österreich-Italien, Besprechungen in Zürich. Zl. 24.222-17/70)

Moser berät Bundeskanzler Dr. Josef Klaus

Diese Vorgehensweisen und dieses Entgegenkommen lagen aber ganz auf der Linie, die Rudolf Moser als ständiger Botschafter der „Democrazia Cristiana" (DC) von der ÖVP einforderte. Es stellte sich nach dem Amtsantritt des neuen Kanzlers rasch heraus, dass Klaus und Moser in Bezug auf die Südtirol-Frage kongenial dachten. Mosers geheime Verbindungstätigkeit zwischen DC und ÖVP war Dr. Klaus ebenso wie der übrigen Parteispitze bestens bekannt.
Anfang Mai 1964 erhielt Moser einen Anruf von Dr. Franz Karasek, dem Kabinettschef des Bundeskanzlers Dr. Klaus, welcher Moser zu einem Treffen mit dem Bundeskanzler nach Wien einlud. Dieses Treffen fand am 13. Mai 1964 statt. Dabei wurde auch besprochen, welche Mitglieder der ÖVP-Bundesparteileitung zu dem nächsten DC-Kongress entsandt werden sollten, der Ende Juni 1964 in Rom stattfinden sollte. Wie aus einem Bericht Mosers an seinen Freund Figl vom 14. Mai 1964

hervorgeht, hatte Bundeskanzler Dr. Klaus Moser ein entscheidendes Mitspracherecht darüber eingeräumt, welche Mitglieder der Bundesparteileitung der ÖVP als Delegierte nach Rom fahren sollten.

Rudolf Moser
SACHSENBURG, KÄRNTEN
Fernruf Möllbrücke (0-47-69) 25-14

Sachsenburg, am 14. Mai 1964

Sehr geehrter Herr Bundeskanzler!
Lieber Freund!

Es freute mich sehr, daß wir uns doch wenigstens kurz sehen konnten. Vielleicht geht es das nächste Mal für länger.

Klaus hatte ich gelegentlich meines Berichtes mitgeteilt, daß ich vom 5. bis 13.ds. in Wien sein werde. Noch vorige Woche hatte Dr. Karasek angerufen und mich für den 13.ds. 12 Uhr Mittag zu Dr. Klaus eingeladen.

Mir war darum zu tun, um vorzubauen, damit zum DC-Kongreß nach Rom (28. - 30. Juni) geeignete Delegierte gesendet werden.

Er fragte mich, wen ich empfehle und nannte zuerst Deinen Namen. Ich erwiderte, daß man Dich - als die im Ausland bekannteste politische Persönlichkeit Österreichs - für einen späteren Spitzenanlaß reservieren sollte.

Er nannte dann mehrere Personen der Bundesparteileitung, doch habe ich mich nicht für einen Vorschlag festgelegt.

Aus Mosers Brief an seinen Freund Leopold Figl, den er immer noch als „Bundeskanzler" ansprach, vom 14. Mai 1964. (NÖ Landesarchiv, Nachlass Figl, Karton 61)

Im Anschluss an diese Aussprache machte der Bundeskanzler Moser noch mit dem Staatssekretär für Äußeres, Dr. Carl Bobleter, bekannt. Von dem aus Vorarlberg stammenden und den Tirolern zugeneigten Staatssekretär Dr. Bobleter war Moser nicht sehr angetan. Wie Moser an seinen Freund Leopold Figl in einem weiteren Brief berichtete, habe Bobleter im Gespräch hinsichtlich Italien und Südtirol erwähnt, *„dass auch Österreich Italien unangenehm sein könne"* und dass es *„für Italien ein Glück ist, daß Wallnöfer so ein loyaler Landeshauptmann sei und desgleichen Magnago so kompromissbereit."*

Zudem sei ihm, Moser, berichtet worden, dass Bobleter den früheren Staatssekretär Univ.-Prof. Dr. Franz Gschnitzer als seinen Lehrmeister bezeichnet habe.

Rudolf Moser
SACHSENBURG, KÄRNTEN
Fernruf Möllbrücke (0-47-69) 25-14

Sachsenburg, am 20. Mai 1964

20. Mai 1964

Lieber Freund!

Zu Deiner laufenden Information übermittle ich Dir

    a) Übersetzung meines Briefes an Innenminister Taviani
    b) Durchschrift meines Briefes an Dr. Klaus.

Zu letzterem bemerke ich, daß es Tatsache ist, daß Klaus seit Jahren sich besonders interessiert gezeigt hatte für eine friedliche Lösung betreffend Südtirol – Italien und wo er konnte auch aktiv mitwirkte.

Über B. kann ich mich nach meiner kurzen Aussprache noch nicht äußern. Jedenfalls erwähnte er, "daß auch Österreich Italien unangenehm werden könne", weiters, daß es für Italien ein Glück ist, daß Wallnöfer so ein loyaler Landeshauptmann sei und desgleichen Magnago so kompromißbereit.

Schließlich wurde mir berichtet, daß B. Gschnitzer als seinen Lehrmeister gepriesen habe.

Ich will mich mit B. in keine Auseinandersetzungen einlassen, halte aber Klaus gegenüber meinen Standpunkt, zu welchem er sich auch am 13.ds. wieder bekannt hatte, fest

    "Mit dem gegenseitig sich unangenehm werden"

wurde bisher noch nichts erreicht.

Hingegen bin ich gerne bereit die von B. zitierten Tiroler Gschnitzer und Wallnöfer als Prinzip in Gegensatz zu stellen.

    c) Weiters Übersetzung eines handgeschriebenen Briefes von Donna Francesca Degasperi.

Vieler herzliche Grüße
stets Dein

Herrn Bundeskanzler a.D.
Dr. Ing. Leopold F i g l
Landeshauptmann von N.Ö.
Peter Jordan-Str. 62
W i e n   XIX

Mosers Brief an seinen Freund Leopold Figl vom 20. Mai 1964. (NÖ Landesarchiv, Nachlass Figl, Karton 61)

Mosers diplomatische Aktivitäten

➤ Eine Briefaktion

Unmittelbar nach seiner Unterredung mit Bundeskanzler Dr. Klaus schrieb Moser eine Reihe von Briefen an italienische Politiker, um für bevorstehende österreichisch-italienische Gespräche *„eine günstige Atmosphäre"* vorzubereiten. Er werde aber *„im persönlichen Gespräch – unter Anwendung individuell persönlicher Formen – ... auf die Machthaber viel nachdrücklicher einwirken können."* Dies berichtete Moser am 19. Mai 1964 brieflich an Dr. Klaus.

> Für Verhandlungen in Italien ist das wichtigste, sorgsam die Individualität des Partners zu berücksichtigen.
>
> Daher mußte ich jeden meiner Briefe einzeln verfassen, um auf die besondere Einstellung des Briefempfängers und dessen erfolgten Einwendungen in gehabten Gesprächen Rücksicht zu nehmen.
>
> Im persönlichen Gespräch – unter Anwendung individuell persönlicher Formen – werde ich auf die Machthaber viel nachdrücklicher einwirken können.
>
> Vordringliche Notwendigkeit bleibt, das gegen uns nun endlich langsam weichende Mißtrauen nicht neuerlich zu wecken und das wachsende Vertrauen nicht zu erschüttern.

> Auf dem geraden Weg mit Partnern, welche uns wegen unserer Korrektheit zu schätzen haben und die wir – soweit es persönliche Freunde sind – auch zu Recht schätzen dürfen, muß eine Einigung in Kürze möglich werden.
>
> Immer wird es Rückschläge geben, aber diese dürfen uns nicht entmutigen.
>
> Jedenfalls stehe ich für alle diesbezüglichen Aufgaben – so schwierig und undankbar diese auch sein mögen – nach wie vor gerne zur Verfügung.
>
> Mit besten Empfehlungen und herzlichen Grüßen
>
> Ihr ergebener

> Herrn Bundeskanzler
> Dr. Josef Klaus
> Kärntner Straße 51
> Wien I

Auszüge aus dem Durchschlag des Briefes von Moser an Bundeskanzler Dr. Klaus vom 19. Mai 1964. (NÖ Landesarchiv, Nachlass Figl, Karton 61)

▶ Moser will mit dem italienischen Innenminister konferieren, um „die bekannten Unnachgiebigen zu isolieren"

Rudolf Moser hatte seinem Bericht an den Bundeskanzler Klaus auch noch die Übersetzung eines Schreibens beigelegt, welches Moser am 19. Mai 1964 in italienischer Sprache an den italienischen Innenminister Paolo Emilio Taviani gerichtet hatte.

Dieses Schreiben gibt einen guten Aufschluss darüber, in welch enger Beziehung Moser zu den Spitzen der „Democrazia Cristiana" (DC) und zu den führenden Politikern Italiens stand.

Moser berichtete an Taviani, dass er *„von Griechenland heimgekehrt"* sei, so als ob es die natürlichste Sache der Welt wäre, dass er den italienischen Innenminister über seine eigenen Reisen auf dem Laufenden halte.

Er habe, schrieb Moser, ein von Taviani verfasstes und ihm übersandtes Buch *„samt Widmungsbillet"* vorgefunden, wofür er ihm danke. Dieses Buch, schrieb Moser, sei für ihn *„von großem Wert, denn auf diese Weise kann ich Ihre aktuellen politischen Grundsätze kennenlernen und daher werde ich nicht ermangeln, dieses Buch vor dem National-Congreß zu studieren."*

Er werde, schrieb Moser weiter, *„Ende Juni als Mitglied der österreichischen Delegation in Rom sein und wünsche mir, daß Gelegenheit sein wird, eingehend mit Ihnen, hochgeehrte Exzellenz zu konferieren, gemeinsam mit den Freunden unserer Delegation."*

Dann sprach Moser Taviani als *„Freund"* an: *„In der aktuellen Situation besitzen Sie, hochgeschätzter Freund, eine – fast möchte ich sagen – die Schlüsselposition. ... **Es ist notwendig – im Alto Adige sowie überall – die bekannten Unnachgiebigen zu isolieren** und das Prestige der gemäßigten und vernünftigen Elemente zu stärken. Die langen Verhandlungen – in allen Phasen – haben klar gezeigt, **daß die Lösung für das Alto Adige absolut kein territoriales Problem ist, hingegen nichts anderes ist, als ein Minderheitenproblem innerhalb der Grenzen und unter der Souveränität des italienischen Staates.***

Darüber hinaus wird eine aufrichtige Freundschaft Italien – Österreich resultieren, deren stärkste Parteien der gleichen Ideologie sind und deren Volkswirtschaft komplementär ist."

Egregio Signor Ministro,

ritornato dalla Grecia ho trovato il di Lei libro con un relativo biglietto di dedica che gentilmente ha voluto inviarmi.

La ringrazio tanto per il Suo gentile ricordo di cui mi sento veramente onorato. Proprio in questo periodo mi è di grande importanza, perché così posso far conoscere le di Lei principii politici attuali e perciò non mancherò di studiare questo libro ancora prima del Congresso Nazionale.

Ü b e r s e t z u n g
= = = = = = = = = = =

meines Briefes vom 19. Mai 64 an Innenminister
Paolo Emilio TAVIANI , Rom

Sehr geehrter Herr Minister!

Von Griechenland heimgekehrt, habe ich Ihr Buch samt einem darauf Bezug habenden Widmungsbillet vorgefunden, welches Sie mir freundlicherweise übersendet haben.

Ich danke Ihnen sehr für Ihr freundliches Gedenken, worüber ich mich geehrt fühle. Gerade gegenwärtig ist es (das Buch) mir vom großen Wert, denn auf diese Weise kann ich Ihre aktuellen politischen Grundsätze kennenlernen und daher werde ich nicht ermangeln dieses Buch vor dem National-Congreß zu studieren.

Vorbehaltlich Unvorhergesehenem werde ich Ende Juni als Mitglied der österreichischen Delegation in Rom sein und wünsche mir, daß Gelegenheit sein wird, eingehend mit Ihnen, hochgeehrte Exellenz zu konferieren, gemeinsam mit den Freunden unserer Delegation.

Immer mehr verbreitet sich in österreichischen Kreisen - und wie ich mit höchster Genugtuung feststellen kann - gleicherweise in Italien die Auffaßung, daß nur auf Basis einer gegenseitigen freundschaftlichen und aufrichtigen Großzügigkeit ein für alle Partner günstiger Akkord hervorgehen kann.

In der aktuellen Situation besitzen Sie, hochgeschätzter Freund, eine - fast möchte ich sagen - d i e Schlüsselposition.

Daher erlaube ich mir Sie einzuladen, was recht und notwendig ist mit Vertrauen und Großzügigkeit konzedieren zu wollen.

342

> Es ist notwendig – im Alto Adige sowie überall – die bekannten Unnachgiebigen zu isolieren und das Prestige der gemäßigten und vernünftigen Elemente zu stärken.
>
> Die langen Verhandlungen – in allen Phasen – haben klar gezeigt, daß die Lösung für das Alto Adige absolut kein territoriales Problem ist, hingegen nichts anderes ist, als ein Minderheitenproblem innerhalb der Grenzen und unter der Souveränität des italienischen Staates.
>
> Darüber hinaus wird eine aufrichtige Freundschaft Italien – Österreich resultieren, deren stärkste Parteien der gleichen Ideologie sind und deren Volkswirtschaft komplementär ist.
>
> Zum Abschluß dieses Briefes gestatte ich mir zu erinnern:
>
> "Wer rasch gibt, gibt doppelt!"
>
> Mit aufrichtigen Wünschen bitte ich meine ergebensten und herzlichsten Grüßen entgegenzunehmen.

Auszüge aus dem Brief Mosers an den italienischen Innenminister Taviani vom 19. Mai 1964 und der von Moser angefertigten und an Bundeskanzler Dr. Klaus und an Leopold Figl übersandten deutschen Übersetzung. (NÖ Landesarchiv, Nachlass Figl, Karton 61)

▶ Die Freundschaft zwischen Moser und Taviani

Der von Moser so hochgeschätzte italienische Innenminister Paolo Emilio Taviani (DC) besaß eine ähnliche politische Vergangenheit wie Rudolf Moser.

Moser war Gauführer der austrofaschistischen „Ostmärkischen Sturmscharen" gewesen. In der Zeit des Dritten Reiches war er als wichtiger Export-Experte für den Güteraustausch zwischen dem NS-regierten Deutschen Reich und dem faschistischen Italien tätig gewesen. Er hatte es sich dabei gut einrichten können, keinen Kriegsdienst an der Front leisten zu müssen.

Mosers „*hochgeschätzter Freund*" Taviani kam aus der faschistischen Studentenorganisation „Gruppo Universitaria Fascista" (GUF) und hatte noch im Jahre 1936 in deren Zeitschrift „Vita e Pensiero" („Leben und Ansicht") geschrieben gehabt: *„Italien besitzt ein Imperium, weil es Mussolinis Prinzipien des gefährlichen Lebens, des Glaubens, Gehorchens und Kämpfens in die Tat umsetzt."* (G. Pajetta in der „Unita" vom 28. 5. 1966)

Nach dem Ende dieses Imperiums hatte Taviani es ebenso wie Moser für ratsam gehalten, sich statt einem gefährlichen Leben wieder verstärkt christlichen Grundsätzen zu widmen und Karriere zu machen. Er gehörte nach dem Zusammenbruch des Mussolini-Regimes zusammen mit Alcide Degasperi zu den Gründern der „Democrazia Cristiana" (DC). Degasperi, seit 1946 auch ein ständiger Gesprächspartner Mosers, war aus ähnlichem Holz geschnitzt und ein bekennender Unterstützer Mussolinis gewesen. Er hatte 1923 mit den Stimmen der von ihm geleiteten „Popolari"-Fraktion im römischen Parlament die Machtergreifung Mussolinis ermöglicht gehabt. Nun waren beide Politiker an vorderster Front im antikommunistischen Kampf der christlichen Demokraten tätig.

1948 war Taviani bereits Kammer-Abgeordneter und stellvertretender Generalsekretär. Am 3. Dezember 1948 hielt er eine proamerikanische und antisowjetische Rede im römischen Parlament, die als Broschüre unter dem Titel „Difendiamo la pace contro la minaccia della guerra ideologica" (*„Wir verteidigen den Frieden gegen die Drohung des ideologischen Krieges"*) in ganz Italien verbreitet wurde.

In dieser Rede hatte Taviani für die Partei der „Democrazia Cristiana" (DC) erklärt, dass *„in uns kein Schatten des Nationalismus"* (*„nessuna ombra, in noi, di nazionalismo"*) zu finden sei.

Bild links: Titelblatt der Broschüre mit Tavianis Rede vom 3. Dezember 1948. (Broschüre im Besitz des Verfassers) *Bild rechts: Innenminister Taviani (links im Bild) in den 1960er Jahren bei einer Inspektion von militärischen Stellungen der Ordnungshüter in Südtirol.*

```
                                              9. 11. 1951

                         Liste

         der mir bekannten und befreundeten Persönlichkeiten
         zur Auswahl wegen Besprechnung (mit kurzer Charakteri-
         sierung).

    1)   Ministerpräsident ALCIDE DEGASPERI
         Schilderung der Persönlichkeit erübrigt sich.
         (Ich bemerke, daß ich in einem politischen Bericht an
         die Parteifreunde Kärntens bereits am 28. August 1945
         schrieb: .........
         "Außenminister ist Alcide Degasperi, welchen man in
         weiterer Folge den Retter Italiens bezeichnen wird.")

         Außenministerium: Die Funktion des Außenministers hat Degasperi
         selbst übernommen.
    14)  In seinem Sinne wirkt dort allerbestens Freund Emilio TAVIANI,
         Parlamentsabgeordneter. Für österr. Angelegenheiten sehr
         zugänglich, daher herzliche Beziehungen durchsetzbar.
         Aktiver Exponent europäischer Einigung.
```

Auszüge aus Mosers „Liste der mir bekannten und befreundeten Persönlichkeiten" vom 9. 11. 1951. (Archiv des Verfassers, Aktenbestand Moser)

Rudolf Moser hatte Taviani bereits 1946 im Zuge seiner Geheimgespräche mit Degasperi kennen gelernt, als er aus Wien die Botschaft nach Rom überbracht hatte, dass die österreichische Regierung nur zum Schein auf der Selbstbestimmungsforderung für Südtirol bestehen, in Wahrheit sich aber mit einer Autonomielösung zufrieden geben wolle. Im Jahr 1951 hatte Rudolf Moser für seine ÖVP-Parteifreunde eine Liste mit den Namen führender DC-Politiker zusammengestellt und zu jeder Person eine kurze Charakteristik geliefert. Auch über Alcide Degasperi und Paolo Emilio Taviani, den er bereits 1951 als „Freund" bezeichnete.

▶ „Auf Wunsch des Bundeskanzlers": Mosers verschwiegenes Treffen mit dem „getreuen Freund" Innenminister Taviani

Der Parteitag der „Democrazia Cristiana" (DC) hätte im Juni 1964 stattfinden sollen, war aber dann unerwarteterweise auf den September verschoben worden.

„Ein Dutzend individuell gehaltener Briefs an offizielle Persönlichkeiten, ebensoviele Ansichtskarten an andere Freunde hatte ich abgerichtet, um diese vom Eintreffen ‚der Österreicher' zum Congreß zu avisieren", hielt Moser in einem *„Kurzbericht Italien"* vom 1. Juli 1964 fest, den er an *„Herrn Bundeskanzler Dr. Ing. Leopold Figl zur vertraulichen Information"* übersandt hatte. (Auch hier sprach Moser seinen Freund Figl nach wie vor als „Bundeskanzler" und – wahrscheinlich aufgrund eines politisch erworbenen Ehrendoktorates – als „Dr." an.)

Dann sei die Mitteilung über die terminliche Verschiebung des DC-Parteitages auf den September gekommen. Moser sei aber trotzdem nach Oberitalien gereist, um dort mehrere Tage lang *„mit Parteifunktionären dieser Gebiete Kontakt"* zu haben.

Als Ergebnis konnte Moser an Figl berichten: *„Jedenfalls setzt sich innerhalb der Partei die Aufgeschlossenheit für gemeinsame Zusammenarbeit – dank des unermüdlichen Apostolates unserer persönlichen Freunde – immer mehr durch. ... Jedenfalls soll der persönliche Kontakt in den Sommermonaten aufrecht bleiben, wozu ich meinerseits Einladungen zu Besuchen in Österreich aussprach."* (Von Rudolf Moser verfasster „Kurzbericht Italien" vom 1. Juli 1964. NÖ Landesarchiv, Nachlass Figl, Karton 61)

Ein solcher persönlicher Kontakt kam mit dem Innenminister Taviani noch vor dem DC-Kongress zustande, wie Rudolf Moser in einer handschriftlichen Notiz über den DC-Parteitag in Rom festhielt.

Taviani war nach Südtirol gekommen und Moser hatte umgehend Kontakt zu ihm aufgenommen. In Mosers Notiz heißt es: *„Von der Regie-*

Aus Mosers handschriftlicher Notiz über den DC-Parteitag in Rom und das vorangegangene verschwiegene Treffen mit Taviani. (Archiv des Verfassers, Aktenbestand Moser)

rung war Minister Taviani gekommen. In eigener Absicht und auf Wunsch des Bundeskanzlers wollte ich mit diesem getreuen Freund sprechen. Er ließ mir sagen, dass er am Nachmittag am Brenner sein werde und bat mich, dorthin zu kommen, was auch mir angenehmer war."

Über den Inhalt dieser verschwiegenen Besprechung hat Moser in seiner Notiz nichts festgehalten. Aber es wird wohl darum gegangen sein, wie die österreichische Bundesregierung in Zusammenarbeit mit den italienischen Freunden **„die bekannten Unnachgiebigen ... isolieren"** könne, wie Moser ja bereits am 19. Mai 1964 in seinem Brief an Taviani angeregt hatte.

Exkurs: Der christdemokratische „Freund" Taviani, die Folterungen und Exzesse

Es ist in diesem Zusammenhang interessant, einen Blick darauf zu werfen, wie sich Mosers und der ÖVP christdemokratischer „Freund" Taviani gegenüber den Südtirolern benahm.

Aus Akten und Berichten über Besprechungen des österreichischen Außenministers Dr. Bruno Kreisky (SPÖ) mit Südtiroler Politikern geht hervor, dass diese den Innenminister Taviani als „Hardliner" und Gegner einer befriedigenden Autonomielösung bezeichneten.

In Südtirol selbst setzte der allerchristlichste Paolo Emilio Taviani als Innenminister den Kurs seines Vorgängers Mario Scelba fort, welcher für die schrecklichen Folterungen des Jahres 1961 verantwortlich gewesen war und unter dessen Amtsführung die Folter-Carabinieri auch noch belobigt, befördert, ausgezeichnet und mit Geldgeschenken bedacht worden waren.

▶ Ab Dezember 1963: Es wird weiter gefoltert

Am 24. Jänner 1964 meldeten die in Linz erscheinenden „Oberösterreichischen Nachrichten" unter dem Titel **„*Es wird weiter gefoltert*"**:

„Daß in Südtirol noch immer politische Südtiroler Häftlinge bei ihrer Einvernahme durch die Polizeiorgane gefoltert werden, geht aus der Darstellung eines jungen Pustertalers hervor. Der 26jährige Johann Kirchler aus Ahornbach im Pustertal war im Dezember vergangenen Jahres im Zusammenhang mit der Verhaftung seiner Schwester Martha und Rosa Ebner, einer anderen jungen Pustertalerin, von den Carabinieri

festgenommen und in das Gefängnis nach Bruneck gebracht worden. Den Grund seiner Verhaftung und was man ihm vorwerfe, erfuhr Kirchler nie. Als Kirchler nach einigen Tagen wieder entlassen wurde, erzählte er von der Behandlung, die er durch die Carabinieri erfahren hatte: ‚Nachdem ich schon einige Stunden verhört worden war, schlugen mir die Carabinieri mit den Fäusten ins Gesicht und traten mir mit den Füßen in den Bauch.' Der junge Bauernbursch erzählte weiter, daß man ihm seine grüne Krawatte, auf der mit rotem Zwirn der Tiroler Adler eingestickt war, vor die Nase gehalten habe und ihn gefragt habe, ob er denn wisse, was das sei. ‚Ja, der Tiroler Adler!' Den dürfe man nicht tragen, das sei verboten, war die Antwort. Wo er diese Krawatte gekauft habe? ‚In einem Geschäft in Bruneck', antwortete Kirchler. Nun forderten die Carabinieri den Gefangenen auf, den gestickten Tiroler Adler mit den Zähnen aus der Krawatte herauszubeißen. ‚Das werde ich nie tun'. entgegnete der junge Pustertaler. Daraufhin setzte es wie-

(Aus „Oberösterreichische Nachrichten" vom 24. Jänner 1964)

der Hiebe ab und mit glühenden Zigaretten verbrannten die Carabinieri dem Gefangenen die untere Gesichtshälfte."

Zu diesem Zeitpunkt war Taviani bereits Innenminister gewesen. Auch nach dieser Veröffentlichung unternahm Taviani nichts.

Zu einer Reihe weiterer schwerwiegender Misshandlungen sollte es unter der Amtsführung Tavianis dann auch noch in den Jahren 1966 und 1967 kommen. Eine Reihe junger Burschen und Männer wurde gefoltert, um von ihnen Geständnisse zu erpressen. Angesichts der wohlwollenden Duldung ihrer Handlungen durch den Innenminister scheuten die Carabinieri nicht davor zurück, auch die Lehrerin Rosa Klotz so lange vor eine Quarzlampe zu stellen, bis *„das Augenlicht weggegangen"* ist, wie sie später berichtete. Sie hätte den Carabinieri sagen sollen, wo ihr Mann, der Freiheitskämpfer Georg Klotz, sich verborgen hielt. Rosa Klotz war dazu nicht bereit und so musste sie vor der Quarzlampe ausharren, bis sie fast erblindet war. Ihre Augen blieben auch in der Folge geschädigt.

Bild links: Rosa und Georg Klotz bei ihrer Heirat im Jahre 1950. Bild rechts: Am 15. Oktober 1966 berichtete die italienische Tageszeitung „Alto Adige" über die Verhaftung von Rosa Klotz. Als Haftgrund gab die Zeitung an, die Lehrerin Rosa Klotz hätte im Auftrag ihres Mannes eine „terroristische Zelle im Pustertal" geleitet. In Wahrheit hätte sie ihren Mann verraten sollen.

Im Jahr 1967 wurden erstmals auch verhaftete Österreicher schwer gefoltert. In Rom wusste man, dass aus Wien kein Protest zu erwarten war. Die Nachricht über diese Misshandlungen gelangte in die Öffentlichkeit und eine Reihe österreichischer Zeitungen berichtete darüber. Am 4. Dezember 1964 fragten der „Wiener Montag" und dessen Regionalausgabe „Grazer Montag" in einem Leitartikel erstaunt, warum die österreichische Bundesregierung nicht gegen die mittlerweile durch Medienberichte bekannt gewordenen Folterungen des österreichischen Staatsbürgers Andreas Egger sowie der weiteren mittlerweile verhafteten österreichischen Staatsbürger Hansjörg Humer und Karl Schafferer durch italienische Carabinieri protestiert habe. Bereits seit drei Wochen würden nun schon entsprechende Berichte seitens österreichischer Zeitungen vorliegen und die Bundesregierung habe bisher nichts getan, um diese Berichte überhaupt zu überprüfen. Bereits im Frühsommer dieses Jahres hätten die Carabinieri überdies mehrere Bauernburschen aus dem Pustertal misshandelt. *Daß es sich hierbei nicht um Gerüchte handelt, geht daraus hervor, daß drei von ihnen Anzeige erstatteten. Auch wenn es sich dabei um Südtiroler italienischer Staatsbürgerschaft handelte, hätte Österreich es als seine Pflicht ansehen müssen, Protest einzulegen."*

Gespannte Atmosphäre in Mailand
Andreas Egger wegen falscher Beschuldigung angeklagt — Ein getrenntes Verfahren

Eigenbericht der „Dolomiten" aus Mailand

Die gestrige Verhandlung, bei der nicht weniger als 27 Zeugen einvernommen wurden, war durch eine ziemlich gespannte Atmosphäre gekennzeichnet. Dazu mag rüsteten sie, wobei sie eine heftige Explosion vernahmen.

Vorsitzender: „Warum sind Sie darauf-

Das Schweigen der österreichischen Bundesregierung hatte zur Folge, dass die italienische Seite immer rücksichtsloser verfahren konnte. Als Andreas Egger (hier auf dem Foto in einer Verhandlungspause mit seinem Anwalt Dr. Roland Riz) zwei Jahre später vor dem Gericht in Mailand über die erlittenen Misshandlungen aussagte, hängte ihm der Staatsanwalt ein weiteres Verfahren wegen Verleumdung staatlicher Organe an den Hals. Selbstverständlich wurden die von Egger vorgebrachten Beschuldigungen nicht näher untersucht, sondern von vorneherein als Lügen abgetan.

Die Frage, warum die österreichische Bundesregierung – damals bereits eine ÖVP-Alleinregierung unter dem Kanzler Dr. Josef Klaus – nicht protestierte, kann heute aufgrund der Dokumentenlage beantwortet werden: Weil Leute wie Dr. Klaus und Moser politische Komplizen der Folterer waren. (Über die Folterungen dieser Jahre siehe: Helmut Golowitsch: „Für die Heimat kein Opfer zu schwer. Folter – Tod – Erniedrigung: Südtirol 1961–1969", 2. Auflage 2012, Edition Südtiroler Zeitgeschichte, S. 573ff)

➤ „Krieg" im Pustertal: Der Überfall auf Mühlen, Sand und Kematen

Unter der Amtsführung des Moser-Freundes Taviani kam es aber noch zu weiteren, noch schwereren und ebenfalls nie geahndeten Übergriffen, die bis heute in Südtirol unvergessen sind. Ein Bespiel dafür ist ein Einsatz im Pustertal, als „Ordnungshüter" auf der Suche nach Freiheitskämpfern einen hemmungslos entfesselten „Kriegseinsatz" gegenüber der wehrlosen Zivilbevölkerung durchführten.

In den ersten Morgenstunden des 3. September 1964 wurden die Ortschaften Mühlen, Sand und Kematen mit Polizeikräften umstellt, die man aus dem ganzen Land geholt hatte. Rund vier- bis fünfhundert Personen im Alter von 16 bis 70 Jahren, darunter auch Frauen, wurden aus den Betten geholt und festgenommen. In den Häusern wüteten die Carabinieri, welche die Kästen und Schubladen aufrissen und den Inhalt auf den Boden warfen. Straßensperren hielten alle Autos,

Im „Kampfeinsatz" gegen eine unbewaffnete Zivilbevölkerung.

auch Autobusse an. Die Insassen mussten aussteigen und wurden ebenfalls festgenommen. Alle wurden dann in die Carabinieri-Kaserne in Mühlen gebracht und dort stundenlang verhört. Die Festgenommenen bekamen kein Essen und hatten keine Möglichkeit, Angehörige oder Rechtsanwälte zu verständigen. In Mühlen wurden zwei Uniformierte und zwei Zivilisten durch einen unachtsamen Schuss verletzt. Die durchsuchten Wohnungen blieben verwüstet zurück. In Sand wurden im Hause des verhafteten Lehrers Moritz Frisch die Türen mit Gewehrkolben eingeschlagen. Der über 60 Jahre alte Konrad Leimgruber aus Sand wurde verhaftet und kam am folgenden Tag nach dem Verhör verstört und gebrochen zurück und erlitt daraufhin einen Schlaganfall, der ihn teilweise lähmte. (Siehe: Otto Scrinzi (Hrsg.): „Chronik Südtirol 1959–1969", Graz-Stuttgart 1996, S. 405f)

Die „Eroberung" von Tesselberg

Dann wurde der kleine, 120 Seelen zählende Ort Tesselberg von einer 1.200 Mann starken Carabinierieinheit gestürmt, verwüstet und geplündert. Während des Mittagläutens – später bezeichneten die Carabinierioffiziere dies als *„Alarmierung der Terroristen"* – begannen die Einheiten einen wahrhaft heldenhaften Sturm auf den kleinen Weiler. Handgranaten wurden in Hauseingänge geworfen, Bauern auf den Feldern beschossen, die gesamten männlichen Bewohner abgeführt, Häuser durchsucht und ausgeplündert. Die gehbehinderte Taubstumme Mathilde Mair (22) wurde angeschossen und durch einen Brustschuss schwer

Pistolenkugel durchbohrt junge Frau

Tesselberg (ru) – „Alle heraus aus den Häusern", befahlen Carabinieri den Tesselbergern am 10. September 1964 und trieben sie auf einer Wiese zusammen. Dann wurde in Häuser geschossen und Handgranaten wurden geworfen. Eine taubstumme behinderte Frau, die 22-jährige Mathilde Mair, die die Befehle nicht hören konnte, wurde durchs Fenster von einer Pistolenkugel auf Brusthöhe getroffen. Erst am nächsten Tag wurde sie mit einem Fuhrwerk ins Krankenhaus gebracht. Wie durch ein Wunder überlebte die Frau die schweren Verletzungen. Sie ist wenige Jahre später gestorben. Im Bild das Fenster, durch das Mathilde Mair von der Kugel getroffen wurde. Foto: Ambros Stampfl

(Aus „Dolomiten" vom 9. September 2004)

verletzt. Sie mußte die Zeit von Donnerstag bis Freitagnachmittag verwundet im Haus verbringen.

Die Carabinieri weigerten sich, sie in ein Spital zu bringen. Der Arzt wurde schließlich vom Feuerwehrhauptmann von Gais mit einem Feuerwehrjeep nach Tesselberg gebracht, da sich die Carabinieri auch weigerten, den Arzt zu fahren.

Zwei Heuschober, eine Mühle und ein Heuschuppen wurden in Brand gesteckt. Die Tageszeitung „Dolomiten" berichtete am 9. September 2004 im Rückblick:

„Das Bergdorf Tesselberg erlebte einen halben Tag lang ungezügelten Polizeiterror. Man evakuierte sämtliche Häuser der Ortschaft und trieb die Bewohner, Frauen, Kinder und Männer, in einer Wiese zusammen, man fesselte den Männern Hände und Füße und zwang sie, bäuchlings auf der Wiese zu liegen. Wenn sich einer bewegte, so schlugen ihm die Polizisten den Gewehrkolben ins Kreuz. Stundenlang lagen die Menschen auf der nassen Wiese mit dem Gesicht zu Boden, gepeinigt von vielen Ameisen.

Etwas abseits standen Frauen und Kinder. Ihre Gesichter waren von Schreck und Tränen gezeichnet. Nicht weniger unmenschlich war die Art und Weise, wie schließlich an die 25 Personen abgeführt wurden: Zwischen zwei Jeeps eingekeilt mußten Frauen und Männer den Berg-

Mit Schüssen und Handgranaten

Tesselberg (ru) – Bei der Razzia in Tesselberg schossen die Militärs in Heuschupfen und Häuser, teils wurden auch Handgranaten hineingeworfen. Beim Pircherhof riss es gar den Torbogen aus der Mauer (im Bild Bauer Johann Mair mit dem Rest der kaputten Torbogenverkleidung). Nicht minder schlimm gingen die Militärs im Innern der Häuser zu Werke. Wie Hertha Mutschlechner und Luise Lahner aus ihrem Haus und aus Erzählungen von Nachbarn wissen, wurden Weinfässer geleert, Flaschen zerschlagen, Kästen durchwühlt, hier und dort Fernrohre und auch Geld entwendet sowie Wein in Mehltruhen geschüttet.

A. Stampfl

(Aus „Dolomiten" vom 9. September 2004)

weg hinunterlaufen. Erst in der Talsohle angekommen, wurden die Festgenommenen auf Fahrzeuge verladen und auf die Polizeistation nach Bruneck und Mühlbach gebracht.

Inzwischen durchsuchte ein rund tausend Mann starkes Polizeiaufgebot die Höfe, aus denen die Leute ausgetrieben worden waren. Wie man dabei zu Werke ging, spottet jeder Beschreibung. In der Befürchtung, daß sich noch jemand darin aufhalten könnte, schossen die Uniformierten durch Fenster und Türen und warfen Handgranaten in die Hausgänge. Erst als sie sicher waren, daß sich keine Katze mehr darin rührte, drangen die Polizisten in die Häuser ein und verrichteten ihr zerstörerisches Werk." (Die Tageszeitung „Dolomiten" am 9. September 2004 im Rückblick. Weitere Einzelheiten sind zu finden in: Helmut Golowitsch: „Für die Heimat kein Opfer zu schwer. Folter – Tod – Erniedrigung: Südtirol 1961–1969", Edition Südtiroler Zeitgeschichte, 2. Auflage 2012, S. 536ff)

➤ Mordbefehl des Obersten Marasco: Stelle 15 Südtiroler an die Wand und erschieße sie!

Die Südtiroler waren bei der Razzia in Tesselberg noch einmal gut davon gekommen. 30 Jahre später, am 27. Juli 1991, berichtete der bereits im Ruhestand befindliche Carabinieri-General Giancarlo Giudici in einem Interview mit der Zeitung „La Repubblica", was er damals als Einsatzleiter in Tesselberg erlebt hatte: Während die Razzia in vollem Gange war, kam der Kommandant der Carabinieri-Legion Bozen, Oberst Francesco Marasco, mit einem Hubschrauber eingeflogen und erteilte dem damaligen Oberstleutnant Giudici einen Wahnsinnsbefehl: *„Hast du 15 Personen festgenommen? Gut! Stell sie an die Wand und laß sie erschießen! Dann brenn das Dorf nieder!"* Giudici weigerte sich. Marasco erneut: *„Du mußt sie erschießen, hast du verstanden? Stell sie an die Wand und dann brenn das ganze Dorf nieder! Brenn es nieder bis zum Boden!"* Giudici: *„Du bist verrückt!"* Marasco: *„Ich belange dich wegen Befehlsverweigerung!"*

Giudici packte Marasco am Arm, zog ihn zum Hubschrauber und befahl dem Piloten, den tobenden Marasco wegzubringen. Giudici begab sich dann nach Toblach und telephonierte mit dem Oberbefehlshaber der Carabinieri, General De Lorenzo, und berichtete ihm den Vorfall. De Lorenzo nahm den Bericht ohne Kommentar zur Kenntnis. Einen Tag später wurde Giudici jedoch plötzlich nach Udine versetzt. (Bericht in der italienischen Zeitung „La Repubblica", 27.7.1991. Weitere Einzelheiten in: Helmut Golowitsch: „Für die Heimat kein Opfer zu schwer. Folter – Tod – Erniedrigung: Südtirol 1961–1969", Edition Südtiroler Zeitgeschichte, 2. Auflage 2012, S. 536ff)

➤ Taviani: „Keine Beschränkungen, kein Zögern!"

Am 12. September 1966 erstattete der italienische Innenminister Taviani vor der italienischen Abgeordnetenkammer in Rom einen Bericht über die Sicherheitslage in Südtirol. Der Altfaschist, der das Mussolini-Imperium samt Vernichtungskonzentrationslagern in Libyen, Abessinien und Südeuropa öffentlich gelobt hatte, präsentierte sich nun der Öffentlichkeit als Spezialist für „nazismo".

Er erklärte, dass für *„viele dieser Fanatiker und wahnsinnigen Attentäter Südtirol eine Schachfigur in einem weitaus ehrgeizigeren revanchistischen Plan"* sei, welcher auf *„einen neuen Anschluss"* hinziele. Der Minister berichtete weiter, dass Italien seine Sicherheitsmaßnah-

Auf solche Weise wurde von einer willfährigen Presse der italienischen Öffentlichkeit der heldenhafte Kampf der Sicherheitskräfte gegen die blutrünstigen „terroristi nazisti" im „Alto Adige" präsentiert. Angesichts der so präparierten öffentlichen Meinung konnte der italienische Innenminister einen hemmungslosen Schießbefehl ausgeben, ohne öffentliche Kritik zu ernten.

men verstärkt habe. Taviani fuhr fort: *„Ich kann dem Parlament und dem Lande versichern, dass präzise Anordnungen vorhanden sind, die keine Missverständnisse offen lassen, keine Beschränkungen, kein Zögern! Ich würde Euch und das italienische Volk täuschen, wenn ich sagte daß das Problem des Kampfes gegen den neonazistischen Terrorismus eine leichte Lösung finden und von kurzer Dauer sein wird; im Gegenteil, es wird ein langer und schwieriger Kampf sein."* (Zitate aus „Dolomiten" vom 13. September 1966)

Innenminister Taviani 1966 auf „Frontbesuch" in Südtirol, wo seiner Interpretation nach die Sicherheitskräfte im Abwehrkampf gegen die „terroristi nazisti" standen.

➤ „Menschenjagd"

Am 14. September erklärte der Carabinieri-General Carlo Ciglieri ganz im Sinn seines Ministers, daß Italien seine Wachsamkeit vervielfachen müsse. *„Jetzt haben wir den Punkt erreicht, wo es um Menschenjagd geht!"* („Kurier", Wien, 15. September 1966)

Der Carabinieri-General Carlo Ciglieri rief im Sinne seines Ministers zur „Menschenjagd" auf.

➤ Auf die „fanatischen Kriminellen" sofort auf Sicht schießen: „sparare a vista"

Am 15. September 1966 ergriff Innenminister Taviani vor der italienischen Abgeordnetenkammer erneut das Wort. Allen Einsatzkräften sei der Befehl erteilt worden, auf *„bereits bekannte Terroristen – deren Fotos zu Tausenden an die Sicherheitsorgane verteilt worden seien – auf Sicht zu schießen (sparare a vista), sowie auch gegen jene Individuen von der Schusswaffe Gebrauch zu machen, welche sich in die Nähe von Kasernen und militärischen Einrichtungen begeben und auch dem Halteruf von Wachposten nicht Folge leisten."*

Denn, so erklärte der Innenminister, die *„Terroristen"* seien *„fanatische Kriminelle, die vor keinem menschlichen Wert Zurückhaltung noch Achtung besitzen."* Taviani schloss mit Worten der Anerkennung für die Angehörigen der italienischen Sicherheitskräfte, *„die an den Grenzen des Staates, auch zur höchsten Aufopferung bereit, der Sache Italiens, der Sicherheit, der Freiheit und dem Frieden dienen."* (Zitate aus „Dolomiten" vom 16. September 1966)

Bericht in der Tageszeitung „Dolomiten" vom 16. September 1966 über den „Auf-Sicht"-Schießbefehl des Innenministers Taviani.

➤ Der Tod des jungen Peter Wieland – die „Dolomiten" schilderten eine Hinrichtung

Die Vorgangsweise des italienischen Innenministers sollte nahezu unmittelbare Folgen zeitigen. Am 24. September 1966 wurde der erst 18 Jahre alte Peter Wieland vom Zischtlerhof in Niederolang im Pustertal Opfer des an die italienischen Sicherheitskräfte ergangenen hemmungslosen Schießbefehls. Am 27. September 1966 berichtete die Tageszeitung „Dolomiten":

„*Der Junge war am Samstag nach dem Abendessen von daheim fortgegangen und hatte sich zuerst in den Gasthof ‚Waldruh' begeben, der zwischen Niederolang und dem Bahnhof liegt.*

Als Wieland in das nahe Dorf zurückkehrte, traf er mehrere Freunde, die von der Musikprobe kamen. Diese beschlossen, ebenfalls den Gasthof ‚Waldruh' aufzusuchen und forderten Wieland auf, noch einmal dorthin zu kommen. Das war um 21.30 Uhr.

Wieland stimmte zu und ging zum Gasthof ‚Waldruh' voraus. Er nahm dabei einen viel begangenen Abkürzungsweg, der durch eine Wiese führt. Vermutlich war Wieland schon das erste Mal die Abkürzung gegangen.

Als er unterhalb der Straße durch die Wiese ging und nur noch 200 Meter vom Gasthof entfernt war, nahte auf der Straße aus Richtung Bahnhof eine aus drei Mann bestehende Alpinistreife, die von einem in Bozen wohnenden und in Olang stationierten Unteroffizier angeführt war. Sein Name war nicht zu erfahren.

Die drei Soldaten bemerkten in der Dunkelheit den unterhalb der Straße gehenden Wieland und forderten ihn, wie offiziell mitgeteilt wurde, auf, stehen zu bleiben."

Nun legte sich Wieland zu Boden, vielleicht in der Angst, dass sonst auf ihn geschossen würde. Das wurde ihm zum Verhängnis.

In dem „Dolomiten"-Bericht hieß es weiter:

„*Als der Alpiniunteroffizier dies bemerkte, ging er in den Wiesengrund hinab und feuerte aus kürzester Entfernung einen einzigen gezielten Schuss auf Wieland ab. Das war um 21.40 Uhr. Das Geschoß drang Wieland in den Nacken und trat an der Schädeldecke aus.*

Die Alpini hielten daraufhin mit den Waffen im Anschlag ein Auto auf und zwangen den Fahrer, an den Straßenrand zu fahren und mit den Scheinwerfern den Wiesengrund zu beleuchten.

Im Lichte des Scheinwerfers gewahrten die Soldaten den in seinem Blute am Boden liegenden Peter Wieland. Sie durchsuchten den Schwerverletzten nach Waffen und verständigten dann ihr Kommando und später die Carabinieri.

Nach einer Dreiviertelstunde durfte der Autofahrer heimfahren, weil Ersatz dafür eingetroffen war. Der schwerverletzte Peter Wieland blieb aber noch über eine Stunde auf der Wiese liegen, ohne dass er ärztliche Hilfe bekam. Warum, ist unerklärlich."

Erst gegen Mitternacht, nach etwa zwei Stunden, wurde der Sterbende in das Brunecker Krankenhaus gebracht, wo er verschied.

> Als der Alpiniunteroffizier dies bemerkte, ging er in den Wiesengrund hinab und feuerte aus kürzester Entfernung einen einzigen gezielten Schuß auf Wieland ab. Das war um 21.40 Uhr. Das Geschoß drang Wieland in den Nacken und trat an der Schädeldecke aus. Die Alpini hielten daraufhin mit den Waffen in Anschlag ein Auto an und zwangen den Fahrer, an den Straßenrand zu fahren und mit den Scheinwerfern den Wiesengrund zu beleuchten. Im Lichte der Scheinwerfer gewahrten die Soldaten den in seinem Blute am Boden liegenden Peter Wieland. Sie durchsuchten den Schwerverletzten nach Waffen und verständigten dann ihr Kommando und später die Carabinieri. Nach einer Dreiviertelstunde durfte der Autofahrer heimfahren, weil Ersatz dafür eingetroffen war. Der schwerverletzte Peter Wieland blieb aber noch über eine Stunde auf der Wiese liegen, ohne daß er ärztliche Hilfe bekam. Warum, ist

(Aus „Dolomiten" vom 27. September 1966)

Für den Täter, den italienischen Unteroffizier, hatte die Bluttat keine Folgen. Er war durch den Taviani-Befehl gedeckt gewesen, umgehend auf Verdächtige zu schießen. Man hat deshalb auch nie etwas von einer behördlichen Untersuchung gehört. Nichts über die Ausforschung der Zeugen, nichts über irgendwelche Einvernahmen. Immerhin hatten die „Dolomiten" – ganz offenkundig auf Augenzeugenberichten beruhend – eine Tatversion geschildert, die man als nichts anderes denn als Mord bezeichnen konnte. Einen Mord, begangen durch einen Schuss in den Hinterkopf eines Jugendlichen.

Den „Dolomiten" wurde auch von behördlicher Seite nie vorgeworfen, eine falsche Tat-Darstellung veröffentlicht zu haben. Deswegen kam es zu keiner Gerichtsverhandlung gegen den verantwortlichen Redakteur, bei welcher eine öffentliche Untersuchung des Tathergangs unumgänglich gewesen wäre. Die italienische Justiz, die ansonsten sehr schnell vorging, wenn es um öffentliche Kritik an staatlichen Institutionen ging, hielt sich hier wohlweislich zurück.

▶ Bischof Gargitter: „… unsere Herzen bereiten zu herzlichem Verzeihen"!

Der Bischof Dr. Josef Gargitter, im Volk *„der walsche Seppele"* geheißen, hatte, seiner eigenen Auffassung von Nächstenliebe folgend, rasch geholfen, den Mantel des Vergessens über den jungen Olanger zu breiten. Bereits einen Tag (!) nach dem Tode Peter Wielands hatte der seltsame Gottesmann in einem Aufruf an die *„lieben Diözesanen"* von den Gläubigen gefordert: Endlich die *„Gesinnungen der Zwietracht, Gefühle des Hasses"* hinter sich zu lassen, *„unsere Herzen bereiten zu herzlichem Verzeihen und uns entschließen, der christlichen Liebe, dem ersten und Hauptgebot des Christentums, Raum zu geben in Wort und Tat."*
(Zitiert aus „Dolomiten" vom 29. September 1966)

25. JAHRESTAG
Peter Wieland Obermair

Es jährt sich der traurige Tag, an dem du auf tragische Weise im 18. Lebensjahr unschuldig auf offener Straße von einer Wachpatrouille erschossen wurdest.
Allen, die sich deiner erinnern, ein herzliches Vergelt's Gott.

Niederolang, am 27. September 1991

Die Angehörigen

Traueranzeige in den „Dolomiten" anlässlich des 25. Jahrestages der Erschießung des jungen Peter Wieland.

➤ Der Altfaschist Taviani als „Nazi"-Experte – österreichische Journalisten werden seine These übernehmen

Ein Jahr später sollte der Altfaschist und nunmehrige Innenminister Taviani in einem Interview mit der Zeitschrift „Domenica del Corriere" vom 11. Juli 1967 nochmals seinen Schießbefehl als weiterhin gültig bekräftigen und sich wiederum als Spezialist für Südtiroler „nazismo" präsentieren. Seiner Auffassung nach strebten die „terroristi" nach einem neuen „Anschluss" an die „germanische Welt". Die Hoffnung, dass die Konzentrationslager Dachau und Mauthausen nur Symbole für eine schlimme Vergangenheit bleiben würden, sei offenbar vergeblich.

Übersetzt lautet der italienische Text wie folgt:

PAOLO E. TAVIANI
ministro degli interni

Combattiamo il terrorismo senza esclusioni di colpi. Le forze armate e i servizi di sicurezza vengono impiegati con la massima energia: questo significa che i nostri soldati hanno l'ordine di sparare a vista sui dinamitardi.

« I terroristi hanno le loro basi in Austria e godono d'una vasta rete protettiva. L'Alto Adige — dice Taviani — è infatti una posta del gioco di ambiziosi sogni revanscisti che mirano a un nuovo "Anschluss" nel mondo germanico. La nostra generazione sperò, osò sperare che Dachau e Mauthausen restassero soltanto simboli di nefandezze del passato, e invece la tradizione di barbarie continua a perpetrarsi nel tempo ».

(Aus „Domenica del Corriere" vom 11. Juli 1967)

„Paolo E. Taviani, Innenminister: Wir bekämpfen den Terrorismus ohne Schüsse auszuschließen. Die bewaffneten Streitkräfte werden mit maximaler Energie eingesetzt: Das bedeutet, dass unsere Soldaten den Befehl haben, bei Sicht auf Sprengstoffattentäter das Feuer zu eröffnen.

Die Terroristen haben ihre Stützpunkte in Österreich und erfreuen sich eines ausgedehnten Sicherheitsnetzes.

*Das Alto Adige – sagt Taviani – ist tatsächlich der Einsatz in einem Spiel ehrgeiziger revanchistischer Träume, die **auf einen neuen ‚Anschluss' an die germanischen Welt** abzielen.*

*Unsere Generation hat gehofft, hat zu hoffen gewagt, dass **Dachau und Mauthausen** lediglich **Symbole vergangener Ruchlosigkeit** bleiben würden. **Hingegen setzt sich die Tradition der Ausübung der Barbarei in unserer Zeit fort.**"*

Das wagte ein Mann zu sagen, der vor 30 Jahren das Mussolini-Imperium samt dessen Völkermordhandlungen für lobenswert erklärt und gefordert hatte, dass man an den Faschismus glauben, ihm gehorchen und für ihn kämpfen solle („credere, obbedire, combattere"). Dieser Mann behauptete allen Ernstes, die Südtiroler Freiheitskämpfer stünden in der Tradition der Schergen und Mörder von Dachau und Mauthausen und wollten wieder ein derart barbarisches Regime errichten.

Taviani hatte aber bei all seiner Unverfrorenheit nicht so falsch kalkuliert. Jener Teil der österreichischen Journalisten, der eigentlich nichts anderes als dergleichen hören und glauben wollte, übernahm unkritisch die „Nazismus"-These des Altfaschisten Taviani.

Dem Gründer des BAS, dem durch und durch frommen Christen Sepp Kerschbaumer, konnte man jedoch kaum „Nazismus" unterstellen.

Es lebten noch zu viele Leute, die Kerschbaumer persönlich sehr gut gekannt hatten und einer derartigen Lüge öffentlich widersprochen hätten. Daher geistert die Wunschthese vom „Nazismus" der Freiheitskämpfer in der Variation durch manche Medien, dass die Frauen und Männer der ersten Welle in der Folge durch rechtsextreme oder gar „nazistische" Kräfte abgelöst worden seien.

Moser schreibt an Ministerpräsident Aldo Moro

➤ Übersendung einer Moser-Denkschrift „Pro Memoria" und Vorschlag eines Moro-Klaus-Treffens „in ganz privater und persönlicher Weise"

Seit dem 4. Dezember 1963 hatte in Italien das Kabinett Aldo Moro regiert. Am 22. Juli 1964 war Aldo Moro erneut zum Ministerpräsidenten bestellt worden. Rudolf Moser richtete am 4. August 1964 ein Ergebenheitsschreiben an den alten und neuen Ministerpräsidenten.

Dessen Erklärungen in der römischen Abgeordnetenkammer und im Senat zur Frage der Beziehungen zu Österreich und zur „offenen Frage Alto Adige" hätten in Österreich *„ein tiefempfundenes Echo der Sympathie und des Wohlwollens für die neue Regierung, vor allem für Ihre Person hervorgerufen."*

Man müsse daher *„die gegenwärtige aufgeschlossene Atmosphäre nutzen, um in dem Werk der Versöhnung fortzufahren"*. Daher habe er, Moser, *„ein kurzes Pro Memoria verfaßt, von welchem ich ein Exemplar beilege"*.

Übersetzung

meines Briefes an Ministerpräsidenten Aldo Moro

Sachsenburg, am 4. August 1964

Sehr geehrter Herr Präsident!

Ihre Erklärungen in der Kammer und im Senat, was die Beziehungen zu Österreich, ebenso was die Lösung der offenen Frage Alto Adige anbelangt, haben in Österreich ein tiefempfungenes Echo der Symathie und des Wohlwollens für die neue Regierung, vor allem für Ihre Person hervorgerufen.

In der Tat, man muß die gegenwärtige aufgeschlossene Atmosphäre nutzen, um in dem Werk der Versöhnung fortzufahren. Daher habe ich ein kurzes Pro memoria verfaßt, von welchem ich ein Exemplar beilege, mit der

> Unser Regierungs-Chef Dr. Klaus würde nach wie vor sehr erfreut sein, sich mit Ihnen in ganz privater und persönlicher Weise treffen zu können.
>
> Mit verbindlichsten Empfehlungen
>
> Ihr ergebener

Auszüge aus der von Moser an seinen Freund Leopold Figl übersandten „Übersetzung meines Briefes an Ministerpräsident Aldo Moro" vom 4. August 1964. (NÖ Landesarchiv, Nachlass Figl, Karton 61)

„Der Herrgott möge alle Ihre Aktionen segnen, damit Italien seine politische Position im Geiste von Alcide di (sic!) Gasperi aktivieren kann und damit mit neuem Schwung der wirtschaftliche Fortschritt aufgenommen werden kann.
Unser Regierungs-Chef Dr. Klaus würde nach wie vor sehr erfreut sein, sich mit Ihnen in ganz privater und persönlicher Weise treffen zu können.
Mit verbindlichsten Empfehlungen
Ihr ergebener
Rudolf Moser"

(Aus der von Moser an seinen Freund Leopold Figl übersandten „Übersetzung meines Briefes an Ministerpräsident Aldo Moro" vom 4. August 1964. NÖ Landesarchiv, Nachlass Figl, Karton 61)

▶ Mosers Beziehung zu Aldo Moro

Im Jahr 1978 hat Rudolf Moser in einer handschriftlichen Notiz festgehalten, in welch engem Verhältnis er zu dem Anfang Mai 1978 von den „Roten Brigaden" ermordeten ehemaligen Ministerpräsidenten Aldo Moro gestanden hatte.
Moser schrieb:
„Seit dem Jahr 1959 bin ich mit Aldo Moro – er war damals politischer Sekretär – in persönlichem Kontakt.
Die Beziehungen waren stets vertrauensvoll und herzlich. Die Korrespondenz weist keine starre Kontinuität nach wie Brief-Antwort-Rückantwort. In den zurückliegenden Jahrzehnten hielt ich mich oftmals und für längere Zeit in Italien auf. Es wurde daher jeweils der persönliche Kontakt bevorzugt.

Seit dem Jahr 1959 bin ich mit on Aldo Moro – er war damals politischer Sekretär – in persönlichem Kontakt.

Die Beziehungen waren stets vertrauensvoll und herzlich.

Die Korrespondenz weist keine starre Kontinuität nach wie Brief – Antwort – Rückantwort.

In den zurückliegenden Jahrzehnten hielt ich mich oftmals und für längere Zeit in Italien auf. Es wurde daher jeweils der persönliche Kontakt bevorzugt.

Außerdem war und bin ich mit 2 der engsten Mitarbeiter Aldo Moros gut befreundet wodurch am kürzesten Weg Nachrichten übermittelt werden konnten.

Wenn nunmehr in emotioneller Bewegung von seiten der Bevölkerung erklärt wird "è un Santo" so vermag ich meinerseits festzustellen, daß ich mich nur an gute und edle Charaktereigenschaften zu erinnern weiß, daher ich den Dahingeschiedenen als Mensch und Freund aufrichtig verehrte und verehre.

Pfingsten 1978

Handschriftliche Notiz Mosers über Aldo Moro. (Archiv des Verfassers, Aktenbestand Moser)

Außerdem war und bin ich mit 2 der engsten Mitarbeiter Aldo Moros gut befreundet wodurch am kürzesten Weg Nachrichten übermittelt werden konnten.

Wenn nunmehr in emotioneller Bewegung von seiten der Bevölkerung erklärt wird „è un Santo" (Übers.: „er ist ein Heiliger") so vermag ich meinerseits festzustellen, daß ich mich nur an gute und edle Charaktereigenschaften zu erinnern weiß; daher ich den Dahingeschiedenen als Mensch und Freund aufrichtig verehrte und verehre.

Pfingsten 1978   Rudolf Moser"

▶ Mosers „Pro Memoria" für den italienischen Ministerpräsidenten

Rudolf Moser hatte von seinem in italienischer Sprache verfassten „Pro Memoria" für den italienischen Ministerpräsidenten Aldo Moro eine deutsche Übersetzung angefertigt, die er seinem Freund Leopold Figl sandte und die in dessen Nachlass erhalten geblieben ist.

Ein Strafurteil – „sehr menschlich, tiefeinfühlend und vor allem sehr weise"

Eingangs nahm Moser in dem „Pro Memoria" zu dem am 16. Juli 1964 ergangenen Urteil des Schwurgerichtes im ersten Mailänder Südtirol-Prozess Stellung. Moser schrieb:

„Das Urteil von Milano ist sehr menschlich, tiefeinfühlend und vor allem sehr weise gewesen. Diese Tatsache muß von jedem Menschen guten Willens anerkannt werden. Damit dieses konstruktive Ergebnis sich nicht in Rauch auflöse, ist erforderlich, diese freundliche Atmosphäre zu nützen, um weitere Taten des Verständnisses und der Versöhnung zu realisieren,

also: a) die Zusammenarbeit zwischen allen loyalen Partnern zu intensivieren,

b) die, innerhalb aller Partner, noch immer existierenden nationalistischen und widerspenstigen Reste zu isolieren."

In Mosers „Pro-Memoria"-Denkschrift für Aldo Moro hieß es weiter:

„Das Urteil von Mailand war kein Racheurteil, daher sind auch die unentschlossenen Strömungen geneigt, sich zur Loyalität und zur Realität zu bekennen."

> PRO MEMORIA
> ==========
>
> Übersetzung des in italienischer Sprache
> geschriebenen Originaltextes.
>
> Das Urteil von Milano ist sehr menschlich, tiefeinfühlend und vor allem sehr weise gewesen. Diese Tatsache muß von jedem vernünftigen Menschen guten Willens anerkannt werden.
>
> Damit dieses konstruktive Ergebnis sich nicht in Rauch auflöse, ist erforderlich, diese freundliche Atmosphäre zu nützen, um weitere Taten des Verständnisses und der Versöhnung zu realisieren,
>
> also: a) die Zusammenarbeit zwischen allen loyalen Partnern zu intensivieren,
>
> b) die, innerhalb aller Partner, noch immer existierenden nationalistischen und widerspenstigen Reste zu isolieren.

Bitte um Aufhebung der Einreiseverbote für Moser-Vertraute

Dann kam Moser auf die Einreiseverbote zu sprechen, die Rom über zahlreiche österreichische Staatsbürger verhängt hatte, die in „Schwarzen Listen" erfasst worden waren.

Moser bat um eine *„Revision der schwarzen Listen"*, denn er kenne *„mehrere Personen, welche von der Einreise nach Italien ausgeschlossen sind, welche loyaler Einstellung sind und deren konstruktive Aktivität große, noch unentschlossene Gruppen beeinflussen könnte, sich als europäische Aktivisten zu deklarieren, nachdem auch diese gute Nachbarschaft Österreich-Italien pflegen wollen"*.

Wenn aber die italienische Regierung *„es nicht für opportun halten sollte, in der Gesamtheit das Einreiseverbot zu annullieren, so würde der Unterzeichnete bitten, dieses Hindernis wenigstens für eine Anzahl von Personen zu eliminieren, für welche er Garant wäre, dass diese günstig und nützlich dafür sind, um Differenzen abzubauen und um die gemeinsame konstruktive Arbeit immer fester und wirksamer zu gestalten."*

Vorschlag von Kontakten und Verhandlungen durch „Vertrauensleute" und „Delegierte, welche es verstehen, die freundschaftliche Einigung eher zu treffen"

Dann kam Moser zur Sache und schlug wiederum vor, die entscheidenden Kontakte und Verhandlungen nicht auf der offiziellen zwischenstaatlichen Schiene (zwischen den sozialdemokratischen Außenministern Dr. Bruno Kreisky und Giuseppe Saragat) abzuwickeln.

Moser schrieb an Aldo Moro: *„Der persönliche Kontakt zwischen den Verhandlungspartnern darf sich nicht auf Kommissionen beschränken, welche zur Lösung begrenzter Aufgaben nominiert werden.*

Hingegen ist ein kontinuierlicher und ständiger Kontakt zwischen Vertrauensleuten aller Vertragspartner notwendig; das heißt, Delegierte, welche es verstehen, die freundschaftliche Einigung eher zu treffen, bevor daß ein Mißverständnis oder eine übelwollende Aktion irgend einer gegnerischen Strömung, nationaler oder internationaler Art, die guten Beziehungen schädigen oder stören könnte."

> Der persönliche Kontakt zwischen den Verhandlungspartnern darf sich nicht auf Kommissionen beschränken, welche zur Lösung begrenzter Aufgaben nominiert werden.
>
> Hingegen ist ein kontinuierlicher und ständiger Kontakt zwischen Vertrauensleuten aller Vertragspartner notwendig; das heißt, Delegierte, welche es verstehen die freundschaftliche Einigung eher zu treffen, bevor daß ein Mißverständnis oder eine übelwollende Aktion irgend einer gegnerischen Strömung, nationaler oder internationaler Art, die guten Beziehungen schädigen oder stören könnte.

Aus der von Moser ins Deutsche übersetzten und an seinen Freund Leopold Figl übersandten Denkschrift „Pro Memoria", welche er in italienischer Fassung an den italienischen Ministerpräsidenten Aldo Moro gesandt hatte. (NÖ Landesarchiv, Nachlass Figl, Karton 61)

Es gehe, so schloss Moser, um ein *„geeinigtes Europa, erfüllt von echt christlichem Geist, DANN WERDEN WIR IN DER WIRKLICHKEIT EIN TATSÄCHLICHES UND UNÜBERWINDLICHES BOLLWERK UNSERER IDEALE GESCHAFFEN HABEN.*

Sachsenburg, Ende Juli 1964" (NÖ Landesarchiv, Nachlass Figl, Karton 61)

Exkurs: Das „sehr menschliche, tiefeinfühlende und vor allem sehr weise" Urteil von Mailand

Das ergreifende Loblied, welches Rudolf Moser in tiefer christdemokratischer Zuneigung zu Italien über das Urteil im 1. Mailänder Südtirol-Prozess gesungen hat, bedarf einer kurzen Beleuchtung.
Der vom Südtirol-Staatssekretär Univ.-Prof. Dr. Franz Gschnitzer (ÖVP), dem Nordtiroler Landeshauptmann Eduard Wallnöfer (ÖVP), dem Nordtiroler Landesrat Rupert Zechtl (SPÖ) und dem Journalisten Benedikt Posch in Innsbruck herausgegebene Pressedienst „Südtirol Information Dokumentation" (SID) berichtete in seiner Ausgabe Nr. 14 vom 5. Dezember 1963 über den bevorstehenden Monsterprozess.

SID
SÜDTIROL INFORMATION DOKUMENTATION
SCHRIFTLEITUNG: PROF. DR. FRANZ GSCHNITZER, INNSBRUCK, WEIHERBURGGASSE 13
Nr. 14 - 1963   Innsbruck, den 5. Dezember 1963

Der Prozeß von Mailand

Am 9. Dezember beginnt vor dem Landesgericht Mailand der politische Prozeß gegen über hundert Südtiroler. Der Prozeß steht unter dem Vorsitz von Landesgerichtspräsident Dr. Simonetti.

Angeklagt sind 110 Personen, hievon 102 Südtiroler, 6 Österreicher, 1 Südtiroler mit ständigem Wohnsitz im Ausland und 1 deutscher Staatsangehöriger.
69 Südtiroler Angeklagte befinden sich seit Frühjahr bzw. Sommer 1961 in Haft; sie wurden im Sommer 1963 in das Gefängnis San Vittore in Mailand übergeführt.

16 Südtiroler sind geflüchtet. Gegen diese, sowie gegen die 6 Österreicher und den im Ausland wohnhaften Südtiroler wird in Abwesenheit verhandelt.

2 Südtiroler sind im Gefängnis Bozen gestorben (Anton Gostner und Franz Höfler).

Die Anklage wird auf Grund folgender Artikel des italienischen Strafgesetzbuches erhoben:

Gegen 85 Angeklagte (hievon 68 in Haft und 17 im Ausland):
Art. 241: C.P: Anschlag auf die Integrität des Staatsgebietes. Der Artikel lautet:

"Wer immer eine Tat begeht, die darauf gerichtet ist, das Staatsgebiet oder einen Teil desselben der Souveränität eines anderen Staates zu unterstellen, oder die Unabhängigkeit des Staates zu beeinträchtigen, wird mit dem Tode bestraft.

> Derselben Strafe unterliegt, wer eine Tat begeht, die darauf gerichtet ist, die Einheit des Staates aufzulösen, oder vom Mutterland eine Kolonie oder ein anderes Gebiet abzutrennen, das, auch nur zeitweise, der Souveränität des Staates unterstellt ist".
>
> Die Todesstrafe wurde in Italien nach dem Jahr 1945 abgeschafft und in lebenslänglichen Kerker umgewandelt. Bei Schuldspruch nach Art. 241 ist die Anwendung der lebenslänglichen Kerkerstrafe zwingend.
>
> Der Tatbestand nach Art. 241 wird nach Ansicht der Anklage bei sämtlichen 68 in Haft Befindlichen als gegeben erachtet, weil sie, laut Anklage, für das Selbstbestimmungsrecht Südtirols und für eine Volksabstimmung eingetreten sein sollen.
>
> Art. 305: Politische Konspiration durch Gründung und Förderung einer Organisation, die Ziele vertritt, die unter lebenslängliche Strafe fallen.
> Der Artikel sieht Strafen von 5 bis 12 Jahren vor.
>
> Art: 435: Aufbewahrung von Sprengstoff zum Zweck von Attentaten an öffentlichen Einrichtungen.
> Der Artikel sieht Strafen von 1 bis 5 Jahren vor.

> 25 Angeklagte befinden sich auf freiem Fuß, ihre Zahl könnte sich durch Anwendung der Amnestie verringern.
>
> Ursprünglich war die Voruntersuchung gegen 164 Personen erhoben worden, doch verminderte sich diese Zahl um rund ein Drittel, entweder wegen erwiesener Unschuld oder auf Grund einer Amnestie für kleinere Vergehen. Im Lauf der letzten zwei Jahre (23.12.1961, 27.2.1962, 29.12.1962) sind 24 Personen, zum Teil wegen erwiesener Unschuld, aus der Gerichtshaft entlassen worden.
>
> Die Anklageschrift umfaßt 644 Seiten, die Prozeßakten über 20.000 Seiten. Den Angeklagten werden 95 Attentate zur Last gelegt, die im Zeitraum 8. April 1959 bis 9. März 1962 in Südtirol und in Oberitalien begangen wurden. Hievon 77 Anschläge auf elektrische Leitungsmasten, 14 Anschläge auf die Leitungsmasten von Bahnstrecken und auf Straßen, 8 Anschläge auf im Bau befindliche Wohnhäuser

> Zwei Südtiroler, die über schwerste Mißhandlungen Anzeige erstattet hatten, Franz Höfler und Anton Gostner, sind im Bozner Gefängnis gestorben (22.11.1961, 7.1.1962). Das Ergenis der gerichtlichen Autopsie Höflers wurde dessen Verteidiger, bzw. Zivilvertreter, Senator Dr. Sand, Bozen, trotz mehrfacher Anforderung nie zugänglich gemacht.

Auszüge aus dem SID Nr. 14/1963 (Im Besitz des Verfassers)

➤ Ein Schauprozess – auch erfolterte Geständnisse sind gültig!

Am 9. Dezember 1963 begann in Mailand der Schauprozess, bei dem es völlig ausgeschlossen war, dass die Geschworenen auch nur im Entferntesten die Fülle des prozessualen Materials (Anklageschrift 644 Seiten, Prozessakten mehr als 20.000 Seiten!) gedanklich verarbeiten und abwägen konnten.

Der Untersuchungsrichter Mario Martin: Auch erfolterte Geständnisse sind gültig!

Das war wohl auch nicht beabsichtigt gewesen. Es würde der Staatsraison genügen, wenn die Laienrichter den Forderungen des Staatsanwaltes und den Belehrungen der Berufsrichter folgten.

Im Vorfeld des Prozesses hatte der mit faschistischer Vergangenheit behaftete Bozner Untersuchungsrichter Mario Martin etwas Bemerkenswertes in sein Untersuchungsurteil hineingeschrieben. Der damalige Strafverteidiger Dr. Sandro Canestrini berichtet:

Dieses Bild zeigt eine Ausgabe des faschistischen „Codice Penale" und des „Codice di Procedura Penale" aus dem Jahre 1981. Es ist ein schönes Dokument italienischer Rechtskontinuität. Diese Ausgabe zierten im Jahre 1981 (!) immer noch die Unterschriften des „Duce" Mussolini und seines faschistischen Justizministers Rocco. (Unterstreichung und Pfeil durch den Verfasser)

„Der Untersuchungsrichter in Bozen, der die Südtiroler wegen der Sprengaktionen verhörte, schrieb, ‚die Geständnisse vor der Polizei dürfen nicht annulliert werden, nur weil behauptet wird, sie seien durch Folter abgenötigt worden." (Dr. Sandro Canestrini: „Die Herz-Jesu-Nacht 1961 – Justiz und öffentliche Meinung in Italien", in: Schützenkompanie „Sepp Kerschbaumer" Eppan (Hrsg.): „...grüß mir die Heimat, die ich mehr als mein Leben geliebt" Erinnerungsschrift zum 30. Todestag von Sepp Kerschbaumer und Luis Amplatz, Eppan 1994, S. 29)

Die Feststellung, wonach auch erfolterte Geständnisse gültig zu sein haben, stützte sich auf eine gewisse Rechtstradition. Auch während der faschistischen Zeit war noch nie ein Angeklagter deswegen freigesprochen worden, nur weil die Carabinieri ein paar Geständnisse aus ihm herausgeprügelt hatten. Der Prozess in Mailand wurde immerhin auf der Grundlage der immer noch gültigen faschistischen Strafprozessordnung und des faschistischen Strafgesetzbuches mit seinen politischen Verfolgungsparagraphen (!) geführt. Da war es aus der Sicht eines Mario Martin logisch, auch in Bezug auf die Folterungen die seit der Zeit des Faschismus bestehende Rechtskontinuität zu beachten.

➤ Wie Vieh aneinander gekettet – unerträgliche Haftbedingungen

Wie Vieh aneinander gekettet kamen die Südtiroler Angeklagten auf dem Mailänder Hauptbahnhof an.

Es befanden sich 69 Südtiroler in Haft, gegen die übrigen Angeklagten wurde das Verfahren als menschenrechtswidriger Abwesenheitsprozess geführt, wie es die nach wie vor in Geltung befindliche faschistische Strafprozessordnung aus der Mussolini-Zeit vorsah.

Als die Angeklagten wie Vieh aneinander gekettet auf dem Mailänder Hauptbahnhof angekommen waren, wurden sie in das San-Vittore-Gefängnis gebracht. Was sie dort erlebten, schildert der ehemalige politische Häftling Sepp Mitterhofer:

„Das Gefängnis San Vittore in Mailand ist ein großes, veraltetes Gefängnis mit ca. 2.000 Insassen. Die Zellen waren total verdreckt, voller Wanzen und kein Abort, nur ein Kübel in einem Mauerloch, Es gab nicht normale Fenster, sondern ein breiter Schlitz nach oben [sic!] den sogenannten ‚bocca di lupo' (‚Wolfsrachen').

Außerdem waren die Zellen überfüllt, in einer Einzelzelle, 4 m lang und 2 1/2 m breit waren drei Personen untergebracht. Wenn eine Person 4 Schritte nach längs gehen wollte, mussten die anderen zwei auf der Pritsche liegen bleiben, so eng war es.

Ich hatte damals noch das Pech dazu, einen Darmkatarrh mit Durchfall zu haben, und musste damit meine neuen Zellenkameraden, den 1975 bei einem Waldbrand verstorbenen Feuerwehrhauptmann von Frangart, Otto Petermeier, und Hans Stampfl aus Gries beglücken (!). Aber sie haben sich tapfer gehalten und waren sehr kameradschaftlich.

Die Einlieferung in San Vittore war von einer Maßnahme begleitet, die ich bis dahin noch nicht erlebt hatte. Außer den üblichen Unter- und Durchsuchungen, musste ich mich nackt mit gespreizten Beinen auf ein

Der inhaftierte Südtiroler Freiheitskämpfer Sepp Mitterhofer. Diese Aufnahme zeigt ihn nach seiner Verurteilung im wesentlich menschenwürdigeren Gefängnis von Trient.

Die Haftbedingungen in Mailand wurden nicht nur von den Südtirolern als schlimm empfunden. Im Jahre 1969 – es befanden sich keine Südtiroler mehr im Mailand – kam es im San-Vittore-Gefängnis zu einem allgemeinen Aufstand der kriminellen Häftlinge gegen die unerträglichen Haftbedingungen. Sie überwältigten die Wachen, zündeten die Strohsäcke in ihren Zellen an und protestierten auf dem Dach des Zellentraktes. Man sieht auf diesem Bild aus der Tageszeitung „Dolomiten" auch die schräg nur nach oben geöffneten Verblendungen der Fenster, die „Wolfsrachen" – „bocca di lupo".

erhöhtes Podest stellen und man kontrollierte mir den ‚Hinterausgang' ob ich nicht Schmuck darin versteckt hätte.
Eigentlich tat mir der diensthabende Beamte eher leid, denn er musste ‚diese Arbeit' ja bei allen Einlieferungen machen, nicht nur bei mir."
(Sepp Mitterhofer: „Das Gefängnisleben als politischer Häftling", in: Sepp Mitterhofer, Günther Obwegs (Hrsg.): „...es blieb kein anderer Weg", Meran 2000, S. 122f)

Der einfache Frangarter Kleinkaufmann und Kleinbauer Sepp Kerschbaumer, der zutiefst religiöse und an die Menschenrechte glaubende Gründer des „Befreiungsausschusses Südtirol" (BAS), war in Mailand der Hauptangeklagte. Er war unbeugsam und hatte bereits in der Untersuchungshaft am Herz-Jesu-Sonntag 1962 eine aus weißen und roten Taschentüchern, welche ihm seine Frau in das Gefängnis gebracht hatte, zusammengeknüpfte weiß-rote Tiroler Fahne an dem Fenstergitter seiner Zelle in dem Bozener Gefängnis in der Dantestraße befestigt gehabt. Das hatte zu großer Aufregung in den italienischen Zeitungen geführt.

Nun trat der unbeugsame Mann aus Protest gegen Haftbedingungen, denen auch seine Kameraden unterworfen waren, in einen unbefriste-

Über das strafbare Delikt der „terroristi altoatesini", die Tiroler Farben in Form weiß-roter Taschentücher an einem Gefängnisgitter gezeigt zu haben, hatte die Bozener italienische Tageszeitung „Alto Adige" unter der Überschrift „Ihre Fahne auf dem Kerker" berichtet.

ten Hungerstreik, den er 23 Tage (!) lang durchhielt. In dieser Zeit nahm er nur etwas Wasser zu sich.

Der Gesundheitszustand einzelner Häftlinge wurde schlechter. Sepp Mitterhofer litt unter Dauerdurchfall mit blutigem Stuhl.

➤ Die von aller Welt Verlassenen boten dem Staat die Stirn

Am 9. Dezember 1963 wurden die Gefangenen aneinander gekettet in den Gerichtssaal geführt, wo ihnen unter Gerassel die Fesseln abgenommen wurden.

Vor den Schranken des Gerichtes traten einfache Männer aus dem Volk auf, Bauern, Handwerker, Arbeiter und nur einige wenige Angehörige intellektueller Berufe. Sie waren nahezu alle misshandelt worden und hatten aufgrund der erpressten Geständnisse lange Haftstrafen zu erwarten. Ihre berufliche Zukunft und die Existenz ihrer Familien waren weitgehend zerstört. Die Politik hatte sie ebenso in Stich gelassen wie ihr geistliches Oberhaupt, der Bischof Dr. Josef Gargitter.

Aneinander gekettet wurden die Gefangenen in den Gerichtssaal geführt. Sie trugen – der besseren Optik halber für die Pressefotografen – bereits die modernen und extra für diesen Prozess angeschafften „manette americane" als Handschellen, statt der bislang verwendeten mittelalterlichen Schraubzwingen.

Der Ausgang des Folterprozesses in Trient hatte alle Hoffnungen zerstört, dass ihnen Gerechtigkeit widerfahren könnte und ihre Menschenrechte wiederhergestellt würden.
Von aller Welt verlassen, boten inmitten dieses Szenarios einfache Bauern, Angestellte, Handwerker und Arbeiter dem Hass der Anklage die Stirn. Sie verteidigten das Recht ihrer Heimat und erteilten im großen Schwurgerichtssaal von Mailand der italienischen Politik und den Medien eine unvergessen bleibende Lehre.
Als die Häftlinge unter Kettengeklirr den großen Schwurgerichtssaal betraten, sahen sie sich auf eindrückliche Art mit der erdrückenden Staatsmacht konfrontiert.
Sie betraten einen riesigen Saal mit einer gestaffelten Seitentribüne, welche die Angeklagten aufnahm. Unten im Saal standen die langen Bänke mit den Verteidigern und hinten im Saal, hinter der Barriere, drängten sich ihre Lieben, die von weit her im sogenannten „Tränenbus" angereist waren, welcher sie noch viele Male nach Mailand bringen sollte.

375

Das war der „Tränenbus", in welchem die Angehörigen der Häftlinge viele Male nach Mailand fuhren, bis das Urteil gesprochen war.

Teilansicht der Tribüne der Angeklagten. In der obersten Reihe der Hauptangeklagte Sepp Kerschbaumer (x).

Vorne prangte das Gericht.

Vorne aber prangte in beängstigender Pracht das hohe Gericht. Der Vorsitzende Dr. Gustavo Simonetti, ein ehemaliger Hauptmann der Carabinieri (Rolf Steininger: „Südtirol zwischen Diplomatie und Terror 1947–1969", Bd. 3, Bozen 1999, S. 162) und seine Beisitzer waren von Carabinieri in Paradeuniform mit Säbel flankiert. Seitlich saßen die Geschworenen, angetan mit großen theatralischen Schärpen in den Farben der italienischen Tricolore. Der Staatsanwalt und die Verteidiger trugen ebenso feierliche wie düstere schwarze Roben.

Eine peinliche Frage Kerschbaumers an den Richter
In der Anklageschrift hieß es hetzerisch über die Männer des „Befreiungsausschusses Südtirol" (BAS): *„Sie gehen durch das Leben Südtirols wie ein Schatten des Bösen."* Es würden *„revanchistische Kreise"* in der Bundesrepublik Deutschland Südtirol als Ausgangspunkt einer *„pangermanistischen"* Kampagne nehmen, um die Frage der Grenzrevisionen bis nach Danzig hin wieder aufzurollen. (Zitiert nach: „Südtiroler Nachrichten", Nr. 14/15, 20. Dezember 1963, S. 2)

Die Verlesung der Anklageschrift geriet für die Angeklagten zu einer düsteren und bedrückenden Märchenstunde. Die meisten italienischen Pressekommentare waren ebenfalls hetzerisch. Herbert Godler, der Prozessbeobachter der „Salzburger Nachrichten" in Mailand, beklagte in einem Bericht, daß die meisten italienischen Zeitungskommentatoren das Gericht in Mailand zu einem *„Urteil ohne Mitleid"* aufforderten.

Die „Südtiroler Nachrichten" berichteten, daß die Angeklagten in einigen italienischen Zeitungen sogar als *„geschulte Mörder"* und als *„SS-Bestien"* beschimpft würden. Sepp Kerschbaumer wurde als *„Neandertaler",* als *„schlechte Karikatur Hitlers"* und als *„Apostel der Terroristen"* bezeichnet. („Südtiroler Nachrichten", Nr. 1, 17. Jänner 1964)

Mit einer einfachen Frage führt Sepp Kerschbaumer (hier rechts im Bild in einer Verhandlungspause in Beratung mit seinem Anwalt Dr. Hermann Nicolussi-Leck aus Kaltern) die Hetze ad absurdum.

Mit einer einfachen Frage an den Gerichtsvorsitzenden Dr. Simonetti führte jedoch der Hauptangeklagte Sepp Kerschbaumer zu Beginn des Prozesses am 17. Dezember 1963 diese Hetze ad absurdum: *„Ich möchte fragen, ob Italien – das das Selbstbestimmungsrecht für Triest verlangt hat – berechtigt ist, die Südtiroler für dieselbe Forderung zu bestrafen?"* Dr. Simonetti wandte sich an die Verteidiger und sagte: *„Meine Herren, Sie werden verstehen, daß ich diese spezielle Frage nicht beantworten kann."* (Robert H. Drechsler (Hrsg.): „Der Mailänder Südtirol-Prozeß", Südtirol-Dokumentation Folge 6–7/1964, Wien 1964, S. 28f)

Der Staat als Angeklagter – Geschworene hielt sich die Ohren zu
Die Angeklagten wiederriefen zu Beginn der Verhandlung ihre Geständnisse vor den Carabinieri unter Hinweis auf ihre Misshandlungen. Sie forderten durch ihre Anwälte, dass nur die vor diesem Gericht ohne Zwang getätigten Aussagen Gültigkeit haben sollten. Natürlich folgte das Gericht dieser Forderung nicht. Die Angeklagten traten darauf hin einer nach dem anderen vor und legten ihr Bekenntnis ab. Von ihnen nicht begangene Taten, welche sie lediglich unter der Folter „gestanden" hatten, leugneten sie. Sie bekannten sich aber zu der Berechtigung ihres Freiheitskampfes und offen zu jenen Anschlägen, die sie tatsächlich ausgeführt hatten.
Es gab keine reuigen Schuldbekenntnisse, keine gegenseitigen Beschuldigungen und kein Betteln um Gnade.

> **Die vierte Verhandlungswoche im Mailänder Sprengstoffprozeß:**
> ## Die Angeklagten widerrufen Aussagen vor den Carabinieri

> Mittwoch, den 12. Februar 1964 — Nr. 37   „Dolomiten"
>
> **Schwurgericht Mailand:**
> ## Die Fragwürdigkeit der Verhöre durch die Polizeiorgane
> Die Häftlinge Schwienbacher und Obermaier beteuerten ihre Unschuld und wiesen auf die Mißhandlungen hin. Heute werden Mitterhofer, Innerhofer und Pichler einvernommen.

Die Schlagzeilen in der Tageszeitung „Dolomiten" waren vorsichtig formuliert, waren doch die Journalisten dieser Südtiroler Zeitung jederzeit dem Zugriff der italienischen Justiz ausgesetzt.
Deutlicher konnten sich damals nur die österreichischen Zeitungen äußern.

Statt um ein mildes Urteil zu bitten, legten die einfachen Männer aus dem Volk dem Gericht das politische Schicksal ihrer Heimat dar und erklärten, weshalb ihr Widerstand gegen die Staatsmacht notwendig gewesen sei. Sie waren im Recht und nicht der Staat, der sie anklagte. Ihr Auftreten wirkte seltsam anachronistisch in einer Zeit der bürgerlichen Feigheit, der Anpassung und des Egoismus.
Ungeachtet dessen, daß sie mit Verleumdungsklagen seitens der Staatsmacht zu rechnen hatten, berichteten die Männer offen über die an ihnen verübten Folterungen und stellten den Staat, der dies veranlaßt, geduldet und vertuscht hatte, damit unter öffentliche Anklage.
Es gab eine Geschworene, die dies nicht hören wollte und sich demonstrativ die Ohren zuhielt.

> **„Man versetzte mir Faustschläge, Fußtritte, spuckte mir ins Gesicht ..."**
> Hauser, ein 32jähriger Bauer, gab vor Gericht lehnt. Er gab jedoch zu, gemeinsam mit Vinatzer an, nur einfaches Mitglied der Volkspartei zu sein am 2. Juni 1957 einen dünnen Baum gefällt zu

> ## Rotellini erpreßte auch von Fontana „Aussagen"
> Um Folterungen zu entgehen, gestand der Angeklagte Egger die Mitwirkung an einem Attentat, an dem er nicht beteiligt war

> ## Er gestand nur, weil er für seine Kinder kein „verstümmelter Vater" werden wollte

Die Journalisten der „Tiroler Tageszeitung" konnten die Tatbestände in den Schlagzeilen und Texten deutlicher formulieren, als dies den „Dolomiten"-Redakteuren möglich war.

> **Mailänder Prozeß: Auch von angeklagtem Italiener wurden Geständnisse erpreßt**
> Genauso wie mit den Südtirolern verfahren — Dr. Stanek erkrankt

> Oberösterreichische Nachrichten
> **Mailand: Brandwunden von Zigaretten im Gesicht**
> Bruder des im Gefängnis gestorbenen Südtirolers Anton Gostner sagte aus — Neuerlicher Widerruf erpreßten Geständnisses

> Donnerstag, 9. April 1964 — Oberösterreichische Nachrichten
> **Angeklagter Gamper erkannte in Karabinieri-Unteroffizier einen seiner Folterknechte — Dr. Magnago sagt heute aus**

> **Mailand: Immer wieder Angst vor Schlägen**
> Südtiroler Häftlinge sagen übereinstimmend über Erpressung durch Karabinieri aus

> Oberösterreichische Nachrichten
> **Geständnisse aus Angst vor den Mißhandlungen**
> Abgeordneter des römischen Parlaments: „Das Südtirolproblem löst man nicht mit Verhandlungen, sondern mit der Polizei"

Schlagzeilen in der „Oberösterreichischen Nachrichten", die eigens ihren Redakteur Lehr als Berichterstatter nach Mailand geschickt hatten und der nun einigermaßen fassungslos den oberösterreichischen Lesern berichtete.

„Häftling in einem faschistischen KZ" – Der Richter: „Es steht Ihnen hier nicht zu, über unsere Gesetze zu urteilen!"
Am 20. Jänner 1964 wurde der 36jährige kriegsversehrte und einbeinige Drogist Karl Thaler aus Tramin einvernommen. Sein Verbrechen war es gewesen, über den Innsbrucker Gesangsverein mit der Frau des „Bergisel-Bund"-Geschäftsführers Dr. Eduard Widmoser und später mit diesem selbst bekannt geworden zu sein und in der Folge die Freundschaft zur Familie Widmoser gepflegt zu haben. Deshalb war er nun auch der „politischen Verschwörung" angeklagt.

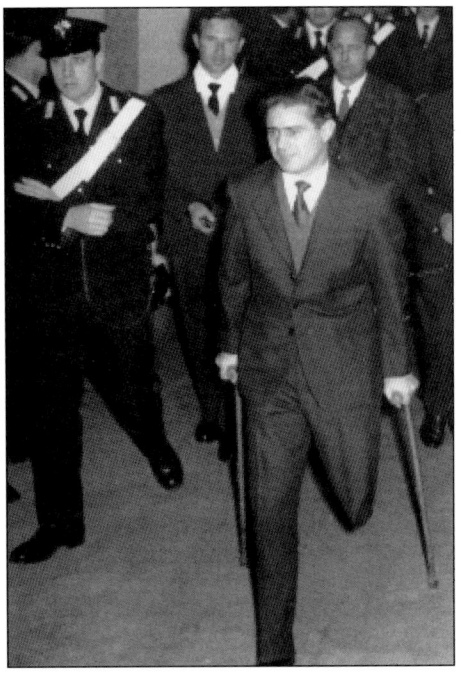

Karl Thaler auf dem Weg in den Gerichtssaal: „Häftling in einem faschistischen KZ!"

Als Thaler sich auf seinen Krücken zum Richtertisch begeben hatte, hielt ihm der Vorsitzende die Freundschaft zur Familie Widmoser vor.

Thaler darauf: *„Ich habe noch nie gehört, daß es in einem freien Staat verboten wäre, mit einer ausländischen Familie freundschaftliche Beziehungen aufzunehmen."* Und dann sagte Thaler: *„Heute sind es genau 32 Monate, seitdem ich nicht mehr Drogist, sondern Häftling in einem faschistischen KZ bin."*

Gerichtspräsident Dott. Simonetti: *„Ich verstehe nicht, erklären Sie das näher."*

Thaler: *„Man hat mir Artikel* (Anm.: Paragraphen) *aus dem faschistischen Gesetzbuch angehängt, nur aus Hass gegen mich."*

Simonetti: *„Keine Polemiken! Es steht Ihnen hier nicht zu, über unsere Gesetze zu urteilen!"*

Obschon Thaler nichts außer seiner Bekanntschaft zur Familie Widmoser angelastet werden konnte, erhielt er eine Haftstrafe von 1 Jahr und 4 Monaten.

▶ Erpresste Geständnisse haben „Gültigkeit"!

Am 21. Mai 1964 erklärte der Staatsadvokat Dott. Paolo di Tarsia, welcher als Nebenkläger die Republik Italien vertrat, es habe sich *„bei den Anklagen wegen eingebildeter Misshandlungen um gesteuerte und angeordnete Aktionen"* gehandelt. Aber: *„Auch wenn einige der Angeklagten misshandelt sein sollten, so kann das jedoch nicht die Glaubwürdigkeit ihrer Aussagen vor den Carabinieri mindern. Ein erzwungenes Geständnis kann genauso auf Wahrheit beruhen, wie ein freiwillig abgelegtes."*

Dieser Meinung schloss sich am 29. Mai 1964 auch der Staatsanwalt Dott. Gresti an. Die Richter könnten aber nicht umhin, auch *„unter Druck* zustande gekommenen Geständnissen" Beweiskraft zuzumessen, denn: „Es gibt in der italienischen Strafprozessordnung keinen Artikel, der vorschreibt, daß erpresste Geständnisse keine Gültigkeit haben." (Robert H. Drechsler (Hrsg.): „Der Mailänder Südtirol-Prozeß", Südtirol-Dokumentation Folge 6–7/1964, Wien 1964; S. 136ff; sowie „Oberösterreichische Nachrichten" vom 26. und 30. Mai 1964)

Auch „Geständnisse nach Folterungen" gültig?

Von unserem nach Mailand entsandten Redakteur Rudolf Lehr

Im Großen Schwurgerichtssaal des Mailänder Justizpalastes war gestern hinter der eine Bar in Tramin, der keine Verletzten Mordversuche wurde auch der Anschlag auf hältnisse anders; Italien wäre gefestigt ge- mus notwendig hatte. Heute seien die Verder

In der Redaktion der „Oberösterreichischen Nachrichten" wunderte man sich darüber, dass in Italien auch erfolterte Geständnisse Geltung haben sollten. Man war in Linz, dem Erscheinungsort der Zeitung, mit den südländischen Erscheinungsformen der Rechtsprechung noch nicht so vertraut.

▶ Das „tief einfühlende" und „sehr menschliche" Urteil: 431 Jahre Kerker für die Angeklagten

Die Anwälte der angeklagten Südtiroler wiesen darauf hin, dass in einem zivilisierten Staat erpresste Geständnisse nicht als Beweismittel gewertet werden dürften.

Der Gerichtshof und die Geschworenen in Mailand, darunter auch jene Dame, die sich bei Aussagen von Angeklagten demonstrativ die Ohren zugehalten hatte, waren jedoch anderer Auffassung.

Sie ließen sich auch nicht durch die Schlussworte beeindrucken, die der Angeklagte Jörg Pircher aus Lana bei Meran am 15. Juli 1964 sprach:

„Der Gerichtshof möge berücksichtigen, daß auf der Anklagebank nicht nur die 68 Beschuldigten, sondern ganz Südtirol sitzt. Wenn die Ankläger sagen, wir sind Terroristen, Irredentisten und Pangermanisten, so kann ich nur sagen: Wir sind Tiroler und wollen Tiroler bleiben."

Jörg Pircher aus Lana bei Meran: „Wir sind Tiroler und wollen Tiroler bleiben!"

Nach dem Prozess wurden die verurteilten Angeklagten wieder in das San-Vittore-Gefängnis gebracht und von dort aus auf verschiedene Haftanstalten in Italien verteilt.

Das Gericht verhängte am 16. Juli 1964 insgesamt 431 Jahre Haft. 22 Verurteilte mussten in Haft bleiben, 46 Häftlinge hatten durch die Untersuchungshaft die Strafe schon verbüßt, waren freigesprochen oder amnestiert worden und konnten nun nach Hause zurückkehren.

Das Bild, welches Sepp Kerschbaumer auf dem Weg zu dem Gefängniswagen zeigt, ist voller Tragik. Er tritt nun seine letzte Reise an, die ihn in das Gefängnis von Verona bringt, wo er am 7. Dezember 1964 im Alter von 51 Jahren einen viel zu frühen Herztod erleiden wird. Die Folter, die lange Untersuchungshaft, die Haftbedingungen in Mailand, der Protest-Hungerstreik und der Prozess mit seinem düsteren Ergebnis waren für sein Herz zu viel gewesen.

Sepp Kerschbaumers Begräbnis in St. Pauls, an welchem mehr als 15.000 Menschen teilnahmen, geriet zu einer Volkskundgebung der Trauer, der Treue und der Entschlossenheit. Wie die „Dolomiten" berichteten, hätten die an seinem Grab gesprochenen Gebete den Himmel bestürmt, daß Gott das Südtiroler Volkstum erhalten möge.

➤ Die Maske fällt: Simonetti rechtfertigt in der Urteilsbegründung die italienische Politik

Der Vorsitzende Dr. Gustavo Simonetti hatte es verstanden, durch eine weitgehend emotionslose Verhandlungsleitung den Eindruck einer halbwegs objektiven Prozessführung zu erwecken. Die Parteilichkeit und die chauvinistische Haltung des ehemaligen Carabinieri-Hauptmannes sollte jedoch am 1. Juli 1965 offenkundig werden, als die von ihm ausgefertigte, unterzeichnete und Seite für Seite sorgfältig paraphierte Urteilsbegründung in der Mailänder Gerichtskanzlei hinterlegt wurde.
Das Urteil mit seiner Begründung umfasste 640 Seiten (!) und bestand in wesentlichen Teilen nicht aus juristischen Darlegungen, sondern aus gehässiger und extrem nationalistischer politischer Polemik. Breiten Raum nahm dabei die Zurückweisung aller Vorwürfe ein, welche die Angeklagten gegen die italienische Politik vorgebracht hatten. Die Autonomie von 1948 habe voll den Vereinbarungen des „Pariser Vertrages" von 1946 entsprochen. (S. 81 des Urteils)

N° 57 /64 della sentenza
N° 39/63 del Reg.Gen.

REPUBBLICA ITALIANA

IN NOME DEL POPOLO ITALIANO

LA 1^ CORTE DI ASSISE DI MILANO

composta dagli illustrissimi signori:

1) Dr. Simonetti Gustavo   Presidente

LA CORTE

Visti gli artt. 110, 112 n.1, 81 cpv., 56, 241, 305, 431, 432, 433, 434, 435, 586 in relazione all'art. 589, 246, 635, 302, 363, 308, 61 n.7, 62 n.6, 311, 62 bis, 69, 28, 32 e 240 C.P.; 483, 488, 489 e 479 C.P.P.; 1 e sgt. D.P.R. 24 gennaio 1963 n.5

dichiara

Kerschbaumer Giuseppe colpevole dei delitti di detenzione di materie esplodenti (capo I C della rubrica), esclusa la

-per il reato di cui al capo XXIII A, ad anni cinque e mesi quattro di reclusione;
-per il reato di cui al capo XXIII B, ad anni tre e mesi quattro di reclusione e così complessivamente alla pena di anni quindici e mesi undici di reclusione di cui un anno condonato.

Milano 16 luglio 1964
Il Presidente (Dr. Simonetti)
Il Cancelliere - (Farina)

DEPOSITATA IN CANCELLERIA OGGI 1° LUGLIO 1965

Im Namen des italienischen Volkes wurden insgesamt 431 Jahre Haft über die Angeklagten verhängt. Sepp Kerschbaumer erhielt eine Verurteilung zu 15 Jahren und 11 Monaten Kerker, abzüglich 1 Jahr Strafnachlass. Er sollte aber im Gefängnis sterben und das Ende seiner Freiheitsstrafe nicht erleben. (Auszüge aus dem Urteil des 1. Schwurgerichtshofes Mailand – Sentenza 1 Corte di Assise di Milano, Nr. 57/64, 16. Juli 1964, S. 1 und 639. Kopie im Besitz des Verfassers)

Eine gezielte und staatlich geförderte italienische Unterwanderung Südtirols habe es nach dem Krieg nicht gegeben. (S. 85 des Urteils)

Die erzwungene Abwanderung der deutschsprachigen Bevölkerung sei zahlenmäßig unbedeutend. Völlig falsch, so das Urteil des Mailänder Gerichtes, seien alle Klagen über die Nichtzuteilung von staatlich geförderten Volkswohnungen an die Deutschen. Diese würden nach Bedürftigkeit verteilt und *„offensichtlich"* sei *„dieses Bedürfnis stärker von der italienischen ethnischen Gruppe verspürt"* worden. (S. 86ff des Urteils)

Bezüglich des gleichberechtigten Gebrauches der deutschen Sprache seien lediglich *„einzelne Fälle der Unwissenheit einzelner Angestellter"* in den öffentlichen Ämtern vorgekommen. Grund zur Klage habe es lediglich *„in einer weit entfernten Vergangenheit"* gegeben. (S. 91f des Urteils)

Man könnte noch zahlreiche weitere Stellen aus dem Urteil zitieren, in denen das Mailänder Gericht die staatliche Politik zu rechtfertigen versuchte.

Von der Gültigkeit erfolterter Geständnisse – „Akte der Gewalt – nicht lobenswert, aber verständlich, wenn nicht sogar zu rechtfertigen"

Das Urteil umfasste 640 Seiten und enthielt Polemik gegen die Argumentation der Angeklagten und ausführliche Begründungen für die Richtigkeit der italienischen Politik in Südtirol. (Urteilskopie im Besitz des Verfassers)

Der Präsident des Gerichtshofes, ❯ Dott. Gustavo Simonetti, hatte in seiner polemisierenden Urteilsbegründung die Maske des objektiven Richters fallen gelassen.

Auf Seite 92 des Urteils kam der Ex-Capitano der Carabinieri, der Richter Dott. Simonetti, dann auf ein von den Verteidigern vorgetragenes *„extrem heißes Argument von äußerster Delikatesse"* zu sprechen: *„Jenes der Gültigkeit und der Wirksamkeit der Geständnisse sowie der An-*

schuldigungen der Angeklagten gegen die Organe der Gerichtspolizei."
(Anm.: Die Carabinieri hatten der italienischen Rechtsordnung gemäß die Angeklagten im Auftrag der Justiz als sogenannte „Gerichtspolizei" verhört.)

Die Verteidiger hätten die schwere Kritik vorgetragen, daß die Geständnisse *„mit vom Gesetz nicht erlaubten strengen Mitteln"* erzielt worden seien.

„Es steht fest, daß die Verhörten sich so gut wie alle am Sitz der Gerichtspolizei als schuldig bekannten und dann ihre Eingeständnisse in den ersten Verhören bestätigten, welche der Staatsanwalt in den einzelnen Kasernen sammelte. Dieser bestätigte wiederum in den entsprechenden Fällen die Festnahme und stellte die Festgenommenen weiterhin den Carabinieri für die weiteren Erhebungen zur Verfügung ...

Als die Angeklagten nach Ablauf der gesetzlichen Frist in das Gefängnis gebracht und neuerlich von dem Staatsanwalt einvernommen wurden, machten einige von ihnen einzelne und mehr oder weniger umfassende Widerrufungen, indem sie irgendeine allgemeine Beschuldigung gegen die Untersuchenden vorbrachten, wonach dieselben ihnen gegenüber physische und moralische Gewalt angewandt hätten. Widerrufe und Anschuldigungen, die an Zahl und Intensität im Zuge der Verhöre durch den Untersuchungsrichter zunahmen und die den Gipfel in der Zeit zwischen dem 4. und dem 30. Oktober 1961 mit der Einbringung der Klagen gegen die Carabinieri durch 36 Angeklagte erreichten." (S. 93 ff des Urteils)

In dem Prozess von Trient habe sich dann die weitgehende Unschuld der Carabinieri bestätigt. (S. 94f des Urteils)

Das helle Licht über dem „hundertjährigen Ruhm der Carabinieriwaffe"

Aber es kam noch schöner in Dr. Simonettis Urteilsbegründung: *„Immer unter der Pflicht der Objektivität muss man auch festhalten, daß, falls es Gewalt gegeben habe, es sich um einzelne Fälle gehandelt hat. Insgesamt bei einer Zahl von 280 Männern, welche an den Polizeioperationen teilgenommen hatten, hat eine geringfügige Zahl von ihnen, eingeschlossen die unbekannt Gebliebenen, sich zu Gewaltakten hinreißen lassen,* **zu Akten, welche sicherlich nicht lobenswert** [„non certo commendevoli"], *in jenem speziellen Klima der Erregung, welches sich in der Provinz Bozen angesichts der sehr schweren Attentate gebildet hatte, aber verständlich, wenn nicht sogar zu rechtfertigen* [„se non giustificabili"] **waren.**

Das alles wird feierlich gesagt: Soweit der Zustand extremer körperlicher und seelischer Anspannung manchen zu irgendeinem Exzess verlei-

> numero di questi, compresi gl'ignoti, trascesero ad atti
> di violenza, atti non certo commendevoli, ma comprensibili,
> se non giustificabili, in quel particolare clima di orgasmo
> che si era determinato nella provincia di Bolzano col sus-
> detto inquantoché, se lo stato di estrema tensione fisica
> e psichica poté indurre taluno a qualche eccesso, la gene-
> ralità dei Carabinieri mise ancora una volta in luce quel-
> le tradizioni di scrupolo e di correttezza che sono vanto
> secolare dell'Arma.

Die „Akte der Gewalt" seien „sicherlich nicht lobenswert, doch verständlich" gewesen in „jenem bestimmten Klima der Erregung, welches in der Provinz Bolzano" geherrscht habe. Salbungsvoll pries dann das Mailänder Urteil die Traditionen der „Gewissenhaftigkeit und der Korrektheit" der Carabinieri, welche den „hundertjährigen Ruhm" der Truppe darstellten. (Urteils des 1. Schwurgerichtshofes Mailand - Sentenza 1 Corte di Assise di Milano, Nr. 57/64, 16. Juli 1964, S. 95 und 96)

ten konnte, so stellte **die Gesamtheit der Carabinieri doch wieder einmal jene Traditionen der Gewissenhaftigkeit und der Korrektheit ins Licht, welche den hundertjährigen Ruhm der Carabinieriwaffe darstellen."**
(Hervorhebungen durch den Verfasser. S. 95f des Urteils)

Von der „Allgemeinen Erklärung der Menschenrechte" der Vereinten Nationen (Resolution 217 (III) der Generalversammlung vom 10. Dezember 1948), in welcher es in Artikel 5 heißt *„Niemand darf der Folter oder grausamer, unmenschlicher oder erniedrigender Behandlung oder Strafe unterworfen werden"*, hatte der treffliche Gerichtspräsident und Carabinieri-Capitano Dottore Simonetti offenbar noch nie etwas gehört.

Mit diesem innigen Verständnis für gewalttätige Verhöre war für das Mailänder Gericht das Thema der Misshandlungen aber auch schon abgehandelt und die Verurteilten einschließlich Sepp Kerschbaumer waren, ohne dass sie dem noch widersprechen konnten, durch die Urteilsbegründung gerichtsamtlich zu Übertreibern und Lügnern erklärt worden.

► Kein österreichischer Protest gegen die Ungeheuerlichkeit der Rechtfertigung der Folter – ab nun auch Bestrafung von Klagen über Folterungen

Bemerkenswerterweise haben die Ausführungen zur Folter in der Mailänder Urteilsbegründung zu keinen Protesten der österreichischen Bundesregierung geführt. Da schrieb ein italienischer Schwurgerichtspräsident in ein offizielles Justizdokument hinein, dass man unter bestimmten Umständen die Anwendung der Folter durch die Polizei für verständlich halten könne.

Das stellte schon eine Einmaligkeit im westlichen demokratischen Nachkriegseuropa dar. Hätte ein österreichischer oder deutscher Richter dergleichen gesagt, so wäre dies zu Recht als geistiger Rückfall in die finsterste Nazibarbarei angeprangert worden.

Wieso aber gab es im Falle des italienischen Gerichtspräsidenten keine diplomatische Intervention Österreichs?

Dass dies nicht geschah, muss darauf zurückgeführt werden, dass der politische Wille dazu bei dem Bundeskanzler Dr. Josef Klaus nicht vorhanden war.

Für künftige Häftlinge sollte das Schweigen und die Untätigkeit der Politiker die fatale Konsequenz haben, dass auf der italienischen Seite weitere Hemmschwellen fallen und Klagen von Gefangenen über Folterungen als Verleumdungen der staatlichen Organe strafrechtlich verfolgt und gerichtlich geahndet werden sollten.

► Wie die italienischen Behörden in der „freundlichen Atmosphäre" des Urteils von Mailand mit zwei Jugendlichen umsprangen

Der ÖVP-DC-Verbindungsmann Rudolf Moser hatte in sein „Pro Memoria" für den italienischen Ministerpräsidenten Moro hineingeschrieben gehabt, dass man nun *„diese freundliche Atmosphäre"* des überaus *„weisen"*, *„menschlichen"* und *„tiefeinfühlenden"* Urteils von Mailand nützen müsse, *„um weitere Taten des Verständnisses und der Versöhnung zu realisieren."* (Rudolf Moser: „Pro Memoria". NÖ Landesarchiv, Nachlass Figl, Karton 61)

Die italienischen Polizei- und Justizbehörden in Italien verabsäumten auch nicht, nach dem Urteil von Mailand in Südtirol umgehend eine weitere Tat spezieller „Versöhnung" zu setzen. Einer „Versöhnung", die nur in Mosers Propaganda als solche bezeichnet werden konnte.

Als die in Mailand freigesprochenen oder ihre Haft bereits verbüßt habenden Häftlinge nach Südtirol zurückkehrten, patrouillierten auf der Straße nach Bozen Überfallwagen und schwerbewaffnete Militäreinheiten. Bozen glich einer belagerten Stadt. Man sprach von 300 bis 400 schwerbewaffneten Polizisten in voller Feldausrüstung. An den Straßenecken sah man Doppelposten mit Maschinenpistolen und auf dem Landhausplatz standen ca. 30 startbereite Jeeps mit aufmontierten Maschinengewehren.

Dieses Bild aus Tramin zeigt, wie die deutsche Bevölkerung unter strenger Beaufsichtigung durch nervöse Carabinieri auf das Eintreffen ihrer freigelassenen Mitbürger wartet.

Für zwei Jugendliche hatte die starke Polizeipräsenz in Bozen schlimme Folgen. Die beiden minderjährigen Jugendlichen, der 17 Jahre alte Meinrad Berger aus Bozen und der 16 Jahre alte Alfred Asten vom Ritten, hatten in der Nacht des 16. Juli 1964 von einem Moped aus in Bozen selbstgefertigte Flugzettel verstreut, in denen sie die Freiheit für die noch immer inhaftierten Südtiroler Landsleute forderten.

Die Jugendlichen wurden bei ihrer Streuaktion von den Carabinieri erwischt, verhaftet und in das Jugendgefängnis Trient eingeliefert. Die Anzeige lautete auf „antinationale Propaganda", „Schmähung der italienischen Nation" und unerlaubten Waffenbesitz, da man bei einem der beiden zu Hause ein altes Bajonett aus dem 1. Weltkrieg gefunden hatte.

Meinrad Berger schilderte jetzt gegenüber dem Autor, was damals geschah:

Bild oben: Der 17jährige „Staatsverbrecher" Meinrad Berger. Bild rechts: Der „Alto Adige" vom 15. August 1964 gab ein Bild des Flugzettels wieder und berichtete über die Jugendlichen: „Sie verbreiteten Flugzettel mit antinationaler Propaganda in den Straßen von Bozen – In provisorischer Freiheit die beiden jugendlichen ‚Propagandisten'". Was die Zeitung nicht schrieb, war, dass die beiden Jugendlichen in der Besserungsanstalt eingesperrt blieben.

„Der Auslöser unserer spontanen Aktion war das Mailänder Urteil gegen unsere Freiheitskämpfer. Wir haben Papier genommen, Kohlepapier und auf diese Weise jedes Mal 4 Blätter verfertigt. Die Texte waren: SO EIN URTEIL NUR IN ITALIEN MÖGLICH / FREIHEIT FÜR DIE SÜDTIROLER HÄFTLINGE / LOS VON ROM. Unterzeichnet waren die Flugzettel mit BAS oder EIN TIROL: Das große T im Kreis.

Wir wurden mit den Flugzetteln in der Segantini-Straße erwischt, sofort verhaftet und in die Carabinieri-Kaserne in der Dante-Straße gebracht. Nach 2 Nächten und 2 Tagen wurden wir ins daneben liegende Gefängnis gebracht und in Einzelhaft gesteckt.

Meine Mutter und meine Freunde informierten sich immer wieder, wie es uns gehe und gingen auch zum zuständigen Staatsanwalt, um die Freilassung zu erwirken.

Unsere Verhaftung erfolgte in der Nacht vom 16. auf den 17 Juli 1964.

Am 17. Juli vergewaltigten zwei Männer am Verdi-Platz ein Mädchen, hinter geparkten LKW. Sie wurden rasch wieder freigelassen.

Daraufhin ging meine Mutter wieder zum Staatsanwalt, erklärte ihm, dass diese zwei Vergewaltiger schon wieder auf freiem Fuß seien und wir zwei noch immer im Gefängnis wären. Der Staatsanwalt erklärte ihr, dass unser Verbrechen 100mal größer sei als das, was diese zwei Männer getan hatten.

Nach drei Wochen wurden wir mit 2 Autos und 6 Beamten nach Venedig gebracht, in das Jugendgefängnis in der Via Zattere.

In Bozen waren wir immer in Einzelhaft, konnten aber im Hof spazieren gehen und kamen auch mit anderen Häftlingen zusammen. Darunter waren auch der Sohn von Sepp Kerschbaumer und der Sohn von Richard Gutmann (Anm.: Söhne von ebenfalls in Haft befindlichen Südtiroler Freiheitskämpfern), *vom letzteren bekam ich immer Zigaretten, da ich Raucher war. In Bozen konnte man als Minderjähriger keine Zigaretten kaufen. In Venedig wie viel man wollte und Zigaretten waren das Zahlungsmittel zwischen den Häftlingen. In Bozen war das Essen gut, in Venedig ziemlich schlecht.*

In Venedig kamen wir erst in verschiedene Zellen mit anderen, dann kamen wir zusammen. Eines Tages rief uns der Direktor zu sich und erklärte uns, dass wir nun in provisorischer Freiheit wären, dass sich

Das Gefängnis in Bozen, welches sich in der Dantestraße neben der Carabinieri-Kaserne befindet.

aber nichts ändere, da wir jetzt unter Beobachtung stünden. Das bedeutet, du bleibst drinnen, also kein Unterschied.

Die Briefe nach Hause mussten wir italienisch schreiben, sonst wären sie nach Rom gekommen, um dort gelesen zu werden und dann wieder nach Venedig und dann erst nach Hause. Ein gutes Mittel waren hier wieder die Zigaretten, mit denen konnte man einem Häftling, der Urlaub bekam, einen Brief mit geben.

Das Gefängnis war voller Flöhe, bis ich zum Direktor ging und das meldete, dann wurde gegen die Flöhe gespritzt.

Jeder konnte sich eine Werkstatt aussuchen, Alfred nahm sich die Schusterei und ich die Schlosserei. Obwohl ein großes Schild darauf hin wies, das man hier einen Beruf erlernen kann, mussten wir uns Plätze aussuchen, wo uns der Meister sehen konnte und mussten dort den ganzen Tag stehen.

Als wir am 4. oder 5. Oktober nach Hause durften, kamen Eltern und Freunde uns holen. Für uns war aber noch nicht alles vorbei. Wir wurden beschattet und es wurde jeder einvernommen der mit einem von uns gesprochen hatte.

Am 10. März 1965 kam es zu einer Gerichtsverhandlung im Landesgericht Bozen, wofür ich einen Rechtsanwalt nehmen musste. Es kam aber nichts heraus, es gab ja keine Beleidigung des Staates und der Polizei. Der Waffenbesitz (Anm.: das alte Bajonett aus dem 1. Weltkrieg) *fiel unter CONDONO* (Anm.: Strafnachlass) *und der Rest ebenfalls. Zwei Jahre danach hatte Alfred leider einen tödlichen Motorradunfall."*
(Mitteilung von Meinrad Berger an den Verfasser, 23. Oktober 2016)

Meinrad Berger (links im Bild) setzt sich auch heute noch für seine Heimat Südtirol ein. Er ist Stellvertretender Obmann des „Südtiroler Heimatbundes" (SHB), einer von ehemaligen Freiheitskämpfern und politischen Häftlingen gegründeten Vereinigung, die für die Selbstbestimmung eintritt. Rechts im Bild ist Roland Lang zu sehen, der Obmann des SHB.

Die ÖVP-Delegation auf dem DC-Kongress in Rom

Der DC-Kongress fand vom 12. bis zum 15. September 1964 in Rom statt. Die ÖVP-Delegation stand unter der Leitung des Staatssekretärs für Äußeres, Dr. Carl Bobleter. Selbstverständlich gehörte ihr aber auch Rudolf Moser an, der die nun stattfindenden Gespräche mit seinen Briefen an zahlreiche italienische Politiker vorbereitet hatte.

Moser auf dem DC-Kongress 1964 in Rom.

Nach dem Kongress der „Democrazia Cristiana" (DC) sandte Moser einen umfangreichen Bericht an ÖVP-Funktionäre und Politiker aus, in welchem er besonders hervorhob, dass der DC-Generalsekretär in seiner Rede Stellung genommen hatte gegen die *„Gewalttätigkeit einer geringfügigen Minderheit von Irregeleiteten und einer winzigen Gruppe von kriminellen Fanatikern."* Der Wille der Regierung bleibe jedoch fest, *„Diskussionen über die Grenzen unseres Vaterlandes nicht zu akzeptieren."* Wie Moser weiter berichtete, fanden *„diese durchaus positiven Erklärungen des Generalsekretärs ... freundlichen Beifall der Versammlung."* Auch die übrigen Redner auf dem Kongress, berichtete Moser, drückten sich ähnlich aus, sofern sie auf Südtirol zu sprechen kamen.

Er selbst habe eine Reihe herzlicher und freundschaftlicher Gespräche führen können, so mit dem Ex-Ministerpräsidenten Leone und dem ehemaligen Ministerpräsidenten und Innenminister Scelba.

Mit letzterem war *„diese ganze Unterredung ... in einer Atmosphäre von aufrichtigstem, menschlich-herzlichem Kontakt geführt worden"*. (Dazu darf angemerkt werden, dass Scelba jener Innenminister war, der sich 1961 als politischer Schutzherr der folternden Carabinieri betätigt hatte.) Für die weitere politische Entwicklung sah Moser eine Gefahr auf österreichischer Seite – in der *„Zwiespältigkeit in gar vielen unserer führenden und maßgeblichen Kreise"*. Diese manifestiere sich so:

```
Man bedauert und hetzt dabei, man setzt sich für loyale Lö-
sungen ein, zwinkert aber terroristischen Aktivisten zu, man
ist in offiziellen Verhandlungen aktiv, läßt aber die Gegen-
strömungen gewähren.

Wir erklären uns dem Wort nach als "christlich." Wenn wir
uns aber zum Wort des  HERRN  bekennen wollten, da müßte
uns bewußt werden:

        WER  NICHT  FÜR  MICH  IST,  IST  WIDER  MICH ! "
```

Aus Mosers Bericht „Feststellungen und Tatsachen des DC Congresses in Rom", Sachsenburg 21. September 1964. (NÖ Landesarchiv, Nachlass Figl, Karton 61)

Gemeint hat Moser damit mit jenen, die *„terroristischen Aktivisten"* zuzwinkern würden, sicherlich auch die Tiroler Landespartei der ÖVP.

Die Kritik des Außenministers Dr. Kreisky an der christdemokratischen Geheimdiplomatie

Hinter dem Rücken des österreichischen Außenministers: Parallelverhandlungen auf geheimer Ebene

Im Herbst 1964 und im Februar 1965 lud Bundeskanzler Dr. Josef Klaus Spitzenpolitiker der christlich-demokratischen Parteien Europas nach Österreich ein, um die persönlichen Kontakte zu vertiefen.

Es war nicht im Interesse von ÖVP und DC gelegen, die beiden Sozialdemokraten Kreisky und Saragat erfolgreich zu einer Lösung des Südtirol-Problems gelangen zu lassen. Als Dr. Bruno Kreisky am 8. Jänner 1965 in Innsbruck den Südtirolern und den Nordtirolern ein von den beiden Politikern ausgearbeitetes und durch einen Schiedsgerichtsvertrag abzusicherndes Autonomie-Maßnahmenpaket vorlegte, traf es sich für die ÖVP-DC-Christdemokraten ganz gut, dass die Vertreter der „Südtiroler Volkspartei" (SVP) das „Paket" als zu mager beurteilten und forderten, dass nachverhandelt werden müsse.

Durch die Vertreter von ÖVP und DC hinter den Kulissen wurde an dem österreichischen Außenminister Dr. Bruno Kreisky (links) und seinem italienischen Amtskollegen Saragat vorbei verhandelt.

Nachdem der Sozialdemokrat Saragat am 28. Dezember 1964 als Außenminister ausgeschieden und zum Staatspräsidenten aufgestiegen war, legte sich die DC-dominierte Regierung in der Folge quer und zog das Angebot zurück.

Dem österreichischen Außenminister Dr. Kreisky war mittlerweile bewusst geworden, dass parallel zu ihm auf einer zweiten geheimen Ebene mit den Italienern verhandelt wurde.

Das österreichische Parlament, die Opposition und auch die Öffentlichkeit erfuhren nur bruchstückweise von Geheimtreffen zwischen Dr. Klaus und den Spitzen der „Democrazia Cristiana" (DC), wenn Indiskretionen an die Presse durchsickerten.

▶ Ein „privates" Geheimtreffen auf italienischem Boden

Ein solches Geheimtreffen fand im Zuge dieser ÖVP-DC-Zusammenarbeit am 26. August 1965 zwischen dem österreichischen Bundeskanzler Dr. Klaus und dem italienischen Ministerpräsidenten Aldo Moro auf einem Berghaus im Fleimstal statt. Darüber hatte Dr. Klaus seinen sozialdemokratischen Außenminister Dr. Kreisky weder vorher noch nachher informiert.

Rudolf Moser hatte dieses Treffen unter Umgehung aller diplomatischen Dienststellen „privat" vorbereitet. Durch eine Indiskretion der „Süd-Ost-Tagespost" vom 31. August 1965 erfuhr die Öffentlichkeit davon. Auf eine parlamentarische Anfrage der SPÖ-Abgeordneten Dr. Winter und Horejs nach dem Inhalt der geheim geführten Gespräche ant-

wortete Bundeskanzler Dr. Klaus am 8. Oktober vor dem Parlament: *"Da es sich um eine inoffizielle und strikt private (!) Begegnung gehandelt hat, bestand keine Ursache, über dieses Treffen ohne Zustimmung meines Gesprächspartners eine amtliche Verlautbarung auszugeben."*
Unter Hinweis auf den angeblich privaten Charakter des heimlichen Treffens verweigerte Dr. Klaus aber auch jede Auskunft über die Gesprächsinhalte.
Der italienische Ministerpräsident Aldo Moro erklärte hingegen am 13. Oktober 1965 in der italienischen Kammer, daß er sich mit Wissen des italienischen Außenministers mit dem österreichischen Bundeskanzler Dr. Klaus getroffen habe, daß also die Begegnung keineswegs privat gewesen sei.
Vor Pressevertretern in Innsbruck gab der österreichische Bundeskanzler dazu nur eine sehr allgemein gehaltene Erklärung ab: *"Ich bin der festen Überzeugung, daß im Geiste der christlichen Demokratie und der gegenseitigen Verantwortung der europäischen Völkerfamilie Lösungen gefunden werden können, die auf dem Boden des Rechts zugleich auch den Bestand und die freie Entfaltung der Südtiroler Volksgruppe sichern. Diesen Eindruck fand ich bestätigt in mehreren Gesprächen mit Spitzenfunktionären Italiens, nicht zuletzt bei einem ausführlichen und fruchtbaren Gespräch, das ich in letzter Zeit mit dem italienischen Ministerpräsidenten Aldo Moro führte."* („Südtiroler Nachrichten", 8.10. 65)

▶ Eine versuchte Umgehung des Außenministers

Der österreichische Außenminister Dr. Kreisky (SPÖ) hielt nicht viel von einer hinter seinem Rücken geführten ÖVP-DC-Geheimdiplomatie. In einer Südtirol-Besprechung am 11. September 1965 in Innsbruck wies er gegenüber den dort anwesenden ÖVP- und SVP-Politikern darauf hin, dass der österreichische Handelsminister

Der österreichische Handelsminister Bock (ÖVP) – hier im Bild mit Rudolf Moser – hatte versucht, hinter den Kulissen an dem österreichischen Außenminister Dr. Kreisky (SPÖ) vorbei mit den Italienern über einen EWG-Beitritt Österreichs zu verhandeln.

Fritz Bock ebenso eigenmächtig wie erfolglos versucht habe, mit dem DC-Politiker Amintore Fanfani (welcher vom Mai bis Dezember 1965 als Außenminister amtierte) in Verhandlungen über den österreichischen EWG-Beitritt einzutreten.

Dies sei geschehen, sagte Dr. Kreisky, *„obwohl er davor gewarnt hätte, weil man einen derartigen Besuch zu leicht als einen Bittstellerbesuch werten könnte. Es sei nicht ausgeschlossen, dass auch andere Besuche Anlass zu Missverständnissen gegeben hätten. ... In all dem sehe er eine ernste Belastung der österreichischen Verhandlungsposition."* (11. 9. 1965 Südtirolbesprechung in Innsbruck, SLA, SVP, Landesleitung Nr. 1619, wiedergegeben in: Rolf Steininger: „Akten zur Südtirol-Politik 1959–1969", Bd. 5 – 1965/66, Innsbruck-Wien-Bozen 2011, S. 179)

Weitere Stationen auf dem Weg zur Vertiefung der christdemokratischen Freundschaft

➤ Geheimgespräche auf dem DC-Kongress in Sorrento

Die Verwahrung des sozialistischen Außenministers Dr. Kreisky gegen ÖVP-DC-Verhandlungen hinter seinem Rücken hatten keinen Einfluss auf den weiteren Gang der mittlerweile institutionalisierten Treffen und Gespräche der „Österreichischen Volkspartei" (ÖVP) mit der „Democrazia Cristiana" (DC).

Der ÖVP-Generalsekretär Dr. Hermann Withalm berichtete in seinen Erinnerungen: *„In den letzten Oktobertagen 1965 – vom 29. Oktober bis zum 1. November – fand in Sorrent der Kongreß der Democrazia Cristiana statt. Nachdem wenige Tage vorher in der österreichischen Innenpolitik eine wichtige Klärung eingetreten war, konnte ich der Einladung meiner italienischen Freunde Folge leisten."*

Die von Dr. Withalm angesprochene Klärung in der österreichischen Innenpolitik hatte darin bestanden, dass die beiden Koalitionsparteien ÖVP und SPÖ sich nicht auf ein gemeinsames Budget für 1966 hatten einigen können und dass daran die Koalition zerbrochen war. Für den 6. Mai 1966 waren nun Neuwahlen angesetzt. Wie Dr. Withalm in seinen Erinnerungen festhielt, sah er reelle Chancen, dass die ÖVP die absolute Mehrheit erringen könnte. (Hermann Withalm: „Aufzeichnungen", Graz-Wien-Köln 1973, S. 129)

Damit würde man den sozialistischen Außenminister Dr. Kreisky los sein. Es war also ein guter Zeitpunkt dafür, mit den italienischen Freunden weitere Gespräche, auch über Südtirol, zu führen. Dr. Withalm flog nach Rom, von dort ging es mit dem Auto weiter nach Sorrento. *„Für Gespräche mit meinen italienischen Freunden"*, berichtete Dr. Withalm in seinen Erinnerungen, *„vor allem mit Mariano Rumor, ergaben sich in Sorrent gute Möglichkeiten. Auch hier stand im Mittelpunkt die Südtirolfrage."* (Hermann Withalm: „Aufzeichnungen", Graz-Wien-Köln 1973, S. 129f)

Der spätere italienische Ministerpräsident und mehrfache Staatsminister Mariano Rumor war zu diesem Zeitpunkt „Segretario Politico" der „Democrazia Cristiana" (DC). Dieses Amt war nicht, wie die Bezeichnung vermuten lassen könnte, ein Sekretärsposten. Der „Segretario" übte eine Funktion aus, die in anderen Parteien der eines Vorsitzenden entsprach. Mit dem einflussreichen „Segretario" Mariano Rumor war Rudolf Moser bestens befreundet.

Der DC-Parteisekretär Mariano Rumor (links) begrüßt seinen guten Freund Rudolf Moser auf dem Capitol in Rom anlässlich eines Weltkongresses christlich-demokratischer Parteien im November 1975.

Es ist bezeichnend, aber nicht verwunderlich, dass Withalm in seinen Erinnerungen auf den Inhalt der in Sorrento in Bezug auf Südtirol geführten Gespräche nicht eingegangen ist.

▶ Spitzentreffen auf der UECD-Tagung in Taormina

Im Dezember 1965 nahm Dr. Klaus an der Tagung der „Union Europäischer Christlicher Demokraten" (UECD) im italienischen Taormina auf Sizilien teil. Dort traf Dr. Klaus die gesamte Spitzengruppe der italienischen DC, darunter den mittlerweile zum Ministerpräsidenten Italiens avancierten DC-Politiker Aldo Moro, den er auf Vermittlung Rudolf Mosers bereits vorher in Rom getroffen hatte.

Klaus konnte, wie er in seinen Erinnerungen berichtete, mit Ministerpräsident Aldo Moro *„stundenlang"* über seine *„Ansichten und konkreten Vorschläge sprechen."* (Josef Klaus: a.a.O., S. 418f)

Auf der Tagung selbst beschwor Dr. Klaus dann in seiner Gastrede die *„persönliche Freundschaft zwischen Politikern unserer Weltanschauung als wertvollsten Faktor für die Wirksamkeit der christlich-demokratischen Politik in der Welt."* (Josef Klaus: a.a.O., S. 419)

Bundeskanzler Dr. Josef Klaus (links) zusammen mit dem italienischen Ministerpräsidenten Aldo Moro auf der UEDC-Tagung in Taormina.

Auch Rudolf Moser (Zweiter von links) war österreichischer ÖVP-Delegierter auf der EUCD-Tagung in Taormina.

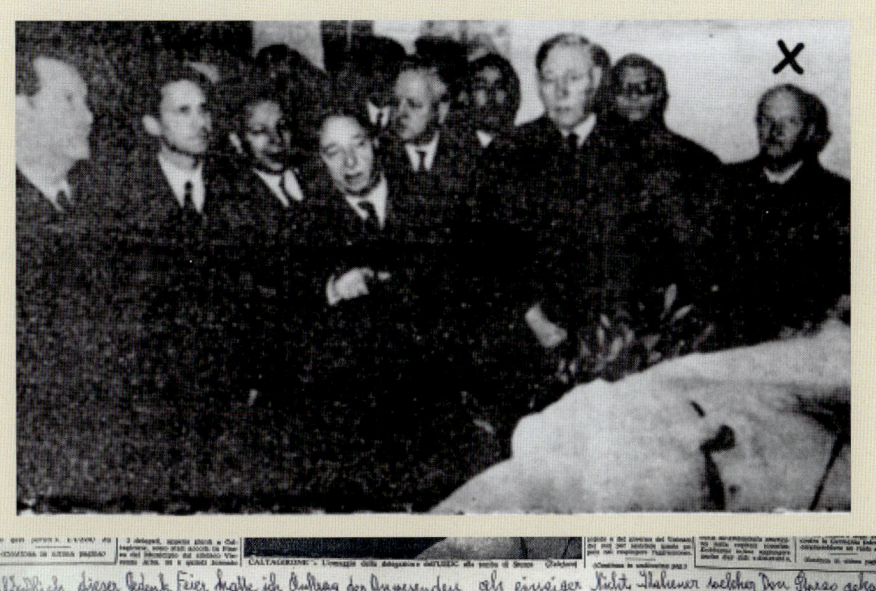

Die Zeitung „Il Popolo", das Organ der DC, berichtete darüber, dass gegen Ende der EUCD-Tagung eine Delegation die Gruft von Don Luigi Sturzo besucht hatte. Don Sturzo war Priester und Politiker gewesen. Er hatte die Partei der „Popolari" gegründet gehabt, welche die Vorläuferpartei der DC gewesen war. Ganz rechts im Bild sehen wir hier Rudolf Moser (x) andächtig in der Grabstätte des italienischen Priester-Politikers stehen. Stolz hatte Moser auf der Titelseite der Zeitung vermerkt: „Anläßlich dieser Gedenk Feier hatte ich Auftrag der Anwesenden als einziger Nicht-Italiener welcher Don Sturzo gekannt und mit diesem wiederholt diskutiert hatte eine Gedenk Rede – in italienischer und deutscher Sprache zu halten." (Archiv des Verfassers, Aktenbestand Moser)

Über die Inhalte dieser stundenlangen Aussprache, bei denen sicherlich der Störfaktor Südtirol im Vordergrund gestanden hatte, gab Dr. Klaus in seinen Erinnerungen nichts Näheres preis. Es müssen aber zwangsläufig Gespräche über den von Wien angestrebten EWG-Beitritt Österreichs und den diesbezüglichen Stolperstein Südtirol gewesen sein.

Wie die weitere Entwicklung zeigen sollte, war man auf italienischer Seite von keiner christdemokratischen Freundschafts-Gefühlsduselei erfüllt. Vielmehr sollten die von Dr. Klaus vorgetragenen österreichischen Wünsche bald zum Gegenstand kalter politischer Erpressung in der Südtirol-Frage gemacht werden.

Der „tiefgeschuldete Dank" des Bundeskanzlers Dr. Klaus an den „Commendatore" für die „neue Freundschaft mit Italien über den Stein des Anstoßes Südtirol hinweg"

Wie eng die Zusammenarbeit Rudolf Mosers mit Dr. Josef Klaus gewesen ist, wird aus einem Handschreiben ersichtlich, in welchem Dr. Klaus im Jahre 1986 Moser zum 85. Geburtstag gratulierte und in dem er sich für die Zusammenarbeit in der Vergangenheit bedankte:

„Commendatore, lieber Herr Kommerzialrat! ... Sie haben neben vielem anderen vier österreichischen Bundeskanzlern, zuletzt mir, geholfen eine grundsatztreue, den christlichen Werten verpflichtete Politik zu machen und insbesondere die Aussöhnung und neue Freundschaft mit Italien – über den Stein des Anstoßes: Südtirol hinweg – zu bewerkstelligen. So verbinde ich mit den Glückwünschen einen tiefgeschuldeten Dank für alles, was Sie auch mir an Zuneigung und Hilfe geboten haben."

Ausschnitte aus dem Handschreiben von Dr. Josef Klaus an Rudolf Moser vom 10. Mai 1986. (Archiv des Verfassers, Aktenbestand Moser)

Worum es damals vorrangig ging, zeigt uns dieses ÖVP-Plakat aus dem Jahre 1965: Um den Eintritt Österreichs in den gemeinsamen europäischen Markt, welcher vorläufig noch durch Italien blockiert wurde.

Die ÖVP-Alleinregierung unter Bundeskanzler Dr. Josef Klaus und die dramatische Wende in der österreichischen Südtirol-Politik

Vorbemerkung

Im Rahmen dieser Arbeit kann nicht auf die inhaltlichen Details der Verhandlungen über das Südtirol-„Autonomiepaket" eingegangen werden. Dies würde den Rahmen dieser Arbeit bei Weitem sprengen. Inhaltlich ist daher die Beschränkung auf die wesentlichen Punkte, die Grundsatzfragen und die Leitlinien der Regierungspolitik in der Südtirol-Frage, geboten.

Vor allem aber wird das Bemühen des Bundeskanzlers Dr. Klaus dargestellt, in Geheimverhandlungen unter weitgehender Umgehung der eigentlich Betroffenen eine Einigung mit Italien herbeizuführen.

Wer sich genauer über die Details und Inhalte der Verhandlungen selbst informieren will, dem sei folgendes Werk empfohlen:

Der Verfasser des Buches „Südtirol und das Vaterland Österreich" (Wien-München 1984), Univ.-Prof. Dr. Felix Ermacora, war der herausragende Südtirol-Fachmann und Völkerrechtsexperte jener Zeit. Er hatte bei Verhandlungen und Regierungsberatungen eine bedeutende Rolle gespielt, bis er durch den neuen Bundeskanzler Dr. Klaus weitgehend ausgebootet wurde.

Amtliche Dokumente zum Verlauf der Verhandlungen finden sich zudem wiedergegeben in der Dokumentationsreihe von Rolf Steininger: „Akten zur Südtirol-Politik 1959–1969" (Innsbruck-Wien-Bozen).

Dr. Josef Klaus bildet eine Alleinregierung

Bei den Nationalratswahlen des 6. März 1966 hatte die Österreichische Volkspartei (ÖVP) mit 85 Mandaten die absolute Mehrheit erreicht. Bundeskanzler Dr. Josef Klaus hatte eine ÖVP-Alleinregierung gebildet, welche die bisherige ÖVP-SPÖ-Koalitionsregierung ablöste.

Nach der gewonnenen Wahl grüßt Dr. Klaus vom Balkon der ÖVP-Zentrale in der Wiener Kärntnerstraße seine Anhänger.

▶ Außenminister Dr. Kreisky wird durch Dr. Toncic-Sorinj abgelöst

Statt des Sozialdemokraten Dr. Bruno Kreisky wurde nun Dr. Lujo Toncic-Sorinj (ÖVP) neuer Außenminister, der aufgrund seiner Eitelkeit und seiner getönten und sorgfältig mit Gel präparierten Frisur im Volksmund bald den Spitznamen „Minister des schönen Äußeren" erhielt.

Der neue gestylte und gegelte Außenminister Dr. Lujo Tonic-Sorinj – im Volksmund „Minister des schönen Äußeren" genannt.

Die Südtirol-Politik des sozialdemokratischen Außenministers Dr. Bruno Kreisky (rechts im Bild) hatte nicht den Absichten des Bundeskanzlers Dr. Josef Klaus (links im Bild) entsprochen.

➤ Dr. Karl Gruber wird Staatssekretär im Bundeskanzleramt – Dr. Bruno Kreisky prangert dessen „Pariser Vertrag" als Fehlleistung an: „Eine furchtbare Hypothek"

Als neuen Staatssekretär in das Bundeskanzleramt holte sich Bundeskanzler Dr. Klaus mit Dr. Karl Gruber jenen Mann, der 1946 das „Pariser Abkommen" unterschrieben und später dann die Südtiroler im Stich gelassen und ihnen geraten hatte, die Zwangsgemeinschaft mit Trient in der Region „Trentino-Südtirol" zu akzeptieren und auf eine eigene Regionalautonomie zu verzichten. (Siehe: Helmut Golowitsch/Walter Fierlinger: „Kapitulation in Paris. Ursachen und Hintergründe des Pariser Vertrags 1946", Schriftenreihe zur Zeitgeschichte Tirols, Bd. 7, Nürnberg-Graz 1989, S. 758ff)

In seiner Regierungserklärung rühmte der Bundeskanzler Dr. Klaus am 20. April 1966 im Österreichischen Nationalrat die „Verdienste" des einstigen Außenministers Dr. Karl Gruber um das Zustandekommen des „Pariser Vertrages" von 1946 und begründete damit dessen Bestellung zum Staatssekretär.

Dr. Bruno Kreisky (rechts) bei einer Debatte im Österreichischen Nationalrat.

Am 22. April 1966 fand im Nationalrat dazu die parlamentarische Debatte statt, in welcher der bisherige Außenminister Dr. Bruno Kreisky (SPÖ) das Wort ergriff: *„Meine Damen und Herren! Wissen Sie, wie das berühmte Pariser Abkommen ausschaut? Da haben Sie es!* (Der Redner hält ein aus zwei Blättern bestehendes Schriftstück in die Höhe.) *Das ist alles! Auf diesen eineinhalb Seiten haben Degasperi und Dr. Karl Gruber das Problem der Südtiroler Minderheit zu lösen geglaubt.* (Abgeordneter Zeillinger: „Wo ist der Täter?") *Daß wir bis heute noch nicht weitergekommen sind, als wir es in mühsamen Verhandlungen erreichen konnten, ist darauf zurückzuführen, daß wir diese furchtbare*

Hypothek auf uns lasten haben! Wollen Sie wissen, was über die Rechte des Südtiroler Volkes da drinnen steht? … ‚Der Bevölkerung der oben erwähnten Gebiete wird die Ausübung der autonomen regionalen Gesetzgebungs- und Vollzugsgewalt gewährt werden. Der Rahmen für die Anwendung dieser Autonomiemaßnahmen wird in Beratung auch mit den einheimischen deutschsprachigen Repräsentanten festgelegt werden.' Alles andere, vorher und nachher, sind allgemeine Phrasen, denn was kann denn schon da drinnen stehen?" (Der Redner zeigt nochmals die zwei Blätter vor.) (Stenographisches Protokoll der 4. Sitzung des Nationalrates der Republik Österreich, XI Gesetzgebungsperiode, 22. April 1966)

➤ In Rom freut man sich: Innigste Glückwünsche

In Rom freute man sich über den Wahlsieg der ÖVP. Am 19. April 1966, dem Tag der Angelobung der neuen Bundesregierung, sandte der Parteisekretär der italienischen „Democrazia Cristiana" (DC), Mariano Rumor, an Bundeskanzler Dr. Klaus ein Glückwunschtelegramm, in welchem den politischen Hoffnungen Roms deutlich Ausdruck gegeben wurde: *„Der große und bedeutungsvolle Sieg der österreichischen Volkspartei, der größte seit 1945 bis heute, ist ein unumstößlicher Beweis für die Gültigkeit der christlich-demokratischen Ideale, für ihre Verbreitungsfähigkeit und für ihre Gültigkeit in Europa und in der Welt. Im Namen der italienischen DC drücke ich Ihnen die innigsten und herzlichen Glückwünsche für den erzielten Erfolg aus, in der Überzeugung, daß sich auch dieser Erfolg zukünftig im Dienst der gemeinsamen Inspiration Verpflichtung für eine freiere und gerechtere Gesellschaft bestätigen wird. Mögen Sie, Herr Bundeskanzler, den Ausdruck der tiefsten Freundschaft der italienischen Christdemokraten und meiner eigenen entgegennehmen."* (Otto Scrinzi (Hrsg.): „Chronik Südtirol 1959–1969", Graz-Stuttgart 1996, S. 492f)

Die Wende in der Südtirol-Politik

➤ Klaus betont den guten Willen Österreichs und Italiens: Es müssen Taten folgen! – Es ging um den EWG-Beitritt Österreichs

In seiner Regierungserklärung vom 20. April 1966 ließ der Bundeskanzler Dr. Klaus bereits erkennen, dass eine entscheidende Wende in der Südtirol-Politik bevorstand: *„Ich möchte betonen, daß bei den Verhandlungen, bei persönlichen Begegnungen und Gesprächen von Staatsmännern*

Italiens und Österreichs viel guter Wille geäußert wurde. Den Worten sollten nun endlich die Taten folgen. Die Zeit drängt und ein weiterer Aufschub ist im Interesse der betroffenen Bevölkerung immer schwerer zu verantworten."

Die österreichische Bundesregierung, so fuhr Klaus fort, könne versichern, *„daß sie nichts lebhafter wünscht als die Festigung enger, ungetrübter und herzlicher Beziehungen zum italienischen Nachbarvolk."* Und dann appellierte Klaus an die italienische Regierung: *„Der Schritt, der noch zu tun ist, ist nur noch klein. Seine Auswirkungen aber wären groß und segensreich für unsere beide Völker."* (Stenographisches Protokoll. 3. Sitzung des Nationalrates der Republik Österreich. XI. Gesetzgebungsperiode. Mittwoch, 20. April 1966)

Rom machte ab 1963 den EWG-Beitritt Österreichs vom Wohlverhalten in der Südtirol-Frage abhängig

Dass es vor allem um den österreichischen EWG-Beitritt ging und dass Rom diesen von österreichischen Verzichtsleistungen in der Südtirol-Frage abhängig machte, enthüllte die ÖVP-nahe Grazer Tageszeitung „Süd-Ost-Tagespost" ein Jahr später.

Die Zeitung schrieb am 29. Juni 1967: *„Die italienische Diplomatie mit Außenminister Fanfani an der Spitze, versucht gegenwärtig offensichtlich, Österreich in der Südtirol-Frage zu erpressen. Nachdem Rom erklärt hatte, es werde sich der Aufnahme von Verhandlungen zwischen Österreich und der Europäischen Montanunion in Luxemburg widersetzen, hatte man zunächst gedacht, es handle sich um eine Reaktion auf die Vorfälle auf der Porzescharte.* (Anmerkung: Ein mutmaßliches Manöver-Minen-Unglück mit Todesfolgen, welches von Rom sofort als „Terroranschlag" dargestellt werden sollte.)

Rom sucht Wien zu erpressen
Unser EWG-Antrag schon vor den Vorfällen auf der Porzescharte blockiert / Fürchtet Fanfani Einsetzung einer internationalen Untersuchungskommission?

WIEN ROM BOZEN (EIGENBERICHT) — Die italienische Diplomatie mit Außenminister F a n f a n i an der Spitze, versucht gegenwärtig offensichtlich, Österreich in der Südtirol-Frage zu erpressen. Nachdem Rom erklärt hatte, es werde sich der Aufnahme von Verhandlungen zwischen Österreich und der Europäischen Montanunion in Luxemburg widersetzen, hatte man zunächst gedacht, es handle sich um eine Reaktion auf die Vorfälle auf der Porzescharte. Die Annahme war jedoch irrig: Rom hatte schon vor diesen Vorfällen auch den österreichischen EWG-Antrag in Brüssel blockiert, indem es seine ständige Delegation in der EWG-Zentrale anwies, sich einer weiteren Behandlung des Österreich-Antrages durch den EWG-Ministerrat mit dem fadenscheinigen Vorwand zu widersetzen, der Antrag, der immerhin schon über fünf Jahre alt ist, sei „nicht richtig vorbereitet".

Dass Rom den österreichischen EWG-Beitritt schon frühzeitig mit einer Verzichtshaltung Österreichs in der Südtirol-Frage gekoppelt hatte, darauf verwies die Grazer Tageszeitung „Süd-Ost Tagespost" ein Jahr später am 29. Juni 1967.

Die Annahme war jedoch irrig: Rom hatte schon vor diesen Vorfällen auch den österreichischen EWG-Antrag in Brüssel blockiert, indem es seine ständige Delegation in der EWG-Zentrale anwies, sich einer weiteren Behandlung des Österreich-Antrages durch den EWG-Ministerrat mit dem fadenscheinigen Vorwand zu widersetzen, der Antrag, der immerhin schon über fünf Jahre alt ist, sei ‚nicht richtig vorbereitet'."

„Die Österreicher mit ihren EWG-Sorgen in die Zange nehmen"
Die Darstellung der Grazer Tageszeitung „Süd-Ost Tagespost" vom 29. Juni 1967 wird durch mittlerweile bekannt gewordene offizielle Dokumente bestätigt.
Der Historiker Univ.-Prof. Dr. Michael Gehler berichtet dazu: *„Ab 1963 setzte Italien auf diplomatischer Ebene ein neues Mittel ein, um Wien zu einer nachgiebigeren Haltung zu bewegen: Es deutete die Möglichkeit eines Junktims zwischen der Behandlung des Südtirolproblems und der Frage des österreichischen EWG-‚Arrangements' an. Mit einer solchen Haltung konnte Rom Wien zu verstehen geben, von der Forderung einer Vollautonomie für Südtirol abzurücken. Im März informierte jedenfalls Steiner* (Anm.: Staatssekretär) *Tschiggfrey* (Anm.: LH von Tirol)*, daß erstmals von italienischer Seite ein Zusammenhang zwischen Südtirolpolitik und der Position Roms in Brüssel gegenüber Österreich hergestellt worden sei. Der wirtschaftspolitische Direktor im Außenministerium Cattani hatte Österreichs Botschafter Löwenthal die Frage gestellt, ob man ‚Krieg oder Frieden' habe, und bei internen italienischen Besprechungen stets vorgeschlagen, ‚die Österreicher doch mit ihren EWG-Sorgen in die Zange zu nehmen'. ...*
Die von Rom 1963 angedeutete Junktimierung der Südtirolfrage mit Österreichs EWG-Bemühungen hing fortan wie ein Damoklesschwert über Kreiskys Außenpolitik. ...
Im Vergleich zu Österreich saß Italien aufgrund seiner für den Westen wichtigeren geostrategischen und sicherheitspolitischen Position im Mittelmeer- und Alpenraum vom Kriegsende bis zu Österreichs EU-Beitritt 1995 immer am längeren Hebel, sowohl in der Südtirol- als auch in der Integrationspolitik. Aus der Junktimierung beider Aspekte ergaben sich wiederholt zusätzliche Möglichkeiten für Rom, Wien zu gewissen Vorleistungen in der Autonomiefrage und ihrer internationalen Verankerung sowie bei der Streitbeilegungserklärung zu bewegen." (Michael Gehler: „Selbstbestimmung, geistig-kulturelle Landeseinheit, Europaregion? Die Tiroler Südtirolpolitik 1945–1998"; in: Michael Gehler (Hrsg.): „Tirol ‚Land im Gebirge': Zwischen Tradition und Moderne", Wien-Köln-Weimar 1999, S. 646f)

Roms Drohungen waren versteckt, aber eindeutig

Die römische Erpressung lief hinter den Kulissen auf versteckte Weise. Wie dies geschah, ist dem Protokoll über den Besuch des italienischen Botschafters Enrico Martino bei Bundeskanzler Gorbach am 4. April 1963 zu entnehmen. Darin heißt es:

„Auf die Frage des Herrn Bundeskanzlers, ob das Südtirolproblem das Verhalten Italiens zum Ansuchen Österreichs um eine Assoziierung mit der EWG irgendwie beeinflusse, gab Botschafter Martino dies indirekt zu, indem er ausführte, dass unumgängliche Voraussetzung eines Einvernehmens in den wirtschaftlichen Belangen der EWG, also auch im Falle eines Assoziierungsantrages, eine Klärung bzw. einmütige Verständigung in allen politischen Belangen sein müsse". (Archiv der ÖVP im Karl von Vogelsang-Institut, Wien. Wiedergegeben in: Rolf Steininger (Hrsg.): „Akten zur Südtirol-Politik 1959–1969", Bd. 4 „1962–1944", Innsbruck-Wien-Bozen 2009, S. 368)

Tatsächlich blockierte Italien im Oktober 1965 die Verhandlungen *„betreffend das österreichische Arrangement mit der EWG",* wie es in einem Aktenvermerk des Bundesministeriums für Auswärtige Angelegenheiten hieß. Hierbei *„wurden von italienischer Seite Bedenken gegen die Fortführung der Verhandlungen mit Österreich erhoben."* Als Begründung führte ein italienischer Vertreter gegenüber der österreichischen Delegation unter anderem an, dass *„das gegenwärtige Mandat für Verhandlungen mit Österreich ... eine so weitgehende Diskussion des Harmonisierungsproblems nicht decken"* würde. (Aktenvermerk BMfAA vom 18. 10. 1965. Wiedergegeben in: Rolf Steininger (Hrsg.): „Akten zur Südtirol-Politik 1959–1969", Bd. 5 „1965/66", Innsbruck-Wien-Bozen 2011, S. 223)

Zu einer öffentlich verkündeten, offiziellen Blockade der österreichischen EWG-Beitrittsverhandlungen sollte es erst 1967 kommen.

➤ Moser führt Geheimgespräche auf höchster Ebene und erhält Einblick in ein geheimes italienisches Regierungspapier

Zu dem Zeitpunkt, als Dr. Klaus seine Regierungserklärung abgab, befand sich der Rudolf Moser in Italien und führte Gespräche mit höchsten italienischen Regierungskreisen.

Darüber hat Moser am 27. April eine Niederschrift verfasst. Der Verfasser hat diese Niederschrift im Jahre 1966, als er noch als Journalist tätig war, von Univ.-Prof. Dr. Felix Ermacora erhalten. Diesem war sie wiederum aus österreichischen Regierungskreisen zugespielt worden.

Diese Niederschrift ist aus mehreren Gründen höchst aufschlussreich.

Rudolf Moser in Rom – er erhielt Einblick in ein geheimes Strategiepapier des Ministerpräsidenten Aldo Moro (rechts)

Sie zeigt, dass Moser ein Vertrauensmann der „Democrazia Cristiana" (DC) war, den man über die internen Debatten der italienischen Regierung informierte.

Moser: Realisierung der italienischen Vorschläge müsste akzeptabel sein
Fast unglaublich mutet aber an, dass man in Rom Moser auch Einblick in ein höchst geheimes Strategie-Papier nehmen ließ, in welchem das italienische Außenministerium dem Ministerpräsidenten Aldo Moro die Verhandlungslinie für ein bevorstehendes Treffen mit Bundeskanzler Dr. Klaus in Form von Instruktionen vorgegeben hatte.

```
            FESTSTELLUNGEN  in ITALIEN  und  SÜDTIROL
                  in der Zeit vom 16.-25.April 66

   Auch im Regierungskreis hat man sich eingehend mit den Kanzler-
   Äußerungen befaßt.
   Ministerpräsident Moro wünschte, daß Italien der Ankündigung
   Österreichs wegen Kontaktaufnahme zuvorkommen möge und seiner-
   seits die Initiative ergreifen sollte.
   Der Außenminister Fanfani erklärte sich jedoch für das Zuwarten
   auf die angekündigte Note, welche dann positiv zu behandeln sein
   werde.
   Unter Datum 22. April 66 wurde dem Ministerpräsident Moro ein
   Brief mit Punkte-Instruktion übermittelt. In dieses Elaborat
   - es waren 9 Punkte in 3 Seiten Maschinschrift - konnte ich Ein-
   sicht nehmen. Es wurde alles Wesentliche - so weit auf 3 Seiten
   unterbringbar - präzise dargestellt und entspricht in Sinn, Ten-
   denz und Inhalt derart, daß die Realisierung für alle 3 Partner
   akzeptabel sein könnte.
```

Ausschnitt aus der Niederschrift Mosers. Sie ist gezeichnet: Sachsenburg, 27. April 1966. (Im Besitz des Verfassers)

Angesichts der Tatsache, dass Moser in die geheimen Verhandlungsinstruktionen des italienischen Ministerpräsidenten Einsicht nehmen konnte, stellt sich die Frage, wieso die Italiener diesen außergewöhnlichen Schritt setzten.

Die Erklärung kann nur darin liegen, dass man in Rom Moser bereits als das vertrauenswürdige Sprachrohr der italienischen Seite nach Wien betrachtete und von ihm erwartete, dass er helfen werde, den Bundeskanzler Dr. Klaus auf eine Zustimmung zur italienischen Position einzustimmen.

Genau dies geschah dann auch, wie bereits aus obigem Textauszug hervorgeht. Moser berichtete über die italienische Position: *„… entspricht in Sinn, Tendenz und Inhalt derart, dass die Realisierung für alle 3 Partner akzeptabel sein könnte."*

Moser begründet, warum eine internationale Absicherung eines Verhandlungsergebnisses nicht möglich sei

Ein wesentlicher strittiger Punkt in den Verhandlungen war stets die österreichische Forderung nach einer wirksamen internationalrechtlichen Absicherung einer Südtirol-Autonomie gewesen. Rom hatte eine solche stets abgelehnt, weil nach italienischer Auffassung die Südtirol-Frage eine rein interne Angelegenheit sei. Alle Zugeständnisse Roms in Bezug auf Autonomierechte seien freiwillige Mehrleistungen, die über den bereits voll erfüllten „Pariser Vertrag" hinausgingen. Daher könnten diese auch nicht internationalrechtlich einklagbar gemacht werden. Damit behielt sich Rom ganz klar die Option auf jederzeitigen Widerruf dieser gewährten Rechte vor.

Nun lehnten die Römer aber auch die Schiedsgerichtslösung ab, auf welche sich Dr. Kreisky mit dem damaligen Außenminister Saragat geeinigt hatte.

Um Moser von dieser Sichtweise zu überzeugen, legten die italienischen Gesprächspartner, die Moser wohlweislich nicht mit Namen nannte, ihm den Artikel 11 der italienischen Staatsverfassung vor, der eine Beschränkung der staatlichen Oberhoheit nur *„unter der Bedingung der Gleichstellung mit den übrigen Staaten"* zulasse.

Wenn Österreich in Südtirol-Fragen intervenieren wolle, so müsste beispielsweise auch ein Interventionsrecht Roms in Bezug auf Nordtirol zugestanden werden.

„Unbedingt aber müssen Rechte und Pflichten paritätisch gelten", berichtete Moser.

> Man legte mir den Artikel 11 der Staatsverfassung vor.
> Aus dem Gesetzbuch der Region "Trentino - Tiroler Etschland" kann ich die authentische Übersetzung in deutscher Sprache abschreiben.
>
> " Italien lehnt den Krieg als Mittel des Angriffes auf die Freiheit anderer Völker und als Mittel zur Lösung internationaler Streitigkeiten ab; unter der Bedingung der Gleichstellung mit den übrigen Staaten stimmt es den Beschränkungen der staatlichen Oberhoheit zu, sofern sie für eine Rechtsordnung nötig sind, die den Frieden und die Gerechtigkeit unter den Völkern gewährleisten; es fördert und begünstigt die auf diesen Zweck gerichteten überstaatlichen Zusammenschlüsse."
>
> Das entscheidende Hindernis liegt in den Worten".....; unter der Bedingung der Gleichstellung mit den übrigen Staaten stimmt es den Beschränkungen der staatlichen Oberhoheit zu, ..."
>
> Interpretation: Wenn Italien ein Interventionsrecht (um ein Beispiel zu nennen) unter gleichen Bedingungen in Nordtirol zugestanden werden würde, könnte mit einfacher Mehrheit im Parlament beschlossen werden.
>
> Unbedingt aber müssen Rechte und Pflichten paritätisch gelten.
>
> VI
>
> Man ist aber bereit die Provinz-Autonomie noch zu verbessern. Weiters studiert man allen Ernstens die Möglichkeiten, um den Südtirolern Ihre Berufungsrechte und Österreich die Einflußnahme zu sichern.
>
> Ja, dieser Vorschlag werde in der Auswirkung viel wertvoller sein, als was Kreisky angeboten worden war.

Weiterer Ausschnitt aus der Niederschrift Mosers vom 27. April 1966. (Im Besitz des Verfassers)

Man sei aber bereit, berichtete Moser weiter, „*die Provinz-Autonomie noch zu verbessern*". Weiters studiere man „*allen Ernstes*" die Möglichkeiten, den Südtirolern „*Berufungsrechte*" und Österreich eine „*Einflussnahme*" zu sichern.

Das klang, wenngleich nebulös, doch immerhin sehr freundlich. Moser berichtete dazu noch: „*Ja, dieser Vorschlag werde in der Auswirkung viel wertvoller sein, als was Kreisky angeboten worden war.*" (Anmerkung: Zwischen Dr. Kreisky und Saragat war ein durch Dritte zu besetzendes Schiedsgericht zur Absicherung der Einhaltung der Autonomiebestimmungen vereinbart worden.)

Vertrauen zu Außenminister Fanfani

Interessant ist ein Absatz in Mosers Niederschrift, in welchem er darauf hinweist, dass er den italienischen Außenminister Amintore Fanfani (DC) schon seit 1946 kenne und in persönlichem Kontakt zu ihm stehe.

> Nach wie vor aber bin ich, der ich Fanfani schon seit April 1946 kenne und persönlichen Kontakt zu ihm unterhalte - der festen Meinung, daß er zu konstruktiver Partnerschaft zu gewinnen ist.
> (Näheres ist schwer zu Papier zu bringen.)

Weiterer Ausschnitt aus der Niederschrift Mosers vom 27. April 1966.

Moser erklärte, dass er der festen Meinung sei, dass Fanfani zu *„konstruktiver Partnerschaft"* zu gewinnen sei. Näheres über sein offenbar gutes Verhältnis zu Fanfani wollte Moser aber dem Papier nicht anvertrauen. Er wird darüber wohl mündlich an Bundeskanzler Dr. Klaus berichtet haben.

Der italienische Außenminister Amintore Fanfani auf einer internationalen Konferenz.

Geheimdiplomatie hinter den Kulissen

Der neue Außenminister Dr. Lujo Toncic-Sorinj (ÖVP) akzeptierte die neue Linie, wonach die Südtirol-Verhandlungen mit der italienischen Seite als Geheimverhandlungen zu führen waren.

Aus den Reihen der eigenen Partei war – außer gelegentlich aus Tirol – kaum Widerspruch zu erwarten und die bürgerliche Presse war parteinah angesiedelt und zu einem erheblichen Teil lenkbar oder beeinflussbar.

➤ Rom lehnt internationale Garantien für eine Südtirol-Lösung ab – Toncic besteht nicht darauf

Am 4. Mai 1966 traf Dr. Toncic in Straßburg mit dem italienischen Außenminister Amintore Fanfani zusammen. Er vereinbarte mit diesem für den 24. und 25. Mai 1966 eine Geheimverhandlung zwischen „Ministervertretern" beider Seiten, die dann in einem Privathaus in London stattfinden sollte, welches der Freundin eines italienischen Diplomaten gehörte. Fanfani hatte von Anfang an klargestellt, dass für

Italien keine internationale Garantie irgendwelcher Art für ein „Autonomie-Paket" in Frage komme. Es handle sich darum, daß Italien einseitig dem internationalen Streit damit ein Ende setze. Dr. Toncic erklärte, daß er von Fanfani kein Abgehen von diesen Grundsätzen verlange, jedoch um die Weiterführung der Verhandlungen ohne Vorbedingungen bitte, da nun in beiden Ländern Christdemokraten die Verantwortung trügen und daher die Weiterführung des bisherigen Zustandes nicht denkbar sei. Fanfani stimmte der Weiterführung von Verhandlungen zu, die im Geheimen zu führen seien. (Dr. Hans Benedikter in „Die Furche", Wien, 3. September 1966)

▶ Die unbequemen Südtirol-Experten werden ausgebootet

Erstmals schloss der neue Außenminister Toncic nun die herausragende Südtirol-Expertin und Leiterin der Südtirol-Abteilung im Amt der Tiroler Landesregierung, Dr. Viktoria Stadlmayer, von der Teilnahme in der österreichischen Delegation bei den kommenden Geheimgesprächen aus. Dr. Stadlmayer hatte nämlich in der Vergangenheit stets den Standpunkt vertreten gehabt, dass eine internationalrechtliche Absicherung jedweden Verhandlungsergebnisses notwendig sei, wenn dieses nicht eines Tages wertlos werden sollte.

Bild links: Die Leiterin der Südtirol-Abteilung bei der Tiroler Landesregierung, Dr. Viktoria Stadlmayer, wurde von dem neuen Außenminister Dr. Toncic von den Verhandlungen mit den Italienern ausgeschlossen. Bild rechts: Auch der Univ.-Prof. Dr. Franz Gschnitzer (links im Bild), ein von Außenminister Dr. Bruno Kreisky (rechts im Bild) hochgeschätzter Südtirol-Fachmann, wurde jetzt nicht mehr in die Verhandlungen eingebunden, obwohl er ÖVP-Mitglied war.

Zusammen mit Dr. Stadlmayer wurden aber auch die anderen österreichischen Fachexperten ab nun wohlweislich von den substantiellen Verhandlungen ferngehalten.

Oktavia Brugger, die Tochter des damaligen SVP-Landesrats und Vize-Parteiobmanns Peter Brugger, berichtet darüber in der Biographie ihres Vaters:

„An die Stelle des Sozialisten Bruno Kreisky, der mit großem politischem Geschick das Südtirolproblem vor der UNO aufgeworfen und damit internationalisiert hatte, trat jetzt der ÖVP-Außenminister Lujo Toncic.

Er war unerfahrener als sein Vorgänger und weniger kämpferisch. So geisterte im Sommer 1966 plötzlich das Gerücht durch die Medien, wonach auf einen Vertrag zwischen Italien und Österreich zugunsten einer ‚feierlichen Erklärung' in Wien und Rom verzichtet werde. Als die stagnierenden bilateralen Gespräche wieder aufgenommen wurden, fehlten plötzlich namhafte Südtirol-Experten wie Franz Gschnitzer, Felix Ermacora und Viktoria Stadlmayer in der österreichischen Delegation. Über die internationale Absicherung der Südtirol-Zugeständnisse wurde jetzt nicht mehr gesprochen, obwohl sie bei der vorangegangenen SVP-Landesversammlung erneut ausdrücklich gefordert worden war."

(Oktavia Brugger (Hrsg.): „Peter Brugger. Eine politische und persönliche Biographie", Bozen 1996, S. 88)

▶ Die Geheimverhandlungen beginnen – und werden offenbar

Am 24. und 25. Mai 1966 kam es dann zu der ersten Geheimverhandlung. Man hatte London als unauffälligen Tagungsort gewählt. Dort waren keine neugierigen österreichischen Journalisten zu erwarten. Für Österreich verhandelten Gesandter Kirchschläger und Landesamtsdirektor Kathrein. Die italienische Seite war durch Botschafter Toscano und Gesandten Gaja vertreten.

Die österreichischen Unterhändler Gesandter Kirchschläger (li.) und Landesamtsdirektor Kathrein.

Italienische Anmaßungen

Die Italiener eröffneten das Gespräch damit, dass sie eine *„Reihe von Ereignissen"* aufzeigten, *„die es der italienischen Regierung nicht leichter gemacht hätten, neue positive Vorschläge zu unterbreiten"*.

Zu diesen von der italienischen Seite beklagten Ereignissen gehörten eine in Kärnten durchgeführte Geldsammlung für die Südtiroler Häftlinge, ein Besuch des österreichischen Bundesministers Dr. Piffl in Meran, ein beabsichtigter Besuch des früheren Bundesministers Dr. Kreisky in Bozen und eine beabsichtigte Veranstaltung des Österreichischen Turnerbundes in Innsbruck.

In dem österreichischen Protokoll über die Sitzung heißt es dazu: *„Zusammenfassend erklärte Toscano, dass die italienische Regierung enttäuscht sei, wie wenig ernst die österreichische Regierung ihre Beschwerden nehme und wie wenig Möglichkeiten sie zu haben scheine, sich für eine wirkliche Verbesserung der Atmosphäre einzusetzen."*

Strikte Geheimhaltung gefordert

Das österreichische Protokoll vermerkt weiter: *„Abschließend wurde die Notwendigkeit striktester Geheimhaltung besonders unterstrichen, eine Forderung, auf die auch während der Gespräche immer wieder zurückgekommen wurde."*

Globalangebot ohne internationale Verankerung

Dann wurde von Botschafter Toscano und dem Gesandten Gaja ein inhaltlich unzureichendes Globalangebot unterbreitet, welches aber auch keine internationale Absicherung einer Südtirol-Autonomie vorsah.

Eine Verankerung, wie sie von Dr. Kreisky und Saragat in Form einer Schiedskommission ins Auge gefasst worden war, *„sei endgültig tot"*, erklärten die italienischen Unterhändler. *„Es sei völlig ausgeschlossen, diesen Weg neuerlich zu gehen."*

Die Italiener erklärten abschließend, eine Fortsetzung der Gespräche sei nur dann zweckmäßig, *„wenn Österreich in der Lage ist, im Prinzip den italienischen Vorschlägen ... zu folgen."*

Zum Schluss vermerkte das österreichische Protokoll: *„Die strengste Geheimhaltung wurde von den Gesprächspartnern als essentiell für einen Erfolg der Verhandlungen erbeten."* (Vermerk über die Besprechung vom 24. und 25. Mai 1966. Archiv der ÖVP im Karl von Vogelsang-Institut, Wien. Wiedergegeben in: Rolf Steininger (Hrsg.): „Akten zur Südtirol-Politik 1959-1969", Bd. 5 „1965/66", Innsbruck-Wien-Bozen 2011, S. 349ff)

Der Inhalt der Geheimverhandlungen wird öffentlich gemacht
Der Inhalt der Londoner Geheimverhandlungen gelangte trotz aller Sicherheitsmaßnahmen in die österreichische Presse. Der sozialistische Tiroler Landesrat Rupert Zechtl gab Verhandlungsunterlagen, die ihm zugespielt worden waren, an den ehemaligen SPÖ-Außenminister Dr. Bruno Kreisky, spielte sie aber auch über den Verfasser dieser Dokumentation an die freiheitliche Opposition weiter. Bald berichteten einige nicht durch die ÖVP kontrollierte Tageszeitungen sowie die „Wochenpresse" über den Inhalt der Londoner Gespräche. (Siehe auch: Otto Scrinzi (Hrsg.): „Chronik Südtirol 1959–1969", Graz-Stuttgart 1996, S. 499f)

Italienischer Protest
Die Indiskretionen auf österreichischer Seite erzürnten die Italiener auf das Äußerste. Sie drohten sogar mit dem Abbruch der Geheimgespräche, wie aus nachstehendem als „geheim" eingestuftem und chiffriert übermitteltem Fernschreiben der österreichischen Botschaft in Rom an das Außenamt in Wien vom 13. Juni 1966 hervorgeht:

```
      966 JUN 13    10:57

austroamb roma
an aussenamt wien

25147 statim verfolg 10074     g e h e i m

    gaja sagte mir in hoechster erregung, er sei konsterniert ueber
die aus wien kommende indiskretion. unter den gegebenen umstaenden
werde es vielleicht erforderlich sei, die naechste kontaktbegegnung
zu vertagen. vielleicht habe es allerdings ueberhaupt keinen sinn
mehr, sich zu begegnen.
    im laufe des gespraeches beruhigte er sich und meinte, er
koenne ueberhaupt nichts sagen, bevor er mit fanfani gesprochen
habe, was voraussichtlich heute vormittags moeglich sein werde.
```

Chiffrefernschreiben von der österreichischen Botschaft in Rom vom 13. Juni 1966. (Österreichisches Staatsarchiv, Archiv der Republik, BMfAA, II-pol, Südtirol 3A, GZl. 13.415-Pol/66)

Das Informationsleck war vermutlich von Landeshauptmann Wallnöfer geöffnet worden
Das Informationsleck, aus welchem die enthüllenden Einzelheiten über die Geheimverhandlungen der Regierung Klaus mit den Italienern an die Öffentlichkeit gelangten, kann nicht ohne Wissen und Zutun des Nordtiroler Landeshauptmannes Eduard Wallnöfer geöffnet worden sein.

Der Verfasser dieser Dokumentation war damals während seines Studiums als ständiger Südtirol-Berichterstatter für die „Kronen-Zeitung" und das „Salzburger Volksblatt" tätig und arbeitete gelegentlich auch für die Wiener „Wochenpresse" und die „Oberösterreichischen Nachrichten" in Linz. In dieser Funktion hatte er Zugang zu den Nordtiroler Politikern Eduard Wallnöfer (ÖVP) und Rupert Zechtl (SPÖ), zu den Oppositionspolitikern Dr. Otto Scrinzi (FPÖ) sowie Dr. Bruno Kreisky (SPÖ) in Wien. Ein besonders guter Kontakt bestand auch zu dem Südtirol-Experten Univ.-Prof. Dr. Felix Ermacora, welcher dem Verfasser ebenfalls wertvolle Informationen gab.

Der sozialistische Nationalratsabgeordnete (bis 1960) und spätere Nordtiroler Landesrat Rupert Zechtl war ein überzeugter Tiroler Patriot und hatte vor dessen Inhaftierung in enger persönlicher Verbindung mit dem Gründer des „Befreiungsausschusses Südtirol" (BAS), dem Frangarter Bauern und Kleinkaufmann Sepp Kerschbaumer, gestanden. Er war seit der Gründung des BAS über alle Planungen und Vorhaben der Südtiroler Freiheitskämpfer informiert und hatte in mehreren Schreiben auch Außenminister Dr. Bruno Kreisky detailliert darüber in Kenntnis gesetzt.

Diese Berichte, welche Dr. Kreisky bei seinem Ausscheiden aus dem Amt des Außenministers aus gutem Grunde zunächst mit nach Hause genommen hatte, befinden sich heute im Kreisky-Archiv in Wien. Sie zeigen, dass die Vorbereitungsarbeit und Tätigkeit des BAS von Zechtl und Kreisky wohlwollend geduldet worden war.

Der Verfasser weiß aus eigenem Erleben, dass Zechtl der Südtirol-Politik der Regierung Klaus scharf ablehnend gegenüber stand und in der Südtirol-Frage ein sehr gutes Einvernehmen mit dem ÖVP-Landeshauptmann Eduard Wallnöfer hatte.

Der sozialistische Landesrat Rupert Zechtl teilte in freundschaftlicher Verbundenheit mit dem Landeshauptmann Eduard Wallnöfer dessen patriotische Gesinnung.

Was Zechtl und Kreisky über den BAS wussten

Bundeskanzleramt
Auswärtige Angelegenheiten.

Geschäftszahl: Zahl: 250.187-K/60

Vorzahl:
Nachzahl:

Genehmigungs-, Dringlichkeits- und Verschlußvermerk

VERSCHLUSS

Miterledigte Zahlen:
Bezugszahlen:

Gegenstand: Vertrauliche Informationen über die Tätigkeit des BAS

e.o.

Frist: / zu betreiben am / neue Frist

Einlegen

Wien, am 20 Juli 1960

Geschäftszeichen / Grundzahl
Reing. / Vergl. / Begl. / Best.

Die dem Herrn Bundesminister von befreundeter Seite zugekommenen vertraulichen Informationen über die Tätigkeit des BAS im Zeitraum zu Ende des Jahres 1959 wäre im Auftrag des Herrn Bundesministers unter Verschluss aufzubewahren.

NATIONALRAT
DER REPUBLIK ÖSTERREICH

Innsbruck, den 8.9.1959

An Herrn
Bundesminister
für Auswärtige Angelegenheiten
Dr. Bruno Kreisky
W i e n   I
Bundeskanzleramt

Lieber Freund !

Möchte Dich über eine in Südtirol bestehende Untergrundbewegung die sich " BAS " (Befreiungsausschuss für Südtirol) nennt, informieren.

Der Befreiungsausschuss für Südtirol besteht aus einer Anzahl von Südtirolern, die sich durch gegenseitige Eidesleistung verpflichtet haben, für die Freiheit Südtirols bis zur letzten Konsequenz einzutreten und die ihr Endziel im Anschluss Südtirol an Tirol erblicken. Gegenwärtig dürfte der BAS ca. 250 organisierte Mitglieder haben. Die Zahl soll jedoch im Ansteigen sein, da es gelungen ist, auf die Schützenkompagnien einen entsprechenden Einfluss zu nehmen und aus diesen weitere Mitglieder zu gewinnen. Der BAS setzt sich aus Arbeitern, Bauern, selbständigen kleinen Gewerbetreibenden, einigen Intellektuellen und Geistlichen zusammen. Ein Teil der Mitglieder waren teilweise in der alten illegalen Südtiroler Freiheitsbewegung, die in den Jahren 1929 bis 1939 bestanden hat, tätig. Diese alten Kämpfer taten sich in den Jahren nach dem 1. Weltkrieg zusammen, als die Faschisten mit ihren Massnahmen gegen Südtirol begannen. Prof. Reuth-Niccolussi, Kanonikus Gamper und der jetzt verstorbene Monsignore Dr. Kolb hatten zu dieser Gruppe Verbindung.

wurde einhellig beschlossen, den Kampf für die Befreiung Südtirols wieder aufzunehmen und bis zum Anschluss an Österreich bedingungslos fortzuführen. Es wurde beschlossen, den BAS als Untergrundbewegung zu führen und nach entsprechender Organisation mit Propagandatätigkeit und Sabotageakten zu beginnen. Es wurde einhellig zum Ausdruck gebracht, dass Menschenleben bei diesen Aktionen um jeden Preis vermieden werden sollten. Die Sabotageakte, die sich gegen Wasserkraftwerke richten sollten, wollte man das oberitalienische Industriegebiet treffen und besonders wollte man die Reaktionen der italienischen wie auch der österreichischen Regierung, der österreichischen Bevölkerung sowie der Weltöffentlichkeit erforschen und weitere Massnahmen nach diesem Ergebnis abstimmen. Durch die Gründung des Berg-Iselbundes verhoffte man sich österreichischerseits eine weitgehende Unterstützung, wurde aber jedoch bitter enttäuscht.

Von den Südtiroler Politikern hält der BAS im allgemeinen nicht viel. Man ist der Meinung, dass der massgebende Teil im wesentlichen das sogenannte nimmersatte Bürgertum vertritt und dieses wiederum nachdem es die italienischen Geschäftsmethoden kennengelernt hat, gar kein Interesse an einen Anschluss an Österreich hat. Es gäbe nach dieser Meinung nur einige Politiker wie Benedikter, Dietl, Brugger, Stanek und vielleicht auch Magnago, die sich mit der Wirklichkeit beschäftigen. Diese könnten jedoch auch nicht wie sie wollten.

Aus der Erkenntnis, dass die zwischenstaatlichen Verhandlungen zu keinem Ergebnis führten und die Südtiroler Politiker nicht in der Lage sind sich durchzusetzen, beschloss der BAS eben durch Sabotageakte die Weltöffentlichkeit auf sich zu lenken. Sie sprengte das Denkmal des Tolomei, verübte Sprengstoffanschläge auf das Haus der Inakasa in Bozen und machte weitere verschiedene Anschläge auf Hochspannungsmasten und E-Werksanlagen, die jedoch nur zum Teil gelangen. Die Zahl der Anschläge beläuft sich bisher auf ca. 12, bei denen keine Menschenleben zu beklagen waren.

Ferner wurden verschiedene Flugzettelaktionen durchgeführt, in denen die Italiener aufgefordert wurden, Südtirol zu verlassen und die Unterwanderung einzustellen. Der für die Anschläge notwendige Sprengstoff wurde nicht gestohlen, sondern mit eigenen Mitteln auf verschiedenen Baustellen italienischer Firmen angekauft. Weiters besitzt der BAS einige Maschinengewehre, Maschinenpistolen, Handgranaten und Pistolen sowie Molotow-Coktails. Bei diesen Waffen handelts es sich durchwegs um solche der ehemaligen deutschen Wehrmacht.

> Die Mitglieder des BAS erklären nachdrücklich, dass sie mit keiner
> Partei zu tun haben, sondern dass die Bewegung aus einer nationalen
> Notwendigkeit heraus geschaffen worden ist. Zur Zeit werden Reserven
> an Sprengstoff und Waffen angelegt und auf die einzelnen Gruppen
> verteilt, um zum gegebenen Zeitpunkt, wie man es in diesen Kreisen
> nennt, losschlagen zu können. Dem Vernehmen nach will der BAS mit
> seinen Sabotageaktionen bis Oktober 1959 pausieren. Dies einerseits
> um die Italiener etwas zu beruhigen und um von sich abzulenken,
> damit die Organisation noch besser ausgebaut werden kann. Gruppen
> des BAS bestehen in Bozen, Brixen, sowie in allen Orten des Bozener
> Unterlandes, Pustertal und Vintschgau. Sie sind nach Bezirken or-
> ganisiert.
>
> Diesen Bericht zu Deiner freundlichen Information.
>
> Mit herzlichen Parteigrüssen
> Dein
> (R.Zechtl)

Ausschnitte aus einem Bericht des damaligen SPÖ-Nationalratsabgeordneten und späteren Nordtiroler Landesrates Rupert Zechtl an Außenminister Dr. Bruno Kreisky. Beide Politiker waren über den Aufbau des „Befreiungsausschusses Südtirol" (BAS) genau informiert.
(Kreisky-Archiv Wien, VII.9, Südtirol, Terror, Intern (BKA, BMfAA, Nationalrat)

Rupert Zechtl leitete geheime Verhandlungsinhalte, die aus Wien nach Nordtirol übermittelt worden waren, an seinen Parteifreund, den nunmehrigen Oppositionspolitiker Dr. Kreisky (SPÖ) weiter.

Der sozialistische Landesrat übergab diese Informationen aber auch dem Verfasser dieser Dokumentation zur Weitergabe an den FPÖ-Südtirol-Sprecher im Österreichischen Nationalrat, den Abgeordneten Dr. Otto Scrinzi, welcher davon parlamentarisch und in Interviews Gebrauch machte.

Und Zechtl erlaubte und wünschte auch, dass die Fakten journalistisch verwertet wurden. Diese damals brisanten Informationen hatte die Bundesregierung in Wien natürlich nicht dem sozialistischen Landesrat in Nordtirol übermittelt gehabt. Sie hatte sie vielmehr dem Landeshauptmann und ÖVP-Parteifreund Wallnöfer nicht verweigern können. Und von dort müssen sie wohl den Weg zu dem Wallnöfer-Freund Zechtl gefunden haben. Dies ist allerdings eine Schlussfolgerung, denn Zechtl hatte über seine Quelle Diskretion bewahrt.

➤ Exkurs: Wallnöfers Einstellung zur Landeseinheit Tirols

Standschützen-Gedenkfeier 1965

Wie Eduard Wallnöfer in Bezug auf die Teilung Tirols dachte, darüber geben seine Wort Auskunft, die er anlässlich der großen Gedenkfeier für den Einsatz der Tiroler Standschützen im Ersten Weltkrieg am 6. Juni 1965 in Innsbruck äußerte:

„...die Stätten, wo sie gekämpft haben und wo sie gefallen sind, bleiben nach wie vor die unverrückbaren wirklichen Grenzen Tirols. Wir wissen, dass wir die staatliche Unrechtsgrenze nicht mit Gewalt ändern können. Aber niemand kann von uns erwarten, dass wir jemals das Unrecht Recht heißen und dass wir jemals aufhören, leidenschaftlich unsere ganze Kraft einzusetzen, für das Recht in Nord- und Südtirol."

(Wiedergegeben in „Südtiroler Ruf", Organ des Bergisel-Bundes, Juni 1965)

JUNI 1965, FOLGE 7

Südtiroler Ruf

DER BOTE DES BERGISEL-BUNDES OESTERREICHS

Tirols Landeshauptmann Wallnöfer beim Standschützentreffen zu Innsbruck am 6. Juni 1965:

„WIR WISSEN, DASS WIR DIE STAATLICHE UNRECHTSGRENZE NICHT MIT GEWALT ÄNDERN KÖNNEN. ABER NIEMAND KANN VON UNS ERWARTEN, DASS WIR JEMALS DAS UNRECHT RECHT HEISSEN ..."

Tausende Standschützen und Freiwillige, Schützen, sind angetreten. LH. Wallnöfer überreichte dem ältesten noch lebenden Standschützen-Baonskommandanten, dem 88jährigen Südtiroler Franz Kostner, das Ehrenzeichen des Landes Tirol. Ein Gebet für die Gefallenen, das „Lied vom guten Kameraden", die Landeshymne. LH. Wallnöfer spricht. Er sagt u. a.:

„Wenn auch die Mächtigen der Welt — gegen das Recht und gegen den einmütigen Willen des Tiroler Volkes — die staatlichen Grenzen anders gezogen haben, wenn so scheinbar der beispiellose heldenmütige Kampf der Tiroler Standschützen und ihrer Kameraden in den Tiroler Bergen vergeblich war, die Stätten, wo sie gekämpft haben und wo sie gefallen sind, bleiben nach wie vor die unverrückbaren wirklichen Grenzen Tirols. Wir wissen, daß wir die staatliche Unrechtsgrenze nicht mit Gewalt ändern können. Aber niemand kann von uns erwarten, daß wir jemals das Unrecht Recht heißen und daß wir je aufhören, leidenschaftlich unsere ganze Kraft einzusetzen, für das Recht in Nord- und Südtirol."

Links: Landeshauptmann Eduard Wallnöfer in seiner Schützenuniform.
Rechts: Die Feierstunde vor dem Freiheitsdenkmal in Innsbruck.

„Nach wie vor die unverrückbaren wirklichen Grenzen Tirols"
Zehntausende begrüßten in Innsbruck die alten Standschützen • Die Gedenkfeier auf dem Landhausplatz • Marsch der Alten mit der Jugend • 14 Musikkapellen im großen Festzug

Schlagzeile in der „Tiroler Tageszeitung" vom 7. Juni 1965 über die Worte Wallnöfers.

Landesfestumzug 1984: Wallnöfer sorgt für das Mittragen der Dornenkrone als Zeichen der Trauer über die Landesteilung Tirols

Als das Land Tirol 1984 das Gedenken an den Tiroler Freiheitskampf vor 175 Jahren mit einem Landesfestumzug festlich beging, war es dem Nordtiroler Landeshauptmann Eduard Wallnöfer ein Anliegen, dass die Öffentlichkeit mit dem Thema der erstrebten Landeseinheit Tirols konfrontiert wurde.

Als sich ehemalige Südtiroler Freiheitskämpfer an ihn mit der Bitte wandten, so wie im Landesfestumzug von 1959 auch diesmal wiederum eine metallene Dornenkrone als Zeichen der Trauer über die Landesteilung mittragen zu dürfen, stimmte Wallnöfer aus vollem Herzen zu.

Als die Dornenkrone an der Festtribüne vorbeigetragen wurde, erhob sich der Landeshauptmann, worauf hin auch die übrige Prominenz einschließlich der Bundespolitiker aufstand. Wallnöfer salutierte.

Der Landeshauptmann von Tirol

Innsbruck, am 27. Juli 1984.

LH Zl. //

Betreff: Festzug am 9. September 1984 in Innsbruck.

Sehr geehrter Herr Doktor!

Zu unseren Gesprächen bezüglich des Festzuges am 9. September 1984 erlaube ich mir, nach einem Gespräch mit einigen Herren mitzuteilen, daß wir die Dornenkrone in den Block der Schützen und Musikanten aus dem Burggrafenamt eingliedern möchten.
Beim Transparent würden wir uns vorstellen, daß es in der Nähe des "Goldenen Dachls" in Innsbruck untergebracht wird.
Die näheren Einzelheiten wird Herr Hofrat Dr. ZEBISCH mit Ihnen besprechen.

Mit freundlichen Grüßen

Herrn
Dr. Herwig NACHTMANN

In diesem Brief an einen ehemaligen Südtirol-Freiheitskämpfer gab Wallnöfer seine Zustimmung zu dem Mittragen der Dornenkrone im Landesfestumzug.

Eduard Wallnöfer im ORF-Interview: „Eine Grenze durch dieses Land ist ein schreckliches Unrecht!"

Anschließend an den Festumzug äußerte sich Landeshauptmann Eduard Wallnöfer im ORF-Interview wie folgt:

„Ich kann heute nicht weg gehen, ohne daß ich neuerlich das tiefe Empfinden habe, daß eine Grenze durch dieses Land ein schreckliches Unrecht ist.

Man hat sicherlich der Weltöffentlichkeit deutlich gezeigt, daß das Volk von Tirol nicht in den Grenzen des heutigen Landes daheim ist, sondern daß dieses im Raum zwischen Scharnitz und Salurn und zwischen Kufstein und dem Reschen daheim ist. Und insofern wird diese heutige Veranstaltung doch die Weltöffentlichkeit aufmerksam machen auf die Zusammengehörigkeit dieser Landesteile."

▶ Dr. Kreisky in Südtirol „unerwünscht" – „nicht gepasst hat es auch einigen Herren in Wien" – Österreich protestiert nicht!

Der ehemalige Außenminister Dr. Kreisky sollte auf Einladung der „Sozialen Fortschrittspartei" in Bozen einen Vortrag halten. Am 24. Mai 1966 erschien beim nunmehrigen Abgeordneten Dr. Bruno Kreisky der italienische Geschäftsträger, Dr. Carlo Calenda, um ihm mitzuteilen, dass die italienische Regierung nicht in der Lage wäre, die Sicherheit Dr. Kreiskys zu gewährleisten. Die Erregung in italienischen Kreisen in Bozen sei angesichts der andauernden Sprengstoffanschläge im „Alto Adige" sehr groß und Italien betrachte seine Reise nach Bozen zu diesem Zeitpunkt als unerwünscht.

Kreisky erklärte im österreichischen Nationalrat dazu: *„Ich habe sehr bald erfahren, dass man über diesen Vortrag in Bozen nicht froh war. Nicht gepasst hat er einigen Herren in Rom, einigen in Bozen und schließlich auch einigen Herren in Wien. Ich bin bei meinen vielen Reisen im Ausland, einschließlich Ostblockländern, nie als unerwünscht bezeichnet worden, obwohl ich auch in kommunistischen Ländern Vorträge mit oft sehr unangenehmen Diskussionen gehalten habe. Dies allein blieb der italienischen Regierung vorbehalten, und man hätte eigentlich einen Protest der Bundesregierung über diese Haltung erwarten können."*

Ebenfalls am 24. Mai 1966 war auch dem Nordtiroler sozialistischen Landesrat Zechtl, einem Mitglied der österreichischen Delegationen bei den Südtirol-Verhandlungen, von der italienischen Regierung die Durchreise mit dem exterritorialen Korridorzug nach Lienz verweigert worden. Auch hiergegen protestierte die österreichische Bundesregierung nicht.

▶ Außenminister Dr. Toncic: Man muss auch Mut zu unpopulären Maßnahmen haben – Kampfansage der Nordtiroler Wochenzeitung „Der Volksbote": „Nicht um jeden Preis!"

Die österreichisch-italienischen Geheimverhandlungen waren vor der „Südtiroler Volkspartei" (SVP) geheim gehalten worden. Wie das Organ der Südtiroler Volkspartei, „Der Volksbote", am 26. Mai 1966 berichtete, sei die SVP über den Inhalt der Gespräche zwischen Toncic und Fanfani am 4. Mai in Straßburg nicht informiert worden. Daher könne die SVP auch nicht zu den Gerüchten Stellung nehmen, die besagten, daß italienische Fachleute jetzt ein neues Angebot an Wien ausarbeiteten.

Auch auf der Landesversammlung der SVP am 4. Juni 1966 konnte der Parteiobmann Dr. Silvius Magnago lediglich berichten, dass die bisherigen italienischen Vorschläge unzureichend seien und ein Stillstand in den Verhandlungen eingetreten sei. Magnago war offenbar über die Londoner Geheimgespräche noch nicht informiert worden.

Dr. Silvius Magnago auf einer Landesversammlung der „Südtiroler Volkspartei".

Am 18. Juni 1966 berichtete der Chefredakteur Benedikt Posch in der Nordtiroler Wochenzeitung „Der Volksbote" in einem großen Artikel unter dem Titel „Nicht um jeden Preis!" über eine mehr als seltsame Äußerung des Außenministers Dr. Toncic. Dieser hatte kürzlich in einer Rede vor Studenten in Salzburg erklärt, man müsse *„auch in der Außenpolitik Mut zu unpopulären Maßnahmen"* haben. Toncic hatte damit zu erkennen gegeben, dass die österreichische Regierung sich nicht an den Wünschen der Tiroler südlich und nördlich des Brenners zu orientieren gedenke.

Benedikt Posch nahm sehr deutlich und sicherlich ganz im Sinne der Tiroler Volkspartei gegen diese Position Stellung. Er schrieb, dass diese Mitteilung des österreichischen Außenministers ihr volles Gewicht erhalte, wenn man wisse, daß sie vom Mailänder „Corriere della Sera in großer Aufmachung registriert worden sei. Posch führte weiter aus:

„Ein momentaner Erfolg um den Preis einer Lösung, die sachlich nicht befriedigt, kann auf weitere Sicht nur einen Misserfolg bedeuten. An den Südtirolern ist schon zuviel gesündigt worden ... als dass man jetzt einer Lösung zustimmen könnte, die sich in einiger Zeit vielleicht als schlechte Lösung erweist. ... Es darf daher keinen Abschluss der österreichisch-italienischen Verhandlungen geben, der den Fortbestand und die Entwicklungsmöglichkeiten der Südtiroler als Volksgruppe nicht wirksam garantiert".

Man dürfe, schrieb Posch, keinen *„Abschluss um jeden Preis"* herbeiführen, sondern müsse, *„für den Fall, dass in den Verhandlungen keine annehmbare Lösung gefunden wird, sich energisch bemühen, das Südtirolproblem wieder vor die UNO zu bringen"*.

Was Posch hier formulierte, war die kaum verhüllte Kampfansage der Nordtiroler gegen den Kurs des Bundeskanzlers Dr. Klaus und der Bundes-ÖVP: *„Geht es um eine Kardinalfrage unserer Außenpolitik – das ist Südtirol für Österreich, für die Südtiroler ist es noch mehr: eine Lebensfrage – dann kommt es nicht darauf an, ob das, was man tut, populär oder unpopulär ist, dann geht es ausschließlich darum, ob es für die Sache und die Menschen, die es betrifft, das Richtige ist. Um dieses Richtige zu erreichen, muss man notfalls auch den Mut haben, auf einen übereilten ,Erfolg' zu verzichten, um den Weg für eine echte Lösung nicht zu verrammeln"*.

▶ Weitere Geheimverhandlungen in Montreux werden publik – Proteste im Österreichischen Nationalrat

Vom 16. bis zum 18. Juni 1966 fanden in Montreux weitere Geheimgespräche auf Expertenebene statt. Die Österreicher legten die Forderung der SVP nach einer internationalen Verankerung der Verhandlungsergebnisse vor. Die italienischen Gesprächspartner lehnten dies strikt ab und verlangten, wie das österreichische Besprechungsprotokoll feststellte, *„praktisch eine vollkommene Unterwerfung unter den italienischen Rechtsstandpunkt"*.

Die von den Österreichern präsentierten Südtiroler Forderungspunkte hinsichtlich der Autonomiekompetenzen wurden nahezu alle von den Italienern abgelehnt.

Zum Abschluss des Treffens verlangten die Italiener, dass um den 20. Juli womöglich in London *„abermals geheim eine Expertentagung statt-*

finden" solle. Sodann könnte *„an einem geheimen Ort und ohne vorherige Ankündigung eine Begegnung auf hoher Ebene stattfinden".*
(Vermerk über das Kontaktgespräch vom 16. bis 18. Juni 1966. Südtiroler Landesarchiv, SVP, Landesleitung, Nr. 1619. Wiedergegeben in: Rolf Steininger (Hrsg.): „Akten zur Südtirol-Politik 1959–1969", Bd. 5 „1965/66", Innsbruck-Wien-Bozen 2011, S. 367ff)

Bezüglich der Geheimhaltung des Treffens in Montreux sei vereinbart worden – wie die in Trient erscheinende Tageszeitung „L'Adige" später meldete – daß das Treffen *„als nicht existent"* betrachtet werden sollte. Es sollte so getan werden, als ob die Teilnehmer an der Besprechung sich *„ganz zufällig und nur vorübergehend"* am Genfer See aufgehalten hätten.

Trotz dieser konspirativen Methoden konnte das „Salzburger Volksblatt" aufgrund von Informationen, welche der sozialistische Landesrat Zechtl an den damals als Journalist tätigen Verfasser dieser Dokumentation weitergegeben hatte, am 20. Juni 1966 über die wesentlichen Details der Konferenz berichten.

Dem Bericht des „Salzburger Volksblattes" zufolge fanden „schon seit Wochen streng geheimgehaltene Südtirol-Verhandlungen zwischen

Die Enthüllungen im „Salzburger Volksblatt" vom 20. Juni 1966, die einen politischen Wirbel auslösten und das Scheitern des geplanten Überraschungscoups einläuteten.

Österreich und Italien" statt. „*Während der Öffentlichkeit lediglich mitgeteilt wird, daß man vorbereitende Kontaktgespräche für Verhandlungen durchführt, die im Juli stattfinden werden, soll man sich in Wirklichkeit schon weitgehend über die Materie geeinigt haben und wolle dies noch im Juli überraschend der Öffentlichkeit bekanntgeben."*

Das Verhandlungsergebnis solle so aussehen, *„daß Österreich ein Ergebnis akzeptiert, welches noch unter den kleinen Zugeständnissen liegt, die Saragat schon 1964 in Paris dem damaligen Außenminister Kreisky gemacht hatte."*

Demnach sei Dr. Toncic nun bereit, auf eine Vollautonomie für Südtirol, auf wesentliche Autonomie-Kompetenzen, *„die für den Weiterbestand der deutschen Volksgruppe entscheidend sind",* und auf eine internationale Garantie der *„mageren Verhandlungsergebnisse in Form eines internationalen Schiedsgerichts"* zu verzichten.

Die italienische Seite hatte die Position vertreten, dass die nun ausverhandelten Autonomie-Kompetenzen freiwillige Zugeständnisse Italiens darstellen, die über den Rahmen des „Pariser Vertrages" von 1946 hinausgingen und daher auch nicht einklagbar gemacht werden könnten. Es sollte lediglich der unzulängliche „Pariser Vertrag" von 1946 mit seinen schwammigen und unpräzisen Absichtserklärungen vor dem „Internationalen Gerichtshof" (IGH) in Den Haag einklagbar sein.

Tatsächlich sollte in der Folge diese italienische Position von der Regierung Klaus akzeptiert werden.

Am 21. Juni 1966 kam es nach diesen Enthüllungen zu schweren Angriffen auf den Minister Dr. Toncic im Österreichischen Nationalrat. SPÖ und FPÖ verlangten die Offenlegung der Inhalte der Geheimverhandlungen.

Der Nordtiroler Abgeordnete Karl Horejs (links) und der Kärntner Abgeordnete Dr. Otto Scrinzi (rechts) forderten den stumm bleibenden Außenminister Dr. Toncic zur Rechenschaftslegung auf.

Der Kufsteiner Abgeordnete Karl Horejs (SPÖ) warf Dr. Toncic vor, daß die Opposition seit Monaten nicht mehr über den Stand der Südtirol-Verhandlungen informiert werde und daß die Regierung bereit sei, weitgehende Verzichte an Italien zu leisten. Dies sei offenbar der Preis für Österreichs Zulassung zur EWG. Die SPÖ werde aber keiner Regelung zustimmen, die nicht durch ein internationales Schiedsgericht ausreichend international garantiert sei. Horejs rief: *"Wir warnen davor, Südtirol wieder als Schacherobjekt zu behandeln, wie es bereits unter Seipel, Dollfuß und Hitler geschehen ist."*

Dr. Scrinzi (FPÖ), ein Kärntner Abgeordneter Südtiroler Herkunft, griff ebenfalls den Außenminister an. Er forderte den Minister Dr. Toncic (ÖVP) auf, den Inhalt der Geheimverhandlungen, von dem die Opposition durch Indiskretionen erfahren habe, dem Hohen Haus offenzulegen.

Wie der Opposition bekannt geworden sei, habe in diesen schon sehr weit gediehenen Geheimverhandlungen die österreichische Seite die Bereitschaft zu weitestgehenden Verzichten gezeigt.

Während der Rede Scrinzis saß Dr. Toncic stumm auf der Regierungsbank, ohne zu den Vorwürfen Stellung zu nehmen. (Siehe: Otto Scrinzi (Hrsg.): „Chronik Südtirol 1959–1969", Graz-Stuttgart 1996, S. 505ff)

▶ Bundeskanzler Dr. Klaus will um jeden Preis abschließen – Toncic: Es komme doch nicht auf diese oder jene Kompetenz an

Der österreichische Südtirolexperte Univ.-Prof. Dr. Felix Ermacora, seit einiger Zeit wohlweislich von den direkten Expertenverhandlungen mit den Italienern ausgeschlossen, sprach nun am 21. Juni 1966 bei Bundeskanzler Dr. Klaus vor, um diesen dazu zu bewegen, keine Erklärungen gegenüber Italien abzugeben, die nicht auch die Frage einer internationalen Garantie für das „Autonomie-Paket" einschließen. Dr. Klaus entgegnete, daß man das italienische Angebot jetzt annehmen müsse. Auf die Frage Ermacoras, ob dieses Angebot substantiell sei, antwortete Klaus ausweichend: *„Ja und nein!"* Es werde, so sagte Klaus weiter, *„Unruhe im Land eintreten. Er meinte, es werde ein Vertrag abgeschlossen werden."* (Details in: Felix Ermacora: „Südtirol und das Vaterland Österreich", Wien-München 1984, S. 140)

Am 24. Juni 1966 fand in Wien eine Südtirol-Sitzung statt, an der die Landeshauptleute Wallnöfer und Dr. Magnago, der Minister Dr. Toncic mit Beamten seines Ministeriums sowie einige Politiker aus Nord- und Südtirol teilnahmen. Angesichts der Präsenz der Tiroler Landeshauptleute hatte es der Minister Dr. Toncic diesmal nicht gewagt, die Südtirol-Experten Univ.-Prof. Dr. Gschnitzer und Univ.-Prof. Dr. Ermacora von der Sitzung auszuschließen.

Trotz vorheriger Zusage war Bundeskanzler Dr. Klaus nicht erschienen. Dr. Toncic eröffnete die Sitzung mit der bemerkenswerten Feststellung, daß seiner Auffassung nach Italien seriös verhandle, dass jedoch über die vorliegenden Ergebnisse hinaus kein großer Spielraum mehr vorhanden sei. Bereits im August sollten weitere Expertengespräche in London stattfinden und ein „drafting committee" solle sofort die Texte des Abschlusses erstellen.

Der Südtiroler Landeshauptmann Dr. Magnago erklärte hierauf, daß man sich nicht unter Zeitdruck stellen lassen dürfe. Er könne auch eine Zuständigkeit des Internationalen Gerichtshofes (IGH) nur dann akzeptieren, wenn dort das „Paket" selbst mit seinen Inhalten einklagbar gemacht werde. Der Pariser Vertrag als Grundlage für eine Klage sei zu wenig.

Inhaltlich müsse das „Paket" überdies noch angereichert werden, denn jetzt sei man eigentlich nicht über den Stand von Januar 1965 hinausgelangt, den die SVP damals abgelehnt habe. Es müsse also weiter verhandelt werden.

Auch die Nordtiroler Politiker und die Experten widersprachen einer überhasteten Vorgangsweise.

Univ.-Prof. Dr. Franz Gschnitzer erklärte, dass man aufgrund der Erfahrungen, die man bisher mit Italien gemacht habe, auf eine internationale Absicherung der Verhandlungsergebnisse in Form eines Vertrages nicht verzichten könne.

Die Sitzung endete, ohne daß zu einer einhelligen Meinung gefunden wurde und Dr. Toncic teilte mit, daß nun weitere Gespräche mit den Italienern geführt werden würden. Im Zuge eines Privatgespräches teilte Toncic dann Ermacora mit, daß Bundeskanzler Klaus nun abschließen wolle.

Es komme doch nicht auf diese oder jene Kompetenz an. Italien und Österreich seien in Freundschaft, bis auf Südtirol. Daher erfordere diese Gesamtlage den Abschluss. Dann enteilte er noch vor Ende der Sitzung, um Repräsentationsaufgaben bei der „Liga der Vereinten Nationen" gerecht zu werden. (Siehe: Felix Ermacora: „Südtirol und das Vaterland Österreich", Wien-München 1984, S.141; sowie Karl Heinz Ritschel: „Diplomatie um Südtirol", Stuttgart 1966, S. 569f)

▶ Es bildet sich eine Front gegen ein Verzichtsabkommen

Am 25. Juni 1966 veröffentlichte das „Salzburger Volksblatt" ein Interview mit dem Abgeordneten Dr. Scrinzi, in welchem dieser klare Worte zur Situation fand.

SV-Gespräch mit Abg. Dr. Scrinzi

Zur Südtirolfrage befragte das „SV" den freiheitlichen Abgeordneten Dr. Scrinzi. Dr. Scrinzi hatte schon in der außenpolitischen Debatte im Parlament in der Nacht von Dienstag auf Mittwoch Aufsehen erregt, als er Außenminister Dr. Toncic beschuldigt hatte, in Geheimverhandlungen mit Italien schon weitgehend zu einem Abschluß in der Südtirolfrage gekommen zu sein, in dem Österreich weitestgehende Verzichte auf sich genommen habe.

DR. SCRINZI: „Nach 21 Jahren vergeblichen Bemühens, der deutschen Volksgruppe in Südtirol jenes Mindestmaß an autonomen Rechten zu geben, das sie schon im Antrag der Abgeordneten Tinzl und Genossen im italienischen Parlament verlangt hat, bin ich der Meinung, daß nunmehr eine kurze zeitliche Grenze für weitere Verhandlungen mit Italien gesetzt werden muß."

SV: „Was sind die grundlegenden Forderungen, die Österreich in solchen Verhandlungen zu stellen hätte?"

DR. SCRINZI: „Eine echte Autonomie für Südtirol! Das bedeutet die Trennung der Provinz Bozen von der Provinz Trient oder doch zumindest die Überlassung der Kompetenzen an die Provinz Bozen (Südtirol), die für den Weiterbestand der deutschen Volksgruppe von größter Bedeutung sind. Es sind dies die Kompetenzen auf den Gebieten der Industrie, der Arbeitsvermittlung und des Kreditwesens sowie die Budgethoheit für die Provinz Bozen."

SV: „Herr Abgeordneter, wir kennen die italienische Bereitschaft, Verträge auch einzuhalten, schon zur Genüge. Welche Garantien können hier verlangt werden?"

DR. SCRINZI: „Jedes Verhandlungsergebnis ist international abzusichern durch die Einrichtung einer internationalen Schiedsgerichtskommission, an die sich in Streitfragen beide Parteien wenden können."

SV: „Wenn Italien nun binnen der von Ihnen geforderten Frist diesen Forderungen nicht zustimmen sollte, was wäre Ihrer Meinung nach dann zu tun?"

DR. SCRINZI: „Dann müßten die Verhandlungen als gescheitert erklärt werden. Wir müßten wieder vor die UNO treten. Die Forderung, die wir dann erheben müssen, kann eindeutig und klar nur noch die nach Selbstbestimmung sein."

Interview mit dem Abgeordneten Dr. Scrinzi im „Salzburger Volksblatt" vom 25. Juni 1966.

Wie das „Salzburger Volksblatt" dann am 5. Juli 1966 weiter berichtete, habe sich aufgrund der Aufdeckung der Geheimverhandlungen auch in Tirol bereits eine breite Front gegen ein Verzichtsabkommen gebildet. *„Die Südtiroler Volksvertreter sind nicht bereit, auf die internationale Verankerung aller Verhandlungsergebnisse zu verzichten und lehnen außerdem das bisherige Verhandlungsangebot Italiens als ungenügend ab."*

> ### Südtirolverhandlungen: Parlament noch nicht informiert
> Außenminister Dr. Toncic schweigt noch immer ★ Die italienischen Bedingungen an Österreich
>
> Außenminister Dr. Toncic hat bisher trotz wiederholter Mahnung noch immer nicht das Parlament über den Stand der bisherigen Geheimverhandlungen mit Italien informiert. Dies gibt zu größter Besorgnis Anlaß. Mitte dieses Monats geht das Parlament in Ferien. In diesem Sommer aber noch wird das Treffen zwischen dem österreichischen und dem italienischen Außenminister stattfinden. Es ergibt sich die Frage: Will Dr. Toncic etwa in der Ferienzeit das Parlament so überspielen, wie dies Dr. Gruber 1946 mit jenem Machwerk getan hat, das sich „Pariser Vertrag" nannte? Damals wurde die Volksvertretung vor vollendete Tatsachen gestellt, die sie dann wohl oder übel anerkannt hat. Dr. Toncic muß vor einer solchen Vorgangsweise dringend gewarnt werden! Sollte er dies versuchen, so wird er erkennen müssen, daß er damit allein steht, und es könnte ihn dies seinen Kopf als Minister kosten!
>
> Die Enthüllungen des „Salzburger Volksblattes" haben bewirkt, daß sich eine breite Abwehrfront gegen jede Verzichtpolitik gebildet hat: Die Südtiroler Volksvertreter sind nicht bereit, auf die internationale Verankerung aller Verhandlungsergebnisse zu verzichten und lehnen außerdem das bisherige Verhandlungsangebot Italiens als ungenügend ab.
>
> Außerdem vertritt der Nordtiroler Landeshauptmann Wallnöfer, wie aus Innsbruck verlautet, denselben Standpunkt wie seinerzeit Dr. Kreisky, daß nämlich ein etwaiges Abkommen sowohl die Zustimmung aller Teile Tirols als auch aller politischen Parteien Österreichs finden müsse. Somit wird auch der Nordtiroler Landtag über ein etwaiges Abkommen zu befinden haben.
>
> Mit Erleichterung erfüllt es die Südtiroler, daß Univ.-Professor Ermacora, Landeshauptmann Wallnöfer und Professor Gschnitzer an dem bevorstehenden Ministertreffen teilnehmen werden. Besonders die Person des Landeshauptmannes, der selbst gebürtiger Südtiroler ist, gilt als Garantie gegen ein unerfreuliches Abkommen. Es ist zu erwarten, daß diese Südtirol-Experten keinem als „vorläufiges Abkommen" getarnten Verzicht ihre Zustimmung geben werden. Ebensowenig ist zu erwarten, daß sie einer von Minister Dr. Toncic gegenüber unserem Wiener Berichterstatter angedeuteten Ersetzung der internationalen Vertragsverankerung durch eine italienisch-österreichische „bilaterale Schlichtungskommission" zustimmen werden.

Ausschnitte aus dem Bericht des „Salzburger Volksblattes" vom 5. Juli 1966.

So habe der Nordtiroler Landeshauptmann den Minister Dr. Toncic, wissen lassen, dass eine künftige Lösung der Zustimmung sowohl *„aller Teile Tirols als auch aller politischen Parteien Österreichs"* bedürfe.
„Die aus Nord- und Südtiroler Politikern bestehende Delegation, die am 24. Juni in Wien weilte, hat Dr. Toncic klargemacht, daß jedes Abkommen die Zustimmung der Südtiroler Landesversammlung finden muß."
Unter dem Druck der öffentlichen Empörung solle Dr. Toncic nun bereit sein, die Südtirol-Experten Univ.-Prof. Ermacora und Univ.-Prof. Gschnitzer auch an einem bevorstehenden Ministertreffen teilnehmen zu lassen. Die Zeitung schrieb: *„Es ist zu erwarten, daß diese Südtirol-Experten keinem als ‚vorläufiges Abkommen' getarnten Verzicht ihre Zustimmung geben werden."*

Enthüllung italienischer Unverschämtheiten

Das „Salzburger Volksblatt" enthüllte in seinem Bericht vom 5. Juli 1966 auch, wie anmaßend und unverschämt die italienische Seite bei den Geheimverhandlungen auftrat und Forderungen stellte, welche in die österreichische Souveränität eingriffen und den Rechtsstaat in Frage stellten:

> In der Zwischenzeit läuft in Österreich die geheimdienstliche und diplomatische Tätigkeit der Italiener auf Hochtouren. In Innsbruck intervenierte der italienische Konsul bei Landeshauptmann Wallnöfer, um diesen zu veranlassen, dem Tiroler Berg-Isel-Bund die Bewilligung für eine Straßensammlung zu entziehen. Dies ist schon der zweite derartige Fall, der sich in letzter Zeit ereignet hat. In der Steiermark hatte in diesem Frühjahr der italienische Botschafter bei Landeshauptmann Krainer vorgesprochen und gegen eine Straßensammlung für Südtirol protestiert. Der Landeshauptmann hatte den Herrn abgewiesen und die Straßensammlung erbrachte in der Folge ein Ergebnis von 450.000 Schilling. Wie Landeshauptmann Wallnöfer in Tirol entscheiden wird, ist noch nicht bekannt.
> Die Italiener haben, wie aus diplomatischen Kreisen in Wien bekannt wird, drei konkrete Vorbedingungen gestellt, damit Italien gnädig Österreichs Verzicht annimmt: Österreich muß dafür sorgen, daß keine Demonstrationen, keine Anschläge und keine Pressediskretionen stattfinden.

Ausschnitte aus dem Bericht des „Salzburger Volksblattes" vom 5. Juli 1966.

➤ Gerüchte über mögliche Abspaltung der Tiroler Volkspartei von der Bundes-ÖVP

In namentlich nicht gezeichneten Flugblättern, die in Innsbruck in einer Auflage von etwa 30.000 Stück gestreut wurden, hieß es: *„Klaus und Toncic, kein Verrat an Südtirol!"* Aus Innsbruck verlautete, wie der „Grazer Montag" am 10. Juli 1966 meldete, daß im Falle eines Verzichtsabkommens über die Köpfe der Tiroler hinweg die Abspaltung der Nordtiroler ÖVP von der Mutterpartei drohe, welche dann zusammen mit der Opposition ein solches Verzichtsabkommen im Parlament niederstimmen würde. Die Flugblattaktion solle von diesen Tiroler ÖVP-Kreisen ausgegangen sein. (Siehe auch: Otto Scrinzi (Hrsg.): „Chronik Südtirol 1959–1969", Graz-Stuttgart 1996, S. 508f)

➤ Bundeskanzler Dr. Klaus – Pflege politischer Kontakte „auf privater Ebene"

Wie die „Salzburger Nachrichten" am 19. Juli 1966 berichteten, fand am 17. und am 18. Juli 1966 im Salzburger Schloss Klesheim unter dem Vorsitz des Bundeskanzlers Dr. Klaus (ÖVP) eine Tagung der „Europäischen Union Christlicher Demokraten" (EUCD) statt.
Der Präsident der Vereinigung, der Vorsitzende („segretario") der „Democrazia Cristiana" (CD), Mariano Rumor, eröffnete die Tagung, welche von

In Salzburg pflegte der österreichische Bundeskanzler Dr. Klaus „politische Kontakte auf privater Ebene" zu dem italienischen Politiker Mariano Rumor (Bild).

Bundeskanzler Dr. Klaus und Außenminister Dr. Toncic dazu benutzt wurde, *„um mit den Italienern auf privater Ebene politische Kontakte zu pflegen."* (Karl Heinz Ritschel: „Diplomatie um Südtirol", Stuttgart 1966, S. 571)

Geheimverhandlungen in einer Privatwohnung in London

In London fanden zur gleichen Zeit vom 18. bis zum 20 Juli 1966 in der Privatwohnung einer dortigen Freundin des italienischen Unterhändlers Prof. Dott. Toscano die in Montreux vereinbarten streng geheimen Verhandlungen auf Expertenebene statt. Der Gesandte Dr. Rudolf Kirchschläger (Außenministerium) und der Nordtiroler Landesamtsdirektor Dr. Kathrein auf der österreichischen Seite und Botschafter Dott. Roberto Gaja (Direktor der politischen Abteilung des Außenministeriums) sowie Prof. Dott. Mario Toscano auf der italienischen Seite nahmen daran teil. Hierbei legten die Italiener das „letzte Verhandlungsangebot" Italiens als Globalangebot vor, welches in dieser Form entweder angenommen oder abgelehnt werden müsse. Angesichts der nie offen ausgesprochenen, aber unübersehbaren Verknüpfung dieser Frage mit dem beabsichtigten und von Rom blockierten EWG-Beitritt Österreichs kann man hier wohl von politischer Nötigung sprechen.

Wiederum wurden Inhalte der Besprechungen dem SPÖ-Landesrat Zechtl zugespielt, der sie unter anderem an den Verfasser dieser Dokumentation weitergab.

Am 16. August 1966 veröffentlichte das „Salzburger Volksblatt" auf der Titelseite die Inhalte der Londoner Geheimverhandlung:

Dr. Toncic soll sich im Herbst mit Fanfani treffen
Das „SV" brachte den Ablauf und die Ergebnisse der Londoner Geheimkonferenz in Erfahrung

Salzburg. (Eigener Bericht.) Obwohl es in der letzten Zeit still geworden ist um die österreichisch-italienischen Geheimverhandlungen über Südtirol, wird die Geheimdiplomatie weiter praktiziert. Hinter den Kulissen der öffentlichen Politik haben Österreich und Italien auf einer Geheimkonferenz in London die Weichen gestellt zu dem für den kommenden Herbst geplanten Vertragsabkommen über Südtirol. Trotz strengster Geheimhaltung ist es dem „Salzburger Volksblatt" gelungen, den Ablauf und die Ergebnisse dieser Londoner Konferenz zu erfahren.

Am 18. Juli trafen sich in London die italienische und die österreichische Delegation, welche aus dem Gesandten Kirchschläger und unverständlicherweise aus dem Chef der Nordtiroler Landesverwaltung, Landesamtsdirektor Kathrein bestand. Normalerweise ist es nicht üblich, daß Verwaltungsbeamte die Landespolitik gestalten, wofür allein die gewählten Vertreter zuständig sind.

Die Italiener eröffneten die Sitzung mit einer Danksagung an die österreichische Regierung, daß sie verhindert habe, daß es im Rahmen des Bundesturnfestes zu Südtirolmanifestationen gekommen sei. Anschließend legte die italienische Delegation ihren Verhandlungsvorschlag über Südtirol auf den Tisch, der als endgültig zu betrachten sei und den Österreich als Ganzes annehmen oder ablehnen müsse.

Der italienische Vorschlag besteht aus zwei Teilen. Der erste Teil stellt das „Paket" der sogenannten italienischen Zugeständnisse dar. Diese liegen in allen für den Bestand der deutschen Volksgruppe wichtigen Punkten sogar unter den Ergebnissen der 19er-Kommission. Es sind dies die Punkte des Ansässigkeitsrechtes, der staatlichen Stellenbesetzung und der Arbeitsvermittlung. Kleine Zugeständnisse machte Italien lediglich in so unbedeutenden Fragen, wie die Ernennung von Sparkassenpräsidenten oder der Wassernutzung. Im zweiten Teil des Globalvorschlages lehnt Italien die Einsetzung eines internationalen Schiedsgerichtes kategorisch ab. An seine Stelle soll der Internationale Gerichtshof treten, wo Österreich im Beschwerdefalle jedoch nur den völlig unzureichenden Pariser Vertrag, nicht aber das Paket der „Zugeständnisse" einklagen kann. Die italienische Delegation lehnte es entschieden ab, eine Verpflichtungserklärung über die Erfüllung des „Paketes" abzugeben. Diese „Zugeständnisse" seien eine reine inneritalienische Zusatzleistung und hätten mit dem Pariser Vertrag nichts zu tun, den Italien ohnedies schon längst erfüllt habe. Diese inneritalienischen Zusatzleistungen seien daher von Österreich nicht einklagbar.

Bevor sich die beiden Delegationen am 20. Juli herzlich voneinander verabschiedeten, beschlossen sie noch, daß sich Außenminister Fanfani und Dr. Toncic entweder Anfang September oder nach dem 14. Oktober treffen sollen, um das Abkommen unter Dach und Fach zu bringen. Bis dahin sollten alle nötigen Unterlagen im kleinen Kreis streng geheim vorbereitet werden.

Ausschnitte aus dem Bericht des „Salzburger Volksblattes" vom 16. August 1966.

Aus Südtirol war bekannt geworden, dass die österreichische Geheimdiplomatie, welche von einigen SVP-Politikern unterstützt wurde, mittlerweile auch die „Südtiroler Volkspartei" in eine Zerreißprobe gebracht hatte. Auch hierüber berichtete das Salzburger Volksblatt.

Auch die „Wochenpresse", die „Kronen-Zeitung", der „Wiener Montag" und andere Blätter veröffentlichten noch im August in großer Aufmachung den Inhalt des streng geheimen „Paketes". Die Geheimdiplomatie des Bundeskanzlers Dr. Klaus und des Außenministers Dr. Toncic war zerschlagen. (Über die Inhalte des damals von den Italienern vorgeschlagenen „Autonomie-Paketes" siehe: Otto Scrinzi (Hrsg.): „Chronik Südtirol 1959–1969", Graz-Stuttgart 1996, S. 510f)

> **Südtiroler Volkspartei von Spaltung bedroht**
>
> Friedl Volgger betreibt die Annahme des Verzichtabkommens mit allen Mitteln
>
> Schluß von Seite 1
>
> Sofort nach diesen Verhandlungen bildete sich in Tirol eine ablehnende Front gegen diesen „Verrat". Mit der Materie befaßte Experten erklärten in vertraulichen Stellungnahmen, jegliche Verantwortung für ein derartiges Abkommen ablehnen zu müssen. Ein so völlig unzureichendes „Verhandlungspaket" mit einer Pseudogarantie, bei der die eigentlichen Verhandlungspunkte überhaupt nicht einklagbar seien, würde die Lage der Südtiroler nicht verbessern, sondern nur die österreichische Südtirolpolitik auf Jahre hinaus lähmen.
>
> In Südtirol droht die dortige Volkspartei in eine schwere Krise zu geraten. Abgeordneter Dietl, Assessor Dr. Benedikter sowie Assessor Dr. Brugger gelten als Gegner des Verzichtes, während der Parteiobmannstellvertreter Friedl Volgger, der schon in Paris 1946 eine verhängnisvolle Rolle gespielt hatte, sich nun mit allen Mitteln fieberhaft bemüht, die 13köpfige Parteileitung der SVP zur Verzichtsannahme zu bewegen.
>
> Landeshauptmann Magnago aber schweigt zu alledem. Sollte sich Volgger in Bozen durchsetzen, so hat Wien im Herbst freie Hand. Der SVP aber droht — wie aus einer Besprechung, die in Brixen am vergangenen Sonntag stattfand, bekannt wurde — in diesem Falle die Spaltung.

Ausschnitt aus dem Bericht des „Salzburger Volksblattes" vom 16. August 1966.

> **Resultate der Südtirol-Gespräche!**
> Unzufriedenheit in Bozen – Keine Chance für echte Autonomie

Schlagzeile der „Kronen-Zeitung" vom 25. August 1966.

Die Tiroler sollen genötigt werden

Besprechung in Zirl

Dr. Toncic wollte nun in aller Eile den Tirolern beiderseits des Brenners die Zustimmung zu dem italienischen „Globalangebot" abringen. Der „Minister des schönen Äußeren" lud daher in aller Eile zu einer Besprechung, die bereits am 21. Juli 1966 in Zirl in Nordtirol abgehalten wurde. Aus Südtirol waren der Landeshauptmann Dr. Silvius Magnago und sein treuer Gefolgsmann und Parteiobmann-Stellvertreter Dr. Friedl Volgger gekommen, von Nordtiroler Seite nahmen Landeshauptmann Eduard Wallnöfer, Landesamtsdirektor Dr. Kathrein und Landesrat Rupert Zechtl (SPÖ) teil.

Zusammen mit dem Gesandtem Dr. Kirchschläger versuchte Außenminister Dr. Toncic die Zustimmung der Erschienenen zu den Ergebnissen der Londoner Geheimverhandlungen zu erlangen. Er legte den Tirolern insbesondere nahe, auf eine internationale Verankerung des „Paketes" zu verzichten und die Zuständigkeit des „Internationalen Gerichtshofs" (IGH) lediglich in Bezug auf die Inhalte des „Pariser Vertrages" zu akzeptieren. Toncic betonte, dass die Zeit bilateraler Verhandlungen vorbei sei. Die SVP müsse nun diesem Verhandlungsstand zustimmen, widrigenfalls er glaube, daß auf lange Zeit nichts mehr in der Südtirol-Frage getan werden könne.

Von der Süd- wie von der Nordtiroler Seite gab es in dieser Sitzung aber keine Zustimmung. Der SPÖ-Landesrat Zechtl, der keine parteipolitischen Rücksichten nehmen musste, griff Toncic frontal an. Die Sitzung endete ergebnislos.

Eine seltsame Vorgehensweise des Nordtiroler Landesamtsdirektors Dr. Kathrein

Am 30. Juli 1966 fand eine Besprechung in der Nordtiroler Landesregierung statt, an der auch der Experte Univ.-Prof. Dr. Ermacora teilnahm. Der auf der Linie der Wiener Politik liegende Landesamtsdirektor Dr. Kathrein gab einen Bericht über die Londoner Geheimverhandlungen vom 18. bis 20. Juli 1966. Er las das Protokoll so schnell ab, daß Ermacora nicht einmal in der Lage war, mitzustenographieren. Ausgehändigt wurde das Protokoll den Teilnehmern nicht. Man konnte jedoch trotzdem mitbekommen, daß das „Paket" nicht garantiert war.

Der sozialistische Landesrat Zechtl sprach sich klar gegen eine Annahme aus.

Dr. Kathrein war gegen Schluss der erregten Debatte ungehalten und erklärte, man wolle hier gar keinen Beschluss der Anwesenden. Man werde mit den Südtirolern reden. Er habe aber schon von jedem Gespräch genug. Dies betonte er zweimal. Somit endete die Unterredung ohne Beschlussfassung. (Felix Ermacora: „Südtirol und das Vaterland Österreich", Wien-München 1984, S. 141, Tagebuchnotizen)

Toncic gesteht Verabredung zur Geheimhaltung ein

Am gleichen Tag warnte der bekannte Publizist und Südtirol-Experte Karl-Heinz Ritschel in den „Salzburger Nachrichten" vor einer Annahme der italienischen Vorschläge. Es sei, schrieb Ritschel, *„die Stunde höchster Gefahr, daß ... Südtirol ... fallengelassen ... wird."*

Auf den Stand der Südtirolverhandlungen angesprochen, erklärte laut „Salzburger Nachrichten" der Außenminister Dr. Toncic: *„Ich kann keine Stellungnahme abgeben, weil wir – Rom und Wien – uns gegenseitig das Versprechen gegeben haben, vor Abschluß der Verhandlungen nichts* *zu sagen. Wir sind noch mitten in den Verhandlungen. Mir kommt es darauf an, die Südtirolfrage bestmöglich zu lösen."* Unwirsch schloss Dr. Toncic: *"Wenn die Betroffenen diese Lösung nicht annehmen wollen, dann eben nicht."*

Die „Dolomiten" enthüllen den Verhandlungsstand

Am 1. August 1966 enthüllte die Tageszeitung „Dolomiten" der Öffentlichkeit, dass aufgrund der italienischen Vorschläge auch keine internationale Absicherung des „Pakets" vorgesehen sei. An deren Stelle sollten *„feierliche Erklärungen in den Parlamenten von Wien und Rom"* – sogenannte Streitbeilegungserklärungen – treten. Die Paketbestimmungen selbst sollten nur auf der Basis des „Pariser Vertrages" von 1946 bei dem Internationalen Gerichtshof in Den Haag einklagbar sein. Die Unterordnung der Provinz Bozen unter die gemeinsame Autonomie der Region Trentino-Südtirol sollte erhalten bleiben, die Südtiroler Befugnisse sollten in einer Subautonomie erweitert werden.

Mario Toscano bestätigt Enthüllungen

In seinen Erinnerungen über die Südtirol-Verhandlungen gab einer der beiden italienischen Chefunterhändler, Prof. Dott. Mario Toscano, später offen zu, daß bei einem Ministertreffen zwischen Toncic und Fanfani im Anschluss an die Londoner Geheimverhandlungen ein überfallsartiger Abschluss der Südtirolverhandlungen hätte stattfinden sollen, mit welchem man die Öffentlichkeit und vor allem die Betroffenen in Südtirol vor vollendete Tatsachen gestellt hätte:

„... wenn alle ausständigen Fragen ... gelöst wären, würde es möglich sein, eine endgültige politische Entscheidung bei einem Treffen auf hoher politischer Ebene zu finden. Diese Entscheidung würde lediglich gleichbedeutend mit einer Ratifikation eines Übereinkommens sein, welches man zuvor bei Expertengesprächen von Regierungsbeamten erzielt hätte." (Mario Toscano: „Alto Adige – South Tyrol", Baltimore-London 1975, S. 222)

Der italienische Chefunterhändler Mario Toscano berichtete später in einem Buch über die Geheimverhandlungen des Jahres 1966.

Das mehrfach gespaltene Land Tirol

➤ Spaltungsrisse in Nord- und Südtirol

Wie das „Salzburger Volksblatt" am 4. August 1966 berichtete, regte sich in der SVP ebenso wie in der Nordtiroler ÖVP starker Widerstand gegen die Toncic-„Lösung" der Südtirolfrage. *„Als entscheidendste Gegner des österreichischen Verzichtsvorschlages gelten Abgeordneter Dietl* (Hans Dietl, Kammer-Abgeordneter zum römischen Parlament) *und der Assessor Benedikter* (Anm.: Dr. Alfons Benedikter, SVP-Obmann-Stellvertreter und Landesrat in der Südtiroler Landesregierung), *während Friedl Volgger schon verzichtswillig zu sein scheint. Der Südtiroler Landeshauptmann Dr. Magnago hingegen hat noch nicht eindeutig Position bezogen. So wie in Südtirol, geht die Front der Meinungen auch in Nordtirol mitten durch das Lager der Volkspartei. Während der Nordtiroler Landesamtsdirektor Kathrein allgemein als Vertreter der weichen Verzichtslinie gilt, ist LH Wallnöfer die Hoffnung derer, die gegen einen weitgehenden Verzicht in der Südtirolfrage sind."*

Der Landesrat Dr. Alfons Benedikter war ein Gegner der Verzichtshaltung der Bundesregierung unter Dr. Klaus.

Der SVP-Kammerabgeordnete Hans Dietl war ebenfalls gegen das leichtfertige Aufgeben wichtiger Positionen in der Autonomiefrage.

Oktavia Brugger, die Tochter des damaligen SVP-Landesrats Peter Brugger, berichtet in der Biographie ihres Vaters über die Situation in Südtirol im Jahre 1966:
„Über die internationale Absicherung der Südtirol-Zugeständnisse wurde jetzt nicht mehr gesprochen, obwohl sie bei der vorangegangenen SVP-Landesversammlung erneut ausdrücklich gefordert worden war.

Auch der SVP-Landesrat und Vize-Parteiobmann Peter Brugger hatte sich der parteiinternen Widerstandsgruppe gegen ein Verzichtsabkommen angeschlossen.

Dafür munkelte man hinter den Kulissen von einer zwischenstaatlichen Gesprächsplattform sowie dem Internationalen Gerichtshof als möglicher Berufungsinstanz. In der Zwischenzeit war auch Hans Dietl, seit 1963 SVP-Kammerabgeordneter im römischen Parlament, aus den Verhandlungen ausgeschlossen worden.
Unter den Anhängern Dietls, die weiterhin eine international verankerte, echte Landesautonomie forderten, wuchs die Unruhe. Zur Dietl-Gruppe gehörten neben meinem Vater in erster Linie Alfons Benedikter und Joachim Dalsass. Sie fürchteten, von Österreich im Stich gelassen zu werden. In den ‚Südtiroler Nachrichten', dem Organ der Gruppe um Hans Dietl, stand am 3. August 1966 zu lesen: ‚Bei den Expertenbesprechungen hat es den Anschein, als ob sich Österreich nur als Anwalt Südtirols betrachte. Der Anwalt vertritt bekanntlich die Sache seines Klienten, aber er macht sie nie zu seiner eigenen. Im entscheidenden Moment verlangt er den Entschluß seines Klienten oder drängt ihn zu einem wenig vorteilhaften Kompromiß, nur um den Fall zu beenden.'
Die Zweifel an Österreich waren damals umso schmerzlicher, als mit der ÖVP eigentlich ja eine Schwesterpartei der SVP an der Macht war. Dietl und mein Vater trauerten oft und öffentlich dem Sozialisten Bruno Kreisky nach." (Oktavia Brugger (Hrsg.): „Peter Brugger. Eine politische und persönliche Biographie", Bozen 1996, S. 88f)

In Südtirol hielten Dr. Benedikter, Brugger und Dietl an der Zielsetzung des von Dr. Magnago 1957 auf der Volkskundgebung von Sigmundskron verkündeten „LOS VON ROM" fest. Südtirol dürfe in Hinkunft nicht mehr mit einer unzulänglichen und in vielen Punkten jederzeit aushebelbaren Subautonomie unter einer italienisch dominierten Regionalautonomie (Region „Trentino-Alto Adige") abgespeist werden.

An die Stelle dieser Scheinautonomie müsse eine eigene Autonomie für das Land Südtirol gesetzt werden. Sollte dies nicht gelingen, waren Benedikter, Brugger und Dietl bereit, von Österreich einen erneuten Gang vor die Vereinten Nationen zu fordern und in letzter Konsequenz die Forderung nach Selbstbestimmung zu erheben.

➤ Magnago beginnt die Stufenleiter nach unten abzusteigen

Der Südtiroler Landeshauptmann und SVP-Parteiobmann Dr. Silvius Magnago hatte hingegen schon am 10. April 1964 zusammen mit den übrigen Mitgliedern der von Innenminister Scelba im September 1961 eingesetzten 19er-Kommission für die Ausarbeitung einer Autonomielösung einen Abschlussbericht unterzeichnet, in welchem eine Erweiterung der bestehenden Subautonomie im Rahmen der Regionalautonomie für Trentino-Südtirol vorgeschlagen wurde.

Damit hatte Dr. Magnago Abschied von seiner einst als unabdingbar bezeichneten Forderung des „LOS VON ROM" genommen und war nun bereit, sich mit einer angereicherten Subautonomie zufrieden zu geben.

Nachdem die SVP aber am 8. Jänner 1965 bei einer Beratung im Innsbrucker Landhaus den Inhalt der vorgeschlagenen erweiterten Autonomie für ungenügend erklärt hatte, war seitens Wien Italien in einer Note die Ablehnung des italienischen Globalvorschlages mitgeteilt worden.

Angesichts der klaren Ablehnung der Forderung nach einer eigenen Landesautonomie für Südtirol auch durch Bundeskanzler Dr. Josef Klaus sah sich Dr. Magnago veranlasst, zumindest auf einer substantiellen Anreicherung der Subautonomie und auf einer wirksamen rechtlichen Absicherung zu bestehen. In der Folge sollte sich Magnago aber auch in dieser Frage zu einer halben und unsicheren Lösung herunterdrücken lassen.

In zäher Weise rang Magnago jedoch in direkten Verhandlungen mit Rom um eine Reihe von Punkten und um viele Details. Damit verhinderte er bis 1969 einen vorschnellen Abschluss zwischen Wien und Rom. In der Frage der Absicherung der Autonomie sollte Magnago jedoch nachgeben und den Wünschen Wiens und Roms entgegen kommen. Dies sollte seine Partei, die SVP, bis an den Rand der Spaltung bringen. Der Bruch zwischen ihm und Dr. Benedikter, Brugger und Dietl wurde unvermeidbar.

➤ Wallnöfers schwierige Position in Nordtirol

Landeshauptmann Eduard Wallnöfer war ein Bauer aus der Gemeindefraktion Barwies in der Gemeinde Mieming im Bezirk Imst. Er war Südtiroler Abstammung und schon damit der Südtirol-Frage innerlich verbunden. Der „Walli" – wie ihn seine Landsleute nannten – war seiner bäuerlichen Wesensart gemäß vorsichtig, zurückhaltend und gut zuhörend, bevor er sich selbst ein Bild machte. Er erzählte nicht jedem alles. In dieser Hinsicht war er „bauernschlau" – auch gegenüber Wien.

Wenn er sich aber gegenüber Freunden äußerte, dann galt sein Wort und sein Handschlag war mehr wert als jeder schriftliche Vertrag. Zum Intriganten eignete sich Wallnöfer wenig.

„Schweren Herzens" ein Ja zur Paket-Lösung

Der Rechtsanwalt und Verteidiger in österreichischen Südtirol-Prozessen Dr. Wilhelm Steidl war ein persönlicher Freund Eduard Wallnöfers. In einem Rückblick auf Wallnöfers Leben schrieb Dr. Steidl:

„Und dann hat er noch etwas gehabt, was ganz wenig Leute haben, er hat einen ungeheuren persönlichen Mut gehabt, eine Wahnsinns-Schneid, und es war ihm auch sein Amt wirklich wurscht. Wie also der Freiheitskampf in Südtirol begonnen hat im 61er Jahr, da hat er natürlich mit dem ganzen Herzen gewusst, daß es nur so geht. Er hatte Sympathie für diese Leute, für den Klotz oder wen auch immer, und er war im Herzen ganz auf deren Seite. Und er hat das auch – soweit das sein Amt vertragen hat – bis an die Grenze der Verträglichkeit seines Amtes unter die Prämisse der Landeseinheit gestellt. Er hat mir einmal gesagt: ‚Steidl! I wears vielleicht nit erleben und du vielleicht a nit, aber kemmen weard des!' ...

Er war aber Realpolitiker und hat sich sehr schweren Herzens zur Paket-Lösung bringen lassen, überaus schwer. Er hat sie dann voll vertreten, weil sie von Südtirol aus vertreten wurde, aber er hat große Skepsis gehabt zum Paket, denn er war sicherlich im Herzen ein Anhänger des Selbstbestimmungsrechts.

Er hat auch immer gesagt: ‚Was in der UNO-Charta steaht, muaß a fir Tirol gelten und was für Triest gilt, muaß a fir Tirol gelten. Wann ma die Triester abstimmen hat lassn, dann muaß man a die Tiroler abstimmen lassn."
(Wilhelm Steidl: „Ich vermisse ihn sehr!", in: Klaus Horst, Martin Marberger und Markus Hatzer (Hrsg.): „Wallnöfer – Bauer und Landesfürst", Innsbruck 1993, S. 19ff)

Der Innsbrucker Rechtsanwalt und Wallnöfer-Freund Dr. Wilhelm Steidl würdigte im Rückblick den Mut und die Tiroler Gesinnung des Landeshauptmannes.

Rücksichtnahme auf die ÖVP-Bünde

Wallnöfer konnte sich nicht offen gegen die Bundesregierung in Wien stellen. Er stützte sich auf den mächtigen Bauernbund in Tirol, musste aber auch den Arbeiter- und Angestelltenbund sowie den Wirtschaftsbund bei der Stange halten. Dort zählten nicht alle Funktionäre zu seinen verlässlichen Freunden. Es gab daher auch in der Tiroler ÖVP Konkurrenten, die sich als Parteigänger Wiens betätigten und Wallnöfer im offenen Konfliktfall wahrscheinlich verdrängt und beerbt hätten.

Der von der Bundesregierung in die Südtirol-Geheimverhandlungen eingebundene Landesamtsdirektor Dr. Rudolf Kathrein zeigte sich als williger Gefolgsmann der Wiener Linie.

Der Nordtiroler Landeshauptmann Eduard Wallnöfer (links) und sein Landesamtsdirektor Dr. Rudolf Kathrein – ein Gefolgsmann der Wiener Politik.

Die Steuerung der veröffentlichten Meinung in Tirol durch die Bundesregierung

Eduard Wallnöfer musste aber auch noch mit einem anderen Faktor rechnen: Die österreichische Bundesregierung übte einen beträchtlichen Einfluss auf die öffentliche Meinung im Bundesland Tirol aus. Dies geschah vor allem über die sich als „unabhängig" gebende „Tiroler Tageszeitung", die im Bundesland Tirol das bestimmende Meinungsbildungs-Medium darstellte und eine nahezu monopolistische Stellung einnahm. Der Historiker Dr. Werner Wolf berichtet dazu: *„Die parteipolitisch unabhängige Presse Österreichs neigte sachlich fast durchweg dem bürgerlichen Lager und damit der ÖVP zu. ... Bei der ‚Tiroler Tageszeitung' war bis zu seiner Entlassung im Juni 1968 Chefredakteur Manfred Nayer der die Südtirolpolitik der Zeitung bestimmende Verfasser von Leitarti-*

keln und Kommentaren. Bis zum Jahre 1962 trat er offen und versteckt gegen die von Landesrat Oberhammer beeinflusste Richtung in der Tiroler ÖVP und gegen den Bergisel-Bund auf. Auch nach dem Rücktritt Oberhammers verwies er später immer wieder auf dessen nach seiner Meinung verhängnisvolle Rolle. ... Während der Alleinregierung der OVP seit 1966 befürwortete er die Politik der Außenminister Toncic und Waldheim. Er galt daher für die Regierung Klaus als Vertrauensmann und wurde dementsprechend auch zu internen Beratungen, z. B. zur Südtirolbesprechung auf dem Semmering im Januar 1967, herangezogen. Nayer sollte seinen Einfluß in der österreichischen Presse zugunsten der Regierungspolitik geltend machen." (Werner Wolf: „Südtirol in Österreich. Die Südtirolfrage in der österreichischen Diskussion 1945–1969", Würzburg 1972, S. 149f)

Es sei, so schreibt Wolf, der *„von der österreichischen Regierung unternommene Versuch"* gewesen, *„durch eine gezielte Beeinflussung der öffentlichen Meinung den gewünschten Abschluß der Verhandlungen mit Italien innenpolitisch möglich zu machen. Neben der ÖVP-Parteipresse hatte sich ... der Chefredakteur der „Tiroler Tageszeitung", Nayer, eindeutig für einen Abschluß ausgesprochen. Nayer nahm auch an der Tagung der ÖVP auf dem Semmering Ende Januar 1967 teil, um Vorschläge für die Einflußnahme auf die öffentliche Meinung im Regierungssinn zu unterbreiten."* (Werner Wolf, a.a.O., S. 227)

Das Bekanntwerden dieser Rolle Nayers war eine politische Bombe, welche die in Graz erscheinende Tageszeitung „Neue Zeit" gezündet hatte. Es werde, so hatte die Zeitung enthüllt, offen dafür plädiert, *„auf eine internationale Verankerung und damit auf die Einklagbarkeit eines Abkommens mit Italien zu verzichten."* Manfred Nayer sei zu dieser ÖVP-Tagung eingeladen worden, um die ÖVP-Politiker zu *„beraten, wie man eine Umorientierung der Öffentlichkeit in der Südtirol-Frage bewerkstelligen könne."* („Neue Zeit", Graz, 25. Jänner 1967)

Nayer hatte sich damals jedenfalls nach Kräften bemüht, eine Kluft zwischen den Nordtirolern und den Südtirolern aufzureißen. Schon am 28. Mai 1966 hatte er in der „Tiroler Tageszeitung" in einem Leitartikel unter dem Titel *„Wie soll es in Südtirol weitergehen?"* behauptet, dass *„ein Großteil der Südtiroler ... keinen Anschluß an Österreich"* wünsche. Es hätten *„gewisse führende Politiker"* in Südtirol, die Nayer nicht mit Namen nannte, *„für uns Österreicher zudem recht wenig übrig."* Diese auf Schwächung der Nordtiroler Solidarität mit den Südtiroler Anliegen zielende Propaganda Nayers lag wohl im Interesse des damaligen Bundeskanzlers Dr. Klaus, nicht jedoch im Interesse des Landes Tirol.

Die Rolle Nayers in der „Tiroler Tageszeitung" wurde 1968 beendet, als der Herausgeber der „Tiroler Tageszeitung", Josef Stefan Moser, ihn als Chefredakteur absetzte. (Siehe: Martin Achrainer: „Anderswo wird mehr gestritten. Bei uns wird mehr gebaut. Landtagswahlkämpfe in Tirol 1945–1970"; in: Herbert Dachs (Hrsg.): „Zwischen Wettbewerb und Konsens: Landtagswahlkämpfe in Österreichs Bundesländern 1945 bis 1970", Wien-Köln-Weimar 2006, S. 332)

Wallnöfer musste vorsichtig agieren

In der Chefredaktion der regierungstreuen „Tiroler Tageszeitung" wusste man wahrscheinlich auch gut Bescheid über die Beziehungen Wallnöfers zu Südtiroler Freiheitskämpfern. Der Landeshauptmann musste in allen Bereichen vorsichtig agieren und bestrebt sein, sich keine Blößen zu geben.

Politisch leistete Wallnöfer jedenfalls Widerstand gegen eine vorschnelle Preisgabe Südtirols, indem er die hinhaltende Taktik und die pragmatische Vorgangsweise Dr. Magnagos unterstützte. Darüber hinaus zu gehen und öffentlich auch noch Magnagos Linie als zu nachgiebig in Frage zu stellen, das konnte sich der Nordtiroler Landeshauptmann wohl kaum leisten. Da hätte er von Wien über Innsbruck bis Bozen zu viele Gegner gegen sich gehabt.

Exkurs: Eduard Wallnöfer und der Südtiroler Freiheitskampf

Univ.-Prof. Dr. Helmut Heuberger war in seinen jungen Jahren einer der verdienstvollsten österreichischen Widerstandskämpfer gegen das NS-Regime gewesen und hatte maßgeblich dazu beigetragen, dass Innsbruck im Jahr 1945 durch die O5-Widerstandsbewegung kampflos an die einrückenden Amerikaner übergeben werden konnte und nicht im Bombenhagel zerstört wurde. Seine Rolle wurde von Otto Molden in dessen 1958 erschienenem berühmtem Buch „Der Ruf des Gewissens. Der österreichische Freiheitskampf 1938–1945" ausführlich gewürdigt.

In den 1960er Jahren hatte sich Dr. Helmut Heuberger im „Befreiungsausschuss Südtirol" (BAS) an führender Stelle betätigt und war 1966 im 2. Mailänder Südtirolprozess in Abwesenheit zu 30 Jahren Kerker verurteilt worden.

Helmut Heuberger gehörte zu den wichtigsten Führungspersönlichkeiten im „Befreiungsausschuss Südtirol" (BAS).

```
Dr. Helmut Heuberger                    Innsbruck, 18. 1. 1962
Innsbruck, Schillerstr. 15


     Herrn
     Abg. Landesrat Eduard Wallnöfer
     I n n s b r u c k
     Landhaus



     Sehr geehrter Herr Landesrat!

        Es ist mir eine Ehre und Freude, daß Sie mich trotz der
     Bedenken, die ich Ihnen nahebringen ließ, in den Südtirol-Beirat
     berufen haben. Gerne nehme ich diese Berufung an und damit auch
     die Einladung zur ersten Sitzung übermorgen.

        Mit dem Ausdruck der vorzüglichsten Hochachtung
```

Bereits als Landesrat hatte Wallnöfer im Jänner 1962 den Südtiroler Freiheitskämpfer Univ.-Prof. Dr. Helmut Heuberger in den „Südtirol-Beirat" der Tiroler Landesregierung berufen, obwohl Heuberger ihn darauf aufmerksam gemacht hatte, dass er dem „Befreiungsausschuss Südtirol" (BAS) angehörte. In oben wiedergegebenem Schreiben bedankte sich Heuberger für diese Berufung „trotz der Bedenken", die Heuberger korrekterweise Landesrat Wallnöfer übermittelt hatte. (Tiroler Landesarchiv, Amt der Tiroler Landesregierung, Handakten LH/LR Eduard Wallnöfer 1947–1969)

Univ.-Prof. Dr. Heuberger wurde von Landeshauptmann Wallnöfer trotz des damit verbundenen Risikos als Südtirol-Berater zugezogen.

Bis in das hohe Alter pflegte der 2011 verstorbene ehemalige Freiheitskämpfer engen freundschaftlichen Kontakt zu anderen ehemaligen Freiheitskämpfern, wie Univ.-Prof. Dr. Erhard Hartung.

Wallnöfer, von seinen Landsleuten voller Zuneigung „Walli" genannt, finanzierte – so wie auch schon sein Vorgänger Landeshauptmann Dr. Hans Tschiggfrey – mit der Hilfe Dr. Kreiskys die Verteidigung der Angeklagten in den Südtirol-Prozessen und unterstützte deren Familien.

Ein Bild aus dem Jahre 2010. Von links nach rechts: Die ehemaligen Freiheitskämpfer Heuberger, Hartung und Frau Heuberger.

Er traf sich auch mehrfach in aller Verschwiegenheit mit Südtiroler Freiheitskämpfern.

Einzelheiten darüber sind bei Dr. Franz Watschinger in dessen Buch „Bomben und Justiz. Der erste Grazer Südtirolprozeß 1961" nachzulesen. Der Jurist und Historiker Dr. Watschinger zeichnet anhand von amtlichen Originaldokumenten nach, wie die Verteidigung der Angeklagten vor den italienischen Gerichten im Geheimen finanziert und wie die Gelder über die Caritas in Südtirol verteilt wurden. Zudem wurden auch geflüchtete Freiheitskämpfer in Nordtirol finanziell unterstützt, obwohl sie dem Freiheitskampf keineswegs abgeschworen hatten.

(Franz Watschinger: „Bomben und Justiz. Der erste Grazer Südtirolprozeß 1961", Innsbruck-Wien-München-Bozen 2003, S. 109ff).

Als der Verfasser dieser Dokumentation während seiner Studienzeit als Zeitungsberichterstatter in Innsbruck tätig war und mehrmals im oberösterreichischen „Bergisel-Bund" gesammelte Spenden an Angehörige Südtiroler politischer Häftlinge überbrachte, wurden ihm diese Sachverhalte schon damals berichtet. Freilich ohne die Einzelheiten und Quellen, die Dr. Watschinger hier benennt.

Der Verfasser hörte damals auch in Kreisen, die dem „Befreiungsausschuss Südtirol" (BAS) nahe standen, dass Wallnöfer verfolgten und geflüchteten Südtiroler Freiheitskämpfern gelegentlich auf seinem Hof in Barwies Zuflucht gewährt hatte.

Wallnöfer bereitete die Abspaltung der Tiroler Volkspartei von der Bundes-ÖVP vor

Auf der Internetseite des Österreichischen Cartellverbandes (ÖCV) www.oecv.at/Biolex/Detail/12100452 findet sich ein kurzer Lebenslauf des Ehrenmitglieds zweier CV-Verbindungen, des Nordtiroler Landeshauptmannes Eduard Wallnöfer. Verfasser ist der Historiker Dr. Gerhard Hartmann, der schon mehrmals über das katholische Farbenstudententum in Österreich publiziert hat.

In dem Beitrag heißt es:

> Wallnöfer war naturgemäß ein Föderalist, was er im Verhältnis zum Bund sowie zur Bundes-ÖVP immer wieder ausspielte. Ende der sechziger Jahre gab es sogar Überlegungen – offenbar dem Beispiel CSU folgend – für die Gründung einer Tiroler Volkspartei, weil man mit der Bundesregierung bzw. der Bundespartei unter Klaus bzw. Hermann Withalm (Nc) unzufrieden war, was jedoch dann nicht zustande kam.

Auszug aus dem Lebenslauf Wallnöfers auf der Internetseite des ÖCV.

Der Historiker Prof. Dr. Michael Gehler gibt in seinem Buch „Tirol im 20. Jahrhundert vom Kronland zur Europaregion" dazu weitere Aufschlüsse.

Er schreibt:

„Die Tiroler Südtirolpolitik bewegte sich gleichsam auf einer durchgehenden Linie: Sie war primär Sache des Landeshauptmanns ... Der Vinschgauer Wallnöfer empfand die Südtirolfrage nicht nur als ein politisches, sondern auch als ein persönliches Anliegen. Wiederholt hatte er auf die ‚Unrechtsgrenze' hingewiesen und das Jahr 1939, die zwischen Hitler und Mussolini beschlossene Umsiedlung der Südtiroler, als ‚Tiefpunkt der Tiroler Geschichte' bezeichnet. Jeden Dienstag war in der Sitzung der Landesregierung die Südtirolfrage Tagesordnungspunkt Nr. 1. ...

In der außenpolitisch für Österreich heiklen Phase der Bombenattentate wurden die Attentäter und deren Hinterbliebene vom Bund (einem eigens hierfür eingerichteten ‚Südtirolkonto') wie vom Land unterstützt, ohne Eingriff des Rechnungshofes und des Landeskontrollamtes. Während Wallnöfer, ebenso wie Magnago, offiziell die Attentate verurteilte, hegte er innerlich Sympathien für die Motive der Urheber." (Michael Gehler: „Tirol im 20. Jahrhundert vom Kronland zur Europaregion", Innsbruck-Wien-Bozen 2008, S. 327f)

„Wallnöfers Verhältnis zu den Bundesstellen, wie z. B. zur ÖVP-Bundesparteileitung in Wien, war sehr zwiespältig. Eine zu starke Position der Zentralstellen lehnte er entschieden ab. ... Wiederholt warnte er vor dem Zentralismus, der sich im Vormarsch befinde. Mit Blick auf die Bundesparteileitung formulierte er: ‚Wir dürfen keine zentralistische Partei sein. In der Kärntner Straße können sie net toan, was sie wollen.'"

Wallnöfers Verhältnis zu Bundeskanzler Dr. Klaus galt *„als unterkühlt"*, berichtet Gehler.

Eduard Wallnöfers Verhältnis zu Bundeskanzler Dr. Klaus (rechts im Bild) galt als unterkühlt.

„*In der ausgehenden Ära Klaus entwickelte sich dann eine innerparteiliche Debatte, in der eine ‚Unabhängige Tiroler Volkspartei' gefordert wurde. Nachdem sich das engste Spitzengremium der Partei dafür entschieden hatte, wurde am 10. April 1969 ein entsprechender Antrag zur Konstituierung bei der Tiroler Sicherheitsdirektion eingereicht. Die Gründe lagen in den wachsenden Unstimmigkeiten mit der Wiener Parteizentrale. Die Tiroler ÖVP hatte kein Vertrauen mehr in die Bundesparteileitung.*"

Wie Gehler weiter berichtet, habe die Tiroler Sicherheitsdirektion das Ansuchen abschlägig beschieden. Als die Tiroler auf ihrem Vorhaben beharrten, habe zuletzt der Verfassungsgerichtshof am 3. Dezember 1969 das Vorhaben zum Scheitern gebracht. Es konnte, schreibt Gehler, aber weiterhin „*als Rute im Fenster*" dienen.

Ganz im Unterschied zur Bundesparteileitung sei Wallnöfers Verhältnis zu dem ab 1970 amtierenden Kanzler Dr. Bruno Kreisky (SPÖ) jedoch „*menschlich gut*" gewesen." (Michael Gehler: „Tirol im 20. Jahrhundert vom Kronland zur Europaregion", Innsbruck-Wien-Bozen 2008, S. 331f)

Ob Eduard Wallnöfer gewillt gewesen wäre, eine eigenständige Tiroler Volkspartei dann auch tatsächlich zu konstituieren, wissen wir nicht. Zumindest aber hatte man dem Bundeskanzler Dr. Klaus und der Bundespartei klar gemacht, dass man in Innsbruck nicht dazu bereit war, sich widerstandslos von Wien aus gängeln und in wichtigen Fragen überfahren zu lassen.

Öffentliche Kritik an der Wiener Südtirolpolitik

➤ Ermacora gegen Lösung ohne Absicherung

Am 5. August 1966 nahm der österreichische Südtirol-Experte und Teilnehmer vieler österreichischer Verhandlungsdelegationen Univ.-Prof. Dr. Felix Ermacora in der „Kleinen Zeitung" in Graz Stellung gegen den Toncic-Plan, der keine echte internationale und wirksame Absicherung vorsehe.

➤ „Münchner Merkur": „Südtirol – Opfer auf dem Altar der EWG?"

Unter diesem Titel berichtete die angesehene Münchner Zeitung am 6. August 1966, dass Italien die EWG-Frage mit der Südtirolfrage koppele: *„Ob sich jemals die Pforten der EWG für Wien öffnen, hängt nicht zuletzt vom Placet des italienischen EWG-Partners ab. Österreichs Bundeskanzler Klaus ist nicht zu beneiden. Wenn er sein Land der EWG assoziieren möchte, muss er seinem italienischen Kollegen Moro Zugeständnisse machen, Zugeständnisse auf Kosten Bozens. Eine verteufelte Alternative."* Zu dem Inhalt des italienischen Angebotes meinte das Blatt: *„Rom will ... die Mittel zur Steuerung der italienischen Einwanderung nicht aus der Hand geben."*

➤ Enthüllungen der sozialistischen Parteiblätter

Am 11. August 1966 meldete die sozialistische Presse Österreichs („Arbeiter-Zeitung" in Wien, „Tagblatt" in Linz), daß die österreichische Regierung um jeden Preis bis zum Herbst die Annahme des italienischen Verhandlungsangebotes durchdrücken wolle. Der Grund dafür sei die Absicht des italienischen Ministerpräsidenten Moro, einer Erweiterung des Verhandlungsmandates der EWG-Kommission mit Österreich im Herbst nur dann zuzustimmen, wenn Österreich den in Geheimverhandlungen ausgearbeiteten Südtirol-Vorschlägen Italiens beitrete. Damit dieses Ziel erreicht werden könne, würden die Südtiroler durch Klaus und Toncic unter Druck gesetzt.

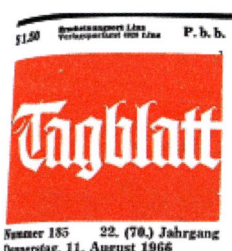

Klaus-Toncic setzen die Südtiroler unter Druck
Ein mit Ministerpräsident Moro geheim ausgehandelter Vertragsentwurf soll durchgepeitscht werden

> BOZEN (Eigenbericht). **Die Gefahr, der sich weite Kreise Südtirols ausgesetzt sehen, ist ein Vertragsentwurf zur Lösung des Südtirol-Problems, der zwischen K l a u s , T o n c i c und dem italienischen Ministerpräsidenten M o r o ausgehandelt wurde und nun noch vor dem Herbst durchgepeitscht werden soll: ein Vertrag, welcher in Südtirol abfällig als zweites „Gruber-de-Gasperi-Abkommen" bezeichnet wird und der in wesentlichen Punkten einen Rückschritt darstellt.**
>
> Dies ist die Bilanz der Geheimverhandlungen Klaus-Moro. Gegenüber den Vorschlägen der Neunzehnerkommission enthält das nun von Italien Österreich angebotene Paket als Ergänzung zum Pariser Vertrag von 1946 geringere Rechte für die österreichische Minderheit in Südtirol.
>
> Die größte Gefahr jedoch droht dadurch, daß auf eine Verankerung der Klagbarkeit des Paketes bei einer internationalen Schiedskommission verzichtet wird. Statt einer unabhängigen Kommission, wie sie Saragat und Kreisky vereinbart hatten, bietet Italien lediglich die Möglichkeit, den Internationalen Gerichtshof in Den Haag anzurufen. Diesem Forum läge dann als Rechtsnorm lediglich der Pariser Vertrag vor, da Italien kaum damit einverstanden wäre, das Paket der Zugeständnisse als Rechtsnorm anzuerkennen, sondern erfahrungsgemäß den Standpunkt einnehmen dürfte, daß es sich dabei um eine innerstaatliche Angelegenheit handelt. Damit würde aber, falls der Haager Gerichtshof diese Meinung teilt — und die Wahrscheinlichkeit ist groß —, Österreich als Vertragspartei rechtlich ausscheiden.
>
> Die Folgen dieser Vorgangsweise sind nicht abzusehen.

Ausschnitte aus dem sozialistischen Parteiorgan „Tagblatt" vom 11. August 1966.

➤ Auch die bürgerliche Presse enttarnt die Geheimverhandlungen

Am 16. August 1966 berichteten das „Salzburger Volksblatt", der „Wiener Montag" und der „Grazer Montag" in großer Aufmachung über den Ablauf der Geheimverhandlungen, die bislang stattgefunden hatten. Die Zeitungen gaben auch die wesentlichen Inhalte des italienischen „Globalvorschlages" wieder. Ab nun war es vorbei mit der Geheimdiplomatie und die öffentliche Diskussion über die Klaus-Toncic-Verzichtspolitik riss nicht mehr ab. Dem glücklosen Minister Dr. Tonic gelang es nicht mehr, die Italien zugesagte Vertraulichkeit zu wahren.

Nachdem der Verfasser dieser Dokumentation dem Redakteur Dr. Peter Wolf von der Wiener „Wochenpresse" die neuesten Informationen über den Stand der Geheimverhandlungen hatte zukommen lassen, legte auch dieses bedeutende Nachrichtenmagazin am 24. August 1966 in einem mit Balkenlettern angekündigten Artikel die Einzelheiten vor der Öffentlichkeit bloß.

Das „letzte Verhandlungsangebot" Italiens

Die „Wochenpresse" berichtete, dass *„in einer in London, Montreux und anschließend wieder in London abgehaltenen Serie von Expertengesprächen"* nunmehr das *„letzte Verhandlungsangebot"* Italiens vorliege, welches als „Globalvorschlag" angenommen oder abgelehnt werden müsse. Es bestehe *„keine Hoffnung, dass diese italienische Haltung bei einem Außenministertreffen geändert werde"*. Dies hätten die Vertreter Österreichs aus London nach Wien gekabelt.

WOCHENPRESSE

DAS ÖSTERREICHISCHE NACHRICHTENMAGAZIN

SÜDTIROL: INHALT DER GEHEIMVERHANDLUNGEN
SEITE 5

SÜDTIROL

Das geheime Paket

In London wurden die Verhandlungen zwischen Italien und Österreich abgeschlossen. Der Inhalt des vertraulichen Angebots.

Gesandter Kirchschläger: Ja oder nein zum Globalvorschlag

Auszüge aus dem Artikel in der „Wochenpresse" vom 24. August 1966.

In einem neun Punkte umfassenden „Paket" wurden die Verhandlungsergebnisse dieser Experten schließlich zusammengefaßt. Im Zusammenhang mit dem Ergebnis der 19er-Kommission ergibt sich gegenwärtig folgendes Bild:

- keine Trennung der Provinz Bozen von Trentino. Die Südtiroler bleiben im Regionalrat weiterhin von der italienischen Gruppe majorisiert;
- keine eigenen Sicherheitspolizeieinheiten für Südtirol;
- keine sekundäre Gesetzgebung über öffentliche Betriebe;
- keine Gesetzgebung der Provinz Bozen zur Regelung des Südtiroler Vorrechtes bei der Arbeitsvermittlung, es werden den Südtirolern lediglich „Kontrollkommissionen" ohne wirkliche Befugnisse eingeräumt;
- keine Einführung des ethnischen Proporzes bei der Besetzung öffentlicher Stellen, eine Änderung der bestehenden Verhältniszahl zwischen Südtirolern und Italienern kann nur durch Neuaufnahmen und Pensionierungen — allerdings wohl nur innerhalb eines sehr langen Zeitraumes — erreicht werden;
- keine Zuständigkeit der Provinz Bozen für die Feststellung des Ansässigkeitsrechtes und für die Eintragung in das Bevölkerungsregister, lediglich dem Präsidenten des Landesausschusses wird zugestanden, sich „durch Inspektionen" darüber zu unterrichten, wie viele Menschen aus anderen Teilen Italiens pro Jahr nach Südtirol zuwandern;
- keine Befreiung der Südtiroler vom italienischen Wehrdienst;
- keine Zuständigkeit der Provinz Bozen für Gemeindeordnungen, Handelskammerordnungen sowie für die Ordnungen der Fürsorge und Unterstützungskörperschaften.

Keine Garantie der Verhandlungsergebnisse vorgesehen

Dem Bericht der „Wochenpresse" zufolge hätten die Italiener bei den Verhandlungen darauf bestanden, dass alle Zugeständnisse *„autonome Konzessionen der italienischen Regierung"* seien, weshalb eine internationale Garantie derselben nicht in Frage komme.

Österreich könne nur aufgrund des „Pariser Vertrages" von 1946 Klage vor dem „Internationalen Gerichtshof" (IGH) in Den Haag erheben. Der entscheide dann, ob eine Vertragsverletzung vorliege.

Die „Wochenpresse" kommentierte dies so: Es *„kann vor dem Internationalen Gerichtshof nur nach dem Wortlaut des Pariser Vertrages Beschwerde erhoben werden.*

Wird zum Beispiel die Provinz Bozen in ihrem ihr nunmehr eingeräumten ‚Recht', die Präsidenten der Sparkassen zu ernennen, übergangen, so kann nun Österreich nicht etwa wegen dieses konkreten Punktes nach Den Haag gehen, sondern muß Klage wegen Nichterfüllung des Pariser Vertrags erheben. Dort jedoch steht nichts über Sparkassenpräsidenten."

In Südtirol, so berichtete die „Wochenpresse" abschließend, *„formiert sich eine breite Front gegen die Annahme dieser mageren Zugeständnisse: ‚Lieber jetzt kein Vertrag, als dieser Pakt', argumentiert man."*

▶ Die Warnung des Ex-Außenministers Dr. Kreisky

Am 25. August 1966 warnte der ehemalige Außenminister Dr. Kreisky in einem ausführlichen Artikel in der Zeitschrift „Kristall" vor der Auffassung, *„daß man ohne internationale Schiedsinstanz"* eine Vereinbarung abschließen könne. Kreisky schrieb weiter, daß wiederholt politische Fehler gemacht worden seien. Ein solcher Fehler, meinte er, sei das geheime Treffen von Bundeskanzler Dr. Klaus mit Ministerpräsident Moro im Sommer 1965 gewesen. Italien könnte den Eindruck gewonnen haben, daß man auf österreichischer Seite der Südtirolfrage keine große Bedeutung mehr beimesse.

Grenze des Zorns
Südtirol

Dr. Bruno Kreisky schreibt exklusiv in KRISTALL

KRISTALL läßt in diesem Exklusiv-Artikel einen Mann zu Wort kommen, der vielleicht wie kaum ein anderer berufen ist, über das Thema Südtirol zu sprechen: Dr. Bruno Kreisky, österreichischer Außenminister von Juli 1959 bis April 1966, hat an allen italienisch-österreichischen Südtirol-Verhandlungen entscheidend mitgewirkt und auch die Schalthebel dafür gestellt, daß die Südtirol-Frage vor der Uno debattiert wurde. Aus seiner Feder erfahren die KRISTALL-Leser viele bisher unbekannte Einzelheiten über das, was dabei hinter den Kulissen vor sich ging.

Die österreichische Bundesregierung will offenbar zeigen, daß sie diese Frage nun endlich einer raschen Lösung zuführen kann. Sie leidet unter der Manie des Expeditiven und dem Dämon der Desorganisation. Aber was kann bei der Südtirol-Frage durch ein forciertes Tempo herauskommen?

Ich bin jedenfalls der Meinung: Wenn man mit der italienischen Regierung abschließen will, sollte man ihr nicht das Gefühl geben, daß andere als nur die Sachfragen entscheidend sind.

Es ist meine Überzeugung, daß man ohne eine Einigung über eine internationale Schiedsinstanz — die sogenannte internationale Verankerung — nicht abschließen sollte.

➤ Ermacora warnt erneut

Am 27. August 1966 schrieb der österreichische Südtirol-Experte Univ.-Prof. Dr. Felix Ermacora in der Wiener Tageszeitung „Neues Österreich": *„Sicher ist, daß in diesem Angebot der De-Facto-Autonomie solche Punkte nicht zur Zufriedenheit geklärt sind, die seit eh und je im Mittelpunkt des Entnationalisierungsprogrammes Tolomeis standen. Fragen, von denen her der soziale Wohlstand der gesamten Bevölkerung wirksam gesteuert werden kann..."*

Univ.-Prof. Dr. Ermacora sagte weiter: *„Es wird also die entscheidende Frage für Österreich sein, ob man neben das unverbindlich wirkende Pariser Abkommen ein noch unverbindlicheres Zusatzversprechen setzen darf und dann mit ruhigem Gewissen erklären kann: Das ist die Lösung des Problems."*

Das „Paket" Südtirol
ANALYSE EINES KOMPLEXEN PROBLEMS IN ENTSCHEIDENDER STUNDE / VON UNIV.-PROF. DR. FELIX ERMACORA

Garantie – das Um und Auf!

Auf der anderen Seite steht die Frage der internationalen Garantie der italienischen Vorschläge. Die Garantie bedeutet, daß Italien sich gegenüber Österreich verpflichten müßte, die Zusagen so, wie sie gemacht würden, zu erfüllen, und daß Österreich auf die Erfüllung dieser Zusagen in juristisch und politisch wirksamer Weise drängen dürfte. Der Wunsch Österreichs nach einer Garantie der Zusagen ist eine Selbstverständlichkeit. Ohne internationale Garantie wird alles, was etwa abgesprochen würde, zu einer „lex imperfecta", d. h. zu einer Summe von Versprechungen, deren Erfüllung nicht absehbar ist.

Es wird also die entscheidende Frage für Österreich sein, ob man neben das unverbindlich wirkende Pariser Abkommen ein noch unverbindlicheres Zusatzversprechen setzen darf und dann mit ruhigem Gewissen" erklären kann: Das ist die Lösung des Problems. Den österreichischen und südtirolischen Politikern, die es ernst mit der Sache meinen und sie nicht nur gutgläubig ad acta legen wollen, trifft eine schwere Verantwortung, die sich schlicht und einfach auf Menschen und eine Menschengemeinschaft bezieht.

Univ.-Prof. Dr. Felix Ermacora in der Wiener Tageszeitung „Neues Österreich" vom 27. August 1966.

Zur derzeitigen Situation der Südtirolpolitik vermerkte der Experte weiter: *„Zunächst muss die Öffentlichkeit wissen, daß man die Leiter der ‚gerechten Forderung' – allerdings immer mit verklausulierten Vorbehalten – österreichischerseits weit heruntergegangen ist: von der Selbstbestimmungsforderung im Jahre 1945 auf die Forderung nach regionaler Autonomie, von dieser Forderung auf die Forderung der Trennung Bozens von Trient; von dieser wiederum abwärts auf die De-Facto-Autonomie."*

Das Überrumpelungsmanöver scheitert

➤ Innsbrucker Südtirol-Konferenz:
   Die Bundesregierung will das „Paket" durchdrücken!

Die öffentliche Abrechnung des Südtirol-Experten Univ.-Prof. Dr. Felix Ermacora erschien just am 27. August 1966. An diesem Tag fand in Innsbruck eine streng abgeschirmte Südtirol-Konferenz statt, auf der die Tiroler zu einer Zustimmung zu dem italienischen „Globalangebot" überredet werden sollten.

Die Teilnehmer waren: Bundeskanzler Dr. Klaus, Außenminister Dr. Toncic, Innenminister Hetzenauer, Experten des Ballhausplatzes, die Landeshauptleute Magnago und Wallnöfer, die Professoren Dr. Gschnitzer und Dr. Ermacora, die Leiterin der Südtirol-Abteilung der Nordtiroler Landesregierung, Frau Dr. Stadlmayer, sowie zahlreiche weitere Politiker aus Nord- und Südtirol.

Die Geister schieden sich insbesondere am Thema „internationale Verankerung". Hier erhoben die Südtiroler Hans Dietl, Dr. Alfons Benedikter, Peter Brugger und Joachim Dalsass erhebliche Einwände gegen die Zuständigkeit des „Internationalen Gerichtshofs" (IGH), unterstützt durch die Experten Univ.-Prof. Dr. Gschnitzer, Univ.-Prof. Dr. Ermacora und Dr. Stadlmayer.

In der Debatte zeigte sich, daß Parteiobmann Dr. Magnago und sein Stellvertreter Dr. Friedl Volgger bereits weitgehend auf die Seite der österreichischen Regierung geschwenkt waren und die Annahme der italienischen Vorschläge empfahlen. Lediglich in Bezug auf den IGH zeigte sich Dr. Magnago noch etwas skeptisch. Wenn dort nur der unpräzise „Pariser Vertrag", nicht aber das „Paket" an Autonomiebestimmungen selbst eingeklagt werden könne, so sei das keine „Verankerung". Die österreichische Regierungsseite hielt dagegen, dass Rom von seiner Position nicht mehr abzubringen sei. Die Sitzung endete ohne klares Ergebnis.

Schlagzeile in der sozialistischen Tageszeitung „Tagblatt" vom 29. August 1966. Es gelang der Regierung Dr. Klaus nicht mehr, die Verhandlungen und Gesprächsinhalte geheim zu halten.

Ernste Bedenken gegen Südtirol-„Geheimpaket"
Widerstand gegen ÖVP-Verhandlungsergebnis bei der Konferenz in Innsbruck – Heute erste SVP-Beratung

➤ Schwere Auseinandersetzungen im SVP-Parteiausschuss – Magnago muss nachverhandeln

Im 57-köpfigen Parteiausschuss der SVP kam es jedoch am 29. August 1966 zu schweren Auseinandersetzungen. Der Abgeordnete Dietl trat als Sprecher einer Gruppe von Ausschussmitgliedern auf, die nicht gewillt waren, auf eine echte internationale Verankerung einer künftigen Autonomie zu verzichten. Scharfe Kritik wurde auch daran geübt, daß alle Einzelheiten des „Paketes" bislang auch vor dem Parteiausschuss geheim gehalten worden waren und daß nun den Mitgliedern zugemutet werde, die schwierige Materie in wenigen Stunden zu prüfen und darüber Beschluss zu fassen. Zahlreiche Mitglieder des Ausschusses beharrten auf gründlicher Prüfung der Materie.

Der Parteiausschuss beschloss am 1. September 1966, dass inhaltlich noch in einer Reihe von Punkten „Klärungen" herbeizuführen seien. Zudem müsse eine internationale Absicherung des Autonomie-„Pakets" durch Österreich herbeigeführt werden.

Am 25. Jänner 1967 enthüllte die Grazer Zeitung „Neue Zeit", dass auf einer ÖVP-Klausur zur Südtirol-Politik offen dafür plädiert worden sei, auf eine internationale Verankerung und damit auf die Einklagbarkeit des künftigen Autonomie-„Pakets" zu verzichten.

Daraufhin beschloss der Parteiausschuss der SVP am 23. März 1967, dass ein verbessertes Autonomiepaket nur unter der Bedingung angenommen werden könne, dass eine wirksame internationale Garantie des Versprochenen durch Österreich und Italien erreicht werde. Der Ausschuss fordert beide Regierungen zu diesbezüglichen neuen Verhandlungen auf.

➤ Geheimgespräch Klaus–Moro

Moser und wohl auch der Bundeskanzler Dr. Klaus und der Außenminister Dr. Toncic waren über dieses Ergebnis nicht erfreut. Sie hatten auf eine rasche Zustimmung der SVP und darauf gehofft gehabt, dass sie nun das lästige Südtirol-Problem los sein würden und der Weg in die EWG damit erleichtert würde.

Im Sommer 1966 hatte Dr. Klaus anschließend an seinen üblichen Urlaub in Bonassola an der Ligurischen Küste in Predazzo den Ministerpräsidenten Moro zu einem weiteren Gespräch über Südtirol besucht gehabt.

"Ich verbrachte dort mit Moro einen Vormittag", schilderte Klaus später, *"wobei mein Gesprächsthema immer das gleiche war: Wir müssen Freundschaft halten, zu einer guten Nachbarschaft finden und in diesem Rahmen zu einer Südtirol-Lösung gelangen."* (Josef Klaus in: „Zeitzeugengespräche: Österreich nach 1945", wiedergegeben in: Helmut Wohnout (Hrsg.): „Demokratie und Geschichte. Jahrbuch des Karl von Vogelsang-Instituts zur Erforschung der Geschichte der christlichen Demokratie in Österreich", Jg. 3/1999, Wien-Köln-Weimar, S. 38)

▶ Moser weiter unermüdlich tätig

Der ÖVP-Unterhändler Rudolf Moser führte daher vom 1. bis zum 5. September 1966 in Südtirol eine Reihe politischer Gespräche und drängte auf einen raschen endgültigen Abschluss.

In einem Bericht für seine österreichischen Parteifreunde behauptete Moser, dass dies auch der Wunsch der meisten Südtiroler sei:

"Wo auch immer während meines mehrtägigen Südtiroler Aufenthaltes ich mit Menschen jeglicher wirtschaftlicher Position von Stadt oder Land ins Gespräch kam, wurde dem dringlichen Wunsch Ausdruck gegeben: ‚Abschließen, abschließen, so kann es nicht weitergehen!'"

Er habe, so Moser, *"aus vertraulichen und freundschaftlichen Gesprächen"* feststellen können, *"daß das bisher Erreichte wirklich das Optimum und Maximum dessen ist, was erreicht werden kann. ... Die italienische Regierung und unsere persönlichen Freunde in der DC-Partei werden es schwierig genug haben, sich in allen Instanzen durchzusetzen."*

Die österreichische Presse verhalte sich in dieser Situation *"plump, überheblich und unklug"*, wenn sie eine *"Internationale Verankerung"* fordere. Was *"einzelne Punkte mehr oder weniger im Vertrag bedeuten mögen"*, sei in Wahrheit nicht so wichtig. *"Das zu treffende Übereinkommen ist sicherlich kein vollkommenes Werk, vielleicht nicht einmal ein gutes. Jedenfalls aber ist es das beste, welches jetzt und in Zukunft erzielt werden kann."*

Moser verwies dann darauf, dass er schon im August 1965 in einer Denkschrift darauf hingewiesen habe, dass *"eine vertragliche Festlegung"* über eine Absicherung des Autonomie-Pakets *"nicht möglich ist, für späterhin werden ständige persönliche Kontakte auch vom Partner angestrebt"*.

Es sollte – statt auf der internationalen Verankerung des Autonomie-Pakets zu beharren – *"in vertrauensvoller Annäherung"* für die Südtiroler *"zur Behandlung und Lösung jeweils aktueller Notwendigkeiten"* eine *"Kontaktmöglichkeit"* nach Rom geschaffen werden, *"in der Form natürlich, dass das Prestige Italiens gewahrt bleibt, dann sollte man abschließen, rasch abschließen. Der wichtigste Faktor für das gute Gelingen wird gegenseitiges Vertrauen und ständiger persönlicher Kontakt sein."* (Rudolf Moser: Bericht „Aufenthalt in Südtirol vom 1. bis 5. September 1966", Südtirol-Kärnten, Anfang September 1966, maschinschriftlich. Aktenbestand Moser)

„Auf das Tor" – gemeinsame „Eliminierung" des „Terrorunwesens"
Der Bericht Mosers endete pathetisch:

> AUF DAS TOR
>
> FÜR EIN BEFRIEDETES SÜDTIROL
> FÜR EINE AUFRICHTIGE ZUSAMMENARBEIT ÖSTERREICH – ITALIEN
> FÜR EIN BOLLWERK CHRISTLICH-DEMOKRATISCHEN ZUSAMMEN-
>   WIRKENS IM HERZEN EUROPAS.
>
> und " DIE ÜBERWINDUNG VON TRENNENDEN GRENZEN"
>   "LAND TIROL IN ZWEI STAATEN"

Dann werde der – offenbar harmonische – Zustand erreicht, dass es *„Tiroler österreichischer und Tiroler italienischer Staatsbürgerschaft"* gebe. Hinsichtlich der Bekämpfung des *„Terrorunwesens"* rief Moser nun Österreich und Italien zu gemeinsamem Handeln auf:

> In weiterer Folge wird dem bereits landfremd gewordenen Terrorunwesen jeglicher Vorwand entzogen. Daher sollte eine gemeinsame Kampfansage sowie Festlegung einheitlicher Richtlinien wegen Eliminierung desselben erfolgen.
>
> Wenn dann alle Verantwortlichen im Sinn und Geiste des Vertrages handeln und wenn alle Gutgesinnten nicht müde werden Einwände der Übelwollenden und ewig Gestrigen – am besten durch die frohe Tat – zu widerlegen, dann dürfte die Zeit nicht mehr ferne sein, wo die 3 Vertragspartner mit Freude und Genugtuung feststellen dürfen:
>
>   " WAS FRÜHER BARRIERE GEWESEN WAR IST NUN
>   BRÜCKE GEWORDEN!"
>
> Südtirol-Kärnten, Anfang September 1966

(Rudolf Moser: Bericht „Aufenthalt in Südtirol vom 1. bis 5. September 1966", Südtirol-Kärnten, Anfang September 1966, maschinschriftlich. Aktenbestand Moser)

▶ Der Zug war schon abgefahren

Mosers hektische Flügelschläge konnten aber an dem Ergebnis der SVP-Parteiausschuss-Sitzung nichts mehr ändern. Ab nun begann die langwierige Phase der Nachverhandlungen Dr. Magnagos mit der italienischen Seite, die bis 1969 dauern sollten.

Klerikale Diplomatie und die Rolle des Südtiroler Bischofs Josef Gargitter

▶ Bischof Gargitter hatte vor und hinter den Kulissen gewirkt

Für die Annahme des „Pakets" wirkten hinter und vor den Kulissen einflussreiche Kräfte der katholischen Kirche. Wie die in Bozen erscheinende italienische Tageszeitung „Alto Adige" bereits am 1. September 1966 berichtete, habe der Bischof von Brixen, Josef Gargitter, bei den Geheimverhandlungen zwischen Österreich und Italien seine Hände mit im Spiel gehabt. Gargitter sollte sich dem Bericht zufolge durch Boten direkt in die Verhandlungen eingeschaltet haben. Am 9. September hatte der „Alto Adige" diese Behauptung wiederholt.

Am 15. Dezember 1966 sollten die „Dolomiten" eine Rede Gargitters wiedergeben, in welcher dieser verlangt hatte, daß die SVP Abstriche von ihrem Forderungsprogramm bezüglich des „Paketes" machen sollte:

„Daher sind die Verhandlungen und der Wille zu einem positiven Abschluß auch dort zu ermuntern, wo nicht alle Wünsche der beiden Teile rechtlich und vollkommen zufrieden gestellt werden könnten."

Zu Jahresende zu 1967 sollte Bischof Gargitter nochmals dazu aufrufen, die Südtirolfrage abzuschließen, wozu die Kirche *„einen Beitrag auf der religiös-moralischen Ebene"* leisten wolle. Ganz Südtirol wusste nun, in welche Richtung die Wünsche des Bischofs gingen, als auch in allen Orten Bittgottesdienste begannen und zahlreiche Pfarrer zum Gebet für eine *„baldige Lösung der Südtirolfrage"* aufriefen.

Papst und Kardinäle hatten sich eingeschaltet gehabt

Das vor der Öffentlichkeit jahrelang verborgene Ausmaß der kirchlichen politischen Einflussnahme sollte erst nach dem „Paket"-Abschluss in vollem Ausmaß zum Vorschein kommen, als kirchliche Würdenträger sich vor der Presse offener zu äußern begannen. Am 10. Dezember 1969 schrieben die „Salzburger Nachrichten": *Im Übrigen wurde gestern durch eine Kathpress-Meldung bekannt, daß sowohl Papst Paul VI. als auch der Wiener Erzbischof Kardinal Franz König sich diskret zugunsten einer Einigung zwischen Italien und Österreich eingeschaltet hatten. Anlässlich einer Pfarrvisitation in Wien-Hietzing bemerkte Kardinal König, die Kirche versuche immer wieder, ihre Friedensaufgabe wahrzunehmen. So habe sie sich auch mit aller Diskretion in die Bemühungen um die Lösung der Südtirol-Frage eingeschaltet, um auch hier ihren Beitrag zum internationalen Frieden zu leisten. Der Papst selbst habe hier als Friedensstifter gewirkt. In den letzten Jahren hätten sehr konkrete Gespräche zwischen dem vor kurzem verstorbenen Patriarchen von Venedig, Kardinal Urban, Bischof Gargitter von Bozen-Brixen und ihm selbst, Kardinal König, stattgefunden. Diese hätten dazu beigetragen, auch von Südtiroler Seite manche Hindernisse für eine friedliche Lösung zu beseitigen."*

Die „Wiener Kirchenzeitung" vom 11. Januar 1970 drückte den ausgeübten politischen Einfluss des Bischofs von Bozen-Brixen sehr klar aus: *„Auch hätten sich jene, die an einer Lösung aus christlicher Sicht bemüht gewesen seien, an grundsätzlichen Äußerungen des Bischofs orientieren können."*

Gargitter gab später seine politische Rolle offen zu

Als im Jahre 1976 Gargitter der Pressepreis der italienisch dominierten Bozner Pressevereinigung überreicht wurde, äußerte sich der Bischof in aller Offenheit über seine direkten politischen Interventionen.

Die „Tiroler Tageszeitung" berichtet darüber: *„Südtirols Diözesanbischof Dr. Josef Gargitter hat am Samstagabend erstmals in einigen vielsagenden Andeutungen das ‚Geheimarchiv' über das politische Wirken der Kirche in Südtirol in und für die Südtirolfrage geöffnet und nach jahrzehntelangem Schweigen*

Bischof Gargitter – ein Priester in politischer Mission für die Interessen der italienischen Regierung.

ein klärendes Wort zu seiner eigenen, umstrittenen und vielfach mißverstandenen Position im kirchlichen und öffentlichen Leben des Landes gesprochen. Anlaß dazu war die Verleihung des Preises der Südtiroler Presse an ihn: Für sein Wirken um die Befriedung des Landes, für seinen kirchlichen Einsatz, sein fortschrittliches, soziales Denken und Handeln, das – so urteilen die Journalisten – über das ‚normale Maß an Schaffen', das von einem Landesbischof erwartet wird, erheblich hinausgeht.

‚*Es war mir bewusst'*, *sagte Gargitter,* ‚*daß ich mich weder durch Lob noch durch Einschüchterungen noch durch Verleumdungen noch durch irgendwelche andere Druckmittel beeinflussen und vom Bemühen um eine friedliche Lösung abbringen lassen konnte ... Ferner darf ich meine häufigen Begegnungen mit hohen politischen Persönlichkeiten in Rom erwähnen, wo ich um Verständnis und Entgegenkommen geworben habe ... Anstatt viele Namen zu nennen, weise ich bloß auf die Bemühungen von Minister Aldo Moro hin, auf meine Begegnung mit Minister Segni, mit dem damaligen Staatspräsidenten Giovanni Gronchi auf Schloss Bruneck.*' *Nicht nur in Rom und Bozen, sondern auch jenseits des Brenners* ‚*gab es einflußreiche Politiker und andere Persönlichkeiten, die viel zu einem Frieden in Südtirol beigetragen haben. Dabei möchte ich öffentlich den österreichischen Bischöfen, an deren Spitze Kardinal König, danken, die durch Betonung der christlichen Grundsätze und in verschiedenen Interventionen viel zur Entschärfung von Emotionen und zur Verständigung auf der Basis der christlichen Liebe beigetragen haben. Eigens hervorheben möchte ich die stille, opfervolle Tätigkeit meines hochverehrten Freundes und Mitbruders des Bischofs von Innsbruck, Dr. Paul Rusch, der für seinen Einsatz für eine friedliche Lösung in Südtirol von radikalen Kräften viel Kritik, Anfeindungen und den Vorwurf, Verräter an Südtirol zu sein, auf sich nehmen mußte.*'"

Die geheime Zusammenarbeit auf sicherheitspolizeilicher Ebene beginnt

Bei der inoffiziellen, aber praktisch wirksamen Verhängung eines italienischen Vetos gegen einen EWG-Beitritt Österreichs war es nicht nur um die Akzeptanz des von Rom angebotenen Autonomie-„Pakets" durch Österreich gegangen.
Eine wesentliche Voraussetzung für die Freigabe des Weges zum Beitritt sollte die Erfüllung ständig vorgetragener italienischer Forderungen hinsichtlich der Bekämpfung der Südtiroler Freiheitskämpfer sein.
Die ständig nachgebende Haltung Wiens hatte Rom dazu ermuntert, hierbei von Österreich sogar illegale Rechtshilfe zu begehren und in immer unverhüllterer Weise auf eine Änderung der österreichischen Gesetzeslage zu dringen.

Der italienische Botschafter schlägt Treffen der Sicherheitsbehörden „auf hoher Ebene" vor

Am 16. August 1966 sprach der italienische Botschafter Enrico Martino im österreichischen Außenministerium vor. Über sein Begehren gibt nachstehende Aktennotiz Aufschluss.

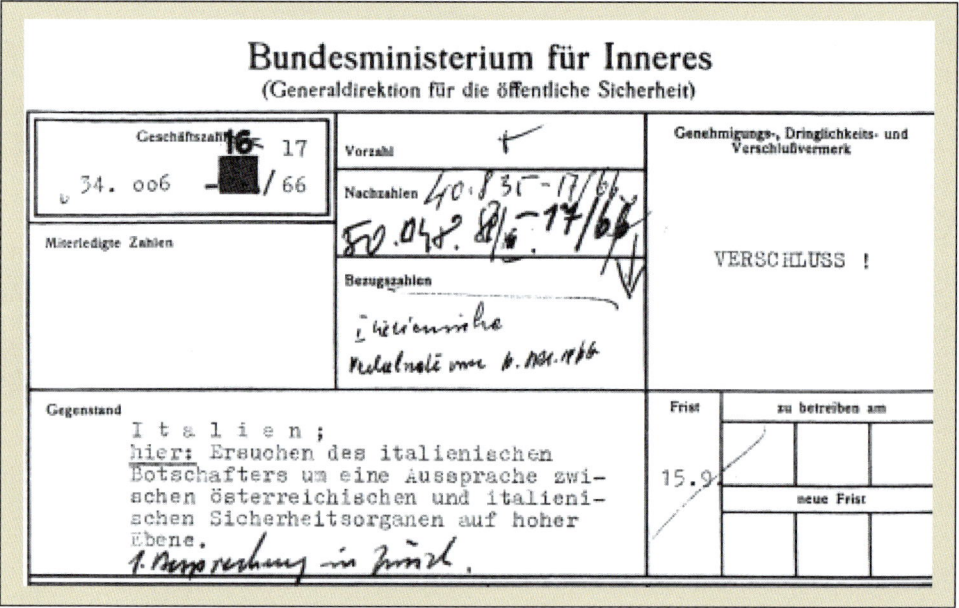

```
Bundesministerium für Inneres
Gruppe staatspolizeilicher Dienst
```

Betrifft: Italien;
Anregung auf Zusammenarbeit.

GEHEIM

Information.

Das Bundesministerium f. Auswärt.Angelegenheiten
(ao.Ges.und bev.Min. Dr. Schiller) teilt am 17.8.1966 um
9.30^h mit:

Am 16.8. sprach beim Generalsekretär des
Bundesministeriums f.Auswärtige Angelegenheiten der Botschafter Italiens Enrico M a r t i n o vor. Es wurden in
freundschaftlicher Weise die Vorgänge in Südtirol besprochen.
Der Botschafter MARTINO regte an, daß möglichst bald eine
Aussprache auf höchster Ebene zwischen italienischen Offizieren und der Generaldirektion für die öffentliche Sicherheit im Bundesministerium für Inneres stattfinden soll, um
die Voraussetzungen für eine gemeinsame Abwehr von Terroranschlägen zu schaffen.

Das Bundesministerium für Auswärtige Angelegenheiten wies darauf hin, daß lokale Kontakte zwischen den österreichischen Sicherheitsbehörden in Tirol und den italienischen
Sicherheitsbehörden in Bozen bestehen. Botschafter MARTINO
glaubt aber weiterhin die Ansicht vertreten zu sollen, daß
eine Aussprache auf höchster Ebene erfolgen soll.

Auszug aus einer Information des Bundesministeriums für Inneres vom 17. August 1966. (Österreichisches Staatsarchiv/Archiv der Republik /02/BMfI/Österreich-Italien, Besprechungen in Zürich. Zl. 24.222-17/70)

Der italienische Botschafter Enrico Martino: Forderung nach gemeinsamer „Terror"-Abwehr.

Konspirativer österreichisch-italienischer „Antiterrorgipfel" – Partner sind ein „Menschenjäger" und ein italienischer Geheimdienstspezialist

➤ Der erste geheime „Antiterrorgipfel"

Bereits 10 Tage nach der Vorsprache des italienischen Botschafters Enrico Martino bei dem Generalsekretär des österreichischen Außenministeriums kam es zu der von den Italienern gewünschten Zusammenkunft leitender Sicherheitsfunktionäre der beiden Staaten.

Am 26. August 1966 trafen sich in aller Verschwiegenheit abseits der Öffentlichkeit im Züricher Hotel Dolder eine österreichische Delegation und eine italienische Delegation zu einem gemeinsamen „Antiterrorgipfel". Es galt, über das gemeinsame Vorgehen gegen die Südtiroler Freiheitskämpfer zu beraten. Das Protokoll über diese Sitzung ist erhalten geblieben.

Die österreichische Delegation bestand aus dem Leiter der Gruppe Staatspolizeilicher Dienst im Bundesministerium für Inneres, Ministerialrat Dr. Oskar Peterlunger, dem Stellvertretenden Leiter der Sicherheitsdirektion Tirol, Oberpolizeirat Dr. Eduard Obrist, und dem österreichischen Generalkonsul in Mailand, Dr. Franz Matscher.

Peterlunger, der auch bei den folgenden Treffen als Delegationsleiter auf der österreichischen Seite fungieren sollte, war politisch kein unbeschriebenes Blatt. Der gebürtige Tiroler war Mitglied einer katholischen Mittelschulverbindung und der „Akademischen katholischen Vereinigung Tirolia" in Innsbruck, welcher auch der Bundeskanzler des austrofaschistischen Ständestaates, Dr. Engelbert Dollfuß, als Ehrenmitglied angehört hatte. Peterlunger war in der Ständestaatsdiktatur ein Rad in der Maschinerie des Systems gewesen. Er hatte als „Sachwalter" die Universität Innsbruck von Regimegegnern „gesäubert". Er hatte damals vorgeschlagen, nicht systemkonforme Universitätsprofessoren

Ministerialrat Dr. Oswald Peterlunger: Ein ehemaliger austrofaschistischer Staatspolizist an der Spitze des staatspolizeilichen Dienstes der demokratischen Republik Österreich.

zu entlassen und ohne Bezüge in die Pension zu schicken. 1934 war er in die Polizeidirektion Innsbruck in den staatspolizeilichen Dienst gewechselt und sodann 1937 nach Wien in die Generaldirektion für die öffentliche Sicherheit.

Die Nationalsozialisten versetzten ihn 1939 in den frühzeitigen Ruhestand. Nach Kriegsende wurde der unfreiwillige Frührentner sofort wieder Leiter der Staatspolizei in der Sicherheitsdirektion Tirol und danach in der Polizeidirektion Innsbruck. 1946 wurde er vom Bundeskanzler Leopold Figl (ÖVP), dem ehemaligen „Gauführer" der „Ostmärkischen Sturmscharen" in Niederösterreich, nach Wien berufen, wo er zum stellvertretenden Leiter der staatspolizeilichen Abteilung des Innenministeriums bestellt wurde. 1966 war er bereits Leiter der Gruppe „Staatspolizeilicher Dienst" und 1967 Chef der gesamten Sektion III im Innenministerium, welcher alle staatspolizeilichen Agenden unterstanden.

▶ Treffen unter Wahrung der „Diskretion"

In der von Ministerialrat Dr. Peterlunger verfassten und als „GEHEIM" klassifizierten „Information" des „Bundesministeriums für Inneres" über die geheime Züricher Besprechung heißt es: *„Die österreichische Delegation zog es aus Gründen der Diskretion vor, die Besprechung im Salon des von General Ciglieri gemieteten Appartements abzuhalten."*

In Rom maß man diesem Treffen offenbar eine große Bedeutung bei, denn der Leiter der italienischen Delegation war kein Geringerer als der Oberkommandierende General („comandante generale") der Waffengattung der Carabinieri, Carlo Ciglieri.

Dieser Mann hatte sich in Südtirol als Kommandant des 4. Armeekorps bereits als „Antiterror-Spezialist" bewährt, der die Carabinieri-Truppe durch eigens geschaffene Antiguerrilla-Einheiten des Heeres verstärkt hatte. Er war auch der oberste Schutzherr der in den Carabinieri-Kasernen folternden „Verhörspezialisten" und über ihn hatte die österreichische Tageszeitung „Kurier" erst

Der „Menschenjäger" und Oberkommandierende der Carabinieri-Truppe, General Carlo Ciglieri.

unlängst berichtet gehabt, dass er auf die Nachricht von einem nächtlichen Feuergefecht mit Südtiroler Freiheitskämpfern erklärt habe: *„Jetzt haben wir den Punkt erreicht, wo es um Menschenjagd geht."* („KURIER", Wien, 15. 7. 1966)

Dieser „Menschenjäger" saß also nun in aller Freundschaft der österreichischen Delegation gegenüber, deren Wortführer Dr. Peterlunger in einem Besprechungsprotokoll festhielt, dass Ciglieri ein gebildeter Mann sei, der klassische Musik ebenso wie die Südtiroler Weine kenne und liebe. Er sei aber auch *„ein Chauvinist und Vertreter der Anschauung, dass Südtirol nicht etwa italienisches, sondern von alters her römisches Territorium ist."*

Ciglieri zur Seite stand sein Adjutant, der angebliche Carabinieri-Oberst Alberti.

Der geheimnisvolle Adjutant „Alberti"

Bei diesem „Alberti" dürfte es sich allerdings um eine andere Person gehandelt haben, deren wahren Namen die italienische Seite aus gutem Grund nicht hatte nennen wollen.

Der österreichische Militärhistoriker Oberst Mag. Dr. Hubert Speckner hat zusammen mit dem Südtiroler Historiker Christoph Franceschini dazu Folgendes herausgefunden:

„Die Nennung der Person des ‚Adjutanten', Carabinieri-Oberst Alberti, dürfte eine Finte gewesen sein: Jahre später, bei den italienischen Untersuchungen zum ‚Gladio'-Netzwerk zu Beginn der 1990er Jahre bemerkte der dabei befragte frühere Leiter des ‚Sottocentro Verona' des italienischen Nachrichtendienstes SID, er sei selbst bei einer Besprechung in Zürich anwesend gewesen, auf seinen eigenen Wunsch aber dann nicht mehr beigezogen worden. Somit dürfte es sich bei dem genannten ‚Adjutanten' um den hohen SID-Offizier Renzo Monico gehandelt haben, da kein weiterer Carabinieri-Oberst im ‚Geheim'-Protokoll der ersten Züricher Besprechung als Teilnehmer genannt wurde und Oberst Alberti über ein beträchtliches Sachwissen zur Situation in Südtirol und den BAS generell verfügte." (Hubert Speckner: „Von der ‚Feuernacht' zur ‚Porzescharte' ... Das ‚Südtirolproblem' der 1960er Jahre in den österreichischen sicherheitsdienstlichen Akten", Wien 2016, S. 289)

Ein weiterer leitender italienischer Geheimdienstspezialist als Gesprächspartner

Weiters waren auf der italienischen Seite der Botschafter Dott. Marotta vom italienischen Außenministerium anwesend sowie Dott. Silvano Russomanno vom italienischen Innenministerium. Dieser die deutsche Sprache gut beherrschende Mann war ein ausgekochter Fuchs mit langjähriger geheimdienstlicher Erfahrung und stellvertretender Leiter einer geheimnisumwitterten Abteilung im italienischen Innenministerium: des „Büros für vertrauliche Angelegenheiten" („ufficio affari riservati").

Es handelte sich hierbei um die Geheimdienstabteilung des römischen Innenministeriums, welcher die in den „Questure", den Polizeipräsidien der Provinzen, eingerichteten „Uffici Politici" („Politische Büros") unterstanden. Das waren Dienststellen der Staatspolizei, die sich mit Staatsschutzangelegenheiten und mit geheimdienstlichen Aktionen befassten.

Man kam nach einer freundschaftlichen Begrüßung rasch zur Sache. Darüber geben österreichische Protokoll-Niederschriften Aufschluss.

Italienischer Hinweis auf „gemeinsame Interessen"

General Ciglieri eröffnete das Gespräch und meinte, *„dass es im Zusammenhang mit dem Alto Adige gemeinsame Interessen der Sicherheit für Österreich und Italien gebe, die in periodischen Zusammenkünften, ohne einen konkreten Fall abzuwarten, besprochen werden sollten"*. Auch Österreich müsse daran interessiert sein, *„zu verhindern, daß die Terroristen auf österreichischem Gebiete die Terroraktionen vorbereiten, sie in Italien verüben und wieder nach oder über Österreich zurückkehren"*.

Seiner Meinung nach könnte *„eine harmonische, organisierte und systematische Tätigkeit der österreichischen Sicherheitsbehörden wesentlich dazu beitragen ..., um Terroranschläge in Italien zu unterbinden"*. Österreich habe aber nach Meinung Roms bislang *„keine Bereitschaft"* gezeigt, *„präventiv tätig zu sein"*.

Die von General Ciglieri aufgezeigten *„gemeinsamen Interessen der Sicherheit für Österreich und Italien"* waren ein nicht zu überhörender Hinweis auf die Interessenlage Österreichs in Bezug auf den angestrebten EWG-Beitritt.

Die anderen italienischen Tagungsteilnehmer unterstrichen die Worte des Generals und der Carabinieri-Oberst „Alberti", offenbar ein Spezialist in Fragen der Unterdrückung, verbreitete sich noch über die *„psychologische, physische und repressive Prävention"*. (Information des Bundesministeriums für Inneres vom 31. August 1966, Generaldirektion für die öffentliche Sicherheit, Gruppe Staatspolizeilicher Dienst, Geschäftszahl 17 34.006-/66, betr. Terroranschläge in Südtirol, Zusammenarbeit der Sicherheitsbehörden, Demarche des italienischen Botschafters; Verschluss, GEHEIM, ÖStA/AdR/02/BMfI/ Österreich-Italien, Besprechungen in Zürich. Zl. 24.222-17/70)

➤ Dr. Peterlunger betont österreichisches Wohlverhalten

Der Chef der österreichischen Staatspolizei, Ministerialrat Dr. Peterlunger, wies in seiner Antwort vor allem die in Rom vertretene Meinung zurück, *„dass die österreichischen Behörden es unterließen, ihr Wissen über Terroristen, die in Österreich ihre Tätigkeit in Italien vorbereiten, den italienischen Behörden mitzuteilen."* Den österreichischen Sicherheitsbehörden, so Peterlunger, sei *„kein solcher Fall"* bekannt. *„Dass Österreich an einem gut nachbarlichen Verhältnis zu Italien interessiert sei"*, erklärte Peterlunger, *„ergebe insbesondere auch das 3. Bundesturnfest in Innsbruck im August d. J. Es seien alle Vorkehrungen getroffen worden, um beabsichtigte Demonstrationen an der österreichisch-italienischen Grenze zu unterbinden."* (Information des Bundesministeriums für Inneres vom 31. August 1966, a.a.O.)

Tatsächlich hatte der „Österreichische Turnerbund" (ÖTB) beabsichtigt gehabt, anlässlich seines Bundesturnfestes in Innsbruck eine Kundgebung am Brenner abzuhalten und auf die Folterungen wehrloser Häftlinge in Südtirol hinzuweisen. Die Kundgebung wurde behördlich untersagt.

Während des mehrere Tage dauernden Bundesturnfestes fielen im Stadtgebiet von Innsbruck mit Funkgeräten ausgerüstete Staatspolizisten

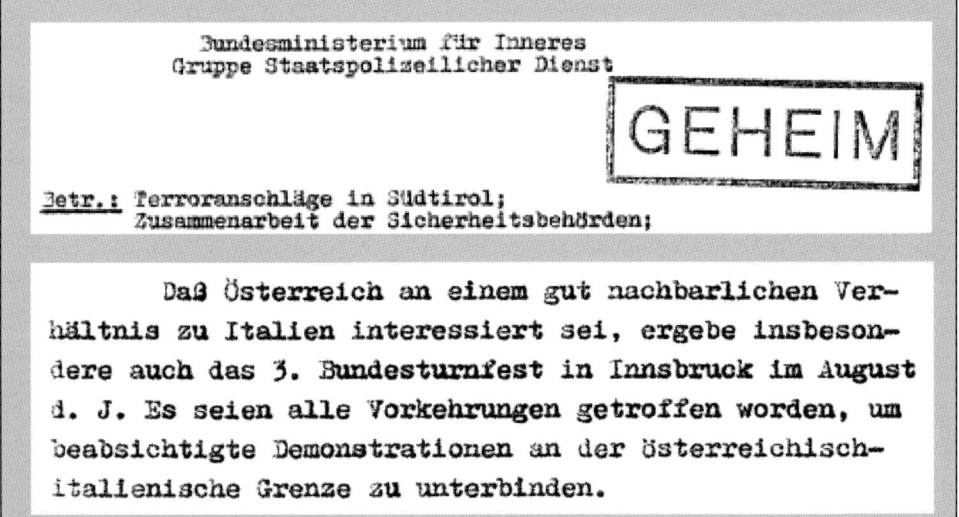

Auszüge aus der Information des Bundesministeriums für Inneres, Generaldirektion für die öffentliche Sicherheit, Gruppe Staatspolizeilicher Dienst, Geschäftszahl 17 34.006-/66, vom 31. August 1966.

Mit Funk ausgerüstete österreichische Staatspolizisten überwachten anlässlich des Bundesturnfestes des Österreichischen Turnerbundes (ÖTB) das Geschehen in Innsbruck.

auf, welche alle Veranstaltungen überwachten und sicherlich die Aufgabe hatten, sofort Alarm zu schlagen, wenn sich eine Missachtung des Kundgebungsverbotes am Brenner abzeichnen sollte.

▶ Rom fordert „engere Zusammenarbeit" – unter Umgehung der Rechtshilfe

Im weiteren Verlauf des Gespräches forderten die Italiener eine engere Zusammenarbeit und einen Informationsaustausch zwischen „österreichischen und italienischen Sicherheitsorganen" in Form von periodischen Zusammenkünften. Diese sollten unter Umgehung der Außenministerien beider Länder stattfinden.

```
        Als zusammenfassendes Schlußergebnis der Aus-
sprache wurde formuliert:
        Die Delegationen Österreichs und Italiens sehen
die Notwendigkeit, ihren Regierungen über den Verlauf
des Gespräches zu berichten.
        Der Wunsch der italienischen Sicherheitsbehör-
den geht dahin:
a)      Periodische Zusammenkünfte auf hoher Ebene
        zwischen österreichischen und italienischen
        Sicherheitsorganen. Diese Zusammenkünfte
        sollen einer Aussprache über aktuelle Probleme
        zwischen den beiden Staaten dienen, ohne die
        Außenministerien beider Staaten von vornherein
        einzuschalten.
```

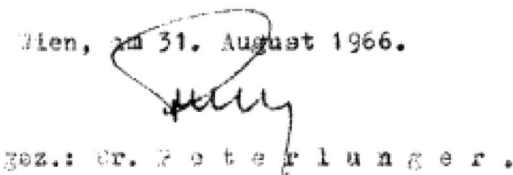

Auszüge aus der Information des Bundesministeriums für Inneres, Generaldirektion für die öffentliche Sicherheit, Gruppe Staatspolizeilicher Dienst, Geschäftszahl 17 34.006-/66, vom 31. August 1966.

Ein zweites österreichisches Protokoll gibt noch detailliertere Aufschlüsse über die Züricher Besprechung. Die italienische Seite wies *„auf die Notwendigkeit einer engeren Zusammenarbeit"* hin und forderte von den Österreichern *„Repression"* und *„Prävention"*. Diesbezügliche Maßnahmen müssten „systematisch und umfassend" aufgebaut werden. Es sollte *„eine organisierte Zusammenarbeit ... in Form von periodischen Zusammenkünften und Aussprachen zwischen den zuständigen Funktionären"* erfolgen. Dies sollte *„zu einer systematischen Information beider Seiten über die Tätigkeit der in diesem Zusammenhang relevanten Gruppen und Strömungen führen."*

Damit war die Katze aus dem Sack: Es ging den Italienern darum, auf polizeilicher Ebene unter der Hand jene Informationen zu erhalten, die man auf dem offiziellen Rechtshilfeweg wegen des politischen Charakters der vorgeworfenen Straftaten nicht erhalten konnte.

Den Italienern kann man wegen dieser Vorgehensweise keine Vorwürfe machen. Die Beurteilung der Rechtslage auf der österreichischen Seite oblag nicht ihnen und sie versuchten, zu bekommen, was sie bekommen konnten.

Die Rechtsbrecher befanden sich auf der österreichischen Seite. Die österreichische Delegation wagte es natürlich nicht, die Verantwortung auf die eigenen Beamtenschultern zu nehmen. Sie stimmte dem italienischen Ansinnen mit dem Vorbehalt zu, dass *„eine organisierte Zusammenarbeit, wie sie der italienischen Stelle vorschwebt, der Zustimmung der Regierung bedürfe."* Beide Delegationen vereinbarten, ihren vorgesetzten Stellen zu berichten und das Ergebnis auf diplomatischem Weg gegenseitig bekannt zu geben. (26. 8. 1966: Antiterrorgipfel in Zürich; wiedergegeben in: Rolf Steininger: „Akten zur Südtirol-Politik 1959–1969", Bd. 5 – 1965/66, Innsbruck-Wien-Bozen 2011, S. 422ff)

➤ Die „schmutzigen Angelegenheiten" des Exfaschisten Russomanno

Der vielleicht wichtigste Gesprächspartner der Österreicher war Dott. Silvano Russomanno. Die eigentliche Bedeutung dieses Mannes war der österreichischen Seite anfangs wohl nicht bewusst gewesen. In österreichischen Besprechungsprotokollen wird ihm lediglich *„in seiner Eigenschaft als Sektionsleiter für reservate Angelegenheiten, einschließlich jener Südtirols"* ein *„sehr fundiertes Wissen"* bescheinigt. (31. 8. 1966: Antiterrorgipfel in Zürich; wiedergegeben in: Rolf Steininger: „Akten zur Südtirol-Politik 1959–1969", Bd. 5 – 1965/66, Innsbruck-Wien-Bozen 2011, S. 447)

Russomanno hatte aber eine besondere politische Vorgeschichte. Er war ein bekennender Faschist der Mussolini-Republik von Salò gewesen, die nach Italiens Abfall von dem Bündnis mit dem Deutschen Reich vom „Duce" im Norden des Stiefels gegründet worden war. Er hatte wegen seiner guten Deutschkenntnisse als Verbindungsmann bei einer deutschen Flak-Einheit Dienst getan.

Nach dem Krieg betrieb der christlich-soziale italienische Innenminister Scelba, der auch später für die Folterungen in Südtirol verantwortlich war, die Refaschistisierung des Staates und vor allem der Polizeibehörden, um so ein Gegengewicht zu den erstarkenden Kommunisten aufzubauen.

Verlässliche faschistische Veteranen wie Russomanno waren bei der italienischen Staatspolizei willkommen. Bei dieser tat Russomanno bis Ende 1959 in Südtirol Dienst. Dann wurde er nach Rom in das Innenministerium abkommandiert und richtete dort im „Ufficio Affari Riservati" eine eigene Südtirol-Abteilung ein, die sich vor allem mit der Eliminierung des Südtiroler Freiheitskampfes befasste.

Eine „operative Dienststelle" – auch für „Provokationen"

Über das Wirken dieser Geheimdienstabteilung sagt der ehemalige Geheimdienstgeneral Gian Adelio Maletti im Interview: *„Das Ufficio affari riservati war substanziell eine operative Dienststelle, viel operativer,*

475

Der hochrangige italienische Geheimdienstmitarbeiter Dott. Silvano Russomanno hat stets die Öffentlichkeit gescheut. Wenn Pressefotografen auftauchten, verdeckte er sein Gesicht. Ein einziges Mal erschien in der kommunistischen Zeitung „Unita" ein heimlich aufgenommenes Bild von ihm, welches sein Gesicht zeigt.

als es schien. Sie befasste sich mit Angelegenheiten auf operativem Niveau, mit dem Sammeln von Informationen, aber auch mit praktischen Handlungen, mit Provokationen und anderen ähnlichen Dingen."
(Wiedergegeben in: Andrea Sceresini – Nicola Palma – Maria Elena Scandaliato: „Piazza Fontana – Noi sapevamao. Golpe e stragi di Stato. Le verita del generale Maletti", Alberti Editore, S. 107)

Solche „Provokationen" waren vor allem geheimdienstlich gesteuerte Delikte, die dann offiziell den bekämpften Gegnern angelastet wurden.

Verwicklung in den Meuchelmord an einem Südtiroler Freiheitskämpfer
Russomanno war in mehrere sogenannte „cose sporche", in „schmutzige Angelegenheiten", verwickelt, darunter auch in die Ermordung des Südtiroler Freiheitskämpfers Luis Amplatz. Mit seinem Wissen und mit seiner Zustimmung erteilten der Bozner Quästor Ferruccio Alitto Bonanno und der Leiter des politischen Büros der Bozner Quästur, Giovanni Peternel, dem von ihnen angeheuerten italienischen Agenten Christian Kerbler den Auftrag, die Südtiroler Freiheitskämpfer Luis Amplatz und Georg Klotz zu ermorden. (Einvernahme des Giovanni Peternel vor dem venezianischen Untersuchungsrichter Mastelloni am 16. Juli 1991. Wiedergegeben in: „Relazione preliminare su episodi relativi all'attivita di corpi militari, di polizia o di sicurezza dello stato in connessione con le vicende del terrorismo in Alto Adige/Südtirol", Commissione parlamentare d'inchiesta sul terrorismo in Italia es sulle cause della mancata individuazione die responsabili delle stragi", Roma, April 1992 – Parlamentarische Kommission zur Untersuchung des Terrorismus in Italien und der Ursache der mangelnden Feststellung der Verantwortlichen für die Blutbäder. Untersuchungsbericht des Senators Marco Boato, Rom, S. 67)

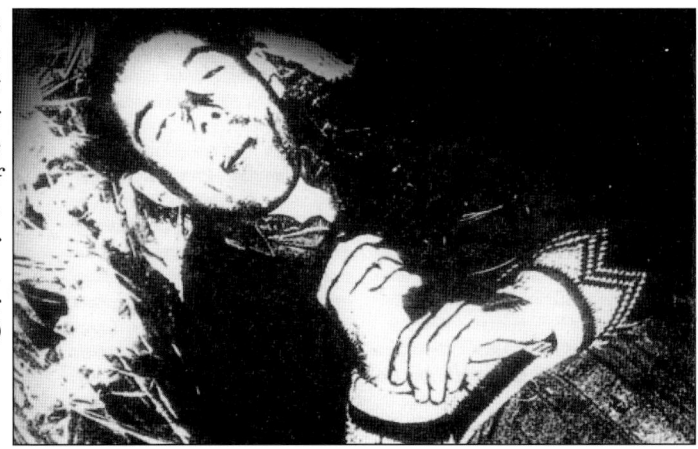

Der von dem italienischen Agenten Christian Kerbler mit Wissen und Billigung Russomannos meuchlings im Schlaf erschossene Südtiroler Freiheitskämpfer Luis Amplatz.
(Tatortfoto der Carabinieri)

Steuerung eines Provokateurs und Bombenlegers: des „elemento numero 3"

Russomanno steuerte auch einen Spitzel und Agenten, den Deutschen Carl Franz Joosten, der im Auftrag der Italiener ein provokatorisches Attentat ausführte, mit welchem die Südtiroler Freiheitskämpfer diskreditiert werden sollten.

Der Agent und Provokateur Joosten war vom Bozener Polizeichef, dem Quästor Alitto Bonanno, als Agent für das „Ufficio Affari Riservati" angeworben worden. In den Akten des italienischen militärischen Geheimdienstes SIFAR wurde er unter dem Decknamen „elemento numero 3" geführt.

Joosten hatte sich sodann im Auftrag der Italiener in Absam in Nordtirol in den Freundeskreis des exilierten Südtiroler Freiheitskämpfers Georg Klotz eingeschlichen und dann im italienischen Auftrag in der Nacht des 14. November 1964 in Innsbruck eine mit einer Zeituhr gesteuerte Bombe in einem Koffer als Reisegepäck in den Gepäckwagen des Brenner-Expreß aufgegeben. Am Tag des Attentates hätte laut österreichischen Pressemeldungen der in Wien inhaftierte Südtiroler Freiheitskämpfer Georg Klotz schon in Freiheit sein sollen. Deshalb hatte Joosten einen alten Koffer von Klotz zur Aufnahme der Sprengladung benützt.

Wahrscheinlich hätte man anhand der Überreste des Koffers dann Klotz als „Täter" festnageln und erneut verhaften sollen. Pech für die Anstifter: Klotz wurde einen Tag später als vorgesehen aus der österreichischen Haft entlassen und schied damit als Aufgeber der Kofferbombe aus.

Joosten fuhr nach der Kofferaufgabe selbst mit dem Zug bis zur Grenzstation Brenner und machte dort dem Leiter der italienischen Grenzpolizei, Dott. Secolo Perusco, Meldung von der erfolgreichen Aufgabe der Bombe.

Perusco war ebenso wie Russomanno und der Bozener Quästor mit geheimdienstlichen Operationen befasst und erledigte auch diese „schmutzige Angelegenheit" auf professionelle Weise.

Er nahm eine dramatische Inszenierung vor, die der Öffentlichkeit zeigen sollte, dass die Südtiroler Attentäter bereits alle Hemmungen verloren hätten und das Leben hunderter Bahnreisender im Brenner-Express zu riskieren bereit gewesen wären.

Perusco ließ die Kofferbombe nicht aus dem Zug holen und entschärfen.

„Bombe im Brenner-Express" hatte am 16. September 1964 die italienische Tageszeitung „Alto Adige" getitelt. Der von den Italienern angeheuerte Provokateur Joosten hatte eine Kofferbombe im Brenner-Express deponiert, die dann den Gepäckwagen zerstört hatte. Joosten wurde aber aufgedeckt und in Österreich wegen dieses Anschlags gerichtlich verurteilt.

Er ließ vielmehr im Bahnhof von Brixen den Gepäckwagen abkoppeln und auf ein Nebengeleis schieben. Dann wartete man geduldig. Als die Bombe dann am 15. November 1964 um 4 Uhr und 51 Minuten explodierte und den Gepäckwagen zerstörte, war der Fotoreporter der Bozener italienischen Zeitung „Alto Adige" zur Stelle.

Perusco berichtete den Journalisten wahrheitswidrig, dass es einen anonymen Warnanruf gegeben habe und dass Bahnbeamte ein verdächtiges „Ticken" aus dem Gepäckstück gehört hätten.

Ende November platzte ein Teil der Lügengeschichte, als die österreichische Polizei Joosten als tatsächlichen Täter aufdeckte. Ein Jahr später verurteilte ein österreichisches Gericht ihn am 15. November 1965 zu 18 Monaten Haft.

Mit diesem Provokateur und Bombenleger in italienischen Diensten hatten sich Perusco und Russomanno nach dessen Haftentlassung nochmals heimlich in München und in Köln getroffen, wohl um sich finanziell um dessen Zukunft zu kümmern und um sicher zu stellen, dass er vor der Öffentlichkeit nicht auspackte.

Auch die österreichischen Zeitungen vermeinten, dass nur knapp eine Katastrophe mit „unabsehbaren Folgen" verhindert worden sei.

Eine vollständige Aufklärung des Falles Joosten erfuhr die Öffentlichkeit erst Jahrzehnte später, als die italienischen Senatoren Marco Boato und Lionello Bertoldi nach Einsicht in die italienischen Geheimdienstakten ihre parlamentarischen Untersuchungsberichte über die Verwicklungen der italienischen Geheimdienste in den „terrorismo" in Südtirol und in Italien veröffentlichten und die steuernde Rolle von Perusco und Russomanno offen legten. (Siehe: Gianni Flamini: „Brennero connection. Alle radici del terrorismo italiano", Roma 2003, S. 104, sowie die italienischen parlamentarischen Untersuchungsberichte: Marco Boato: „Relazione preliminare su episodi relativi all'attivita di corpi militari, di polizia o di sicurezza dello stato in connessione con le vicende del terrorismo in Alto Adige/Südtirol", Commissione parlamentare d'inchiesta sul terrorismo in Italia es sulle cause della mancata individuazione die responsabili delle stragi", Roma, April 1992 – Lionello Bertoldi: „Bozza di relazione su ‚Terrorismo in Alto Adige', Senato dell Repubblica, Roma, April 1992)

Der in solche Aktionen der Geheimdienste verwickelte Russomanno saß nun den Österreichern bei den „Antiterrorgipfeln" als geschätzter Kollege und als offizieller Vertreter des italienischen Innenministeriums gegenüber, um sie unter politischem Druck zu illegaler Rechtshilfe anzustiften.

▶ Verdeckter und rechtswidriger Informationsfluss unter dem Deckwort „ADRIANO"

Bei dem geheimen italienisch-österreichischen Treffen des 26. August 1966 in Zürich waren unter Umgehung des offiziellen Rechtsweges der Rechtshilfe bereits konkrete Informationen über Personen wie die „Pusterer Buam", Georg Klotz, Dr. Norbert Burger und andere ausgetauscht worden.

Nun begann eine noch intensivere Informationstätigkeit, wobei die italienische anfragende Seite mit dem Decknamen „ADRIANO" firmierte.

Aus den vorliegenden österreichischen Akten geht nicht hervor, über welche Adresse der fiktive „ADRIANO" mit Informationen beliefert wurde. Es darf die italienische Botschaft in Wien vermutet werden. Jedenfalls ergoss sich rasch ein ausufernder schriftlicher Informationsstrom in diese Richtung, immer wieder angeregt durch Anfragen des „ADRIANO", der im Gegenzug dem österreichischen Innenministerium aber auch italienische Erkenntnisse über Südtiroler Ereignisse und über Verdächtige lieferte.

In den Akten des Österreichischen Staatsarchivs sind zwei wohl aus Versehen nicht vernichtete Listen erhalten geblieben, die im österreichischen Innenministerium geführt worden waren. Darin sind die zumeist auf Personen bezogenen schriftlichen Mitteilungen und Anfragen des „ADRIANO" und deren Beantwortung durch das österreichische Innenministerium für den Zeitraum vom 5. September bis zum 21. November 1966 aufgelistet. Es handelt sich also um einen Zeitraum von 2 Monaten und 16 Tagen. Für diese kurze Frist sind 22 schriftliche Mitteilungen des „ADRIANO", 13 schriftliche Anfragen und 11 österreichische Beantwortungen aufgelistet. Nicht erfasst sind wahrscheinlich ebenfalls zustande gekommene telefonische Kontakte.

Die in der genannten Liste aufgeführten Dokumente selbst liegen nicht vor. Möglicherweise sind sie vernichtet worden oder ruhen heute noch in einem Panzerschrank.

Aber aus der Auflistung selbst geht schon genug hervor. „ADRIANO" hatte in Zusammenhang mit Sprengstoffanschlägen Informationen über

Personen angefragt, welche in Italien als verdächtig galten. Und das österreichische Innenministerium hatte unter Umgehung des Rechtshilfeweges und des zuständigen Justizministeriums (das unter der Leitung des parteifreien und damit wohl unzuverlässigen Ministers Univ.-Prof. Dr. Hans Klecatsky stand) willig geantwortet.

Im Kopf der Liste ist festgehalten, dass es sich um die Ereignisse nach dem 26. 8. 1966 handelt. Das ist das Datum des italienisch-österreichischen Geheimtreffens in Zürich. Offenbar war dort unter strengster Geheimhaltung der illegale Informationsaustausch mit „ADRIANO" mündlich vereinbart worden. Diese Vereinbarung wurde jedenfalls nicht in die Protokolle aufgenommen.

```
Mitteilungen bzw. Anfragen d."A D R I A N O" im Zusammenhang mit
Sprenganschlägen in Italien 1966 nach dem 26.8.1966:

14.9.1966-Nr.13
20.10.1966-Nr.39 -      Mitteilung betr. Anschlag auf die Strom-
                        leitung Lienz Pelos

22.11.1966-Nr.64 -      Anfrage
28.10.1966-Nr.47 -      Anfrage - betr. Anschlag auf dem Stein-
15. 9.1966-Nr.15 -      Mitteilung                          joch

                        die Anfrage vom 28.10.1966 wurde am 4.11.
                        1966 beantwortet -

                        Anfrage v. 22.11.1966 noch offen - Erhebungen
                        im Gange

19.9.1966-Nr.18 -       Anfrage betr. Attentat in Ala dio bzw.
                        Michael MASATA und Adolf MESSNER -
                        Antwort erfolgte am 7.10.1966

20.9.1966-Nr.19 -       Anfrage betr. Attentat in Mestre bzw.
                        Friedrich PERNEGGER u.Leopold WIESINGER
                        Beantwortung erfolge am 18.10.1966


19.9.1966-Nr.18 -       Anfrage betr. Attentat in Ala dio bzw.
                        Michael MASATA und Adolf MESSNER -
                        Antwort erfolgte am 7.10.1966

20.9.1966-Nr.19 -       Anfrage betr. Attentat in Mestre bzw.
                        Friedrich PERNEGGER u.Leopold WIESINGER
                        Beantwortung erfolge am 18.10.1966
```

```
5.10.1966-Nr.30  -    Anfrage betr. GERBER und SCHALLER - im
                      Zusammenhang mit einem Artikel des Kuno
                      Knöbl -
                      wurde an Redakteur Klaar zwecks Klärung
                      durch Befragung K.Knöbl weitergeleitet-
                      dzt. noch ausständig

5.10.1966-Nr.33  -    Anfrage betr. Ansger DAUMHAUER
                      Antwort am 17.10.1966

26.10.1966-Nr.35 -    Mitteilung betr. Lorenz BADO

20.10.1966-Nr.38 -    Anfrage betr. "Postererbuben"
                      Antwort am 27.10.1966
```

Auszüge aus der Auflistung des Innenministeriums der Mitteilungen und Anfragen, die unter dem Decknamen „ADRIANO" empfangen und beantwortet wurden. (Öst. Staatsarchiv/Archiv der Republik, 02/BMfI/Österreich-Italien)

Der Informationsfluss unter dem Decknamen „ADRIANO" dauerte weiter an und nahm an Umfang zu. Ende Juli 1967 sollten bereits 97 „ADRIANO"-Anfragen vorliegen, von denen alle oder fast alle auch beantwortet wurden. (Protokoll über die Besprechung zwischen Organen des Bundesministeriums für Inneres und den italienischen Sicherheitsbehörden sowie der beiderseitigen Außenministerien in Zürich am 28. 7. 1967. Bundesministerium für Inneres, Generaldirektion für die öffentliche Sicherheit. Verschluss. Geschäftszahl 33287-17/67, ÖStA/AdR/02/BMfI/ Österreich-Italien, Besprechungen in Zürich. Zl. 24.222-17/70)

Der zweite österreichisch-italienische „Antiterrorgipfel"

➤ Weitgehende Zusammenarbeit – Sorge um Geheimhaltung der illegalen Rechtshilfe

Nach dem ersten Treffen der hochrangigen italienischen und österreichischen Sicherheitsbeamten am 26. August 1966 in Zürich und nach dem umgehend in Gang gesetzten konspirativen Informationsfluss an „ADRIANO" hatte die österreichische Bundesregierung einer weitgehenden Zusammenarbeit mit den italienischen Sicherheitsbehörden zugestimmt.

Am 6. Dezember 1966 kam es in Zürich daher zur *„zweiten periodischen Besprechung zwischen Funktionären der österreichischen und italienischen Sicherheitsbehörden"* in Zürich.

*Der Carabinieri-General
Edoardo Palombi*

Es war wiederum eine sorgsam von der Öffentlichkeit abgeschottete Geheimbesprechung. Auf italienischer Seite nahmen an dem Treffen neben dem Carabinieri-General Edoardo Palombi, dem Carabinieri-Oberst Giorgi und Dott. Marotta vom italienischen Außenministerium vor allem die höchstrangigen Geheimdienstleute des italienischen Innenministeriums teil.
Es waren dies Dott. Savino Figurati, Leiter der Abteilung „Ufficio Affari Riservati" („Büro für vertrauliche Angelegenheiten") und Dott. Silvano Russomanno, direkter Untergebener des Dott. Figurati.
Bei diesem „Ufficio Affari Riservati" handelte es sich um eine geheimdienstlich tätige Abteilung, die sich – wie man in Italien zu sagen pflegt – auch mit „cose sporche", mit „schmutzigen Angelegenheiten" befasste.
Die österreichische Seite war durch Ministerialrat Dr. Oswald Peterlunger vom österreichischen Innenministerium, Oberpolizeirat Dr. Eduard Obrist von der Sicherheitsdirektion Tirol und den Mailänder Generalkonsul Dr. Franz Matscher vertreten.
Die italienische Delegation überschüttete die Österreicher mit einer Flut von Vorwürfen, wonach die österreichischen Behörden dulden würden, dass die *„Terroristen"* über *„Schlupfwinkel in Österreich"* verfügten und insgesamt zu wenig zu deren Bekämpfung unternähmen.
In dem von Ministerialrat Dr. Oswald Peterlunger erstellten und als „Verschluss" bezeichneten Besprechungsprotokoll über die *„zweite periodische Besprechung zwischen Funktionären der österreichischen und italienischen Sicherheitsbehörden am 6. Dezember 1966"* wurde festgehalten, dass den Regierungen Österreichs und Italiens die *„Fortsetzung des Austausches von vertraulichen Informationen auf dem Gebiet des Terrorismus in Südtirol"* vorgeschlagen werde. Es ging also um die vertiefte Weiterführung einer bereits gehandhabten Praxis.
Der österreichischen Seite war die Problematik ihres Handelns bei der laufenden Gewährung einer illegalen Rechtshilfe auf Polizeiebene wohl bewusst gewesen, denn das Protokoll Peterlungers vermerkt die österreichische Forderung, dass *„diese Informationen nicht zum Anlass einer Verhaftung, Verfolgung oder Befragung einer Person, sondern lediglich zu deren Beobachtung genommen werden dürfen."*

Auch der innenministerielle Akt des zweiten Geheimtreffens in Zürich war mit dem Vermerk „Verschluß" klassifiziert. (Bundesministerium, Gegenstand Italien; zweite periodische Besprechung zwischen Funktionären der österreichischen und der italienischen Sicherheitsbehörden. Wien 6. 12. 66. Verschluß. ÖStA/AdR/02/BMfI/Österreich-Italien, Besprechungen in Zürich. Zl. 24.222-17/70)

In dem Protokoll heißt es weiter: *„Dr. Russomanno: ‚Wir geben das feierliche Versprechen.'"* (6. 12. 1966: Antiterrorgipfel in Zürich, Bericht Oswald Peterlunger; wiedergegeben in: Rolf Steininger: „Akten zur Südtirol-Politik 1959–1969", Bd. 5 – 1965/66, Innsbruck-Wien-Bozen 2011, S. 506ff)

Auch wenn bei aller südländischen Feierlichkeit solche Versprechungen wenig wert waren, so war die österreichische Seite doch von der Furcht befreit, dass sich die Italiener bei „verschärften Verhören" womöglich gegenüber den Gefolterten noch voller Hohn auf österreichische Informationen berufen würden.

▶ Ministerialrat Dr. Peterlunger: Italiener suchen Beweise für österreichisches Verschulden

Ministerialrat Dr. Oswald Peterlunger hielt in dem von ihm gefertigten Protokoll über die Besprechung fest, dass sie „in sehr höflicher Form" geführt worden sei, dass er sich jedoch des Eindrucks nicht erwehren könne, dass die italienische Regierung versuche, Beweise für ein Verschulden Österreichs für den Fall des Nichtzustandekommens eines Abkommens in der Südtirol-Frage zu sammeln. Diese geschehe, damit dann *„eine allfällige Behauptung auf eine Verletzung des Völkerrechtes durch Österreich untermauert werden könnte."* (6. 12. 1966: Antiterrorgipfel in Zürich, Bericht Oswald Peterlunger; wiedergegeben in: Rolf Steininger: „Akten zur Südtirol-Politik 1959–1969", Bd. 5 – 1965/66, Innsbruck-Wien-Bozen 2011, S. 511)

➤ Generalkonsul Dr. Franz Matscher lobt die bisherige Zusammenarbeit mit den Italienern

In einem als „*Verschluss*" und „*Vertraulich*" klassifizierten Bericht an das Außenministerium zeigte sich der Generalkonsul Dr. Franz Matscher über das Ergebnis der Besprechung des 6. Dezember 1966 erfreut. Er hielt fest, dass die Zusammenarbeit mit den Italienern *„seit einigen Monaten ... zur beiderseitigen Zufriedenheit"* funktioniere. *„Die italienischen Sicherheitsbehörden loben diese Zusammenarbeit und anerkennen die von österreichischer Seite getroffenen präventiven und repressiven Maßnahmen ... Über italienische ‚Zusatzwünsche' wird sachlich diskutiert und es werden die Möglichkeiten, ihnen zu entsprechen, erörtert."* (9. 12. 1966: Franz Matscher (Mailand) an BMfAA. Verschluss!, Wiedergegeben in: Rolf Steininger: „Akten zur Südtirol-Politik 1959–1969", Bd. 5 – 1965/66, Innsbruck-Wien-Bozen 2011, S. 512)

Die geheime und getarnte Rechtshilfe an Italien

Die unter Außenminister Kreisky gewahrte Rechtslage

➤ Rechtshilfe an Italien in politischen Fällen nicht zulässig

Unter der seit dem 19. April 1966 amtierenden ÖVP-Alleinregierung Klaus sollte sich auch die österreichische Praxis in Fragen der Rechtshilfe dramatisch ändern. Und zwar in rechtswidriger Weise.

Aufgrund der damaligen Rechtslage war eine österreichische Rechtshilfe an Italien bei politischen Delikten nicht zulässig. Im Jahr 1950 waren die österreichische Bundesregierung und die italienische Regierung übereingekommen, den Rechtshilfevertrag des Jahres 1922 zwischen Österreich und Italien wieder anzuwenden.

Bundesgesetzblatt für die Republik Österreich

Jahrgang 1924 — Ausgegeben am 30. Juli 1924 — 56. Stück

261. Römische Konferenz: Rechtshilfevertrag zwischen Österreich und Italien.
262. Römische Konferenz: Übereinkommen zwischen Österreich und Italien über Vollstreckungsrechtshilfe.
263. Gesetz: Telegraphengesetz.

261.

Der Bundespräsident erklärt das am 6. April 1922 in Rom abgeschlossene Übereinkommen zwischen Österreich und Italien, betreffend einen Rechtshilfevertrag, welches also lautet:

Convention entre l'Autriche et l'Italie pour l'assistance judiciaire.	Convenzione fra l'Austria e l'Italia per l'assistenza giudiziaria.	(Übersetzung.) Rechtshilfevertrag zwischen Österreich und Italien.

Dieser Vertrag sah in seinem Artikel 10 vor, dass ein Rechtshilfeersuchen abgelehnt werden konnte, wenn dessen Erledigung *„dem inneren öffentlichen Rechte"* des ersuchten Staates zuwiderlaufe. (Rechtshilfevertrag zwischen Österreich und Italien, BGBl 261/1924 vom 30. Juli 1924)

> **Rechtshilfeverkehr mit dem Ausland in Strafsachen**
>
> Rechtshilfeerlaß für Strafsachen vom 13. 7. 1959
> mit Rechtsquellen, Anmerkungen, Entscheidungen sowie
> Erlässen und Mitteilungen des BM. f. Justiz

Rechtshilfeerlass des österreichischen Bundesministeriums für Justiz.

In einem Rechtshilfeerlass des Jahres 1959 definierte das Bundesministerium für Justiz in Bezug auf *„Auslieferung und Rechtshilfe in Strafsachen"* die innerstaatliche Rechtslage und deren Handhabung näher. In dem Erlass hieß es, *„wenn es sich um politische oder mit politischen in Zusammenhang stehende Straftaten"* handle, werde *„regelmäßig auch die Auslieferung aus Österreich oder die Gewährung von Rechtshilfe für ausländische Behörden nicht in Frage kommen ... Akten über politische oder mit politischen in Zusammenhang stehende Straftaten dürfen an ausländische Behörden nur mit Bewilligung des Bundesministeriums für Justiz übersendet werden."* (Rechtshilfeerlaß für Strafsachen. Erlaß des BM. f. Justiz vom 13. Juli 1959, Z. 29 (1) (2) sowie Z. 44 (2) JABl. Amtsblatt der österreichischen Justizverwaltung Nr. 16/1959)

Entsprechend dieser Festlegung war in politischen Fällen die Rechtshilfe durch Überlassung von Akten nicht nur ausländischen Justizbehörden gegenüber, sondern grundsätzlich an *„ausländische Behörden"* ohne jede Ausnahme ohne Bewilligung des Justizministeriums zu verweigern. Unter den Begriff *„ausländische Behörden"* fielen logischerweise auch die Polizeibehörden fremder Staaten. Und unter den Begriff *„Akten"* fielen selbstverständlich nicht nur die Aktenoriginale, sondern auch die Akteninhalte. Ansonsten hätte man die Akteninhalte ja lediglich abschreiben oder kopieren müssen und deren Weitergabe hätte dann keinen Rechtsverstoß bedeutet. Das wäre wohl eine absurde und rechtlich nicht haltbare Auslegung.

Diese rechtliche Grundlage blieb bis zum 31. Dezember 1968 in Kraft und wurde dann abgelöst durch das am 2. Oktober 1968 ratifizierte „Europäische Übereinkommen über die Rechtshilfe in Strafsachen", welches bereits am 20. April 1959 von dem Europarat in Straßburg beschlossen worden war.

BUNDESGESETZBLATT

FÜR DIE REPUBLIK ÖSTERREICH

Jahrgang 1969 — Ausgegeben am 4. Feber 1969 — 10. Stück

41. Europäisches Übereinkommen über die Rechtshilfe in Strafsachen samt Vorbehalten und Erklärungen

41.

Nachdem das am 20. April 1959 in Straßburg beschlossene Europäische Übereinkommen über die Rechtshilfe in Strafsachen samt Vorbehalten und Erklärungen der Republik Österreich, welches also lautet:

Substantiell änderte sich in Bezug auf Rechtshilfe nichts, weil Österreich in einem dem Vertrag angeschlossenen „Vorbehalt" erklärte, dass die Rechtshilfe verweigert werde, wenn gemäß Artikel 2, Abs. a) des Vertrages *„sich das Ersuchen auf strafbare Handlungen bezieht, die vom ersuchten Staat als politische"* oder *„als mit solchen zusammenhängende strafbare Handlungen ... angesehen werden"*. („Europäisches Übereinkommen über die Rechtshilfe in Strafsachen", BGBl. 41/1969 vom 4. Februar 1969)

Seit dem Beginn der Anschläge des BAS in Südtirol hatten die österreichischen Behörden in Beachtung dieser Rechtslage jegliche Rechtshilfe an Italien verweigert gehabt. Es war auch nicht in Frage gekommen, diese Rechtslage dadurch zu unterlaufen, dass man unter der Hand auf einem vertraulichen Wege durch die Sicherheitsbehörden den Italienern die entsprechenden Unterlagen beziehungsweise deren Inhalte übermittelt hätte.

Dem entsprechend hatte der österreichische Justizminister Dr. Christian Broda (SPÖ) am 21. Juli 1961 auch öffentlich erklärt, dass Österreich den Italienern in Bezug auf die Sprengstoffanschläge des BAS keinerlei Rechtshilfe gewähren werde. (Franz Watschinger: „Bomben und Justiz", Innsbrucker Forschungen zur Zeitgeschichte, Bd. 20, Innsbruck-Wien-München-Bozen 2003, S. 68)

Außenminister Dr. Bruno Kreisky (SPÖ) hatte am 26. Juli 1961 auf einer Pressekonferenz ebenfalls erklärt: *„Wenn man aber von mir verlange, dass ich der italienischen Polizei gegenüber den Denunzianten spiele, muss ich dies ablehnen."* Und Justizminister Dr. Christian Broda hatte am gleichen Tag bekräftigt: *„Ich werde aber nicht zulassen, dass*

Solange Dr. Kreisky (rechts im Bild) Außenminister war, wurde in politischen Fällen an Italien keine rechtswidrige Rechtshilfe gewährt. Als Dr. Klaus (links im Bild) Bundeskanzler in einer ÖVP-Alleinregierung wurde, sollte sich das umgehend ändern.

einem ausländischen Staat bei der Verfolgung politischer Delikte österreichischerseits Rechtshilfe geleistet wird." (Otto Scrinzi (Hrsg.): „Chronik Südtirol 1959–1969. Von der Kolonie Alto Adige zur autonomen Provinz Bozen", Graz-Stuttgart 1996, S. 233)

Am 1. August 1961 überreichte der österreichische Außenminister Dr. Kreisky dem italienischen Botschafter in Wien, Enrico Martino, in Beantwortung einer italienischen Note vom 26. Juli 1961 eine Verbalnote. Darin wies Österreich den Vorwurf der Verantwortlichkeit für die Anschläge zurück und erklärte: *„Es ist aber nach der bekannten internationalen Staatenpraxis und nach dem Inhalt der italienischen Rechtsvorschriften wohl überflüssig zu betonen, dass im Ausland aus politischen Motiven gesetzte Taten im Inland weder verfolgt werden können, noch dass zur Verfolgung solcher Taten Rechtshilfe geleistet werden kann."* (Otto Scrinzi (Hrsg.): a. a. O., S. 237)

Am 31. Januar 1962 bekräftigte Justizminister Dr. Christian Broda in der parlamentarischen Fragestunde, dass eine ausländische Einmischung in die österreichische Gerichtsbarkeit abgelehnt und keinem ausländischen Staat in politischen Verfahren Rechtshilfe geleistet werde. Diesbezügliche italienische Vorhalte seien sachlich ungerechtfertigt und sollten offenbar von Methoden in italienischen Gefängnissen ablenken. (Otto Scrinzi (Hrsg.): a. a. O., S. 278)

Im April 1962 versuchte die Bozener Staatsanwaltschaft österreichische Rechtshilfe in einem eindeutig politischen Verfahren zu erlangen. Sie hatte unter Verwendung alter faschistischer Paragraphen des italienischen Strafgesetzbuches Anklage gegen den Chefredakteur der „Tiroler Tageszeitung", Dr. Manfred Nayer, und gegen den verantwortlichen Re-

Justizminister Dr. Christian Broda (SPÖ) hielt sich an die österreichische Rechtslage und verweigerte Rechtshilfe in politischen Fällen.

dakteur der „Tiroler Nachrichten", Dr. Hölbling, wegen *„antinationaler Propaganda"* und *„Schmähung der italienischen Nation"* erhoben und die Anklageschriften an das Bezirksgericht Innsbruck zur Weiterleitung an die Betroffenen übersandt. Im Bezirksgericht war man aber aufmerksam gewesen und hatte sich geweigert, die Anklageschriften und die Vorladungen auszuhändigen, *„weil bei Strafsachen politischen Charakters nach einem völkerrechtlich allgemein anerkannten Grundsatz Rechtshilfe nicht geleistet wird."*. (Pressemitteilung des österreichischen Justizministeriums, wiedergegeben in: Otto Scrinzi (Hrsg.): a. a. O., S. 289)

Das Bezirksgericht hatte – der Rechtslage entsprechend – stattdessen die Anklageschriften und die Vorladungen an das österreichische Justizministerium weitergeschickt, welches die Unterlagen nach Italien zurücksandte.

Auf einer Südtirol-Besprechung in Innsbruck, an welcher die Spitzen der Nordtiroler und der Südtiroler Politik teilnahmen, erklärte der österreichische Bundesminister für Justiz, Dr. Christian Broda (SPÖ), am 14. April 1962, dass *„die österreichische Regierung keiner ausländischen Regierung für politische Delikte eine Rechtshilfe gewähre, daher auch nicht der italienischen."* (14. 4. 1962, Südtirolbesprechung in Innsbruck, wiedergegeben in: Rolf Steininger: „Akten zur Südtirol-Politik 1959–1969", Bd. 4 – 1962/64, Innsbruck-Wien-Bozen 2011, S. 130)

Dies blieb bis zum Regierungsantritt der ÖVP-Alleinregierung unter Dr. Josef Klaus (ÖVP) der offizielle Rechtsstandpunkt der Republik Österreich. Ab dann sollte sich aber alles ändern.

▶ Auch über „INTERPOL" durfte in politischen Fällen keine Rechtshilfe geleistet werden

Eine direkte sicherheitspolizeiliche Zusammenarbeit europäischer Staaten hatte es im 19. Jahrhundert noch nicht gegeben. Die Erfindung moderner Transportmittel wie der Eisenbahn, des Automobils und letztlich auch des Flugzeugs hatte aber zu einer früher nicht gekannten Zunahme der internationalen Reisetätigkeit und damit auch der grenzüberschreitenden Kriminalität geführt. Diese nahm nach dem Ersten Weltkrieg in einem derartigen Ausmaß zu, dass eine wirksame internationale polizeiliche Zusammenarbeit erforderlich wurde. Um diese zu erreichen, wurde 1923 die „Internationale Kriminalpolizeiliche Kommission" (IKPK) in Wien gegründet. Ein Protokoll über zukünftige Kooperation wurde von Vertretern aus 15 Staaten in Europa, von der Türkei, den Vereinigten Staaten sowie Japan unterschrieben. Diesem Protokoll traten in der Folge zahlreiche weitere Staaten bei.

Während der Zeit des Dritten Reiches wurde die IKPK unter nationalsozialistische Führung gestellt. Das hatte zur Folge, dass sie 1945 aufgelöst und ein Jahr später mit Sitz in Paris neu gegründet wurde. 1956 wurde sie in „International Criminal Police Organisation – INTERPOL" umbenannt.

Grundsätzlich wurde das Prinzip der nationalen Souveränität der einzelnen Staaten und ihrer Sicherheitsbehörden gewahrt. Es gab auch keinen direkten Verkehr zwischen den Sicherheitsbehörden der einzelnen Staaten. Ersuchen und Mitteilungen hinsichtlich der Suche nach vermissten Personen, der Festnahme von Verdächtigen zwecks deren Auslieferung und der Mitteilung von Informationen über begangene Verbrechen liefen ausschließlich über die INTERPOL-Zentrale, wobei auf Rechts- und Vertragskonformität geachtet wurde. Bis heute achtet eine eigene unabhängige Kommission auf die Einhaltung der rechtlichen Bestimmungen.

Laut Artikel 3 der INTERPOL-Statuten war und ist jede Hilfestellung bei politisch motivierten Delikten und militärischen bzw. religiösen Angelegenheiten verboten:

„Article 3: It is strictly forbidden for the Organization to undertake any intervention or activities of a political, military, religious or racial character." (The Constitution of the ICPO-INTERPOL adopted by the General Assembly at its 25th session, Vienna 1956)

Da angesichts der Mitgliedschaft Österreichs in der INTERPOL der Verkehr mit den Sicherheitsbehörden anderer Staaten vertraglich geregelt war, hätte eigentlich außer Frage stehen müssen, dass jegliche Umgehung der Rechtshilfe in politischen Fällen auf sicherheitspolizeilichem Wege ausgeschlossen sein musste.

1966: Italien fordert rechtswidrige Rechtshilfe auf sicherheitspolizeilicher Ebene unter Umgehung des Justizministeriums und der INTERPOL – Die ÖVP-Regierung stimmt zu

➤ Man hatte in Rom die österreichische politische Schwachstelle erkannt

In Rom hatte man die Regierungserklärung des österreichischen Bundeskanzlers Dr. Josef Klaus (ÖVP) vom 20. April 1966 aufmerksam zur Kenntnis genommen. Klaus hatte darin *„die Regelung unserer wirtschaftlichen Beziehungen zum Gemeinsamen Markt"* als *„vordringlichste Aufgabe auf außenpolitischem Gebiet"* bezeichnet und dies damit begründet, dass die österreichische Volkswirtschaft hinsichtlich des Güteraustausches weitgehend vom EWG-Raum abhängig sei.

Dann hatte Klaus erklärt: *„Mit aufrichtigem Bedauern muss die österreichische Bundesregierung feststellen, dass ein befriedigender Abschluss der Verhandlungen mit Italien über die Lösung der Südtirol-Frage noch aussteht"*, um im Anschluss daran gleich zu unterstreichen: *„Die österreichische Bundesregierung kann versichern, dass sie nichts lebhafter wünscht, als die Festigung enger, ungetrübter und herzlicher Beziehungen zum italienischen Nachbarn."*

Am Ende seiner Rede hatte Klaus nochmals die Verhandlungen mit der Europäischen Wirtschaftsgemeinschaft an die erste Stelle der bevorstehenden Aufgaben seiner Regierung gereiht, gleich gefolgt von dem Wunsch nach möglichst rascher *„Weiterführung von Verhandlungen mit der italienischen Regierung zwecks endgültiger Bereinigung der Südtirolfrage."*
(Sten. Protokoll, 3. Sitzung des Nationalrates der Republik Österreich, XI. Gesetzgebungsperiode, 20. April 1966)

Das italienische Außenministerium und der italienische Ministerpräsident wussten, wo einzuhaken war.

In Rom hatte man dies aufmerksam zur Kenntnis genommen und hatte sofort die österreichische Schwachstelle erkannt, an der einzuhaken war. Die italienische Regierung bemühte sich nun, dieser österreichischen Regierung, die so rasch als möglich in die EWG eintreten und zugleich das Südtirol-Problem endgültig loswerden wollte, noch eine weitere unabdingbare Verpflichtung aufzuerlegen.

➤ Wien wird zur Verfolgung der Südtiroler Freiheitskämpfer erfolgreich unter Druck gesetzt

Der italienische Ministerpräsident Moro unterbreitete am 4. August 1966 Bundeskanzler Dr. Klaus ein schriftliches Ersuchen um *„eine engere Zusammenarbeit zwischen den österreichischen und den italienischen Sicherheitsbehörden ..., um den Terrorismus zu unterdrücken"*. Moro bezeichnete dieses Vorgehen als *„unerlässlich"* und machte damit aus einem Ersuchen eine Bedingung für weitere Verhandlungen zwischen Österreich und Italien. (4. 8. 1966: Aldo Moro (Rom) an Josef Klaus (Wien); wiedergegeben in: Rolf Steininger: „Akten zur Südtirol-Politik 1959–1969", Bd. 5 – 1965/66, Innsbruck-Wien-Bozen 2011, S. 408f)

Die von Rom gewünschte direkte Zusammenarbeit der Sicherheitsbehörden bedeutete nichts Anderes als die Zumutung, sowohl die österreichischen Justizbehörden wie auch INTERPOL zu umgehen.

Eine Woche später machte Rom die Probe auf das Exempel. Der italienische Botschafter Enrico Martino sprach – wie bereits geschildert – am 16. August 1966 im österreichischen Außenministerium bei dem Generalsekretär für Auswärtige Angelegenheiten vor und machte unter Berufung auf das Schreiben Moros namens seiner Regierung den Vorschlag einer Zusammenkunft leitender Sicherheitsfunktionäre der beiden Staaten *„auf höchster Ebene ... um die Voraussetzungen für eine gemeinsame Abwehr von Terroranschlägen zu schaffen"*.

Es ging um die illegale Umgehung des ordentlichen Rechtshilfeweges

Das Außenministerium informierte umgehend das Innenministerium. Dort war man sich der Brisanz der Angelegenheit bewusst und wird wohl auch verstanden haben, dass die italienische Seite eine Umgehung des Rechtshilfeweges und der Rechtshilfevorschriften auf sicherheitspolizeilicher Ebene anstrebte, um die in politischen Fällen gesetzlich verbotene Rechtshilfe auf illegale Weise zu erzwingen.

Die österreichischen Aktennotizen wurden angesichts der Brisanz der Vorgänge und der Rechtswidrigkeit als „GEHEIM" klassifiziert und die Dokumente mit der Auflage „Verschluss!" versehen.

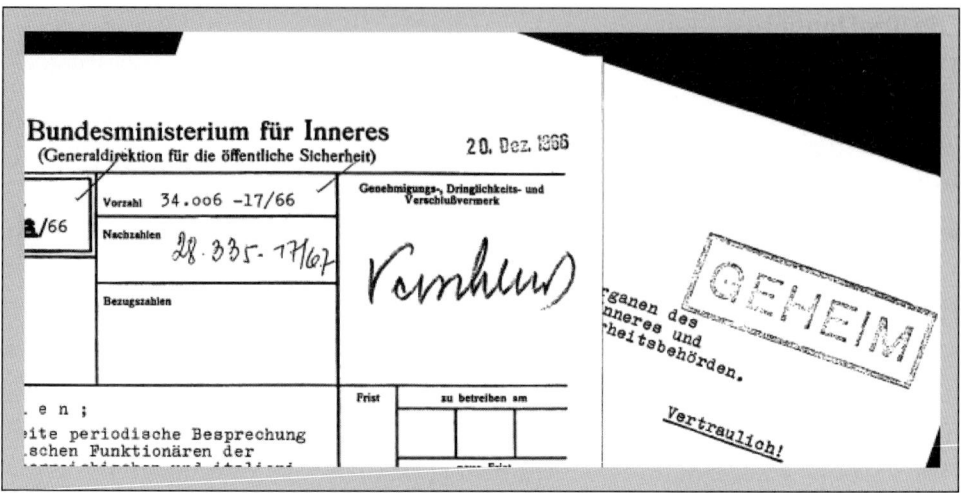

Angesichts der Brisanz und Rechtswidrigkeit der versteckten Rechtshilfe wurden die österreichischen Aktenstücke als „GEHEIM", „Vertraulich" und „Verschluss" klassifiziert.

Aus diesen Unterlagen geht hervor, dass zu diesem Zeitpunkt aber bereits lokale Kontakte zwischen den österreichischen Sicherheitsbehörden in Tirol und den italienischen Sicherheitsbehörden in Bozen bestanden und die Sicherheitsdienste auf dieser Ebene bereits Informationen austauschten. Nun aber wollten die Italiener noch wesentlich mehr.
Der nun viel weiter gehende italienische Vorschlag hatte umgehend die Zustimmung des Leiters der österreichischen Staatspolizei, Ministerialrat Dr. Oswald Peterlunger, sowie des österreichischen Innenministers Dr. Franz Hetzenauer (ÖVP) gefunden, der nach einer Absegnung durch einen außerordentlichen Ministerrat vom 23. August 1966 grünes Licht gab. Auch der österreichische Außenminister Dr. Lujo Toncic-Sorinj (ÖVP), der das italienische Ansinnen ausdrücklich begrüßte, stimmte zu.

Das Justizministerium wurde übergangen

Das für alle Rechtshilfefragen zuständige, von dem parteifreien Minister Univ.-Prof. Dr. Hans Klecatsky geleitete österreichische Justizministerium wurde in all diese Vorgänge nicht eingebunden, obwohl alle Rechtshilfefragen in dessen Zuständigkeit fielen.

Bei den nun folgenden italienisch-österreichischen Expertentreffen auf den sogenannten „Antiterrorgipfeln" wurde zwar ständig ein Vertreter des österreichischen Außenministeriums zugezogen, aber kein einziges Mal ein Vertreter des unter parteifreier Leitung stehenden Justizministeriums.

Die Treffen wurden geheim gehalten

Dem italienischen Botschafter wurde nun die österreichische Zustimmung mitgeteilt und es wurde ein erstes Treffen vereinbart, welches *„zweckmäßigerweise in der Schweiz (eventuell Zürich)"* stattfand, wie es in einem Amtsvermerk hieß.

„Zweckmäßigerweise" bedeutete wohl, dass das Treffen in der Schweiz leichter vor der Öffentlichkeit geheim gehalten werden konnte, als dies in Österreich oder Italien der Fall gewesen wäre, wo wohl eine Meute von Journalisten vor dem Tagungslokal gewartet hätte. Die Journalisten hätten natürlich versucht, den Teilnehmern Näheres über Sinn und Zweck der Zusammenkunft hochrangiger Sicherheitsleute zu entlocken. Man hätte der Presse dann aber wohl kaum erklären können, dass es darum ging, auf polizeilicher Ebene geheim und illegal jene Informationen auszutauschen, deren Austausch auf dem legalen Weg der Rechtshilfe unzulässig war.

Daher ging man der Presse lieber aus dem Weg. In dem Amtsvermerk des Außenministeriums hieß es deshalb auch: *„Von irgend welchen Mitteilungen an die Presse wurde ha. abgesehen."* (17. 8. 1966: Amtsvermerk BMfAA; wiedergegeben in: Rolf Steininger: „Akten zur Südtirol-Politik 1959–1969", Bd. 5 – 1965/66, Innsbruck-Wien-Bozen 2011, S. 420)

➤ Das Konstrukt zur Umgehung des Rechtshilfeverbots in politischen Fällen

Der Wiener „Schmäh": Informationen fallen nicht unter Rechtshilfe

Dem Innenminister Dr. Hetzenauer und seinem Staatspolizeichef Dr. Peterlunger war wohl bewusst, dass sie durch diese Umgehung des bestehenden Rechtshilfeverbots rasch in große Schwierigkeiten kommen konnten.

Deshalb wurde zu dem abstrusen Konstrukt gegriffen. Es lautete, dass ein Informationsaustausch auf sicherheitspolizeilicher Ebene nicht unter Rechtshilfe falle, solange die übermittelten Informationen nicht direkt von den Gerichten des informierten Staates verwertet werden würden.

Wenn diese Informationen zu eigenständigen Nachforschungen der italienischen Sicherheitsbehörden führen und erst deren Erkenntnisse dann einer gerichtlichen Verwertung zugeführt würden, so würde keine Rechtshilfe von österreichischer Seite vorliegen. Das war der Wiener „Schmäh", hinter dem sich das österreichische Innenministerium verschanzte und ab nun illegale Rechtshilfe leistete.

Die „Antiterrorgipfel" in Zürich mussten geheim bleiben

Bei den nun folgenden sicherheitsdienstlichen österreichisch-italienischen Expertentreffen betonte die österreichische Seite immer wieder diese Position und hielt die entsprechenden Wortmeldungen – wohl zum eigenen Schutz – in ihren Besprechungsprotokollen sorgsam fest.

So hatten die Vertreter der österreichischen Sicherheitsbehörden bereits auf dem zweiten österreichisch-italienischen „Antiterrorgipfel" am 6. Dezember 1966 erklärt, dass *„diese Informationen nicht zum Anlass einer Verhaftung, Verfolgung oder Befragung einer Person, sondern lediglich zu deren Beobachtung genommen werden dürfen."* (6. 12. 1966: Antiterrorgipfel in Zürich, Bericht Oswald Peterlunger, abgedruckt bei: Rolf Steininger: „Akten zur Südtirol-Politik 1959–1969", Bd. 5 – 1965/66, Innsbruck-Wien-Bozen 2011, S. 506ff)

Dass sich die österreichische Seite tatsächlich eingebildet haben sollte, die italienischen Sicherheitsbehörden würden österreichische Informationen über mutmaßliche „Terroristen" nicht zum *„Anlass einer Verhaftung, Verfolgung oder Befragung einer Person"* nehmen, kann nicht ernstlich angenommen werden.

Die rechtswidrigen österreichischen Informationen und die Folterungen in den Carabinieri-Kasernen

Die Folterungen Verdächtiger in italienischen Carabinieri-Kasernen waren seit 1961 öffentlich bekannt, wobei sich jedes Jahr neue derartige Skandalfälle ereigneten. Dass die Italiener bei auch nur dem leisesten Verdacht Verhaftungen vornahmen, bei Verhören folterten und Verdächtige in jahrelanger Untersuchungshaft schmoren ließen, war allgemein bekannt und füllte die Seiten der Presse.

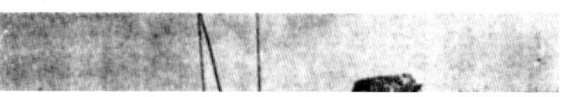

Landesrat
Prof. Dr. Hans Gamper

Innsbruck, 26. Juli 1961.

An den
Bundesminister für Auswärtige Angelegenheiten
Herrn Dr. Bruno K r e i s k y

in W i e n I.,
Ballhausplatz 2

Sehr geehrter Herr Minister!

Hier übersende ich Ihnen die Namen zu den gleichzeitig übermittelten Berichten über die Polizeimethoden in Südtirol.
Diese Liste wurde auch in Tirol niemandem zur Kenntnis gebracht. Sie ist allein für Sie, Herr Minister, bestimmt.

Mit vorzüglicher Hochachtung

Beilagen:
8 Berichte
1 Bericht zu Bericht 8), streng vertraulich!
1 Namensliste zu den Berichten, streng vertraulich!

G e h e i m !

Herrn
Bundesminister für Auswärtige
Angelegenheiten
Dr. Bruno K r e i s k y
W i e n I
Ballhausplatz 2

Sehr geehrter Herr Bundesminister !

Bezugnehmend auf unsere Vereinbarung vom 5. September übermittle ich Ihnen, Herr Bundesminister, Unterlagen über die

Misshandlungen verhafteter Südtiroler durch italienische Polizeiorgane. Von besonderem Interesse sind die Fälle Gostner und Lanz (der als unschuldig entlassen wurde); die aus dem Gerichtsgefängnis Trient herausgeschmuggelten, eigenhändig unterzeichneten Protokolle (u.a. ein Trentiner), sowie 2 Protokolle vom 2. September, aus denen hervorgeht, daß die Misshandlungen, wenn auch anscheinend in kleinerem Maßstab, auch jetzt noch fortgesetzt werden.

Ich möchte bei dieser Gelegenheit Ihnen, Herr Bundesminister, nochmals für die ausführlichen Besprechungen vom 4./5. September danken und bleibe mit vorzüglicher

Hochachtung

<u>Anlagen</u>
Photokopien (95 Blatt)
und 7 maschinschriftliche Protokolle

Bachrift: Misshandlungen von Südtirolern durch die italienische Polizei.

Tiroler Nachrichten

17. Jahrgang — Donnerstag, 31. August 1961 — Nr. 201

Tirols Geisteselite klagt Italien an

Wissenschaftler und Künstler mit Weltgeltung rufen: Wo bleibt des Menschen Recht?

Ein italienisches Gericht verurteilte zwei Italiener wegen Raubmordes zu 22 bzw. 24 Jahren Kerkers. Vor der Polizei hatten sie ein Geständnis abgelegt. Vor Gericht beteuerten sie ihre Unschuld vergeblich. Nachdem sie sieben Jahre im Kerker gesessen hatten, wurde der wahre Täter gefunden und ihre völlige Unschuld stellte sich heraus. Im wiederaufgenommenen Verfahren erklärte der Vorsitzende des Gerichtes von Rom im April 1957 in der Begründung des nunmehr erfolgten Freispruches, die Polizei habe, um jenes falsche Geständnis zu erreichen, „nichtorthodoxe Methoden" angewandt. Der „Corriere della sera" vom 20. August 1957 nennt das „einen schrecklichen Euphemismus, hinter dem Mittel moralischer und physischer Vergewaltigung spürbar sind", und schließt: „Es ist nur zu leicht, mit brutalen Methoden oder auch nur durch Drohungen, durch Einzelhaft, durch Hunger Geständnisse zu erhalten. Aber das ist nicht die Art, die Gesellschaft zu verteidigen."

Mitte Juli 1961 verhaftete die italienische Polizei zwei angesehene Südtiroler. Ihnen selbst wurde nichts zur Last gelegt. Ihre Verhaftung erfolgte lediglich, um sie zu Aussagen gegen Dritte zu veranlassen, also in ihrer Eigenschaft als Zeugen. Schon das ein Vorgehen, das [...] Anzeige erstattet worden, doch steht zu befürchten, daß in weit mehr Fällen die Mißhandelten oder deren Angehörige eine Anzeige nicht wagen. Drohungen der Polizeiorgane, welche Folgen Anzeigen haben würden, sind bekannt. Viele, deren Mißhandlung bezeugt ist, sind noch [...]

Sie fordern daher, daß die Vorgänge bei den polizeilichen Vernehmungen in Südtirol unparteiisch überprüft und sofort geeignete Maßnahmen ergriffen werden, um die Fortsetzung solcher Methoden zu verhindern und die Schuldigen zur Verantwortung zu ziehen.

NUMMER 1 / JÄNNER 1962
Erscheinungsort Innsbruck
Verlagspostamt Innsbruck 2 P. b. b.

Südtiroler Ruf

MITTEILUNGSBLATT DES BERGISEL-BUNDES

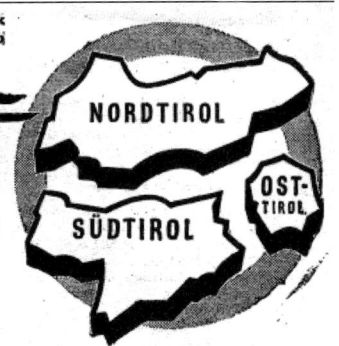

Herausgeber und Schriftleitung: Bergisel-Bund, Bundesleitung Innsbruck. Für den Inhalt verantwortlich: Dr. Eduard Widmoser. Eigentümer und Verleger: Bergisel-Bund, Bundesleitung Innsbruck, alle Innsbruck, Herrengasse 1. — Erscheint alle zwei Monate. — Druck: Verlagsanstalt Tyrolia G. m. b. H., Innsbruck, Andreas-Hofer-Straße 4.

Unvorstellbare Grausamkeiten
Die Wahrheit über die Foltermethoden der italienischen Polizei

Am 22. November 1961 starb Franz Höfler von Lana, der im Zusammenhang mit den Sprengstoffanschlägen im Juli verhaftet worden war, im Bozner Krankenhaus. Am 7. Jänner 1962 brach Anton Gostner während des Spazierganges im Gefängnishof plötzlich zusammen und verschied. Höfler und Gostner wurden bei den Verhören schwerstens mißhandelt.

Um den Mißhandlungen zu entgehen...

Was Höfler bei den Verhören erleben mußte, hat er in einem Schreiben vom 26. September selbst geschildert. Hier der Wortlaut dieses Schreibens:

schwollenem Gesicht, blutunterlaufenen Ohren und zerquetschten Zehen eingeliefert worden ist. Ebenso konnten sie sich davon überzeugen, daß er am Nacken eine handgroße Geschwulst hatte. Seinen Kameraden sagte er, die Carabinieri hätten ihm mit dem Gewehrkolben immer wieder auf den Hinterkopf und ins Gesicht geschlagen, während er stundenlang mit erhobenen Händen und mit dem Gesicht zur Wand stehen mußte. Um die Schmerzen, die Franz Höfler seither aussteh en mußte, kümmerte sich im Gefängnis niemand. Am Sonntag, den 19. November, brach er während eines Spazierganges im Gefängnishof

kaserne von Brixen und verhörte mich dort bis zum nächsten Tag, zirka 10 Uhr.

Die Behandlung war gerade nicht die angenehmste.

Man gab mir abwechselnd immer mehr oder weniger Schläge. Man stellte mich an die Wand unter die Quarzlampe, mit den Händen immer hoch über dem Kopf, nicht weniger als wenigstens vier Stunden ununterbrochen, wobei ich drei- oder viermal ohnmächtig wurde.

Man zog mich bei den Haaren auf dem Boden. Man setzte mir Käfer an, auf dem Bauch, deren Gattung ich nicht kenne, sie

---

Nr. 5/1961   Südtiroler Ruf   Seite 3

Geschlagen, gebrannt, verhöhnt ...
Ein Bericht von den Folterungen an Südtirolern

Nachdem wir unseren Lesern in der letzten Ausgabe einen Querschnitt durch in- und ausländische Presseberichte über die unmenschlichen Folterungen in Südtirol brachten, sind wir diesmal in der Lage, einen Originalbericht über dieses Thema in Form eines tatsächlich stattgefundenen Gespräches abzudrucken. Frage und Antwort werden dabei wörtlich wiedergegeben.

A: Wann haben sie dich geschnappt?

B: Mich haben sie am 15. Juli um ¹/₂3 Uhr in der Früh aus dem Bett herausgeholt, um auf 10 Minuten in die Kaserne zu kommen, da werde ich von einem Offizier ausgefragt.

ich in Innsbruck war, dann habe ich mir gedacht, in Gottes Namen, wenn nichts weiteres ist, das kann ich ja zugeben. Gebe ich es zu, komme ich hinaus. Dann habe ich es auch gesagt.

brennende Zigaretten auf mir ausgelöscht. Überall.

A: Wo zum Beispiel?

B: Am Oberkörper, auf der Brust, auf den Armen, unter der Achsel, Haare ausgerissen unter der Achsel und auf der Brust, wo sie etwas ausgerissen haben. Der eine hat den Spaß gehabt, der andere einen anderen. Dann habe ich mir gedacht, ja das geht nie so weiter. Dann war ich so etwas

---

Am 22. Juli 1961 hatte Univ.-Prof. Dr. Felix Ermacora das ungeheuerliche Geschehen in den italienischen Folterkasernen der Carabinieri erstmals in den „Salzburger Nachrichten" öffentlich gemacht. Am 25. Juli 1961 hatte der Nordtiroler Landesrat Prof. Dr. Hans Gamper Folterberichte aus Südtirol an Außenminister Dr. Bruno Kreisky geschickt. Weitere Berichte übersandte in der Folge am 8. September 1961 der Nordtiroler Landeshauptmann Dr. Tschiggfrey an die Bundesregierung in Wien.

Bald darauf waren empörte Berichte in dem Nordtiroler ÖVP-Organ „Tiroler Nachrichten", im „Südtiroler Ruf" des „Bergisel-Bundes" und in zahlreichen weiteren Medien erschienen. Seitdem war dieses Thema nicht mehr totzuschweigen gewesen. (Faksimiles aus: Helmut Golowitsch: „Für die Heimat kein Opfer zu schwer. Folter-Tod-Erniedrigung: Südtirol 1961–1969", 2. Auflage 2012, Edition Südtiroler Zeitgeschichte)

Der österreichischen Bundesregierung waren durch die Nordtiroler Landesregierung zahlreiche Berichte und auch authentische Protokolle von Betroffenen aus Südtirol zur Verfügung gestellt worden, in denen diese ihre erlittenen Folterungen schilderten.

Am 22. Juli 1961 hatte der österreichische Völkerrechtsexperte und stellvertretende Vorsitzende der Menschenrechtskommission der Vereinten Nationen, Univ.-Prof. Dr. Felix Ermacora, in einem Bericht in den „Salzburger Nachrichten" die Öffentlichkeit auf ein ungeheuerliches Geschehen aufmerksam gemacht: Ein westeuropäischer Verbündeter der „freien Welt", ein angeblicher Rechtsstaat und Mitglied der „westlichen Wertegemeinschaft", wandte Folter gegen Wehrlose an.

Seitdem waren immer wieder weitere Berichte in die Presse gelangt, obwohl Außenminister Dr. Kreisky auf ausdrücklichen Wunsch des Südtiroler Landeshauptmannes Dr. Silvius Magnago – um das Verhandlungsklima zu Italien nicht zu „belasten" – die Berichte über diese italienischen Staatsverbrechen nicht zur Veröffentlichung freigegeben hatte. Immerhin hatte er bei seinem Auftritt vor den Vereinten Nationen aber auf die Folterungen hingewiesen und erklärt, dass der Bundesregierung authentische Berichte darüber vorlägen. (Erst Jahrzehnte später sollten die Originaldokumente nach der Öffnung der Archive in Bozen, Innsbruck und Wien der Öffentlichkeit zugänglich gemacht werden können. Siehe dazu: Helmut Golowitsch: „Für die Heimat kein Opfer zu schwer. Folter-Tod-Erniedrigung: Südtirol 1961–1969", 2. Auflage 2012, Edition Südtiroler Zeitgeschichte)

Flehen um Diskretion

Die auf dem Weg über die Presse an die Öffentlichkeit gelangten Fakten hatten jedoch bereits dazu ausgereicht, Empörung und tiefe Abscheu in der österreichischen Bevölkerung auszulösen.

Bei der nun in der Ära Klaus einsetzenden illegalen Rechtshilfe für Italien war es für die informierenden österreichischen Sicherheitsbehörden daher ein zwingendes Erfordernis, sich hinter einem deckenden Alibi, einer Schutzklausel zur eigenen Absicherung, zu verstecken. Ein Bekanntwerden illegaler Rechtshilfe an die Italiener hätte wahrscheinlich jede Bundesregierung aus dem Amt gefegt. Deshalb war es wichtig, dass sich die Italiener bei „verschärften Verhören" nicht auf illegale österreichische Informationen berufen würden. Der verdeckte Informationsfluss musste absolut geheim bleiben.

Auch bei folgenden italienisch-österreichischen „Antiterror-Besprechungen" sollten die Österreicher immer wieder auf dieses Thema zu sprechen kommen und in teils peinlich flehender Weise um äußerste Diskretion bitten.

Übergriffe und Misshandlungen als Stolpersteine

Neue „verschärfte" Verhöre in Italien – Übergriffe gegen Zivilbevölkerung

Auf dem Weg der herzlichen italienisch-österreichischen Zusammenarbeit gegen die Südtiroler Freiheitskämpfer gab es unwillkommene Stolpersteine. Ein solcher war die empörte Reaktion der Bevölkerung in Österreich auf das Bekanntwerden neuer italienischer polizeilicher Übergriffe in Südtirol.

➤ Das „machtvolle Basta!" der unentwegt bereiten Alpini

Am 2. Dezember 1966 hatte der 25jährige David Oberhollenzer aus Mühlen in Taufers das schwerbewachte Alpinidenkmal in Bruneck gesprengt, welches von den Faschisten 1938 zum ehrenden Andenken an den von ihnen in Abessinien verübten Völkermord errichtet worden war. Die zehn Tonnen schwere Statue war in zahlreiche Stücke zerrissen worden. Oberhollenzer war dabei unerkannt geblieben.

Einige Stunden nach dem Brunecker Anschlag hatte die Veteranenvereinigung der italienischen Alpini ein schwülstiges Telegramm an die römische Regierung gesandt:

„Empört und im Innersten ihrer Gefühle schändlichst beleidigt, stolz auf die Symbole und Traditionen reinsten Ruhmes heldenhafter Vaterlandsliebe,

Das faschistische Denkmal in Bruneck, welches an den Einsatz der italienischen Alpini in Abessinien und ihre Rolle bei diesem Völkermord-Unternehmen erinnert, bei seiner Einweihung in der Faschistenzeit.

*Links: Die Überreste des von David Oberhollenzer gesprengten Denkmals.
Rechts: Die italienischen Tageszeitung „Alto Adige" behauptete unverfroren, dass das faschistische Denkmal von „nazisti" gesprengt worden sei.*

vom Willen zu Gegenmaßnahmen beseelt, stehen die Südtiroler Alpini als würdige Vertreter der großen italienischen Gemeinschaft in einsamer Bestürzung und in Verlassenheit vor den Trümmern des Alpini-Denkmals von Bruneck, das einem brutalen Sprengstoffanschlag zum Opfer fiel. Niemals bereit, ihren stolzen Willen zu beugen, zu jedem Einsatz entschlossen, unentwegt bereit, rufen sie ihr machtvolles ‚basta'!"

▶ Schwere Übergriffe im Tauferer Tal: „Spezialisten aus Sizilien folterten ein ganzes Südtiroler Dorf"

Für die Südtiroler Bevölkerung zog der Sprengstoffanschlag auf das faschistische Denkmal Folgen nach sich.
Am 12. Dezember 1966 meldete die in Wien und Graz erscheinende Zeitung „Montag" unter dem Titel „Spezialisten aus Sizilien folterten ein ganzes Südtiroler Dorf" schwere Übergriffe der Carabinieri. Die Zeitung berichtete, dass nach der Sprengung des faschistischen Alpini-Denkmales in Bruneck Massenverhaftungen im Tauferer Tal stattgefunden hätten. Sogenannte „Celere"-Kommandos (Schnelle Einsatzkommandos) der Carabinieri hätten ein Hotel in Mühlen beschlagnahmt und dort sowie in der örtlichen Carabinieri-Kaserne umgehend mit den Verhören begonnen. Tagelang habe man die Schreie der Misshandelten bis auf die Straße gehört.

„Rastrellamento" – „Säuberungsaktion" im Pustertal.

In Mühlen sei die gesamte männliche Jugend des Ortes ohne Ausnahme verhört und dabei schwer geprügelt worden. Einem Burschen aus Mühlen seien Zähne ausgeschlagen worden. Nach ergebnislosen Verhören seien etwa 30 Burschen wieder entlassen worden.
Max Innerhofer (31), Albert Früh (26) und Franz Ebner (48) aus Sand in Taufers sowie Franz Lehner (34) aus St. Johann im Ahrntal seien jedoch in Haft geblieben.
Am 14. Dezember 1966 berichteten auch andere österreichische Tageszeitungen über die Übergriffe in Südtirol.

Die italienische Presse jener Tage kochte über vor Nationalismus und verherrlichte das Heldentum der italienischen Sicherheitskräfte.
(Seite aus der Zeitschrift „Domenica del Corriere" vom 13. November 1966)

➤ Proteste aus der Bevölkerung

Am 19. Dezember 1966 meldeten wiederum die Wochenzeitung „Montag" sowie einige österreichische Tageszeitungen, dass aus Trient folgende Nachricht gekommen sei: Rosa Klotz, die bereits am 10. Oktober 1966 verhaftete und nun in der Frauenabteilung des Gefängnisses von Trient inhaftierte Frau des Südtiroler Freiheitskämpfers Georg Klotz, habe schweren Schaden an ihren Augen davongetragen, nachdem sie von den Carabinieri während des Verhöres mit einer starken Lampe bestrahlt worden sei. Man habe Rosa Klotz zu Aussagen bewegen wollen, die ihren in Österreich im Exil befindlichen Mann belasten sollten.

Nun schlug die Empörung in Österreich hohe Wellen. Aufgebrachte Bürger sandten Eingaben an die österreichische Bundesregierung und forderten diese auf, etwas gegen die Foltermethoden der italienischen Staatsorgane zu unternehmen. Ob sie wollte oder nicht, musste sich die österreichische Bundesregierung mit der Angelegenheit befassen. Es galt nun, abzuwiegeln und die Wogen der Empörung wieder zu glätten.

Der österreichische Außenminister Dr. Lujo Toncic-Sorinj (ÖVP) forderte nun von dem österreichischen Generalkonsul in Mailand, Dr. Franz Matscher, einen Bericht an, den dieser umgehend ablieferte und der wohl vollständig den Wiener Wünschen entsprach.

➤ Matscher: „maß- und sinnlos übertrieben" – Toncic: „...halte ich Schritte der Bundesregierung ... für nicht opportun..."

Am 10. Jänner 1967 hielt Außenminister Dr. Lujo Toncic-Sorinj anhand dieses Berichtes in Wien mündlichen Vortrag vor dem Ministerrat. Der Mailänder Generalkonsul Dr. Franz Matscher habe sich „auftragsgemäß", so Toncic-Sorinj, bei verschiedenen Nord- und Südtiroler Persönlichkeiten über den Wahrheitsgehalt der Pressemeldungen erkundigt und festgestellt, „dass die Darstellung des ‚Montag' die tatsächlichen Vorgänge maß- und sinnlos übertrieben habe".

Der Mailänder Generalkonsul Dr. Franz Matscher, ein loyaler und ergebener Gefolgsmann seines CV-Verbandsbruders und Bundeskanzlers Dr. Klaus, hatte einen der Wiener Regierung sehr genehmen Bericht geliefert, wonach die Ereignisse in Südtirol nur halb so schlimm gewesen seien.

Es habe sich bei den beklagten Misshandlungen lediglich um einige Ohrfeigen gehandelt. Bei den Rosa Klotz betreffenden Nachrichten würde es sich wohl um *„Greuelmärchen"* handeln, wie ein (von Matscher namentlich nicht genannter) Rechtsanwalt dem Generalkonsul Matscher mitgeteilt habe und wie es dieser weiter nach Wien berichtet hatte.

Toncic berichtete weiter: *„Der Auffassung unseres Generalkonsuls zufolge, die sich hierin mit den Meinungen maßgeblicher Südtiroler decken dürfte, war die Meldung des ‚Montag' sinnlos und dumm, weil sie ... damit unsere Glaubwürdigkeit beeinträchtigen würde, sollte sich Österreich einmal bedauerlicherweise genötigt sehen, tatsächlich schwere Übergriffe italienischer Organe anzuprangern. ... Aufgrund der verhältnismäßigen Geringfügigkeit der uns bis jetzt zur Kenntnis gelangten Vorfälle halte ich Schritte der Bundesregierung im Gegenstand derzeit für nicht opportun ... Ich stelle den Antrag, der Ministerrat wolle meinen Bericht zu Kenntnis nehmen."* („10. 1. 1967: Mündlicher Vortrag von Lujo Toncic-Sorinj an den Ministerrat", Wiedergegeben in: Rolf Steininger (Hrsg.): „Akten zur Südtirol-Politik 1959–1969", Bd.6 – 1967, Innsbruck-Wien-Bozen 2012, S. 27f)

Der Ministerrat unter Bundeskanzler Klaus tat nichts lieber als das. Nun hatte man das gewünschte Alibi dafür, nichts unternehmen zu müssen, was den italienischen Verhandlungspartner hätte verärgern können.

▶ Wie Rosa Klotz misshandelt worden war: „Einmal ist halt das Augenlicht weggegangen".

Über die von Generalkonsul Dr. Matscher als *„Greuelmärchen"* abgetanen italienischen Methoden bei der Vernehmung von Rosa Klotz hat deren Tochter, die heutige Südtiroler Landtagsabgeordnete Eva Klotz, in einem der Erinnerung ihres Vaters gewidmeten Buch geschrieben:

„Mutter wird in Bozen Tag und Nacht verhört. ... Ich kann lange nicht einschlafen, obwohl ich todmüde bin. Die schmerzliche Begegnung mit meiner Mutter am Nachmittag geht mir nicht mehr aus dem Kopf. Man hatte mich eine Treppe hinaufgeführt und meine Mutter von oben herunter. Ich hatte keine Ahnung, dass sie im selben Gebäude ist. Sie durfte nur kurz stehenbleiben, um mich zu grüßen. Sie hatte Tränen in den Augen und wirkte erschöpft. Sie durfte nicht mit mir reden, musste gleich weitergehen.... Dass Mutter noch länger eingesperrt bleiben würde, ahnt man spätestens, als sie ins Frauengefängnis nach Trient verlegt wird. Sie, diese starke Frau, hatte einen Nervenzusammenbruch erlitten und war infolge der nächtelangen Verhöre, bei denen sie mit Quarzlampen

Dieser Ausschnitt aus der Zeitung „Alto Adige" vom 15. Oktober 1966 zeigt, wie die verhaftete Rosa Klotz zum Verhör gebracht wurde. Die Carabinieri wollten sie dann durch Folter mittels einer Quarzlampe dazu zwingen, ihren im österreichischen Exil lebenden Mann zu belasten. Nach 14 Monaten Untersuchungshaft wurde sie zu einem Jahr und 4 Monaten Gefängnis verurteilt. Nach ihrer Entlassung durfte sie nicht in ihren Heimatort zurückkehren und musste Zwangsaufenthalt in Bozen mit täglicher Meldepflicht nehmen. Sie durfte auch nicht mehr als Lehrerin arbeiten. Sie hielt sich und ihre Kinder in den kommenden Jahren durch das Erteilen von Nachhilfestunden an Bozner Schüler über Wasser. Ihr Berufsverbot als Lehrerin dauerte bis in das Jahr 1976 an.

geblendet wurde, fast erblindet. Hatte sie versucht, dem Licht auszuweichen, war die Lampe genau nach ihren Augen verstellt worden."
(Eva Klotz: „Georg Klotz – Freiheitskämpfer für die Einheit Tirols", Wien 2002, S. 290f)

Rosa Klotz hat die ihr gegenüber angewandte Folter mittels einer starken Quarzlampe selbst so geschildert:

„Einmal ist halt das Augenlicht weggegangen, als sie mich in Meran vom frühen Morgen bis zum späten Abend verhörten, und dann in Bozen weiterverhörten, noch einen Tag, noch eine Nacht. Das war, nachdem sie mich verhaftet hatten, bevor sie mich dann nach Trient in das Gefängnis brachten. Da hatten sie halt so eine Quarzlampe mit einem grellen Licht, und ich habe immer versucht in die andere Richtung zu schauen, weil es so blendete. Und dann haben sie die Lampe immer nachgerückt, immer hin- und hergerückt, je nachdem wo ich hinschaute. Bis dahin hatte ich nie eine Brille gebraucht, und dann habe ich plötzlich nichts mehr gesehen. Das muss wohl von der Lampe hergekommen sein. Ich habe schon gefragt, ‚warum tut ihr mir immer die Lampe vor die Augen?'" (Bericht von Rosa Klotz, wiedergegeben in: Astrid Kofler: „Zersprengtes Leben. Frauen in den Südtiroler Bombenjahren", Edition Raetia 2003, S. 237)

➤ Die Folterung des David Oberhollenzer

Auch weitere Dokumente aus jener Zeit belegen, wie weit die bereitwillige Verharmlosung der italienischen Übergriffe durch den Generalkonsul Dr. Franz Matscher von der Wirklichkeit jener Tage entfernt war.

Links: Der junge David Oberhollenzer. Rechts: Die Jubelmeldung der italienischen Tageszeitung „Alto Adige" vom 17. März 1967: „Die Attentäter sind gefasst"

Erst am 14. März 1967 wurde David Oberhollenzer zusammen mit einigen anderen Südtirolern von den Carabinieri in Mühlen verhaftet. Was ihm dann wiederfuhr, schrieb er am 26. März 1967 im Gefängnis auf Toilettenpapier nieder. Er steckte den Brief seiner Frau bei einem ihrer ersten Besuche zu und diese schmuggelte ihn heraus. Der Brief lautete:

„Bozen, 26.3.67

Ich schreibe jetzt einige Zeilen über die ersten Tage meiner Verhaftung. Ich wurde am 14.3.1967 in Mühlen verhaftet, anschließend in die Carabinieri-Kaserne von Sand gebracht, dort gründlich durchsucht, gebunden und nach Bruneck gefahren.

In Bruneck angekommen, hatten sie mich verhört. Sie kamen gleich wie die wilden Tiere. Sie leuchteten mir mit einer scharfen Lampe ins Ge-

sicht, ich wurde geschlagen, bei den Haaren herumgezogen, verspottet und verhöhnt. Sie verbanden mir dann die Augen, brachten mich zu einem Wagen, der in Richtung Bozen fuhr. Bevor wir nach Bozen kamen, bedeckten sie mich noch mit einem Tuch.

Ich mußte aussteigen, und sie trugen mich in ein Gebäude, wo sie mich bald hinauf, dann hinunter, hin und dann wieder her trugen, endlich stellten sie mich auf den Boden, nahmen mir die Binde ab und entfesselten mich. Zuerst war ich wie blind, dann sah ich vor mir einen Herrn sitzen und bald kamen noch drei hinzu, dann ging es wieder los.

Einige blieben vor mir stehen und einige hinter mir. Zuerst bekam ich es ins Gesicht, die anderen gaben mir in den Rücken und in die Rippen, sie rissen mich bei den Haaren herum und gaben mir in den Magen, daß ich nur mehr schrie und so herumtaumelte, und sie konnten freilich lachen. Ich weiß nicht mehr, wie lange alles gedauert hat. Sie verbanden mir dann wieder die Augen, füllten die Augenhöhle mit Watte, fesselten mich und trugen mich hinaus. Sie trugen mich ins Freie, dann wieder ins Innere eines Hauses, es ging eine Stiege hinunter, dann stellten sie mich nieder. Ich riß mir die Binde vom Kopf, da sah ich, daß ich in einem Keller war.

Die Gesichter dieser Männer durfte ich anscheinend nicht sehen, da sie gleich alle hinter mir waren. Ich bekam eins hinter die Ohren, dann verbanden sie mir die Augen umso strenger, so daß es schmerzte. Sie entfesselten mich, zogen mich nackt aus und setzten mich auf eine meterhohe Bank, banden mir die Füße zusammen und die Hände auf den Rücken und legten mich hin und her auf die Bank. Die Füße banden sie hinter der Bank immer tiefer hinunter, bis ich nur mehr schrie, ich habe jeden Moment geglaubt, der Rücken muß entzweibrechen, so ließen sich mich hängen. Dann wurde mir ein scharfes, salziges Wasser, ich weiß nicht, was es war, in Mund und Nase eingepumpt, so daß ich keine Luft mehr bekam. Als sie mich losließen, war ich ganz schwach und schwindelig. Sie hielten mich fest, putzten mir mit einem nassen Lappen den ganzen Körper ab, zogen mich an und trugen mich in das andere Gebäude.

Dann ging das Verhör wieder weiter. Einmal brachten sie mir was zum Essen, aber ich hatte keinen Hunger mehr. Am nächsten Morgen brachten sie mich dann in eine Zelle und holten mich einige Stunden später wieder. Sie sagten, sie holen jetzt einen Pfarrer, dann kann ich beichten, weil jetzt wird Schluß gemacht mit mir. Sie schrien mich an, ich werde nur mehr in Stücken hier hinauskommen. Manchmal wurde mir ganz schwindelig vor Schwäche. Am Freitag wurde ich dann in das Gerichtsgefängnis von Bozen gebracht, dort hatte ich endlich meine Ruh, bekam zu Essen und konnte schlafen. – Was ich hier niederschrieb, ist meine Wahrheit, und ich werde diese Wahrheit nicht mehr vergessen und werde desto fester und umso treuer zu meiner Heimat Südtirol stehen.

Oberhollenzer David."

(Wiedergegeben in: Karl Schafferer und Alois Euler: „Südtirol – erlebt, erlitten", Eine Dokumentation, Wien, 1975, S. 51ff)

➤ Die Folterung des Hans Auer

Nicht besser als Oberhollenzer erging es auch dem 23jährigen Johann (Hans) Auer aus Sand in Taufers. Auch er hatte seine Misshandlungen im Gefängnis heimlich zu Papier gebracht, dieses zusammen gefaltet und unter einem Bettpfosten zu einem kleinen kompakten Päckchen gepresst, welches er seiner Mutter bei einem ihrer ersten Besuche heimlich zustecken konnte. Der Brief lautete:

"Liebe Landsleute!
Da ich mich nun seit einiger Zeit in Haft befinde, so kann ich jedoch meine schlimmeren ersten Tage nie mehr vergessen. Ich will es auch nicht für mich behalten, sondern es soll auch die Öffentlichkeit erfahren, mit welchen Mitteln die italienische Polizei bei meinen Verhören vorgegangen ist.

Hans Auer
aus Sand in Taufers.

Am 10.3.1967 wurde ich abends mit hinterlistigem Vorhaben in die Karabinieri Kaserne von Sand in Taufers gebracht. Lange Zeit wurde ich dort mit Drohungen verhört. Da mußte ich zwei Nächte in einer kalten Zelle verbringen, wobei ich mir starke Erkältungen zuzog. Wurde dann gefesselt nach Bruneck gebracht.
Nach langem Verhör mußte ich ungefähr drei Stunden, mit den beiden Zeigefingern an die Wand haltend, mit den Füßen zwei Schritte zurücktreten und so auf den Schuhspitzen stehen. Als ich vor Schwäche einsackte schlugen sie auf mich drauf los, und rissen mich mit Gewalt hoch und wieder mußte ich das selbe machen, bis ich wirklich am Ende war. So mußte ich die Hände in die Höhe halten, nebenbei wurde mir ins Gesicht geschlagen, mit den Handkanten in die Rippen und auch mit den Fäusten in den Magen daß ich gar nicht mehr schreien konnte. Sie drohten mir daß ich nur mehr in Stücke nach Hause kommen werde.
Sie verbanden mir die Augen, so eng es ging und fesselten mich. Sie führten mich in der Kaserne hin und her, auf und ab und endlich einem Ausgang zu, zu dem Auto und fuhren einen Feldweg entlang. Als wir am Ziel ankamen wurde ich radikal in eine Art Baracke gezogen. Ich stößte bald da und dort mit dem Kopf an die Wand. Ich mußte mich neben einen Hocker auf den Boden setzen, die Hände banden sie mir gefesselt über den Hocker hinten hinunter auf den Boden. Einer stand mir vorne auf die gebundenen, ausgestreckten Beine während einer von hinten die Hände immer tiefer gegen den Boden zog oder trieb. Einer packte meinen Hals von hinten und drückte meinen Oberkörper über den Hocker rückwärts daß ich glaubte jeden Augenblick müßte mein Körper und meine Knochen entzwei sein. Sie schlugen mir nebenbei ins Gesicht und mit den Fäusten überall hin, wo es ihnen Spaß machte. Sie lachten mit offenen Herzen, sie verspotteten mich und hießen mich dies und jedes. Es waren mindestens sechs von der Polizei unter denen selbstverständlich auch ein Deutscher.
Nach langem Quälen brachten sie mich niedergemacht in das bereitstehende Auto und fuhren mich wieder in die Karabinieri Kaserne von Bruneck. Es war früh am Morgen als es bereits graute. Ich weiß nicht wie lange das alles gedauert hatte. Wurde dann mit hassenden Händen in eine Kanzlei gebracht und banden mir die Binde von den Augen. Schwankend stand ich da fast ohnmächtig ihnen eine lange Zeit gegenüber. Ich war das reinste Spielzeug für sie. Tage lang quälte mich der Durst, mein Mund war trocken wie Staub daß ich kaum ein Wort herausbrachte.

Sie fragten mich, obwohl sie es genau wußten, ob ich Durst habe? Meine Antwort war selbstverständlich mit ‚Ja'. Sie brachten mir nach einiger Zeit ein Bier, als ich es für den größten Durst fast leerte, mußte ich veststellen, daß mir schlecht, wie betäubend wurde. [sic!] Es ist mir unwissentlich, wie lange ich ihnen wie ein Stück Holz zur Verfügung stand. Später wurde mir bewußt daß ich in eine Zelle gebracht wurde. Mit schwerem leidtragenem Schmerze verbrachte ich Tage und Nächte ohne Schlaf! Später wurde ich mit gebundenen Händen in eine Kanzlei geführt und durchsucht, dann nach Bozen in Gerichtsgefängnis überführt, wo ich auch öfters den Verhören zugezogen wurde. Endlich erhielt ich da meine Zelle wo ich nun meine jetzige Ruhe zu hoffen vermag.
Doch all dies Geschen ertrug ich aus Liebe und Treue zu meiner Heimat ‚Südtirol' und werde desto inniger und eifriger zu ihr stehen doch auch keinen Zweifel daran verlieren oder haben.

Auer Hans, geb. 9.6.1944"

(Fotokopie des Briefes im Besitz des Verfassers. Weitere Informationen finden sich in: Helmut Golowitsch: „Für die Heimat kein Opfer zu schwer. Folter – Tod – Erniedrigung: Südtirol 1961–1969", Edition Südtiroler Zeitgeschichte, 2. Auflage 2012)

Die Wirklichkeit, sagte Hans Auer im Jahre 2005 zum Verfasser, sei noch schlimmer gewesen als in seinem Brief geschildert. Er habe damals den Angehörigen und vor allem seiner Mutter nicht alle Einzelheiten zumuten wollen: Die Quälereien am Unterleib mit rotem Urin als Folge, die Drohung, daß sie im Nebenraum seine Mutter hätten, der „Tee" im Blechgeschirr, der ekelhaft schmeckte und den er für Urin hielt, die Beschimpfungen: *„Du deutsches Schwein, du Mörder, Terrorist, jetzt wird geredet!"*

Hans Auer hatte auch 2005 das damals Erlebte noch nicht zur Gänze verarbeitet. Wenn er auf die Schinderei zu sprechen kam, „verschlug" es ihm die Stimme, die Blockade war total, er brachte kein Wort heraus, während es in ihm arbeitete. Dann musste er niederschreiben, was er mitteilen wollte.

➤ Inhaftierungen und psychische Folter der Angehörigen von Südtiroler Freiheitskämpfern

Auf der Jagd nach den Südtiroler Freiheitskämpfern wurde versucht, die Familien der Flüchtigen zur Mithilfe bei der Fahndung zu erpressen. Dabei schreckten die Carabinieri nicht vor der Anwendung von Methoden zurück, die man zuletzt in der Zeit des Faschismus erlebt hatte.

Lina Steger aus Mühlen in Taufers, die Schwester des flüchtigen Siegfried Steger, war am 5. März 1967 inhaftiert worden und sollte bis zum Juni 1970 in Haft bleiben. Sie führte im Jahre 2001 mit der Tageszeitung „Dolomiten" ein Gespräch, welches am 16. Dezember 2001 unter dem Titel **„Wichtige Opfer für unsere Heimat"** veröffentlicht wurde und in welchem sie schildert, was ihre Familie durchmachen mußte:

„Die Heimat braucht für ihre Existenz Opfer. Je mehr wir Opfer bringen, umso mehr gehört sie uns.' Das hat sich Lina Steger aus Mühlen in Taufers gedacht, als sie Ende der Sechzigerjahre drei Jahre lang im Gefängnis saß. Als Schwester von einem der ‚Puschtra Buam' wurde sie wegen politischer Verschwörung inhaftiert. Noch nie hat Lina Steger über ihre Erlebnisse in den 60er Jahren gesprochen, jetzt hat sie erstmals im kleinen Kreis davon erzählt.

Die Feuernacht hatte unmittelbar eines zur Folge: Das Polizeiaufgebot wurde verstärkt und massiv nach den Attentätern gesucht. Doch Ruhe kehrte nicht ein, im Gegenteil: Weitere Masten flogen in die Luft und Anschläge auf Carabinieri-Jeeps wurden verübt. Die Situation eskalierte, nachdem der Carabiniere Vittorio Tiralongo erschossen in der Kaserne in Mühlwald aufgefunden wurde. ‚In Mühlen und in Sand in Taufers wurden Leute wie Schafe zusammen getrieben', erzählt Lina Steger. Sofort hatten die Carabinieri auch einen Verdacht: Siegfried Steger und die ‚Puschtra Buam' mussten dahinter stecken.

Da Steger noch immer flüchtig war, holte man seine Schwester Elsa. ‚Mit ihren 17 Jahren brachte man sie in die Mühlwalder Kaserne, drückte sie mit dem Kopf an die blutüberströmte Stelle an der Wand und schrie sie an, das sei ihr Bruder gewesen.'

Auch die anderen Familienmitglieder wurden täglich zu neuen Verhören abgeführt, doch über den Verbleib des Bruders wussten sie nichts zu erzählen. Zu jeder Tages- und Nachtzeit wurde das Haus der Familie Steger durchsucht, ‚sogar am Weihnachtstag um halb fünf morgens holte man uns aus dem Bett.'"

Anmerkung des Verfassers dazu: Dass der Carabiniere Tiralongo im Jahre 1964 von Südtiroler Freiheitskämpfern erschossen worden sei, dafür gibt es bis heute keinerlei Beweis. Im Jahr 2009 erklärte der heute in Südtirol lebende ehemalige Carabiniere Bruno Budroni gegenüber dem Bayerischen Rundfunk, dass es sich um *„eine Auseinandersetzung zwischen Kollegen"* gehandelt habe. In einem Interview mit dem ORF Tirol wiederholte Budroni seine Äußerung. Pro forma leitete die italienische Justiz eine neuerliche Untersuchung ein, die still wieder versandete. Es waren plötzlich Teile der damaligen Gerichtsakten und erhobene Beweismittel spurlos verschwunden. (Näheres siehe in: Helmut Golowitsch: „Für die Heimat kein Opfer zu schwer. Folter – Tod – Erniedrigung: Südtirol 1961–1969", 2. Auflage 2012, Edition Südtiroler Zeitgeschichte, S.700ff)

In dem „Dolomiten"-Bericht über das Gespräch mit Lina Steger heißt es weiter:

„Immer wieder besuchte Lina ihren Bruder in Nordtirol. Im März 1967 wurde sie, nach der Heimkehr aus Nordtirol, von zu Hause abgeholt und zum Verhör nach Bozen gebracht."

‚Zwei Tage und zwei Nächte wurde ich verhört', erzählt Lina Steger. Körperliche Gewalt sei ihr nicht angetan worden, wohl aber sei sie ‚psychisch' gefoltert worden.

‚Meinen Bruder nannten sie einen Mörder und ich sollte ein Geständnis in ihrem Sinne unterschreiben'. Doch Lina Steger blieb standhaft, verweigerte sogar Essen und Trinken.

Trotz keinerlei Beweise wurde die damals 26-Jährige in Bozen in Einzelhaft genommen und schließlich ins Gefängnis nach Trient überstellt. Dort erfuhr sie, daß auch ihre Mutter inhaftiert worden war. Für die Tochter war diese Nachricht ein ‚Schock'. Wenig später wurde Lina Steger wieder nach Bozen verlegt ‚und ich durfte eine Zelle mit meiner Mutter teilen', erinnert sie sich. Nach zwei Monaten wurde die Mutter in die Verbannung nach Belluno entlassen. (Auf Grund des nach wie vor in Geltung befindlichen Verbannungsgesetzes aus der Faschistenzeit; Anm. d. Red.) *Dort war ihre älteste Tochter verheiratet. Nach Hause durfte sie nicht, ‚aus Angst, daß sie Terroristen unterstützt', erinnert sich Steger. Sie selbst blieb in Haft und wartete auf den Prozess in Bologna am 14. Mai 1969. Noch heute weiß Steger, was ihr damals vorgeworfen wurde: ‚Anrichtung eines Blutbades, Bildung bewaffneter Banden, Anschlag auf die Einheit des Staates', zählt sie auf. ‚Zwischen drei Jahren und lebenslängliche Haft erwarteten mich.'* („Dolomiten" vom 16. Dezember 2001)

➤ Sippenhaft und Verbannung mithilfe der faschistischen Strafprozessordnung

Der Hintergrund der Verhaftung der Mutter Steger war folgender gewesen: Im März 1967 war im Tauferer Tal eine Gruppe der Südtiroler Freiheitskämpfer verhaftet und einige von ihnen waren gefoltert worden. Ihnen unterstellten die italienischen Behörden, daß sie mit der von den Carabinieri gefürchteten Gruppe der „Pusterer Buam" in Verbindung standen.

Am 26. März 1967 war auch die nahezu 60 Jahre alte Frieda Steger aus Mühlen, die Mutter von Siegfried und Lina, als weitere „Komplizin" verhaftet worden. Sie wurde am 24. Mai 1967 zwar in „provisorische Freiheit" gesetzt, aber gleichzeitig auf richterliche Weisung in die Ortschaft Ospitale in der italienischen Provinz Belluno verbannt. Sie wurde beschuldigt, mit ihrem nach Österreich geflohenen Sohn geheimen Kontakt aufrecht erhalten zu haben. Man hatte das Telefon der Familie abgehört und festgestellt, daß der Sohn mit der Mutter gesprochen hatte. Angelastet wurde ihr auch, daß sie in mütterlicher Sorge dem Sohn nach Österreich geschrieben hatte.

Die Verbannung erfolgte auf unbestimmte Zeit aufgrund des Artikels 282 der faschistischen Strafprozessordnung, welche am 19. Oktober 1930 in Kraft getreten war und die Unterschrift von Benito Mussolini trug. In diesem faschistischen Staatsschutz-Paragraphen hieß es:

„In jedem Fall kann der Richter ... dem Angeklagten verbieten, sich an einem bestimmten Ort aufzuhalten oder kann ihm die Verpflichtung auferlegen, sich in einer bestimmten Gemeinde aufzuhalten ..."

Die von dem SVP-Abgeordneten Hans Dietl herausgegebenen „Südtiroler Nachrichten" kommentierten die Verbannung der Mutter Steger damals so:

Der Bozner Untersuchungsrichter habe *„erstmalig seit Kriegsende"* in Südtirol wieder von einem faschistischen Verbannungsparagraphen Gebrauch gemacht. *„Die Umstände, unter denen Frieda Steger am Ostersonntag (!) verhaftet und noch mehr jene, unter denen sie kürzlich enthaftet wurde, verstärken die Vermutung, daß hier der Gedanke der* **Sippenhaft** *nicht gänzlich von der Hand zu weisen ist.*

Die Methode, Mitglieder der Mafia zu verbannen, soll sich in Sizilien nicht nur unter Mussolini einigermaßen gut bewährt haben. Ob man mit ihr auch in Südtirol Erfolg hat und das politische Klima mit dieser Erinnerung an den Faschismus verbessert, ist allerdings eine andere Frage." („Südtiroler Nachrichten", Bozen, 7. Juni 1967)

APPROVAZIONE DEL TESTO
DEL CODICE DI PROCEDURA PENALE
IN VIGORE DAL 1° LUGLIO 1931

Regio Decreto 19 ottobre 1930, n. 1399,
(G.U. 28 ottobre n. 253 - Suppl.)

VITTORIO EMANUELE III
PER GRAZIA DI DIO E PER VOLONTÀ DELLA NAZIONE
RE D'ITALIA

Vista la legge 24 dicembre 1925, n. 2260, che delega al Governo del Re la facoltà di emendare il codice di procedura penale;
Abbiamo decretato e decretiamo:

1. Il testo definitivo del codice di procedura penale portante la data di questo giorno è approvato ed avrà esecuzione a cominciare dal 1° luglio 1931.

2. Un esemplare del suddetto testo definitivo del codice di procedura penale, firmato da Noi e contrassegnato dal Nostro Ministro Segretario di Stato per la giustizia e gli affari di culto, servirà di originale e sarà depositato e custodito nell'Archivio del Regno.

3. La pubblicazione del predetto codice si eseguirà col trasmetterne un esemplare stampato a ciascuno dei Comuni del Regno, per essere depositato nella sala comunale, e tenuto ivi esposto, durante un mese successivo, per sei ore in ciascun giorno, affinché ognuno possa prenderne cognizione.

Dato a S. Rossore, addì 19 ottobre 1930
VITTORIO EMANUELE

MUSSOLINI — ROCCO

282. *Sottoposizione a cauzione o malleveria.* — Con l'ordinanza che concede la libertà provvisoria o con un'altra successiva il giudice, salvo quanto è disposto nel capoverso dell'art. 284, può sottoporre l'imputato a cauzione o malleveria.
In ogni caso il giudice con la predetta ordinanza può vietare all'imputato di dimorare in un dato luogo ovvero può imporgli l'obbligo di dimorare in un determinato comune, lontano dai luoghi dove fu commesso il reato o nei quali il denunciante, il querelante o la persona offesa dal reato o alcuno dei suoi prossimi congiunti o lo stesso imputato, ha residenza. Queste

Noch im Jahre 1981 fand sich der Verbannungsparagraph in seiner faschistischen Urfassung in der italienischen Strafprozessordnung, welche nach wie vor stolz mit den Unterschriften des Königs, des Diktators Mussolini und seines faschistischen Justizministers Rocco unter dem Inkraftsetzungsdekret geschmückt war.

▶ Justiz mithilfe der faschistischen Staatsschutz-Paragraphen: Eine Mutter als „Komplizin" des Sohnes – Gefängnis für Treffen mit dem eigenen Bruder

Die Geschehnisse des Jahres 1969 sollten noch ein tragisches Nachspiel haben, als Mutter und Tochter Steger vor dem Schwurgericht in Bologna standen, um nach Staatsschutz-Paragraphen aus der Faschistenzeit abgeurteilt zu werden. Das alte faschistische Strafgesetzbuch war nach Kriegsende vom nunmehr „demokratischen Italien" so gut wie unverändert übernommen worden.

Am 14. Mai 1969 wurde im 4. Südtirol-Prozess in Bologna nach siebenstündiger Beratung ein *„drakonisches, unfassbares"* Urteil, so schrieben die „Dolomiten", über eine Reihe von Angeklagten gefällt. Unter den Verurteilten befand sich auch die Mutter des in Abwesenheit angeklagten und auch zu lebenslanger Haft verurteilten Siegfried Steger.
Frieda Steger erhielt 1 Jahr und 1 Monat Haft und wurde aufgrund

einer Amnestie auf freien Fuß gesetzt. Über die Verurteilung ihrer Tochter Lina Steger schrieben die „Dolomiten" in ihrem Bericht aus dem Jahre 2001:

„Beim Prozess wurde die Mühlerin zu drei Jahren und vier Monaten Gefängnis verurteilt, wegen ‚politischer Verschwörung', da sie sich öfters mit ihrem Bruder in Innsbruck getroffen habe.
Die Haft saß Lina Steger in Bozen ab und entwickelte eine eigene Philosophie, um dies zu ertragen. ‚Ich dachte mir, daß die Heimat für ihre Existenz Opfer brauche. Je mehr Opfer wir erbringen, umso mehr gehört sie uns.'
Zwei Wochen vor Ablauf ihrer Haft wurde Steger ein Strafnachlass von zwei Jahren gewährt. Da sie allerdings nur mehr zwei Wochen abzusitzen hatte und zudem ‚kein Geschenk des Staates' wollte, lehnte sie ab. ‚Ein Strafnachlass durfte aber nicht verweigert werden', erinnert sie sich. ‚Deshalb wurde ich am 20. Juni 1970, fünfzehn Tage vor Ablauf der Haft, auf die Straße gestellt.'

Lina Steger: „Diese Opfer hat Südtirol gebraucht!"

Ihr Leben nach der Haft war geprägt von Angstzuständen und völliger Unsicherheit. Dies legte sich erst allmählich, ‚auch durch die Hilfe vieler Mitmenschen, die mich auch während der Haft sehr unterstützt haben', sagt Lina Steger. ‚Diese Leute werde ich nie vergessen.'
Die Erinnerung an damals fällt Lina Steger noch immer schwer, genauso wie darüber zu erzählen. ‚Manche Südtiroler haben in diesen Jahren viel mehr mitgemacht', gibt sie sich bescheiden. Heute ist sie aber immer noch sicher: ‚Diese Opfer hat Südtirol gebraucht.'" („Dolomiten" vom 16. Dezember 2001)

Der Familie Steger und insbesondere der Mutter, die so viel Angst um ihre Kinder und so viel Bitterkeit hatte ertragen müssen, wurde am 14. August 2003 eine späte Anerkennung zuteil. In der Innsbrucker Hofburg überreichten die beiden Landeshauptleute Dr. Luis Durnwalder (Südtirol) und DDr. Herwig van Staa (Nordtirol) der Mutter Frieda Steger das Verdienstkreuz des Landes Tirol und ehrten die für die Heimat gebrachten Opfer. Die Tochter Elsa und der Sohn Siegfried waren, von Liebe und Stolz erfüllt, bei der Ehrung ihrer Mutter dabei.

Die Mutter Steger war wegen ihrer Treue zur Heimat und zu ihren Kindern verurteilt worden. Im Jahr 2003 wurde sie für ihre Verdienste um das Land Tirol von beiden Landeshauptleuten mit dem Verdienstkreuz des Landes Tirol geehrt. Links hinter der Mutter Steger stehend ihr Sohn Siegfried. Rechts hinter ihr die Tochter Elsa, vor ihr die beiden Landeshauptleute Durnwalder (im Hintergrund) und Van Staa. Dieses Erinnerungsfoto trägt die Widmung des Südtiroler Landeshauptmannes Durnwalder.

Als jedoch am 21. Juni 2004 Frieda Steger in Mühlen in Taufers starb, durfte ihr Sohn Siegfried Steger, immer noch von einem italienischen Haftbefehl verfolgt, nicht in die Heimat an ihr Sterbebett und auch zu ihrem Begräbnis blieb ihm die Heimkehr verwehrt. Bis heute kann er ihr Grab nicht besuchen.

Die praktizierte Zusammenarbeit zum „Schutz berechtigter Interessen Italiens"

Der 3. „Antiterrorgipfel" in Zürich

Angesichts der bekannt gewordenen neuerlichen polizeilichen Übergriffe und Misshandlungen in Südtirol und der dadurch hervorgerufenen Stimmung unter der österreichischen Bevölkerung musste auch bei dem nächsten Geheimtreffen der italienischen und österreichischen Sicherheitsdienste wieder streng auf äußerste Diskretion geachtet werden. Man traf sich daher wiederum in der Schweiz.

Am 12. April 1967 kam es zum dritten „Antiterrorgipfel", im Hotel Dolder in Zürich. Die österreichische Delegation bestand aus Sektionschef Dr. Oswald Peterlunger, Ministerialrat Dr. Franz Häusler und Ministerialoberkommissär Dr. Erich Sellner vom Innenministerium, Oberpolizeirat Dr. Eduard Obrist von der Sicherheitsdirektion Tirol und dem Mailänder Generalkonsul Dr. Franz Matscher.

Die italienische Delegation wurde von dem Generalinspektor der Sicherheitspolizei des italienischen Innenministeriums, Dott. Giuseppe Lutri, angeführt. Dieser vertrat den schwer erkrankten Leiter der Geheimdienstabteilung „Ufficio affari riservati", Savino Figurati, an dessen Stelle Lutri noch im gleichen Jahr treten sollte.

Das „Ufficio affari riservati" welchem auch die „polizia politica" unterstand, war zum Großteil *„mit Polizisten besetzt, die unter dem faschistischen Regime in den öffentlichen Dienst eingetreten waren und die in einigen Fällen auch der* (faschistischen) *Republik von Salò angehört hatten, wie ... Giuseppe Lutri, der die ‚affari riservati' von 1967 bis 1968 leitete und der während des Faschismus Chef der politischen Polizei in Turin gewesen war."* (Gianni Cipriani: „Lo Stato Invisibile", Milano 2002, S. 171)

Der italienischen Delegation gehörte auch wieder der Geheimdienstspezialist und Vize-Chef der „affari riservati" im italienischen Innenministerium, Dott. Silvano Russomanno, an. Ihm standen ein in den österreichischen Niederschriften einmal als Dott. „Redanelli" und dann wieder als „Redaelli" bezeichneter Adjutant sowie ein Oberst des italienischen Verteidigungsministeriums zur Seite, der in zwei gesonderten österreichischen Niederschriften einmal als „Arcangelo Giorgi" und ein anderes Mal als „Angelo Giorgio" auftaucht. Ein weiterer italienischer Teilnehmer war ein Oberst des italienischen Verteidigungsministeriums namens Pietro Savoca-Corona. Das italienische Außenministerium wurde durch den Botschaftsrat Dott. Benedetto Fenzi vertreten.

Die Carabinieri wurden durch den General Edoardo Palombi, Brigadekommandant der Carabinieri in Padua, repräsentiert.

Die unterschiedlichen Schreibweisen italienischer Tagungsteilnehmer in einem Protokoll des österreichischen Innenministeriums sowie in einem persönlichen schriftlichen Bericht Dr. Peterlungers lassen auf eine phonetische Mitschrift der Namen und damit darauf schließen, dass die Italiener nicht die Höflichkeit hatten, Visitenkarten oder eine schriftliche Teilnehmerliste zu übergeben.

➤ Italienische Vorwürfe

Der Botschaftsrat Dott. Fenzi wies eingangs auf eine italienische Note vom 21. Jänner 1967 hin, in welcher Österreich vorgeworfen wurde, viel zu wenig gegen den „Terrorismus" zu tun.

Ein Protokoll des österreichischen Innenministeriums gibt die Argumentation der italienischen Seite und die Antwort des Sektionschefs Dr. Oswald Peterlunger wieder:

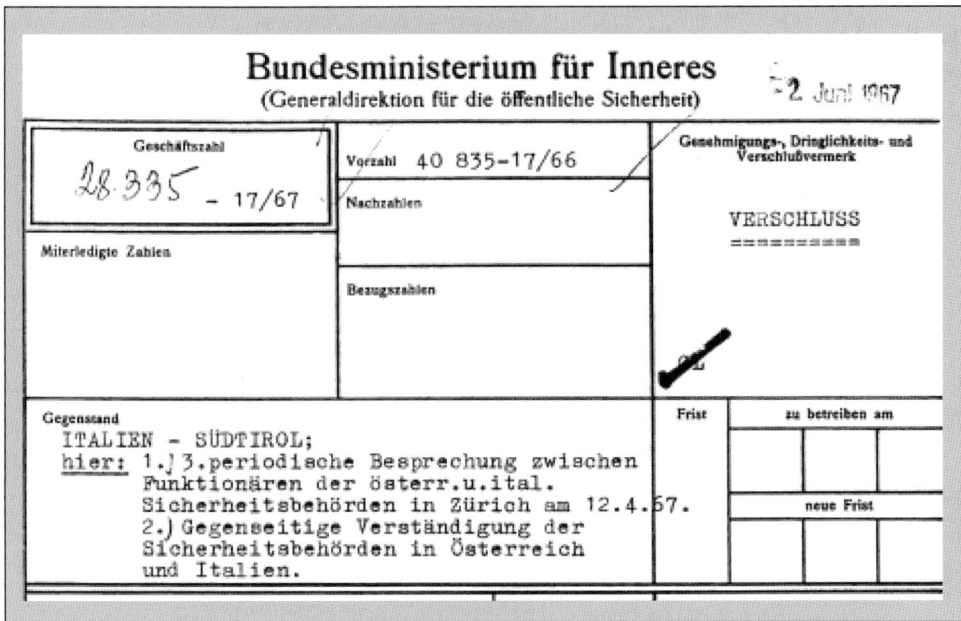

> Dr. FENZI: Die note vom 21.1.1967 gründet sich auf die Erkenntnisse der Mailänder Prozesse und in Österreich durchgeführter Prozesse. Man bestehe italienischerseits immer wieder auf Erörterung des Terrorismus, weil dies besonders wichtig sei, und zwar vom Standpunkt der politischen Verhältnisse in Südtirol. Man müsse italienischerseits darauf insistieren. Denn bevor das Terroristen-Problem nicht gelöst ist, wird man auch keine parlamentarische Mehrheit für die nunmehr im Gespräch befindliche Südtirol-Lösung finden.
>
> Dr. PETERLUNGER: Wir unterstreichen diese Auffassung. Aber wenn wir politisch keine Lösung finden, werden wir auch den Terrorismus nicht verhindern. Ich verweise auf ähnliche Vorgänge in Irland, wo die ganze Armee des Vereinigten Königreiches nicht in der Lage war, den Terrorismus zu unterdrücken. Ohne politische Lösung würden wir auch etwa mit Konzentrationslagern keine Beseitigung des Terrorismus erreichen.

Auszug aus dem österreichischen Besprechungsprotokoll. (Protokoll über die Besprechung in Zürich am 12. 4. 1967. Bundesministerium für Inneres, Generaldirektion für die öffentliche Sicherheit, Geschäftszahl 28.335-17/67, Verschluss, Österreichisches Staatsarchiv /Archiv der Republik /02/BMfI/ Österreich-Italien, Besprechungen in Zürich. Zl. 24.222-17/70)

▶ Forderung nach Vorbeugehaft

Dott. Russomanno war mit dieser Antwort nicht einverstanden. Er trug nun die italienische Forderung vor, Österreich möge eine Art Vorbeugehaft über von Italien namhaft zu machende Verdächtige verhängen: *„Die Ursache des Terrorismus kommt aus Österreich ... Es ist die Aufgabe der italienischen Delegation, die österreichische Seite davon zu überzeugen, dass die materielle Basis in Österreich liegt. Es handelt sich nur um eine kleine Anzahl von etwa 20 Personen und wenn diese dingfest gemacht werden, dann wird auch der Terrorismus enden. Man ist italienischerseits auch bereit, hierüber Informationen zu geben."* (Protokoll über die Besprechung in Zürich am 12. 4. 1967, a.a.O.)

▶ Die Österreicher kontern und verweisen auf italienische Anwerbung von Provokateuren und Agenten

Den österreichischen Sicherheitsbehörden waren allerdings schon seit einiger Zeit einige seltsame Verfahrensweisen der italienischen „Kollegen" aufgefallen, die auch bei bester Freundschaft nicht länger toleriert werden konnten.

Es handelte sich um gezielte Anwerbungen österreichischer Staatsbürger und anderer Personen durch die italienischen Geheimdienste. Diese Agenten wurden durch die italienischen Dienste aber nicht nur zur Informationsbeschaffung eingesetzt, sondern auch mit der Durchführung spezieller provokatorischer Sprengstoffanschläge betraut, die eine besonders starke Bedrohung unbeteiligter Zivilbevölkerung bewirken und damit die Südtiroler Freiheitskämpfer diskreditieren sollten. Zudem sollten solche Anschläge der italienischen Seite dann dazu dienen, den österreichischen Behörden Untätigkeit und Duldung des „Terrors" vorzuwerfen.

Einige solcher Provokateure waren durch die österreichische Polizei gefasst worden und hatten dann im Verhör ihre italienischen Auftraggeber preisgegeben.

Die österreichischen Sicherheitsbehörden hatten im Einklang mit der nunmehrigen österreichischen Bundesregierung und mit Rücksicht auf die italienischen „Kollegen" versucht, diese Ungeheuerlichkeiten vor der österreichischen Öffentlichkeit geheim zu halten. Es waren aber doch gelegentlich Informationen an die Presse gelangt und damit waren auch die österreichischen Behörden zunehmend in Erklärungsnotstand geraten.

Die Vorbereitung von Unterlagen
Man wollte daher die italienische Seite auf der gemeinsamen Besprechung in Zürich ersuchen, von solchen Methoden Abstand zu nehmen.

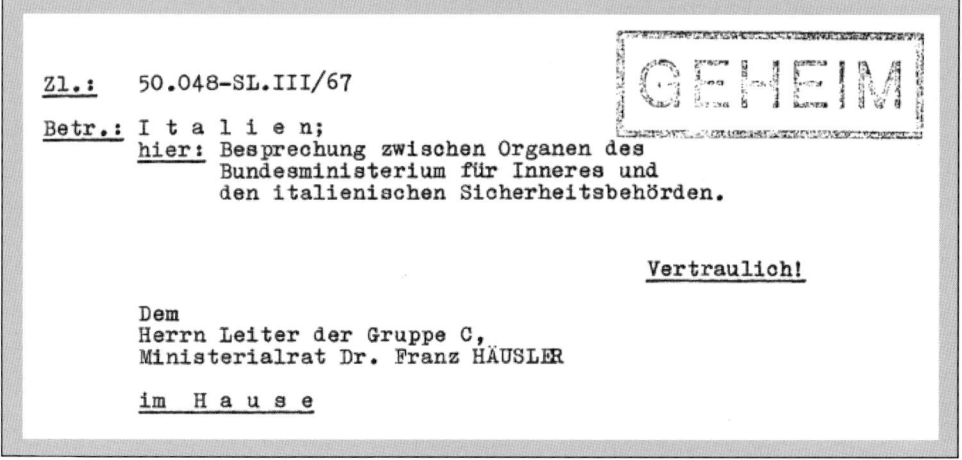

> mit dem Ersuchen um Veranlassung, daß alle Unterlagen für
> die Besprechung in Zürich zusammengestellt werden, insbe-
> sondere geht es darum, die ständigen Anwerbungen von
> österreichischen Staatsbürgern zu Diensten für die italieni-
> schen Sicherheitsbehörden genau festzuhalten (wie das von der
> Abteilung 17 erst in jüngster Zeit gemacht wurde). Darüber-
>
> Wien, 23. März 1967
> gez.: Dr. Peterlunger

Das hausinterne Ersuchen von Dr. Peterlunger um Zusammenstellung von Unterlagen über die Anwerbung von Österreichern durch die italienischen Sicherheitsbehörden. (Bundesministerium für Inneres. Brief von Dr. Peterlunger an den Leiter der Gruppe C, Ministerialrat Dr. Häusler – im Hause. GEHEIM., Zl.: 50.048-SL.III/67, Vertraulich, Österreichisches Staatsarchiv/Archiv der Republik/02/BMfI/Österreich-Italien, Besprechungen in Zürich. Zl. 24.222-17/70)

Zu diesem Zweck hatte im Innenministerium der Sektionschef Dr. Oswald Peterlunger im Vorfeld der Besprechung bereits veranlasst, im eigenen Hause Unterlagen über die *„ständigen Anwerbungen von österreichischen Staatsbürgern zu Diensten für die italienischen Sicherheitsbehörden"* zusammenzustellen.

Dr. Peterlunger: Die Italiener haben Provokateure angeworben

Als nun in Zürich, wie erwartet, die Italiener mit ihren Vorwürfen auffuhren, die österreichischen Sicherheitsbehörden würden durch Untätigkeit den „Terrorismus" fördern, konterten die mit einschlägigen Unterlagen ausgerüsteten Österreicher in einem seltenen Anfall von Mut die italienischen Vorwürfe mit Gegenvorwürfen. In der letzten Zeit seien einige „Terroristen" in Österreich verhaftet

Vorsichtshalber hatte der Sektionschef Dr. Peterlunger im österreichischen Innenministerium Unterlagen über die Anwerbung österreichischer Staatsbürger durch italienische Geheimdienste zusammenstellen lassen.

worden, die dann gestanden hätten, von den Italienern als Agenten und Provokateure angeworben worden zu sein.

Das Besprechungsprotokoll des österreichischen Innenministeriums ist diesbezüglich sehr aufschlussreich. Dr. Peterlunger erklärte:

> Wir haben die Beobachtung gemacht, daß in Italien Personen angeworben wurden, in Österreich lebende Personen zu veranlassen, Attentate in Italien zu begehen. Als letztes Beispiel nenne ich den Belgier DELEEUW.

Protokoll über die Besprechung in Zürich am 12. 4. 1967, a.a.O.

Daraufhin versuchte die italienische Seite sofort, das Thema zu wechseln und über die Freiheitskämpfer-Gruppe der „Pusterer Buam" zu sprechen. Dr. Peterlunger aber insistierte und behandelte weiterhin den Fall des Belgiers Deleeuw, den der italienische Geheimdienst SID („Servizio Informazioni Difesa") als Attentäter und Provokateur angeworben hatte.

Der „agent provocateur" Leopold Deleeuw

Der 31jährige Belgier Leopold Deleeuw hatte sich zu Beginn des Jahres 1967 im italienischen Auftrag in Innsbruck an Georg Klotz herangemacht und in der Folge in Südtirol in einem Autobus eine Tasche voll Sprengstoff hinterlegt, die dann ganz „zufällig", aber unter großem Pressewirbel, gefunden worden war. Wieder nach Nordtirol zurückgekehrt, hatte Deleeuw den nach Österreich geflüchteten Südtiroler Freiheitskämpfer Georg Klotz beschuldigt, Lieferant des Sprengstoffes gewesen zu sein. Ein weiterer in Österreich lebender Südtiroler, Alois Larch, habe ihn für diese Aktion mit einer Pistole ausgerüstet. Wie vom Geheimdienst SID geplant, waren neben Deleeuw sofort auch Georg Klotz und Alois Larch von der österreichischen Staatspolizei verhaftet worden. („Tiroler Tageszeitung", 1. März 1967 und 4. März 1967)

Deleeuw verlor aber dann im Verhör mit dem österreichischen Untersuchungsrichter die Nerven und gab zu, im Auftrag des italienischen Geheimdienstes gehandelt und Klotz fälschlicherweise belastet zu haben. Klotz musste daraufhin wieder auf freien Fuß gesetzt werden.

Ein Freundschaftdienst: Der italienische Geheimdienst wird nicht als krimineller Mittäter bloßgestellt

Deleeuw sollte dann am 22. Jänner 1968 still und leise in die Bundesrepublik Deutschland abgeschoben werden. Man tat damit den italienischen Freunden einen Gefallen und vermied einen Prozess, in welchem sie als kriminelle Auftraggeber von provokatorischen Anschlägen bloßgestellt worden wären.

Peterlunger schildert den Fall Deleeuw

Das innenministerielle Protokoll berichtet darüber, wie Dr. Peterlunger nun die italienische Seite mit dem Fall Deleeuw konfrontierte:

> Dr. PETERLUNGER: Wir wollen doch zunächst den Fall DELEEUW behandeln und bitte Dr. OBRIST, eine Darstellung zu geben.
>
> Dr. OBRIST: DELEEUW wurde nach seiner Darstellung in Bozen festgenommen, wegen eines kriminellen Deliktes und unter Zusage der Straffreiheit habe ihm ein Signor DOTTORE und Herr MARZOLLO nahegelegt, in den Kreis des Georg KLOTZ Eingang zu finden. Da solle er auch an der Vorbereitung von Attentaten teilnehmen und dann rechtzeitig die italienischen Stellen informieren. Er solle sich zu diesem Zweck jeweils am Brenner in der Carabinieri-Kaserne melden und von dort aus direkt mit Bozen Kontakt aufnehmen. Nur wenn Gefahr im Verzuge sei, möge er anonym in Bozen selbst von Nordtirol aus anrufen. Dies hätte jedoch nur im äußersten Notfall Geltung, denn es müsse vermutet werden, daß die österreichische Polizei mit den Terroristen zusammenarbeitet. DELEEUW hat weiters angegeben, daß er auf Grund dieses Auftrages in Wien, Innsbruck und Absam insgesamt 7-mal Kontakt mit KLOTZ aufgenommen habe. Er habe angeboten, Waffen zu liefern. KLOTZ habe ihm quasi als Probe aufgetragen, sich mit Sprengstoff nach Meran zu begeben und dort ein Hotel, das von den italienischen Behörden kürzlich aufgekauft worden sei, zu sprengen. Als Schitourist verkleidet habe er sich mit einem Zug der deutschen Scharnow-Reisen zum Brenner begeben und dort mit der italienischen Polizei Kontakt

> aufgenommen. Ein "Dottore" habe sich dann die Sache angesehen. Er konnte dann mit 2 Beamten die Reise nach Bozen fortsetzen. In Bozen selbst wurde er wieder in ein Büro geführt und gegen Abend zu dem Autobusbahnhof geführt und man habe ihm eine Aktentasche übergeben, deren Inhalt er nicht geprüft habe, doch habe man ihm gesagt, daß darin der Sprengstoff verpackt sei. Er habe dann vereinbarungsgemäß den Autobus nach Meran bestiegen und sei bei einer folgenden Kontrolle des Autobusses unter Zurücklassung der Tasche mit dem Sprengstoff ausgestiegen und von seinen Kontaktleuten nach Bozen zurückgebracht worden, von wo er sich dann auf schnellstem Wege mit der Bahn nach Innsbruck zurückbegeben habe.

Auszüge aus dem Besprechungsprotokoll des österreichischen Innenministeriums.
(Protokoll über die Besprechung in Zürich am 12. 4. 1967, a.a.O.)

Peterlunger nannte weitere Beispiele von angeworbenen Provokateuren

Als weitere Beispiele von Provokateuren, die durch die Italiener angeworben worden waren, nannte Sektionschef Dr. Peterlunger die Fälle Bado, Joosten, Knips, Kranzer, Rainer und andere.

Dr. Peterlunger: *„Alle wurden angeworben, in Österreich wohnhafte Personen aufzufordern, Sprengstoffanschläge zu begehen."*

Dann wurde Dr. Peterlunger – wohl im Sinne seiner Bundesregierung – ganz versöhnlich: *„Wir wollen Ihnen mit dieser Aufzählung keine Vorwürfe machen. Wir wollen nur eines: Wir sollten uns gegenseitig unterstützen, daß diese Methoden aufhören."*

Die Italiener weisen die „Unterstellung" zurück

Die italienische Seite bestritt die Vorwürfe unverfroren. Es entspann sich laut dem österreichischen Sitzungsprotokoll folgender Dialog:

Oberst Giorgi (Anm.: vom italienischen Innenministerium): *„Zu den angeblichen Agenten: Weil es sich um Vorbestrafte handelt, muss man sehr vorsichtig sein. Es ist wahrscheinlich viel Phantasie dabei."*

Dr. Peterlunger: *„Und auch viel Geld."*

Oberst Giorgi: *„DELEEUW hat reinen Bluff erzählt, was er sagt, stimmt nicht."*

Dr. Peterlunger: *„Es liegen ja auch Beweise für seine Angaben vor, etwa die Fahrkarte und auch bei BAROCH hat man Beweise gefunden. Auch die Kontrolle der Telefonanrufe hat die Richtigkeit der Angaben bestätigt."*

Oberst Giorgi: *„Ich lehne es kategorisch ab und weise die Unterstellung zurück, dass wir Personen angeworben haben, in Italien Anschläge zu verüben."*

Die enttarnten italienischen Spitzel und Agenten Robert Kranzer aus Südtirol und Carl Franz Joosten aus der Bundesrepublik Deutschland.

Peterlungers Bitte um „Verständnis" – Häusler ist „bedrückt"

Daraufhin bat Sektionschef Dr. Peterlunger demütig um Verständnis für seine Bitte an die italienische Seite, die Anwerbung provokativer Attentäter in Österreich einzustellen. Ministerialrat Dr. Häusler vom österreichischen Innenministerium wies darauf hin, dass dies nämlich die Arbeit der eigenen Sicherheitsorgane erschwere.

Dr. Peterlunger: *„Es ist so und wir haben doch konkrete Unterlagen. Wir bitten um Verständnis. Wir sollten alles vermeiden, was das Verhältnis belasten würde."*

Dr. Häusler: *„Es bedrückt uns, wenn italienische Dienste auch gewisse Einwirkungen nach Österreich haben. Diese Dinge werden in der Öffentlichkeit bekannt und erschweren unseren Sicherheitsorganen nur die Arbeit."*

Dr. Peterlunger: *„Dem Dr. Obrist* (Anm.: von der Sicherheitsdirektion Tirol) *wurden auch die Fensterscheiben eingeworfen, wegen seiner Arbeit."*

Der italienische Oberst Giorgi versuchte nun wieder, das Thema zu wechseln.

Dr. Häusler aber insistierte: *„In den Zeitungen steht zum Beispiel, daß 600 italienische Spitzel in Österreich tätig seien. Wenn sich auch über die Zahl vielleicht streiten lässt, Tatsache ist, daß solche Einwirkungen italienischer Dienste in Tirol nachweisbar sind.*

Wenn ich eben eine Frage nach konkreten Feststellungen höre, so kann ich erwidern, daß es so zahlreiche Fälle sind, daß sie sich hier gar nicht aufzählen lassen."

(Protokoll über die Besprechung in Zürich am 12. 4. 1967, a.a.O.)

Exkurs: Wie die italienischen Dienste Provokateure anheuerten

Der exemplarische Fall des Erich Baroch

Provokatorische Sprengstoffhinterlegung

Am 21. September 1966 führten Polizeibeamte im Gasthof „Weißes Kreuz" in Bozen eine Durchsuchung durch. In einem Zimmer wurden circa 7 kg Sprengstoff gefunden. Am 6. Oktober 1966 brachte ein gleicher „vertraulicher" Hinweis im Kaffeehaus „Galleria al Moro" eine Sprengladung in einem Lüftungsschacht ans Tageslicht. Beide „Hinterlegungen" waren durch den in der Folge als italienischer Agent tätigen Erich Baroch aus Wien durchgeführt worden. Er hatte die Aufgabe gehabt, in Österreich lebende Südtiroler, vor allem den Schützenmajor Jörg Klotz, zu belasten.

Am 11. Oktober 1966 verhafteten österreichische Gendarmeriebeamte den Südtiroler Alois Rainer (25), als er bei Obergurgel (Ötztal) Sprengstoff, Munition und eine Maschinenpistole nach Südtirol bringen wollte. Wie die „Tiroler Tageszeitung" berichtete, sei aus Kreisen der österreichischen Staatspolizei bekannt geworden, daß Alois Rainer in Wahrheit ein Spitzel und „agent provocateur" der italienischen Polizei sei. Er habe nach Mitteilung der Staatspolizei auch mit dem nun ebenfalls in Österreich verhafteten italienischen Spitzel und Agenten Erich Baroch zusammengearbeitet.

Der aus Wien stammende und keiner geregelten Arbeit nachgehende Baroch hatte im Auftrag Alois Rainers am 21. September Sprengstoff nach Bozen in das Gasthaus „Weißes Kreuz" gebracht. Dieser Sprengstoff hätte zu einem fingierten Attentat dienen sollen, um den Freiheitskämpfer Georg Klotz zu diskreditieren und zu belasten. Als Baroch jedoch Rainer in Bozen nicht antraf, hinterlegte er einen Teil des Sprengstoffs in einem Zimmer im Gasthaus „Weißes Kreuz" in Bozen und den anderen Teil deponierte er in einem Lüftungsschacht im Lokal „Galleria al Moro" in Bozen.

Die Anwerbung des Provokateurs durch einen hochrangigen italienischen Polizeifunktionär

Anschließend flüchtete der in Österreich wegen krimineller Delikte gesuchte Baroch weiter nach Paris, wo er um einen Flüchtlingspass ansuchte. Die Italiener wollten jedoch auf seine Mitarbeit nicht verzichten und so begab sich der Chef der politischen Abteilung der Bozener Quästur (Polizeidirektion), Dott. Giovanni Peternel, laut Mitteilung der „Tiroler Tageszeitung" persönlich nach Paris und warb Baroch als ständigen Agenten an. Der italienische Polizeifunktionär bot Baroch eine hohe Summe Geldes dafür an, den Freiheitskämpfer Georg Klotz in eine Polizeifalle nach Südtirol zu locken. Baroch hat dies alles später in einem österreichischen Polizeiverhör bestätigt.

Der italienische Agent und Provokateur Erich Baroch (links) und sein Führungsmann Dott. Giovanni Peternel von der politischen Abteilung der Bozener Quästur.

Die „Auffindung" des Sprengstoffs unter propagandistischem Pressewirbel

Zunächst aber wurde der von Baroch im „Weißen Kreuz" und in der „Galleria al Moro" in Bozen hinterlegte Sprengstoff unter großer Pressewirbel „entdeckt" und propagandistisch gegen die Südtiroler und Österreich ausgewertet. Die Südtirol-Attentäter, so hieß es, würden offenbar keine Rücksicht auf unschuldige Menschen nehmen.

Die geplante Entführung des Südtiroler Schützenmajors und Freiheitskämpfers Georg Klotz – Österreich ließ den Agenten Baroch laufen

Baroch gelang es in der Folge, Georg Klotz bis nach Kärnten zu locken, doch dann schöpfte dieser Verdacht und kehrte nach Absam in Nordtirol zurück. Als Baroch so seine Felle wegschwimmen sah, verkaufte er noch schnell der Wie-

Unter großen Klamauk und Pressewirbel wurde der von Baroch im Gasthaus „Weißes Kreuz" deponierte Sprengstoff nun „aufgefunden". Eine deutschsprachige Wanderkarte lag dabei, damit man gleich sehen konnte, dass der Sprengstoff der deutschen Volksgruppe zuzurechnen sei. („Alto Adige" vom 22. September 1966)

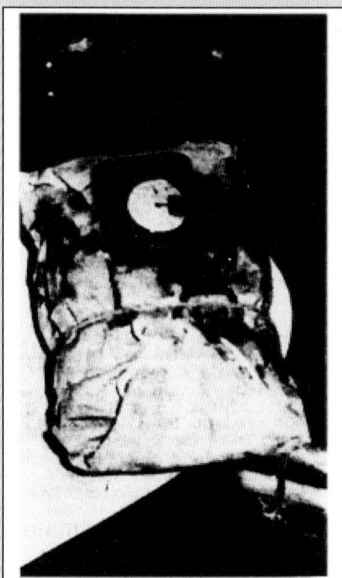

wirtschaften in der Museumstraße, wie man weiß, aber ohne Erfolg.

Als der Quästor und seine Begleiter nunmehr — 17 Tage später — zum zweiten Male zur Suche nach dem Sprengstoffpaket in der Museumstraße ausrückten, gingen sie auf Nummer sicher. Sie fanden das Paket auf Anhieb. Wie man hört, war die in der Toilette aufgefundene Donaritladung — gleich wie der im Gasthof „Weißes Kreuz" gefundene Sprengstoff — in braunes Packpapier eingewickelt. Unter dem Packpapier war die Ladung ein zweites Mal eingewickelt, und zwar in ein Exemplar des „Wiener Kurier" vom 20. August.

Zwischen dem Sprengstoffund im Gasthof „Weißes Kreuz" am Kornplatz und jenem in der Toilette der Bar „Zum Mohren" in der Museumstraße besteht wohl ein enger Zusammenhang. Die Polizei weiß darüber sicher mehr, als sie bisher bekanntgegeben hat.

Nach der Entdeckung der Donaritladung in der Toilette des „Mohren" drängt sich die Frage auf, ob man mit dem Sprengstoffpaket einen Anschlag auf den Gasthof verüben wollte, die Ladung aber nicht losging, oder ob sich der unbekannte Täter nur rasch des Sprengstoffpaketes entledigte, weil er sich verfolgt fühlte? Beide Mög-

Bericht nebst Bild in der Tageszeitung „Dolomiten" über die „Auffindung" der zweiten Sprengstoffladung im Lüftungsschacht des Lokals „Galleria al Moro".

ner Tageszeitung „Kurier" eine Räuberpistole seiner „Beziehungen zu rechtsradikalen Kreisen", zu den „Bumsern" und zu dem italienischen Geheimdienst. Dann wurde Baroch jedoch verhaftet und nach Wien in das Landesgericht für Strafsachen eingeliefert und eingehend vernommen. Obwohl Baroch ein volles Geständnis – auch über seine Agententätigkeit – ablegte, wurde er bald wieder entlassen und konnte sich in das Ausland absetzen.

Einen Aufsehen erregenden Prozess gegen Baroch durchzuführen, in welchem dieser öffentlich seine Rolle als italienischer Provokateur und Agent geschildert hätte – das hatte man offenbar den italienischen Freunden nicht antun wollen.

Am 5. November 1967 meldete die Wiener Tageszeitung „Express": *„In aller Stille wurde das Verfahren gegen den Agenten Erich Baroch von der Innsbrucker Staatsanwaltschaft eingestellt. Erich Baroch, 42, aus Wien-Fünfhaus waren vom italienischen Geheimdienst zehn Millionen Lire für eine Entführung des Schützenmajors Georg Klotz geboten worden. Baroch lenkte im Oktober 1966 – angeblich aus Angst vor einem ‚Fememord' – die Aufmerksamkeit der Staatspolizei selbst auf sich.*
Bereits in den ersten Verhören gab er an, als Doppelagent sowohl für die italienische Abwehr als auch für die Bumser gearbeitet zu haben. Um mit Klotz und seinem Kreis ‚ins Gespräch zu kommen', habe er sich erbötig gemacht, Sprengstoff nach Südtirol zu schmuggeln.
Angebliches Ergebnis: 20 illegale Transporte über Tarvisio und Ventimiglia. Baroch erzählte auch sehr freimütig die Details eines Entführungsplanes, wie ihm dieser von der italienischen Abwehr vorgeschlagen wurde. Zur Untermauerung seiner Story nannte der Doppelagent auch mehrere Namen von italienischen Geheimdienstoffizieren, die ihm für die Auslieferung des Georg Klotz einen Betrag von zehn Millionen Lire geboten hätten."

Mit dem Freiheitskämpfer Georg Klotz hingegen sprangen die österreichischen Behörden keineswegs so glimpflich um, wie der „Express" weiter meldete: *„Schützenmajor Klotz, derzeit in Wien, muss sich zweimal täglich bei der Staatspolizei melden. Falls er diese Verpflichtung nicht einhält, ist er auf Weisung der Tiroler Sicherheitsbehörden sofort in Haft zu nehmen."*

Das Geständnis des Erich Baroch
Über das Geständnis des Baroch, ein Provokateur in italienischen Diensten gewesen zu sein, ist eine Niederschrift erhalten, welche Ministerialoberkommissär Dr. Erich Sellner vom Bundesministerium für Inneres am 28. Oktober 1966 an das Bundesministerium für Auswärtige Angelegenheiten zu Händen des ao. Gesandten und bevollmächtigten Ministers Dr. Eduard Schiller gesandt hatte. In dieser Geständnis-Niederschrift bestätigte der damals in Wien in Haft be-

findliche Erich Baroch seine Anwerbung als „agent provocateur" durch den hohen italienischen Polizeifunktionär Dott. Giovanni Peternel (in dem Protokoll fälschlicherweise „Peternell" geschrieben) und den gegen Georg Klotz gerichteten Entführungsplan. Bald sollte Baroch still und leise wieder freigelassen werden.

Wien, am 18.Oktober 1966

N i e d e r s c h r i f t,

Erich B A R O C H, Nat.im Akt,derzeit im Landesgericht für Strafsachen Wien in Haft, welcher zur Sache folgendes angibt:

Während der Fahrt nach Bozen machte ich Dr.PETERNELL Mitteilung von dem hinterlegten Sprengstoffpaket im Cafe MORO (Entlüftungsschacht).

Am 29.9.1966, um 08.00 Uhr wurde ich per Auto vom Hotel abgeholt. 3 Beamte begleiteten mich zu einer Villa am Röschenpaß. In einem Zimmer im 1.Stock wurde ich eingeladen Platz zu nehmen und vorläufig bewirtet. Nach etwa einer halben Stunde erschien Dr.PETERNELL und wurde ich in Anwesenheit von 12 Personen einer Befragung über meine Person, sowie über meine Tätigkeit bzgl. Südtirolanschläge unterzogen.

Da man über meine Verbindungen mit KLOTZ Bescheid wußte, wurde an mich die Frage gerichtet, ob ich bereit wäre, KLOTZ nach Italien zu locken. Ich ging auf den Vorschlag ein und gab in diesem Zusammenhang bekannt, daß ich KLOTZ schon einmal früher den Vorschlag machte,ihm einen falschen italienischen Reisepaß zu besorgen. Nunmehr wurden Details über die Paßbesorgung besprochen und machte ich den Vorschlag, den Paß auf den Namen Vinzenz KALTENBRUNNER auszustellen. Es wurde jedoch mir überlassen, mit KLOTZ die weiteren Einzelheiten zu besprechen und abschließend nach Italien zu berichten. Zu diesem Zweck wurde mir die Telefonnummer 26-42-9 Bozen ausgefolgt und mir gleichzeitig der Deckname " KARL " bekanntgegeben. Für mich wurde der Deckname " JOHANN " festgelegt. Gleichzeitig wurde mir bekanntgegeben allfällige Nachrichten an " Herbert DOLL " Postfach 80,

> Bozen, zu richten. Sämtliche Nachrichten und Ferngespräche sind in französischer Sprache zu übermitteln. Es wurde ferner Vereinbart, daß ich KLOTZ über die Brenner-Grenze oder über Tarvis nach Italien einschleusen solle. Ab der Grenze wäre KLOTZ im weiterer Folge überwacht worden. Mir ist bekannt, daß die italienischen Grenzorgane über die Einreise des KLOTZ und meiner Person avisiert waren.
>
> Nach diesen Gesprächen kam die Rede auf meine finanziellen Forderungen, die ich mit 5 Mill. Lire bezifferte, dazu noch die Reisespesen. Dr. PETERNELL erklärte dazu, mir den doppelten Betrag zu geben, wenn der Plan gelingen sollte. Als a conto für die Reisespesen erhielt ich schließlich den Betrag von 150.000.- Lire, sowie 4000.- ö.S. ausgefolgt. Im Verlaufe des

> **Frage:** Hatten sie tatsächlich die Absicht, KLOTZ den Italienern in die Hände zu spielen?
> **Antwort:** Ja, anfänglich schon, bei späteren Überlegungen jedoch, änderte ich jedoch meinen Entschluß und ging es mir darum von den Italienern soviel Geld als möglich herauszuholen, KLOTZ jedoch den Italienern nicht auszuliefern. Bei allen meinen Handlungen stand der finanzielle Vorteil im Vordergrund meiner Überlegungen.
>
> V.m.   V.g.g.
>   *Borochlich*

Auszüge aus dem umfangreichen österreichischen Vernehmungsprotokoll des Erich Baroch vom 18. Oktober 1966. (Bundesministerium für Auswärtige Angelegenheiten. Verschluß! 8. Nov. 1966, Zl.: 48.034-5 (Pol) 66, Österreichisches Staatsarchiv/Archiv der Republik)

Illegale Rechtshilfe

▶ „Wir werden diese Namen mitteilen"

Das Protokoll des österreichischen Innenministeriums über den dritten „Antiterrorgipfel" vom 12. April 1967 im Hotel Dolder in Zürich enthüllt weiter, dass bei diesem Treffen bereits zahlreiche Informationen über „Terroristen" oder des „Terrorismus" Verdächtige ausgetauscht wurden. Die Forderungen der Italiener waren sehr konkret. In Österreich war ein Südtiroler Freiheitskämpfer namens Alois Larch verhaftet worden und man hatte bei ihm ein Notizbuch mit Namen beschlagnahmt.

Dott. Russomanno fragte in der Sitzung ganz ungeniert: *„Nach Zeitungsberichten wurde bei der Verhaftung des Alois Larch ein Notizbuch mit Namen gefunden. Um welche Namen handelt es sich hier?"*

Dr. Peterlunger antwortete ohne Hemmung: *„Wir werden diese Namen mitteilen."*

(Protokoll über die Besprechung in Zürich am 12. 4. 1967, a.a.O.)

Bei dem in Österreich verhafteten Südtiroler Freiheitskämpfer Alois Larch war ein Notizbuch gefunden worden. Der hochrangige Staatspolizei-Funktionär Dr. Peterlunger sah kein Problem darin, die im Notizbuch enthaltenen Namen den Italienern mitzuteilen und damit auch Menschen in Südtirol italienischer Verfolgung auszusetzen.

➤ General Palombi urgiert die Herstellung direkter Kontakte zwischen ihm und der Sicherheitsdirektion Tirol – Hinweis auf die Stimmung der Tiroler Bevölkerung und auf die eingeschlagenen Fensterscheiben des Dr. Obrist

Dann beklagte der General Palombi, dass direkte Kontakte zwischen ihm und der Sicherheitsdirektion in Innsbruck bislang nicht zustande gekommen seien.

Offenbar genügten der italienischen Seite die bereits bestehenden Kontakte nicht, die zu Dott. Secolo Perusco, dem „Dirigente Settore Polizia Frontiera del Brennero", dem Leiter der italienischen Grenzpolizeistelle Brenner, bereits bestanden und intensiv genutzt wurden. Palombi ersuchte um Aufklärung.

Dr. Peterlunger: *„Auch wir bedauern dies. Die Stimmung in der Tiroler Bevölkerung hat es den Behörden sehr erschwert, die Kontakte aufzunehmen. Die Bevölkerung ist nicht gewillt, uns zu unterstützen. ... Es wird ein Weg für die Kontakte gefunden werden. ..."*

General Palombi: *„Welchen Weg sollen wir nun einschlagen?"*

Dr. Peterlunger: *"Wir werden das erst, und zwar in Kürze, in wenigen Tagen, bekannt geben. Der Grund hierfür ist, daß der seinerzeit ins Auge gefaßte Weg nicht geeignet erscheint. Es sitzen in den Telefonvermittlungen Leute, die man sich nicht immer aussuchen kann. Die Folge sind dann eingeschlagene Fenster. Es müssen erst die technischen Voraussetzungen für eine Kontaktnahme geschaffen werden."*

Die eingeschlagenen Fenster, auf die sich Dr. Peterlunger bezog, waren jene der Innsbrucker Wohnung des stellvertretenden Sicherheitsdirektors von Tirol, Dr. Obrist. Erst unlängst hatten unbekannte Täter ihm die Fensterscheiben mit Steinwürfen zertrümmert.

▶ Ministerialrat Dr. Häusler beklagt „Ungeschicklichkeiten": Überlassung von Polizeifotos wurde bekannt

Dazu meldete sich auch noch der Ministerialrat Dr. Häusler, der Leiter der Gruppe Staatspolizeilicher Dienst im Bundesministerium für Inneres, zu Wort: *„Ich möchte bei dieser Gelegenheit ergänzen und den Hintergrund etwas beleuchten; unsere Kontakte sind ja sehr subtil. Man darf nicht voraussetzen, daß die Bevölkerung für unsere Kontakte Verständnis aufbringt. Wir sind daher an eine sehr diskrete Behandlung dieser Kontakte angewiesen. Wenn seitens italienischer Organe Ungeschicklichkeiten passieren, wie es gerade am Brenner manchmal geschieht, dann wird unsere Verbindung offenkundig und führt zu falschen Schlüssen in der Bevölkerung. Es ist klar, dass wir dadurch in unangenehme Situationen kommen.*

Dazu möchte ich noch ein anderes, sehr konkretes Beispiel geben:

Bei der seinerzeitigen Besprechung in Mailand (Anm.: Es handelte sich offenbar um ein Treffen italienischer und österreichischer Sicherheitsbeamter, die direkten Informationsaustausch vornahmen) *wurden wir um ein Lichtbild von KIENESBERGER gebeten. Mein Kollege aus Innsbruck hat dann ein Polizeifoto geschickt. In der Folge wurde mein Kollege in Innsbruck von gewissen Leuten zur Rede gestellt, dass die Innsbrucker Polizei ihre amtlichen Fotos der italienischen Polizei zur Verfügung stelle. Dadurch kam zutage, daß Bozens Polizeifunktionäre dieses Foto verschiedenen Leuten vorgezeigt und damit unsere Kontakte publik gemacht haben."*

Dott. Russomanno darauf: *„Dieser Fall wird von uns sehr bedauert und man wird sich bemühen, daß es nicht wieder passiert."*

> **Dr. HÄUSLER:** Ich möchte bei dieser Gelegenheit ergänzen und den Hintergrund etwas beleuchten: unsere Kontakte sind ja sehr subtil. Man darf nicht voraussetzen, daß die Bevölkerung für unsere Kontakte Verständnis aufbringt. Wir sind daher an eine diskrete Behandlung dieser Kontakte angewiesen. Wenn seitens italienischer Organe Ungeschicklichkeiten passieren, wie es gerade am Brenner manchmal geschieht, dann wird unsere Verbindung offenkundig und führt zu falschen Schlüssen in der Bevölkerung. Es ist klar, daß wir dadurch in unangenehme Situationen kommen. Dazu möchte ich noch ein anderes, sehr konkretes Beispiel geben:
>
> Bei der szt. Besprechung in Mailand wurden wir um ein Lichtbild von KIENESBERGER gebeten. Mein Kollege aus Innsbruck hat dann ein Polizeiphoto geschickt. In der Folge wurde mein Kollege in Innsbruck von gewissen Leuten zur Rede gestellt, daß die Innsbrucker Polizei ihre amtlichen Photos der italienischen Polizei zur Verfügung stelle. Dadurch kam zutage, daß Bozens Polizeifunktionäre dieses Photo verschiedenen Leuten vorgezeigt und damit unsere Kontakte publik gemacht haben.
>
> **Dr. DOGANDO:** Dieser Fall wird von uns sehr bedauert und man wird sich bemühen, daß es nicht wieder passiert.

Auszug aus dem Besprechungsprotokoll des österreichischen Innenministeriums mit den Ausführungen des Ministerialrats Dr. Häusler. (Protokoll über die Besprechung in Zürich am 12. 4. 1967. Bundesministerium für Inneres, Generaldirektion für die öffentliche Sicherheit, Geschäftszahl 28.335-17/67, Verschluss, Österreichisches Staatsarchiv / Archiv der Republik / 02/ BMfI/ Österreich-Italien, Besprechungen in Zürich. Zl. 24.222-17/70)

➤ Österreich sorgt für den Schutz der „berechtigten Interessen Italiens"

Ein weiteres von Dr. Peterlunger, dem Leiter der österreichischen Staatspolizei, persönlich gefertigtes Protokoll hält fest, dass beide Delegationen beschlossen, ihren Regierungen vorzuschlagen, dass alle zwei Monate *„Besprechungen auf hoher Ebene in Zürich (oder Wien oder Rom)"* stattfinden sollten.

Weiters sollte die Möglichkeit direkter Besprechungen und telefonischer Verständigungen zwischen den Carabinieri und der Sicherheitsdirektion Tirol geschaffen werden. Man sei aber auf eine sehr diskrete Behandlung dieser subtilen Kontakte angewiesen, erklärten die österreichischen Sicherheitsbeamten. Es sei nicht zweckmäßig, *„solche Verständigungen über eine allgemeine Telefonvermittlungsanlage durchzugeben."*. Man müsse technische Voraussetzungen schaffen, welche keine Weitergabe der Inhalte von Telefongesprächen ermöglichten.

Abschließend war es der österreichischen Seite bei dieser Besprechung des 12. April 1967 ein Anliegen, den italienischen Partnern zu versichern: *„Österreich werde ... nicht dulden, dass in oder von Österreich aus berechtigte Interessen Italiens auf verbrecherische Art und Weise gestört oder verletzt werden."* (12. 4. 1967: Protokoll über die dritte Besprechung zwischen österreichischen und italienischen Sicherheitsorganen in Zürich, Bundesministerium für Inneres, Sektion III, unterfertigt von Dr. Peterlunger und abgedruckt bei: Rolf Steininger: „Akten zur Südtirol-Politik 1959–1969", Bd. 6 – 1967, Innsbruck-Wien-Bozen 2012, S. 123ff)

➤ Druck aus Rom: Nachrichtenaustausch Bozen-Innsbruck rasch installieren! – Dr. Peterlunger drängt auf „absolute Geheimhaltung"

Am 3. Mai 1967 richtete die österreichische Botschaft in Rom ein „Aide-Mémoire" an die italienische Regierung, in welchem mitgeteilt wurde, dass sich die österreichische Seite bereit erkläre, *„die periodischen Zusammenkünfte der leitenden Beamten der italienischen und österreichischen Polizeifunktionäre öfter abzuhalten"* und darüber hinaus auch *„Zusammenkünfte auf lokaler Ebene zwischen den Sicherheitsbehörden von Tirol und den italienischen Sicherheitsbehörden in Südtirol durchzuführen."*

Am 11. Mai 1967 teilte das Bundesministerium für Auswärtige Angelegenheiten dem Sektionschef im Bundesministerium für Inneres, Dr. Oswald Peterlunger mit, dass das italienische Außenministerium dazu mitgeteilt habe, dass *„der Hoffnung Ausdruck gegeben"* werde, *„dass nunmehr keine weiteren Hindernisse für die Begegnung zwischen dem Polizeichef von Innsbruck und dem Karabinieri-Kommando von Padua bestehen."*

Das italienische Außenministerium habe weiter ausgeführt:

Bislang sei leider auch der vereinbarte *„Austausch raschester Informationen im Wege des Sicherheitsbüros am Brenner"* nicht durchgeführt worden. Bei der letzten Züricher Besprechung am 12. April 1967 habe Dr. Peterlunger erklärt, dass die österreichische Polizei diese bereits beschlossenen Vorgangsweisen *„im Hinblick auf die politische Situation in Tirol, die es notwendig erscheinen hat lassen, absolut jedes Risiko auszuschließen, dass Nachrichten über die Zusammenarbeit zwischen der österreichischen und italienischen Polizei gegen den Terrorismus durchsickern könnten, nicht hatte durchführen können.*

Dr. Peterlunger hat hinzugefügt, dass das Fortdauern dieser selben Situation nunmehr die Suche nach neuen Möglichkeiten erfordere, die eine absolute Geheimhaltung garantieren, um in Zukunft die vorgesehene Zusammenarbeit durchzuführen..."

```
BUNDESMINISTERIUM
       FÜR
AUSWÄRTIGE ANGELEGENHEITEN                WIEN, am 11. Mai 1967

   Zl. 21.579-5(Pol)67
Zusammenarbeit der österreichischen                Gruppe C.
und italienischen Sicherheitsbehörden
Zur da. Note Zl. 50.048-SL.III/67
vom 2. Mai 1967


                An das
                  Bundesministerium für Inneres
                  z.H. Herrn Sektionschef Dr. Oswald Peterlunger
                                                            Wien
```

```
         Diesbezüglich hat jedoch Dr. Peterlunger während der
    3. technischen Begegnung in Zürich am 12. 4. 1967 zugegeben,
                  diesen - ebenso wie die Begegnung zwischen dem Polizei-
    dass die österreichische Polizei/ von Innsbruck und dem        chef
    Karabinieri-Kommando von Padua - im Hinblick auf die politische
    Situation in Tirol, die es notwendig erscheinen hat lassen,
    absolut jedes Risiko auszuschliessen, dass Nachrichten über
    die Zusammenarbeit zwischen der österreichischen und italieni-
    schen Polizei gegen den Terrorismus durchsickern könnten, nicht
    hatte durchführen können. Dr. Peterlunger hat hinzugefügt, dass
    das Fortdauern dieser selben Situation nunmehr die Suche nach
    neuen Möglichkeiten erfordere, die eine absolute Geheimhaltung
    garantieren, um in Zukunft die vorgesehene Zusammenarbeit durch-
    zuführen, und hat sich vorbehalten, die Stellungnahme der
    Wiener Regierung bekanntzugeben.
```

Auszug aus dem Schreiben des Außenministeriums vom 11. Mai 1967: Dr. Peterlunger hatte auf der Garantie absoluter Geheimhaltung bestanden.

Die italienische Seite erwarte nun, *„dass seitens der österreichischen Behörden sobald als möglich die Vorgangsweise mitgeteilt wird, mit welcher diese wichtige Art der Zusammenarbeit zwischen den italienischen und österreichischen Sicherheitsbehörden im Kampf gegen den Terrorismus durchgeführt werden kann."* (Schreiben des Bundesministeriums für Auswärtige Angelegenheiten an das Bundesministerium für Inneres vom 11. Mai 1967, Zl. 21.579-5(Pol)67, Österreichisches Staatsarchiv/Archiv der Republik/02/BMfI/Österreich-Italien, Besprechungen in Zürich. Zl. 24.222-17/70)

Die Italiener fordern rechtswidriges Vorgehen Österreichs

▶ Freispruch für Freiheitskämpfer in Österreich – Empörung in Italien: „neonazismo sudtirolese"

Die Idylle des österreichisch-italienischen Aktionsbündnisses gegen die Südtiroler Freiheitskämpfer wurde unvermutet durch ein einschneidendes Ereignis unterbrochen. Am 8. Mai 1967 hatte in Linz der große Schwurgerichtsprozess gegen 15 Angeklagte begonnen, die sich in der Folge vor Gericht offen zu den ihnen angelasteten Anschlägen in Südtirol oder zu ihrer unterstützenden Rolle bekannten. Die Angeklagten argumentierten damit, dass angesichts der italienischen Unterdrückungs- und Entnationalisierungsmaßnahmen in Südtirol ein übergesetzlicher Notstand herrsche und deshalb Notwehr und Nothilfe nicht nur rechtens, sondern geboten seien.

Ein Angeklagter sagte zu den Geschworenen: *„Ich bin in Eppan in einem Garten gelegen und habe die Schreie gefolterter Freunde gehört, bis man sie morgens bewusstlos an den Füßen aus der Kaserne geschleift und auf einen Laster geworfen hat. Und ich muss den Geschworenen sagen, dass ich nicht besserungsfähig bin."*

Die Geschworenen gaben den Angeklagten Recht und sprachen sie am 31. Mai 1967 frei, nachdem auch aus Südtirol geflohene Zeugen über die schrecklichen Folterungen in den Carabinieri-Kasernen berichtet hatten.

In Italien gingen nach dem Freispruch die medialen und politischen Wogen der Empörung hoch. In der italienischen Presse war vielfach von einem *„neonazismo sudtirolese"* die Rede, welcher schändlicherweise von Österreich unterstützt werde.

Linkes Bild: Der Gerichtshof. Rechtes Bild: Einer der Zeugen, der Erschütterndes zu berichten gewusst hatte, war der von den Italienern irrtümlich aus der Haft entlassene Siegfried Graf aus Prad im Vinschgau, der dann nach Österreich geflohen war und der nun dem Gericht schilderte, wie ihn die Carabinieri mit Zustimmung eines Alpini-Arztes mehr als einen Tag lang geschlagen, mit einer Quarzlampe geblendet, mit Zigaretten verbrannt, mittels eines Kopfhörers mit explosionsartigen Geräuschen betäubt und mit einer Stahlrute gedroschen hatten.

➤ Rom fordert Missachtung der Rechtsordnung und belehrt den österreichischen Regierungschef über die österreichische Rechtslage

Nach den Freisprüchen im Linzer Südtirolprozess hatte der österreichische Botschafter in Rom, Max Löwenthal, am 9. Juni 1967 in einer als „Verschluß! Geheim!" klassifizierten Mitteilung an das österreichische Außenministerium mitgeteilt, dass Italien nun von Österreich *„die Auflösung radikaler Verbände"* – gemeint waren die in Österreich bestehenden Südtirol-Verbände wie der „Bergisel-Bund", die *„Anweisung eines Zwangsaufenthaltes für Klotz* (Anm.: eines nach Österreich geflüchteten Südtiroler Freiheitskämpfers) *in Niederösterreich",* das *„Stattgeben von italienischen Auslieferungsbegehren"* sowie neuerliche gerichtliche Anklagen und die Entfernung von Aufschriften mit Südtirol-Parolen an der Brennerstrasse als Voraussetzung für weitere erfolgreiche Südtirol-Autonomiegespräche fordere. (9. 6. 1967: Max Löwenthal (Rom) an BMfAA, wiedergegeben in: Rolf Steininger: „Akten zur Südtirol-Politik 1959–1969", Bd. 6 – 1967, Innsbruck-Wien-Bozen 2012, S. 170ff)

In einer „Information BMfAA für Bundeskanzler Josef Klaus" hatte daraufhin das Außenministerium in einer rechtlichen Stellungnahme zu der italienischen Forderung nach *„Auflösung der radikalsten Verbände"* festgehalten, dass *„alle Verbände .... sich streng an die Weisungen des*

Innenministeriums" hielten, sodass hier keine Handhabe gegeben seien. Hinsichtlich des Begehrens nach Auslieferung von nach Österreich geflüchteten Südtirolern erklärte das Außenamt: *"Nach dem österreichisch-italienischen Auslieferungsabkommen dürfen Personen, die ihre Tat aus politischen Gründen begangen haben, nicht ausgeliefert werden."*
(13. 6. 1967: Information BMfAA für Bundeskanzler Josef Klaus; wiedergegeben in: Rolf Steininger: „Akten zur Südtirol-Politik 1959–1969", Bd. 6 – 1967, Innsbruck-Wien-Bozen 2012, S. 170ff)

Am 13. Juni 1967 sprach der italienische Botschafter Martino in Wien beim österreichischen Bundeskanzler Dr. Josef Klaus vor. Was er vorbrachte, ist in einem mit „Vertraulich! Verschluss!" klassifizierten Amtsvermerk festgehalten. Der Botschafter forderte im Namen seiner Regierung, die *„extremistischen Verbände aufzulösen"*, die *„mit den Terroristen unter einer Decke stecken."* Der Botschafter gab dem österreichischen Bundeskanzler dann auch gleich vor, wie die österreichische Regierung dies innenpolitisch begründen sollte: *„Der Grund für die Auflösung könnte die Tatsache sein, dass diese Organisationen mit ihren Vereinsstatuten unvereinbare Tätigkeiten ausüben."*

Dann warf der Botschafter Martino dem österreichischen Bundeskanzler vor: *„Dem Begehren der italienischen Behörden nach Auslieferung bestimmter italienischer Staatsbürger, die sich in Österreich aufhalten, sei keine Folge gegeben worden."*

Abschließend erklärte ausgerechnet der italienische Botschafter dem österreichischen Bundeskanzler die österreichische Rechtslage und wies ihn unter Nennung der Paragraphen bestimmter Strafgesetze darauf hin, wie die österreichischen Justizbehörden gegen den *„Terrorismus"* vorgehen sollten. Martino verlangte, dass die österreichische Regierung *„wirksam interveniere und nicht nur anhöre, was die Gerichte sagen."*

▶ Die „Dankbarkeit" des Dr. Klaus

Man hätte nun annehmen müssen, dass der österreichische Bundeskanzler Dr. Klaus die unverfrorenen Zumutungen und Belehrungen in würdevoller, aber eindeutiger Form zurückgewiesen hätte. Dem war aber nicht so. Der österreichische Amtsvermerk hielt dazu fest:

„Der Bundeskanzler gibt seiner Dankbarkeit Ausdruck, dass der Außenminister den Botschafter zu einem Besuch bei ihm beauftragt hat, weil er der Meinung sei, direkte Kontakte im Zeichen des Vertrauens und des guten Willens sollten so häufig wie möglich stattfinden. Er glaube, dass das schmerzliche und schwierige Problem dann gelöst werden könne, wenn

Politiker und Diplomaten, die sich gegenseitig vertrauen und verstehen, offen darüber sprechen. Er betont, dass er in den italienischen Ministerpräsidenten, den italienischen Außenminister und die ganze italienische Regierung größtes Vertrauen setze und hoffe und glaube, dass dieses Vertrauen auch ihm und dem Außenminister gegenüber bestehe."

Dann wies Dr. Klaus darauf hin, dass am kommenden Tag *„ein vertrauliches Gespräch zwischen italienischen und österreichischen Vertretern"* in Zürich stattfinden werde. Zudem sei *„ein neues direktes Verständigungssystem zwischen den Sicherheitsbehörden dies- und jenseits des Brenner ... eingerichtet worden"*.

► Keine Freude mit Südtirol-Organisationen

„Die Auflösung radikaler Verbände könne nur auf Grund eines bestimmten in neuerer Zeit liegenden Grundes stattfinden", erklärte Dr. Klaus dem Botschafter. Man habe aber beispielsweise untersagt, dass ein deutscher Redner auf einer Südtirol-Manifestation sprechen konnte. *„Der Herr Bundeskanzler versicherte dem italienischen Botschafter, dass er keine Freude sondern nur Schwierigkeiten mit den verschiedensten Südtirol-Organisationen habe. Eine Auflösung müsste aber gegenteilige Wirkung haben. Es könnte bei manchen Leuten der Eindruck entstehen, dass man gerade dann den Verband unterstützen oder Mitglied werden sollte."* Abschließend erklärte der Bundeskanzler: *„Aufgrund unseres beiderseitigen guten Willens und eines persönlichen Vertrauensverhältnisses sind wir gegenwärtig einer Lösung näher, als dies je früher der Fall war."*

(13. 6. 1967: Vorsprache des italienischen Botschafters bei Bundeskanzler Josef Klaus; wiedergegeben in: Rolf Steininger: „Akten zur Südtirol-Politik 1959–1969", Bd. 6 – 1967, Innsbruck-Wien-Bozen 2012, S. 178ff)

► Österreich muss Präventivhaft und Auslieferung von Exil-Südtirolern ablehnen

Die österreichische Rechtslage erlaubte es der Regierung Klaus jedoch nicht, allen italienischen Forderungen nachzugeben. Dafür sorgte in seinem Wirkungsbereich der parteiunabhängige Justizminister Univ.-Prof. Dr. Hans Klecatsky.

Am 16. Juni 1967 musste Österreich daher in einer von der Botschaft in Rom der italienischen Regierung übermittelten Verbalnote die rechtlich gebotene Ablehnung der italienischen Forderungen nach Präventivhaft mitteilen: *„Dem innerstaatlichen österreichischen Recht ist Präventivhaft fremd."*

Der parteiunabhängige Justizminister Univ.-Prof. Dr. Hans Klecatsky (links in einer Aufnahme aus dem Jahre 1970) war ein strikter Wahrer der Rechtsordnung. In späteren Jahren waren er und der ehemalige Südtiroler Freiheitskämpfer Univ.-Prof. Dr. Erhard Hartung gute persönliche Freunde.

Auch die Auslieferung von Südtiroler politischen Flüchtlingen sei nicht möglich, da *„die Auslieferung wegen politischer Delikte oder den mit solchen Delikten zusammenhängenden Taten, falls sie vorwiegend politischen Charakter haben, nicht zulässig ist."*
Im Übrigen nehme die italienische Regierung eine analoge Haltung ein. Die italienischen Justizbehörden hätten sogar *„bezüglich eines Mordes (begangen an Luis Amplatz) die von Österreich erbetene Rechtshilfe mit der Begründung verweigert, es handle sich um ein politisches Delikt und anscheinend aus denselben Gründen, auch selbst keine Strafverfolgung in Zusammenhang mit diesem Delikt eingeleitet."* [sic!] (16. 6. 1967: Österreichische Verbalnote; wiedergegeben in: Rolf Steininger: „Akten zur Südtirol-Politik 1959–1969", Bd. 6 – 1967, Innsbruck-Wien-Bozen 2012, S. 194ff)

4. Antiterrorgipfel in Zürich - Geheime Nachrichtenübermittlung: Telefonate mit Decknamen und Fernschreibverbindung mit Code „für Bruno"

Auf sicherheitspolizeilicher Ebene wurde die Zusammenarbeit jedoch weiterhin energisch vorangetrieben. Am 14. Juni 1967 fand das „4. Treffen österreichischer und italienischer Organe der Sicherheitsbehörden" in Zürich statt, wie es in einem vom Sektionschef im österreichischen

Innenministerium, Dr. Oswald Peterlunger, unterfertigten und als geheime Verschlusssache abgelegten „Gedächtnisprotoll" hieß. Diesmal hatte man sich in einem Hotel in Küsnacht bei Zürich getroffen, welches sich laut Peterlunger *„für diskrete Zusammenkünfte besser eignen"* würde, als das bislang benützte *„ international stark frequentierte Hotel Dolder"* in Zürich.

Die italienische Delegation stand unter der Leitung des Generalinspektors für die öffentliche Sicherheit im römischen Innenministerium, Dott. Giuseppe Lutri. Ihm zur Seite standen wieder Dott. Silvano Russomanno und einige andere Personen.

Am Vorabend hatten die Österreicher die italienische Delegation noch zu einem gemütlichen Glas Wein eingeladen und nun fand *„die Aussprache in einer sehr harmonischen Atmosphäre"* statt, wie Dr. Peterlunger erfreut notierte.

Die österreichische Delegation wies darauf hin, dass die österreichische Bundesregierung den angestrebten alle zwei Monate stattfindenden periodischen Zusammenkünften der Sicherheitsbehörden beider Staaten ebenso zugestimmt habe wie den *„technischen Voraussetzungen für eine raschest mögliche, diskrete Verständigung über ein Treffen auf lokaler Ebene"*. Dann teilten die Österreicher mit, dass diese *„technischen Voraussetzungen"* nun verwirklicht seien und Dott. Russomanno im italienischen Innenministerium darüber bereits in Kenntnis gesetzt worden sei.
(14. 6. 1967: Oswald Peterlunger (BMfI): 4. Treffen der Sicherheitsbehörden in Zürich. In: Rolf Steininger: „Akten zur Südtirol-Politik 1959–1969", Bd. 6 – 1967, Innsbruck-Wien-Bozen 2012, S. 182ff)

Ein weiteres mit einem „Verschluss"-Vermerk versehenes „Protokoll" des Innenministeriums gibt dazu noch nähere Aufschlüsse. Es war für telefonische Kontaktaufnahmen durch die Italiener mit der Sicherheitsdirektion Tirol bereits die Verwendung des Decknamens *„Dr. RINNER / STEINACH"* vereinbart worden. Unlängst sei die Vereinbarung eines Treffens mit General Palombi aber nicht zustande gekommen, weil ein italienischer Dolmetscher ein falsches Kennwort angegeben habe.

Dr. Peterlunger bat nun darum, bei telefonischen Kontakten mit der Sicherheitsdirektion Tirol *„nicht Dr. ROMULUS oder ähnliche Namen, sondern Dr. RINNER / STEINACH als Kennwort zu verwenden."*

Der Ministerialrat Dr. Franz Häusler ergänzte: *„Wir haben auch die technischen Verbindungsmöglichkeiten über Fernschreiber geprüft und es wird möglich sein, uns direkt per Fernschreiber anzuschreiben. Ich bitte, folgende Nummer vorzumerken:*

Vorwahlnummer 7 und dann weiter 4140. Es meldet sich dann die Hauptvermittlung der Polizei und wir bitten Sie dann, in Ihrer Anschrift fortzufahren: An das Bundesministerium für Inneres, für Bruno." Die italienischen Teilnehmer notierten dies.

```
                Bundesministerium für Inneres           28. Juli 1967
                (Generaldirektion für die öffentliche Sicherheit)

  Geschäftszahl          Vorzahl  28.335-17/67       Genehmigungs-, Dringlichkeits- und
                                  34.006-17/66       Verschlußvermerk
  37837-17/67            Nachzahlen

  Miterledigte Zahlen                                 V e r s c h l u ß
                         Bezugszahlen


  Gegenstand                                    Frist      zu betreiben am
     Südtirol;
  hier: 4. Treffen österreichischer und
        italienischer Organe der Sicherheits-              neue Frist
        behörden in Zürich am 14.6.1967.
```

           nochmals bitten, nicht Dr.ROMOLUS oder ähnliche
           Namen, sondern Dr. RINNER/STEINACH als Kennwort zu
           verwenden.

Dr.HÄUSLER: Wir haben auch die technischen Verbindungsmöglich-
           keiten über Fernschreiber geprüft und es wird möglich
           sein, uns direkt per Fernschreiber anzuschreiben.
           Ich bitte, folgende Nummer vorzumerken:
           Vorwahlnummer 7 und dann weiter 4140. Es meldet
           sich dann die Hauptvermittlung der Polizei und wir
           bitten Sie dann, in Ihrer Anschrift fortzufahren:
           "An das Bundesministerium für Inneres, für Bruno."

           Diese Nummer wird von den italienischen Teilnehmern
           vorgemerkt.

Auszug aus dem Protokoll über das 4. Treffen österreichischer und italienischer Organe der Sicherheitsbehörden in Zürich am 14. 6. 1967. Bundesministerium für Inneres, Generaldirektion für die öffentliche Sicherheit, Verschluß. (Österreichisches Staatsarchiv/Archiv der Republik/02/BMfI/Österreich-Italien, Besprechungen in Zürich. Zl. 24.222-17/70)

► Neuerliche massive Forderungen nach Änderung der österreichischen Rechtsordnung

Auf dem 4. „Antiterrorgipfel" in Zürich waren am 14. Juni 1967 von den Italienern wiederum massive Forderungen nach Änderung der österreichischen Rechtsordnung auf den Tisch gelegt worden. Das innenministerielle Protokoll berichtet darüber ausführlich.

Der italienische Generalinspekteur der Sicherheitspolizei im italienischen Innenministerium, Giuseppe Lutri, beklagte, dass am 31. Mai 1967 ein Geschworenengericht im großen Südtirolprozess in Linz 15 Angeklagte freigesprochen hatte. Das Linzer Urteil, so Lutri, könne nach italienischer Ansicht eine Ermutigung für *„Terroristen"* sein. Der Botschaftsrat Dott. Benedetto Fenzi vom italienischen Außenministerium knüpfte daran an und forderte von Österreich neuerliche gerichtliche Verfolgungsmaßnahmen, fremdenpolizeiliche Maßnahmen gegen in Österreich lebende Südtiroler und ein behördliches Vorgehen gegen Vereine, *„deren Tätigkeit gegen die Sicherheit Italiens gerichtet ist"*.

Weiters forderte Fenzi die Auslieferung von zwei erst unlängst in Österreich verhafteten Südtirolern, die als Südtiroler Freiheitskämpfer der Gruppe der „Pusterer Buam" angehörten. Dies würde von Rom *„als Zeichen des guten Willens Österreichs ausgelegt werden"*.

Auszug aus dem österreichischen Besprechungsprotokoll mit den Forderungen des Dott. Fenzi. (Protokoll über das 4. Treffen österreichischer und italienischer Organe der Sicherheitsbehörden in Zürich am 14. 6. 1967. Bundesministerium für Inneres, Generaldirektion für die öffentliche Sicherheit, Verschluß, a.a.O.)

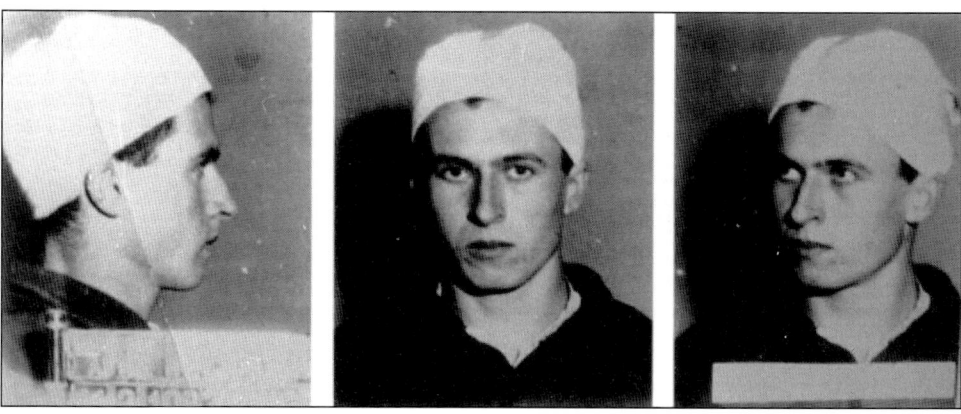

Polizeifoto des in Österreich verhafteten „Pusterer Buam" Josef Forer, dessen Auslieferung von italienischer Seite jetzt gefordert wurde.

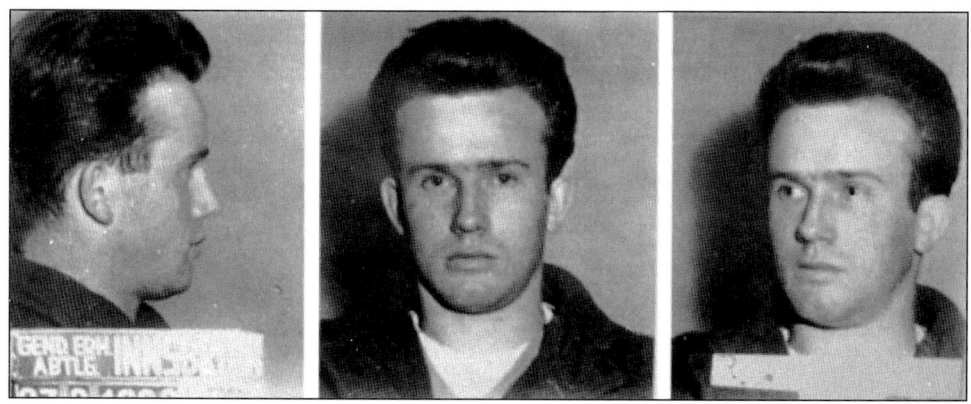

Österreichisches Polizeifoto des ebenfalls verhafteten „Pusterer Buam" Heinrich Oberlechner. Auch seine Auslieferung wurde von den Italienern verlangt.

➤ Hinweis auf die österreichische Rechtslage – Ablehnung von Präventivhaft, Konzentrationslager und Zwangsaufenthalt

Die österreichische Delegation musste hier auf die österreichische Rechtslage verweisen. Dr. Peterlunger: *„So wie Sie auf die Gerichtsbarkeit keinen Einfluss haben, haben auch wir auf die Gerichte und insbesondere auf die Geschworenen keinen wie immer gearteten Einfluss. Das ist in allen demokratischen Staaten so."*

Dann nahm Dr. Peterlunger zu dem italienischen Begehren Stellung, über missliebige Personen eine Vorbeugehaft zu verhängen:

> Was fremdenpolizeiliche Maßnahmen betrifft, sowie Ihre Anregung einer Präventivhaft, so möchte ich zunächst festlegen, daß Österreich bei der Unterzeichnung der Menschenrechtskonvention szt. Vorbehalte gemacht hat. Das österreichische Gesetz kennt keine Präventivhaft und wir wollen auch eine solche nicht einführen. Wir haben mit dieser Einrichtung vor dem Jahre 1938 und auch nachher nur schlechte Erfahrungen gemacht, die letztlich in Konzentrationslagern ausmündeten. Eine solche Institution widerspräche auch der Meinung der österreichischen Bevölkerung.

Auszug aus dem österreichischen Besprechungsprotokoll mit den Erwiderungen Dr. Peterlungers. (Protokoll über das 4. Treffen österreichischer und italienischer Organe der Sicherheitsbehörden in Zürich am 14. 6. 1967. Bundesministerium für Inneres, Generaldirektion für die öffentliche Sicherheit, Verschluß, a.a.O.)

Dann stellte Dott. Russomanno die Frage, ob es denn nicht möglich sei, jenen österreichischen Staatsbürgern, die erst unlängst in einem Geschworenenprozess in Linz freigesprochen worden waren, zwangsweise einen Wohnsitz „*fern der italienischen Grenze*" anzuweisen.

Dazu musste Dr. Peterlunger erklären: „*Was den Zwangsaufenthalt angeht: das ist wegen des Grundgesetzes der Freiheit der Person nicht möglich.*"

Zu den geforderten fremdenpolizeilichen Maßnahmen erklärte Dr. Peterlunger, dass sowohl der österreichische Verwaltungsgerichtshof wie auch der Verfassungsgerichtshof „*sehr empfindlich*" seien, „*was die Einschränkung der persönlichen Freiheitsrechte betrifft. Das müssen wir zur Kenntnis nehmen, wenn es uns auch als Sicherheitsbehörde manchmal nicht angenehm sein mag ... Oft wären uns bestimmt Maßnahmen sympathisch, doch können wir sie wegen der Rechtsprechung nicht durchführen; wir versuchen daher, auf andere Weise ans Ziel zu kommen.*".

(Protokoll über das 4. Treffen österreichischer und italienischer Organe der Sicherheitsbehörden in Zürich am 14. 6. 1967. Bundesministerium für Inneres, Generaldirektion für die öffentliche Sicherheit, Verschluß, a.a.O.)

Es zeigte sich in späterer Folge aber, dass das österreichische Innenministerium bald in die Knie gehen und den italienischen Forderungen nach Präventivhaft und Zwangsaufenthalten für geflüchtete Südtiroler unter Beugung der eigenen Rechtsordnung nachgeben sollte.

▶ Mitteilung polizeilicher Erhebungsergebnisse an die Italiener – unter Umgehung des Rechtshilfeweges

Während des Treffens kamen auch die laufenden „ADRIANO"-Meldungen zur Sprache, wobei die Österreicher darauf hinweisen konnten, dass nur noch die Beantwortung einer einzigen „ADRIANO"-Anfrage offen sei. In dem österreichischen Besprechungsprotokoll heißt es dazu: *„Dies wird auch von den italienischen Gesprächspartnern bestätigt."*
Dann kam es zur gemeinsamen Erörterung einzelner Personen und Fälle, wobei die Österreicher willfährig auch Auskünfte über Verhörergebnisse erteilten. (Protokoll über das 4. Treffen österreichischer und italienischer Organe der Sicherheitsbehörden in Zürich am 14. 6. 1967. Bundesministerium für Inneres, Generaldirektion für die öffentliche Sicherheit, Verschluß, a.a.O.)

▶ Strikte Geheimhaltung der Rechtsbrüche: „... wir halten das sonst bei der Bevölkerung nicht aus"

Es kam bei diesem Treffen noch zu ausführlichen Erörterungen der Ergebnisse von Hausdurchsuchungen und der Inhalte von Aussagen bei Polizeiverhören. Darüber hinaus wurden schriftliche Unterlagen ausgetauscht.

Wie ungeniert hierbei die Rechtslage in Bezug auf Rechtshilfe missachtet wurde, zeigt der Fall des nach Österreich geflüchteten Südtirolers Alois Larch aus Dorf Tirol. Wie schon früher erwähnt, war dieser in Österreich verhaftet worden. Bei ihm hatte man ein Notizbuch mit Namen und Adressen von Freunden und Bekannten gefunden. Bei der Besprechung entspann sich nun laut des geheimen „Verschluß"-Protokolls des Innenministeriums folgender denkwürdige Wortwechsel:

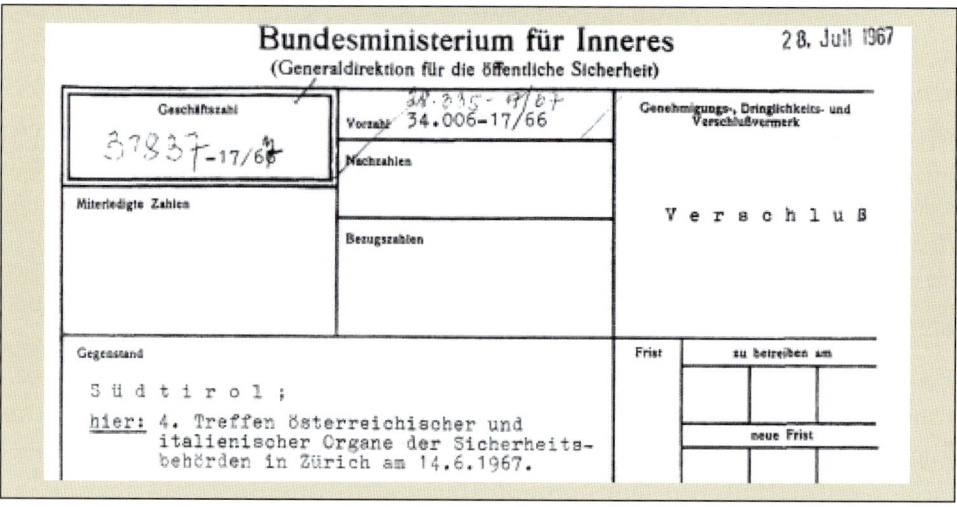

> **Sektion III.**
>
> Zahl: 50.090-SL.III/67
> Betr.: S ü d t i r o l ;
> hier: 4. Treffen österreichischer und
> italienischer Organe der Sicherheits-
> behörden in Zürich am 14.6.1967.
>
> Streng vertraulich
>
> G e d ä c h t n i s p r o t o k o l l
>
> ---
>
> Dr. RUSSOMANNO: Was ist mit den Namen in LARCHS Notizbuch?
>
> Dr. PETERLUNGER: Mit Ausnahme eines Namens, der noch nicht
> identifiziert werden konnte, sind alle negativ.
>
> Dr. RUSSOMANNO: Vielleicht haben wir für diese Namen Interesse.
>
> Dr. PETERLUNGER: Wir werden Ihnen alle Namen gesammelt bekannt-
> geben.
>
> *[handschriftlich: nein nicht alle! einen können wir nicht identifizieren.]*

(Protokoll über das 4. Treffen österreichischer und italienischer Organe der Sicherheitsbehörden in Zürich am 14. 6. 1967. Bundesministerium für Inneres, Generaldirektion für die öffentliche Sicherheit, Verschluß, a.a.O.)

Ein nachträglich angebrachter Vermerk in dem Protokoll besagt, dass man lediglich einen der Namen nicht an die Italiener weitergeben werde, weil man ihn nicht habe identifizieren können.

Keiner der österreichischen Teilnehmer an diesem Treffen erhob Widerspruch gegen dieses Vorgehen. Welch schlechtes Gewissen die österreichische Delegation jedoch hatte, kann einer Wortmeldung des Oberpolizeirats Dr. Eduard Obrist von der Sicherheitsdirektion Tirol in Innsbruck entnommen werden. Aus Angst davor, dass das die allzu enge und rechtswidrige Zusammenarbeit mit den italienischen Sicherheitsbehörden bekannt werden könnte, platzte es aus ihm heraus: *„Es muss*

nur sichergestellt werden, daß die direkten Kontakte nicht offenbar werden. Wir halten das sonst bei der Bevölkerung nicht aus."

Der Oberpolizeirat Dr. Eduard Obrist von der Sicherheitsdirektion Tirol fürchtete sich vor der Stimmung in der Bevölkerung. Mit Recht, denn ihm waren schon von unbekannten Tätern die Fensterscheiben seiner Wohnung eingeworfen worden.

> Dr.OBRIST: Es muß nur sichergestellt werden, daß die direkten
> Kontakte nicht offenbar werden. Wir halten das
> sonst bei der Bevölkerung nicht aus.

(Protokoll über das 4. Treffen österreichischer und italienischer Organe der Sicherheitsbehörden in Zürich am 14. 6. 1967. Bundesministerium für Inneres, Generaldirektion für die öffentliche Sicherheit, Verschluß, a.a.O.)

▶ Direkter Kontakt zur italienischen Grenzpolizei am Brenner – zu einem Geheimdienst-Spezialisten für „schmutzige Angelegenheiten"

Das von Dr. Peterlunger verfasste „Gedächtnisprotokoll" hielt noch fest, dass zum Abschluss der Besprechung die Schaffung einer direkten Verbindung zwischen der von Commissario Dott. Secolo Perusco geleiteten italienischen Grenzpolizeistelle am Brenner (Polizia di Frontiera del Brennero) und der Tiroler Sicherheitsdirektion „im kurzen Wege" vereinbart wurde. Dies sollte „*insbesondere hinsichtlich des Grenzübertrittes von Personen in Südtirol nach Nordtirol*" geschehen, „*die mit behaupteten Terroristen in Verbindung stehen*". (14. 6. 1967: Oswald Peterlunger (BMfI): 4. Treffen der Sicherheitsbehörden in Zürich. In: Rolf Steininger: „Akten zur Südtirol-Politik 1959–1969", Bd. 6 – 1967, Innsbruck-Wien-Bozen 2012, S. 182ff)

Dottore Secolo Perusco – ein Mann für „schmutzige Angelegenheiten".

Zum italienischen Verbindungmann Dott. Secolo Perusco ist festzuhalten, dass dieser mehrfach in „schmutzige" Geheimdienstaktionen verwickelt war. Er hatte in einem nachgewiesenen Fall einen bombenlegenden italienischen Provokateur und Agenten über die Grenze geschleust und auch als Verbindungsmann zu den italienischen Agenten Franz und Christian Kerbler fungiert. Letzterer hatte dann den Südtiroler Freiheitskämpfer Luis Amplatz im Auftrag der Italiener meuchlings getötet. Perusco hatte bei dieser geheimdienstlichen Tätigkeit eng mit Silvano Russomanno zusammengearbeitet und war mit an der Führung von Agenten wie Carl Franz Joosten beteiligt gewesen, welche er auch im Ausland konspirativ getroffen hatte. (Gianni Flamini: „Brennero connection. Alle radici del terrorismo italiano", Roma 2003, S. 102)

Dieser Mann war nun der direkte Ansprechpartner der Tiroler Sicherheitsdirektion bei der gemeinsamen Verfolgung Südtiroler Freiheitskämpfer.

Die Aushebelung des Rechtshilfeverbots auf lokaler Ebene – Geheimdiensttätigkeit eines Kommandanten der italienischen Grenzpolizei

Der auf dem Züricher Sicherheitstreffen am 14. Juni 1967 zum italienischen Verbindungsmann zur Tiroler Sicherheitsdirektion in Innsbruck bestellte Dott. Secolo Perusco war seit dem 20. August 1957 „Dirigente Settore Polizia Frontiera del Brennero", Leiter der italienischen Grenzpolizeistelle Brenner.

Über seine Dienstzeit berichtet Perusco in seinem Erinnerungsbuch „Brennero Cooperation", dessen Titel auf Deutsch „Zusammenarbeit am Brenner" heißt. Perusco hatte seine Entsendung auf den Brenner zunächst wie eine Strafversetzung empfunden. Dort sei es, so schreibt er, stets kalt und es scheine wenig Sonne.

Peruscos 2008 veröffentlichtes Erinnerungsbuch.

Perusco (links im Bild) als Leiter der italienischen Grenzpolizeistelle Brenner.

▶ Ablehnung durch die österreichischen „Kollegen"

Auch der Empfang durch die österreichischen Kollegen sei mehr als kühl gewesen: *„Ich habe immer noch die Szene vor Augen, die sich im August 1957 abgespielt hat, als ich das erste Mal, in Begleitung des Amtsleiters, meines Vorgängers, beim Straßenübergang die Grenze überquerte:*

Als wir uns den österreichischen Gendarmen und Zollbeamten näherten, bemerkte ich, wie sie sich wegdrehten oder sich so positionierten, dass sie uns nicht in die Augen blicken oder uns grüßen mussten. Sie reagierten auch nicht auf unseren Gruß, als wir an ihnen vorbeigingen."
(Secolo Perusco: „Brennero Cooperation", Brescia 2008, S. 80)

Das Verhältnis zu den österreichischen Zöllnern verbesserte sich naturgemäß auch im Jahre 1961 nicht, als die Zeitungen voll waren mit Berichten über die Folterungen von Südtirolern in den Carabinierikasernen. Perusco bezeichnet diese in seinem Erinnerungsbuch als *„vere o presunte"* – als *„tatsächlich oder mutmaßliche"* Misshandlungen. Hier habe laut Perusco eine *„antiitalienische Propaganda-Operation"* des „Bergisel-Bundes" (BIB) – eine *„operazione propagandistica antiitaliana"* – das Augenmerk der Öffentlichkeit von *„dem großen Verschulden Österreichs"* an den Anschlägen in Südtirol abgelenkt.

„Auch meine Beziehungen zu den Repräsentanten des Nachbarstaates", schreibt Perusco in seinen Erinnerungen, *„wurden durch die hämmernde antiitalienische Propaganda beeinflusst"*. Deren *„zur Schau getragene Höflichkeit"* gegenüber den italienischen Grenzbeamten täuschte Perrusco nicht über ihre *„Zurückhaltung und nicht vorhandene Bereitschaft zur konkreten Zusammenarbeit im Kampf gegen den Terrorismus"* hinweg. Dieser *„Terrorismus"* sei *„vor allem in Tirol als patriotische Bewegung"* betrachtet worden. (Secolo Perusco: a.a.O., S. 90)

Deshalb hätten die zuständigen österreichischen Behörden in Übereinstimmung mit der öffentlichen Meinung *„gegenüber den terroristischen Plänen gegen Italien"* und den von *„fanatischen österreichischen Nationalisten"* unterstützten geflüchteten *„Altoatesini"* eine gleichgültige Hal-

Die Grenzstation Brenner in den Fünfzigerjahren des 20. Jahrhunderts.

tung eingenommen, sodass diese in Tirol ungestört ihre Vorbereitungen treffen konnten. Es habe, so Perusco, nur wenige österreichische Beamte gegeben, welche sich von ihrem *„Gewissen"* hätten leiten lassen. (Secolo Perusco: a.a.O., S. 91)

▶ Erste geheimdienstliche Tätigkeit

Dott. Perusco stand in ständigem Kontakt zum italienischen Konsulat in Innsbruck, das als Drehscheibe der geheimdienstlichen Tätigkeit in Tirol fungierte. Er nahm auch an dem gesellschaftlichen Leben in Innsbruck teil und pflegte nach Möglichkeit Kontakte. Ganz offensichtlich diente auch dies der von ihm selbst ausgeübten geheimdienstlichen Tätigkeit.

In seinen Erinnerungen schildert Perusco, wie es ihm Anfang 1961 gelungen war, den ehemaligen Anti-NS-Widerstandskämpfer, Historiker, Volkskundler und Publizisten Wolfgang Pfaundler als BAS-Aktivisten zu enttarnen.

Zu Beginn des Jahres 1961 habe er in Innsbruck auf einer gesellschaftlichen Veranstaltung durch Zufall ein Gespräch mitgehört, in welchem einer der Gesprächsteilnehmer berichtete, dass der in Innsbruck sehr bekannte Wolfgang Pfaundler bei der Witwe des holländischen Konsuls ein Zimmer angemietet habe.

Dieses Gespräch ging Dott. Perusco nicht aus dem Kopf. *„Ich wusste"*, schreibt er in seinen Erinnerungen, *„dass Pfaundler höchstpersönlich in der Nähe von Innsbruck Kurse für geflüchtete Südtiroler abhielt, in denen die Herstellung und der Gebrauch von Sprengladungen gelehrt wurde. Mir war außerdem bekannt, dass Pfaundler häufige Begegnungen mit dem damaligen Außenminister Bruno Kreisky hatte, den er öffentlich als Freund bezeichnete."* (Secolo Perusco: a.a.O., S. 92)

Damals sei Dr. Kreisky als Nachfolger des UN-Generalsekretärs Dag Hammarskjöld zur Debatte gestanden und hätte bei der Betrauung mit diesem Amt angesichts seines internationalen Ansehens auf breite Zustimmung zählen können. Das hätte aber angesichts der vor den Vereinten Nationen anhängigen Südtirol-Frage Italien zum Nachteil gereicht.

Es sei nun darum gegangen, schreibt Perusco, die öffentliche Aufmerksamkeit auf Pfaundlers *„terroristische Aktivität gegen Italien sowie auf die mit Minister Kreisky gepflegte Freundschaft"* zu lenken. Damit hätte man *„im Bedarfsfall dessen Nichteignung aufzeigen können, diese heikle und sehr wichtige Aufgabe innerhalb der UNO unparteilich zu behandeln"*.

Wolfgang Pfaundler, Publizist und führendes BAS-Mitglied.

Der österreichische Außenminister Dr. Bruno Kreisky sollte diskreditiert werden.

Einige Tage später erhielt Dott. Perusco den Besuch des Carabinieri-Majors Ettore Dal Piaz. Dieser war Leiter des „Centro Controspionaggio" (CS) in Verona und zuständig für die geheimdienstliche Bekämpfung der Aufstandsbewegung in Südtirol. Perusco teilte dem Geheimdienst-Major seine Überlegungen mit.

Anfang März, berichtet Dott. Perusco, sei dann aus Triest – von Major Dal Piaz gesandt – ein schon etwas älterer Herr zu ihm gekommen, welcher perfekt Deutsch sprach und mit einem *„documento di copertura"* – einem falschen Pass – ausgestattet gewesen sei. Dieser mit einem Decknamen versehene Agent sei dann nach Innsbruck weiter gereist und habe sich als belgischer Journalist ausgegeben. Unter Ausnutzung der Bekanntschaft eines polnischen Adeligen mit der Witwe des holländischen Konsuls Ellie Oberwurzer-Brenken habe der Agent sich in deren Vertrauen eingeschlichen und sich in ihrer Wohnung in Innsbruck als Untermieter eingemietet.

Perusco: *„Eines Abends, als die Vermieterin auswärts zu Besuch bei Verwandten war, drang der falsche Journalist in das von Pfaundler gemietete Zimmer ein, öffnete mit Gewalt die Schlösser von drei großen Koffern und fand dort Maschinenpistolen, Pistolen, Munition, Sprengstoff, Zündschnüre, verschiedene Vorrichtungen zur Herstellung von Sprengladungen und Landkarten mit eingezeichneten Zielen künftiger Anschläge".*
(Secolo Perusco,: a.a.O., S. 92)

Der italienische Einbrecher und Agent raffte die Landkarten an sich und erreichte mit dem nächsten Zug den Brenner. Der italienische Gegenspionagedienst *„Servizio di C.S."* informierte dann *„auf vertraulichem Wege"* per Telefon *„den Sicherheitsdienst"* des österreichischen Bundesheeres.

Um sicher zu stellen, dass die österreichischen Behörden auch tatsächlich tätig werden mussten, informierten die Italiener laut Dott. Perusco nun das Nachrichtenmagazin „Der Spiegel", wobei sich der italienische Informant gegenüber dem stellvertretenden Chefredakteur als *„Angehöriger des Sicherheitsdienstes des österreichischen Heeres"* ausgegeben habe. (Secolo Perusco: a.a.O., S. 94)

Der Anfang des am 19. April 1961 im „Spiegel" erschienenen, vom italienischen Geheimdienst lancierten, Artikels. In diesem hieß es abschließend: „Bei einem großen Prozeß gegen Pfaundler könnte sich plötzlich herausstellen, dass mindestens die halbe Bundesregierung von den Partisanenspielen gewußt hat."

> **ÖSTERREICH**
>
> **WAFFENLAGER**
>
> **Fragen Sie Frau Elli**
>
> Am Telefon meldete sich eine Stimme mit italienischem Akzent. Je länger der Unbekannte sprach, desto interessierter lauschte der Angerufene, Major Cutitz, Abwehroffizier der österreichischen 6. Gebirgsbrigade in Innsbruck. Hastig zog er sich einen Schreibblock heran und kritzelte die Worte des Fremden nieder.
>
> Der Major notierte: „Wir machen Sie aufmerksam: Am Haydnplatz 4, im zweiten Stock links, befindet sich ein gewisses Quantum Munition, Sprengstoff und Waffen. Interessieren Sie sich einmal dafür. Fragen Sie Frau Elli von Obwurzer-Brenken."

In Innsbruck wurde nun eine behördliche Durchsuchung des von Pfaundler gemieteten Zimmers durchgeführt und es wurden die Waffen und der Sprengstoff sichergestellt. Am 25. Juni 1962 konnte Pfaundler bei seinem Prozess in Graz jedoch einen Freispruch erreichen. Die Geschworenen folgten der These der Verteidigung, wonach Pfaundler das belastende Material von italienischer Seite untergeschoben worden sei.

▶ Das Konsulat als Geheimdienst-Expositur und die Anwerbung eines Auftragsmörders

Dass das italienische Generalkonsulat in Innsbruck und das angeschlossene „Kulturinstitut" als Außenstelle der italienischen Geheimdienste fungierten, war in eingeweihten Kreisen in Innsbruck gut bekannt. In seinem Erinnerungsbuch bestätigt Dott. Perusco dies und beschreibt, wie er Christian Kerbler, den späteren Mörder des Freiheitskämpfers

Luis Amplatz, am 1. November 1963 persönlich zu Geheimdienstbesprechungen nach Bozen gebracht hatte: *„Seine Ankunft am Brenner war mir vom italienischen Generalkonsul in Innsbruck, Dott. Enrico Manca di Villahermosa, angekündigt worden. Kerbler hatte sich dem Generalkonsul in Innsbruck vorgestellt und erklärt, er sei bereit zur Mitarbeit im Kampf gegen den Terrorismus in Südtirol."* (Secolo Perusco: a.a.O., S. 5)

Kerbler meldete sich am Brenner bei Perusco und übergab ihm seine Visitenkarte, welche ihn als „Journalisten" auswies. Tatsächlich war Kerbler aber eine verkrachte Existenz. Er hatte sich zwar als freischaffender Journalist versucht, war aber damit gescheitert. Nun schien ihm der italienische Judaslohn ein Ausweg aus seiner finanziellen Misere zu sein. Perusco brachte Kerbler auftragsgemäß mit einem Dienstwagen zu dem Bozner Polizeichef, dem Quästor Ferruccio Allitto Bonanno. Damit begann Kerblers Tätigkeit als italienischer Agent.

Bild links: Der aus Hall in Tirol stammende Auftragsmörder Christian Kerbler. Bild oben: Kerblers Visitenkarte mit der falschen Berufsbezeichnung „Journalist".

Der Bericht des Dott. Perusco wird auch durch den im Jahre 1992 von dem Senator Marco Boato verfaßten Bericht der italienischen parlamentarischen Untersuchungskommission („Commissione stragi") über terroristische Umtriebe der italienischen Geheimdienste bestätigt. Der Leiter der politischen Polizei in Bozen, Dott. Giovanni Peternel, erklärte laut Boato-Bericht am 16. Juli 1991 vor dem venezianischen Untersuchungsrichter Mastelloni: *„Der Quästor Alitto Bonanno koordinierte die Arbeit. Dabei gab es eine ständige Verbindung zu Monico (Chef des Gegenspionagezentrums Verona), zu dem Untersuchungsrichter Martin und dem Staatsanwalt Corrias."* Bezahlt wurde *„der Konfident"* laut

Der italienische Senator Marco Boato enthüllte in einem parlamentarischen Untersuchungsbericht, wie der Auftrag zum Mord an den beiden Südtiroler Freiheitskämpfern Luis Amplatz und Georg Klotz „auf hoher Ebene" beschlossen worden war.

Peternel aus dem *„Fonds des italienischen Innenministeriums"*. Diese Aussagen bestätigte auch der Geheimdienstoberst Renzo Monico am 5. Juli 1991 vor dem Untersuchungsrichter Carlo Mastelloni.
In der Nacht des 6. auf den 7. September 1964 erschoss der von Italien angeheuerte Agent Christian Kerbler als Auftragsmörder der Italiener den Freiheitskämpfer Luis Amplatz in einer Südtiroler Almhütte auf der Brunner Mahdern meuchlings im Schlaf und verwundete den Freiheitskämpfer Georg Klotz schwer. *„Diese Überraschungsaktion gegen die beiden altoatesinischen Terroristen"*, so sagte Peternel vor dem Untersuchungsrichter Mastelloni aus, *„wurde auf hoher Ebene konzertiert"*, womit die Ebene des italienischen Innenministers Taviani gemeint gewesen sei. Er, Peternel, habe aber *„an diesen Treffen auf hohem Niveau (Taviani)"* selbst nicht teilgenommen. (Senator Marco Boato: „Relazione preliminare su episodi relativi all'attivita di corpi militari, di polizia o di sicurezza dello stato in connessione con le vicende del terrorismo in Alto Adige/Südtirol", Commissione parlamentare d'inchiesta sul terrorismo in Italia es sulle cause della mancata individuazione die responsabili delle stragi", Roma, April 1992, S. 67)

▶ Betreuung eines Geheimagenten, Provokateurs und Bombenlegers

Am 15. November 1964 explodierte in Brixen ein von einem italienischen Agenten mit einer Sprengladung versehener Gepäckwagen des Ex 61 „Brennerexpress". Täter war der von dem italienischen Geheimdienst angeheuerte Deutsche Carl Franz Joosten, der als Agent (Deckname „John") direkt von dem Bozner Quästor Dr. Ferruccio Alitto Bonanno geleitet und in den Akten des militärischen Geheimdienstes SIFAR als *„elemento numero 3"* geführt wurde. Die provokatorische Tat hätte dem Südtiroler Freiheitskämpfer Georg Klotz in die Schuhe geschoben werden sollen. (Otto Scrinzi: „Chronik Südtirol 1959–1969", Graz-Stuttgart 1996, S. 433)

Bild links: Der Agent und Bombenleger Carl Franz Joosten alias „John". Bild rechts: Im Auftrag der Italiener hatte Joosten eine Bombe in dem Gepäckwagen des Brenner-Express platziert, die am 15. November 1964 detonierte.

Joosten hatte sich nach offizieller italienischer Darstellung als Reumütiger bei dem Leiter der Grenzpolizei, Dott. Perusco, gemeldet und offenbart, dass sich im „Brennerexpress" eine von Südtiroler Attentätern verfertigte und von ihm in deren Auftrag hinterlegte Bombe befinde. Immer der offiziellen Darstellung folgend, habe man daraufhin den Zug in Brixen angehalten, den Gepäckwagen auf ein totes Gleis geschoben und dann die Explosion abgewartet.

Perusco berichtet, dass er nach vollbrachter Tat den angeblich „reumütigen" Bombenleger, der in Wahrheit ein italienischer Agent war, nach Brixen brachte. Dort unterhielt sich der Quästor Bonanno mit Joosten und vereinbarte ein künftiges Treffen. Dann begleitete Perusco den Agenten Joosten wieder zum Brenner und ermöglichte ihm den problemlosen Grenzübertritt zurück nach Österreich. (Secolo Perusco: a.a.O., S. 8)

Joosten wurde allerdings später von der Polizei in Österreich als Bombenleger enttarnt, verhaftet und am 15. November 1965 von einem Gericht in Graz zu 18 Monaten Kerker verurteilt.

Pro forma wurde Joosten auch in Italien angeklagt. Dieser Prozess wurde gut vorbereitet.

Im Jahr 1991 kamen darüber einige weitere Details an das Tageslicht, als der ehemalige Leiter der Grenzpolizei am Brenner, Secolo Perusco, von dem venezianischen Untersuchungsrichter Dott. Carlo Mastelloni, der die Umtriebe und Verbrechen der italienischen Geheimdienste untersuchte, einvernommen wurde. Mastelloni hielt fest: Perusco *„sah Joosten dann in München wieder, zusammen mit dem Quästor und dem Advokaten Lehner aus Mailand, welche sich mit diesem getroffen hatte, um die Verteidigungslinie für den bevorstehenden Prozess gegen Joosten in Brescia festzulegen. ... Joosten erhielt Geld von* (Anm.: dem Quästor) *Alitto Bonanno ... Er* (Anm.: Perusco) *schließt nicht aus, dass Joosten Kontakte zur CIA gehabt habe, da er in Vietnam mit den Amerikanern zusammengearbeitet hatte."*

In dem Prozess, welcher so gut mit den Zeugen, dem Bozener Quästor-Polizeichef Dott. Bonanno und dem Leiter der Grenzpolizei am Brenner, Dott. Perusco, vorbereitet worden war, wurde Joosten in Abwesenheit am 16. September 1970 wie geplant von dem Schwurgericht in Brescia freigesprochen, *„weil er die Tat nicht begangen hat"*. (Senator Marco Boato: „Relazione preliminare su episodi relativi all'attivita di corpi militari, di polizia o di sicurezza dello stato in connessione con le vicende del terrorismo in Alto Adige/Südtirol", a.a.O., S. 75f)

➤ 1965: Geheimtreffen im italienischen Generalkonsulat in Innsbruck – Vereinbarung direkter Zusammenarbeit auf Polizeiebene

Wie Perusco in seinen Erinnerungen berichtet, war das Verhältnis zwischen den österreichischen und italienischen Polizeibeamten nach wie vor angespannt. Das war wohl kein Wunder angesichts der italienischen Polizeiübergriffe, Folterungen, Todesschüsse auf Zivilisten und der exorbitant hohen Strafen in den Gerichtsverfahren gegen Südtiroler Freiheitskämpfer.

Unter der Regierung Klaus: Lokale Zusammenarbeit „auf vertraulicher Basis"

Unter der Regierung Dr. Klaus sollte sich die Lage jedoch entscheidend ändern. Einige höhere Beamte in Tirol begannen – sicherlich mit Wissen und Billigung der Regierung in Wien – bestens mit den Italienern zu kollaborieren und *„auf vertraulicher Basis"*, wie Perusco in seinen Erinnerungen vermerkt, bereits willig illegale Rechtshilfe zu leisten. Diese Zusammenarbeit wurde zu Beginn des Jahres 1965 auf eine geheime halboffizielle Basis gestellt.

➤ Die institutionelle Organisation der illegalen Rechtshilfe

Dott. Perusco berichtet, dass am 15. Januar 1965 auf Einladung des italienischen Generalkonsuls Dott. Enrico Manca di Villahermosa ein geheimes Treffen in dessen Privatresidenz in Innsbruck stattfand. Das Treffen war von Perusco und dem Generalkonsul vorbereitet worden.

Von italienischer Seite nahmen teil: Der Quästor (Polizeichef) von Bozen, Dott. Ferruccio Alitto Bonanno, der Leiter der Zone III der Grenzpolizei, Dott. Vittorio Rainiero, und der Leiter der Grenzpolizei Brenner, Dott. Secolo Perusco.

Von österreichischer Seite nahmen teil: Der Tiroler Sicherheitsdirektor Dr. Max Stocker, der Polizeidirektor Dr. Rudolf Junger, dessen Mitarbeiter Dr. Friedrich Uiberreiter und der Tiroler Gendarmeriekommandant Oberst Peter Fuchs.

Perusco berichtet: *„Der Zweck der Zusammenkunft im Privatwohnsitz des Generalkonsuls war, zu einem Einverständnis darüber zu gelangen, den Terrorismus durch die Polizeikräfte beider Staaten mit gleicher Wirksamkeit zu bekämpfen."*

In der Diskussion wies der Tiroler Sicherheitsdirektor Dr. Max Stocker auf die Schwierigkeiten auf österreichischer Seite hin: *„In Tirol ist die Aufgabe der Polizeibeamten keine leichte, weil die Bevölkerung sie des Verrats beschuldigen würde, wenn sie es wagen würden, mit Härte gegen die nach Österreich geflüchteten Südtiroler vorzugehen."*

Laut Peruscos Aufzeichnungen versicherte Dr. Stocker aber dann, dass seitens Österreichs *„jegliche Anstrengung unternommen werde, um der italienischen Polizei die notwendige Zusammenarbeit zu bieten. Auf seinen von den anderen Teilnehmern gutgeheißenen Vorschlag wurde ich dazu bestimmt, als ‚trait d'union' für den Austausch von Informationen zwischen Bozen und Innsbruck und viceversa zu fungieren."* (Secolo Perusco: a.a.O., S. 97f)

Der Nordtiroler Sicherheitsdirektor Hofrat Dr. Max Stocker trat gerne in patriotischer Trachtenkleidung auf. Er versicherte den italienischen Freunden, der italienischen Polizei nach Kräften bei der Verfolgung der Südtiroler Freiheitskämpfer helfen zu wollen.

Man war von österreichischer Seite jedenfalls bemüht, der italienischen Seite kollegial beizustehen. Wie Perusco berichtet, erschien eines Abends der Innsbrucker Polizeidirektor Dr. Junger unangemeldet am Brenner, um eine Warnung zu übermitteln. Er habe von einem Kollegen aus Wien erfahren, dass in der Hauptstadt ein Plan einer Studentenverbindung, einer „Burschenschaft", aufgedeckt worden sei, ein Attentat auf Perusco zu verüben. Junger empfahl Perusco, in Hinkunft seine Fellmütze nicht mehr aufzusetzen. In Bezug auf den geplanten Angriff auf seine Person sei diese nämlich als besonderes Kennzeichen seiner Person erwähnt worden. Perusco berichtet weiter: *„Tatsächlich war ich der Einzige am Brenner, der im Winter diese Art von Kopfbedeckung trug. Selbstverständlich benützte ich sie ab jetzt nicht mehr. Außerdem überquerte ich einige Monate lang nicht mehr die Grenze, bis sich das Verhältnis Österreich-Italien wieder entspannt hatte. Wenn ich mich in Südtirol bewegte, achtete ich darauf, dass ich von bewaffneten Sicherheitsagenten begleitet wurde."* (Secolo Perusco: a.a.O., S. 98f)

Das Verhältnis der Italiener zu bestimmten österreichischen Spitzenbeamten gestaltete sich zunehmend herzlicher. Dieses Bild zeigt eine gemeinschaftliche gesellige Zusammenkunft österreichischer und italienischer Zoll- und Sicherheitsbeamter am Brenner.

▶ Wien muss informiert gewesen sein

Es ist auszuschließen, dass hochrangige österreichischer Sicherheitsbeamte an einer solchen Zusammenkunft teilgenommen und dort weitgehende Abmachungen treffen konnten, ohne dass das Innenministerium in Wien im Detail darüber informiert worden wäre.

Es muss den Politikern und Spitzenbeamten in Wien auch klar gewesen sein, dass der ab nun einsetzende unkontrollierte und unbegrenzte Informationsaustausch nichts anderes bedeutete als das Unterlaufen des gesetzlichen Verbots der Rechtshilfe in politischen Fällen.

Als Dott. Secolo Perusco auf dem Sicherheitstreffen am 14. Juni 1967 in Zürich zum offiziellen italienischen Verbindungsmann zur Tiroler Sicherheitsdirektion in Innsbruck bestellt wurde, da wurde lediglich eine Verfahrensweise bestätigt, die bereits seit 1965 gehandhabt worden war.

➤ Eine peinliche Panne – die illegale Rechtshilfe wird bekannt

Einer der von den Italienern meistgesuchten BAS-Aktivisten war der junge Österreicher Peter Kienesberger. Am 18. März 1965 traf sich Dott. Perusco mit Dr. Uiberreiter von der Innsbrucker Staatspolizei und *„bat ihn um ein aktuelles Foto von Kienesberger"*.

Über den Anlass dazu berichtet Perusco:

„Vor einiger Zeit war in Bozen ein Attentat auf eine Schule (Anmerkung: die in der Nacht leer stand) *verübt worden. Ich erfuhr, dass in der Nacht zuvor ein junger Deutscher namens Huttinger in einem Hotel in der Stadt übernachtet hatte. Das kam mir verdächtig vor. Daher bat ich den Leiter des politischen Büros des Polizeipräsidiums, sich von der Hotelangestellten, die die Daten des Ausländers aufgenommen hatte, eine Personenbeschreibung geben zu lassen. In Bezug auf Alter, Größe, Statur und Aussehen der Brille entsprach die Beschreibung genau dem Österreicher Peter Kienesberger, dem fanatischsten und gnadenlosesten Terroristen aus Tirol.*

Am 18. März 1965 übergab ich Dr. Überreiter (richtig: Uiberreiter) *die Fotokopie der Hotelregistrierung des vermeintlichen Huttinger zur Handschriftenanalyse der Unterschrift und bat ihn um ein aktuelles Foto von Kienesberger, um es der vorgenannten Hotelangestellten zu zeigen.*

Das Erkennungsfoto von Kienesberger, das ich auf vertraulicher Basis von dem Beamten erhalten hatte, schickte ich dem Leiter des politischen Büros des Polizeipräsidiums von Bozen, Dr. Giovanni Peternel. Nachdem er es der Hotelangestellten gezeigt hatte, die in dem Foto ohne Zögern den jungen Mann erkannte, der sich mit einem Personalausweis unter dem Namen Huttinger vorgestellt hatte, ließ er davon mehrere Kopien erstellen, die er dann an verschiedene Polizeidienststellen und Kommandos der Carabinieri verteilen ließ, um das Bild den jeweiligen Fahndungsakten hinzuzufügen.

Auch aus dem Handschriftengutachten, das in Wien anhand einer Fotokopie der Hotelregistrierung durchgeführt wurde, ging hervor, das die Unterschrift darauf von Peter Kienesberger stammte. Für das Attentat

Peter Kienesberger ist hier im Bild als Angeklagter im großen Grazer Südtirol-Prozess zu sehen, der mit einem Freispruch endete. Die österreichische Staatspolizei hatte die italienischen Sicherheitsdienste mit Polizeifotos von ihm sowie von Südtiroler Flüchtlingen ausgestattet.

auf die Schule in Bozen und für andere Verbrechen wurde Kienesberger von einem Schwurgericht in Mailand zu 20 Jahren Gefängnis und in Berufung zu 25 Jahren Gefängnis verurteilt". (Secolo Perusco: a.a.O., S. 103f)

Das war wohl ein klassischer Fall von illegaler Rechtshilfe mittels Amtsmissbrauchs. Immerhin hatte diese zu einer schwerwiegenden Verurteilung in einem menschenrechtswidrigen Abwesenheitsverfahren Italien geführt.

Die herzliche illegale italienisch-österreichische Zusammenarbeit erfuhr nur einmal kurz eine Trübung, als die „Tiroler Tageszeitung" am 16. November 1965 sowie der „Grazer Montag" und der „Wiener Montag" am 22. November 1965 aufdeckten, dass Österreich den Italienern in politischen Südtirol-Verfahren illegale Rechtshilfe gewährte. Wie die Zeitungen enthüllten, hatten die österreichischen Sicherheitsbehörden den Italienern Akten und Beweisstücke übergeben sowie Polizeifotos von Freiheitskämpfern und von nach Österreich geflüchteten Südtirolern. Diese Information war den Zeitungen in einem „Offenen Brief" des BAS-Aktivisten Peter Kienesberger mitgeteilt worden. (Otto Scrinzi: „Chronik Südtirol 1959–1969", Graz-Stuttgart 1996, S. 479)

Die österreichischen Sicherheitsbehörden dementierten umgehend und die Bundesregierung wusste natürlich von nichts. Dank der Memoiren von Secolo Perusco wissen wir aber heute, dass die damaligen Vorwürfe stimmten.

Wie Perusco berichtet, waren auf diese Presseveröffentlichungen eine kurze Eiszeit, aber sehr rasch auch eine Wiedererwärmung des Klimas gefolgt. Die ebenso herzliche wie rechtswidrige Zusammenarbeit lief ungestört weiter. Man traf sich, tauschte Informationen und sogar Beweisstücke aus, obwohl in den Zeitungen immer wieder Berichte über schwere Misshandlungen politischer Häftlinge in Südtiroler Carabinieri-Kasernen auftauchten.

➤ Herzliche Freundschaft – „ein Denkmal am Brenner" für Perusco

Das Verhältnis zwischen den polizeilichen Spitzenkräften auf der italienischen und der österreichischen Seite hatte in diesen Jahren immer mehr – je nach Blickwinkel – die Form herzlicher Freundschaft beziehungsweise unterwürfiger Anbiederung seitens der Österreicher angenommen.

Der Innsbrucker Polizeidirektor Hofrat Dr. Rudolf Junger: Italien sollte Dott. Perusco ein Denkmal am Brenner errichten!

Im Juni 1974 wurde Perusco nach Brescia versetzt. Zum Abschied schrieben ihm die österreichischen Spitzenbeamten der Sicherheitsbehörden innige Abschiedsbriefe, in welchen sie ihn nochmals ihrer Freundschaft versicherten. Diese Briefe hat Perusco voll Stolz in seinem Erinnerungsbuch in Faksimile wiedergegeben. (Secolo Perusco: a.a.O., Anhang S. 143ff)

Der Polizeidirektor von Innsbruck sagte zu ihm bei der Verabschiedung: „*Italien sollte Ihnen ein Denkmal am Brenner errichten!*" („*l'Italia dovrebbe erigerLe un monumento al Brennero*") (Secolo Perusco: a.a.O., S. 27)

Die offene Konfrontation

In Wien hatte man die Hoffnung gehegt, auf schlaue und verdeckte Weise zu einer endgültigen Beerdigung der Südtirol-Frage gelangen zu können. Dies sollte durch die gleichzeitige Ausschaltung der Südtiroler Freiheitskämpfer unterstützt werden, wobei sich Wien auf eine rechtswidrige Zusammenarbeit mit italienischen Sicherheits- und Geheimdiensten eingelassen hatte.

Von diesen Vorgehensweisen, die im Hintergrund vollzogen wurden, bekam die Öffentlichkeit so gut wie nichts mit. Bundeskanzler Dr. Klaus konnte unangefochten auf öffentlichen Veranstaltungen im Trachtenanzug als Prototyp des alpenländischen Patrioten auftreten. Es schien alles nur noch die Frage einer kurzen Zeit zu sein. Das große Ziel lag zum Greifen nahe: Der von einem befreundeten Italien nicht mehr blockierte EWG-Beitritt Österreichs. Es ging nur noch darum, dass Österreich einem von Rom vorgeschlagenen inhaltlich unzureichenden „Paket" einer Autonomieregelung zustimmen sollte.

Ein diplomatisches Ultimatum

Am 13. Juni 1967 nahm auf einer gesellschaftlichen Veranstaltung in Rom der Botschaftsrat Cottavi, ein diplomatischer Berater des italienischen Ministerpräsidenten Moro, den österreichischen Diplomaten Friedrich Frölichsthal beiseite und teilte ihm mit, dass sobald als möglich eine letzte österreichisch-italienische Kontaktbegegnung stattfinden sollte, um die Südtirol-Frage endgültig abschließen zu können. Aus italienischer Sicht gebe es keine offenen Fragen mehr, auch nicht hinsichtlich einer Verankerung des Verhandlungsergebnisses, sodass man nun zu einem Abschluss gelangen müsse. Wenn es zu keiner Einigung kommen sollte, werde Italien überlegen, in Hinkunft in der Südtirol-Frage mit einseitigen Maßnahmen vorzugehen. (Fernschreiben der österreichischen Botschaft in Rom an das Bundesministerium für Auswärtige Angelegenheiten in Wien vom 14. Juni 1967, wiedergegeben in: Rolf Steininger: „Akten zur Südtirol-Politik 1959–1969", Bd. 6 – 1967, Innsbruck-Wien-Bozen 2011, S. 193f)

Dann kam alles anders

Doch dann kam alles anders. Am 25. Juni 1967 wurden offizieller italienischer Lesart zufolge vier italienische Soldaten in dem Gebiet der Porzescharte in der Provinz Belluno im italienisch-österreichischen Grenzgebiet durch Tretminen tödlich verletzt.

Umgehend wiesen die italienische Regierung und so gut wie alle italienischen Medien die Schuld den „terroristi altoatesini" zu und die österreichische Regierung wurde der Duldung des „Terrors" bis hin zur Komplizenschaft beschuldigt.

Obwohl von Beginn an in der Öffentlichkeit begründete Zweifel an den offiziellen italienischen Darstellungen auftauchten, wurde seitens der italienischen Regierung die offizielle Darstellung des Geschehens auf der Porzescharte als nicht anzweifelbares Dogma behandelt – und die österreichische Bundesregierung akzeptierte dies. Politisch hatte dies weitreichende Folgen.

Das offizielle EWG-Veto Roms
Am 27. Juni 1967 sprach der italienische Botschafter Martino bei Bundeskanzler Dr. Klaus vor und kündigte ein offizielles italienisches Veto gegen die Aufnahme Österreichs in die EWG an.

Am 28. Juni 1967 erteilte der italienische Außenminister Amintore Fanfani der italienischen Delegation bei der Hohen Behörde der Montanunion (Vorgängerorgan der EG-Kommission) die Weisung, die Aufnahme von Verhandlungen mit Österreich zu blockieren.

Am 30. Juni 1967 forderte Italien im Ausschuss der Ständigen Vertreter des EWG-Rates in Brüssel die Absetzung der österreichischen EWG-Verhandlungen von der Tagesordnung.

Am 1. Juli 1967 teilte der italienische Außenminister Fanfani seinen Botschaftern in den EWG-Staaten mit, dass Italien keine EWG-Verhandlungen mit Österreich zulassen werde, bis Wien widerlegen könne, dass das österreichische Staatsgebiet als Operationsbasis und Zufluchtsort für „Terroristen" diene.

Österreich muss sich freibeweisen – „Erpressung zu Lasten der europäischen Integration"
Das war eine schlaue Forderung. Österreich musste demnach nicht konkrete Vorwürfe widerlegen, sondern in einer Art Beweisumkehr sich selbst generell als schuldlos freibeweisen. In der Praxis hatte dies zur Folge, dass italienische Forderungen an die österreichische Bundesregierung ab nun immer mehr gesteigert werden sollten.

Der Historiker Univ.-Prof. Mag. Dr. Michael Gehler hat die Sache auf den Punkt gebracht: *„Das war nichts anderes als eine außenpolitische Erpressung zu Lasten der europäischen Integration."* (Michael Gehler: „Vorwort", in: Hubert Speckner: „Zwischen Porze und Roßkarspitz ... Der ‚Vorfall' vom 25. Juni 1967 in den österreichischen sicherheitsdienstlichen Akten", Wien 2013, S. 6)

Rudolf Moser erwies sich zunehmend mehr als Agent der römischen Politik denn als Vertrauensmann der ÖVP.

Der christlich-demokratische Geheimunterhändler Rudolf Moser wirkte bis Ende der 1960er Jahre, bis hin zur Annahme des rechtlich nicht abgesicherten römischen „Autonomie-Pakets", als graue Eminenz im Hintergrund. Er sollte sich hierbei zunehmend mehr als Agent der römischen Politik denn als Vertrauensmann der Österreichischen Volkspartei erweisen.

Diese weitere Entwicklung wird in dem in Kürze erscheinenden zweiten Band dieser Dokumentation behandelt. Dieser trägt den Titel

Die christdemokratische Beerdigung der Südtirol-Frage 1966–1969

Wie Rom Wien erpresste und sich die Regierung Klaus willig ergab

Teil II

Bisher erschienene Publikationen des Autors und ein Nachwort in eigener Sache

Der Verfasser der vorliegenden Dokumentation, Dr. Helmut Golowitsch, hat mehrfach zur Südtiroler Zeitgeschichte publiziert, zusammen mit Mag. Walter Fierlinger das Werk **„Kapitulation in Paris"** über die Ursachen und Hintergründe des Pariser Vertrags von 1946 verfasst und für die von Dr. Otto Scrinzi herausgegebene **„Chronik Südtirol 1959–1969. Von der Kolonie Alto Adige zur Autonomen Provinz Bozen"** wesentliche Beiträge geliefert.

Das Buch **„Und kommt der Feind ins Land herein ..."** dokumentiert die Leistungen und Opfer der Tiroler und Vorarlberger Standschützen im Ersten Weltkrieg und der ihnen zu Hilfe geeilten Freiwilligen Schützen aus Oberösterreich, Salzburg, der Steiermark und Kärnten.

In dem Werk **„Ortlerkämpfe 1915–1918. Der König der deutschen Alpen und seine Helden"** wird der dramatische Kampf um Tirol in der Region des ewigen Eises wieder aus weitgehender Vergessenheit geholt.

2009 erschien das Dokumentarwerk **„Für die Heimat kein Opfer zu schwer"** in Erstauflage, welcher mittlerweile 2013 eine zweite Auflage gefolgt ist. Einen wesentlichen Beitrag zu diesem Werk hat Roland Lang geliefert, der Obmann des „Südtiroler Heimatbundes" (SHB), einer von ehemaligen politischen Häftlingen gegründeten Vereinigung, welche für die Selbstbestimmung Südtirols eintritt. Roland Lang hatte bislang unbekannte Briefe von Folteropfern im Bestand der „Südtiroler Volkspartei" (SVP) im Südtiroler Landesarchiv ausfindig gemacht, deren Freigabe erwirkt und für die Auswertung zur Verfügung gestellt.

Die Tageszeitung „Dolomiten" würdigte das Buch am 25. Mai 2009 in einer ganzseitigen Buchbesprechung und kam zu dem Urteil, dass dieser Dokumentation, welche Folterungen Südtiroler politischer Häftlinge in den 1960er Jahren in den italienischen Carabinieri-Kasernen behandelt, *„ein außergewöhnlicher bedeutungsvoller Stellenwert"* zukomme.

Folter für die Heimat

Als Aufklärungsmaterial für jene, die wie jüngst bei der Debatte im Südtiroler Landtag zur Begnadigung der Südtirolaktivisten die Folterung der „Bumser" der 1960er-Jahre leugneten, versteht sich das Buch „Für die Heimat kein Opfer zu schwer".

Auch in der „Neuen Südtiroler Tageszeitung" wurde das Werk positiv gewürdigt.

Ein Nachwort in eigener Sache

Eine nahezu vergessene Tradition der Verbundenheit

Wie war ich als Oberösterreicher dazu gekommen, mich eingehend mit Südtiroler Themen zu befassen?

Es gibt in Oberösterreich eine alte, aber vielfach schon in Vergessenheit geratene Tradition der Verbundenheit mit dem Land Tirol, die mir schon als Schüler vermittelt wurde.

Die militärischen Streitkräfte der Kronländer Oberösterreich und Salzburg unterstanden dem k. u. k. Militärkommando in Innsbruck. Viele

Soldaten und Offiziere aus Oberösterreich und Salzburg wurden bei Bedarf zu Tiroler Regimentern versetzt oder gleich zu diesen eingezogen.

Der spätere Landeshauptmann von Oberösterreich, Dr. Heinrich Gleißner, diente beispielsweise als Oberleutnant der Reserve beim Tiroler Landesschützenregiment Nr. III, den späteren

Rechts außen sitzend: Heinrich Gleißner, der spätere Landeshauptmann von Oberösterreich.

„Kaiserschützen", und wurde an der Südfront mit der „Großen Goldenen Tapferkeitsmedaille" ausgezeichnet.

Nach dem Bündnisverrat und Überfall Italiens auf das südliche Tirol im Mai 1915 wurden zusätzlich in beiden Kronländern freiwillige Schützeneinheiten aufgestellt, die aus für den regulären Kriegsdienst zu Alten und zu Jungen bestanden und die Seite an Seite mit dem letzten Aufgebot Tirols und Vorarlbergs, den Standschützen, die Grenze verteidigten.

Im Jahre 1913 hatte sich der Linzer Otto Alteneder, ein Jugendfreund des späteren Landeshauptmannes Gleißner, als Einjährig-Freiwilliger ebenfalls zu den Tiroler Landesschützen gemeldet, um in Trient beim Landesschützenregiment Nr. I seine Ausbildung zum Reserveoffizier zu erhalten. Der weitere Verlauf der Geschichte ließ den jungen Linzer alle Schrecken des Krieges zunächst an der Ostfront und ab dem Jahre 1915 an der Südfront erleben. Er nahm an zahlreichen Kämpfen teil, wurde schwer verwundet und zeichnete sich durch herausragende Tapferkeit aus. Auf Urlaub in Bozen lernte er dort seine spätere Frau kennen.

Nach dem Krieg wurde Alteneder ein erfolgreicher oberösterreichischer Unternehmer, Mitbegründer eines Industrieunternehmens und Direktor des Verbandes der österreichischen Betonsteinwerke.

Zeit seines Lebens war er nicht bereit, die auch nach 1945 in bester faschistischer Manier fortgeführte Unterdrückung Südtirols hinzunehmen. Er hatte sein Leben oft bei der Verteidigung dieses Landes riskiert, welches ihm zur geliebten zweiten Heimat geworden war. An seiner Seite waren einige seiner besten Freunde gefallen.

Der Fähnrich Otto Alteneder hatte am 7. Juni 1915 eine der beiden Angriffsgruppen der Landesschützen geführt, die den von den Italienern verteidigten Monte Piano stürmten. Dieses Bild aus dem Erinnerungswerk „Kaiserschützen, Tiroler-Vorarlberger Landsturm und Standschützen" (Hrsg.: Kaiserschützenbund, Wien undatiert) *zeigt Erzherzog Karl, der im September 1915 die Fronttruppen besuchte und sich dabei von Alteneder (im Vordergrund) den Kampfverlauf schildern ließ.*

Mitte der 1950er Jahre wurde auf Betreiben des Südtiroler Kanonikus Michael Gamper der „Bergisel-Bund" als Schutzverband für Südtirol gegründet. Der Innsbrucker Universitätsprofessor und Staatssekretär für Südtirol-Fragen, Dr. Franz Gschnitzer, hatte den Vorsitz übernommen. Otto Alteneder war es nun ein Anliegen, als oberösterreichischer Landesobmann für das Recht Südtirols auf Selbstbestimmung einzutreten.

Ich lernte Otto Alteneder zusammen mit Klassenkameraden im Alter von etwa 16 Jahren kennen, als unser strenger, aber hoch respektierter Lateinprofessor Dr. Coelestin Hehenwarter uns empfohlen hatte, Versammlungen des „Bergisel-Bundes" zu besuchen. Ich war von dem ehemaligen Kaiserschützenhauptmann Alteneder ebenso fasziniert wie von dem Thema der Freiheit und der Menschenrechte.

Das Andenken an die Landesverteidiger von 1915–1918 ist weitgehend in der Vergessenheit versunken

Es schmerzt, dass das Andenken an die Landesverteidiger von 1915–1918 weitgehend aus dem Bewusstsein der Öffentlichkeit entschwunden ist. Das spricht nicht gegen unsere Mitbürger, sondern gegen die für die Bildungspolitik Verantwortlichen. Mir ist es heute eine Ehre und Freude, als Mitglied der militärwissenschaftlichen Abteilung des Traditionsverbandes „K.K. LANDWEHRINFANTERIEREGIMENT Nr. 2" mit dazu beitragen zu dürfen, dass der Opfermut unserer Vorfahren nicht gänzlich der Vergessenheit anheimfällt.

Nach der Südtiroler „Feuernacht"

Von der „Feuernacht" in Südtirol erfuhr ich als Publizistik-Student am damaligen Institut für Zeitungswissenschaft an der Universität Wien aus der Presse und war begeistert davon, dass meine Landsleute den Mut hatten, sich gegen den ihnen zugedachten Untergang zur Wehr zu setzen. Zu diesem Zeitpunkt berichtete die Presse, dass Rom ein Ausbürgerungs- und Vertreibungsgesetz für unliebsame Südtiroler plane, welches bereits in einer der beiden Parlamentskammern genehmigt worden war.

Ende Sommer 1961 wurden die grausamen Folterungen politischer Häftlinge in Südtirol bekannt. Als ein Studienkollege mir eröffnete, dass er Verbindung zu Leuten vom „Befreiungsausschuss Südtirol" (BAS) habe und dass Unterstützer des Südtiroler Freiheitskampfes gesucht würden, war ich zusammen mit einem guten Freund mit dabei.

Ankunft in Rom, wo uns der Prozess erwartete. Links im Bild ich, in der Bildmitte mein Mitgefangener Johannes Klein.

Anfang September 1961 wurde ich im Zuge der Geschehnisse zusammen mit drei weiteren Studenten in Trient verhaftet. Ich war damals 19 Jahre alt. Wir wurden wegen politischer Verschwörung und des Besitzes von Sprengstoff angeklagt. Ein weiterer Anklagepunkt wegen Anschlags auf die Einheit des italienischen Staates wurde erst in der Gerichtsverhandlung in Rom fallen gelassen. Bis dahin hatten wir aufgrund dieses Staatsschutzparagraphen Nr. 241 aus dem alten und immer noch gültigen faschistischen Strafgesetzbuch unter der Androhung einer lebenslangen Freiheitsstrafe gestanden. So kam es bei unserem Prozess in Rom dann zu einer Verurteilung zu 4 Jahren und 1 Monat Haft.

Nach unserer Verhaftung hatte sich der Rektor der Universität Wien, Univ.-Prof. Dr. Arnold, herabsetzend über uns geäußert und uns, ohne uns zu kennen oder Näheres über unsere Motive zu wissen, eine „rechtsradikale" Haltung unterstellt gehabt. Am 30. Dezember 1961 richtete der damalige Unterrichtsminister Dr. Heinrich Drimmel (ÖVP) einen „Offenen Brief" an den Rektor, den die „Oberösterreichischen Nachrichten" am 30. Dezember 1961 veröffentlichten. Der Minister schrieb dem Rektor Folgendes ins Stammbuch:

Aus dem Bericht der „Oberösterreichischen Nachrichten" vom 30. Dezember 1961 über den „Offenen Brief" an den Rektor der Wiener Universität.

> Einzelne Studierende, die sich zu gesetzwidrigen Handlungen verleiten ließen, wurden nicht einfach durch neue nazistische Ideale in die Irre gelenkt; sie waren vielmehr der Meinung, im Gegensatz zur lässigen Lebensweise gewisser Alterskameraden einen Einsatz wagen zu müssen, der Mut und Opfer verlangt.

Ich bin dem Minister heute noch für seine freundlichen und mutigen Worte dankbar, die damals für unsere Familien tröstlich waren.

Zu unserem Glück waren damals die italienischen Gefängnisse sehr überfüllt und um wieder mehr Platz zu schaffen, wurden durch allgemeine Amnestien Strafherabsetzungen vorgenommen. Zusammen mit einer Strafreduzierung im Berufungsverfahren erlaubte mir dies die Heimkehr nach 2 Jahren und 3 Monaten Haft in Trient und in zwei römischen Gefängnissen.

Eine bewegende Begegnung

Im Kerker von Trient hatte ich ein erschütterndes Erlebnis gehabt. Ich war nach meiner Festnahme in Trient zwei Tage und zwei Nächte lang unter Schlafentzug von den Carabinieri verhört worden und der vor Hass sprühende Capitano Marzollo hatte mir einige Male ins Gesicht geschlagen, um mich aussagefreudiger zu stimmen. Ich war aber nicht gefoltert worden. Offenbar waren den Verhörenden damals noch von oben her die Hände gebunden gewesen. Damals wagte man noch nicht, Österreicher zu foltern. Das sollte sich wenige Jahre später in der Zeit der österreichischen Alleinregierung Dr. Klaus ändern, als die Italiener von deren Seite keinen öffentlichen Protest mehr fürchten mussten.

Hier, im Kerker von Trient, traf ich nach Aufhebung der Isolierungshaft im Gefängnishof mit den verhafteten Südtiroler Unterlandlern, den Attentätern der Feuernacht, zusammen, welche mich herzlich als Freund und Landsmann begrüßten, und ihre von zu Hause erhaltenen Liebesgaben auch mit mir teilten. Für mich verschüchtertes Bürschchen war das eine große seelische Hilfe in der mich ansonsten umgebenden Trostlosigkeit.

Aus dem Munde der Südtiroler Kameraden erfuhr ich, was die Carabinieri ihnen angetan hatten und wovor mich meine österreichische Staatsbürgerschaft bewahrt hatte. Sie zeigten mir ihre immer noch blau, grün und gelb geschlagenen Beine, die verschorften und nicht zur Gänze verheilten Wunden.

Josef Anegg aus Kurtatsch hatte sich bei seinem Verhör nackt ausziehen müssen, man hatte ihm mit brennenden Zigaretten die Lippen, Hände, Brustwarzen und Geschlechtsteile versengt, man hatte ihn

Hier im Bild der Südtiroler politische Häftling Luis Hauser mit seiner Frau, die ihn in der Haft in Trient besuchen durfte. Dabei konnte dieses Bild gemacht werden.

mit schweren Gegenständen geschlagen und ihm mit einer Zange Körperhaare ausgerissen und die Finger zerquetscht. Ähnlich war es Luis Hauser, Adolf Pomella, Josef Orian, Konrad Matuella, Franz Egger, Erich Walter, Bruno Veronesi und anderen Verhafteten ergangen.

Ihre Schilderungen erschütterten mich, aber ihre herzliche Kameradschaft richtete mich auf, gab mir neuen Mut und begleitete mich bis in die Gefängnisse von Rom und vor die Schranken des Gerichts. Ich konnte zum Jahresende 1963, viel früher als die meisten von ihnen, wieder nach Hause kehren. In späteren Jahren durfte ich einige dieser Freunde in Freiheit wieder treffen. Die Bewunderung für ihre tapfere Haltung und die Dankbarkeit für die mir gegenüber gezeigte Menschlichkeit und Kameradschaft erfüllt mich noch heute.

Der Tiroler Landeshauptmann Wallnöfer und Außenminister Dr. Bruno Kreisky hatten unsere Verteidigung finanziert

Nach Hause zurück gekehrt, erfuhr ich, dass der mir bislang nicht bekannte Innsbrucker Universitätsassistent und BAS-Mitbegründer Dr. Norbert Burger während unserer Haft unsere Eltern unterstützt hatte. Er hatte den Nordtiroler Landeshauptmann Eduard Wallnöfer (ÖVP) dazu bewegt, aus einem vom damaligen Außenminister Dr. Bruno Kreisky (SPÖ) finanziell gespeisten geheimen Fonds unsere Anwälte bezahlen zu lassen. Das hatte zumindest meine Familie und wahrscheinlich auch andere Eltern vor dem finanziellen Ruin gerettet.

Es wurde in späteren Jahren von einigen Zeitungen behauptet, dass unsere teilweise gescheiterte Aktion von Dr. Burger eingefädelt worden wäre. Es hat sich aber später im Gespräch mit führenden BAS-Leuten herausgestellt, dass die Aktion vom BAS-Gründungsmitglied Kurt Welser zusammen mit dem deutschen Staatsbürger und Innsbrucker Studenten Hubert Sauer technisch vorbereitet und dann angeordnet worden war. Sauer hat mir dies persönlich bestätigt. Dr. Burger hatte sich zu diesem Zeitpunkt in österreichischer Untersuchungshaft befunden.

Unsere teilweise gescheiterte Aktion war vom BAS-Führungsmitglied Kurt Welser und nicht von Dr. Norbert Burger angeordnet worden.

Journalistische Tätigkeit und Unterstützung für die Häftlingsfamilien

Nach meiner Rückkehr aus der italienischen Haft setzte ich mein Studium in Wien fort und arbeitete auf Einladung von Hans Dichand, dem Herausgeber und Chefredakteur der „Kronen-Zeitung", als Berichterstatter für den Bereich Südtirol. Ich berichtete über die österreichischen Südtirol-Prozesse ebenso wie über Informationen, die ich auf verdeckten Wegen aus Südtirol und auch aus Kreisen des BAS erhielt.

Ich machte Hans Dichand auf die Not zahlreicher Südtiroler Häftlingsfamilien aufmerksam. Von der Nordtiroler Landesregierung wurden damals dankenswerterweise für alle Südtiroler Häftlinge die Verteidigungskosten bezahlt und es wurden von ihr auch eine Reihe von Familien karitativ unterstützt. Das Geld reichte jedoch nicht aus, um alle Not zu lindern.

Also verschaffte ich dem aus der Haft entlassenen Alois Egger aus St. Walburg im Ultental einen Termin beim großen Zeitungsmann.

Der gefolterte Alois Egger war am 16. Juli 1964 in Mailand zu mehreren Jahren Kerker verurteilt worden. Im Jahre 1966 wurde Egger aufgrund einer Amnestie vorzeitig entlassen. Er blieb bis an sein Lebensende von der Folter gezeichnet. Die Carabinieri hatten ihn so schwer geprügelt, dass er schlecht hörte und zum Invaliden geworden war, der nur noch am Stock gehen konnte.

Nun reiste der einfache Arbeiter Alois Egger nach Wien, mühte sich mit seinem Stock zum Pressehaus und stand dann dem mächtigen Chefredakteur und Herausgeber gegenüber. Er gab ihm einen unmittelbaren Bericht.

 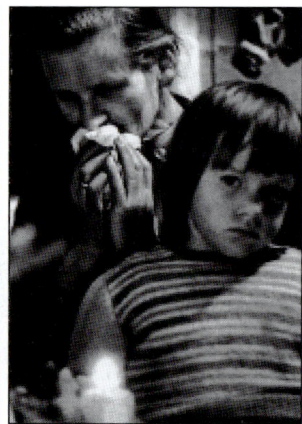 

Das linke Bild zeigt Alois Egger nach Folter und Haft. Das mittlere Bild zeigt seine Frau mit einem ihrer Kinder. Das rechte Bild zeigt Hans Dichand, der sich als Freund und Wohltäter erwies.

Was Alois Egger dem Zeitungsmann zu sagen hatte, hat diesen sehr berührt, denn die Folge dieses Besuches und dieser Aussprache war, dass Hans Dichand einen seiner besten Journalisten, Ernst Trost, beauftragte, eine Reportage über das Schicksal der Südtiroler Häftlingsfamilien zu machen. Was Ernst Trost in Südtirol zu sehen bekam, fasste er zu einem Fortsetzungsbericht zusammen, der in ganz Österreich die Leser erschütterte. Gleichzeitig rief Hans Dichand in der „Kronen-Zeitung" die Österreicher zu Spenden für die Häftlingsfamilien auf. Er selbst ging mit gutem Beispiel voran und gab die erste namhafte Spende in der Höhe von 10.000 Schilling. Das war damals viel Geld. Das Ergebnis des Aufrufes war überwältigend. Ernst Trost konnte in Südtirol

In seinem Mitteilungsblatt rief der „Bergisel-Bund" dazu auf, die Häftlingsfamilien in Südtirol zu unterstützen. Das Bild der Familie Egger hatte Ernst Trost bei seinem Besuch in Südtirol aufnehmen lassen und die „Kronen-Zeitung" hatte es dann mir zur Verfügung gestellt.

> # MITTEILUNGEN DES BERGISEL-BUNDES
> Landesverband Oberösterreich, 4020 Linz, Dinghoferstraße 3, 1967, Nr. 5
>
> LANDESHAUPTMANNSTELLVERTRETER A. D. VON NORDTIROL
> LANDESSCHULINSPEKTOR PROF. DR. HANS GAMPER:
>
> ## Liebe Oberösterreicher!
>
> Bis zum letzten Tag des ersten Weltkrieges verteidigten wir Tiroler Standschützen die Grenzen unseres Landes hartnäckig hinauf bis zu den Übergängen in Eis und Schnee. Trotzdem wurde der sonnige Süden des Landes den Italienern übergeben, die danach alsbald trachteten, Sprache, Kultur und zuletzt auch noch das Volk aus den Bergen zu verdrängen. Die Siegermächte waren sich des schweren Unrechtes bewußt und gaben es später auch offen zu. Trotzdem verweigert man den Südtirolern bis auf den heutigen Tag das Recht der Selbstbestimmung im Bewußtsein, daß die Mehrheit für die Wiedervereinigung mit dem übrigen Tirol und die Rückkehr zu Österreich stimmen würde.
>
> So kam es, wie überall in der Welt, wo einem Volk der Untergang droht, daß heimattreue Männer sich zur Wehr setzten, um das Gewissen der Welt wachzurütteln. Sie wurden teils nach Mißhandlungen zu schwerem, langjährigem Kerker verurteilt. Ihre Familien aber wurden ihrem Schicksal überlassen, der Not und der Entbehrung. Dieses harte Los wird doppelt empfunden zu Zeiten, in denen in allen übrigen Häusern Freude und Kinderjubel einzieht, wie jetzt zu Weihnachten.
>
> Tragen wir durch eine kleine Spende bei, die Lage dieser schwergeprüften Familien zu erleichtern! Die eigene innere Genugtuung darüber wird unser schönster Lohn dafür sein. Dr. Hans Gamper

Der Nordtiroler Landeshauptmann-Stellvertreter a. D. Prof. Dr. Hans Gamper stellte mir für den „Bergisel-Bund" einen bewegenden Aufruf zur Verfügung, in welchem er die Südtiroler Freiheitskämpfer als „heimattreue Männer" ehrte.

dem SVP-Kammerabgeordneten Hans Dietl bedeutende Geldsummen für die Häftlingsfamilien übergeben.

Es gelang mir auch, die „Oberösterreichischen Nachrichten" und das „Salzburger Volksblatt", für die ich auch zeitweise Berichte lieferte, zu bewegen, Spendensammlungen für die Häftlingsfamilien durchzuführen. Mit der Hilfe des „Bergisel-Bundes" konnte ich auch in dieser Vereinigung ein „Hilfswerk für Südtirol" organisieren, welches die Häftlingsfamilien unterstützte.

Ich bin heute noch dem Nordtiroler Landeshauptmann-Stellvertreter a. D. Prof. Dr. Hans Gamper (ÖVP) dafür dankbar, dass er mir für die Weihnachtsausgabe 1967 der „Mitteilungen des Bergisel-Bundes" einen sehr berührenden Aufruf zur Verfügung stellte, in dem er auch die inhaftierten Freiheitskämpfer ehrend würdigte.

Dr. Hans Gamper, unscheinbar von Gestalt, war seelisch ein großer Mann. Der aus Kappl in Nordtirol stammende Gamper hatte das Gymnasium in Brixen besucht und dann an der Universität Innsbruck studiert, wo er der katholischen CV-Verbindung Vindelicia beigetreten war. Im Ersten Weltkrieg wurde er mit der Silbernen und der Bronzenen Tapferkeitsmedaille ausgezeichnet.

Nach dem Anschluss Österreichs war der damalige Landesschulinspektor für vier Monate in Gestapo-Haft gewandert und war anschließend für weitere zehn Monate in das KZ Dachau eingeliefert worden. Er hatte dort brutalen Terror, Leiden und Todesgefahr erlebt. Wieder aus der Haft entlassen, hatte er sich dem antinazistischen Tiroler Widerstand angeschlossen, dem auch der große Vorkämpfer für die Freiheit Südtirols, Univ.-Prof. Dr. Hermann Reut-Nicolussi, angehörte. Das darf man wohl als außerordentlichen Mut bezeichnen!

Bei Kriegsende 1945 hatte Gamper als ein führendes Mitglied im Exekutivausschuss der Widerstandsbewegung in Tirol zusammen mit den späteren BAS-Kämpfern Wolfgang Pfaundler und Univ.-Prof. Dr. Helmut Heuberger dazu beigetragen, dass die Männer des Widerstandes rechtzeitig die Macht in Innsbruck übernehmen, eine sinnlose Verteidigung und damit die Zerstörung der Stadt verhindern konnten.

Nach dem Krieg hätte der nunmehrige ÖVP-Landesrat Dr. Hans Gamper ausreichend Gelegenheit gehabt, sich an ehemaligen Nationalsozialisten zu rächen. Gamper hat das nicht getan, sondern sich als guter Christ und als Mann der Befriedung erwiesen. Er half, die Härten des Nationalsozialistengesetzes zu lindern und dadurch ehemaligen Nationalsozialisten, die sich keiner verbrecherischen Taten schuldig gemacht hatten, den Weg in die Demokratie und die Wiedereingliederung in das Erwerbsleben zu ermöglichen.

Sein Aufruf zur Hilfe für die Familien der inhaftierten Freiheitskämpfer hat damals viele Mitbürger zu Mitgefühl und Hilfe bewegt. Auch diese Gelder wurden über den SVP-Politiker Hans Dietl und die ehemalige

Dr. Hans Gamper, unscheinbar von Gestalt, war seelisch ein großer Mensch.

Bild links: Midl von Sölder, der „Engel der Gefangenen". Bild rechts: Rosa Gutmann, ihre unerschrockene Helferin.

Katakombenlehrerin in der Faschistenzeit und nunmehrige uneigennützige Betreuerin der Häftlingsfamilien Midl von Sölder den betroffenen Familien zugeleitet.

Midl von Sölder war eine mutige Frau, die sich aufopferte. Ich erinnere mich noch an geheime Treffen mit ihr und der unerschrockenen Rosa Gutmann, deren zwei Brüder im italienischen Gefängnis saßen. Die Treffen fanden meist zur Hauptbesuchszeit in einem großen Innsbrucker Krankenhaus statt. Man musste nämlich vor Spitzeln auf der Hut sein, die den beiden Frauen vom Bahnhof her gefolgt sein konnten. Die beiden Frauen übergaben mir dann Berichte über das Los der Familien und nahmen die Spendengelder entgegen. Wären diese Innsbrucker Treffen bekannt geworden, wären die beiden tapferen Frauen wahrscheinlich ins italienische Gefängnis gegangen, denn der „Bergisel-Bund" war von den italienischen Behörden als „terroristische Vereinigung" eingestuft.

Die Menschlichkeit des Dr. Bruno Kreisky

Als junger Journalist hatte ich die Gelegenheit, mehrmals mit Dr. Kreisky zusammen zu treffen, wobei es auch um Informationsaustausch und um Interviews ging.

Dabei lernte ich ihn auch von einer sehr persönlichen und menschlichen Seite her kennen. Er hatte sich gut darüber informiert, mit wem er es hier zu tun hatte. Und so ermahnte er mich anlässlich eines Interviews, welches ich mit ihm führte, mich nicht mehr aktiv im Südtiroler Freiheitskampf zu betätigen. Ich hätte meinen Anteil geleistet und nun müsste ich an meine Eltern denken. Er selbst sei auch politischer Häftling gewesen und wisse aus eigener Erfahrung, wie sehr Eltern hierbei leiden müssten. Die nicht belehrende, sondern anteilnehmende und herzliche Art, in der Dr. Kreisky mir dies sagte, hat mich sehr berührt. Ich bin heute noch froh darüber, dass ich ihn geraume Zeit später noch anrufen konnte, als es ihm gesundheitlich schon sehr schlecht ging. Er war für alle Mitmenschen stets telefonisch erreichbar und ich konnte ihm so meinen und den Dank ehemaliger politischer Häftlinge für das, was er für Südtirol geleistet hatte, übermitteln. Ich erinnere mich noch daran, dass er sich mit bereits brüchiger Stimme dafür bedankte, dass meine Freunde und ich ihm alles Gute wünschten. Das war leider unser letztes Gespräch gewesen. Ich denke oft mit einer gewissen Wehmut an ihn, vor allem, wenn ich manche Politiker der Gegenwart betrachte. Ehre dem Andenken dieses Mannes!

Ich habe die Trostlosigkeit der Exilierten erlebt
In bleibender Erinnerung ist mir noch, wie schwer der persönliche Verlust der Heimat auf jenen gelastet hat, die für diese Heimat alles gegeben hatten. Ich habe Georg Klotz, Luis Amplatz und einige andere geflüchtete Freiheitskämpfer im Exil kennen gelernt und erlebt, von welcher Trostlosigkeit sie umgeben waren, vor allem wenn aus der Heimat schlimme Nachrichten über die Verfolgung von Familienangehörigen oder Freunden eintrafen. Es war beschämend und bedrückend, wenn man erleben musste, wie sich so manche österreichische Politiker und Medien ihnen gegenüber verhielten.
Besonders Georg Klotz und Luis Amplatz wurden von einigen journalistischen „Kollegen" durch den Dreck gezogen, ohne dass diese publizistischen Henker es überhaupt der Mühe wert fanden, ein persönliches Gespräch mit ihnen zu führen. So kann man auch Berichterstattung machen!
Auch wenn ich der Meinung bin, dass Österreich bis heute in der Schuld dieser Menschen steht, so weiß ich doch, dass die Politik solche Dinge einfach aussitzt, dass die Zeit darüber hinweg geht und letztlich alles zur Geschichte wird, die nur noch einen kleinen Kreis berührt.

Ein katastrophaler politischer Fehler – Auch ich stand am Pranger

Auch ich entkam dem Pranger nicht. Ich bin allerdings nicht unschuldig daran. Ich hatte gegenüber Dr. Norbert Burger ein Gefühl der Dankbarkeit und Freundschaft, weil er sich während meiner und der Haft meiner Mitangeklagten um unsere Familien gekümmert hatte. Als Dr. Burger erklärte, eine eigene politische Partei gründen zu wollen, welche die Interessen Südtirols wirksam vertreten solle, ließ ich mich in meiner jugendlichen Unerfahrenheit dazu überreden, der Neugründung „Nationaldemokratische Partei" (NDP) beizutreten.

Das Unternehmen erwies sich als schwerer Fehler, den ich in meiner jugendlichen Unerfahrenheit vorweg nicht erkannt hatte. Die Parteigründung nützte der Sache Südtirols nicht, sondern schadete ihr massiv. Sie gab den Italienern und allen Widersachern in Österreich die willkommene Gelegenheit, das Thema Südtirol mit der Punze „Rechtsextremismus" zu versehen.

Ich hatte keine Funktion und kein Amt in dieser Partei übernommen. In der Folge erlebte ich eine politische Entwicklung in dieser Partei, die mir nicht gefiel. Zudem tauchten mehr als zweifelhafte Figuren in dieser Szene auf. 1977 erklärte ich mittels eines eingeschriebenen Briefes aus grundlegenden Erwägungen heraus meinen Austritt. Drei Jahre später sollte diese Partei ein Grundsatz- und Forderungsprogramm beschließen, welches erst nach weiteren acht Jahren 1988 als Begründung für die Aberkennung ihrer Rechtspersönlichkeit und ihrer behördlichen Auflösung dienen sollte.

Mein Parteiaustritt kostete mich damals die persönliche Freundschaft von Dr. Norbert Burger, der sich dadurch verletzt fühlte.

Ich selbst hatte mir mit dieser zeitweiligen Mitgliedschaft eingebrockt, dass ich im Jahre 1979 von dem aus öffentlichen Mitteln gespeisten Verein „Dokumentationsarchiv des österreichischen Widerstandes" (DÖW) auf eine in dem Buch „Rechtsextremismus in Österreich nach 1945" veröffentlichte Prangerliste „Rechtsextremer" gestellt und damit in die Nähe nationalsozialistischer Gesinnung gerückt wurde. Dass ich die NDP verlassen hatte, weil ich deren politischen Kurs nicht mittragen wollte, hatte das marxistisch beeinflusste „DÖW" wenig interessiert. Man hatte es auch nicht der Mühe wert gefunden, mit mir darüber ein Gespräch zu führen.

Zusammen mit einigen anderen Betroffenen klagte ich wegen übler Nachrede. Das „DÖW" sowie die für die Veröffentlichung Verantwortli-

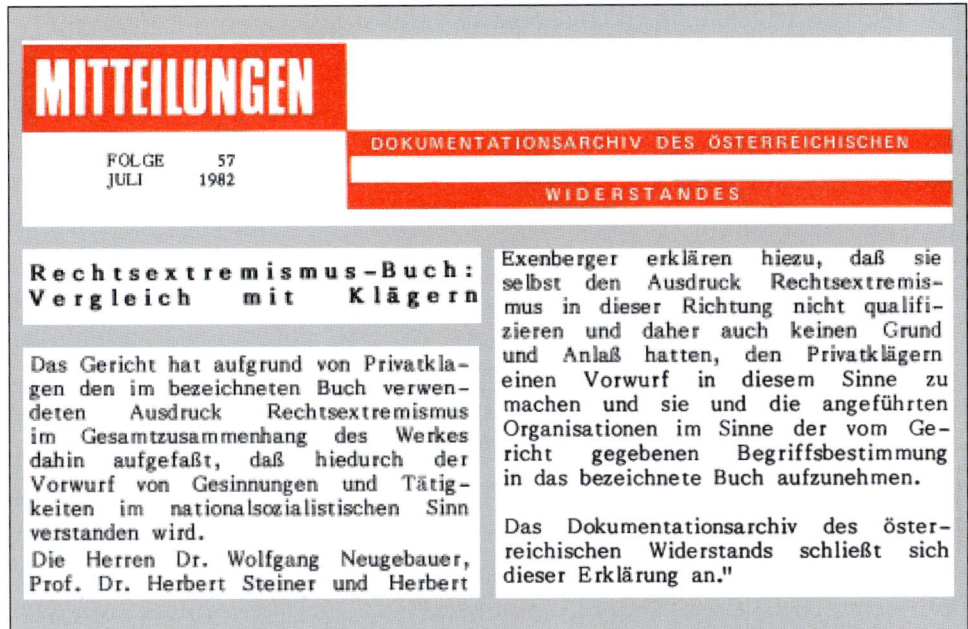

chen mussten im DÖW-Mitteilungsblatt eine Ehrenerklärung abdrucken, wonach sie mir keine NS-Gesinnung unterstellen würden. Sie mussten auch meine Prozesskosten übernehmen. Einer meiner Prozessgegner war das DÖW-Gründungsmitglied Dr. Herbert Steiner gewesen, ein alter KPÖ-Funktionär mit stalinistischer Vergangenheit.

Bestimmte Leute wurden nicht so streng beurteilt

Das genannte DÖW-Buch war laut Eigenangabe mit öffentlichen Steuermitteln finanziell gefördert worden. Vielleicht war es auch darauf zurückzuführen, dass in diesem Werk einige bekannte Persönlichkeiten des öffentlichen Lebens in Österreich nicht erwähnt wurden, die Mitglieder der NSDAP gewesen waren, im 3. Reich Funktionen innegehabt und nach dem Krieg bedeutende Positionen bis hin zu Ministerämtern eingenommen hatten.

Ich mache diesen Politikern rückblickend keinen Vorwurf für ihr Wohlverhalten in der NS-Zeit. Ich will nicht selbstgerecht sein. Ich habe Gott sei Dank nie unter einem totalitären Regime leben müssen und war nie dessen politischem, polizeistaatlichem und gesellschaftlichem Konformitätsdruck ausgesetzt gewesen. Mich stört nur das ungerechte Anlegen unterschiedlicher Maßstäbe.

Was ich von Diktatur und Rassenwahn halte

Ich habe jedenfalls kundgetan, was ich von dem Regime halte, dem die vorhin Angesprochenen als Gefolgsleute angehört hatten. Bereits in meinem zusammen mit dem Historiker Walter Fierlinger verfassten Buch „Kapitulation in Paris – Ursachen und Hintergründe des Pariser Vertrags 1946" habe ich den **Widerstand der Kämpfer gegen Faschismus und Nationalsozialismus, Univ.-Prof. Dr. Eduard Reut-Nicolussi, Univ.-Prof. Dr. Helmut Heuberger, Wolfgang Pfaundler und Dr. Fritz Molden** gewürdigt. Diese hatten im Jahre 1945 in Innsbruck mutig die Macht an sich gerissen, eine irrwitzige Verteidigung Innsbrucks durch NS-Fanatiker gegen die einrückenden Amerikaner verhindert und damit die Stadt vor weiteren Bombardements und der Zerstörung bewahrt.

In meinem mittlerweile in zweiter Auflage erschienenen Buch **„Für die Heimat kein Opfer zu schwer"** habe ich die Menschenrechtsverletzungen der 1960er Jahre in Südtirol und vor allem die Folterungen der politischen Häftlinge in den Carabinieri-Kasernen behandelt. In einem Einleitungskapitel bin ich auf den **faschistischen und nationalsozialistischen Rassenwahn und auf die damalige Verfolgung der Juden** eingegangen. Ich habe das partielle Überleben dieses Gedankenguts unter „demokratischen" Vorzeichen nach 1945 dokumentiert und angeprangert.
(Helmut Golowitsch: „Für die Heimat kein Opfer zu schwer. Folter – Tod – Erniedrigung: Südtirol 1961–1969", Edition Südtiroler Zeitgeschichte, 2. ergänzte Auflage 2012, S. 27ff)

Für den von ehemaligen politischen Häftlingen gegründeten „Südtiroler Heimatbund" (SHB) und dessen Obmann Roland Lang habe ich eine **Dokumentation über die verderbliche Politik des Nationalsozialismus und des Faschismus gegenüber Südtirol** zusammengestellt. In dieser Dokumentation, die den Titel einer früheren sozialdemokratischen Protestschrift gegen den Faschismus und Nationalsozialismus trägt, wird auch aufgezeigt, dass *„der Weg in den Untergang"* sowohl für Deutschland wie für Italien von *„der enthemmten Maßlosigkeit seiner Diktatoren ... vorgezeichnet"* war. Der von den Sozialdemokraten gewählte und von mir übernommene Titel **„Südtirol verrecke!"** sollte anklagend aufzeigen, welche Einstellung nationalsozialistische und faschistische Führungspersonen gegenüber Südtirol hatten. (Helmut Golowitsch: „Südtirol verrecke!! Option und Aussiedlung 1939. So planten Nationalsozialismus und Faschismus die Zerstörung Südtirols." Broschüre, herausgegeben vom Südtiroler Heimatbund (SHB), 2009)

Für die „Kameradschaft der ehemaligen Südtiroler Freiheitskämpfer" verfasste ich eine weitere Aufklärungsschrift in Form einer **„Grundsatzerklärung gegen Faschismus und Nazismus"** und eine **Dokumentation**

zum Andenken an den christlichen Südtiroler Märtyrer Josef Mayr-Nusser, der sein Leben opferte, um gegen das NS-Regime sichtbaren Widerstand zu leisten. (Helmut Golowitsch: „Grundsatzerklärung ehemaliger Südtiroler Freiheitskämpfer: Tirol: Gegen Faschismus und Nazismus", Sonderdruck Tiroler – Dokumentation 54/2008; sowie: Helmut Golowitsch: „Gedenken an ein Südtiroler Schicksal: Bekenntnis und Tod des Josef Mayr-Nusser", Sonderdruck Tiroler – Dokumentation 57/2010)

Ich denke, dass ich es bislang nicht an Deutlichkeit habe mangeln lassen, wenn es darum gegangen ist, gegen Diktatur, Rassenwahn und Verletzungen der Menschenrechte aufzutreten. Ich werde mich auch in Hinkunft nicht anders verhalten.

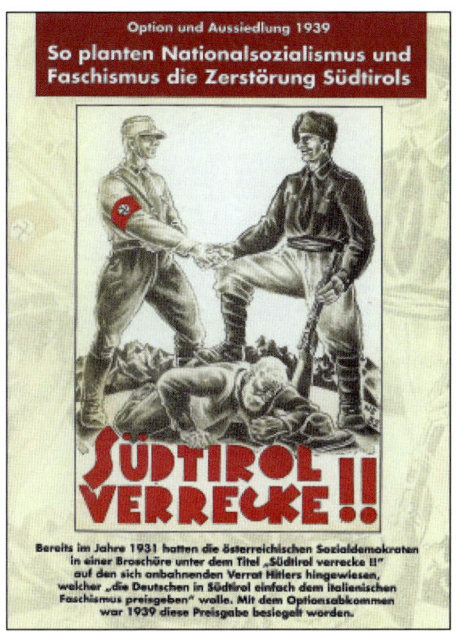

Erinnerung und Mahnung

Am 27. Dezember 2009 hat Bischof Golser im Bozner Dom mit einer Eucharistiefeier das Josef Mayr-Nusser Gedenkjahr ausgerufen.

(Aus „Dolomiten")

„Leuchtendes Beispiel" für Christen

Dieses erinnert an einen außergewöhnlichen Mann und an eine schlimme Zeit, als Faschismus und Nationalsozialismus das Volk Südtirols einschließlich seines Klerus in verfeindete Lager von „Bleibern" und „Optanten" zerrissen, dabei Freundes- und Familienbande zerstört und die Landeskinder in schreckliche Kriege von Äthiopien bis Russland geschickt hatten.

Das Schicksal Josef Mayrs berührt uns heute noch zutiefst. Sein Einsatz für Glaube, Heimat und Volk darf nicht vergessen werden. Sein tragisches Ende soll auch den heute Lebenden Mahnung sein, totalitären Ideologien jederzeit die entschiedene Absage zu erteilen. Wir legen nachstehende Dokumentation vor allem in die Hände der Jugend.

Dr. Günther Andergassen
Südtiroler Freiheitskämpfer

Dr. Erhard Hartung
Sprecher der Kamerdschaft der ehemaligen Freiheitskämpfer

Roland Lang
Obmann-Stellvertreter
Südtiroler Heimatbund

Sepp Mitterhofer
Obmann
Südtiroler Heimatbund

Gedenken an ein Südtiroler Schicksal:

Bekenntnis und Tod des Josef Mayr-Nusser

Im Jahre 2010 jährt sich zum 100. Male der Geburtstag eines außerordentlich mutigen Südtirolers, dessen kompromißlose Handlungsweise bis heute diskutiert wird.

Der am 27. Dezember 1910 auf dem Nusserhof, einem alten Weinbauernhof im Bozner Boden geborene Josef Mayr wuchs in einer Familie auf, deren Tiroler Selbstverständnis Religiosität, Nächstenliebe und Volkstum in einer selbstverständlichen Weise als Einheit umschloß.

Auch die Familie Mayr auf dem Nusserhof litt unter dem faschistischen Joch. Wertvollste Kulturgründe rund um den Hof waren im Zuge faschistischer Baumaßnahmen zu lediglich der Hälfte des Schätzpreises enteignet worden. (Siehe: Josef Innerhofer: „Er blieb sich selber treu", Athesia Bozen, 2005, S. 24 f)

Josef Ferrari – Priester, Vorbild und Freund

Mit 24 Jahren wurde Josef Mayr erster „Bundesführer" der Katholischen Jugend des deutschen Anteils der Diözese Tri-

Josef Mayr vom Nusserhof in Bozen.

Josef Ferrari, Priester und Freund des jungen Josef Mayr.

Abkürzungen

BGBl	Bundesgesetzblatt
BKA	Bundeskanzleramt
BKA-AA	Bundeskanzleramt – Auswärtige Angelegenheiten
BMfAA	Bundesministerium für Auswärtige Angelegenheiten
BMfI	Bundesministerium für Inneres
BR	Bundesrat
DC	Democrazia Cristiana
Dott.	Dottore (Doktor)
EWG	Europäische Wirtschaftsgemeinschaft
FO	Foreign Office (Aktensammlung des Foreign Office im Public Records Office in Kew Gardens, England)
FRUS	Foreign Relations of the United States
HHStA	Haus-, Hof- und Staatsarchiv (Seit 1983 wurde das Archivgut, die Republik Österreich seit 1918 betreffend, in die Bestände des neu geschaffenen Archivs der Republik im zentralen Staatsarchivgebäude in Wien-Erdberg überführt)
Hrsg.	Herausgeber
LH	Landeshauptmann
LR	Landesrat
NÖ Landesarchiv	Niederösterreichisches Landesarchiv
ÖStA/AdR	Österreichisches Staatsarchiv/Archiv der Republik
ÖVP	Österreichische Volkspartei
SID	Südtirol Information Dokumentation
SLA	Südtiroler Landesarchiv
SPÖ	Sozialistische Partei Österreichs
SVP	Südtiroler Volkspartei

Quellen und Literatur

Archive, Aktenbestände, Aktenpublikationen, Amtsblätter, Bundesgesetzblätter, Dokumentationen, Handbücher, Sten. Protokolle

Amt der Tiroler Landesregierung – Unterlagensammlung Nr. 12, Innsbruck November 1947

Amt der Tiroler Landesregierung – Unterlagensammlung Nr. 15, Innsbruck im April 1948

Amt der Tiroler Landesregierung – Unterlagensammlung Nr. 18, Teil I, Innsbruck im März 1949

Amtsblatt der österreichischen Justizverwaltung

Archiv des Verfassers

Archiv des Verfassers – Aktenbestand Moser. Dieser Bestand wurde im Original dem Österreichischen Staatsarchiv in Wien übergeben. Kopien (digital und in Ablichtungen) befinden sich im Archiv des Verfassers, im Tiroler Landesarchiv in Innsbruck und an einem Universitätsinstitut in Deutschland. Alle in dieser Arbeit befindlichen Zitate sind daher der Überprüfung zugänglich.

Archiv des Verfassers – Schenkung von Botschafter a. D. Dr. Johann Josef Dengler an den Verfasser: Bundesministerium für auswärtige Angelegenheiten: „Argumentensammlung / Geheim / Südtirolfrage"

Bezirkshauptmannschaft für Tirol, Abtlg. VIII k, Wissenschaftliches Referat, Unterlagensammlung Nr. 6 aus dem Jahr 1947

Berger, Meinrad: Mitteilung an den Verfasser, 23. Oktober 2016

Bertoldi, Lionello: „Bozza di relazione su ‚Terrorismo in Alto Adige', Senato dell Repubblica, Roma, Aprile 1992

Boato, Marco: „Relazione preliminare su episodi relativi all'attivita di corpi militari, di polizia o di sicurezza dello stato in connessione con le vicende del terrorismo in Alto Adige/Südtirol", Commissione parlamentare d'inchiesta sul terrorismo in Italia e sulle cause della mancata individuazione dei responsabili delle stragi", Roma, Aprile 1992
Bundesgesetzblatt für die Republik Österreich

„Foreign Relations of the United States", Department of State Publication, Historical Office, Bureau of Public Affairs. 1945 Bd. II, „Foreign Relations of the United States", Department of State Publication, Historical Office, Bureau of Public Affairs. 1946 Bd. V

Gehler, Michael (Hrsg.): „Akten zur Südtirol-Politik 1945–1958". Bd. 1 1945–1947. Innsbruck-Wien-Bozen 2011

Haus-, Hof- und Staatsarchiv (Seit 1983 wurde das Archivgut, die Republik Österreich seit 1918 betreffend, in die Bestände des neu geschaffenen Archivs der Republik im zentralen Staatsarchivgebäude in Wien-Erdberg überführt)

Interpol: „The Constitution of the ICPO-INTERPOL adopted by the General Assembly at its 25th session, Vienna 1956"

Karl-von-Vogelsang-Institut, Archiv, Wien

Kreisky-Archiv: siehe: Stiftung Bruno-Kreisky-Archiv Wien

Landeshauptmannschaft Tirol (Hrsg.): „Österreichs gerechter Anspruch auf Südtirol", Dokumentation der Landeshauptmannschaft Tirol, Landesstelle für Südtirol, Innsbruck 1946

Landeshauptmannschaft für Tirol, Abtlg. VIII k Wissenschaftliches Referat, Unterlagensammlung Nr. 7, Innsbruck, im Jänner 1947

„Memorandum der österreichischen Regierung über Südtirol – der Friedenskonferenz in Paris vorgelegt. Unterlagen und Bearbeitung: Landesstelle für Südtirol – Wissenschaftliche Abteilung – und Dr. V."

„Memorandum der österreichischen Bundesregierung" vom 8. Oktober 1956

„Memorandum der Österreichischen Bundesregierung zur Südtirolfrage", Sonderdruck mit Beilagen, Wien, 5. September 1960

National Archives, Washington

Niederösterreichisches Landesarchiv, St. Pölten – Nachlass Figl

N.N. Biographisches Lexikon des „Österreichischen Cartellverbandes" ÖCV. Im Internet unter: https://www.oecv.at/Biolex

Österreichisches Staatsarchiv/Archiv der Republik, Wien

Österreichisches Staatsarchiv/Haus-, Hof und Staatsarchiv, Wien

Public Records Office in Kew Gardens, England, Aktensammlung des Foreign Office

Schwurgericht Mailand („La Prima Corte di Assise di Milano"):
„Sentenza nella causa penale a carico di": (es folgen die Namen der Angeklagten), Sentenza del 16 luglio 1964, Nr 57/64

Steininger, Rolf (Hrsg.): „Akten zur Südtirol-Politik 1959–1969", Bd. 2, 1960, Innsbruck-Wien-Bozen 2006

Steininger, Rolf (Hrsg.): „Akten zur Südtirol-Politik 1959–1969", Bd. 3, 1. und 2. Halbband 1961, Innsbruck-Wien-Bozen 2007

Rolf Steininger: „Akten zur Südtirol-Politik 1959–1969", Bd. 4, 1962/64, Innsbruck-Wien-Bozen 2011

Steininger, Rolf (Hrsg.): „Akten zur Südtirol-Politik 1959–1969", Bd. 5, „1965/66", Innsbruck-Wien-Bozen 2011

Rolf Steininger (Hrsg.): „Akten zur Südtirol-Politik 1959–1969", Bd. 6, 1967, Innsbruck-Wien-Bozen 2012

Steininger, Rolf: „Südtirol im 20. Jahrhundert. Dokumente." Innsbruck-Wien 1999

Stenographische Protokolle des Österreichischen Nationalrats

Stiftung Bruno-Kreisky-Archiv Wien,
VII.9, Südtirol, Terror, Intern (BKA, BMfAA, Nationalrat)

Südtiroler Landesarchiv, Bozen

Tiroler Landesarchiv, Innsbruck

Tiroler Landesmuseum Ferdinandeum, Innsbruck, Bibliothek

Tiroler Landesregierung (Hrsg.): „Südtirol Alarm für Europa", Innsbruck undatiert, mutmaßlich 1959

Literatur

Achrainer, Martin: „Anderswo wird mehr gestritten. Bei uns wird mehr gebaut. Landtagswahlkämpfe in Tirol 1945–1970"; in: Herbert Dachs (Hrsg.): „Zwischen Wettbewerb und Konsens: Landtagswahlkämpfe in Österreichs Bundesländern 1945 bis 1970", Wien-Köln-Weimar 2006

Baumgartner, Elisabeth – Mayr, Hans – Mumelter, Gerhard: „Feuernacht. Südtirols Bombenjahre", 1. Auflage Bozen 1992

Brugger, Oktavia (Hrsg.): „Peter Brugger. Eine politische und persönliche Biographie", Bozen 1996

Bundesministerium für europäische und internationale Angelegenheiten (Hrsg.): „Ich bestelle Sie hiermit zur Leitung des Außenamtes ... Das Tagebuch von Heinrich Wildner 1945", Wien 2010

Cipriani, Gianni: „Lo Stato Invisibile", Milano 2002

Cipriani, Antonio – Cipriani, Gianni: „Sovranita limitata. Storia dell' eversione atlantica in Italia", Roma 1991

De Gasperi, Alcide: „Das Jahr 1943 – Grundgedanken der christlichen Demokratie", Juli 1943, deutsche Fassung, gedruckt ohne Angabe des Erscheinungsortes.

De Gasperi, Alcide: „Garantire la pace – ecco lo spirito del patto atlantico", Roma 16-17 marzo 1949

De Gasperi, Alcide: „Idee ricostruttive della Democrazia Cristiana", Roma 1943

De Lutiis, Giuseppe: „Storia dei servizi segreti in Italia", Roma 1985

Di Nolfo, Ennio: „Von Mussolini zu Degasperi", München-Wien-Zürich 1993

Drechsler, Robert H. (Hrsg.): „Der Mailänder Südtirol-Prozeß", Südtirol-Dokumentation Folge 6-7/1964, Wien 1964

Enderle-Burcel, Gertrude (Hrsg.): Adolf Schärf – Tagebuchnotizen des Jahres 1955", Innsbruck-Wien-Bozen 2008

Ermacora, Felix: „Südtirol und das Vaterland Österreich", Wien-München 1984

Flamini, Gianni: „Brennero connection. Alle radici del terrorismo italiano", Roma 2003

Franceschini, Christoph: Serie „Kampf für Südtirol' – Teil I: ‚Molden hat sehr viel Geld hineingesteckt – Gründung und Aufbau des Befreiungsausschusses Südtirol: Wie prominente Österreicher Ende der fünfziger Jahre die ‚Freiheitskämpfer' aufmunitionierten'"; „Profil" Nr. 47/ 18. November 1991, S. 72 ff.

Franceschini, Christoph: „Der Aluminiumduce beim Kreisky", „FF Südtiroler Illustrierte", Nr. 14/91, S. 12ff.

Franchi, L. – Feroci, V. – Ferrari S. (Hrsg.): „Codice Penale e Codice di Procedura Penale", Milano 1981

Gatterer, Claus: „Aufsätze und Reden", Bozen, undatiert

Gatterer, Claus: „Im Kampf gegen Rom", Wien-Frankfurt-Zürich 1968

Gehler, Michael: „Begegnungsort des Kalten Krieges. Der ‚Genfer Kreis' und die geheimen Absprachen westeuropäischer Christdemokraten 1947–1955.", in: Michael Gehler, Wolfram Kaiser, Helmut Wohnout (Hrsg.): „Christdemokratie in Europa im 20. Jahrhundert", Wien-Köln-Weimar 2001

Gehler, Michael: „Eduard Reut-Nicolussi und die Südtirolfrage 1918–1958", Teil 1, Schlern-Schriften 333/1, Innsbruck 2007

Gehler, Michael: „Österreichs Außenpolitik der Zweiten Republik", Bd. 1, Innsbruck-Wien-Bozen 2005

Gehler, Michael (Hrsg.): „Tirol ‚Land im Gebirge': Zwischen Tradition und Moderne", Wien-Köln-Weimar 1999

Gehler, Michael: „Tirol im 20. Jahrhundert vom Kronland zur Europaregion", Innsbruck-Wien-Bozen 2008

Gehler, Michael: „Verspielte Selbstbestimmung? Die Südtirolfrage 1945/ 46 in US-Geheimdienstberichten und österreichischen Akten. Eine Dokumentation" Schlern-Schriften 302, Innsbruck 1996

Gismann, Robert: „Viktoria Stadlmayer – ein biographischer Versuch", in: Riedl – Pan – Cescutti – Gismann (Hrsg.): „Tirol im 20. Jahrhundert. Festschrift für Viktoria Stadlmayer zur Vollendung des 70. Lebensjahres in Würdigung ihres Wirkens für das ganze Tirol", Bozen 1989

Goller, Joachim: „Die Brixner Richtungen. Die Südtiroler Volkspartei, das katholische Lager und der Klerus.", Innsbruck-Wien-Bozen 2008

Golowitsch, Helmut: „Für die Heimat kein Opfer zu schwer. Folter – Tod – Erniedrigung: Südtirol 1961–1969", Edition Südtiroler Zeitgeschichte, 2. ergänzte Auflage 2012

Golowitsch, Helmut: „Gedenken an ein Südtiroler Schicksal: Bekenntnis und Tod des Josef Mayr-Nusser", Sonderdruck Tiroler – Dokumentation 57/2010

Golowitsch, Helmut: „Grundsatzerklärung ehemaliger Südtiroler Freiheitskämpfer: Tirol: Gegen Faschismus und Nazismus", Sonderdruck Tiroler – Dokumentation 54/2008

Golowitsch, Helmut – Fierlinger, Walter: „Kapitulation in Paris. Ursachen und Hintergründe des Pariser Vertrags 1946", Schriftenreihe zur Zeitgeschichte Tirols, Bd. 7, Nürnberg-Graz 1989

Golowitsch, Helmut (Hrsg.): „Ortlerkämpfe 1915–1918. Der König der deutschen Alpen und seine Helden", Nürnberg 2005

Golowitsch, Helmut: „Südtirol verrecke!! Option und Aussiedlung 1939. So planten Nationalsozialismus und Faschismus die Zerstörung Südtirols", Broschüre, herausgegeben vom Südtiroler Heimatbund (SHB), 2009

Golowitsch, Helmut: „Und kommt der Feind ins Land herein ...", Nürnberg 1985

Gruber, Karl: „Meine Partei ist Österreich", Wien-München 1988

Gruber, Karl: „Zwischen Befreiung und Freiheit. Der Sonderfall Österreich", Wien 1953

Guggenberg, Otto von: „1919–1945 – Zwei Schicksalswenden Südtirols", in: R. Klebelsberg, (Hrsg.) und F. H. Riedl (Leiter): „Südtirol – Land europäischer Bewährung", Schlern-Schriften 140, Innsbruck 1955

Herzstein, Robert Edwin: „Waldheim – The missing years", London-Glasgow-Toronto-Sidney-Auckland 1988

Huter, Franz (Hrsg.): „Südtirol. Eine Frage des europäischen Gewissens", München 1965

Igel, Regine: „Terrorjahre. Die dunkle Seite der CIA in Italien", München 2006

Kaiser, Wolfram: „Deutschland exkulpieren und Europa aufbauen. Parteienkooperation der europäischen Christdemokraten in den Nouvelles

Equipes Internationales 1947–1965", in: Michael Gehler, Wolfram Kaiser, Helmut Wohnout (Hrsg.): „Christdemokratie in Europa im 20. Jahrhundert", Wien-Köln-Weimar 2001

Kaiserschützenbund für Österreich (Hrsg.): „Kaiserschützen, Tiroler-Vorarlberger Landsturm und Standschützen", Wien, undatiert

Klaus, Josef: „Macht und Ohnmacht in Österreich", Wien-München-Zürich 1971

Klotz, Eva: „Georg Klotz – Freiheitskämpfer für die Einheit Tirols", Wien 2002

Kofler, Astrid: „Zersprengtes Leben. Frauen in den Südtiroler Bombenjahren", Edition Raetia 2003

Kreisky, Bruno: „Im Strom der Politik", Wien 1988

Kreisky, Bruno: „Im Strom der Politik – Der Memoiren zweiter Teil", Wien 1988

Kreisky, Bruno: „Zwischen den Zeiten. Erinnerungen aus fünf Jahrzehnten", 2. Auflage, Berlin-Wien-Zürich 1986

Kriechbaumer, Robert (Hrsg.): „Die Ära Josef Klaus", Bd. 2, Wien-Köln-Weimar 1999

Liga für Menschenrechte, Sektion Tirol (Hrsg.): „Justiz in Südtirol", Innsbruck 1958

Lun, Margareth: „Der Tag von Sigmundskron", Bozen 2007

Marzari, Walter: „Kanonikus Michael Gamper", Schriftenreihe „Aus Christentum und Kultur" Bd. 3, Wien 1974

Mitterhofer, Sepp – Obwegs, Günther (Hrsg.): „... Es blieb kein anderer Weg", Auer 2000

Molden, Otto: „Ruf des Gewissens", Wien 1958

Perusco, Secolo: „Brennero Cooperation", Brescia 2008

Peterlini, Hans Karl: „Südtiroler Bombenjahre", Bozen 2005

Pfaundler, Wolfgang (Hrsg.): „Südtirol – Versprechen und Wirklichkeit", Wien 1960

Punt, Kassian – Moroder, Vigil: „Italien in Südtirol", München 1959

Raffeiner, Josef: „Tagebücher 1945–1948", herausgegeben von Wolfgang Raffeiner, Bozen 1998

Ritschel, Karl Heinz: „Diplomatie um Südtirol", Stuttgart 1966

Ritschel, Karl Heinz: „Südtirol – Ein europäisches Unrecht", Graz-Wien-Köln 1959

Ritschel, Karl Heinz: „Julius Raab – Der Staatsvertragskanzler", Salzburg-Linz-Wien 1978,

Sceresini, Andrea – Palma, Nicola – Scandaliato, Maria Elena: „Piazza Fontana – Noi sapevamao. Golpe e stragi di Stato. Le verita del generale Maletti", Alberti Editore

Scrinzi, Otto (Hrsg.): „Chronik Südtirol 1959–1969", Graz-Stuttgart 1996

Schärf, Adolf: „Österreichs Erneuerung 1945–1955", Wien 1955

Schafferer, Karl – Euler, Alois: „Südtirol – erlebt, erlitten, Eine Dokumentation", Wien, 1975

Schützenkompanie Lana (Hrsg.): „Ein viel zu kurzes Leben – Franz Höfler", Lana 1996

Schützenkompanie „Sepp Kerschbaumer" Eppan (Hrsg.): „...grüß mir die Heimat, die ich mehr als mein Leben geliebt" Erinnerungsschrift zum 30. Todestag von Sepp Kerschbaumer und Luis Amplatz, Eppan 1994

Scrinzi, Otto (Hrsg.): „Chronik Südtirol 1959–1969. Von der Kolonie Alto Adige zur autonomen Provinz Bozen", Graz-Stuttgart 1996

Serant, Paul: „Die politischen Säuberungen in Westeuropa", Oldenburg und Hamburg, undatiert

Silj, Alessandro: „Malpaese. Criminalità, corruzione e politica nell'Italia della prima Repubblica", Roma 1994

Speckner, Hubert: „Von der ‚Feuernacht' zur ‚Porzescharte' ... Das ‚Südtirolproblem' der 1960er Jahre in den österreichischen sicherheitsdienstlichen Akten", Wien 2016

Speckner, Hubert: „Zwischen Porze und Roßkarspitz ... Der ‚Vorfall' vom 25. Juni 1967 in den österreichischen sicherheitsdienstlichen Akten", Wien 2013

Stadlmayer, Viktoria: „Die Südtirolpolitik Österreichs seit Abschluss des Pariser Abkommens"; in: Huter, Franz: „Südtirol. Eine Frage des europäischen Gewissens", München 1965

Stadlmayer, Viktoria: „Kein Kleingeld im Länderschacher. Südtirol, Triest und Alcide Degasperi 1945/1946", Innsbruck 2002

Staffler, Reinhold – Hartungen, Christoph von: „Geschichte Südtirols", Lana 1985

Steidl, Wilhelm: „Ich vermisse ihn sehr!", in: Klaus Horst, Martin Marberger und Markus Hatzer (Hrsg.): „Wallnöfer – Bauer und Landesfürst", Innsbruck 1993

Steininger, Rolf: „Los von Rom?", Innsbruck 1987

Steininger, Rolf: „Südtirol zwischen Diplomatie und Terror 1947–1969", Bd. 1, Bd. 2 und Bd. 3, Bozen 1999

Taviani, Paolo Emilio: „Difendiamo la pace contro la minaccia della guerra ideologica", Roma 1948

Toscano, Mario: „Alto Adige – South Tyrol", Baltimore, London 1975

Trost, Ernst: „Österreich ist frei. Leopold Figl und der Weg zum Staatsvertrag", 7. Auflage, Wien 2005

Walla, Max (Hrsg.): „Schändung der Menschenwürde in Südtirol", Schriftenreihe des Mondseer Arbeitskreises, Bd. Nr. 3

Watschinger, Franz: „Bomben und Justiz. Der erste Grazer Südtirolprozeß 1961", Innsbruck-Wien-München-Bozen 2003

Widmann, Franz: „Es stand nicht gut um Südtirol. 1945-1972. Von der Resignation zur Selbstbehauptung. Aufzeichnungen der politischen Wende", Bozen 1998

Withalm, Hermann: „Aufzeichnungen", Graz-Wien-Köln 1973

Wohnout, Helmut (Hrsg.): „Demokratie und Geschichte. Jahrbuch des Karl von Vogelsang-Instituts zur Erforschung der Geschichte der christlichen Demokratie in Österreich", Jg. 3/1999, Wien-Köln-Weimar

Wolf, Werner: „Südtirol in Österreich. Die Südtirolfrage in der österreichischen Diskussion 1945–1969", Würzburg 1972

Woller, Hans: „Die Abrechnung mit dem Faschismus in Italien 1943 bis 1948", München 1996

Zeitungen, Zeitschriften, Pressedienste, Flugschriften, Internet

„Alto Adige"

„Der Spiegel"

„Democrazia"

„Dolomiten"

„Domenica del Corriere"

„Die Furche"

Express"

„Grazer Montag"

„Il Corriere delle Alpi"

„Il Popolo"

„Il Tempo"

„Il Quotidiano"

„Kleine Zeitung"

„Kristall"

„Kronen-Zeitung"

„Kurier"

„L'Adige"

„La Repubblica"

„La Tribuna"

LHK Landhauskorrespondenz, Sonderausgabe „Südtirol ruft Österreich", Innsbruck, undatiert

„Linzer Volksblatt"

„Mitteilungen des Bergisel-Bundes"

„Mitteilungen Dokumentationsarchiv des Österreichischen Widerstandes"

„Münchner Merkur"

„Neue Zeit"

„Neues Österreich"

„Neue Südtiroler Tageszeitung"

„Oberösterreichische Nachrichten"

„Österreich ruft Südtirol", Flugschrift der Tiroler Landesregierung von 1946

Österreichischer Cartellverband (ÖCV), Internetseite www.oecv.at/Biolex/Detail/12100452

ORF: Club 2 des ORF

„Profil Online"

Regione Trentino-Alto Adige, Region Trentino-Südtirol, Mitteilungsblatt der Region

„Salto", Südtiroler Internetportal

„Salzburger Nachrichten"

„Salzburger Volksblatt"

„SID Südtirol Information Dokumentation"

„Südtirol in Wort und Bild"

„Süd-Ost Tagespost"

„Südtiroler Nachrichten"

„Südtiroler Ruf"

„Südtirol Online"

„Tagblatt"

„Tiroler Nachrichten"

„Tiroler Tageszeitung"

„Unita"

„Volksbote", (Innsbruck)

„Volksbote", Organ der Südtiroler Volkspartei

„Wiener Kirchenzeitung"

„Wiener Montag"

„Wiener Zeitung"

„Wochenpresse"

Fotonachweis

Archiv des Verfassers (einschließlich Fotobestand Moser): 1–8, 10, 11, 14, 22, 27, 42, 44, 47 - 49, 54, 57–59, 62, 65, 67–69, 71, 83, 87, 88, 96, 97, 107, 111, 112, 127, 129, 137, 142, 146, 150–152, 154, 156, 158, 159, 167, 171–174, 179, 182, 183, 187, 190, 193, 195, 201, 206, 213, 219, 220, 233, 234, 237, 240, 246, 257, 260, 263, 271, 284, 290, 291, 294–296, 301, 302, 320, 325–330, 334–336, 344, 356, 370, 386, 392, 394, 396, 397, 399, 400, 404–406, 411, 414–416, 419, 428, 431, 437, 442, 443, 446, 452, 464, 467–469, 476, 478, 479, 489, 490, 492, 494, 501, 503, 504

Archiv der Kameradschaft ehemaliger Südtiroler Freiheitskämpfer: 249, 252, 253, 261, 267, 274, 279, 292, 308, 309, 311, 315, 349, 350, 351, 371, 375, 376, 377, 378, 383, 384, 390, 426, 448, 450, 477, 517

Archiv des Traditionsverbandes „K.k. Landwehrinfanterieregiment Nr. 2": 52

Fam. Wallnöfer-Blaas, Innsbruck: 89

Flugschrift der Tiroler Landesregierung „Österreich ruft Südtirol", Innsbruck, 1946: 26

Liga für Menschenrechte, Sektion Tirol (Hrsg.): „Justiz in Südtirol": 209

Lun, Margareth: „Der Tag von Sigmundskron": 230, 231, 235

Mitterhofer, Sepp – Obwegs, Günther (Hrsg.): „... Es blieb kein anderer Weg": 372

Postkarte: 134

Privat: 55, 56, 61, 176, 382, 391, 445, 473

Punt, Kassian – Moroder, Vigil: „Italien in Südtirol": 123, 138, 170

Südtiroler Heimatbund (SHB): 120, 268, 332, 393, 507, 508, 516

„Südtirol in Wort und Bild": 164, 241

Tiroler Landesregierung (Hrsg.): „Südtirol Alarm für Europa": 136, 140, 238

Personenregister

Achrainer, Martin 448
Adenauer, Konrad 97, 219
Afritsch, Josef 251
Agostini 307
Alberti 470
Alteneder, Otto 571, 572
Ambros 178
Ambrosini, Gaspare 107–109
Amonn, Erich 53, 104, 105, 110, 112–114, 127, 141, 196
Amplatz, Luis 335, 336, 476, 477, 542, 556, 558, 581
Andergassen, Günther 586
Andreotti, Giulio 3, 8, 322, 324
Anegg, Josef 574
Anrather, Hermann 312
Arnold 573
Asten, Alfred 390, 393
Attlee, Clement Richard 22, 194
Auer, Hans 509–511

Bachmann 282
Bado 525
Baroch, Erich 526, 527–532
Baumgartner, Elisabeth 207, 276, 285
Benedetti, Luigi 200
Benedict, Hans 292,
Benedikter, Alfons 247, 439, 442–444, 459
Benedikter, Hans 415
Berger, Meinrad 390–393
Bertoldi, Lionello 479
Béthouart, Émile 9
Bevin, Ernest 194, 195
Bischoff, Norbert 32, 63

Blaas, Hans 87–89
Boato, Marco 476, 479, 557, 558, 560
Bobleter, Carl 338, 394
Bock, Fritz 111, 397
Bonanno, Ferruccio Allitto 476, 477, 557–561
Bonomi, Paolo 5
Bosco, Giacinto 316
Bottacin, Gianpaolo 120
Braitenberg, Karl von 141, 163
Broda, Christian 488–490
Brugger, Peter 439, 442–444, 459
Brugger, Oktavia 416, 442
Budroni, Bruno 513
Buresch, Eugen 17
Burger, Norbert 480, 545, 575, 582
Byrnes, James Francis 29

Calenda, Carlo 427
Canestrini, Sandro 370, 371
Carandini, Nicolò 76, 82, 83
Cattani, Attilio 333, 409
Celi, Giovanni 284
Cescutti, Marian 92
Cicciarelli, Luciano 306
Ciglieri, Carlo 356, 469, 470, 471
Cingolani, Mario 97, 152
Cipriani, Antonio 2, 3
Cipriani, Gianni 2, 3, 128
Conci, Elisabetta 300
Colombo, Emilio 322, 324
Complojer, Rudolf 332
Coppini, Maurilio 30, 31
Corrias, Angelo 187, 188, 201, 214, 557

Cosmelli, Giuseppe 114
Cottavi 566
Cutiz 556

Dachs, Herbert 448
Dal Piaz, Ettore 555
Dalsass, Joachim 443, 459
Dander, Natale 197, 198
Danler, Josef 23
De Baggis, Giuseppe 307
Degasperi, Alcide (De Gasperi) 1, 3–8, 12, 14, 29, 32–34, 36–41, 45, 46, 56, 57, 64, 65, 77, 82, 83, 85–87, 91, 95–108, 114, 118, 127, 128, 129, 135, 141, 144–152, 154, 155, 159, 160–162, 168–171, 177, 183, 190, 197, 198, 215, 217, 218, 257, 258, 324–326, 344, 345, 363, 406
Degasperi, Francesca 339
Deleeuw, Leopold 523–525
Delle Fave, Umberto 322
De Lorenzo, Giovanni 312, 313, 354
De Lutiis, Giuseppe 3
Dengler, Johann Josef 183
Dichand, Hans 576, 577
Di Nolfo, Ennio 3
Dietl, Hans 439, 442, 514, 443, 444, 459, 460, 578, 579
Di Tarsia, Paolo 381
Di Villahermosa, Enrico Manca 557, 561
Dollfuß, Engelbert 468, 432
Drechsler, Robert H. 378, 382
Drimmel, Heinrich 336, 337, 573
Dunn, James Clemont 29
Durnwalder, Luis 517
Ebner, Alois 209

Ebner, Franz 503
Ebner, Rosa 347
Ebner, Toni (Sen.) 142, 163, 280
Egger, Alois 576, 577
Egger, Andreas 350
Egger, Franz 575
Egger, Fritz 276–278
Enderle-Burcel, Gertrude 185
Endrici, Celestino 5
Enigl, Marianne 67
Erhardt, John G. 28, 63, 68
Erckert, Karl 141
Erker-Hocevar, Anna 301
Ermacora, Felix 250, 404, 410, 416, 419, 432, 433, 435, 440, 453, 458, 459, 499, 500
Exenberger, Herbert 583

Facchin, Angelo 137
Falqui, Raimondo 208
Fanfani, Amintore 40, 97, 211, 215, 216, 249, 257, 258, 398, 413, 414, 415, 428, 438, 441, 567
Fenzi, Benedetto 519, 545
Ferrari, Josef 586
Fierlinger, Walter 569, 584
Figl, Hilde 101
Figl, Leopold 4, 9–12, 27, 28, 30–34, 37–47, 52, 56, 59, 64, 65, 68–73, 76–78, 83, 84, 89, 90, 92, 95, 103, 105, 106, 108, 109, 115, 116, 135, 144, 146, 147–152, 155–157, 161, 165, 167–170, 172, 182–188, 190–192, 200–205, 211, 212, 216, 217, 218, 220, 239, 242, 243, 247, 248, 258, 286, 298, 299–301, 325, 337–340, 343, 346, 363, 365, 367, 389, 395, 468
Figurati, Savino 483, 518

601

Finato 239
Flamini, Gianni 479
Forer, Josef 546
Franceschini, Christoph 289, 470
Frisch, Moritz 352
Frölichsthal, Friedrich 337, 566
Früh, Albert 503
Fuchs, Peter 561

Gaja, Roberto 416, 417, 418, 437
Gamper, Hans 288, 296, 497, 499, 282, 578, 579
Gamper, Hugo 312
Gamper, Michael 102, 117, 163, 177, 196, 197
Gargitter, Josef 193, 195–200, 211, 252–254, 284, 285, 359, 374, 463–465
Gartner 309
Gasparri, Enrico 2
Gatterer, Claus 4, 86, 196, 198
Gehler, Michael 4, 84–86, 96 –98, 100, 101, 117, 118, 158, 159, 168, 333, 409, 451, 452, 567
Geisler, Johannes 19, 21, 193–195
Giacomelli 311
Giorgi (auch: Giorgio), Arcangelo 483, 518, 519, 525, 527
Giudici, Giancarlo 354
Gismann, Robert 92
Gleißner, Heinrich 52, 60–62, 570
Godler, Herbert 377
Goller, Joachim 196
Golowitsch, Helmut 418–422, 430, 437, 438, 450, 454, 569–586
Gonella, Guido 5, 64, 65
Gorbach, Alfons 212, 250, 259, 260, 266, 290–294, 296–298, 319, 337, 410

Gostner, Anton 275, 276–284, 306, 369
Graf, Ferdinand 97, 102, 190
Graf, Siegfried 539
Grandi, Achille 5
Grauß, Alois 169, 174–176, 178, 205
Gronchi, Giovanni 5, 182, 465
Graziani, Rodolfo 8
Gresti, Mauro 381
Gruber, Karl 9, 25–28, 30–32, 59, 63, 65–73, 75–78, 80, 82, 83, 85, 86–93, 97, 112–118, 132, 141, 146, 147, 155, 156, 157, 163, 165–168, 172, 173, 406, 435
Gruber, Walter 267
Grubhofer, Franz 97
Gschnitzer, Franz 111, 169, 172, 173, 178, 179, 188, 205, 206, 282, 289–292, 296, 338, 339, 368, 415, 416, 433, 435, 459
Guggenberg, Otto von 82, 105, 112, 142, 163
Gutmann, Rosa 580

Habsburg-Lothringen, Karl v. 571
Hallstein, Walter 220
Hammarskjöld, Dag 554
Hamrin, Agne 220
Hartmann, Gerhard 451
Hartung, Erhard 449, 450, 542, 586
Hauser, Luis 574, 575
Häusler, Franz 518, 521, 522, 526, 527, 534, 535, 543, 544
Haymerle, Heinrich 263
Hehenwarter, Coelestin 572
Heinl, Eduard 97
Helfer, Renzo 211, 212, 215, 216–218

Hemala, Franz 4
Herzstein, Robert E. 67
Hetzenauer, Franz 494, 495, 459
Heuberger, Helmut 448–450, 579, 584
Hitler, Adolf 13, 26, 73, 76, 126, 130–132, 432
Höfler, Franz 266–275, 306, 369
Hölbling 490
Horejs, Karl 396, 431, 432
Hosp, Otto 149
Hoyer-Millar, Sir Frederick 29
Humer, Hansjörg 350
Hurdes, Felix 17, 41, 56, 57, 58, 95, 97, 98, 102, 110, 190, 298
Huter, Franz 10, 126, 133, 146

Igel, Regine 3
Innerhofer, Max 503,
Innocenti, Silvio 91, 106, 113, 128, 129

Jaksic, Max 174
Jedlicka, Ludwig 10
Joosten, Carl Franz 477, 478, 479, 525, 551, 558–560
Junger, Rudolf 561, 562, 565

Karasek, Franz 337, 338
Kathrein, Rudolf 416, 437–440, 442, 446
Kerbler, Christian 476, 477, 556, 557, 558
Kerschbaumer, Sepp 249, 253, 288, 332, 361, 373, 374, 377, 378, 383–385, 419
Kienesberger, Peter 534, 535, 563, 564
Kind, Christian 292, 294
Kirchler, Johann 347, 348

Kirchler, Martha 347
Kirchschläger, Rudolf 416, 437, 438, 439, 455
Klaus, Josef 255, 256, 266, 301, 319, 320, 325–335, 337, 338, 340, 341, 351, 362, 363, 389, 395–397, 399–403, 404–408, 410–412, 414, 418, 419, 429, 431–433, 436, 437, 438, 442, 444, 445, 447, 451–456, 458, 459–461, 486, 489, 490, 492, 493, 500, 504, 505, 539–541, 566, 567
Klaus, Mathias 327
Klebelsberg, Raimund 82, 174
Klecatsky, Hans 481, 494, 541, 542
Klein, Johannes 573
Klotz, Eva 505, 506
Klotz, Georg 335, 336, 349, 445, 476, 477, 480, 504, 523, 524, 527, 528, 530–532, 539, 558, 581
Klotz, Rosa 284, 349, 504, 505, 506
Kness, Hans (auch Kneß geschrieben) 93, 173
Kneußl, Erich 93
Knips 525
Koch, Martin 249
Kofler, Astrid 506
Kolb, Franz 22
Kolb 102
König, Franz 464, 465
Körner, Theodor 27, 155, 156, 157, 158
Kranzer, Robert 525, 526
Kreisky, Bruno 126, 135, 155, 156, 157, 168, 206, 240, 242–244, 246, 247, 262–264, 288–293, 295, 321, 324, 329, 330, 332, 347, 367, 395–398, 405, 406, 409, 412, 413, 415–420, 422, 427, 431, 435, 443, 449,

603

452, 456, 457, 486, 488, 489, 497, 499, 500, 554, 555, 575, 580, 581
Kostner, Franz 423
Krainer, Josef 436
Kriechbaumer, Robert 334
Kritzinger, Helmut 271, 272, 276
Kronhuber, Hans 293, 294
Kunst, Karl 288, 296

Lahner, Luise 353
Lang, Roland 393, 569, 584, 586
Larch, Alois 523, 532, 533, 548, 549
Lechleitner, Kassian 23
Lehner, Franz 503
Lehner 560
Leidlmair, Adolf 133
Leimgruber, Konrad 352
Leitmeier, Marcus 115
Lemberger, Ernst 70
Leone, Giovanni 394
Löwenthal-Chlumeck, Max 409, 539
Lugger, Alois 173
Lutri, Giuseppe 518, 543, 545

Mack, William Henry B. 32
Magagnotti, Paolo 12, 14, 150
Magnago, Silvius 226, 227–229, 234, 235, 240, 244–247, 226–229, 234, 235, 269, 270, 290, 291, 305, 306, 338, 428, 432, 433, 439, 442–444, 448, 451, 459, 460, 463, 500
Mair, Johann 353
Mair, Mathilde 352
Majerotto 103
Majerotto, Serafino 104
Maleta, Alfred 39, 156, 182, 211, 212, 243

Maletti, Gian Adelio 475, 476
Marasco, Francesco 354
Marsoner, Karl 285
Martin, Mario 370, 371, 557
Martino, Enrico 334, 335, 466, 489, 493, 540, 567
Martino, Gaetano 184, 192, 210
Marotta, Aldo 470, 483
Marzari, Walter 197
Marzollo, Federico 524, 574
Mastelloni, Carlo 476, 557, 558, 560
Matscher, Franz 468, 483, 485, 504, 505, 507, 518
Mattarella, Bernardo 324
Matuella, Konrad 575
Maier, Josef 217
Mayr, Hans 207, 276, 285
Mayr-Nusser, Josef 585, 586
Menz-Popp, Josef 141
Mitolo, Andrea 123, 236–238
Mitterhofer, Sepp 268, 272, 273, 279, 284, 285, 372–374, 586
Molden, Fritz 584
Molden, Otto 66, 67, 165, 448
Molotow, Wjatscheslaw Michailowitsch 185
Monico, Renzo 470, 557, 558
Montini 2
Morlion, Félix André 2, 3
Moro, Aldo 18, 257, 286, 287, 319, 320, 322, 323, 324, 334, 362, 363–365, 367, 389, 396, 397, 399, 400, 411, 453, 456, 460, 461, 465, 493, 566
Moser, Rudolf 5, 10–19, 32–41, 45, 46, 52, 56, 57, 64, 65, 76, 82, 92, 95, 96, 98–109, 111, 115, 140–145, 148, 149, 150–153, 154, 158–

162, 171, 172, 181, 182, 183, 184, 190–192, 206, 210–212, 215–220, 242–244, 247, 248, 254–262, 264–266, 285–287, 298–304, 306, 316–326, 334, 337–341, 343–347, 351, 362–368, 381, 389, 394, 395–400, 403, 410, 411–414, 448, 460–463, 567
Mumelter, Gerhard 207, 276, 285
Mussolini, Benito 1–5, 7, 8, 26, 73, 76, 126, 130–132, 344, 355, 361, 370, 475, 514, 515
Mutschlechner, Herta 353

Nachtmann, Herwig 425
Nayer, Manfred 489, 446–448
Neugebauer, Wolfgang 583
Nicolussi-Leck, Hermann 377

Oberhammer, Aloys 172, 202, 250, 288, 291, 292, 295, 447
Oberhollenzer, David 501, 502, 507–509
Oberlechner, Heinrich 546
Oberwurzer-Brenken, Ellie 555, 556
Obrist, Eduard 468, 483, 518, 524, 526, 533, 534, 549, 550
Obwegs, Günther 268, 285, 373
Odorizzi, Tullio 211, 212, 215, 217, 218
Orian, Josef 575

Pacelli, Eugenio 1
Pajetta, G. 343
Palma, Nicola 476
Palombi, Edoardo 483, 519, 533, 543
Pan, Christoph 92

Pastore, Giulio 322
Paul VI. 2, 464
Paulucci, Mario 200, 201
Pella, Giuseppe 160, 163, 169, 171
Perassi, Tommaso 113, 114
Perusco, Secolo 478, 479, 533, 550, 551, 552–557, 559–565
Peterlini, Hans Karl 289
Peterlunger, Oskar 468, 469, 470, 472, 483, 484, 468, 469, 474, 483, 484, 485, 494, 495, 496, 518, 519, 522–524, 526, 533–537, 543, 546, 547, 549, 550
Petermeier, Otto 372
Peternel, Giovanni 476, 528, 531, 532, 557, 558, 563
Pfaundler, Wolfgang 210, 554–556, 579, 584
Pfliegl, Theresia 327, 328
Piazza 275
Piccioni, Attilio 183, 184, 322
Pick 328
Pifferi 311
Piffl-Percevic 417
Pircher, Georg (Sen.) 234
Pircher, Jörg 382
Pius XII. 1, 2, 7, 14, 65, 201, 211
Pomella, Adolf 575
Posch, Benedikt 368, 428, 429
Pretz, Leo v. 104, 105, 141

Raab, Julius 155–158, 165–168, 171, 173, 186, 189, 193, 206, 212, 240, 243, 247, 290
Raffeiner, Josef 104–106, 112–114, 127, 128, 163, 196
Rainer, Alois 525, 527
Rainiero, Vittorio 561
Rathkolb, Oliver 67

605

Reber, Samuel 28, 29
Redanelli (auch: Redaelli) 518
Rehrl, Franz 55
Renner, Karl 4, 27, 28
Resch, Josef 23
Reut-Nicolussi, Eduard 4, 47, 55, 56, 60, 62, 89, 92, 137, 172, 173, 176, 177, 178, 579, 584
Riddleberger, James W. 28
Riedl, Franz Hieronymus 82
Ritschel, Karl Heinz 166, 167, 440
Ritz, Roland 350
Rocco, Alfredo 370, 515
Roosevelt, Franklin D. 2
Rosenkranz, Franz 174
Rotellini, Vittorio 309
Rotter, Adrian 16
Rumor, Mariano 399, 407, 436, 437
Rusch, Paul 465
Russomanno, Silvano 470, 475–480, 483, 484, 518, 520, 533, 534, 535, 543, 547, 549

Salcher, Herbert 288
Salvi, Franco 320, 324
Sand, Luis 250
Sandrelli, Luigi 227, 229
Saragat, Giuseppe 321, 324, 367, 395, 396, 413, 417
Sauer, Hubert 575
Savoca-Corona, Pietro 519
Scaglia, Giovanni Battista 300
Scandaliato, Maria Elena 476
Scelba, Mario 5, 137, 141, 171, 172, 179, 182, 190, 249, 252, 260, 261, 347, 394, 395, 444, 475
Sceresini, Andrea 476
Schärf, Adolf 9, 70, 71, 82, 155, 185

Schafferer, Karl 350
Schiller, Eduard 53
Schöner, Josef 72, 73, 188, 288
Schuschnigg, Kurt 10
Schwarzenberg, Johannes 78, 112, 114, 115, 147, 154, 155, 168–171
Scrinzi, Otto 419, 431, 432, 434, 436, 569,
Segni, Antonio 190, 201, 465
Seipel, Ignaz 432
Sellner, Erich 518, 530
Sforza, Carlo 115
Silj, Alessandro 2
Simonetti, Gustavo 368, 377, 378, 381, 384–388
Sölder, Midl v. 580
Speckner, Hubert 470
Stadlmayer, Viktoria 10, 12, 14, 33, 37–41, 56, 65, 92, 128, 146, 173, 174, 217, 271, 415, 416, 459
Stampfl, Hans 372
Stanek, Hans 290
Steger, Elsa 512, 517
Steger, Frieda 513–517
Steger, Lina 512–516
Steger, Siegfried 512, 514, 515, 517
Steidl, Wilhelm 445
Steinacker, Wolfgang 9
Steiner, Herbert 583
Steiner, Ludwig 262, 263, 281, 286, 290, 293, 298, 300–303, 319, 409
Stieler, Hans 208, 209
Stocker, Max 561
Sturm, Max 87
Sturzo, Luigi 401
Sullmann, Josef 272, 273

Tambroni, Fernando 142, 143, 190–192, 206

Taviani, Emilio Paolo 40, 97, 257, 258, 259, 322, 324, 341–347, 349, 351, 355–357, 339, 359–361, 558
Taylor, Myron C. 2
Thaler, Karl 380, 381
Thaler, Rafael 133
Thalhammer, Herbert 93, 174, 179
Tinzl, Karl 163, 220, 223,
Tiralongo, Vittorio 512, 513
Tittmann, Harold Hildgard 2
Togliatti, Palmiro 7
Togni, Giuseppe 225
Toncic-Sorinj, Lujo 333, 405, 414–416, 428, 431–442, 447, 453, 454, 459, 460, 494, 504, 505
Toscano, Mario 416, 417, 437, 441
Trapp, Hans 174
Traversa 312
Trost, Ernst 146, 220, 577
Truman, Harry S. 194
Tschiggfrey, Hans 208, 282, 288, 293–296, 304, 409, 449, 498, 499

Uiberreiter, Friedrich 561, 563
Urban 464

Van Staa, Herwig 517
Veronesi, Bruno 575
Volgger, Friedl 105, 142, 168, 178, 194, 244, 246, 439, 442, 459

Waldheim, Kurt 263, 333, 334, 447
Walla, Max 307
Wallnöfer, Eduard 265–297, 306, 338, 339, 368, 418, 419, 423–427, 432, 435, 439, 442, 444–446, 448–452, 459, 575
Walter, Erich 575
Watschinger, Franz 292, 294, 296, 450, 488
Weinberger, Lois 97
Weiskopf, Michael 23
Weißgatterer, Alfons 41, 42, 46, 47, 48, 87, 93
Welser, Kurt 575
Widmann, Franz 9, 106, 135, 163, 186, 192, 200, 207, 244
Widmoser, Eduard 174, 177, 178, 380, 381
Wieland, Peter 357–360
Wildner, Heinrich 28, 30, 31, 67–78, 88–91, 112
Wimmer, Lothar 83, 84
Winter 396
Withalm, Hermann 245, 246, 266, 285–287, 290, 298, 300, 301, 302, 303, 304, 325, 326, 328, 333, 398, 399
Wolf, Peter 454
Wolf, Werner 446, 447
Woller, Hans 7
Würthle, Fritz 46, 47

Zanfei, Catullo 310
Zechtl, Rupert 213, 288, 289, 291, 368, 418–422, 427, 430, 437, 439, 440